李嘉诚 大传

越峥嵘，越从容

张宏伟◎编著

北京联合出版公司
Beijing United Publishing Co.,Ltd.

图书在版编目（CIP）数据

李嘉诚大传：越峥嵘，越从容 / 张宏伟编著 . —北京：北京联合出版公司，2016.4（2018.10 重印）

ISBN 978-7-5502-7047-3

Ⅰ . ①李… Ⅱ . ①张… Ⅲ . ①李嘉诚—传记 Ⅳ . ① K825.38

中国版本图书馆 CIP 数据核字（2015）第 321849 号

李嘉诚大传：越峥嵘，越从容

编　　著：张宏伟
责任编辑：唐乃馨　夏应鹏
封面设计：李艾红
责任校对：郝秀花
美术编辑：盛小云

北京联合出版公司出版

（北京市西城区德外大街83号楼9层　100088）

北京德富泰印务有限公司印刷　新华书店经销

字数698千字　　720毫米×1020毫米　1/16　30.5印张

2018 年 10 月第 2 版　　2018 年 10 月第 3 次印刷

ISBN 978-7-5502-7047-3

定价：68.00元

前言

　　他连续多年稳居全球华人首富宝座，让几乎所有的华人企业家都心悦诚服；他是当代最成功、最杰出的商人之一，是无数渴望成功的人心目中的偶像；他是香港经济发展的晴雨表；他主导了香港半个世纪的地产风云；他经营着世界最大的港口，垄断着面向内地的输电线；他的公司被誉为"全球最赚钱的公司"；他是财富与成功的象征……他就是商界"超人"李嘉诚——华人的骄傲。

　　李嘉诚书写了一个让人惊叹的创业神话。14岁投身商界，22岁正式创业，30岁即成为千万富翁。他已经成为一个传奇，一种象征，他以自己雄厚的实力和庞大的商业帝国赢得了人们的尊敬，更为他赢得了"超人"的美誉。2010年3月11日，《福布斯》公布了最新富豪榜，李嘉诚以210亿美元身家居全球富豪榜第14位，再次蝉联中国首富之位。

　　但谁能想到，繁华背后，这位声震世界的亿万富豪竟有着辛酸的过往：他少小离乡，在战乱中颠沛流离；由于父亲的不幸早逝，他小小年纪便步入社会，担起了生活的重担，为一家生计四处奔波。他当过要擅长察言观色的小伙计，做过受人白眼的商业推销员，直到他成为一个雄心勃勃的塑胶花工厂主，赢得"塑胶花大王"的美誉，才开始大展宏图。他涉足地产业，成立长江实业；之后进军世界，实现跨国跨地区投资；后辗转股市，成为屡战屡胜的大赢家；又涉足货运行业、网络传媒……如今，李嘉诚旗下长和系的业务已经遍及全球56个国家，涉及投资产业、地产、货柜码头、石油、电讯、网络科技、文化传媒、零售、航空等多个领域，这使他成为华人历史上横跨产业最多、国家最多的企业家。美国权威财经杂志《福布斯》曾评价李嘉诚说："环顾亚洲甚至全球，仅有少数的企业家能够从贫苦的出身中战胜种种艰险，成功挑战，建立起一个业务多元化且遍布全球56个国家的庞大商业帝国。李嘉诚在香港素有'超人'的美誉。事实上，全球各地商界翘楚均视其为拥有卓越能力、广阔视野与超凡成就的强人！"

李嘉诚缔造的商业神话，早已不再仅仅是一个人们津津乐道的话题，更成为众多创业人士和追求成功者反思、学习的典范。在仰望这位传奇富豪的时候，人们不禁好奇：一个没有学历、没有背景、没有金钱、没有人脉的穷苦孩子如何成长为拥有庞大资产的亿万首富？一个小伙计运用怎样的智慧而成就万人瞩目的商业传奇？

本书就为你破解李嘉诚成为华人首富的秘密。书中深刻总结了李嘉诚纵横商场的宝贵经验，详细解读了李嘉诚如何攫取财富的智慧，多角度论述了他取得财富的方法与胆略，真实记录首富之路的关键转折，详细披露传奇人生的隐秘细节。这些内容精辟、实用，为那些站立在十字路口、不知道该何去何从的人指明方向。可以说，李嘉诚的每一句话都是人生箴言，字字都是对自己财富、人生经验的总结和提炼。本书没有就经商论经商，而是将为人处世和经商有机地融合在一起讲述，这样更易于让希望通过经商实现自己财富梦想的广大读者理解和接受。

成功不能复制，但经验可以借鉴。相信每一个有志于成功的人，都能在书中找到自己需要的东西。吸收和借鉴李嘉诚的人生成功经验，并为之努力，你也可以打开属于自己的财富之门。

目录

第一章 寻　根 …………………………………………… 1

根在潮州 ………………………………………… 1

父亲李云经 ……………………………………… 3

幸福的童年 ……………………………………… 4

敏而好学 ………………………………………… 5

年少不懵懂 ……………………………………… 7

苦其心志 ………………………………………… 8

父亲的遗产 ……………………………………… 10

延伸阅读：奉献的艺术 ………………………… 12

第二章 乱世少年 ……………………………………16

避难香港 ………………………………………… 16

投靠舅舅庄静庵 ………………………………… 17

语言关 …………………………………………… 19

香港沦陷 ………………………………………… 21

父亲离世 ………………………………………… 23

延伸阅读：现实的造梦者 ……………………… 25

第三章 打工生涯 ……………………………………27

求职屡碰壁 ……………………………………… 27

艰辛求职 ………………………………………… 28

茶楼跑堂 ………………………………………… 30

学会察言观色 …………………………………… 32

差点丢了饭碗 ·················· 33

钟表学徒工 ··················· 35

离开中南钟表公司 ··············· 37

延伸阅读：我很在乎未来 ··········· 39

第四章 跳　槽 ·················· **41**

跳槽五金厂 ··················· 41

推销艺术 ···················· 43

遭遇推销败绩 ·················· 45

加盟塑胶公司 ·················· 47

步步高升 ···················· 49

延伸阅读：柠檬汁的人生观 ·········· 51

第五章 创业艰辛 ················· **54**

成立长江塑胶厂 ················· 54

艰难起步 ···················· 55

顺应潮流 ···················· 57

遭遇生产危机 ·················· 59

诚信为本 ···················· 60

逆转乾坤 ···················· 62

起死回生 ···················· 63

延伸阅读：80 后问卷 ············· 65

第六章 长江塑胶花 ··············· **67**

发现新机遇 ··················· 67

偷师学艺 ···················· 68

研制塑胶花 ··················· 70

渐入佳境 ···················· 72

结交大客户 ··················· 73

进军北美 ···················· 76

未雨绸缪 ···················· 77

延伸阅读：超越梦想的人生 ·········· 79

第七章　爱情之路 ························· 81

表妹庄月明 ························· 81

青梅竹马 ························· 82

坎坷爱情路 ························· 83

幸福婚姻 ························· 85

延伸阅读：自负指数 ························· 87

第八章　地产大亨 ························· 89

香港地产的潜质 ························· 89

酝酿新想法 ························· 91

初涉地产江湖 ························· 92

炒房热 ························· 95

人弃我取 ························· 96

乱极则治 ························· 98

延伸阅读：强者的有为 ························· 101

第九章　长江上市 ························· 103

明确增长目标 ························· 103

上市背景 ························· 105

成功上市 ························· 106

1973 年股市泡沫 ························· 108

地产五虎将 ························· 110

蒸蒸日上 ························· 112

延伸阅读：打倒"差不多先生" ························· 115

第十章　中环地王 ························· 117

小有名气 ························· 117

"擎天一指" ························· 118

地铁上盖物业 ························· 120

研读对手 ························· 122

对症下药 ························· 123

击败置地 ……………………………………………… 125

中区站稳脚跟 ………………………………………… 127

延伸阅读：李嘉诚谈企业战略 …………………… 129

第十一章 联手汇丰 132

声名鹊起 ……………………………………………… 132

结识汇丰大班 ………………………………………… 133

华人行掌故 …………………………………………… 135

新建华人行 …………………………………………… 137

互惠共赢 ……………………………………………… 137

延伸阅读：在那"零"和"非零"间 ……………… 139

第十二章 助战九龙仓 141

百年怡和 ……………………………………………… 141

九龙仓的由来 ………………………………………… 142

"觊觎"九龙仓 ……………………………………… 144

收购战 ………………………………………………… 146

船王包玉刚 …………………………………………… 148

包李秘商 ……………………………………………… 149

决战九龙仓 …………………………………………… 151

竞合之道 ……………………………………………… 153

延伸阅读：活出你的故事 ………………………… 155

第十三章 入主和黄 157

和黄的历史 …………………………………………… 157

和黄合并 ……………………………………………… 159

动心收购 ……………………………………………… 160

汇丰大力支援 ………………………………………… 161

蛇吞象 ………………………………………………… 163

和黄易主 ……………………………………………… 165

超人李嘉诚 …………………………………………… 167

延伸阅读：李嘉诚谈成功 ………………………… 169

第十四章　招贤纳士 ································· **171**

　　人才观 ································· 171

　　左右手 ································· 173

　　洋为李用 ································· 175

　　智囊团 ································· 178

　　任贤用能 ································· 180

　　感恩员工 ································· 181

　　延伸阅读：管理的艺术 ································· 184

第十五章　收购港灯 ································· **188**

　　吸纳青坭 ································· 188

　　置地消化不良 ································· 189

　　置地新大班 ································· 191

　　初步交锋 ································· 193

　　马世民上任 ································· 194

　　16小时定乾坤 ································· 196

　　华资扬眉吐气 ································· 198

　　长实盈利 ································· 199

　　延伸阅读：李嘉诚谈经营哲学 ································· 202

第十六章　地产获利 ································· **209**

　　地产繁荣 ································· 209

　　屋村计划 ································· 210

　　迅速发展期 ································· 212

　　黄埔花园 ································· 214

　　两大屋村 ································· 215

　　嘉湖山庄 ································· 216

　　展现实力 ································· 218

　　延伸阅读：李嘉诚谈赚钱的艺术 ································· 221

第十七章　股海弄潮儿 ································· **224**

　　借股市成长 ································· 224

低进高出 ·· 226

股市投资经 ·· 228

私有化 ·· 229

内幕交易事件 ·· 232

遭遇股灾 ·· 233

延伸阅读：知识——核心价值 ······························ 235

第十八章 置地收购战   237

衰落的"狮子" ·· 237

怡置互控 ·· 239

首轮接触 ·· 241

再度较量 ·· 242

华商鸣金收兵 ·· 245

置地撤离香港 ·· 246

延伸阅读：人性的迷失能否复归 ···························· 248

第十九章 迁资风波   250

移民风潮 ·· 250

坚决不迁册 ·· 251

进军加拿大 ·· 253

大举进军海外 ·· 256

延伸阅读：在北京大学荣誉博士学士颁授仪式上的讲话 ··· 259

第二十章 报效乡梓   262

国庆观礼 ·· 262

造福故里 ·· 263

筹划捐资大学 ·· 264

艰困不放弃 ·· 266

对汕大投入心血 ·· 267

不注重名利 ·· 269

汕大落成 ·· 270

延伸阅读：社会资本——终极目标 ·························· 272

第二十一章 香港角力场·························· **274**

立足香港 ···························274

角逐9号码头 ························276

地产寡头时代 ························278

争夺美丽华酒店 ······················280

二李再次相斗 ························283

延伸阅读：成功3Q ····················287

第二十二章 地产称霸·························· **289**

地产大牛市 ··························289

地产盛宴 ···························291

香港楼市调控 ························293

与汇丰关系 ··························295

换地不利 ···························296

楼价继续攀升 ························298

延伸阅读：汕大开幕典礼致词 ··············300

第二十三章 联手中资·························· **302**

香港四大中资 ························302

中信泰富 ···························304

收购恒昌 ···························305

李嘉诚售股 ··························308

联手首钢 ···························309

延伸阅读：无限未来 ····················311

第二十四章 高层变动·························· **313**

马世民离职 ··························313

争议马世民 ··························315

霍建宁接班 ··························318

打工皇帝 ···························319

军师袁天凡 ··························322

重用将才 ···························324

延伸阅读：李嘉诚谈领袖之道 ·········· 327

第二十五章　大举进军内地 ·········· **331**

触角伸向内地 ·········· 331

东方广场 ·········· 332

遍地开花 ·········· 335

否认囤地 ·········· 337

延伸阅读：装备自己 挑战未来 ·········· 340

第二十六章　"首富"大手笔 ·········· **343**

亚洲金融危机 ·········· 343

荣膺首富 ·········· 345

卖橙 ·········· 347

成功套现 ·········· 349

Tom.com 上市 ·········· 350

稳健中发展 ·········· 353

延伸阅读：做自己命运的行动英雄 ·········· 356

第二十七章　引领 3G 时代 ·········· **358**

3G 生活 ·········· 358

竞购牌照 ·········· 360

投资无底洞 ·········· 361

出售宝洁股权 ·········· 364

云开月明 ·········· 366

延伸阅读：科技——未来主轴 ·········· 368

第二十八章　零售巨头 ·········· **370**

零售业版图 ·········· 370

打入内地 ·········· 371

品牌屈臣氏 ·········· 373

经营百佳超市 ·········· 375

食品安全风波 ·········· 376

零售垄断之辩 ·· 378

延伸阅读：无心睡眠 ·· 380

第二十九章　多元化发展 ······························ 382

中药国际化 ·· 382

生物科技 ··· 384

控股华娱 ··· 386

投资港口 ··· 388

多元化思考 ·· 390

延伸阅读：紫色动力 ·· 393

第三十章　接班人李泽钜 ······························ 395

李嘉诚教子之道 ··· 395

万博豪园计划 ··· 396

走向台前 ··· 399

夫人王俪桥 ·· 400

李泽钜绑架案 ··· 402

逐步接班 ··· 404

延伸阅读：内心的天空 ···································· 407

第三十一章　小超人李泽楷 ··························· 408

家有严父 ··· 408

远涉重洋 ··· 410

返港谋发展 ·· 411

创办香港卫视 ··· 412

大战吴光正 ·· 414

交手默多克 ·· 417

自立门户 ··· 418

钻石王老五 ·· 420

延伸阅读：做梦者的追求 ································· 422

第三十二章 回馈社会 ·· **424**

李嘉诚基金会 ·· 424

关心残疾人事业 ·· 426

赈灾捐款 ·· 428

热心公益 ·· 430

延伸阅读：我的第三个儿子 ···································· 433

第三十三章 多面李嘉诚 ·· **435**

"清教徒"生活 ·· 435

"悭吝"李嘉诚 ·· 437

母慈子孝 ·· 439

爱妻猝然离世 ·· 440

不传绯闻 ·· 441

待人接物之道 ·· 443

延伸阅读：李嘉诚实话实说 ···································· 446

第三十四章 金融危机不倒翁 ······································ **449**

2008 年金融危机 ·· 449

身家缩水 ·· 452

现金过冬 ·· 454

不放一个篮子里 ·· 456

延伸阅读：李嘉诚的秘密法宝 ································ 458

第三十五章 脱亚入欧风波 ·· **460**

工人罢工事件 ·· 460

撤资内地 ·· 462

出售屈臣氏股权 ·· 465

几乎买下英国 ·· 467

延伸阅读：Are You Ready ···································· 470

第一章

▼

寻 根

根在潮州

如果不是李嘉诚，李氏家族的发展史可能会湮没在历史的尘烟中。被誉为"超人"的李嘉诚，在华人经济史上留下了浓墨重彩的一笔，谁又能说他的成功不是源自于家族的传承呢？

在广东省潮州市北门街面线巷，这条小巷如面线一般狭长，故得其名。在巷弄深处，有一座看起来颇为平常的古宅，它宅门不大，没有雕龙画凤。然而如今这个普普通通的宅子，竟然吸引了不少游客前来瞻仰参观。1928年7月29日，也就是农历六月十三，李嘉诚出生于此。

说起潮州，这个地方虽然在国内没有广州、深圳等城市出名，但它"名声在外"。潮州旅居海外的潮籍侨胞、华人及港澳台同胞约230万人，被称为中国的"侨乡"。如此大规模的人口迁徙，在中国的任何其他地方都不能出其右。

这与潮汕地区独特的人文环境相关联。独特的环境造就了独特的潮州文化。唐宋以来，我国经济文化中心开始自北向南转移，中原人口逐渐南迁，岭南之地自从迎来了大量中原人后，昔日的蛮荒之地开始被注入新的历史活力。中原人带来了先进的中原文化，又与当地的潮州文化相交融，形成了独特的新潮州文化，并且在新的文化中孕育着一代又一代的潮州人。

1861年汕头开埠，据统计每年输出的契约华工就达数万人。广东的海关史统计，19世纪的后20年里，从汕头到香港或到东南亚的华人有150万，其中绝大部分为潮州人。随着时代的发展，潮州人移居海外，劳工逐年减少，商人逐年递增。潮汕地区海外贸易发达，自古以来人们"安土重迁"的意识淡薄，潮州人积极开拓，在世界上不少国家和地区都扎下了根。

潮汕商业氛围的形成，得益于靠海的自然地理条件，得益于汕头的对外开埠，也得益于潮汕特有的地区文化，更得益于潮汕的诚信氛围的形成。李嘉诚就出生并成长于这样的有人文沉淀的商业社会环境中。

追寻李嘉诚的先祖们曾经在潮州留下的足迹，或许这样才能让我们更好地理解李嘉诚的成功基因。

和很多潮州人的先祖一样，李嘉诚的先祖也是中原人士。先祖原居住在河南焦作，明代末年为避战乱，从中原地区迁徙到福建莆田。据李氏族谱记载，明末清初福建地区又沦为南明与清朝的主战场，一世祖李明山为躲避战乱，率全家从福建莆田迁徙到潮州府海阳县，即今天的潮州市，定居在面线巷，这里就成了李嘉诚的出生之地。

在《李氏家谱》中，有这样的文字佐证："李明山之父李牟字沐，配汤氏，行二，生子怀功字明山，庠生。牟文武双修，明崇祯七年随父自陕西、山西授拳，误入闯贼营为将，明崇祯十七年遭闯贼杀，子怀功依牟堂兄李仲浙江俊府武堂习拳成师，徙往福建传拳为生，徙莆田又迁潮州府。"

李氏家族在海阳县居住了约有十代，其中经历了二世祖李朝客、三世祖李子坤、四世祖李仲联、五世祖李世馨、六世祖李克任、七世祖李鹏万、八世祖李起英即李晓帆，传到九世李云经，直到李嘉诚，恰是第十世。

李嘉诚的直系先祖因其年代久远，对相关人物的记叙语焉不详，大多无从考证。但可以考证而知的是，李嘉诚的曾祖父李鹏万曾经是清朝每12年选拔一次的文官八贡之一，在他们家门前有一座3米高的碑台，上插贡旗。当年的街坊邻居每每走过碑座，都是毕恭毕敬的神态，李鹏万在当时颇有名望，深受人们的尊重，可以说社会地位极高。

到了祖父李晓帆，这也不是个简单的人物。他是清末秀才，但没有入仕，闲居在家。清末民初的年代，正是西学东渐的时代，饱读四书五经的李晓帆毅然选择送两个儿子李云间、李云章东渡日本，一个学商科，一个学师范，学成回国后，分别在潮州和汕头执教。李嘉诚的父亲李云经排行老三，其时值家境式微，无力供他读大学，但他受传统家风影响，最后走上了治学执教之路。

李家作为当地的名门望族，知书达理的家风对今后李嘉诚的成长起着莫大的影响。我们从李氏家族中，找不到丝毫经商敛财的基因，李嘉诚成为一代商界天骄，难道是异数吗？

父亲李云经

在潮汕地区，处处流传着海外游子建业致富的故事，或许这就是潮州人涉海闯荡的原动力。但对于李晓帆这个清末秀才而言，读书治学仍是家族人才的主要出路。

李嘉诚的父亲李云经是家中的第三子，自小聪颖好学，每次考试都是名列前茅。1913 年，15 岁的李云经以优异的成绩考入了省立金山中学，这是当地的著名学府，1917 年毕业时，他的成绩名列全校第一。但当时李家无力供他出外留学，便应聘到莲阳懋德学校教书。

一段时间以后，也许是被身边的财富故事所吸引，李云经出人意料地弃教从商。他选择了远渡南阳，在爪哇岛上一间由广东人开办的裕合公司做店员。他也希望自己有一天能腰缠万贯，能以经商光耀门楣。但时运不济，他到南洋后不久，南洋的局势动荡，华人谋生非常艰难。李云经思虑再三之后，选择了回到潮州，放弃了在南洋追逐梦想。

回到潮州后，李云经在潮安城恒安银庄任司库与出纳。但李云经不同于人们认识的传统商人，他的身上带着一丝儒气。据国学大师饶宗颐说，当年的李云经因时常要与饶家名下的钱庄交收，与饶家多有来往，他的印象里，李云经总是穿一身青布马褂，做事一丝不苟，公事公办，表现得斯文含蓄。饶老曾有疑问，这个做学问的人怎么来跟钱打交道？

命运偏偏喜欢捉弄人。不久，恒安钱庄倒闭了，李云经也失去了谋生之所。满腹经纶的人竟然在商海折戟，面对嗷嗷待哺的子女，李云经再执教鞭，在隆都后沟学校做了教师。

回顾李云经先生的前期经历，人们对他弃教从商的心路历程很感兴趣，但人们恐怕已经无法知晓他当初的选择动机。在潮汕地区的重商文化的氛围中，李云经虽然接受的是传统儒家教育，但他不可能不受到潮州重商文化的影响。我们也许会嗟叹，如果他时运比较好，是不是就会成为一代商贾大家呢？历史不容假设，李云经虽然尝试了经商之路，但他无疑在这方面是不成功的。身不由己也好，幡然醒悟也罢，李云经从此收拾心情，心安理得地治学执教，将他的余生奉献在教育事业上。

当真正将教书作为自己的职业后，李云经先生表现出了对教育的热爱，视教育为强国利民之本。他在隆都后沟学校任教后，因教学有方而声誉日隆，于1935年被聘为庵埠宏安小学校长。1937年，李云经转为庵埠郭垄小学校长，直到潮州沦陷。

抗日战争爆发后，李云经也投入到抗日救亡运动之中，他积极进行抗日宣传，甚至自己编写了人民群众易懂的抗战话剧与歌谣。在他先后任教的小学，都出现了为抗战前线募捐的爱国义举。李云经能做到此，也许源自于读书人的侠义忠胆，也源自于他的道德准则和做人原则，使得他毫不犹豫地举起爱国义旗。

李云经是一个合格的丈夫和父亲。或许是经历了多年的奔波，他愈加珍惜家庭的温馨。他与妻庄碧琴相敬如宾，和爱一生。闲暇时，更与子女嬉戏，甚至还带李嘉诚到附近的韩江河畔钓鱼捉虾，享受天伦之乐。

在李云经的内心深处，也许始终留存着对经商失败的不甘和经商回报乡梓的梦想。李嘉诚从他的父亲李云经传承到的，也许不仅仅是知识和能力，更传承了他未竟的梦想。

幸福的童年

作为李云经的长子，李嘉诚出生时，正是北伐战争刚刚结束时，但北伐的胜利并没有带来时局的安宁。第一次国内革命战争紧随北伐战争之后展开，同时，日本人对中国早已经虎视眈眈，1931年发生了"九一八事变"，整个东北沦为日本的殖民地。

其时，时局虽然变乱，但潮州远离政治漩涡，受时局的影响微乎其微。潮州古城，秀色如画，恍若世外桃源，人们还是一如往常地继续平静地生活。

而在潮州城的一处普通人家，李云经家族满怀着对一个新生命的期待，这就是李云经的长子李嘉诚。出生之前，祖母就准备好了香烛，当她听到孩子的第一声啼哭时，就摆起了香烛敬神，第二天又上庙里上香，祈求菩萨保佑这个孙子健康成长。笃信佛教的祖母对小嘉诚充满了关爱，并时时教导：一定要行善做好事。年幼的李嘉诚虽然不懂得祖母的信仰，但却将祖母的话牢记于心。

孩提时代的李嘉诚曾用名李雨霖，这是因为潮州人的乡俗。潮州人小时和长大后，分别用两个不同的名字。不过，因为李嘉诚前庭饱满，被顽皮的小学同学称为"大头诚"，或者叫他"阿诚"，倒没有多少人记得他小时曾用过的名字。

作为家中的长子，他被寄予了很高的期望：学有所成，报效祖国和家乡。作为书香门第中的后生，李嘉诚也并没有让他的家人失望。

李嘉诚十分聪颖，3岁就能读《三字经》、《千家诗》等儒家启蒙读物，"人之初，性本善，性相近，习相远……"正是这些启蒙读物，让李嘉诚接受了最初的传统文化的熏陶，也展现了良好的学习潜质。

1932年，李嘉诚正式进了学堂，潮安县府城北门街观海寺小学从此多了一位勤奋好学的小学生。母亲庄碧琴为他特地做了三道菜：猪肝炒芹菜、干炒大葱、鲮鱼。这三道菜寄寓了父母对李嘉诚的人生祝愿：肝是"官"的谐音，芹菜就是"勤"，葱就是"聪"，鲮鱼寓意聪明伶俐。

1935年，李嘉诚随父亲转入潮安县庵埠镇崇圣小学就读。作为校长的儿子，李嘉诚并没有恃势凌人，他对同学、老师都非常客气，从来不与同学打架或争执。

同在一所学校，父子之间的相处时光更多了。每当闲暇的时候，李云经便带李嘉诚流连于青山绿水间。有一次，李云经带着李嘉诚来到汕头的海边，当他看到海面上行驶着万吨巨轮时，便从此立志要做船长。当后来他的公司越来越大的时候，他曾说"我就是船长"。

对于李嘉诚而言，最快乐最幸福的时光莫过于与书相伴的时间了。每天放学后，李嘉诚就悄悄进入家中长辈们用以藏书的茅草书屋，看他所有能看懂的书。童年时代的李嘉诚的一部分时光，就是在藏书房里静静度过的。书籍向李嘉诚展现出另一个世界，也充实着他的精神世界。

李嘉诚热爱读书，李云经心里感到丝丝慰藉，而母亲庄碧琴更是由衷地高兴。有时，被儿子读书声所陶醉的庄碧琴，居然忘记自己手中的针线活，痴痴地看着儿子摇头晃脑地背诵之乎者也。

当时，读书是李嘉诚的最大乐趣，不过，李嘉诚也和所有的孩子一样爱玩耍，在无忧无虑中边玩边学，体味童年特有的幸福。

幼时的李嘉诚家境虽然不富裕，但生活基本上是安定的，他在潮州度过了11年幸福的童年时光。

敏而好学

《论语》中："子贡问曰：'孔文子何以谓之文也？'子曰：'敏而好学，不耻下问，是以谓之文也。'"孔文子聪敏勤勉而好学，不以向他地位卑下的人请教为耻，所以给他谥号叫"文"。

　　千百年来，对于勤勉好学的人，所有的人都会予以尊重，而幼时的李嘉诚虽然刚入学堂门，却已经展现出了他的聪敏，用事实证明他是块读书的"料"。

　　李嘉诚5岁入学，从此开始了他的学生生涯。李嘉诚当时就读的小学有一套自己的教学方法，说起来也不算特别高明，但是教学效果却特别好：按照要求，每个月所学的书本内容，必须在月底背诵出来，否则就要受到责罚，直到完全背出来为止。所有的同学都在为月底的考核而死背硬记的时候，李嘉诚却并非一味死记硬背，他熟读思考，然后用心理解，在此基础上记忆起来事半功倍，他总是比别人记得快、记得好。没有通过死记硬背，却比死记硬背的同学的知识基础更加牢靠。

　　回忆早年的苦学生涯，李嘉诚曾说："别人是自学，我是'抢学问'，抢时间自学。一本旧《辞海》，一本老师版的教科书，自己自修。"李嘉诚自律惊人，除了《三国志》与《水浒传》，他不看小说，不看"没有用"的书。

　　"学而不思则罔，思而不学则殆"。幼时的李嘉诚可能还未充分理解这句话的含义，但是他已经通过实践证明了如何去学习。

　　关于李嘉诚刻苦学习，李嘉诚的堂兄李嘉来印象颇为深刻。李嘉来一直居住在面线巷，直到2005年去世。他毕生从事教育事业，他这样回忆李嘉诚的勤奋读书："嘉诚小我十多岁，却异常懂事。他读书非常刻苦，我看过好多次，他在书房里点煤油灯读书，很晚很晚都不睡觉。"

　　李嘉诚的另一位堂兄李嘉智也曾回忆道："嘉诚那时就像书虫，见书就会入迷，天生是读书的料。他去香港，办实业成为巨富，我们都感到吃惊。"

　　优秀的人之所以优秀，往往在幼时就显露了自己的特质。李嘉诚如此年幼就如此刻苦，他日后的成功是不是能从儿时的点滴中看到端倪呢？现在当然已经无法考证幼时的李嘉诚究竟比同龄人多看了什么书，但可以肯定的是，他孜孜求索，勤奋阅读，在求学的道路上走在了同龄人的前面。

　　法国著名思想家伏尔泰说："书读得越多而不假思索，你就会觉得你知道得很多；而当你读书而思考得越多的时候，你就会越清楚地看到，你知道得还很少。"难道说幼时的李嘉诚已经明白这个道理？

　　因为读到的书很多，其中个别语句，小李嘉诚肯定不懂或者似懂非懂，但他凭着自己的聪颖去思考、去揣摩，去领悟。而在这过程中，他发现自己知识的匮乏，更加愿意去不断读书，他陷入了循环中。不过，正是在这读书、疑惑、思考的循环中，李嘉诚不断充实着自己的知识和能力。

有一次，老师在上课时提出一个成语"不求甚解"，要求学生讲出成语的来源并做出解释。这个题目对当时的小学生而言还是有点难度的，虽然很多人心里知道这个成语，却不知道来源和更详细的解释。当时，唯有小李嘉诚回答了老师的问题："不求甚解"来源于陶渊明先生的《五柳先生传》。陶渊明在家门口种有五棵柳树，自号五柳先生。他自述生性喜爱读书，但在读书时并不仔细推敲，而是追求领悟要义。但这个是"不求甚解"的最初含义，后经变迁，终变成了不求深刻理解的含义。老师和同学们自此对这个叫李嘉诚的学生另眼相看，想不到这个小孩竟然如此博学。

在儿时玩伴们的心目中，李嘉诚俨然成了优秀的学问家，因为伙伴们不知道的典故他知道，伙伴们不知道的故事他了解，伙伴们不认识的问题他思考。中国传统文化的启蒙为今后的李嘉诚树立正确的人生观打下了坚实的基础。

聪慧、喜好读书，谓之"敏而好学"，李嘉诚在他的童年时段里，留给了众人敏而好学的印象。敏而好学也贯穿了李嘉诚的一生，直到今天，李嘉诚仍然手不释卷，认真研读自己喜爱的书籍。

年少不懵懂

宋人许月卿《上程丞相元凤书》中曾说："人望顿轻，明主增喟，懵董之号，道傍揶揄。""懵懂"似乎成了少年的专利，对于他们而言，生活在父母的庇护下，无须懂得太多，只需懵懂地享受爱。

然而，李嘉诚虽然年少，但他作为家中的长子，却显得比同龄人更加早熟。他知书达理，不仅懂得书中的道理，同样也懂得生活的不易，这个少年并不懵懂。

年少的李嘉诚懂得父母养家的艰辛和世道的艰难。为了节省费用，当时的李嘉诚跟着他的父亲徒步很长时间到附近崇圣小学，并在这所学校寄宿，而母亲庄碧琴则带着他的弟弟妹妹们生活在如今的潮州市内。

许锡锋是当年李云经的学生，他曾经回忆道："李校长教过我算术，他下午在房里午睡时，儿子用风炉煮饭给他吃，一餐一碗饭，吃不饱。"在那个贫穷的年代，殊不知当时的李家因为李云经有教职，他们的家境在当时还算小康，甚至偶尔还有些多余的米周济乡邻。

和父亲住在一起的李嘉诚，亲眼看到父亲整日工作繁忙。7岁那年的一个初秋，睡醒之后的李嘉诚看到父亲仍在一丝不苟地批改学生作业，他当时就很疑惑：为什么老师付出很多，却收获很少？因为父亲工作十分辛苦，年幼的李嘉诚还要照顾父亲的起居。

在当时的崇圣小学，有一所非常简陋的茅草屋，这间茅草屋被命名为"读月书斋"，这也体现了在此居住的主人的与众不同，因为茅屋的主人就是乡村小学校长李云经先生。李嘉诚和父亲就一起在这间茅屋中生活了一段时间。

父子俩寄宿在学校的日子，虽然清苦但却充满幸福。幸福来自于李云经可以对他的学生循循善诱，幸福来自于小李嘉诚可以沉迷于自己的古文世界中。然而，当1937年来到之后，世道开始一点一点地发生改变了。

潮汕地区虽然地处南隅，但已经不太平，报章不时刊载山河破碎的消息。当时间转入到1939年6月时，日机已经出现在潮汕上空，该地所有学校此时不得已遭停课。

我们都学习过法国人阿尔封斯·都德的短篇小说《最后一课》，写的是普法战争后法国战败，割让了阿尔萨斯和洛林两地，普鲁士占领后禁教法语，改教德语，爱国的法国师生上了最后一堂法语课。

在李嘉诚的记忆中，也有类似的最后一堂课。当时，处在乡间的庵埠没有遭到敌机轰炸，绝大多数的学生仍然按时来到学堂。当时的国文老师慷慨激昂地讲解了岳飞的《满江红》。最后，师生们一起高唱《义勇军进行曲》："起来，不愿做奴隶的人们……"

"国破山河在，城春草木深"。悲壮的气氛在李嘉诚心中久久涤荡。战事纷扰，李嘉诚这个少年小子并不能提供实质性的帮助，他从家中的藏书中获取能量，他反复诵读岳飞、文天祥、辛弃疾等人的诗词，领悟到其间的悲愤和激昂。在那段特殊的日子中，李嘉诚在自己的幼小心灵里，就已经播下了奋发图强、振兴中华的种子。

苦其心志

孟子曰："舜发于畎亩之中，傅说举于版筑之间，胶鬲举于鱼盐之中，管夷吾举于士，孙叔敖举于海，百里奚举于市。故天将降大任于斯人也，必先苦其心志，劳其筋骨，饿其体肤，空乏其身，行拂乱其所为，所以动心忍性，曾益其所不能。"难道说，成功人士都要"苦其心志、劳其筋骨"，然后才能得到成功吗？历史在李嘉诚身上做了有力的注脚。

1937 年，"卢沟桥事变"爆发，抗日战争的烽火烧遍全国。地处南隅的潮州也未能幸免于炮火的洗礼。李嘉诚刚刚读初中的时候，日军轰炸潮州。祖国大地一片疮痍，潮州人民流离失所。

日本人的铁蹄到达潮州时，城区的居民惶惶不可终日，纷纷逃往乡间农村，躲避战乱。庵埠镇是在 6 月 22 日被日军占领的，学校被迫停课，这也意味着李云经彻底失业了。1940 年秋天，李云经拖家带口 6 个人逃难到澄海县隆都松坑乡。不久，他们不得不再次背井离乡，投奔到文祠镇后沟村，投靠在该地小学任教的胞弟李奕。

见到李奕后，李云经沉痛地说："我逃荒失业，生活无着。一家人患疟，没医没药，祸不单行，苦不堪言。"战乱中兄弟两人聚首并未带来更多的喜悦，李奕的薪水也较为微薄，生活日用捉襟见肘，李云经也不忍接受胞弟的接济。一家人靠着微不足道的积蓄生活，如此终究也不是办法。

然而，"屋漏偏逢连夜雨"，常年在外逃难的祖母不幸逝世了。从小就疼爱李嘉诚的祖母的突然离世，对李嘉诚是个不小的打击。

李嘉诚家从小康之家瞬间坠入贫困无助的境地，世事总是变化太快，曾经立志要成为学问家的李嘉诚慢慢动摇了自己的想法。曾经有人问李嘉诚，一个人的成功是不是跟从小的志向有关系，而他的志向是不是天生的？李嘉诚对这个问题有自己的看法："我自小很喜欢念书，而且很有上进心。那时候，我就暗暗地发誓，要像父亲一样做一名桃李满天下的教师，但是由于环境的改变，贫困生活迫使我孕育了一股强烈的斗志，就是要赚钱。可以说，我拼命创业的原动力就是随着环境的变迁而来的。"

如果不是日寇入侵，如果不是风云急变，李嘉诚也许会沿着求学治学的道路继续走下去，他也有可能继承父亲的衣钵，成为一名优秀的教育工作者。

但是，贫困的经历给李嘉诚带来了难以磨灭的悲苦印象，他不能忍受贫穷，他不能忍受贫困的煎熬。在他的心里，努力赚钱、兼济天下的梦想种子正在发芽。然而，他还只是个十几岁的少年，他仍然需要和家人共同面对贫困且不确定的生活。

眼看着在乡下的日子越来越难过，李云经和妻子庄碧琴商议多时，决定前往香港。寒冬腊月里，李云经一家人去香港之前，专程去祭奠老母亲。这是对老母亲的告别，也是对故土的告别。迎接他们的，是未知，是茫然。

1940 年冬天，李嘉诚和弟弟李嘉昭、妹妹李素娟，随父母踏上了未知的香港之行。其时，大道被日军封锁，李云经一家人只能选择走山间小路，甚至是夜间行动。一家人在逃亡香港的路上，究竟吃了多少苦，受了多少累，恐怕连他们自己也记不清了。跋山涉水十多日后，他们幸运地来到了香港。

李嘉诚回首往事时，曾这样描绘："小时候，我的家境虽不富裕，但生活基本上是安定的。我的先父、伯父、叔叔的教育程度很高，都是受人尊敬的读书人。抗日战争爆发后，我随先父来到香港，举目看到的都是世态炎凉、人情冷暖，就感到这个世界原来是这样的。因此在我的心里产生很多感想，就这样，童年时的五彩缤纷的梦想和天真就完全消失了。"

很难想象，年轻的李嘉诚过早地承担了生活的重压，当童真渐渐远离他，当磨难压上了他稚嫩的肩膀，他也完成了成长的蜕变。

父亲的遗产

关于李云经，我们知道他弃商从教，在不同的乡村教职岗位上，他为当地的教育事业贡献了自己的青春。

而在李嘉诚的心目中，李云经于自己不仅是一位严父，更是自己的指路名师。不论后来李嘉诚如何成功，李云经的言传身教一直影响着李嘉诚，这是他留给儿子的宝贵遗产。虽然李云经故去时，没有给李嘉诚留下一文钱，而给李嘉诚留下了沉重的家庭负担，但是，李嘉诚所获得的，却是父亲留下的宝贵精神财富。

李云经浸润在儒学之中，而儒学认为"孝"是修身的根本。孔子认为，"孝"最基本的是"奉养"，首先要保证父母的吃和穿。在这基础上，更为重要的是要尊敬父母。子游向孔子请问"孝"，孔子回答说："今之孝者，是谓能养。至于犬马，皆能有养；不敬，何以别乎？"孔子在回答子夏问时说："色难。有事，弟子服其劳；有酒食，先生馔，曾是以为孝乎？"如果只养活父母，对父母不尊敬，即使每一顿都给他们酒肉吃，也不能算做到了"孝"。孝顺是发自内心的真正的爱，语言要和气，面色要和悦，行为要恭敬。

孔子又解释"孝"说："生，事之以礼；死，葬之以礼，祭之以礼。"父母在世时要以"礼"来侍奉他们，父母死后要以"礼"来安葬他们，安葬以后还要按照"礼"来祭祀他们。1940年，李嘉诚的祖母因惊吓贫困而逝世。李嘉诚的两位伯父因为战乱，都没有赶来后沟奔丧。李云经、李奕兄弟二人在极度困难的情况下，仍然为母亲操办了葬礼。

而李云经对父母的"礼"给李嘉诚留下了深刻的印象，这也是李云经给李嘉诚上的最重要的课。除了"孝"，李云经先生的"义"也给李嘉诚带来了震撼。李嘉诚曾回忆说："我爸爸是非常典型的中国人，有气节，讲义气，且诚恳待人。"

在丰富的中国古文典籍中，不乏关于民族气节的词句。"壮志饥餐胡虏肉，笑谈渴饮匈奴血"，或者是"人生自古谁无死，留取丹心照汗青"，爱国情绪弥漫在李家的氛围中。李云经先生是一个热爱祖国的有识之士。1937 年抗日战争爆发后，李云经则以自己的绵薄之力投入到抗日救亡的浪潮中，他曾经编写了乡村民众能理解的抗日歌谣，积极进行抗日宣传。

李家虽然算不上大富，但在李云经先生失业前，家境还过得去。李云经一家彼时还经常将多余的稻米周济乡邻的穷人。这份对穷苦人的"义"也给李嘉诚留下了难以磨灭的印象。

常人总是以"钱"和"权"来衡量一个人成功与否，从这方面来说，李云经的一生并不成功。但是，在李嘉诚眼中，李云经确实是一个成功的父亲。李云经的一生贡献给了教育事业，他是一位成功的教育家。不然，何以能培养优秀的李嘉诚呢？

李云经给李嘉诚带来了全面的家庭教育和初步的学校教育，他为李嘉诚传道授业解惑，教给他做人的道理和做事的方法，这是李嘉诚所获得的最宝贵的财富。纵观李嘉诚，他的敬业精神和职业伦理，他的卓越能力和灵敏嗅觉，无不是受到李云经的真传。

李嘉诚的父亲李云经没能给李嘉诚带来更多的教诲和指导，1943 年，难以战胜病魔的李云经带着对李嘉诚的期盼，带着对家庭重担的愧疚悄悄地离开了人世。留给李嘉诚的，除了父亲言传身教的无形财富外，也包括了父亲留下的沉重家庭负担。

延伸阅读

奉献的艺术

——为汕头大学长江商学院近 300 位 EMBA 学生所作的演讲

（2004 年 6 月 28 日）

尊敬的各位领导、各位来宾、各位 EMBA 教授、同学们：

多谢大家常称赞我是一个成功的企业家，对于这些支持、鼓励，我内心是感激的。很多时传媒访问我，都会问及如何可以做一个成功的商人，其实我很害怕被人这样定位。我首先是一个人，然后是一个商人。

每个人一生中都要扮演很多不同的角色；也许，最关键的成功方法就是寻找到导航人生的坐标。没有原则的人，会漂流不定，有正确的坐标，我们做什么角色都可以保持真我，挥洒自如，有不同程度的成就，活得更快乐更精彩。

不知道什么时候开始，"士农工商"社会等级的概念，深深扎根在中国人传统思想内。几千年来，从政治家到学者，在评价"商"的同时，几乎都异口同声带着贬义。他们负面看待商人的经济推动力，在制度上，各种有欠公允的法令，历代层出不穷，把司马迁"货殖列传"所形容，商人"各任其能，竭其力，以得所欲"、资源互通有无、理性客观的风险意识、资本运作技巧、生生不息的创意贡献等等正面的评价，曲解为唯利是图的表征，贬为"无商不奸"，或是"熙熙攘攘，都是为利而来，为利而往"的唯利主义者。

当然，在商人的行列里，也有满脑袋只知道赚钱，不惜在道德上有所亏欠，干出恶劣行为的人。他们伤害到企业本身及整个行业的形象。也有一些企业钻营于道德标准和法律尺度中的灰色地带。今天商业社会的进步，不仅要靠个人勇气、勤奋和坚持，更重要的是建立社群所需要的诚实、慷慨，从而创造出一个更公平、更公正的社会。

从小我就很喜欢听故事，从别人的生活得到启发。当然，不单是名人或历史人物，四周的各人、各事，言行举止，都是如此。在商言商，有些时候，更会带来巨利的机会。洛克菲勒（Rockefeller）与擦鞋童的故事，大家都听过：1929 年，华尔街股灾前，一个擦鞋童也想给 Rockefeller 炒卖股票的秘密消息，Rockefeller 听后，马上领悟到股票市场过热，是离场的时候，他立刻将股票兑现，躲过股灾。

范蠡一句"飞鸟尽，良弓藏；狡兔死，走狗烹"，说尽了当时社会制度的缺憾，大家都忘不了他这句话。范蠡是《史记·货殖列传》中所记的第一人，他曾拜计然为师，研习治国方略，博学多才，是春秋时代著名的政治家。

他有谋略，有渊博及系统化的经济思维，他的经济智慧为他赢得巨大的财富。现代经济学很多供求机制的理论，我国历史早有记载。

范蠡的"积著之理"研究商品过多或短缺的情况，说出物价涨跌的道理。怎样抓住时机，货物和现金流的周转，要如同流水那样生生不息。

范蠡的"计然之术"，还试图从物质世界出发，探索经济活动水平起落波动的根据；其"待乏"原则则阐明了如何预计需求变化并做出反应。他主张平价出售粮食，并平抑调整其他物价，使关卡税收和市场供应都不缺乏，才是治国之道，更提出了国家积极调控经济的方略。

"旱时，要备船以待涝；涝时，要备车以待旱"。强调人们不仅要尊重客观规律，而且要运用和把握客观规律，应用在变化万千的经济现象之中。

我觉得范蠡一生可算无憾，有文种这样知心相重的朋友；有共渡艰难，共渡辰光的西施为伴侣，最重要的是，有智慧守候他的终生。我相信他是快乐的，因为他清楚知道在不同时候，自己要担当什么角色，而且都这样出色，这么诚恳有节。勾践败国，范蠡侍于身后，不被夫差力邀招揽所动。

范蠡助勾践复国后，又看透时局，离越赴齐，变名更姓为鸱夷子皮。他与儿子们耕作于海边，由于经营有方，没有多久，产业竟然达数十万钱。

齐国的人，见范蠡贤明，欲委以大任。范蠡却相信"久受尊名，终不是什么好事"，他散其家财，分给亲友乡邻，然后怀带少数财物，离开齐到了陶，再次变易姓名，自称为陶朱公。

他继续从商，每日买贱卖贵，没过多久，又积聚资财巨万，成了富翁。

范蠡老死于陶。一生三次迁徙，皆有英名。

书中没有记载范蠡终归是否无憾。我们的中国心有很多包袱，自我概念未能完善发展。范蠡没有日记，没有回忆录；只有他行动的记录，故无法分析他的心态。他历尽艰辛协助勾践复国，又看透勾践不仁不义的性格，他建立制度，却又害怕制度；他雄才伟略，但又厌倦社会的争辩和无理；他成就伟大，却又深刻体会到世间上最强最有杀伤力的情绪是嫉妒，范蠡为什么会有如此消极的抗拒？

说完我国著名历史人物范蠡，我想谈一谈一个美国的伟人。

来自另一个世界的本杰明·富兰克林（Benjamin Franklin），他墓碑上只简单刻上"富兰克林，印刷工人"的字。他是个哲学家、政治家、外交家、作家、科学家、商家、发明家和音乐家，闻名于世，像他这样在各方面都展现卓越才能的人是少见的。

富兰克林，1706年生于波士顿，家境清贫，没有受过正规教育，他一直努力弥补这一遗憾，完全是靠自学获得了广泛的知识。他12岁当印刷学徒，1730年接办宾州公报，他著作的《可怜李察的日记》一纸风行，成为除《圣经》外最畅销的书，他为政府印刷纸币，实业上获得了很大成功。

富兰克林不但有超越年龄的智慧，更对别人关心，有健全的思维，他对公共事业的热心和能力，更赢得了当地居民的信任。富兰克林曾经立下志愿，凡是对公众有益的事情，不管多困难，他都要努力承担。自1748年始，他开展了不同的公共项目，包括建立图书馆、学校、医院等。

做好事、做好人是驱动富兰克林终生的核心思想，他极希望自己做的每一件事，均有益于社会，有用于社会，身体力行为后人谋取幸福。

他名成利就后，从未忘记帮助年轻人找到自己增值的方法，在《给一个年轻商人的忠告》的文章内，他的名句"Time is money, credit is money"，将时间和诚信作为钱能生钱可量化的投资；在《财富之路》一文内，富兰克林清楚简单地说明勤奋、小心、俭朴、稳健是致富之核心态度。

勤奋为他带来财富，俭朴让他保存产业。

富兰克林十三个人生信条他都写得简明扼要："节制、缄默、秩序、决心、节俭、勤勉、真诚、正义、中庸、清洁、平静、贞节、谦逊"都是年轻人的座右铭。

他更是一位杰出的政治家，在美国独立战争期间，他曾出使法国，赢得法国对美国的同情与支持。独立后，制宪会议一开始，富兰克林更表现出一个政治家的博大胸怀。虽然他是众望所归，却提名华盛顿将军当总统。

富兰克林坚持留给制宪会议的绝非是名誉高位，而是胸襟、智慧和爱国精神。

1790年，这位为教育、科学和公务献出了自己一生的人，平静地与世长辞。他获得了很高的荣誉，美国人民称他为"伟大的公民"，历代世人都给予他很高的评价。

人类历史碑上永远会铭刻富兰克林的名字。

范蠡和富兰克林，两个不同的人，不同时代，不同文化背景，放在一起说好像互不相干，然而，他们的故事是值得大家深思的。

范蠡改变自己迁就社会，而富兰克林推动社会的变迁。

他们在人生某个阶段都扮演过相同的角色，但他们设定人生的坐标完全不同，范蠡只想过他自己的日子，富兰克林利用他的智慧、能力和奉献精神建立未来的社会。就如他们从商所得，虽然一样毫不吝啬馈赠别人，但方法成果有天渊之别；范蠡赠给邻居，富兰克林用于建造社会能力（Capacity building），推动人们更有远见、能力、动力和冲劲。有能力的人可以为社会服务，有奉献心的人才可以带动社会进步。

今天的中国人是幸运的，我们经历中国历史前所未见的制度工程，努力建设持续开放及法治的社会，拥抱经济动力和健康自我概念的发展，尽管未尽完善，亦不必像范蠡一样受制于当时社会价值观，只能以"无我"为外衣，追求"自我"，今日我们可以像富兰克林建立自我，追求无我。

在今天，停滞的思维模式已变得不合时宜，这不是弃旧立新，采取二元对立、非黑即白的思维，而是要鼓励传统的更生力，使中国文化更适用于层次多元的世界。

在全球化的今天，我们要懂得比较历史，观察现在和梦想未来。

从商的人，应更积极、更努力、更自律，建立公平公正、有道德感、自重和守法精神的社会，才可以为稳定、自由的原则赋予真正的意义。

虽然没有人要求我们，我们自己要愿意发挥我们的智慧和勇气，为自己、企业和社会创造财富和机会，大家可以各适其适。

最近我看到一段故事《三等车票》：在印度，一位善心的富孀，临终遗愿要将她的金钱留给同村的贫困小孩分批搭乘三等火车，让他们有机会见识自己的国家，增长知识之余，更可体会世界的转变和希望。

"栽种思想，成就行为；栽种行为，成就习惯；栽种习惯，成就性格；栽种性格，成就命运"。这不知道是谁说的话，但我觉得适用于个人和国家。

我最近常常对人说，我有了第三个儿子，朋友们听说后都一脸不好意思地恭喜我。我是很高兴，我不仅爱他，我的儿子也将爱他，我的孙儿也将爱他。我的基金会就是我第三个儿子。

过去六十多年的工作，沧海桑田，但我始终坚持最重要的核心价值：公平、正直、真诚、同情心，凭仗努力和蒙上天的眷顾，循正途争取到一定的成就，我相信，我已创立的一定能继续发扬；我希望，财富的能力可有系统地发挥。我们要同心协力，积极、真心、决心，在这个世上散播最好的种子，并肩建立一个较平等及富有同情心的社会，亦为经济、教育及医疗作出贡献；希望大家抱慷慨宽容的胸怀，打造奉献的文化，实现我们人生最有意义的目标，为我们心爱的民族和人类创造繁荣和幸福。

谢谢大家。

第二章
▼

乱世少年

避难香港

与广东相隔不远的香港是英国的殖民地。中国内地正遭受日军的铁蹄之时，香港却是一片太平盛世的景象。当时，不少潮州人选择避难香港，李嘉诚的母亲庄碧琴建议全家投靠她的弟弟庄静庵。

当时，庄静庵在香港也算是有一份产业，属于比较富裕的商人。在那兵荒马乱的年月，李云经在潮州当地找不到合适的工作，可选择的余地并不大。在几经斟酌下，李云经决定远走香港。

一家五口人在那个冬天开始了逃亡旅程。当时，日军封锁了去往香港的陆路与海路。李云经一家人只能选择乡间小路，在那个寒冬腊月里，他们艰难地一步步靠近香港。日子是艰苦的，他们没有钱住旅店，甚至要露宿荒山野地，有时候运气好能被好心人家收留住宿。冒着被日军捕获的危险，李云经一家人穿过重重封锁线，历经千辛万苦，终于到达香港。回首去往香港的征程，总算是有惊无险。

潮州的沦陷使李氏家族开始了在香港的流亡生活，李嘉诚也因此改变了自己的人生轨迹。一个全新的世界展现在李嘉诚的面前，尽管这个世界依然充满着太多的不确定，而这个地方就是：香港。

1840 年之前的香港还是一个小渔村。在英国占领香港前，香港岛上南部的赤柱、大潭笃和石排湾，东部的阿公岩、水井湾等，有一些渔民居住。其他黄泥涌、灯笼洲、七姊妹等几处，则有一些小村湾，当时，岛上的居民约 3000 人。英国人看中的是维多利亚港有成为东亚地区优良港口的潜力。1842 年，中英鸦片战争中清朝战败，割让香港岛给英国。1860 年，又割让九龙半岛给英国。1898 年，新界亦被英国强行租借。这三个部分就是我们所统称的香港地区，自此，香港成为英国人的殖民地。

当时仍为英国全权代表的砵甸乍于 1842 年 10 月 27 日在香港发出告示,指"香港乃不抽税之埠,准各国贸易,并尊重华人习惯"。自从香港于 1842 年成为自由港后,香港便成为区内一个重要的转口港。

此后,多间英国洋行在香港设立,也吸引不少华人从事与贸易相关的业务,如搬运及运输等。部分华商也来港设立南北行经商。工业方面,早年香港主要依赖造船业,在红磡及香港仔等地均设有船坞。香港开埠初期政府不收取任何税款,只依赖卖地及牌照等收入。虽然自 1850 年代起收取小量税项,但由于一直不抽关税,故对香港经济发展影响甚微。

20 世纪初,香港除了秉承以往的转口贸易外,香港工业也开始有所发展。第一次世界大战后欧洲工业生产受到影响,使香港多了不少工厂,以九龙一带为多。20 世纪 30 年代,当时全球经济大萧条及银本位货币制度受到冲击,都对香港经济构成一定影响。1937 年,港元正式成为香港法定货币。同年抗日战争爆发,使香港成为中国大陆的一个重要对外窗口,大量物资经香港进入中国。

经过数十年的经营,香港在中西文化的交融下,展现了繁荣蓬勃的发展潜力。来自中国大陆的各地华人在此生息、繁衍,而潮州人无疑成为香港人的重要组成部分。李云经选择香港作为自己的避难地,就是因为不少亲戚朋友都在香港,尤其是他的妻弟庄静庵。

作为转口贸易的集散地,香港的经济氛围浓厚,每个人都在为赚钱而拼搏。这里,人情味远没有在潮州浓厚,这是一个以拜金为主要内容的陌生城市。"香港地,人情比纸薄"。这句话是香港人的口头禅,也是不少人对香港这个拜金社会最好的写照。在很多人的印象里,香港不但没有人情,甚至连亲情、友情也十分淡漠。

对于初来乍到的李云经一家人而言,恐怕对这座陌生城市的"冷漠"印象深刻。远离了故土,没有人嘘寒问暖,李云经一家人置身于人情冷漠的城市中,真是进退维谷。虽然李云经一家人平安抵达香港,但面对他们一家人的,是茫然的未来:香港能否包容李氏家族?李云经能不能在香港立足?

投靠舅舅庄静庵

李云经一家人远走香港,所投奔的正是自己的妻弟庄静庵。提起庄静庵,钟表界的人士鲜有不知其大名的,他创立了中南钟表有限公司。1976 年石英钟面世,海外订单不断。1985 年开始在内地投资设厂，加工生产石英表、钟表零配件，产品销往全世界。香港是世界钟表王国之一，出口量居世界第一，出口值仅次于瑞士，中南钟表公司在香港钟表业中处于领先地位。

庄静庵 1908 年在潮州出生，早年家境并不优裕，只读过几年私塾，为了生活，不得不辍学谋生。他选择到外地闯荡，他曾经在广州的银号当学徒，渐渐晋升为经理。有了一些资本后，便独立经营批发生意。

1935 年，年仅 27 岁的庄静庵来到香港。当时的香港还没有自己独立的钟表工厂，钟表都是从西洋进口的，经销商大多数也是洋商。庄静庵选择钟表业，但是他也只能从最简单的产品做起。他在上环开办了一家工厂，只是生产布制、皮质表带，交给钟表商代销。他的产品质优价廉，很受欢迎，生产规模渐渐越做越大。庄静庵在香港逐渐站稳了脚跟，创出了一点名堂。

生意逐步扩大，庄静庵却并不满足于此。他的生意逐渐扩大到机械零配件。他此时成立了中南钟表有限公司，而且因自身实力的不断壮大，取得了乐都表和得其利是表的代理经销权。在庄静庵的不懈努力下，他的公司已经初具规模，公司设于德辅道的中南行十一楼至顶楼。很明显，当李云经一家人来到香港时，庄静庵已经成为香港上流社会的一分子。

此时的庄静庵已经被人视为成功人士。不少潮州人在香港经营餐馆、山货铺等，像庄静庵这样拥有产业的人并不多。庄静庵仍然在不断扩大经营规模，他更多的心思仍然是放在自己的产业发展上。对李云经一家人的到来，庄静庵不可能不高兴，但他也无暇顾及。

庄静庵安顿李云经一家人在中南表行的货仓住下，并设家宴为姐姐、姐夫洗尘。同为潮州人，又是近亲，庄静庵问了问潮州的近况，也向李云经介绍了香港的现状。他劝李云经不要着急，先熟悉熟悉香港，再慢慢找工作。庄静庵说香港处处都有发财的机会，他说他所认识的不少潮州乡下来的人几年后都发达了起来，以此勉励李云经。

李云经来到香港，最主要是投奔庄静庵。但庄静庵却没有提到让李云经到自己的钟表行去做事，这是李云经始料未及的。读书人和经商者的想法是不一样的，庄静庵是个实用主义者，他不像李云经总是大谈伦理道德。也许庄静庵不愿意将李云经招揽到自己的公司，是因为李云经比他大，不便管理，将公司事务与亲戚关系搅在一起非他所愿。

庄静庵总是异常忙碌，每天总是要工作十几个小时。他和家人相处的时间也十分少，去看望姐姐和姐夫的次数也日渐稀疏，有时候很久都见不到他的人影。不过，这并未影响到李嘉诚对这个舅舅的尊敬之情。因为他明白，在香港，人的生存处世之道向来如此。在多年以后，庄静庵这样说过："香港商场竞争激烈，不敢松懈懒怠半分，若不如此，即便是万贯家财，也会输个一贫如洗。"李嘉诚能理解舅舅的处境和做法。

不过，对于李云经来说，尽管明白香港商人的做法未必能用儒家伦理来衡量，心理上还是有点不太容易接受。庄碧琴准备去问一问自己的弟弟，却被心高气傲的李云经默默拦住了。

作为读书人，李云经秉持着固有的清高，他不愿意去开口求人。"既来之，则安之"，自己毕竟读过书，他相信凭借着自己的努力，一定能养家糊口。此后，他便出门去找工作。但是他四处碰壁，曾经是令人尊敬的小学校长，他的渊博学识在香港竟然找不到用武之地？在香港这个资本社会，金钱成为衡量人的价值的最重要标准。到香港后，他才发现香港一切依然艰难，甚至比乡下还要困难。

在香港，除了庄静庵一家亲戚外，还有几家远房亲戚。他们偶尔也会上门看看，但时间长了，也渐行渐远，慢慢都失去了联系。

面对着一家人嗷嗷待哺的期待，李云经不能自怨自艾，必须尽快适应香港的生活节奏。他没有气馁，他重新振作了起来。李云经也不再向儿子谈古论今，而是要让他学做一个香港人。

经过几番周折，李云经终于找到了一份工作：在一间潮州商人开的公司里做小职员。经历了颠沛流离，李云经一家人终于在香港落下脚了。但生活会沿着安定的轨迹继续吗？

语言关

作为中西方文化交融的城市，香港的华裔人主要使用广州话，而非华裔人则多以英语作交际语。

来到香港之后的经历，使李云经"经世致用"了起来：他教导儿子要跟他一样，要学会适应环境，学会做"香港人"。而成为香港人的首要条件，就是要学会香港人的交际工具。

李嘉诚是潮州人，香港人平时所用的语言是广州话。在香港，如果不懂广州话，简直寸步难行。广州话属于粤语，而潮汕话属闽南方言，对李嘉诚来说，广州话无疑像是外语。而另一方面，香港作为英国的殖民地已经被统治近百年，香港社会尤其是上流社会，英语成为最重要的交际语言。

少年早熟的李嘉诚当然懂得语言的重要性。李云经要求李嘉诚必须攻克这两门语言，作为在香港安身立命的基础。

作为潮州人，本身没有广州话的语言基础，但李嘉诚下定决心要学好广州话。舅舅家的表弟、表妹由于长期生活在香港，广州话已经驾轻就熟。他拜表弟、表妹为师，尤其是表妹庄月明，遇到不清楚的发音就立刻向他们请教。在日常生活中，他尝试着用广州话表达。在学校与同学交流时，他也不再安静无语，而是试着和同学讨论，以增加讲广州话的频率。尽管他的广州话发音时常引来嘲笑，但他却并不以为意。由于多学多练，李嘉诚的广州话越来越流利，逐渐和本土香港人没有太大的差别了。

攻克广州话难关的同时，英语却是横亘在李嘉诚面前的真正难关。香港作为国际性都市，从事国际贸易交流如果不懂英语将很难获得更大的发展空间。在香港，要想成为成功人士，就非需要学习英语不可。

从潮州来到香港，曾经的优秀学子不再优秀，因为他根本听不懂老师在讲什么。香港的中学，大部分是英文中学，即使是中文中学，英文教材也占了绝大部分。这是港英政府殖民化教育的结果，但也在客观上促进了香港的国际化。

香港本地的同学因为从小就开始了对英语的学习，所以他们听课根本不费劲。听不懂英语的李嘉诚并未沉沦，他下定决心要好好学习英语。基础比别人差，就需要比别人付出更多的努力。

父亲李云经挣来学费十分不易，懂事的李嘉诚清楚这一点。即使是在多年之后回忆起父亲省下药钱供他读书的情景，仍然止不住神色黯然。他需要用苦读来回报父母，他问自己：英语真的有那么难吗？

在学习英语上，李嘉诚采用了不聪明但是行之有效的方法。他的刻苦努力不比任何一个刻苦勤奋的孩子来得少。从此，上学放学的路上，多了一个边走边背单词的年轻身影，夜深人静时，路灯下多了一个刻苦阅读英语的少年，这就是为攻克英语而苦读的少年李嘉诚。

在学校里，碰到不懂的单词或句子，他谦虚地向老师、向同学请教，他每天的闲暇时间几乎都贡献给了英语。为了不影响家人休息，他在夜深时甚至借助外面的路灯默念英语。每天早上，他也起得比别人早，就是为了多记诵几个单词。

　　李嘉诚记忆力惊人，虽然来到香港仅仅一年多的时间，但经过刻苦努力，李嘉诚最终攻克了英语的难关，他已经能够熟练运用英语书写与会话。他的进步让父亲李云经感到欣慰，也让他的老师和同学们感叹不已，同学们认为他是自己的好榜样。李嘉诚虽然获得了进步，但他不骄不躁，仍谦恭地向老师和同学请教。而这，也为他赢得了同学的尊重和友爱，他们也乐意和这个大头少年交朋友。

　　完全不懂广州话和英语的李嘉诚，在短短的时间内迅速掌握了这两门语言。我们除了对李嘉诚的聪慧表达敬佩外，也应对他适应环境的能力由衷钦服。

　　凭借着不断努力，李嘉诚初到香港后在学习上的种种不适渐渐消除，他又重新变为老师和同学眼中的优秀学子，刚来香港时的自卑心理也渐去渐远，李嘉诚似乎找到了人生奋斗的不竭动力。

香港沦陷

　　李云经一家逃避战乱来到香港，是因为香港当时是英国殖民地，能享受战时的和平，他们也做好了在香港长期生活的准备。但未曾想，他们刚来香港一年时间，战火就烧到香港。

　　抗日战争爆发后，由于中国东部沿海一带落入日军的控制范围内，广东省一带的华南沿岸地区成了中国从外地输入各种物资的重要补给点。为切断这条补给线，日军于1938年10月1日在广东大亚湾登陆，并迅速攻占邻近地区，广州在10月21日陷落。而部分日军亦驻守于深圳的深圳河北岸，与英军为界。

　　1941年12月8日凌晨4时，日本海军航空兵偷袭美国海军基地珍珠港，太平洋战争爆发。就在日本海军偷袭珍珠港后数小时，当天早上8时，日军以工兵及步兵作先遣部队、共五万兵力从深圳进攻香港。负责防守香港的包括英国、加拿大、印度士兵和香港义勇军，总共约一万五千人。

　　战事一开始，日军便出动空军轰炸启德机场，将英军的飞机悉数摧毁，取得香港的制空权。英国海军仅有的三艘驱逐舰其中一艘亦被炸沉，其余两艘则负责将英军家眷撤离，仓皇离开逃往新加坡。

　　日本的轰炸机对香港的军事设施，甚至是居民区进行狂轰滥炸。李云经一家住在上环，附近火光冲天，炸弹的巨响震得窗户咯咯响。李家和大多数香港市民一样陷入了恐慌中。

　　1941年12月25日，在港督杨慕琦带领之下，一众英国殖民地官员渡海亲身前往被日军占据的半岛酒店三楼的日军总司令部投降。在香港保卫战中，盟军共阵亡2113人，8500人被俘。

这天晚上，绝大部分香港居民都躲藏在黑暗的房屋或防空洞里。往日灯火辉煌的"不夜城"变成了血雨腥风的恐怖世界，整个香港地区完全陷入了日本侵略军的魔掌，人们称这一天为"黑色圣诞节"。自此香港人口中的"三年零八个月"香港日治时期从此展开。

在香港人的眼中，被日军所统治的时期，是香港最黑暗的年代。在日治时期，日本侵略军还滥杀无辜居民，视中国人的生命如草芥。在离跑马地不远的蓝塘道，一户居民全家八口皆被杀害。在皇后大道西，一名老年妇女，因为听不懂日语想通过岗哨东行，被日军当场开枪打死。像这样的惨案不胜枚举。

为了稳定香港的秩序，日军在当地的文告中宣称："保护华人财产，香港战争是对付白种人的战争。"但这只是停留在口头上，有许多华人的店铺被封了门，特别是那些大的店铺，如先施、永安、大新等国货公司，五金行，汽车行等。被查封的公司企业门口多半钉上写有"军搜集部管理"字样的木牌，银行、当铺门口则钉有"金融班管理"的木牌。

此外，日军将香港九十五万担存米中的八十万担抢走充作军粮，造成香港严重的粮荒。黑市米价飞涨，最贵时每斤卖二百多元。由此造成饿殍遍野，惨不忍睹。

《香港沦陷记——十八天的战争》一书曾记述了日军明火执仗进行抢劫的情景："日本军队在海军船坞附近，他们正在整理一捆一捆的猎得物，那些都是用麻袋扎起来的，堆满了一个空地。在麻袋上面，有一个敌兵在绑一个小小的标签，上面写的是：'神户……'猎得物聚集了以后，卡车就将它带到西环的码头去，放入了大轮船里，这些轮船就一直驶回到日本。"

在日本侵略军占领香港三年多的时间内，香港广大居民生活在水深火热之中，蒙受了巨大的苦难。日本侵略军强迫居民使用军用手票。起初军票对港币的比率，定为一比二。到1942年10月，改为一比四。到1943年6月30日，则宣布禁用港币，居民必须在限期内到台湾银行兑换军票，违者杀无赦。这是在进行公开的金融掠夺。

在日本统治期间，香港百业凋零，唯有赌博、贩毒等罪恶的行业得到发展。从最热闹的皇后大道到最偏僻的角落都有赌场。臭名昭著的大赌场有"荣生公司"、"两利公司"等。这就是日本人带给香港的"福利"。

为了所谓的"大东亚圣战"，日军搜刮掳掠，将香港有限的物资运往日本，加剧了香港的恶劣处境。在日本统治初期，居民每人每天只能领到六两四钱配给米，仅能勉强糊口。到了战争中期，粮食急剧短缺，日本侵略者便改变配给制度，只配给为敌人服务的公务人员。结果造成无数香港人饿死在这片土地上。

日本人占领香港后，原本困难的李云经一家人生活更加困难。幸亏舅舅庄静庵不时资助，一家人才没有被饿死。

父亲离世

在日军没有攻占香港之前，李云经历经艰辛，终于在香港找到一份差事。这份差事虽然薪酬不高，但对落难中的李云经一家来说聊胜于无。只不过，要养活一大家子人，凭借着李云经的一点微薄收入，仍然三餐不继。

为了生存，母亲庄碧琴不得不带着李嘉诚的弟弟妹妹返回潮州，李嘉诚则跟随父亲继续留在香港。日本人侵入香港后，李云经的日子更加不好过了。在日本统治下，人民生活艰苦，没有充足的食物供应，由1942年开始由日本定额配给日用品如米、油、面粉、盐和糖。每个家庭都有一张定额配给许可证，每人每天只可以买六两四的白米。由于没有其他充足的食物，六两四白米明显不足。于是很多人只能以树叶、树根、番薯藤、木薯粉或花生麸勉强充饥。其后白米亦缺乏，改为配给日本萝卜作粮食。因为粮食日趋缺少，日方的定额配给制度于1944年取消，改以自由买卖，但更多市民因付担不起食物价格疯狂通胀而饿死。

由于那几年冬天特别寒冷，市民生火取暖需求增加，一些无人看守的建筑物，如香港大学、英皇书院及皇仁书院校舍等，木制品均被抢走，狮子山上的林木也被砍伐一光。由于燃油属军需品，因此也十分紧张，电力只能提供有限度供应，例如1943年，总督部就下令只限20：00至23：00亮灯。而供水因需要发电，因此即使日占时期水塘常因台风吹袭而满溢，但供水依然十分紧张。

对于李嘉诚而言，灾难接踵而至。1943年，李云经先生因劳累、贫穷而病倒了，并且病情不断加重。而这个时候，无疑是李嘉诚家最困难的时候。经诊断，李云经患的是肺痨，这在当时是一种不治之症，相当于被判了死刑。

为了维持李嘉诚的学费，李云经坚持不住院，即使医院开了药方，他也还是偷偷省下药钱，供儿子继续学业。庄静庵知道了这个情况后，强送姐夫到医院。但李云经仍偷偷把药钱省下来，他预感自己活不久了，他要将省下的钱用到儿子的学业上。后来，每当李嘉诚回忆起这段往事时，仍然泪眼蒙眬。

每天放学后，当李嘉诚向父亲汇报自己的学业时，父亲总是流露出宽慰。在父亲住院期间，李嘉诚尽心服侍，他照料父亲的脚步不因刮风下雨而有所停滞。在父亲的病榻前，他没有表现过丝毫的哀伤，以免父亲挂念。虽然，转过身去，他忧心如焚。

李云经病重之际，李嘉诚的母亲携着李嘉诚的弟弟妹妹，从潮州乡下赶到香港。李云经在弥留之际和家人团聚。为了给父亲治病，李嘉诚一家的生活相当清苦。两顿稀粥，加上母亲去集贸市场收集来的菜叶子，便是李嘉诚一天的伙食。

李云经的身体日渐衰弱，但他始终放不下他的儿子。李嘉诚先生回忆说："爸爸过世前一天，他没有什么话可说，他反过来问我，有什么事跟他说。若你细想一下，也觉得悲哀；但我很自信地跟他说，安慰他：'你一点也不用担忧，我绝对不会让你失望的。我一定会令家人有好日子过。'"

1943 年冬天，李云经最终还是没有摆脱病魔的纠缠，他走完了自己坎坷的一生，离开了这纷繁的乱世。

但李云经毕竟还不放心这个家庭，毕竟他留下的还有四个孩子，他们究竟靠什么活呢？即使是大儿子李嘉诚，此时也仍然是个十四五岁的少年，他给李嘉诚留下了"不义而富且贵，于我如浮云"、"做人须有骨气"、"求人不如求己"的遗言，他既希望李嘉诚能读书出人头地，也希望他能担起全家生活的重担。这是一个多么矛盾的期望啊。

作为李嘉诚的人生导师，父亲无疑是他最敬爱的人。然而，父亲的突然离去，带给李嘉诚的不仅是伤痛，还有自己曾经对父亲的承诺如何兑现的压力。生活似乎一下子又黯淡无光了，该如何走下去呢？

现实的造梦者

——李嘉诚2013年汕头大学演讲

（2013年6月）

尊敬的陈云贤主席、徐冰教授、各位领导、老师们、同学们：

今天是我们2599名同学毕业的大日子，很高兴，大家一起分享这快乐时刻。

最近，我因为急性胆囊炎，进行了手术，我已完全康复，依然积极向前。

在医院期间，我静静思考，世界改变的步伐不断加快，虽然过往的经验是人生无价之宝，但传统应对困难与挑战的智慧和观点，今天是否依然适用？古书古语，劝人苦心志、劳筋骨、坚毅奋斗，这些励志的话语，是否足够提升我们的韧力？如何迎战改变，是世界上每一个人要思考的问题。

很多道理，说者容易，听者难。血肉之躯，在人生中波涛翻滚，个中的滋味，你能体会？你愿意替代尝尝吗？你关心社会上的困难境况吗？你懂得体谅无助无奈者的叹息吗？或者你是那些曲尽心思，有万万千千借口的人，只会说"不公义与不公平是人生必然之理"或"对不起，我不能施以援手。何为富？何为贫？我自己也是受害者"。

也许，你们这一代，面对最大的挑战，是社会不平等的恶化。解决此问题的方案，将主导社会未来的改变。需要每个人和政府，积极、主动地克服这挑战。每人有不同的能力和道德标准，恻隐足以为仁，但仁不止于恻隐。有能力的人，要主动积极，推进社会的幸福、改善和进步，这是我们的任务。不仅是对社会的投资，帮助和激励别人同时也能丰盛自己的人生。

政府要鼓舞民志，要在发展企业精神、创造机会的大前提下，制定和推行明智知远兼正当有效的政策。政府要鼓舞民智，要投放更多的资源，在教育范畴推动更大的改革。教育是防范社会出现持续不公平现象的可靠卫士。今天在逆境中奋斗的人，不要让内心的愤怒燃烧，而影响你解决问题的能力。

在医院期间，我非常感激医生与护士们，专业与悉心的照顾，手术的伤口没有任何痛楚，凄楚的是心上的回忆。这个小指头是我第一个疤痕。这疤痕是我

14岁的时候愤怒的印记。那年，一个寒风透骨的冬天下午，我单独在舞台外，忙了一整天，要把堆得高高的皮带切割，为明天的生产工序做好准备。从窗框中，看见高层的人们，坐在暖暖的室内，悠闲地品茗。我默然感到很孤独、很怨愤，我错手割伤自己，深可见骨，我还记得血从伤口由红变黑，当时心中只有一个念头——自己一定不再成为那可怜的人。

我知道，只有怨愤而欠缺思维，只会令你更软弱、更惶恐，使你付出更大的代价和承受更大痛苦。我要把愤怒转为对自己更高的要求和更专注解决问题的动力。只有能面对现实的人才可以征服现实，只有更加勤奋，更具观察力和韧力的人，才可改变困境，创造机会和缔造希望。

各位同学，在过去数十年，别人给我的昵称是"华人首富"，这是一个很复杂的滋味。我的一生充满了竞争与挑战，历程是好不容易的。常常要有智慧、要有远见、要有创新，怎不令人身心劳累，风风雨雨中，我还是不断在学习笑对人生，作为一个人、一个爱自己民族的中国人、一个企业家，我不断在各种责任矛盾中，尽一切所能服务社会。

各位同学，你们具备卓越的专业知识与才干，迎接人生的各种挑战，你们的前途成就可以比我更光明，为社会缔造明天，舍你其谁？你们一生谨守正知、正行、正念，路漫漫其修远兮，你们对社会永远的关怀和参与，这一份坚持，就是解决不公平问题的最实际方案。我知道今天的你们以汕大为荣，明天汕大将会以你们为荣。

再次祝贺大家！

▼

第三章

打工生涯

求职屡碰壁

香港沦陷时期，很多主要的工厂被日本人夺取，小至小贩、大至银行都很贫穷。很多公司都倒闭，不少人失去工作，流离失所。由于食物短缺，日本人在占领期间执行归乡政策，软硬兼施强迫大量市民归乡，市民被迫回到中国大陆。在1945年，香港的人口由1941年的161万人跌至60万人。

在一片哀鸿中，没有人能留意到街头上的一对落魄母子，这就是李嘉诚和他的母亲庄碧琴。在这寒冬腊月里，萧条的街景，萧瑟的寒风，落寞的行人，构成了一幅凄凉的景象。庄碧琴带着李嘉诚挨家挨铺找工作，但许多公司都在裁员，一个没有任何工作经验的年轻孩子，想要找份工作是何其艰难！

到处都是失业的人，到处都是面黄肌瘦的人。李家孤儿寡母，必须要找到工作养家糊口。庄碧琴批发了一些小日用品零卖，每天只能赚到几角钱，这点钱根本没有办法养活一家五口。他们一家平时吃得最多的还是庄碧琴捡来的菜叶做成的稀粥。

舅舅庄静庵给他们带来了一袋米，不过没坐多久就起身告辞了。他自然知道姐姐和外甥在外找工作的艰难，但他始终没提让李嘉诚到他的公司工作的事。我们无法揣度庄静庵的想法，也许他只是想考验外甥的意志，让李嘉诚多接受一些社会的磨难与艰辛。

李嘉诚是个有骨气的少年，舅舅没有开口让他去自己的公司，他也从未开口。李嘉诚还需要继续去找工作，然而等待他的是一次又一次的碰壁，失望的情绪不禁笼罩在李嘉诚的心头。

香港有不少潮州人，母亲给李嘉诚提出自己的建议：去找潮州的亲戚和同乡，潮州人在外地总是会帮衬潮州人的。母亲给李嘉诚写了一些在香港的潮州人的姓名和地址。这又让李嘉诚重新燃起了生活的希望。

上环的黄记杂货店的老板黄叔是李嘉诚的伯父李云章的学生，他原先就住在潮州北门，和李嘉诚的家相隔并不远。如果在黄叔的杂货店里谋一份职，就能暂时帮助母亲解决家里人的温饱问题了。

当他来到上环街时，看到不少店铺都关门了。他曾经听舅舅谈过市场行情：日军攻占香港后，香港的商业难以为继，执笠（倒闭）的商铺越来越多。李嘉诚来到黄记杂货铺门口，现实的景象让他大吃一惊：店铺内除了倒塌的货架和一堆堆的破烂外，看不到一个人影。黄叔去了哪里？自从父亲过世以后，以前父亲的故交也一直没有联系，想不到短短的时间内发生了这么多的变迁。没有见到黄叔的身影，李嘉诚安慰自己：应该是黄叔的生意难以为继，搬去别的地方或已经回大陆了。

最大的希望落空后，李嘉诚按照母亲所提供的人名和地址继续寻找。在香港不同的商业区，都有潮州人经营的杂货铺或米面铺等。李嘉诚一家家地上门寻求帮助，然而现实又给了李嘉诚一次又一次的打击。不少人和黄叔一样，人去楼空，店铺荒废，想必已经回到大陆去了；也有部分人在原处居住，只不过店铺没有生意，随时有可能关门歇业，根本没有能力招人。

接连碰壁之后，李嘉诚的心头只祈求能找到一份工作养家糊口，但是这个要求对于他来说是一个多么大的奢望啊。他还能到哪里去找工作呢？他的脑海里涌现出一个想法：商业不景气，店铺虽然都关门歇业了，但银行应该不会关门歇业啊。如果在银行能做负责端茶倒水、扫地跑腿的工作也能使自己暂时有工作可做啊。

不得不说，年幼的李嘉诚的这个想法过于天真。为了提升日本在香港的影响力，汇丰银行、渣打银行与有利银行等外国银行遭到清盘，英国、美国及荷兰等同盟国的银行家被迫住在小酒店。银行的运作受到了极大的冲击，他们也没有招人的计划。存留在心中的最后一丝侥幸想法也破灭了。

李嘉诚拖着疲惫的身躯回到家中，看到家中年幼的弟弟妹妹，看到母亲辛劳的身影，他强打起精神，将自己的忧愁与失意暂时掩盖了起来，他要在家人面前表现出坚强的一面。他下定决心：明天再去找工作，相信一定能找到！

艰辛求职

李嘉诚的求职之路并不顺畅，但他坚信，一定能找到一份工作。不知过了多少个备受煎熬的夜晚后，有一天庄静庵托人带话，同意外甥李嘉诚到他的公司上班。庄静庵并不是一个铁石心肠的人，他也许是担心李嘉诚会因工作来得太容易而不思进取，让李嘉诚尝尝找工作的苦头，才会珍惜来之不易的工作机会。

无疑，在庄静庵的公司工作，每天和钟表打交道，是一门比较令人羡慕的技术活，很多人想进却未必能进得了这个公司从事这个工作。当母亲将这个令人振奋的迟来的消息告诉李嘉诚的时候，李嘉诚并没有显得十分激动。虽然在找工作的这些天里，他遭受了太多的辛苦和委屈，他的自尊心也遭受了一次又一次的打击。

"我不进舅舅的公司，我要自己找工作。"当母亲听到李嘉诚这么说的时候，她以为自己听错了。当李嘉诚毅然决然地拒绝了舅舅的好心好意时，母亲庄碧琴陷入了矛盾，作为母亲，她怎能不了解自己的儿子呢？看到倔强的李嘉诚，庄碧琴仿佛看到了李云经的影子。拒绝舅舅的好意，一定不是出于对舅舅的赌气，也许只是出于一种自立自强的精神，其中夹杂着一点男子汉的自尊。李嘉诚继承了父亲那种骨子里自立和不服输的劲头，虽然找工作的这段时间遭受了种种挫折，但同时也让李嘉诚产生了顽强的信念：一定要靠自己找到工作。

当看到儿子疲惫的身形和坚毅的眼神，庄碧琴支持儿子的决定，但她又不能眼看着一家人衣食无着，于是，对儿子说：事不过三，第三天还找不到工作，就一心一意到舅舅的公司去做工。李嘉诚想到全家人还在等米下锅，拒绝了这份工作，一家人又该何去何从呢？他答应了母亲的要求。李嘉诚心里清楚，如果三天时间内找不到工作，他们家将无以为炊，甚至有可能让家人出门乞讨为食。

第二天，李嘉诚起得比平时更早，虽然双脚已经磨起了血泡，但他的心情却一扫之前找工作的阴霾。他在街巷中穿行，不放过任何一个店铺，每次都询问是否需要人手。一天的时间总是过得很快，李嘉诚也许已不记得问过多少家店铺，只知道正午的阳光令他汗出如浆。也许是他的诚意感动了上天，位于西营盘的一家名叫"春茗"的茶楼出现在李嘉诚的面前。这是一家当地规模较大的老字号，李嘉诚抖擞精神，当他询问是否需要伙计时，这家茶楼让屡屡碰壁的李嘉诚看到了希望：茶楼正需要一个跑堂的伙计。

但是他却不能立即上班，因为老板要求他找一位本地有资产有信誉的人担保，这也是当时不成文的行规。喜出望外的庄碧琴带着李嘉诚来到庄静庵家中，想请庄静庵做他的保人。可是十分不巧，庄静庵出门在外，一时不能回来。李嘉诚唯恐"煮熟的鸭子"飞走了，他担心自己没有及时带担保人，茶楼老板会改变主意雇佣他人。

庄碧琴发觉了李嘉诚的不安，于是决定跟李嘉诚一起先去茶楼看看，告诉老板先通融一下，等舅舅回来再过来担保。于是母子二人一起来到春茗茶楼。茶楼老板和庄碧琴聊了很久，并且对她的贤淑印象深刻。当他得知了他们孤儿寡母的境况之后，茶楼老板同意让庄碧琴为儿子担保。李嘉诚终于得到了平生的第一份工作。

日后，李嘉诚回忆自己的母亲以及找工作的那段经历时说："在这段最艰难的岁月里，母亲起早贪黑含辛茹苦操持家务，抚养家中幼儿。母亲在昏暗的灯光下为我们缝缝补补，苦口婆心教导我们的情境现在仍是历历在目，让我铭记于心。我和两个弟弟、一个妹妹那时虽然年纪尚幼，但是我们始终记得母亲的劝导——要学会做人，培养自己艰苦奋斗、自强不息、百折不挠、坚强不屈的品质，即使在窘迫的困境面前，也绝不低头。所以在今天遇到困难的时候，我也总会想到当年贤惠的母亲是如何以积极奋进的态度面对残酷的生活的。"

第一份工作终于有了着落，这对于李嘉诚来说着实不容易。他没有接受舅舅的恩惠，靠自己赤手空拳闯荡世界，这段艰苦的经历也磨炼了他的坚强，他相信凭借自己的努力一定能够做出一番事业的。

茶楼跑堂

在香港，人们有喝早茶的习惯，早茶主要由中式点心和茶水构成。早茶一般在早上五六点开档，直到十一点结束。

李嘉诚在茶楼找到了工作，这多少让庄静庵有点吃惊，他没有想到外甥能这么快找到一份谋生的职位。为了表示祝贺和鼓励，庄静庵买了一只闹钟送给李嘉诚，以提醒他掌握每天早起的时间。

李嘉诚曾经在接受中央电视台的访问时，讲过一段他年轻时"防撞板"的事。这该如何解释呢？李嘉诚说："你刚刚才被闹钟弄醒，你说好吧，我再睡多一分钟之后就起身了，一按下去，你的一分钟可能变为两小时。所以，两个闹钟就不会撞板。"

刚进茶楼工作的李嘉诚将守时看得异常重要，舅舅的礼物可以说送对了。他每天都把闹钟调快20分钟，每天都是第一个赶到茶楼，每天需要工作15小时以上。后来，李嘉诚的这个习惯沿袭了大半个世纪，很多人都知道李嘉诚的手表比别人的要快一点。

跑堂，是指饭店里面的服务员，也称店小二，主要负责客店里面端茶递水送菜送酒等基础工作。当顾客进门，跑堂先要察言观色，分清档次，然后热情招呼：大爷、老板、太太……楼上请、雅座请、堂厅请。那时没有菜谱，跑堂对本店的点心必须熟记于心，随口报出，抑扬顿挫，十分动听。等客人叮叮当当，一呼一应，显得生意十分兴旺。跑堂还有"端盘"和"算账"绝招。那"端盘"讲究"驼叠"，能左手托盘，盘里放着七八样菜、汤；右手从手心到耳边，一溜摆着六七碗米饭；由灶间走上楼，再送到桌，一路晃动，滴水不泼，嘴里还喊着：先生点的饭菜到齐。跑堂算账时，不用算盘，不用笔，按着盘、碗报菜名，数价钱，最后加成总数，分文不差。这迎宾声、报菜声、算账声、送客声，是昔日跑堂"报唱"服务的基本功，统称为"响堂"。

我们经常在电影中看到的茶馆里有个店小二提个大茶壶，李嘉诚的第一份工作就是"店小二"，为人端茶倒水。

每天天刚蒙蒙亮时，就有茶客上门，作为茶楼的堂倌，必须要比客人更早。在客人光临之前，伙计必须在五点之前就准备好茶水茶点。当大伙计休息时，他还要在茶楼侍候。经过一天的忙碌，李嘉诚总是打扫厅堂后最后一个离开茶楼。每当他离开茶楼时，已经是夜深人静了。李嘉诚讲起这段日子，他形容"披星戴月上班去，万家灯火回家来"。

找工作的艰辛，使得李嘉诚对这份工作不敢有丝毫懈怠，他勤勉敬业，也赢得了老板的赏识。当时的李嘉诚，肯定不敢有宏伟的致富愿望，对于他而言，就是努力做好手头的工作，以养活母亲和弟弟妹妹。

跑堂是茶楼最辛苦的工种，工资不高但劳动强度不小，尤其是作为新人而言。李嘉诚在茶楼的工作异常辛苦，身为堂倌，必须站立，必须跑动，更重要的是需要灵活机动，时刻保持注意力集中。李嘉诚后来和自己的儿子谈及自己少年时的经历，十分感慨："我那时，最大的希望，就是好好地睡上三天三夜。"当然，在当时，这个希望无疑是份奢望。

茶楼的客流有多有少，当下午三四点茶客较少时，也总会有几个老人闲坐在一起消磨时光，李嘉诚需要在一旁侍候着。当晚上人声鼎沸之时，堂倌更要来回走动，不能有片刻休息。

李嘉诚每天的工作时间都要超过 15 个小时。最开始的一个月是最难熬的，刚刚进入社会的李嘉诚很难适应如此高强度的工作，但他必须咬紧牙关，一方面是为了挣薪水，另一方面他要证明自己能比任何人都做得更好。因此他坚持着，虽然每天晚上回来后，都累得不愿意动弹，但第二天早上他仍然比别人起得更早，上班时比别人更勤快。

李嘉诚的努力当然被老板看在眼里。辛苦了一个月后，当老板把第一份薪水交给李嘉诚的那一刻，他一定觉得自己的付出都是值得的。他的劳动终于获得了回报，他终于可以赚钱养活自己的母亲和弟弟妹妹了。在当时的情境下，茶楼能开给李嘉诚的工资少之又少，但这也已经令李嘉诚兴奋不已，毕竟全家不再受挨饿的威胁了。

工作仍然需要继续努力。每天下班后的李嘉诚虽然已经累得筋疲力尽，当他看到母亲端上的潮州白粥时，他全身又充满了干劲。李嘉诚在艰辛中度过了踏入社会的第一年。在茶楼的这一年时间里，他的努力获得了老板的认可，老板不断给他加薪，他渐渐地也能像其他堂倌一样有了午休或早归的机会。李嘉诚在多年以后总结自己的成功之道："因为我勤奋，我节俭，有毅力。我肯求知，建立良好的人际关系。"轻描淡写的话语，道出了李嘉诚在艰难困苦面前的勇敢和执着。

成功之后的李嘉诚，并未因为自己曾经店小二的经历而自卑，而是充满了自豪。的确如此，没有昨天的店小二，又怎么会有今天的成功商人李嘉诚呢？

学会察言观色

对于年轻的李嘉诚来说，茶楼的工作为他提供了薪水，这是他的"饭碗"。但是，这份工作的价值仅仅是提供薪水这么简单吗？他需要这份薪水养活一家老小，但他并不安分，他对自己的要求是即使做个堂倌，也要成为最优秀的。

可以说，茶楼是社会的缩影，三教九流都穿梭于茶楼中。李嘉诚发现可以将跑堂的工作看作是一个认识社会、积累经验的机会。他发现，即使是跑堂的工作也能处处增长见识，他不放弃任何一个这样的机会。

茶客们喜欢在茶楼谈论各种新闻，散布小道消息，即使不出茶楼，也能了解社会和世界的许多事情。这些见闻都是在家里、课堂上所不能见识到的。这是李嘉诚认识社会的第一课，在茶楼里的种种见闻也让李嘉诚认识到社会的错综复杂。对于涉世未深的李嘉诚来说，茶楼里的人和事有一种特别的新鲜感和吸引力。而他的思维也不再是初出学堂时的不谙世事，慢慢地他的身上被刻上了社会烙印。

茶楼里的客人，有穷人，也有富人。或风流儒雅，或粗俗不堪，他们有各自的特点，又有各自的喜好。"世事洞明皆学问，人情练达即文章"，李嘉诚慢慢地开始观察起每位客人，他发现这是一种很有趣的工作体验。

　　李嘉诚根据茶客的特征，揣测他们的籍贯、年龄、职业、贫富、性格等，然后找机会验证。同时，他也揣摩顾客的消费心理，看他们喜欢喝什么茶，喜欢什么茶点。当然，最开始的时候，他也猜不透茶客的喜好，甚至有时候会出现将一桌的茶点送到另一桌的情形。但他没有放弃，在观察人的同时，也从各种细节揣摩，甚至利用闲暇时间总结规律。

　　随着时间的推移，李嘉诚发现自己面对形形色色的茶客时，就能对他的消费喜好猜个八九不离十了。但是，李嘉诚对客人的揣摩和观察并没有停步，他对一些常客的消费需要和习惯已经了如指掌，谁喜欢吃虾饺、谁喜欢吃肠粉、谁爱喝铁观音、谁喜欢喝普洱茶，他心里都十分清楚。甚至是什么时候上茶点，他都能拿捏得恰到好处。当陌生人来到店里时，李嘉诚也能凭借客人的衣着、外貌以及言谈举止将对方的身份、地位以及喜好摸清楚。只要客人一落座，即使不用开口，他也能将客人想要的茶点送上，同时还能根据客人做生意的类别用不同的话语问候一番。这对茶楼的堂倌来说是一项了不起的本领。

　　通过察言观色，李嘉诚能投顾客所好，使顾客感到特别受尊重。高兴之余，一些有闲钱的茶客自然会愿意掏腰包打赏。能赢得顾客的欢迎并且能让顾客高兴地掏腰包，自然也能受到老板的青睐。

　　于是，李嘉诚更加自觉地训练自己察言观色的本领，在所有的堂倌中，李嘉诚表现得尤为出色，他通过在茶楼里的察言观色，迅速了解了各种人情世故。说到底任何工作的本质都是与人打交道，了解对方的心理需求，做什么事不都会得心应手吗？

　　其实，察言观色的本领并非只是在茶楼做堂倌才能派上用场，在以后的推销生涯中，了解客户的真实需要时，如果没有这项本领，李嘉诚也很难走向今后的辉煌。

　　在茶楼工作了一年多的时间，这是李嘉诚的第一份工作，也是他参与社会工作的起点。这份工作为李嘉诚提供了薪水，也为他提供了宝贵的社会经验。对李嘉诚而言，这是宝贵的工作经历。

差点丢了饭碗

　　李嘉诚无疑是茶楼里十分优秀的堂倌，但由于刚进茶楼时间不长，有一次出了点差错，而这次差错差点让他丢了饭碗，他对此印象特别深刻。

　　一次，李嘉诚站在旁边侍候茶客，这位茶客正在和朋友喝茶谈生意。李嘉诚对做生意的门道比较有兴趣，不觉听得入了神。当听到大伙计叫唤他时，他才想起来要给客人添水，他赶紧拎着茶壶过去。也许是还沉浸在刚才茶客们的对话中，当他发现旁边的客人"啊"的一声后，才猛然醒悟过来自己闯了大祸了：他把滚热的开水不小心洒到了茶客的裤脚上。

这是李嘉诚第一次也是很严重的一次错误。茶客是茶楼的衣食父母，是堂倌要侍候的大爷。小伙计要是把水溅到客人的身上，遇到蛮横的茶客，事情可能就会变得复杂起来。李嘉诚当然记得，前不久有一个堂倌也犯了这样的错误，那个茶客据说是"三合会的白纸扇"，也就是黑社会里的师爷。老板不敢得罪这位客人，小伙计被逼得当场下跪请罪，老板也在一旁赔不是。因为得罪的人是茶楼老板不敢得罪的人，当天晚上，这名堂倌就被逐出了茶楼。

没有遇到这种事故的李嘉诚当场呆住了。他担心自己好不容易找到的工作会突然失去，他是一家人的主要经济支柱，如果没有这份工作，他们一家会重新回到以前紧巴巴的生活中。想到自己可能的遭遇，李嘉诚手足无措，木桩似的站在那里。

眼疾手快的老板看到这个场景，立即趋前道歉，让李嘉诚给客人赔礼。这时，这位宽厚仁慈的茶客并没有生气，反而开口对老板说，没关系，不怪这小师傅，是我自己不小心碰到了他。老板面色和缓了一些，还是忍不住斥责李嘉诚。李嘉诚给这位茶客鞠躬道歉，老板也在一旁赔笑。那位茶客笑着说没事。因为茶客的开脱，一场暴风骤雨就这样瞬间无声化解。

茶客走后，茶楼老板把李嘉诚叫到一旁，李嘉诚很担心老板会炒他鱿鱼。但老板也没有在这件事上过分纠缠，只是说：我知道是你不小心把水溅到了客人的裤脚上。以后做事一定要千万当心。万一犯了过失之后，也要立刻向客人赔礼道歉，说不准就能大事化了。这客人心善，如果碰到的是心怀恶意的客人，茶楼经一番闹腾，就没有办法做生意了。开茶楼，老板和伙计都难做。听到老板的斥责，李嘉诚答应以后一定会注意，保证以后不再发生这种事情了。

当天晚上，李嘉诚回家以后，跟母亲讲到了这件事，母亲说："菩萨保佑，客人和老板都是好人。"母亲为遇到这样的客人和老板而感恩，善良的客人为李嘉诚保住了饭碗，而老板也终没有炒他的鱿鱼。母亲同时告诫儿子："种瓜得瓜，种豆得豆"，"积善必有善报，作恶必有恶报"。母亲的教诲时时提醒着李嘉诚。

李嘉诚后来也没有再见到过这位好心的茶客，他曾经讲过，这虽然是件小事，在我看来却是件大事。如果有缘能见到这个客人，一定会让他安度晚年，以报答他的宽宏大量。

在茶楼里经历了这件事之后，李嘉诚工作愈加谨慎小心，他真诚敬业、做事用心，跑堂的工作渐渐得心应手了起来。当他适应了茶楼工作并且在自己的岗位上越来越出色时，艰苦的日子也就没有那么难熬了。而他对于工作的尽心尽责也使得他在今后的工作中再也没有犯过类似的错误，他在心中感谢老板给予的机会，更感谢那位茶客给予的宽容和理解。

作为李嘉诚一生中的唯一一次"饭碗危机"，这次经历带给李嘉诚不少思索：做事要认真、专注，做人要宽容、大度。这也是这次"饭碗危机"给李嘉诚带来的人生财富吧。

钟表学徒工

在茶楼工作了一年多以后，李嘉诚的薪资也有所上涨，自己也有了一定的休息时间。但他的志向并不是做一个小伙计，跑堂的工作就算做得再好，也难有出头之日。他渴望新的职业，这时舅舅的中南中标公司成为他的首选去处。

一年前，李嘉诚拒绝了舅舅的好意，在茶楼工作一年多后，李嘉诚又愿意进入舅舅的公司。至于其中的缘由，李嘉诚没有解释过，但庄静庵回忆少年李嘉诚时说："阿诚的阿爷谢世太早，故阿诚少年老成，他的许多想法做法，就像大人。"

分析李嘉诚在茶楼工作一年后选择去舅舅的钟表公司，原因可能是舅舅对李嘉诚的骨气和能力非常满意，愿意培养自己的外甥；当然更大的可能，是李嘉诚已经不满足于做一个端茶递水的店小二，他想要学一门技术，靠技术吃饭。

1944 年，李嘉诚进入了舅舅的中南中标公司，但是庄静庵没有因为这是自己的外甥而给予特别的照顾。按照庄静庵的安排，李嘉诚需要从小学徒做起。

刘半农先生曾写过一篇《学徒苦》：

学徒苦！学徒进店，为学行贾；主翁不授书算，但曰"孺子当习勤苦！"朝命扫地开门，暮命卧地守户；暇当执炊，兼锄园圃！主妇有儿，曰"孺子为我抱抚。"呱呱儿啼，主妇震怒，拍案顿足，辱及学徒父母！自晨至午，东买酒浆，西头青菜豆腐。一日三餐，学徒侍食进脯。客来奉茶；主翁倦时，命开烟舖！复令前门应主顾，后门洗缶涤壶！奔走终日，不敢言苦！足底鞋穿，夜深含自补！主妇复惜灯油，申申咒诅！食则残羹不饱；夏则无衣，冬衣败絮！腊月主人食糕，学徒操持臼杵！夏日主人剖瓜盛凉，学徒灶下烧煮！学徒虽无过，"塌头"下如雨。学徒病，叱曰"孺子贪惰，敢诳语！"清清河流，鉴别发缕。学徒淘米河边，照见面色如土！学徒自念，"生我者，亦父母！"

这首词形象地说明了旧时学徒的凄惨境遇。李嘉诚作为小学徒，当然不能接触钟表活儿，扫地、煮茶、倒水、跑腿的杂事是学徒的"本分"工作，对于这些工作，李嘉诚在茶楼已经驾轻就熟，能讨得师傅们的欢心。不少人并不知道他是庄静庵的外甥，他们在庄静庵面前夸这个新来的学徒聪明伶俐，又谦恭勤快，职员想要做什么，他都会主动帮忙。

在钟表公司当学徒工，可以正常地上下班，李嘉诚也因此有了难得的空闲时间，毕竟与之前每天工作十五六个小时相比，如今的空闲时间已经十分奢侈了。不过，李嘉诚并没有一味地休息，他知道自己来到钟表公司的主要目的是学习技术。因为心灵手巧，又懂得哄师傅们开心，钟表师傅们都很愿意教授他。仅仅经过半年时间，李嘉诚就学会了当时各种型号的钟表装配及修理，他对钟表出现的各种常见问题及解决办法都了如指掌。当钟表师傅忙不过来的时候，他们也放心地将小件的活计交给李嘉诚去做，每次他都能完成得很好。

李嘉诚在学徒生涯中，并没有放弃学习，他用到旧书店购买旧教材的方法自学，掌握了基本的知识。李嘉诚曾回忆说："先父去世时，我不到十五岁，面对严酷的现实，我不得不去工作，忍痛终止学业。那时我太想读书了，可家里那么穷，我只能买旧书自学。我的小智慧是环境逼出来的，我花一点点钱，就可买来半新的旧教材，学完了又卖给旧书店，再买其他的旧教材。就这样，我既学到知识，又省了钱，一举两得。"

李嘉诚的聪明好学再次令舅舅刮目相看，也令公司员工赞叹不已。在这半年多时间里，庄静庵看到了李嘉诚的长进，对此他感到很高兴。

1945年8月，日本投降，百废待兴。在日本统治时期，原本160多万的香港人口减少到了60余万，战后几个月内，据统计每个月都有约10万香港人回流。作为商人的庄静庵看到战后的香港局势趋于稳定，他相信香港的经济会得到长足发展，他着手扩大公司规模，调整人事安排。李嘉诚被舅舅调往高升街钟表店当店员。

与李嘉诚同在高升钟表店共事过的老店员，曾在采访时这样说："嘉诚来高升店，是年纪最小的店员。开始谁都不把他当一回事，但不久都对他刮目相看。他对钟表很熟悉，知识很全，像吃钟表饭多年的人，谁都不敢相信，他学师才几个月。"

离开中南钟表公司

1945 年 8 月 15 日，日本宣布无条件投降，当时的香港经历日本占领期间的摧残后，香港人渴望经济发展、社会稳定。随着港英政府的管制制度逐步健全，香港的经济生活逐渐走上了正常轨道。

1946 年上半年，香港经济已经恢复到日本侵略之前的最好水平。经过一年时间的休整，工厂、商铺都逐渐恢复了生产和营业，香港人从各地回归使得香港人口激增，从战时的 60 万迅速达到 100 多万。

商贸复苏，香港这个昔日的商贸中心重新焕发了光彩。随着香港商业环境的好转，各行各业都出现了强劲的发展势头。本身在香港钟表业已经占据一席之地的中南钟表公司在此时也有了长足的发展，中南钟表公司占据了香港钟表市场的较大份额，并且重新建立了东南亚地区的销售网络。在战后，庄静庵的钟表营业额迅速攀升。

而这一时期，庄静庵也有了自己雄心勃勃的计划。他筹划开办一间钟表装配工厂，将以前的钟表装配扩展为自产钟表，不再依靠进口的钟表零配件。而李嘉诚此时正被派到高升街的一家钟表店做店员。这时候的李嘉诚已经是一个对钟表技术有所掌握的熟练技术工人了，他对高升街钟表店的业务，包括产品的拜访等，都有自己独到的见解。

而李嘉诚的才华和能力，此时已经得到庄静庵的肯定。庄静庵想借开办钟表厂的机会，重用自己这位能干的外甥。李嘉诚当然也十分看好中南钟表公司的前景，但他最终决定离开舅舅的公司，他需要自己出去闯荡一片天地。

下定决心离开舅舅的公司，这也不是一个简单的决定。依然有很多人不解为什么李嘉诚会离开中南钟表公司。当初李嘉诚选择来舅舅的钟表店，除了想学点技术之外，他也可能想接近自己的表妹庄月明。但是，现实中舅舅和舅妈都不同意两人的来往，这让李嘉诚十分苦恼。更重要的是，李嘉诚在钟表业浸染了一年多时间，对钟表业的现实困境和未来掣肘都有了自己的认知，他对自己在这个行业的发展也失去了兴趣。

李嘉诚虽然年轻，但生活的境遇让他骨子里有股渴望出人头地的傲气，希望自己也能够像舅舅一样，干出一番自己的大事业。在中南钟表公司自然收入稳定，但是只能在舅舅的羽翼下生活。

1946年初，李嘉诚和庄静庵坐在一起，他们进行了一次交流。在这次交流中，李嘉诚就香港的钟表业做了一番周详的分析。李嘉诚认为，瑞士等西方国家的机械表生产技术已经炉火纯青，他们占据了钟表的高端市场。日本人开发了电子石英表的新领域，并由此占据了中档钟表市场。但是，中低档表市场仍然是可以开拓的空白，李嘉诚建议舅舅抢占这一领域。

即使用今天商家的眼光来看，李嘉诚的见解依然比较独到。后来香港成为继瑞士、日本之后的又一重要钟表基地，就是以迎合中下层顾客需要为主要支柱。庄静庵采用的发展策略不能说完全和李嘉诚没有关系，至少说明少年李嘉诚的商业眼光已经独具一格。从此，他的舅舅也终于发现自己的外甥的的确确已经长大了。

李嘉诚依然十分感恩舅舅在困难时对自己的帮助。不过他也坚信，自己离开舅舅公司的决定是对的。

延伸阅读

我很在乎未来

——李嘉诚 2012 年汕头大学演讲

（2012 年 6 月 29 日）

Dr Carlson、尊敬的各位领导、校董、校领导、各位嘉宾、家长们、同学们：

大家好！非常高兴大家莅临汕大，一同分享毕业同学们这快乐的一刻。上星期听到校领导介绍汕头大学十年改革的种种成果和未来五年的计划，实在令人兴奋。我谨代表校董会同仁向汕头大学每一位老师和工作人员，对你们至诚推动中国教育事业的改革和前进——不畏艰辛、不畏阻力的决心表示尊敬和感谢。我对汕头大学的未来是充满信心的。

我从来都不太明白，为什么大家常常说以前总比今日好。是因为往日和现实有很巨大的差异令人无奈，难以适应，还是我们能在昔日痛苦和难过的回忆中，总能找到点滴温馨，转化为今天新的动力？

我 1928 年在潮安出生，如果你认为今天的汕头还不算很先进，那么 84 年前潮安县的景象就更加可想而知。在家乡这十二年，我有太多甜酸苦辣的回忆。

还记得我六岁那年的夏天，晚饭后一家人陪伴祖母在家里的小院子纳凉聊天，叔叔告诉我们城中的老板如何富有，人们估计他有二十万枚龙银（以古董价计算，今天约值人民币三亿元）的总资产，祖母低沉地自说："不知我们哪一代的子孙，才可能像别人那样。"一个老百姓期求安逸的平常盼望。

我心爱的祖母早已离逝，长眠在她最爱的那韩江岸旁，七十八年过去，我也曾在扫墓时倚在祖母的墓旁，低声地向她说："我们已经做到了。"

如果你认为一个失去求学机会，没有任何资源，穷得只剩下希望的小伙子对"命运"巨碾从未惧怕，那我要告诉你事实并非如此。对贫穷的人，忧虑是一个体验至深的折磨。

也许你们都听过我如何挣扎求存，奋抗命运变幻无常的故事，但你们可能不知道，我在你们同龄的时候，多次拒绝放弃理想以换取"无发展空间"的眼前安逸，我一直深信，如果世界上有任何"成功秘方"，其中最关键的元素必定是你对成功的欲望远远大于对失败的恐惧。这心态像是刀锋——锐化你对什么是"可能"的触觉和激发你的梦想；这心态像是预警系统，令你对自满情绪和停滞时刻警惕，令你审慎律己、敢爱、敢说实话、敢当万绿丛中那点红。

当你在我的年龄，你不会想带着后悔和遗憾感慨，曾经是开朗、热情、自信的你，却选择无梦和无理想地过了一辈子，你曾经正直无畏，真诚和至诚烙印在你那颗赤子心上，但面对生活冷酷的考验，你选择放弃原则和目标，在道德路上迷失了你的灵魂、你的谦卑和爱贡献的心。

各位亲爱的同学，人生命运必然是你一生做出选择的总结，懂得如何选择和承担后果是谱写自己命运的入门法。

爱因斯坦在普林斯顿大学的办公室门上挂着这句话："不是所有可以算的东西都是重要的，也不是所有重要的东西都可以被计算。"

那你问我当年订立的目标是什么？我的答案你们早就知道："建立自我，追求无我"，希望你们与命运也许下承诺，凭仗智慧和勇气，实现你的梦想及服务我们心爱的祖国大地和我们彼此共存的世界。我再次向你们表达衷心的祝贺，今天你以汕大为荣，明天汕大将以你为荣。

谢谢大家。

▼

第四章

跳　槽

跳槽五金厂

1946 年初，17 岁的李嘉诚大胆地迈出了新的一步：决定离开庄静庵的公司。此时，李嘉诚已经不用为家里五口人的三餐担忧，他在舅舅的公司，自己的很多想法受到压制。不想寄人篱下的李嘉诚，在中南钟表公司工作两年后，毅然决然地辞职了。

当时，李嘉诚找了一份五金厂的工作，五金厂的老板与庄静庵有业务往来，他出面请庄静庵"放人"。李嘉诚终于如愿以偿来到五金厂，开始了"行街仔"的生涯，行街仔就是走街串巷推销产品，李嘉诚说，自己一生最好的经商锻炼，就是做推销员。

李嘉诚这时已经不愿意给人当学徒了，他选择了当推销员。但推销工作是一个极富挑战性的工作。不少优秀的企业家年轻时都做过推销工作，李嘉诚也在此列。不过，当时选择加入推销队伍的李嘉诚只是凭借直觉，因为他需要赚钱！

李嘉诚在五金厂的主要任务是推销白铁桶。但推销与他曾经坐店销售钟表是不一样的，顾客到店里来表明已有购买的意向，而推销则是打开顾客的需求。顾客有没有购买的意图，需不需要你的产品，如何激发顾客的购买欲望，如何巩固已经建立的买卖关系，所有的这些都是销售员面临的现实问题。

五金厂出品的是日用五金，比如镀锌铁桶，最理想的客户就是卖日杂货的店铺。但是这片红海，早已经有众多的推销员将产品集中于这类店铺。李嘉诚刚入行就感到竞争十分激烈，他也向杂货店推销铁桶，但收效甚微。继续按照这种老路子走下去，很难获得突破。

灵光一闪，在李嘉诚的脑海里出现了直销的想法。李嘉诚曾经在茶楼待过，他了解酒楼旅店是订购铁桶的大户。往旅店直接推销铁桶，这在当时并不多见，因为受市场影响，推销员多数直接推销到零售商。

刚进入推销行业的李嘉诚发现了这一商机，他认为直销比向零售商推销具有更大的优点：酒店旅店从零售商拿到的货品价格肯定要比代表厂家的李嘉诚贵得多，此外，直销直接面对客户，彼此的要求十分清楚，厂家也能根据市场的需求调整产品结构。

针对酒店旅店直接销售的策略很快奏效。李嘉诚在一家酒店一次就推销出 100 多只铁桶，这在当时是十分惊人的业绩。推销这些铁桶的佣金，已经超过了他在酒楼打工一个月的收入。但是，李嘉诚并没有满足于此。因为酒楼和旅店的数量有限，铁桶又是经久耐用的日用品，成交一次之后就很难有第二笔生意的机会。

无疑，铁桶作为日用品，普通家庭是最广泛的客户群。一户家庭通常只使用一两个铁桶，但家庭散户数目众多，加起来的数目十分庞大。李嘉诚对家庭散户做了相应的市场调查，他发现高级住宅区的家庭大多使用铝桶而不是白铁桶，白铁桶很难打进这些住宅区。在 40 年代的香港，的确如此。即使到现在，有些日用品的价格不也还是打上了富裕阶层与贫穷阶层的标签吗？李嘉诚唯有将目标瞄准中下层居民区。

确定了目标客户群之后，如何占领这个分散且庞大的散户市场呢？李嘉诚在苦苦思索着对策。当他偶尔看到居民区有几个老太太围坐在一起，李嘉诚将推销目标锁定在老太太身上，他重点找这些老太太卖桶。李嘉诚选择老太太卖桶，当然有自己的考量：老太太们都不上班，她们喜欢串门唠叨一些小事，她们自然成了李嘉诚的义务推销员。通常是一家用过之后，都会向邻里夸耀，结果必然是家家户户都在用白铁桶。

向街坊们推销白铁桶之类的日用品，并不完全依靠口吐莲花。李嘉诚其实有点内向，生性腼腆，数十年后成为巨富，他仍然不是一个谈锋犀利的人。老太太们买李嘉诚的账，是看在李嘉诚小小的年纪，就走街串巷，异常辛劳，这让底层的老太太们不忍回拒，加上李嘉诚文质彬彬，斯文有礼，推销的工作自然事半功倍。

李嘉诚无疑是同辈中优秀的推销者，他的推销成绩总是领先他人，除了他的聪颖外，还究竟有什么秘诀呢？被誉为日本推销之神的原一平，也曾经被问到推销的秘诀。原一平在听到这个问题的时候，他当场脱掉了自己的鞋袜，请问话的人摸摸自己的脚底板。当问话的人摸到厚厚的脚茧时，不禁惊讶。原一平说：我走的路比别人多，跑得比别人勤快。原一平的回答，也许同样可以回答李嘉诚的成功之道。

通过不断开拓市场，李嘉诚的销售业绩突飞猛进。自从李嘉诚加盟五金厂后，五金厂的业务蒸蒸日上，销售带动生产，五金厂的发展渐渐步入佳境。五金厂老板十分高兴，在员工面前称李嘉诚是五金厂的第一功臣。

推销艺术

在开辟酒楼、旅馆的直销路线后，其他推销员发现这是片蓝海。当所有人都涌到酒楼和旅店推销后，这片蓝海很快就变成了红海。尽管如此，李嘉诚的销售业绩仍然独占鳌头。

在香港乃至世界各地，每天辛勤工作超过 10 个小时的人恐怕不在少数，为什么他们如此勤奋却没有出人头地呢？对于李嘉诚来说，他在推销的过程中，不仅懂得勤奋的重要性，也善于动脑筋，往往能起到事半功倍的效果。

在李嘉诚看来，推销的实质是推销自我，只有让顾客首先接受你这个人，才能喜欢并购买产品。所以优秀的推销者首先能将自己推销给站在面前的顾客，李嘉诚便是这样的人。

有一次，李嘉诚去一家酒店推销铁桶。但老板显然对这些推销者很不耐烦，李嘉诚在这里碰了一鼻子灰。他只好沮丧地离开这家酒店。但是李嘉诚并不是一个轻易就会认输的人，他慢慢地冷静下来，决定重新回到这家酒店。

见到老板后，尚未等到老板发作，李嘉诚就抢先说："我这一次不是来推销铁桶的，您在商界德高望重，作为晚辈，我恳求得到您的指点，我是个初出茅庐的新手，您比我有更丰富的社会经验，我只是想请教，在我进贵店推销时，我的举止、言辞、态度等有什么不妥当的地方，请您指点迷津。"在说完这些话后，他还行了一个鞠躬礼。

本来很生气的老板，被李嘉诚的坦率以及敬业精神感动了，因为很少有这样诚心诚意的后生仔，老板也一改拒人于千里之外的冷冰冰的态度。老板向李嘉诚提出了一些批评建议，同时诚恳地告诉他，自己的酒店已经在使用另一商家的产品，因为一向合作比较稳定，没有理由改用李嘉诚推销的产品。

李嘉诚在来这家酒店之前已经做好了功课。他有理有据地说，该酒店用的产品都是用边角料加工的，导致接口很多，这样会影响到使用寿命；此外，我们的产品价格是市场价格的六成。

酒店老板最开始不相信，当听到李嘉诚讲的产品缺陷头头是道时，当即决定改用李嘉诚推销的产品。李嘉诚的推销观是这样的："你要相信世界上每一个人都精明，要令人信服并喜欢和你交往，那才最重要。"

对李嘉诚来说，推销绝对是一门艺术。对于有可能争取的顾客，他总是会坚持到底；相反，对于那些没有可能做成生意的客户，他也不会过多磨蹭。随着时间的推移，李嘉诚越来越懂得自我推销的重要性。

顾客愿意购买产品，首先接触的是推销员。李嘉诚因此十分注意自我包装，这种包装不仅包括衣着打扮，更重要的是言谈举止。当时的李嘉诚虽然家庭负担比较重，但十分注重自己的仪表。另一方面，他坚持不懈地读书，让这个后生仔身上多了一份书卷气。此外，他谦逊诚实，温文儒雅，这些都对他的推销业绩有直接的推动作用。

李嘉诚在推销的过程中，并不是以推销产品为唯一的目的。他喜欢结交朋友，在拜访客户的时候，经常不谈生意，而是建立友谊。只要建立了友谊，生意自然会来。

一次，李嘉诚的同事们向一家即将开张的旅馆推销铁桶失败后，知难而退的他们推举李嘉诚出马。对于李嘉诚来说，这是一次难得的挑战机会，可能他所看中的并不是佣金。为什么同时接连碰壁呢？在分析了多种推销方法后，他决定"曲线救国"。

李嘉诚没有直接和这家旅馆的老板打交道，而是想方设法找机会与旅馆的一个职员套近乎。没多久，李嘉诚就与这位职员成了好朋友，通过这位职员，李嘉诚也了解了旅馆老板的一些小故事。

这个职员无意间向李嘉诚说到这样一个细节：这位老板中年得子，特别宠爱自己的儿子。但旅馆开张在即，他儿子希望看赛马，而这位老板父亲却抽不出时间满足儿子的愿望。

说者无心，听者有意，李嘉诚觉得可以从这个细节入手。李嘉诚请这个职员牵线，自己掏腰包带老板的儿子去马场看赛马。老板的儿子自然兴高采烈，回家后不时提起李嘉诚的名字。李嘉诚因势利导，也不时规劝这位公子哥不要沉迷于赛马。而李嘉诚在背后所做的努力也传到了老板的耳朵里，老板自然从内心感谢李嘉诚。

李嘉诚这种迂回进取的方法，虽然很麻烦，但是效果也是显而易见的，旅馆老板最终同意从李嘉诚手中买下380只铁桶。

在李嘉诚看来，推销的过程是交朋友的过程。他曾说："人要去求生意，就比较难；让生意跑来找你，你就容易做。"如何让生意跑来找你呢？当然需要靠朋友。善待他人、诚实与讲信用是推销成功的重要保证。

李嘉诚曾深有感触地说："我一生最好的经商锻炼，是做推销员，使我学会了不少东西，明白了不少事理，这是我今天用十亿元也买不来的。"

李嘉诚的推销业绩给老板、同事留下了良好的印象，李嘉诚也因为突出的推销成绩成为五金厂的一等功臣。

遭遇推销败绩

李嘉诚的推销业绩足以证明他的能力，在推销镀锌铁桶时，他的业绩总是遥遥领先。但是一次偶然的推销经历，却让李嘉诚尝到了推销败绩，并让他陷入了思考。

第二次世界大战后，塑胶工业开始在欧美发达国家兴起。香港作为中西方的自由贸易港，市场上很快就出现了从欧美国家进口的塑胶制品。李嘉诚在推销金属制品时，就敏锐地感受到塑胶制品的巨大威胁。塑胶制品质量轻、美观、实用，能够代替众多的木质或金属制品。虽然塑胶制品刚传入香港时，价格较为昂贵，不过随着工艺的发展，塑胶制品的价格呈现下降趋势。尤其当香港也出现了大量港产塑胶产品时，其价格下降的速度更快，因此塑胶产品走进了千家万户。

当时，李嘉诚已经看到塑胶产品的发展趋势。不过，真正给李嘉诚带来震撼的是他推销过程中的一次失败。当时李嘉诚与万和塑胶裤带公司总经理王东山在某家酒店不期而遇，他们都是为了推销自己的产品而来。

作为东西方贸易的要冲，塑胶产业一经出现，便在香港生根发芽。刚开始塑胶厂屈指可数，但很快就如雨后春笋般发展起来。塑胶裤带公司的老板王东山是个有着卓越见识的企业家，在这股风潮中，短短的一年多时间，他就靠塑胶裤带起家，并开发出十多个塑胶产品。如何将自己的新产品推销出去，是当时塑胶裤带公司老板的难题。他为此曾先后招聘过20多人做过推销，但真正优秀的推销人才却十分缺乏，所以他有时不得不亲自出马推销。

王东山在酒店推销塑胶桶时，与推销白铁桶的李嘉诚巧遇。酒店在面对两家的产品对比时，更加青睐塑胶桶。李嘉诚的推销技巧似乎失去了作用，王东山轻而易举地获得了订单。

本来这是一次平常的失败，但李嘉诚并不这么看，他看到了镀锌铁桶的末路，看到了塑胶制品的未来。

虽然李嘉诚成了王东山的手下败将，不过这位塑胶裤带公司的老板并没有小看这位年轻人，李嘉诚的推销才能深得他的赏识。王东山认为，李嘉诚这次的推销没有成功，原因不在于李嘉诚的推销技术，而在于铁桶已经属于"夕阳"产品。

王东山看到了这个年轻人的潜力，约他去喝茶。爱才的塑胶公司老板鼓动李嘉诚到自己的工厂来帮忙，但这个要求却让李嘉诚陷入了为难：五金厂的老板李嘉茂是自己的同乡，也很器重他，给的待遇也不算低，刚去他的厂做事没多久就走恐怕不太好。但另一方面，他也表现出对塑胶行业的浓厚兴趣。

王东山和李嘉诚分析道，镀锌铁桶的生意无疑已经是夕阳产业，塑胶产品正是蓬勃发展的时候，也越来越受到市民的欢迎，你总不能等到工厂倒闭的时候再想到转工吧。

接受塑胶公司老板的邀请后，李嘉诚必定陷入了思考中。如果继续推销铁桶，暂时的收入和生计应该不会受到影响，但以后呢？塑胶产品成本低、价格低、美观实用，作为新生事物，是铁制品的替代物。

李嘉诚要离开五金厂的消息让五金店的老板李嘉茂心急火燎，他提出给李嘉诚加薪晋升，但是受到新兴产业诱惑的李嘉诚已经下定决定离开。可以说，那次推销败绩正是他跳槽的导火索。

李嘉诚跳出五金厂后，一方面对五金厂老板的知遇之恩心怀歉疚，另一方面也在内心充满感激。辞职时，李嘉诚向五金厂的老板李家茂提出了自己的看法，他认为：五金厂必须要审时度势，要么转行做前景看好的行业，要么就调整产品门类，绝对不可只生产铁桶。因为，塑胶产品迟早会蚕食掉原有的铁制品市场。

可惜的是，五金厂老板李家茂并没有听从李嘉诚的建议，仍然只生产铁桶。商场总是变化太快，五金厂面临倒闭的危险，也许在此时，李家茂才会想起当初李嘉诚的一番告诫。后来，这家五金厂不再生产铁桶，转为生产系列锁，意外地使这家五金厂重新焕发了生机。

后来，五金厂老板碰到李嘉诚时说："阿诚，你在我厂的时候，我就看出来你是个不寻常的后生仔。你将来一定会干出大事业。"

加盟塑胶公司

李嘉诚十分看好塑胶发展的前景，再加上塑胶公司老板的力邀，李嘉诚从五金厂跳槽到塑胶裤带公司。这是一小小的工厂，位于偏离市区的西环坚尼地城爹核士街，临近香港外港海域。

坚尼地城在港岛的西北角，而客户一般住在港岛中区和隔海的九龙半岛。塑胶裤带公司当时有 7 名推销员，李嘉诚是最年轻、资历最浅的一个人。其他几个推销员的推销经验较为丰富，并且已经有固定的客户。

李嘉诚从来就不是一个轻易认输的人。上班之初，他就给自己定下目标：3个月内，要干得和别的推销员一样出色；半年之后，一定要超过他们。李嘉诚给自己打气："别人做 8 个小时，我就做 16 个小时，开初别无他法，只能以勤补拙。"那时，李嘉诚每天都要背一个装有样品的大包出发，乘巴士或坐渡轮，然后走街串巷推销自己的产品。

翻看当年的照片，可以发现李嘉诚并不是一个身强体壮的人。他更像是一个文弱书生，背着样品的大包四处奔波，其辛苦是不言而喻的。不过这点磨难对于李嘉诚来说并不算什么，这跟他在茶楼每天十几个小时的工作时间比起来，已经是小巫见大巫，他的腿功和毅力已经非常厉害。

关于推销的秘诀，在李嘉诚看来，首要懂得一点在于勤。有这样一个故事：一个人经常出差，但是经常都买不到坐票。但是这个人有这样一个本事，无论是快车还是慢车，无论车上有多拥挤，他最后总能找到座位。他采用的方法很简单，就是耐心地一节车厢一节车厢找过去，挨个人问是否有空座位，他总会找到空座位或遇到短途的乘客提前下车的情况。

李嘉诚在自己的推销生涯中，从来不会放弃任何一个机会，碰到潜在的客户，他总是努力发掘。他比别的推销员做了更多的功课，在锲而不舍的过程中，他的业绩当然能比其他的推销员更加出色。

关于哪些客户是可以争取的客户，李嘉诚有自己的判断。他说，如果你被客户请到办公桌对面椅子上，说明客户有诚意与你进行纯商务式的谈话，你的谈话必须措辞谨慎、简洁和实在。如果你被请到办公室的沙发上，则表示客户有兴致与你慢慢谈。如果客户请你喝茶，则表示他对你产生了兴趣。相反，当客户对每个电话都接，并且对进来请示汇报工作的下属没完没了地下指示或做决定，那就意味着希望你尽快离开。如果毫无希望，最好立即告辞。在无端耗掉的这段时间里，也许你可以在别处做成另一桩生意。

此外，李嘉诚在推销之前，做了充分的市场调查。他把香港划了很多个区域，每个区域的消费水平和市场特点，哪种产品应该到哪个区域销售，他有着自己独到的把握。

在推销的过程中，李嘉诚有很多次被拒之门外，他会反思自己有哪些方面还有不足，应该从哪些方面继续得到提高。李嘉诚当时推销塑胶厂的新型产品——塑胶洒水器，对于这个新产品，打开市场的难度相当大。甚至有不少人看到这种洒水器还以为是小孩子的玩具。

李嘉诚推销产品不依靠高谈阔论，而是注重市场和居民使用产品的情况，并且身体力行，以身示范。有一次，李嘉诚来到一家批发行，清洁工正在打扫卫生，他自告奋勇拿洒水器帮清洁工洒水，他期望遇到提前上班的职员能见识到洒水器的好处。说起来也比较幸运，真的有职员提前上班，并且还是负责日用器具的部门经理。眼见为实，部门经理看到了洒水器实实在在的好处，答应经销这种塑胶洒水器。

让产品说话，这是李嘉诚的推销之道。在李嘉诚的印象里，他曾经遇到过一个优秀的推销同行，这位同行还是个哑巴。当时，黑压压的人群围绕着这个哑巴，李嘉诚看到他正在推销自己的菜刀。不能说话，怎么推销呢？哑巴手里拿着一把菜刀，向脚下的一堆铜钱劈去，就将铜钱劈为两半。人们不禁啧啧称赞，纷纷掏出钱来向哑巴买刀。

这次见闻给李嘉诚以很大的启发，最有效的推销方法就是让产品说话，要设法让人了解产品的好处。这比一个推销员夸夸其谈地讲自己产品的用途优点要可信得多。

李嘉诚区别于一般销售员之处还在于，他注重在推销过程中搜集市场讯息，并从报刊资料和四面八方的朋友那儿了解塑胶制品在国际市场的产销状况。并能将这些有用的信息反馈给老板，使老板及时调整产品种类结构，该生产什么产品、该压缩什么产品，从而使自己的推销更加顺畅。

"对自己的分内工作，我绝对全情投入。从不把它视为赚钱糊口的工具，向老板交差了事，而是将之当作自己的事业"。李嘉诚这样看待自己的工作。

加盟到塑胶公司一年后，李嘉诚当初的目标终于实现了。这时，他已经超越了另外6个推销员，这些曾经经验丰富的老推销员的业绩根本不能望其项背。当老板拿出一年的财务统计结果，令所有的人都大吃一惊：李嘉诚的销售额是第二名的 7 倍!

李嘉诚的业绩如此之高，也令他的老板头痛不已，因为按照销售提成来算，李嘉诚的分红收入比总经理还高。李嘉诚得知后，主动跟老板说："同一个公司每个人都妒忌我，你给我分红跟第二名一样就行了。这样大家都开心，就解决了问题。"这是李嘉诚的处世之道，而这也为他赢得了身边同事们的爱戴。

经过一年时间，李嘉诚的能力不仅为老板所推崇，也让他的同事们所折服。这个优秀的后生仔如今已经成长为一个优秀的推销高手。

步步高升

在塑胶裤带公司从事推销工作一年以后，年仅 18 岁的李嘉诚被提拔为部门经理，统管产品销售。由于李嘉诚的杰出推销能力，别人做不成的生意他都能做成，他所在的那家塑胶公司的效益也越来越好。同类厂家窥探到这家公司的成败竟然系在一个年轻的销售员身上，都想花大价钱把李嘉诚挖过去。

李嘉诚的老板得到消息，唯恐李嘉诚真的成为竞争对手的赚钱工具。两年后，老板晋升李嘉诚为总经理，负责全公司的日常事务，并给予李嘉诚 20% 的红股。

刚刚 20 岁出头，李嘉诚就坐到了塑胶公司的打工者所能坐到的最高位置。在塑胶裤带公司前几年的锻炼，使得李嘉诚已经熟稔推销工作，但总经理的位置使得他有机会纵览塑胶生产经营的整个过程。

李嘉诚在任何岗位上都力求做到最好。虽然身为总经理，但李嘉诚仍如同以往一样刻苦勤奋，他总是蹲在工作现场，仔细地了解每道生产工序及相互衔接。他很少出现在办公室里，很多道工序都亲自经手，在学习的过程中，他并不觉得苦和累。

李嘉诚经常自己亲自尝试工序。一次他在操作台上割塑胶裤带，不小心把手指割破了，但他缠上胶布后，继续操作。事后发现伤口发炎，才不得不去医院看医生。多年以后，有人和李嘉诚提到这个事，说："你的经验是用血的代价换来的。"李嘉诚却不太同意这种说法："大概不好这么说，那都是我愿意做的事，你要是愿意做某件事，就不会在乎其他的。"

在李嘉诚的领导下，塑胶厂的生产和销售势头良好，很多生意都是通过他做成的。他也因此成为塑胶公司名副其实的台柱，此时他的收入已经不算低了，成了高收入的打工仔。20 出头的年轻人就已经爬上了令人艳羡的总经理职位，并且拿着高薪，他应该心满意足了。但是，李嘉诚并没有满足！

　　不少跟李嘉诚共事过的人都对他的能力有着极深的印象，几乎没有人认为他会甘于平庸，没有人相信他会永远做一个优秀的推销员。即使是后来高居总经理的职位，也有大材小用之感觉，人们相信他一定会展翅高飞。曾经有一位相面的人在街巷中发现了李嘉诚，这位相师拉着李嘉诚的手说李嘉诚天庭饱满，目光炯炯，日后非贵即富，必定会光宗耀祖。李嘉诚也许没有将江湖术士的言语放在心上，但他相信经过自己的努力一定能有所收获。

　　李嘉诚在总经理的岗位上统领全局，在积累了相当的经验后，干得顺风顺水的李嘉诚决定再次跳槽，重新投入社会。他如实地告诉老板自己的想法：自己打算开办一间塑胶厂。李嘉诚以敏锐的商业眼光，超越香港的视角，看到了塑胶时代即将到来。当时，经过二战之后的恢复，世界经济迈向复苏，塑胶制品的市场需求会进一步扩大。

　　老板挽留不住李嘉诚，但他并未指责李嘉诚，老板专门设宴为李嘉诚践行，这让李嘉诚十分感动。李嘉诚向老板交了底："我难免会使用在你手下学到的技术，也大概会开发一些同样的产品。现在塑胶厂遍地开花，我不这样做，别人也会这样做。不过我绝不会把客户带走，用你的销售网推销我的产品，我会另外开辟销售线路。"他以诚相待，让老板感慨不已。

　　李嘉诚怀着愧疚的心情离开了塑胶裤带公司。这是李嘉诚人生经历的重要转折，从此，他结束了自己的打工生涯，开始了充满希望的创业之路。

延伸阅读

柠檬汁的人生观

——李嘉诚致辞2011年汕头大学毕业生

（2011年6月29日）

尊敬的郝平副部长、林海帆教授，尊敬的各位领导、校董、老师们，各位嘉宾、家长们、同学们：

大家好！欢迎各位到临汕头大学，与我们一起共度同学们这快乐的一刻！

各位同学，你们从小学至大学毕业，寒窗努力十六载，今天踏上新的一段，衷心祝愿你们能振翼乘风，成就志向，追求梦想。

你们知道吗，我以为活到这年纪，早看尽太阳底下的事，想不到令人莫名其妙的事还是不少的。近期媒体在热炒年轻人应否成为李嘉诚，观点之多，煞有介事的炒作令人费解发笑。对我而言这议题本身挺空洞，每一个人各有不同的独特天赋、经验，并按自己的选择踏上命途，虽然没有人应附人骥尾，盲目模仿他人，但从他人经验悟出心得，也是不错的成长教材。

坦白地对大家说，我爱当我自己！

但这句话不意味着我未曾梦想当一名内科医生，或是科学家，一点痴性，人人可有，不太久之前，我还希望自己是高球高手。人生的价值不仅需要重视结果，奋斗过程，也同样重要。

东坡先生曾说"食无肉，病无药，居无室……"生活所需全部欠缺，我小时候比苏东坡这句话的生活条件更苦，在这艰难阶段中，我还能在品格个性、能力、情感与志趣的探索里找得快乐的滋味。

这遍闹哄哄要不要当李嘉诚的炒作，反而促使我对自己的旅程反思，如果一切有机会从头再来，我的命运会如何不同？人生充满着很多"如果"，转捩点比比皆是，往往也不由我们控制。如果战争没有摧毁我的童年，如果父亲没有在我童年时去世，如果我有机会继续升学，我的一生将如何改写？我对医学知识如此热诚，我会不会成为一个医生？我对推理与新发现充满兴趣，我会不会成为一个科学家？

这一切永远没有答案，因为命运没有给我另类的选择，我成为今日的我。

人生的过程中尽管不无遗憾，但我学到最价值连城的一课——逆境和挑战只要能激发起生命的力度，我们的成就是可以超乎自己所想象的。

我成长的年代，香港社会艰苦，是残酷而悲凉的。那时候没有什么社会安全网，饥饿与疾病的恐惧是强烈迫人。求学的机会不是每一个人的权利，贫穷常常像一种无期徒刑。今天社会前行，新的富足为大部分人带来相对的缓冲保障，贫穷不一定是缺乏金钱，而是对希望及机遇憧憬破灭的挫败感。很多人害怕可上升的空间越来越窄，一辈子也无法冲破匮乏与弱势的局限。我理解这些恐惧，因我曾经一一身受。没有人愿意贫穷，但出路在哪里？

七十年前这问题每一个晚上都在我心头，当年十四岁时已需要照顾一家人，没有接受教育的机会，没有可以依靠的人脉网路，我很怀疑只凭刻苦耐劳和一股毅力，是否足以让我渡过难关？我们一家人的命运是否早已注定？纵使我能糊口存活，但我是否有出人头地的一天？

我迅速发现没有什么必然的成功方程式，首要专注的是，把能掌控的因素区分出来。若果成功是我的目标，驾驭一些我能力内可控制的事情是扭转逆境十分重要的关键。我要认清楚什么是贫穷的枷锁——我一定要有摆脱疾病、愚昧、依赖和惰性的方法。

比方说，当我发觉染上肺结核病，在全无医疗照顾之下，我便下定决心，对饮食只求营养不求喜恶、适当地运动及注重整洁卫生，捍卫健康和活力。此外，我要拒绝愚昧，要持之以恒地终身追求知识，经常保持好奇心和紧贴时势增长智慧，避免不学无术。在过去七十多年，虽然我每天工作十二小时，下班后我必定学习，告诉你们一个秘密，在过去一年，我费很大的力气，努力理解进化论演算法里错综复杂的道理，因为我希望了解人工智慧的发展，以及它对未来的意义。

无论在言谈、许诺及设定目标各方面，我都慎思和严守纪律，一定不能给人懒惰脆弱和倚赖的印象。这个思维模式不但是对成就的投资，更可建立诚信；你的魅力，表现在你的自律、克己和谦逊中。

所有这些元素连接在一起功效非凡：它能渐渐凝聚与塑造一个成功基础，帮助你应付控制范畴以外的环境。当机遇一现，你已整装待发，有本领和勇气踏上前路。纵使没有人能告诉你前路是什么一道风景，生命长河将流往何方，然而，在这过程中，你会领悟到丘吉尔多年的名言："只要克服困难就是赢得机会。一点点的态度，但却能造成大大的改变。"

生命抛来一颗柠檬，你是可以把它转榨为柠檬汁的人。要描绘自己独特的心灵地图，你才可发现热爱生命的你；有思维、有能力、有承担，建立自我的你；有原则、有理想，追求无我的你。各位同学，再次恭喜你们，我深深相信，今天你以汕大为荣，明天汕大将以你为荣。谢谢大家。

第五章

▼

创业艰辛

成立长江塑胶厂

1949 年，中华人民共和国政府成立。帝国主义在中国大陆的利益受到打击，设在上海、广州等大城市的外国洋行和工厂，纷纷撤到香港。香港作为转口贸易的自由港地位更加重要。另一方面，解放战争后期，因战争逃难香港的人急剧增加，到 1951 年时香港人口已经突破 200 万。这给香港带来了短期的人口压力，但同时也为香港带来了资金和劳动力，香港本地的市场容量也增加了不少。

李嘉诚时刻关注世界经济与政治形势，他长期阅读《当代塑料》，他认为香港和世界的经济前景仍然向好。随着人口增长及经济复苏，塑胶制品的市场仍然会进一步扩大。正是基于这样的判断，他毅然决定辞工，独立创业。

22 岁的李嘉诚辞去塑胶厂总经理的职位，随后他在港岛筲箕湾创立了长江塑胶厂，打算专门生产塑胶玩具及家庭用品。

李嘉诚创业面临的首要问题是资本不足。李嘉诚打工时间没有几年，他每赚一笔钱，除了日常所需外，全部交给母亲，以维持全家人的生活，并没有太多的积蓄。据李嘉诚的同事和朋友回忆，李嘉诚从未奢侈过一回，他外出从来都是吃大排档，他的衣着也没有一件称得上是高档的。李嘉诚对别人说过："我之所以能拿出一笔钱创业，是母亲勤俭节约的结果。我每赚一笔钱，除日常必用的那一部分，全部交给母亲，是母亲精打细算才维持了全家的生活。我能够顺利创业，首先得感谢母亲，其次要感谢那些帮助过我的人。"

多年来的积蓄只有 7000 多港元，这显然不足以设厂。他向舅舅庄静庵、叔父李奕以及堂弟李澍霖一共借了 43000 元，凑足了 5 万元的创业资本。

资本有了，接下来就是为自己的工厂取名。李嘉诚曾先后取了好几个厂名，最后确定为"长江"。中国古代先贤荀子在《劝学篇》中曾说"不积小流，无以成江海"，这正是李嘉诚取名"长江"的寓意。

后来，李嘉诚详细解释了"长江"这一厂名的由来：

"长江不择细流，故能浩荡万里。长江之源头，仅涓涓细流，东流而去，容纳无数支流，形成汪洋之势，日后的长江塑胶厂，发展势头也会像长江一样，由小到大。

"长江是中国的母亲河，是中华民族的骄傲，未来的长江集团，具有宽阔的胸襟，一个有志于事业的人，理当扬帆万里，破浪前进，去创建宏图伟业。"

资金有了，厂名有了，对于李嘉诚来说，接下来就是选择厂址了。5 万元的创业资本算不上雄厚，必须处处节省。香港，这个弹丸之地，数十万人从大陆涌来，本来土地稀缺的香港，房租自然水涨船高。李嘉诚手头的资金实在太有限了，他需要找到最廉价的厂房，从而最大程度上节省资金。那段时间，从九龙岛到香港岛，到处都留下了李嘉诚的身影，他希望能找到相对便宜的厂房，跑了一个多月，他终于在港岛东北处的筲箕湾租借了一间厂房。

我们如今所看到的筲箕湾已经是车水马龙，但 1950 年的筲箕湾却是交通十分不便利的偏僻之所。这里环境虽然清幽，但是仅有几间破厂房，平时这里人迹罕至，租金相对其他地方来说也比较便宜。李嘉诚当然知道办工厂一定要选在交通便利的繁华之地，但他囊中羞涩，他要把钱放到生产上，等以后规模稍大时，再考虑更换厂地。

几经讨价还价，李嘉诚以月租 360 元的价格租下了这间千余尺的厂房。这间厂房的窗户几乎没有一扇是完好的，房顶上到处都是天窗，虽然这间厂房破旧不堪，但李嘉诚有了自己的厂址，他在自己的人生道路上迈出了重要一步。

1950 年 5 月 1 日，长江塑胶厂就在这个简陋工厂里开张了。当时还不到 22 岁的李嘉诚对着 20 多名员工宣告长江塑胶厂成立了：

"我们公司虽小，但我懂得这一行，人家懂的，我们懂更多，我们懂的，人家未必懂。以后，我们一定会扩大，会一路变好，你们的收入，也会一路变好！"

李嘉诚的自信给了初创时期的员工以极大的信心，虽然没有鲜花、礼炮，但员工们在李嘉诚的引领下，对长江塑胶厂的未来充满了信心。

艰难起步

长江塑胶厂终于成立了，需要万象更新。但是这个"新"仅限于"长江塑胶厂"的厂牌，其余的都是旧的。

厂房破旧不堪，连机器都是低价买来的被欧美淘汰的第一代塑胶设备。当时，香港新增加了不少塑胶厂，不少人都是小本经营，就有人专做旧机器买卖。这些破破烂烂的机器到了李嘉诚手里，竟然也能运转起来。长江塑胶厂就在轰隆隆的机器声中运转了。

多年从事塑胶产品的推销和运营，使李嘉诚对市场具有相当的敏锐性。他相信，塑胶产品价廉物美，比木制品和金属制品更有发展潜力。在审慎的考虑下，他以生产塑胶玩具和家庭日用品作为长江塑胶厂的主攻方向，以发展自己的企业。

李嘉诚虽然做过塑胶裤带厂的总经理，但这次和之前毕竟不同。当时塑胶裤带公司的产销已经步入正轨，而如今却需要李嘉诚白手起家，一切从零开始。

李嘉诚招聘的工人，都是一些门外汉，不少人甚至是从未做过工的农民。工厂唯一的老师傅就是老板李嘉诚，从机器安装、调试到出产品，都需要李嘉诚手把手带领工人一起完成。当看到产品从压塑机模型中生产出来时，李嘉诚的兴奋是可想而知的。难得奢侈的李嘉诚带着工人到一家饭店聚餐庆贺。

创业多艰辛，李嘉诚清楚这一点。虽然身为老板，但李嘉诚同时兼任操作工、技师、设计师、推销员、采购员、会计师，什么事都需要他一手抓。为了实现自己的抱负，李嘉诚保持以前的工作习惯，每天工作16个小时。

每天大清早，李嘉诚就要外出推销或采购，赶到办事的地方，别人才刚刚上班。为了节省钱，李嘉诚几乎从来不坐出租车，距离远就坐公共巴士，距离近就步行过去。李嘉诚虽然看起来像个文弱书生，但他走起路来健步如飞，这是多年来养成的习惯，他需要节省时间。

中午时，李嘉诚要赶回筲箕湾，他要检查工人上午的工作。他一般会和工人吃简单的工作餐，最开始的时候，甚至没有餐桌，大家都蹲在地上吃饭。当然，李嘉诚在长江塑胶厂赢利后，就尽量改善伙食和就餐条件。草创时期的长江塑胶厂虽然条件艰辛，却很少有工人跳槽。

晚上可能是李嘉诚最忙的时间段。他要做账，要记录推销的情况，要规划产品市场区域，要设计新产品的模型图，还要安排次日的生产。

李嘉诚吃住都在厂里。一个星期只回家一次，看望自己的母亲和弟弟妹妹。那时的李嘉诚，把自己全身心投入了长江塑胶厂。虽然工作十分忙碌，但李嘉诚不忘关注业界的最新动态以及不断学习。

塑胶产业的发展日新月异，新原料、新设备、新产品、新款式被源源不断地开发出来,李嘉诚需要学习并消化。当时外国最新的塑胶杂志,香港看的人并不多。李嘉诚有深厚的英文功底,一次他在阅读过程中捕捉到一个商机。他看到一部制造塑料瓶的机器,可以制造出质量优良又适合香港市场的产品。

经过市场调查,李嘉诚发现香港还没有这种机器。他以最快的速度与这家外国厂家联系,但是订购的时间长,而且价格十分昂贵。李嘉诚决定自己动手研制这种机器。他采用自力更生的方法,竟然造出了这种机器,投入使用后,运行效果良好。通过这种方式,他不仅赢得了时间,同时也取得了良好的经济效益。

李嘉诚对自己的小聪明甚为开心。多年以后,已经是顶级富豪的李嘉诚,谈起当年的创业,仍然充满了自豪。

李嘉诚作为长江塑胶厂的当家人,他事必躬亲,辛勤努力。在初创的过程中,不仅节省了很多不必要的开支,也使他对全厂每个环节的情况都了如指掌。身为老板的李嘉诚如此拼命,也给全厂的员工起到了模范的作用。当第一批产品被顺利销售出去后,订单便不断增加,李嘉诚的长江塑胶厂终于实现了开门红。

在创办与发展自己企业的过程中,李嘉诚尝尽了成功与失败的酸甜苦辣。《星岛经济纵横》杂志曾经这样评价李嘉诚:"李嘉诚发迹的经过,其实是一个典型青年奋斗成功的励志式故事,一个年轻小伙子,赤手空拳,凭着一股干劲勤俭好学,刻苦而劳,创立出自己的事业王国。他常言:追求理想是驱使人不断努力的最主要因素。"事实的确如此,正是理想和抱负支撑着年轻的李嘉诚奋勇向前。

顺应潮流

转口贸易是指两国的进出口贸易,是通过第三国的中间商把货物转手来完成的贸易方式。这种贸易方式在生产国为间接出口,在消费国为间接进口,因而是一种间接贸易方式。转口贸易已有数百年历史,伦敦、鹿特丹、新加坡是著名的转口贸易港。二战后,转口贸易在香港发展甚为迅速,并成为香港的经济支柱,据统计香港的转口出口占到全部出口的89%。

20世纪50年代,是一个特殊的年代,中华人民共和国成立不久,朝鲜战争爆发,西方国家对中国实行经济封锁。香港作为对华贸易的桥头堡,港英政府关闭了部分贸易。由此,香港的转口贸易地位一落千丈。

香港原先依赖的转口贸易再也不能维持，可以说，香港的经济发展遭遇了瓶颈。港英政府针对香港的实际情况，制定出新的产业政策，力推香港从转口贸易转向加工贸易。

这些都为香港经济转型为工业并迅速发展创造了条件，使香港摇身一变，成为制造业中心，初时以纺织业为主，其后扩展至成衣、电子制品、钟表及印刷等，蓬勃发展的加工工业使香港重新焕发了生机。

加工业的显著特点就是"两头在外，大进大出"，这就是说，加工的原料和销售市场在海外，利用本地劳动力资源赚取附加值。发展加工业，必须要求当地有大量的劳动力，工资水平较低，基础设施较好，并有保税仓库或保税区等，这样才能使商品加工成本低，具有国际竞争力。无疑，香港具有这样的优势。加工业逐渐发展成为香港新的经济支柱。

李嘉诚投身于塑胶行业，正是顺应了香港经济的转轨。当时，塑胶业属于新兴产业，虽然香港的塑胶厂已经遍地开花，但李嘉诚相信塑胶产品还有更加广阔的市场。塑胶原料从欧美进口，产品可以在本港消化，也可出口海外，销售渠道广泛。在当时的香港，在大力发展劳动密集型产业的年代，这确实是一个稳赚不赔的买卖。

李嘉诚的准确判断无疑得益于他多年来的商业敏感："精明的商家可以将商业意识渗透到生活的每一件事中去，甚至是一举手一投足。充满商业细胞的人，赚钱可以是无处不在无时不在。"

可以说，长江塑胶厂的起步建立在李嘉诚准确的市场判断的基础上。李嘉诚对推销已经轻车熟路，多年的塑胶推销工作，让他拥有相当多的客户资源，这也是他迈向成功的坚实基础。

诚如李嘉诚所言，他"懂得这一行"，这是他最大的优势。李嘉诚在塑胶公司积累了全盘经营塑胶厂的经验，这是他创业的最大本钱。第一批产品很快就顺利卖出去。随着一批又一批订单的到来，李嘉诚的长江塑胶厂进入了全负荷的运转状态，工人实行三班倒，工厂开足马力。

随着长江塑胶厂规模的日益壮大，李嘉诚自己一个人实在忙不过来。会计、推销员、采购员、保管员，每个人都各司其职，这也不再是李嘉诚一个人的事情。同时，更多的生产工人也进入到长江塑胶厂。

长江塑胶厂步入了发展的正轨。

遭遇生产危机

对李嘉诚而言，长江塑胶厂已经进入了发展的良性循环：订单不断涌来，工厂昼夜不停地出货。但是，在长江塑胶厂高歌猛进的背后，李嘉诚没有发现正不断逼近的危机。

建厂之初，李嘉诚的主要精力都放在了控制原材料成本以及市场销售方面，没有过多的时间放在质量控制方面，产品质量得不到保证。直到一家客户认为他的塑胶产品质量低劣，要求退货，他才发现自己一味追求数量而忽视了质量。那时候，不少客户拒收产品，有的甚至还要求赔偿损失，给工厂的发展蒙上了一层阴影。

长江塑胶厂的仓库里堆满了因质量问题或延误交货时间而退回的玩具成品，客户纷纷上门索赔，一些新客户上门遇到这样的情形时扭头就走。雪上加霜的是，原料商纷纷上门要求结账还钱，银行也不断催还贷款，长江塑胶厂陷入了破产的边缘。

俗话说"不怕没生意，就怕做断生意"，李嘉诚此时就陷入了这样的境况。李嘉诚没有想到，自己在创业的最初几年里尝到成功的喜悦后，竟然面临的是发展的巨大危机。1955年的这段危机，即使是在多年以后，仍然让李嘉诚心有余悸。

危机当中的李嘉诚，可能才真正体会到做老板的难处。李嘉诚也陷入了反思，长江塑胶厂的客户一般是将产品批发给零售商的中间商，或者出口到海外的经销商。随着前几年的发展，塑胶制品早已经陷入了竞争激烈的境地，对于塑胶产品的质量要求比以往更受到重视。用户对塑胶产品的款式和质量也更加挑剔起来，粗劣的产品自然不会受到欢迎。这次事件显然也在提醒李嘉诚，塑胶制品生产在香港已经进入了饱和状态。

但是，李嘉诚也清楚，出现这样的局面，显然不单单是市场问题，更重要的是产品本身的质量问题。长江塑胶厂在经历前几年的疯狂扩张时，盲目追求规模而忽视了质量，这是经营方向出现了问题。另一方面，在出现大量劣质品的情况下，这些产品仍然不断流入市场，造成了越来越大的损失，这是管理方面出现了问题。

那段时间，李嘉诚一定是备受煎熬的。他每天要忙着应付不断上门催还贷款的银行工作人员，还要应付不断上门威逼他还原料费的原料商，还要应付不断上门要求索赔的客户，这些足以让他焦头烂额。

长江塑胶厂面临着空前的困境，只剩下一部分产品品种没有出现质量问题，导致企业开工不足，李嘉诚不得不裁减员工。一些被裁的员工及家属上门诉苦，有的甚至赖在办公室不走，长江塑胶厂陷入了一片人心惶惶的境地中。留下的员工也在为长江塑胶厂以及自己的前途而焦灼不安。

李嘉诚回想起曾经的这段艰辛："商海自有其沉浮，每个人都应该学会忍受生活中属于自己的那份悲伤，只有这样，你才能体会到什么叫作成功，什么叫作真正的幸福，做生意也同样如此。"

对于李嘉诚而言，所有的困境和风险必须由他一个人来扛。他虽然经历过不少风雨，但这一次这么多人的发展系于他一身，他的任何失误都可能将长江塑胶厂引向灭顶之灾。李嘉诚说，人们过誉称我为超人，其实我并非天生就是优秀的经营者，到现在我也只敢说经营得还可以。我是经历过很多挫折和磨难，才悟出一些经营的要诀的。

李嘉诚明白，长江塑胶厂的这次危机不是天灾，在很大程度上是源于自己的失误，他必须要弥补这个失误。残酷的现实摆在李嘉诚面前，他是多么想逃避眼前的困境，但是他不能逃避。他相信，自己一定能够重整旗鼓！

诚信为本

李嘉诚十分看重企业的信誉。他多次强调："一生之中最重要的是守信，我现在就算再多有十倍的资金也不足以应付那么多生意，这些都是守信的结果。对人要守信用，对朋友要讲义气。今日而言，也许很多人未必相信，但我觉得'义'字，实在是终身用得着的。"

在塑胶厂濒临倒闭的日子，李嘉诚为工厂操碎了心。李嘉诚没有向母亲说明自己遭遇的困境，但是母亲从儿子那憔悴的脸色中洞察到长江塑胶厂遭遇了麻烦。母亲虽然不懂得经营，但是她懂得为人处世的基本道理。

李嘉诚的母亲庄碧琴是个虔诚的佛教徒，她看到儿子遭遇生产困境，唯有早晚到佛堂敬香祭拜，祈祷儿子一切顺利。母亲还给李嘉诚讲了一个佛家掌故，而这个故事也给李嘉诚带来了启示。

故事说的是很久以前，潮州府城外的桑埔山有一座古寺。古寺里面有一个云寂和尚，他已是垂暮之年。他知道自己在世的日子不多了，就把他的两个弟子一寂、二寂召到方丈室，交给他们两袋谷种，要他们去播种插秧，到谷熟的季节再来见他，看谁收的谷子多，多者就可继承衣钵，做庙里的住持。

云寂和尚整日关在方丈室念经，到谷熟时，一寂挑了一担沉沉的谷子来见师父，而二寂却两手空空。云寂问二寂，二寂惭愧地说，他没有管好田，谷种没发芽。云寂便把袈裟和瓦钵交给二寂，指定他为未来的住持。一寂不服，师父笑笑说，我给你俩的种谷都是煮过的。如果你能像师弟一样诚实有信，住持只会是你的。二寂看着憨，但他是我们寺信用的标识，所以他能继承古寺住持的职位。

李嘉诚从母亲的故事中读懂了内涵——诚信是为人处世的根本，是战胜困难的法宝。对当时陷入困境的李嘉诚来说，母亲的话让他豁然开朗。

危机依然在继续，工厂的产品积压非常严重。在这些积压的产品中，一部分是质量不合格，另一部分是延误交货期而导致的退货，这些货品并没有质量问题。李嘉诚做了件事，他将所有的积压产品分类：一类是有机会继续推销出去的，一类是款式过时或质量粗劣的。

面对如此严重的危机，李嘉诚并没有气馁，他带领推销员到市区推销，正品终于卖出去了一部分。积压的产品不能存放太久，李嘉诚全部以极低廉的价格，卖给专营旧货次品的批发商。而他在制品的质检卡上，全部盖上了"次品"的标记。就这样，李嘉诚陆续收到一些货款，分头偿还了一些债务。

李嘉诚相信，要挽救陷入绝境中的长江塑胶厂，唯有"诚信"：对客户有信，对社会有义。李嘉诚深受中国传统文化的影响，中国向来有诚信的文化基因。中国商人从来都把诚信视为天道，认为这是商人最重要的品性。

有很多故事都说明了诚信的重要性。一对夫妻开了家烧酒店。丈夫是个老实人，为人真诚、热情，烧制的酒也好。有道是"酒香不怕巷子深"，一传十，十传百，酒店生意兴隆，常常供不应求。为了扩大生产规模，丈夫决定外出购买设备。临行前，他把酒店的事都交给了妻子。几天后，丈夫归来，妻子说："我知道了做生意的秘诀。这几天我赚的钱比过去一个月挣的还多。秘诀就是，我在酒里兑了水。"丈夫给了妻子一记重重的耳光，他知道妻子这种坑害顾客的行为，将他们苦心经营的酒店的牌子砸了。"酒里兑水"的事情被顾客发现后，酒店的生意日渐冷清，最后不得不关门停业了。

"人无信不立，业无信不兴"。李嘉诚深信：不讲诚信的后果是严重的，讲诚信的结果将是美好的。李嘉诚曾说过："一个人一旦失信于人一次，别人下次就再也不愿意和他交往或发生贸易往来了。别人宁愿去找信用可靠的人，也不愿再找他，因为他的不守信用可能会生出很多麻烦来。"

当时，听闻李嘉诚的工厂遭遇了危机，有不少亲戚朋友对他敬而远之，生怕他开口借钱或带来麻烦。但是，也有不少人来电话或主动上门，为李嘉诚分担忧愁，为他献计献策，提供力所能及的帮助，而这些帮助他的人无不是受到李嘉诚的诚信感召。

可以说，在最困难的时候，是诚信支撑着李嘉诚继续走下去，是诚信给长江塑胶厂带来了希望的曙光。

逆转乾坤

面对长江塑胶厂的空前困境，李嘉诚已经重新鼓起勇气，他将选择勇敢面对困难，挑战困难，并坚信能战胜困难。

李嘉诚召集员工开会，他坦诚地承认自己的经营错误，不仅拖垮了工厂，损害了工厂的信誉，还连累了员工。他向员工们强调："我们长江要生存，就得要竞争；要竞争，就必须有好的质量。只有保证质量，才能保证信誉，才能保证长江的发展壮大。"

李嘉诚针对企业的产品质量问题，采取了一些措施：第一，缩减生产规模，加强工人培训，没有达到熟练操作者，一律不准上机操作。第二，建立严格完善的质量监控程序，产品产出率、产品合格率与薪酬挂钩。严格的产品出厂检验制度保证每件产品都是合格品。第三，建立产品市场跟踪与信息反馈体系，要求销售员工定期收集产品信息及行业信息。第四，由李嘉诚个人直接控制产品质量，任何有关产品质量的问题，都必须向他汇报。第五，积压的产品不能继续积压，不计成本地全部倾销出去。

李嘉诚还向员工承诺，企业经营一有转机，那些辞退的员工可以回来上班，如果找到更好的去处，也不勉强。从今以后，保证与员工同舟共济，绝不会损害员工的利益而保全自己。员工的不安情绪在李嘉诚的安抚下基本稳定，士气也不再低落。

稳定了工厂内部的情势，外部的情势依然不容乐观。李嘉诚拜访银行、原料商、客户，坦诚地向他们说明自己遭遇的困境。他向他们道歉，并希望能放宽期限，等经营形势稍微好转就一定偿还欠款。并且，李嘉诚也就工厂应对危机所采取的措施以及发展的现状和对方交底。

李嘉诚的诚实赢得了大多数人的谅解，因为他们是业务伙伴，如果逼迫长江塑胶厂倒闭，对他们而言同样得不偿失。更重要的是，他们相信李嘉诚的能力和为人。

银行也答应放宽贷款的期限。不过，在未偿贷款前，不再发放新的贷款。原料商也答应放宽付货款的期限。不过，对方也提出，长江塑胶厂需要再进原料，需要先付 70% 的货款。

而客户方面，大部分客户基于长期的合作关系，也都作了不同程度的让步。曾经一家批发商因为李嘉诚的次品让其声誉受损，他到长江塑胶厂交涉，对李嘉诚恶语相向。李嘉诚专程上门道歉，倒让这位客户不好意思，他答应只要产品质量过关，仍将继续和李嘉诚合作。

在李嘉诚的长江塑胶厂刚刚摆脱危机尚未恢复元气的时候，一些竞争对手企图再度搞垮长江塑胶厂。他们引导记者到长江塑胶厂，拍下长江塑胶厂破烂的厂房，简陋的设备，用揭短的方式使长江塑胶厂信誉扫地。当李嘉诚听说记者采访，穿着油腻的工作服走出来时，他也一并进入了记者的镜头。

没有过多长时间，穿着工装的李嘉诚和破旧不堪的厂房、机器等特写照片都登在报纸上。如此破旧的厂房和设备能生产出来过硬的产品吗？这就是他们的目的，以此打击顾客对长江塑胶厂的信心。

但李嘉诚反应非常迅速。李嘉诚拿着那份报纸，带上自己的产品，走访了香港的上百家代销商。李嘉诚很坦率地跟他们说：“不错，我们尚处在创业阶段，厂房比较破旧。但请看看我们的产品，我相信质量可以证明一切。我欢迎你们到我们厂实地考察，满意了，再向我们订购。”

代销商们对李嘉诚的诚恳深为佩服，更被他的优质产品所折服，他们十分敬重李嘉诚的坦诚，纷纷到长江厂参观订货。长江塑胶厂的生意反而更加红火了。

在李嘉诚的努力下，长江塑胶厂终于从阴霾中走了出来。

起死回生

1955 年的一天，李嘉诚召集所有员工聚会，他首先向员工鞠躬，感谢大家的精诚合作。他用难以抑制的喜悦之情宣布：“我们厂已基本还清各家的债款，昨天银行的同志同意为我们提供贷款。这表明，长江塑胶厂已经走出危机，将进入柳暗花明的佳境。”

这一刻，所有的人都为长江塑胶厂走出了困境而高兴。高筑的债台终于被拆掉，业务渐入佳境。这一年年终，长江塑胶厂的所有员工，都获得加薪，每个人都额外获得一个装着花红的大红包。

长江塑胶厂起死回生，再度走上了正常运转轨道，长江塑胶厂的产品因为质量有保证，且价格低廉，成了市场的抢手货，并开始远销欧美。

长江塑胶厂起死回生，离不开李嘉诚对产品质量的重视。李嘉诚极其看重自己产品的质量。在经历那次痛苦的退货风潮后，李嘉诚满怀信心地宣布："从今以后，长江的产品，没有次品。"另一方面，也离不开李嘉诚的诚信。在经历这次挫折后，李嘉诚对诚信更加深有感触："资金是企业的血液，是企业生命的源泉；信誉、诚实则是生命，有时比自己的生命还重要。"

1955 年，走出了困境的长江塑胶厂开始扩展业务，成立了一家中型工厂，买了新机器，接了几个月的订单。因为原有的厂房已经不能满足不断扩大的生产规模。

李嘉诚租下面积两万英尺左右的厂房，当时租用那家厂房的工厂正处于倒闭边缘。原厂的一个职工看到年轻的李嘉诚，悄悄地说："我非常少见一个年轻人这么努力、有礼貌、有魄力。在这个地方做生意，从来没有一个是赚了钱离开的，每一家都是满怀希望而来，带着失望而回。我的老板来时也是满怀信心，但现在差不多要倒闭了。"

对于这位职员的热心肠，李嘉诚表示很感激。他这么说："订单我接了，机器也订了，如果不安装设备生产，我将失信于人，我绝不愿意这么做。"

结果李嘉诚搬到这个地方后，他的生意很好，开工一个月就赚到了全年的经营费用。不到一年，隔壁的两家工厂都倒闭了，李嘉诚把这两家厂都租了下来，他的经营规模进一步扩大了。

李嘉诚能走出这次困境，也与他的努力和毅力是分不开的。在那些最困难的日子里，李嘉诚付出的努力是常人难以想象的。李嘉诚这样说过：

"在商场上，你要别人信服，就必须付出双倍使别人信服的努力。力争上游，虽然辛苦，但也充满了机会。我们做任何事情，都应该有一番雄心壮志，立下远大的目标，用热忱激发自己干事业的动力。"

挫折和磨难是最好的老师。李嘉诚经历了经营上的这次挫折后，他更加成熟了，同时，他今后的发展更加坚定有力："稳健中寻求发展，发展中不忘稳健。"

延伸阅读

80 后问卷

——2010 年汕头大学毕业典礼致辞

（2010 年 6 月 30 日）

尊敬的宋海主席，尊敬的各位领导、校董、老师，各位嘉宾、家长们、同学们：

今天我很高兴代表校董会，欢迎各位到临汕头大学，分享各位毕业同学的喜悦。你们经过数年努力，完成了人生一个重要的阶段，我首先向同学们致以衷心的祝贺。恭喜你们！

各位同学，你知道吗？我和你们一样也是 80 后，所以今天想和大家互动一下：在座有多少同学认为在汕大的岁月可以为你日后的成功奠下基础？有多少同学认为自己具备充沛的精神与力量、矫健的体魄，以及所有必需的重要元素来实现抱负和目标？

有多少同学不甘心光是活着，而是能攀登理想高峰，创出非凡成就？有哪些同学相信自己仍有很多需要学习的空间？有哪些同学知道什么障碍令你却步？

现在进入一个较难回答的问题：有多少同学可肯定自己必会一直坚持原则，拒绝自欺欺人，拒绝把走捷径视为正途？

各位同学，我们都知道空抱宏愿并无太大意义；漫无计划地急于求成徒然令自己身心疲累。人生必须立志，必须以热切的努力来追寻自己的梦想。如何追求个人快乐与满足不一定能在课本中找到答案，只有在你积极实践与心灵共鸣的行为时，富具意义的体验才可驱赶心灵的空虚，让你享受富足人生的滋味。

你对自己有多少信心？你有没有不屈不挠的精神，知道如何正视和克服成长过程中将不断出现的挫折和障碍？你是否愿意信赖自己？面临选择时无惧接受考验？逆境求存中的你，能否在磨炼中孕育更强的生命力？你是否懂得承担责任的意义，有坚持公平公正的公义心，为自己和社会追求进步？你是否懂得珍惜有选择的福分，有耐心成为后辈的良师益友，有奉献心，为国家、为民族当中流砥柱的角色，在天地间寻找和活出恒久的价值观？

以下是我今天对你们最后的一个问题：你有没有知遇感恩的胸怀，有没有在这快乐一刻中想起在你成长路上一直给予无怨扶持的父母和悉心善导的老师而心灵有所触动？

各位同学，在准备今天的讲稿时，我的同事们建议说到这里最好来一下引经据典，以强化学富五车的感觉，我不同意这观点，前人的启发固然重要，但如何让哲理历久常新更需要你们的思考和提炼；若你能尽你的忠诚，努力在责任路上活出丰盛、快乐和充满尊严的人生，日后能成就大业者，能出类拔萃者，能出尘不染者，舍你其谁？你就是精彩，你就是经典。今天你以汕大为荣，明天汕大必以你为荣。

谢谢大家。

第六章
▼

长江塑胶花

发现新机遇

到了 20 世纪 50 年代的时候，香港完成了从以转口贸易为主到以加工工业为主，从转口港到工业城市的转变。

在朝鲜战争期间，美国和许多国家对中国实行禁运，香港政府也跟着执行，结果是香港转口贸易锐减，业务量一落千丈，上百年来靠贸易来维持重整旗鼓的传统途径顿失。香港被迫开始向加工工业转变。

中国大陆有一批资金、机器设备和技术管理人才流进香港，特别是纺织和其他轻工业方面。至于市场方面，香港当时只有 200 万人左右，本土市场狭小，而东南亚等海外地区却提供了市场。加上当时香港享有英联邦特惠制，输往其他英联邦成员的国家和地区的入口税较低，并有各种便利。正是在资金、劳力、技术、管理、市场等条件都具备的情况下，使香港转向加工工业的道路得以实现。

20 世纪 50 年代中期，香港加工业已经得到蓬勃发展，香港的工业制品已经打入国际市场，并在国际市场上产生了一定的影响。在香港的工业区，各种小工厂几乎连成片，整个香港呈现出繁荣的景象。

李嘉诚的长江塑胶厂在经历危机后，步入了发展的快车道，这在很大程度上得益于香港的经济繁荣。长江塑胶厂的订单不断增加，工厂日夜加班，营业额也呈逐年递增的趋势。随着经营形势的好转，银行业放宽了对李嘉诚的贷款限额，原料商也允许他赊购原料，客户更是抢着接受他的产品。

经历过退货危机的李嘉诚并没有被眼前的良好局势冲昏了头，他并没有满足于长江塑胶厂的现状，他还在冷静地思考长江塑胶厂的未来。李嘉诚十分清楚，在香港，塑胶及玩具厂已经有 300 多家，长江塑胶厂只是其中经营状况较为良好的一家。但李嘉诚心里明白，自己的工厂虽然生意兴隆但仍缺乏特色，生产塑胶玩具的厂家实在太多，长江塑胶厂并没有自己的特色产品。

港产的塑胶制品因为廉价，故而在国际市场上打开了市场。长江塑胶厂自创办后，主要生产塑胶玩具和塑胶日用品，根据代理经销商的订单，款式有细微变化，与同业相比，并不具有明显的竞争优势。

李嘉诚敏锐地看到，在种类繁多的塑胶产品中，塑胶玩具在国际市场上已经趋于饱和状态，并且盈利空间越来越小。这意味着李嘉诚必须要重新选择一种具有竞争力的产品。他冷静分析香港和世界的经济形势变化，分析市场走向。

李嘉诚不甘于做一个小老板，他期望自己能有更大的发展空间。俗话说，机遇总是留给有准备的人。这在李嘉诚身上得到验证。

李嘉诚有阅读英文杂志的习惯，当李嘉诚阅读最新一期的《当代塑料》杂志时，他被一则简短的消息所吸引：意大利一家公司，利用塑胶原料制造塑胶花，全面倾销欧美市场。这给了李嘉诚很大的启发和灵感。

塑胶花实际上是鲜花翻版。李嘉诚了解到，苏联人扫墓不用纸花，而用塑胶花，表示生命虽已结束，但留下的思想、品质、精神是长青的；北欧人则喜欢用塑胶花装饰庭院、房间；美洲人连汽车上和工作场所也会挂一些塑胶花。

欧美家庭都有室内装饰花卉的传统。由于植物花卉经常要浇水、施肥、修剪、除草，但是随着很多家庭妇女开始工作，她们不再有时间去侍弄花草。另一方面，植物花卉的花期有限，每季都需要更换花卉品种，甚为麻烦。

塑胶花可以弥补植物花卉的这些缺陷，便宜又美观大方，最重要的是不需要打理。20 世纪 50 年代是一个追求与尴尬并存的年代——有限的生活水平和膨胀的想法、追求，在"时间就是金钱"的条件下，塑胶花就像一个转轨时代的完美替代品。

李嘉诚跑遍香港各地，他发现在各大商店几乎没有塑胶花。他相信，随着时代的发展，欠发达地区的人们也会越来越注重家庭环境的美化。对于塑胶花这一新生事物而言，这个市场实在是潜力巨大。

李嘉诚预测，一个塑胶花的黄金时代即将来临。

偷师学艺

1957 年春天，当发现了塑胶花的广阔市场前景后，李嘉诚决定去意大利考察，以学习塑胶花的制作工艺。

虽然此时的意大利风景宜人，但李嘉诚并没有闲情去观赏美景。他在一间小旅店订下客房，就去寻找那家生产塑胶花的塑胶公司的地址。当经过两天的奔波后，李嘉诚来到这家公司门口时，他突然冷静了下来。作为厂商，李嘉诚当然知道厂家对新产品技术的保守和戒备。如果贸然上门，肯定会暴露自己的来意，让意大利的这家生产商产生防范心理，自己恐怕根本就得不到任何讯息，学习不到任何技术了。

当然，站在今天的角度，很多人会说，李嘉诚可以通过正常的途径去购买技术专利。但是，对于当时的长江塑胶厂这样的小厂来说，根本付不起昂贵的专利费，专利费对于李嘉诚来说无异于天文数字。此外，厂家也不会轻易出卖专利，它肯定要等到充分占领市场，赚取丰厚的利润，直到淘汰这项技术后才有可能考虑出让。等到塑胶花在香港大量面市后，学习塑胶花技术就已经失去了意义。

李嘉诚的目的就是要引领市场，而不是跟在别人后面亦步亦趋。市场的竞争无疑是时间的竞争，抢先一步就占得先机。所以，李嘉诚必须要尽快学习塑胶花的制作手艺。

作为同类生产厂商，总不能告诉对方自己的真实目的吧？李嘉诚以香港经销商的身份来到该公司，他被公司职员奉为座上宾，带入了这家公司的产品陈列室。种类繁多的塑胶花让李嘉诚目不暇接，他拿着塑料花在手中仔细端详，不断询问关于塑胶花的知识。在公司待了一整天后，李嘉诚购买了各种款式和各种颜色的塑胶花，说是先带回香港试销。

样品有了，但具体的生产工艺及配方调色却不知晓。作为塑胶花工艺的核心技术，这是保密的。李嘉诚带着这些样品回去组织研发，有可能会研制出来，但一定会花费很长的时间，有没有更简单的方法了解到这项核心技术呢？

摆在李嘉诚面前的唯一出路就是：偷师学艺。自己专程到欧洲来一趟，一定要学会塑胶花的生产工艺，如果两手空空的回去，绝对对不起这趟意大利之行。

细心的李嘉诚发现这家公司正在招聘工人，他去报了名。由于李嘉诚当时持有的是旅游签证，按照规定，持有这类签证的人是不能够打工的。不过，当时欧洲不少国家的企业主，都采用压低薪资的方法来雇佣这些非法移民，以减少工资支出。这是因为，当时的欧洲经历战火，劳动力奇缺，这种黑工遍地都是。

李嘉诚被当作这种黑工雇用了，但工资只有其他同类工人的一半，这家公司的老板贪这点便宜，却不知道李嘉诚想占更大的便宜，他根本不在乎对方能给自己开多少工资。

当时对于专利的保护意识并不强，这个亚洲人的到来，也并没有引起特别的关注。由于李嘉诚先前去的是总公司，这次来到分工厂打工，所以也不必担心被总公司的人发现。他可以放心地"潜伏"在这家工厂。

李嘉诚的工作是清除废品废料，他经常推着小车在厂区来回走动，但他的关注点却在于整个生产流程和生产工序是怎样的。在每天收工后，李嘉诚赶回旅店，仔细回忆白天工厂的每个环节和细节，把观察到的全部详细记录下来。整个生产流程都已经熟悉了，但技术环节还是不得而知。

李嘉诚除了做好自己的工作，也不时和工友打招呼，有时还问长问短。老板虽然对这个亚裔工人东张西望有点不满，但是因为薪水比较少，也不便发作。

闲暇时，李嘉诚邀请数位新结识的朋友吃饭，而这些朋友都是某一工序的技术工人，李嘉诚经常向他们请教有关技术问题。李嘉诚说他打算到其他工厂应聘技术工人，恳请工友们给他碗饭吃。这些工友因为李嘉诚的好客而表现得十分热情，他们毫无保留地将自己掌握的一切技术细节都告诉了李嘉诚。

这位年轻的学徒工，不会有人猜到他竟然是"国际商业间谍"。李嘉诚本就在塑胶行业浸染多年，他很快就知道了塑胶花制作的技术要诀。当李嘉诚偷师成功后，他决定从意大利回国。

站在今天的角度，李嘉诚的行为有悖商业道德，他的这种行为是不值得提倡的。但在专利意识还不完备的20世纪50年代，李嘉诚的行为又是可以理解的。

研制塑胶花

李嘉诚有自己的生意经，他说：

"做生意主要有三种方式：一是创新，二是改进，三是跟风。创新吃的是一招鲜，虽然不易，一旦使出来，却费力少而收获大；改进是在别人的基础上做得更好，虽不易造成轰动，后劲却很足；跟风是跟在别人后面亦步亦趋，这样做起来较容易，风险也较小，但跟吃人的残羹冷炙差不多，收获亦有限。"

李嘉诚当然愿意做市场的引领者，在原有的产品基础上实现改进和创新。意大利之行令李嘉诚收获颇丰，几大箱塑胶花样品和资料也随李嘉诚一同到了香港。

李嘉诚将几个部门的负责人和技术骨干召集到他的办公室，将自己带来的塑胶花样品展示给大家看。大家都为这栩栩如生的塑胶花而叫好。李嘉诚则对大家宣布，长江塑胶厂以后要以塑胶花为主攻方向，让塑胶花成为长江厂的主打产品。

但是，大家振奋之余，却也疑惑这种全新的产品究竟怎么个弄法？香港会有人喜欢这些看起来很漂亮的塑胶花吗？

而李嘉诚细看他从意大利带回的塑胶花样品时发现，无论从品种还是花色等方面，都过于意大利化了，而这未必适合香港人的品位。这本来也无可厚非，毕竟塑胶花是植物花的翻版，每个国家和地区的民众所钟爱的花卉不尽相同。李嘉诚认为，一定要设计出顺应香港以及国际大众消费者喜好的塑胶花款式，不必拘泥于原有的意大利样品。

塑胶花能否成功，取决于人才的竞争。李嘉诚重金聘请优秀的设计人员，把样品交给他们研制，要求他们尽快开发出新产品。而新产品一定要别出心裁、与众不同，在配方调色、成型组合、款式品种、消费喜好等方面下功夫。说起来简单，但是做起来却并不是容易的事，需要李嘉诚和设计人员动更多的脑筋。

经过艰苦的研制，设计师们做出不同色泽款式的"蜡样"，李嘉诚通过仔细调研，最终确定一批蜡花作为开发产品。后又经过反复试验，配方调色研定到了最佳水准。经过一个多月的研制，第一批样品终于出厂了。

塑胶花终于从长江塑胶厂成功生产出来，定价问题怎么解决呢？当时意大利产的塑胶花已经在香港经销，但是走的是高档路线。市面上的塑胶花价格不菲，只有一些富裕家庭才能买得起。照理说，李嘉诚辛辛苦苦才将塑胶花生产出来，他卖高价，利润也将可期。

可李嘉诚并没有这么做。他认为，如果塑胶花价格昂贵，必定少有人问津。倒不如在人无我有的阶段，以适当的价格占据香港的塑胶花市场，掀起消费的热潮，让所有人知道长江塑胶花。

当李嘉诚携带由长江塑胶厂生产的塑胶花样品出现在经销商面前时，经销商们的第一个反应是李嘉诚替别人代理销售欧洲的塑胶花，这是要抢他们的饭碗。当李嘉诚告诉他们这是自己工厂生产的样品，需要请他们帮忙推销时，这些经销商简直难以相信，凭着长江塑胶厂那破旧不堪的厂房和老掉牙的设备，能生产出这么好看的塑胶花？

李嘉诚回应客户们的质疑："欢迎各位去长江看看，长江虽然还是老厂房，可生产塑胶花的设备却是新的，研制塑胶花的都是新人，当然，现在的事业更是新的。"

这些带有港产特色的塑胶花，不少样品还是中国人喜爱的品种。但作为经销商，最关心的当然还是价格，李嘉诚的报价令经销商们怦然心动。李嘉诚走的是物美价廉的销售路线，不少经销商都看好塑胶花的销售前景，都非常爽快地按李嘉诚的报价签订合同。有些经销商为了买断权益，主动提出预付 50% 订金的条件。也有人死守着长江塑胶厂，苦等着产品的出厂。

很快，塑胶花就在香港和东南亚地区风靡一时。短短的时间内，香港的大街小巷，都摆满了由长江塑胶厂出品的塑胶花。即使是寻常百姓家，也能看到塑胶花的身影。

李嘉诚凭借着物美价廉的塑胶花，迅速占据市场，并且还走向世界。长江塑胶厂进入了全面辉煌的阶段，最高峰时曾聘请 100 多个工人，实行三班制赶工塑胶花。

渐入佳境

中国人擅长模仿，自从长江塑胶厂的塑胶花一炮打响后，在很短的时间内，香港就出现了好几家生产塑胶花的工厂。李嘉诚不清楚这些竞争对手如何在短时间内就掌握了塑胶花的生产秘诀，就如同别人不清楚他是怎样获取塑胶花生产技术一样。

所有人都在抢占市场，而长江塑胶厂的规模，无法保证它能继续保持领头羊地位。在商场上，当你前进的速度越快，你所获得的能量就越大。李嘉诚在接受记者采访的时候，曾这样说过："今天在竞争激烈的世界中，你付出多一点，便可赢多一点。好像奥运会一样，如果跑短途赛，虽然是跑第一的那个赢了，但比第二，第三的只胜出少许，只要稍稍快，便是赢。"这段话很好地诠释了李嘉诚的经营哲学。

长江塑胶厂的塑胶花已经占领了广泛的市场份额，但是如果躺在过去的功劳簿上，则会不进则退。李嘉诚需要扩大规模，改进管理模式，让长江塑胶厂在前进的过程中焕发更大的生机与活力。

李嘉诚到亲友中集资招股，筹集的资金用于租赁厂房，添置设备。同时，他对欧洲的企业生产和管理方式也产生了浓厚的兴趣。他看好股份制企业的发展趋势，决定对长江塑胶厂实施改革：首先组建合伙性的有限公司，然后发展到一定规模时，申请上市，成为公众性的有限公司。

1957 年年末，长江塑胶厂改名为长江工业有限公司。公司总部搬到香港北角，李嘉诚任董事长兼总经理。公司的产品方向分为两部分，一部分仍旧生产塑胶玩具，另一部分生产塑胶花。塑胶花是长江工业有限公司的重点产品方向。

李嘉诚的公司由此进入了新的阶段。但李嘉诚这次把眼光放到了扩大销售市场方面。当时，香港的对外贸易基本上为洋行所垄断，华人商行的出口途径一般是东南亚。欧美的消费市场无疑更为广阔，李嘉诚得知塑胶花在欧美也非常受欢迎，便十分渴望将长江工业有限公司的产品打入欧美市场。

香港本港的洋行大多在欧美设有分支机构，也有较为稳定的客户。香港的塑胶花通过洋行进入欧美市场，李嘉诚就接受过不少这样的订单。但这样的包销方式让李嘉诚有所不满：由于增加了洋行这个中间环节，塑胶花销往哪个地方，零售价究竟是多少，消费者喜欢哪种产品，他都一无所知。

一家较大的洋行提出包销长江公司的塑胶花。这对李嘉诚来说，意味着从此不愁销路，这是一件好事。但李嘉诚却谢绝了对方的提议，他明白，如果接受对方的包销条件，价格、产量等都由洋行说了算。

香港的塑胶花已经在欧美打开了销路，但欧美的批发商们需要经过香港洋行的中间环节，他们也希望绕过中间环节，直接与香港的厂家做生意，这样可以大大节约成本。李嘉诚捕捉到这个讯息，他去跟外商直接洽谈，给他们看样品，签订合同。双方都从直接交易中获得实惠。

李嘉诚网罗了香港最优秀的塑胶人才，不断推出新样品。李嘉诚的手中掌握着大量的订单，但他不敢放手接受订单。这是因为他的资金有限，设备不足，生产规模的扩大一直达不到他的预期速度。银行的贷款只能应付流动资金，像长江这样的小公司，几乎不可能获得银行的大笔贷款。

此时，一个意想不到的机遇来了。一个欧洲来的大批发商十分认同长江公司生产的塑料花，答应提前交付货款，这基本解决了李嘉诚扩大再生产的资金问题。

通过和这位欧洲批发商的合作，李嘉诚的长江公司生产的塑胶花牢牢占领了欧洲市场，营业额和利润呈几何倍数增长。1958 年，长江公司的营业额已经达到1000 多万港元，纯利润达到 100 多万港元。塑胶花可以说为李嘉诚赢得了平生的第一桶金，同时，李嘉诚也获得了"塑胶花大王"的称号。

结交大客户

李嘉诚扩大规模遭遇资金难题时，一位欧洲的批发商慕名来到李嘉诚的长江公司，他对长江公司的样品十分满意，不过也对这家简陋工厂的生产能力表示怀疑：以长江公司的生产规模，满足不了他的数量。要和他做生意，需要找实力雄厚的公司或个人担保。

李嘉诚对这突然来到的大客户十分重视，但是担保人却并不容易找。有一篇文章记述了李嘉诚寻找担保人的过程：

"求人如吞三尺剑"，位卑财薄的李嘉诚，只有硬着头皮，去恳求一位身居某大公司董事长的亲戚，这位大亨亲戚岔开话题而言他，令李嘉诚碰了一鼻子灰，陷入山穷水尽。

这篇文章中所指的"亲戚"自然是指李嘉诚的舅舅庄静庵，当时庄静庵的中南钟表公司经销网遍及香港、东南亚，是香港本地实力较为雄厚的公司。

找不到担保的人，令李嘉诚比较着急。根据这位批发商的要求，李嘉诚通宵达旦和设计师们连夜赶制出九款样品，期望能以别致新颖的样品打动这位大客户。若是被客户看中这些样品，看能否采用变通的合作方式，只要能跟这样的大客户合作，长江公司就有迅速崛起的希望。

第二天，李嘉诚与欧洲来的订货商坐在一家咖啡室里。客户当然也注意到李嘉诚流露的疲惫，他知道这个年轻人为赶制样品熬了一个晚上。李嘉诚诚恳地说："就我个人而言，我当然十分希望能够长期与您合作。长江目前虽没有取得足够的资金以及担保，但是我们却可以给你提供全香港最优惠的价格、最好的质量、最优秀的款式，并保证在交货期按时交货。"

李嘉诚拿出自己精心设计的九款产品摆放在客人面前。九款样品分为三组：一组花朵，一组水果，一组草木。批发商全神贯注看了足足有10多分钟，尤其对那串紫色葡萄爱不释手。李嘉诚看到对方专注的神情，就知道对方对自己的样品颇为看好。

这位欧洲商人既十分惊讶，又十分欣赏坐在对面的年轻人，他竟然能在一夜之间设计出九种款式的塑胶花供自己选择。李嘉诚的内心当然十分期待做成这笔交易，这位欧洲批发商的销售网络遍布西欧和北欧，但李嘉诚没能根据外商的要求找到担保人。怎么办呢？

客户显然对样品十分满意，外商说："李先生，我非常欣赏你提供的这九款样品，这是我这次来香港所见到过的最好的塑胶花，坦率地讲，我真的挑不出任何毛病。李先生，我们可以谈生意了。"谈生意就需要拿出担保人亲笔签字的信誉担保书，这也是当时的行规。

李嘉诚直率地告诉批发商："非常感谢您对本公司样品及本人的厚爱，我和我的设计师，花费的精力和实践总算没有白费。我想你看到我期望的眼神，一定知道我内心的真诚想法，我非常希望能与先生做成这笔生意。可我又不得不坦诚地告诉您，到目前为止，我还未找到厂商为我担保，十分抱歉。"

批发商听到李嘉诚的这番话，没有表现出过度的吃惊和失望。李嘉诚觉察到了这一点，觉得还有合作的希望，他继续说道："请相信我的信誉和能力，我是一个白手起家的小业主，在同行和关系企业中有着较好的声誉，我是靠自己的拼搏和同仁朋友的帮助，靠着我的信誉才发展到现在这规模的。您已考察过我的公司和工厂，相信您不会怀疑本公司有效的生产管理及严格的产品质量管理。我坐在您面前，非常坦诚地讲述我的实际情况，就是希望能够有与您合作的机会，我将会非常珍惜这一机会。因此，我真诚地希望我们能够建立合作关系，并且是长期合作。"

李嘉诚诚恳的一番话也打动了这位务实的批发商，他说道："李先生奉行的原则就是我奉行的原则。我这次来香港，就是希望寻找诚实可靠稳定的长期合作伙伴。互利互惠，重要生意做成，我绝对会考虑对方的利益。李先生，我知道你最担心的是担保人。我坦诚地告诉你，你不必为此事担心，我已经为你找好了一个担保人。"

李嘉诚以为自己听错了，哪有买方为卖方找担保人的道理？批发商看出了李嘉诚的疑惑："这个担保人就是你。你的真诚和信用，就是最好的担保。"两人都为找到合适的合作伙伴而高兴。

合作意向就这么确定下来了，不过向来讲究诚信的李嘉诚对批发商说："先生，能受到如此信任，我不胜荣幸。可是，因为资金有限，一时无法完成您这么多的订货。所以，虽然我希望与您签约，但我还是要指出我公司的问题所在。不过，我将全力以赴，确保按期完成合同。"

听完李嘉诚的话，外商为这位香港年轻商人的诚实所震动，他当即对李嘉诚说："从你的言行举止，从你的诚恳，看得出你是一位令人尊敬的可信赖之人。为此，我预付货款，以便为你扩大生产提供资金。"

当谈判变成了两个朋友之间的交谈，在轻松和谐的氛围中，李嘉诚与这位欧洲批发商签订了合同。按照合同约定，批发商提前交付货款，也解决了李嘉诚一直困扰的扩大再生产的资金问题。

这次成功的商业谈判使李嘉诚的长江工业公司站稳了脚跟，长江公司扩大了规模，拓宽了到欧洲的销路，李嘉诚的长江工业公司也成为了香港的知名企业。

进军北美

北美地区主要包括美国和加拿大，二战后北美地区经济繁荣，成为当之无愧的世界经济重心。尤其是美国，二战后成为世界上经济实力最强的资本主义国家，它的消费额超过世界总消费额的 1/4。

李嘉诚的长江塑胶公司生产的塑胶花已经出口到北美，但这些订单一般都属于小订单，李嘉诚的目标是要大举进军北美市场。通过调研了解美国的市场消费模式，李嘉诚设计印制了精美的产品广告画册，通过港府有关机构和民间商会了解到各大贸易公司的公司地址，然后分寄出去。

有针对性的投递果然获得了反馈。北美一家大型贸易公司在收到李嘉诚寄来的画册后，对长江公司的塑胶花样品和报价很满意，决定派购货部经理前往香港，以便考察工厂和洽谈入货。

对李嘉诚而言，这是又一次重要的发展机会。这家公司是北美最大的生活用品代理公司，销售网络遍布美国和加拿大的每一个角落。李嘉诚如果抓住了这个大客户，长江公司的产品就能大批量进入美国和加拿大的市场，这将是对长江公司的重大利好。

但是，对方虽然对长江公司表示了浓厚的合作兴趣，不过也表达了考察香港塑胶市场的意向，这家公司很有可能和其他厂家合作。李嘉诚的目标，是让长江公司成为这家公司在香港的独家供应商。虽然李嘉诚对自己公司的产品质量很有自信，但是他也明白，香港还有数家实力雄厚的大型塑胶厂。当时长江公司的工厂格局，还没有完全摆脱"山寨"的标签，生产规模也达不到独家代理的标准。

李嘉诚决定，一周以内，将长江塑胶厂生产规模扩大到令外商满意的程度。但是，短短的一周时间，扩大数倍规模，这需要怎样的气魄？

扩大生产规模，必须要租用大的厂房应急。李嘉诚当时正在北角筹建一座工业大厦，原计划建成后，留两套标准厂房自用。但为了抢得时间，他需要重新租用别人的厂房应急。看过一处位于西环士美菲路的厂房后，李嘉诚当即决定租下来，厂房占地约 1 万平方英尺。此外，还需要购买 100 多台塑胶机，淘汰掉部分已经老旧的机器。

在一周的时间内，要完成旧厂房的退租、可用设备的搬迁、新设备的购置、新厂房的承租改建、设备的安装调试、工人的搬迁。所有的一切都要在短期内完成，那段时间，李嘉诚为了达到自己的目标，他几乎没日没夜地奋斗了一个星期。

当看到工人已经进入新厂房工作时，李嘉诚才稍微松了点气。

就在一个星期后，北美来的"财神爷"抵达香港，李嘉诚安排好了公司的生产任务后，亲自去机场迎接这位客户。李嘉诚已经为客商预定了酒店，当询问客商是不是要先回酒店休息时，外商不假思索地说，先参观工厂。

在带这位北美来的客商去长江公司新地址时，李嘉诚的心中不免忐忑。这位客商十分仔细地观察长江公司的每一个环节，从生产到包装，从车间到写字楼，美国客人仔细观察，不时露出微笑。这让李嘉诚悬着的心终于放了下来。

第二天，美国客人约李嘉诚共进午餐。美国客人显然对李嘉诚的工厂规模以及先进的设备十分满意，当然，低廉的价格更让客商十分满意。这家公司最终成了长江工业公司的大客户。

通过这家北美公司，李嘉诚的塑胶花开始行销美洲，长江公司每年的订单都以数百万美元计。在接下来的日子里，李嘉诚的长江工业公司迎来了产销两旺的最辉煌时期。根据当时的香港媒体报道：

"本港塑胶花工业，喜气洋溢，美国在圣诞节期间，塑胶花的畅销情形，创有史以来最高纪录。美国塑胶花进口商的所有已运到之塑胶花全数销清，尚供不应求……

目前世界塑胶花交易，香港占80%。香港成为最大的供应来源，且已获得价廉物美之好感。"

欧美各国对塑胶花的需求量也更大了，连普通家庭也渐渐养成了插花的习惯。庞大的塑胶花市场需求以及李嘉诚的积极开拓，使长江成了世界上最大的塑胶花生产厂家，长江每年的赢利已经达到了数千万港元。

未雨绸缪

1958年，李嘉诚的长江公司已经成为香港最大的塑胶花生产厂家。由于李嘉诚的实力以及声誉，他当选为香港潮联塑胶制造业商会主席。

经营塑胶花为李嘉诚带来了可观的财富，作为塑胶产业领军者的李嘉诚也会思考这个问题：塑胶花的大好年景还会持续多久。

当时，香港的塑胶厂已经遍地开花，生产塑胶花的厂家日益增多。根据香港劳工处相关数据，香港的塑胶及玩具业厂家，1960年为557家，1968年增加到1900家，1972年已经猛增到3359家。塑胶产业的从业人员，从1960年占全港制造业劳工数的 8.4% 增加到 1972 年的 13.2%。而从事塑胶产业的厂家，据估计有一半以上都是专营塑胶花或兼营塑胶花。

长江公司拥有稳定的客户，销路肯定不成问题，随着竞争的加剧，塑胶花产业全员挣钱的光景一定会结束，而塑胶花产业最终会走下坡路也是可以预期的。塑胶花之所以流行，更多的是迎合了人们当时的一种心理，塑胶花容易打理、方便、美观，但是随着时代的发展，人们终究要"返璞归真"。正如曾经在香港十分畅销的塑胶裤带，随着时代的变迁而渐渐乏人问津。

塑胶花毕竟是塑胶制品，除了美观之外，并不能代替有机植物的很多功能。而李嘉诚也发现，塑胶花在欧美也渐渐被某些人所摒弃，市场在向新兴的发展中国家转移。而这些新兴国家也兴起了不少塑胶花产业。香港的人工工资和房租成本逐年递增，这种劳动密集型产业必然会遭遇发展瓶颈。

李嘉诚由此预料到塑胶花产业成行成市，只有难得的几年黄金发展时间。他认为，任何一种行业，如果有一窝蜂的趋势，就会造成摧毁。没有道理单单一个行业会永远兴旺下去，到某个时候，市场自然会饱和。当塑胶花日益泛滥时，价格必然会有所降低，利润也会不断减少。

事实证明了李嘉诚的判断。在随后的几年时间里，塑胶花出现过几次积压，主要原因在于生产过多和欧美市场的萎缩。长江公司虽然并未受到明显影响，不过，这已经引起了李嘉诚的足够重视。

李嘉诚认清塑胶花产业的发展趋势，预测到香港地产的良好发展前景，由此他并没有不断投资塑胶产业，强化塑胶业的竞争能力，而是让塑胶花产业顺其自然。他此后的主要精力放在了地产方面。

不管怎样，塑胶花是李嘉诚进入事业辉煌的重要起点，他永远不会忘记曾经为塑胶花而奋斗的岁月。

超越梦想的人生

——2009 年汕头大学毕业典礼致辞

（2009 年 6 月 19 日）

尊敬的各位领导、余华先生、各位校董、校领导、老师、各位嘉宾、家长们、同学们：

早上好！

非常高兴能在毕业礼中，庆祝和分享你们走进社会、迎接锦绣前程的兴奋与喜悦。我代表校董会向每一位年轻同学道贺：做得好！做得真好！

你们在现实人生中已胜出漂亮的一仗。我深信汕大的毕业生，纵然面对人生起伏与经济盛衰，也能无惧挑战，追求卓越，达至成功！因为在校园的日子里，培育锻炼了你们的意志胸襟和心智态度，你们有终身学习的醒觉、克己律行的修养、追寻真理的激情、仁民惜物的决心。

我知道你们将会把在这里学习的一切恒存在心，日后身处任何环境，汕大人都会平衡良知与理性，规划最高期望；凭仗能力与心力面对人生，追求梦想。尽管世道无常，矛盾错杂，游戏规则也每每有不公平和不公正，汕大人仍会坚持以原则与价值观走在康庄大道上。在你们灵魂深处，充满着反省的活力与仁心的朝气，大家能以果敢的人格与诚信活出精彩。

你们的抱负不仅仅是懂得建筑的工程师、治病的医生、作报道的新闻工作者、政府的公务员、善辩的律师、做研究的科学家、一个唯美的艺术家或营造财富的企业家等等。

你们都知道权力、财富与责任相连的绝对性；你们都知道有同情心、相互尊重和兼容不同，是和谐社会真正的支柱；你们意识到排斥、歧视、贫穷和屈辱等各种形式的不公平无处不在，你们永远不会把这种不公平加诸别人；你们会乐于参与社会，勇于承担责任，我们怀着助人的热忱，必能对抗消极与彷徨。

我仍记得三十年前，当年这里是一片稻田，今天看到大家灿烂的笑容与自信的脸孔，告诉我当年的决定是正确的，教育是掌握未来的关键，命运与坚持让我和国家共创汕大，但承传发扬汕大精神的重责是落在你们身上。若果我们坚信万物凝聚有始，长江不择细流，汇聚百川，如浩繁宇宙，点点银河繁星，那你们必须谨记，建立自我让个人梦想成真，追求无我能让更大的理想成真，汕大人要活出超越梦想的人生。

2008年8月8日，我在北京参加奥运会开幕礼，眼前是各国的运动员抖擞出场，脑海中是一幕幕民族和个人经历的回忆。同学们，你们置身民族兴盛之年，携着你们的热望、知识和不屈的精神出线。祝愿你们旅程中有无尽一展所长的机遇，挑战中充满欢欣，寻得并珍惜良师益友。我会永远与大家共勉。

谢谢各位。

第七章
▼

爱情之路

表妹庄月明

香港的《明报周刊》曾刊登过一篇《李嘉诚与庄月明爱情故事》的文章，其中写道：

"在香港的潮州人圈子里，流传着这样一段佳话：系出名门的表妹，不顾父亲的极力反对，与穷表哥恋爱、结婚。在表妹的鼎力支持（精神上和实际上）与鼓励下，表哥奋发图强，终于出人头地。之后，他的事业更蒸蒸日上，成为本埠富豪。佳话中的表哥，正是当今香港富豪李嘉诚，而表妹者，就是李先生的结发妻子庄月明女士。"

庄月明的父亲就是庄静庵，是李嘉诚的亲舅舅，李嘉诚和庄月明是表兄妹关系。也就是说，李嘉诚的外公外婆就是庄月明的爷爷奶奶。李嘉诚和庄月明的表兄妹关系有点类似于《红楼梦》中贾宝玉与林黛玉的关系。这段表兄妹的婚姻，如果放到今天一定是不合法和不合理的，但是，在五六十年前，表亲联姻实在是再正常不过的事情。我们也无须以今人的眼光去评判这段婚姻。

20世纪40年代，李嘉诚的父亲李云经为躲避战乱，带着一家五口前往香港投奔庄月明的父亲，也就是自己的妻弟庄静庵。庄静庵当时经营中南钟表有限公司，其家境在香港也算得上是富裕人家。

庄月明是庄静庵的长女，李嘉诚刚看到表妹时，自己是个刚上初中的小孩，而庄月明比李嘉诚小4岁，当时正在教会办的英文书院里学习。两人悬殊的家境，并没有让庄月明嫌弃穷表哥李嘉诚。

李嘉诚随父亲逃难到香港，经过十多天的跋涉，加之原先就营养不良，当来到舅父家时，他已经十分消瘦。李嘉诚母亲与潮州老乡曾谈到过，庄月明那时经常送饭给阿诚，但李嘉诚不愿意接受这种馈赠。可能正因为这种倔强，更让表妹对这个表哥多了些好感。

当然，那时李嘉诚与庄月明之间肯定还没有到所谓的爱情阶段。李嘉诚身上所有的书卷气让庄月明对这个表哥格外关注，他们之间这种亲情关系一直维持了很多年。

表妹庄月明生长在殷富之家，庄静庵也十分重视子女教育。而李嘉诚自从父亲去世后，就辍学打工，两个人自此走上了不同的人生轨迹。庄月明聪明好学，以优异的成绩毕业于英华女校，随后考入香港大学，获得学士学位。后来又到日本留学，就读于日本明治大学。庄月明的青少年时期，可以说一路顺风顺水。

因为两人的悬殊差距，他们的交往起先一直没有得到庄静庵的支持。有一位不肯公开姓名的先生在接受《明报周刊》采访时说：

"庄静庵先生初时不大喜欢李嘉诚，但表妹庄月明却对表哥一心一意，无论如何也要跟着他……

"当年，表妹为了表哥，不顾父亲反对而委身下嫁。婚后，她并不时常回娘家，尤其是今年，我多次找他俩（李嘉诚和太太），都要传话（指见面少）……"

只有初中学历的李嘉诚与出身名门名校的庄月明究竟如何走在了一起，人们都会对此感到疑问。

条件优越的表妹，时时给予表哥以理解和支持。这位富贵小女孩一点也不曾嫌弃表哥，她是李嘉诚最好的玩伴与知己。毋庸讳言，李嘉诚和庄月明之间由亲情、友情最终发展为爱情。

青梅竹马

初到香港的李嘉诚不过是个 12 岁的男孩，而他的表妹庄月明只不过才 8 岁。见到刚来香港的表哥，庄月明嘘寒问暖，对他十分关心。

李云经带着一家人来到香港后，经过找工作和一段时间的适应后，他教导李嘉诚，要在香港生存下去，就一定要学做香港人。学做香港人的首要步骤就是学会香港话，也就是说要学会粤语和英语。

当时，因为李云经一家人最开始寄居在庄静庵家附近，李嘉诚因此与表妹有了更多的接触机会。表妹庄月明成了李嘉诚最好的老师，在表妹的细心"教导"下，李嘉诚很快就能用粤语与人交流了。

李嘉诚在香港读初中时，英语又成为拦路虎。而庄月明在上学前就已经学过英语，后来又上的是英文学校。李嘉诚诚恳地请表妹做自己的老师，而表妹也非常高兴地教李嘉诚英语。

当然，在表妹的心中，表哥李嘉诚也是一个了不起的学问家。李嘉诚对中国古典诗词的了解远甚于表妹，而他经常讲一些故事，表妹也听得津津有味。

两个小朋友在无忧无虑中成长，而他们的感情也在日渐增多的接触中升温。当然，他们的感情此时一定还没有上升到爱情的地步。

1943年冬天，李云经病逝，李嘉诚的命运轨迹也随之发生改变。他不再是那个无忧无虑的少年了，他要挑起全家的生活重担。尽管舅舅表示资助李家，但要强的李嘉诚仍然决定辍学打工，他要养家糊口。

而此时的庄月明，走的则是和李嘉诚不同的人生轨迹。她以优异的成绩毕业于英华女子中学，此后进入香港大学，后又进入明治大学。但是，难得的是，庄月明从来没有疏远自己的表哥李嘉诚。李嘉诚在独自谋生后，不管是当茶楼的堂倌，还是钟表公司的学徒，庄月明一直和表哥保持着联系。当庄月明到日本读书后，他们仍然书信不断。庄月明对李嘉诚的慰藉和支持，伴随着李嘉诚度过那些最难熬的日子。

庄月明默默地关注着表哥，为表哥的每一次成功而高兴，为表哥遭遇的暂时挫折而担心。出身富贵的表妹与白手起家的表哥渐渐发现：随着年龄的增长，不知在何年何月，两小无猜的感情转化为了纯美的爱情。

庄静庵可能有意无意间发现了李嘉诚对自家女儿的"企图"，但他并不十分同意两人交往。而精明的李嘉诚知道，唯有自己在事业上取得成功，才有可能赢得舅舅对他们交往的认可。为了能和表妹走到一起，青少年时代的李嘉诚努力奋斗着。也许从某种角度上，正是对表妹的爱情，才是李嘉诚成为今天我们所认识的李嘉诚的最大动因。

坎坷爱情路

李嘉诚和庄月明都渐渐长大了，李嘉诚在店里做学徒工，而庄月明在学校继续读书。当李嘉诚拿起沉甸甸的大茶壶，背起大铁桶走街串巷，在钟表店辛勤工作时，他的表妹庄月明正在书海里徜徉，而这正是李嘉诚所梦寐以求的。

两人走上了不同的人生道路，但在读大学的高才生表妹并没有嫌弃正在给别人打工的表哥。每当看到瘦弱的表哥，庄月明很希望用自己的零用钱减轻表哥的经济压力和负担，但李嘉诚每次都回绝，他要靠自己奋发图强。这没有让庄月明感到尴尬和难堪，反而从心底更加敬佩和依恋李嘉诚。

但是，庄月明的父母并不看好两人的感情。庄静庵反对自己的女儿下嫁给穷外甥李嘉诚，在这件事上他没有少操心：他多次安排女儿"相睇"（相亲），这些人中不少都是世家子弟，但是都遭到了女儿的拒绝。

香港的另一富豪郑裕彤被人称为周家的乘龙快婿，这是因为郑裕彤少年时在周大福珠宝行学徒，深得老板赏识，老板把自己的女儿许配给了他。由于这门亲缘，郑裕彤成了周大福的掌门人，奠定了富豪的基础。

但是，李嘉诚却没有被人称为庄家的乘龙快婿。这大抵是因为，李嘉诚的发达并未沾到太多岳父的"光"。有人认为，李嘉诚与舅舅兼岳父的关系在前期一直比较疏离，这在很大程度上可能因为当时庄静庵并不希望自己的女儿嫁给这个穷外甥。

而庄月明的种种遭遇，也不由让人想起"梁祝"的故事。东晋时期，浙江上虞县祝家庄，祝员外家有个女儿叫祝英台，一心想往杭州访师求学。祝英台女扮男装，远去杭州求学。途中，邂逅了同赴杭求学的会稽（今绍兴）书生梁山伯，一见如故，相得甚欢，在草桥亭上撮土为香，义结金兰。

从此，两人同窗共读，形影不离。梁祝同学三年，情深似海。在十八里相送途中，英台不断借物抚意，暗示爱情。英台无奈，谎称家中九妹，品貌与己酷似，愿替山伯做媒。后来梁山伯当上了县令，等到梁山伯去祝家求婚时，岂知祝父已将英台许配给马文才。

梁山伯忧郁成疾，不久身亡。祝英台被迫出嫁时，绕道去梁山伯墓前祭奠，突然间风雨雷电大作，坟墓爆裂，英台翩然跃入坟中，墓复合拢，风停雨霁，彩虹高悬，梁祝化为蝴蝶。

作为庄月明，她当然不能理解父亲对自己婚姻之路的阻挠，当然她也害怕自己会沦落到"梁祝"的结局。然而，才貌双全的庄月明已经铁了心，非她的诚哥不嫁。

当然，我们也无意责备庄静庵对女儿婚姻的态度。毕竟，为人父母都希望自己的儿女能生活幸福，他担忧自己的女儿嫁给外甥会吃苦。虽然有"嫌贫爱富"之嫌，但是这也是人的正常心理。

而这一对"鸳鸯"并没有因长辈的棒打而散。庄月明倔强地一定要嫁给李嘉诚，她用行动支持着李嘉诚。1950年，李嘉诚创办长江塑胶厂后，当时尚在香港读书的庄月明，每周都要来看一次表哥，即使功课紧张，也会给表哥打个电话。1955年时，长江塑胶厂出现了产销两旺的佳境时，当时人在日本的庄月明还为李嘉诚发回了一封祝贺电报。

李嘉诚的事业一步一个台阶，他明智地权衡自己的地位，他知道唯有干出同辈人中出类拔萃的业绩，才能赢得舅舅的认可。这是李嘉诚卧薪尝胆、奋发进取的力量。

随着时间的推移，一直到李嘉诚 35 岁、庄月明 31 岁时，他们仍然未嫁未娶，他们仍然坚守着多年的爱情。

幸福婚姻

时间进入了 1963 年，已经沦为"剩男"、"剩女"年龄的李嘉诚和庄月明，终于冲破了重重阻力，他们赢得了庄静庵夫妇和庄碧琴的认可。在祝福声中，李嘉诚携手庄月明步入了婚姻的殿堂。

李嘉诚有着自己的爱情观："互相爱恋、情投意合还不够，互相了解、互相体谅、和谐共处才是最重要。亲情是与生俱来的，感情需要培养，但亦要讲缘分。"

李嘉诚当时的事业已经渐入佳境，当他斥资 63 万元买下一栋花园洋房时，还是一次奢侈的行为。为了婚后的日子温馨美满，在结婚的前半年，李嘉诚在港岛南深水湾道 79 号买下了这栋豪宅，这就是李嘉诚至今仍在居住的风水宝地。在当时的香港，出资 63 万元买独立花园洋房的人寥寥无几，这也反映出李嘉诚对妻子的情谊。可以说，这是李嘉诚少有的奢侈消费。

1995 年第 10 期的《资本》杂志这样介绍这栋豪宅："李宅外墙只漆上白油，外形极不起眼，亦并无海景，但胜在交通方便，两三分钟车程便可达高尔夫球场。李家大宅不算很大，大约 1.1 万平方英尺，市值约 1 亿元。"

这本杂志以首富的标准来评价这栋宅邸，60 年代的李嘉诚虽然事业蒸蒸日上，但还算不上顶级富豪，并且当时他在扩大塑胶生产规模，同时又在投资地产，一下子拿出 60 多万元也不是小数目。

有一位一直与李嘉诚交往的朋友说："这幢花园洋房，是诚哥送给表妹的最好结婚礼物。"

庄月明结婚后，就参与到李嘉诚的事业中，她加入到长江工业公司。她流利的外语以及谦和勤勉的作风，赢得了同事的尊敬。

1964 年 8 月和 1966 年 11 月，李泽钜和李泽楷兄弟相继出生。此后，庄月明渐退到幕后，专心相夫教子，两个儿子在庄月明的亲自教导下，勤奋好学，先后赴美完成了大学教育。

1972 年，李嘉诚掌管的长江实业上市。庄月明当时是公司的执行董事，是公司的决策核心人物之一。李嘉诚的不少决策，都蕴含了庄月明的智慧和心血。长江实业上市时，庄月明是主要股东，出任执行董事，经常参与长实业务，每年的股东大会都有出席。

庄月明在公众面前总是保持低调，她很少在公众场合露面，也几乎不接受记者采访。李家的一位朋友说："人们总是说地产巨头李嘉诚，如何以超人之术创立宏基伟业，而鲜有人言及他的贤内助及事业的鼎助人庄月明女士。我们很难想象，李嘉诚一生若没遇到庄月明，他的事业将又会是怎样的情境？"

延伸阅读

自负指数

——2008年汕头大学毕业典礼致辞

（2008年6月26日）

尊敬的宋海主席、尊敬的航天英雄杨利伟先生、各位校董、校领导、老师、各位嘉宾、家长们、同学们：

首先让我代表校董会，祝贺各位毕业同学完成学业。在今天这个令人兴奋的早上，正好是思考未来的美好时刻。

在过去几年的校园生活中，你们投入了大量的时间和精力，取得学位。汕大的核心理念是培育你们成为慎思明辨、有原则、能独立思考的人。大学致力扩展你们的智慧领域，令你们领会人世间多元契机和其永恒的挑战，也重视建立你们的"自觉力"，因为认识自己的兴趣和能力是一件非常重要的事。

你们每一个都是果敢、与众不同、具思考和独立性的人，有能力做到一些别人只能梦想的事情；你们永远抱着好奇和追求真理的心，有坚定的信念敢于挑战你们不认同的所谓真理、阐述你们的观点，和在适当时刻挺身而出，揭破"皇帝的新衣"。你们有成功的决心，但成功内涵还有更多关键。

在今天，我想和大家分享我的一项秘诀，那是终生指引我能凭仗情感和智慧，超越感受和本能的导航器。

要活出有意义的非凡生命，需要有能超乎"匹夫"的英雄特质。一个英雄所具备的品德不单要有勇气、有胜不骄的度量和败不馁的毅行，更要知道生命并不仅仅是连连胜利的短暂欢欣或失败的挫折。希腊哲学家对"卓越"与"自负"有一个非常发人深省的观念，他们相信每一个人都有责任把自己的潜能发挥得淋漓尽致。但同时，人的内心应有一戒条，不能自欺地认为自己具有超越实际的能力，系统性扩大变为自我膨胀幻想，如陷两难深渊，你会被动地、不自觉地步往失败之宿命。

在卓越与自负之间取得最佳平衡并不容易。因为信心、"勇敢无畏"也是品德，但沉醉于过往和眼前成就、与生俱来的地位或财富的傲慢自信，其实是一种能力的溃疡。我们要谨记传统智慧，老子的八字真言："知人者智，自知者明。"

我想和大家分享的诀窍是什么？我称它为"自负指数"，那是一套衡量检讨自我意识、态度和行为的简单心法。我常常问自己，我有否过分骄傲和自大？我有否拒绝接纳逆耳的忠言？我有否不愿意承担自己言行所带来的后果？我有否缺乏预见问题、结果和解决办法的周详计划？

我深信谦虚的心是知识之源，是通往成长、启悟、责任和快乐之路。在卓越与自负之间，智者会亲前者而远后者。背道而驰的结果，可能是一生净成就得之极少，而懊悔却巨大，成为你发挥最佳潜能的障碍，减弱你主控人生处境的能力。在现今无限可能的电脑时代，大家对"重新启动"按钮相当熟悉。然而，在生命这场永无休止的竞争过程中，我们未必有很多重新启动的机会，我相信，给你这个机会，也没有人期望过一个不断"重新启动"的人生。

同学们，你们绝对是最幸福的幸运儿，你们生于一个充满机会和希望的黄金时代，你们都很棒，而且颇具雄心壮志，准备就绪，有巩固的根基应付未来的挑战和机遇。不够，请大家谨记，迈向成功要通过层层考验和淬砺。

当你们走出校园，踏进人生这真正的大学堂，请坚守常思考、常反思的守则，并怀着奉献和关怀的心态处事。只知撷取而不懂付出的人，他的人生仅是个虚影。

只有能活出原则，真正懂得如何奉献国家、民族及世界的人，才是真英雄。应如庄子所说："势为天子，未必贵也；穷为匹夫，未必贱也；贵贱之分，在行之美恶。"如果你们愿意这样做，并谨记常常检讨自己的诀窍，那么你们定能攀登高峰后再达巅峰！

各位同学，我衷心祝福你们一生快乐成功，请放胆迈步活出精彩，今天你以汕头大学为荣，我深深相信，明天汕头大学将以你为荣！

谢谢各位！

地产大亨

香港地产的潜质

香港土地狭小，总面积 1104 平方公里，管辖范围包括香港岛、九龙、新界，连同周边共 263 个岛屿。地形主要为丘陵，平地较少，约有两成土地属于低地，主要集中在新界北部，分别为元朗平原和粉岭低地，都是由河流自然形成的冲积平原；其次是位于九龙半岛南部及香港岛北部、从原来狭窄的平地外扩张的填海土地。

早在 1841 年，香港刚刚开埠不久，港英政府在公布的第一批土地中，将土地分为海旁地段、市区地段、郊区地段、市场地段四种。及至后来，土地拍卖已经成了港府主要财政收入。其中，最少的一年为 1854 年，亦达 5966 英镑，最多的年份是 1844 年，高达 54234 英镑，占据当年财政总支出的 85%。

另一方面，香港地理条件优越，它占有无与伦比的地利优势。香港地处亚太地区的核心，居于北京—印尼纵线和东京—印度横线的交汇中心，因其维多利亚港是世界三大优良天然深水港之一，而成为世界航道要冲，成为欧美、日本进入南中国海的最重要门户。由于特殊的历史条件和地理环境影响，香港虽然是弹丸之地，但却是名副其实的"东方之珠"。

20 世纪 50 年代以前，香港依靠优越的地理条件，发展成为一个转口港，转口贸易的发展为香港新工业的发展积累了坚实的基础。第二次世界大战后，国际形势发生巨大变化，许多国家经济迅速发展，香港的经济结构也由转口贸易向加工贸易发展。60 年代，香港进入了一个经济繁荣的兴盛时期，转口港变成了制造业中心。

50 年代发展加工制造业以后，所需要的生产设备和原材料都靠外地供给，产品主要外销，无须利用海关来保护本港工业。在经济多元化发展过程中，香港的工商业和其他行业都吸引了大量外来的资本。

随着经济不断发展、资本不断聚集，从 20 世纪 40 年代后期起，大量内地居民涌来香港。1946 年，香港人口仅仅 60 万，1949 年已经增加到近 200 万，到 1959 年时已经超过了 300 万。时至今日，香港人口已经超过了 700 万。不断增加的人口造成香港房屋严重短缺。因人口增加、经济发展，大量的办公写字楼、工业厂房、商铺等需求急剧高涨，香港的房屋增加量总跟不上需求量，香港长期处于房荒中。

当时，在港九各地，到处出现一些简陋的木屋。由于木屋区频频发生火灾，港府于是设立徙置区安置灾民。居住环境恶劣及住房严重短缺，成为当时香港社会最严峻的一个问题。

霍英东曾这样介绍战后的香港地产市场："那时，香港人口激增至 200 多万，香港的地产物业发展商都是小本经营，它们通常盖建 2 间至 4 间屋出售，而行内称'炒四热荤'。当年有一个不成文的规定，盖建的屋子不能超过 5 层，否则便要港督会同行政局批准。那时的建筑条例非常保守，完全依照英国的一套模式。销售方式都是整幢出售，一幢约售 10 万元。那时位于深水埗一带的物业颇为吃香，买家置业的目的大都是为了收租。当年的发展商如利希慎、何东、广生行、陆海通等，都以建楼收租为主，通常建筑期是 1 年至 2 年，大约收租 6 年至 7 年后，可以归本。"

1955 年港府修改建筑条例，鼓励新建筑物向高空发展，以缓解楼宇供应紧张的困境，楼宇建造高度不再受 1903 年起实施的"普通民房高度以 5 层为限"的规定所限制，新条例准许建筑物的高度为街道宽度的 1.41 倍，每层的高度也由 3.66 米减至 2.74 米。而在此之前，若要兴建高于 5 层的楼宇，得报港督和行政局审批核准，在 20 世纪 50 年代初，香港超过 5 层的高楼还只有寥寥 10 多间。

1955 年，商人霍英东投资兴建一幢香港当时最高的大厦——蟾宫大厦。大厦分层分单元出售，卖"楼花"等经营方法的革新，是香港地产发展史上一个里程碑，加速了地产市场的繁荣。

香港新城市建设开始起步，房地产业进入了大发展时期。不少精明的商人都已经看到了房地产的巨大潜力和广阔前景，此时仍在塑胶行业搏击风云的李嘉诚就是其中的一位。

酝酿新想法

自从 1950 年创业开始，李嘉诚一直深耕于塑料产业，在经历波折与起伏后，到 1958 年，李嘉诚的长江公司已经成为香港塑胶业的翘楚，取得了瞩目的成绩。李嘉诚被人们誉为"塑胶花大王"。多数人也许会认为，李嘉诚应该在塑胶行业继续深耕，真正成为塑胶花产业和塑料产业的泰斗。

李嘉诚当然愿意在塑料行业继续发展，但是，此时他的心中却也在酝酿着投资创业的想法，而这个想法就是投资地产。这个新想法并没有轻易向人提及，一方面是李嘉诚的稳重个性使然，另一方面也在于当时他的资金不足。

塑胶花被业界泛称为人造花，或叫仿真花。李嘉诚将塑胶花产业做出了名堂，也让香港人从此知道了他的名字。塑胶花可用来美化家居，也可在大型酒店、展览馆、超市、车站等公共场合摆设装饰。据报道，近 50 多年来，在世界上仿真花已经形成一个大规模的产业，在美、法、德、日和荷兰等经济发达的国家，塑胶花的销售量逐年递增。2004 年美国的塑胶花共销出 17.5 亿美元，这是一个不容小觑的市场。

塑胶花的成功，滋长并坚定了李嘉诚建立伟业的雄心。但塑胶花的辉煌并没有让李嘉诚掉以轻心，俗话说"安而不忘危，存而不忘亡，治而不忘乱"。李嘉诚知道依靠塑胶花出口绝非长久之计，缺乏技术含量的产品在生命力上永远都不会长久，他企盼着人生一次变革。

李嘉诚和他的长江公司该何去何从呢？在李嘉诚的心中，从未停止对这方面的思考。李嘉诚心中的蓝图，已经愈来愈清晰，他的人生岂是塑胶花所能包容？塑胶花为他带来了人生的第一笔财富，他还需要涉猎地产，开辟新的战场，展示自己的人生价值。

香港的工业化进程出人意料地急速发展，不仅是住宅，包括厂房等都已经达到严重供不应求的局面，与此相伴而生的必然是房价和房租急剧上涨。

即使在我国古代，随着商品经济的发展，人口增加，住房问题出现了。主要表现就是租房而居之人越来越多。唐代中期著名诗人白居易在长安为官二十年，租房二十年，写诗感叹说"长羡蜗牛犹有舍，不如硕鼠解藏身"。房屋租赁业的收益也相当可观，《湘山野录》记载，有一名"纳粟"进入仕途的牛监簿，"房缗日数十千"。生意如此之好，房租当然不会便宜。

一个地方越是繁荣，房租及房价就会越高，上涨的潜力就越大，无论是古代还是当代，都概莫能外。在当时的香港，很多物业商只肯签短期租约，用房续租时，业主又大幅加租。李嘉诚的塑胶工厂当然也需要租借厂房，其租金成本占到了全部经营成本的三成以上。而随着塑胶花产业的迅速发展，李嘉诚不得不一次次扩大生产规模，他不停地为自己的工厂寻找合适的厂房。身为一业之主，李嘉诚多次为厂房伤透脑筋。寻找交通便利、租金适宜的厂房有多难？

在寻找厂房的过程中，他与不同的业主打交道，体验了找房的艰辛。一方面是高昂的房租支出，一方面是业主不容还价的架势，让李嘉诚在苦涩的同时，也产生了自己的设想：为什么不自己盖楼呢？

如果有自己的厂房，就不用受业主的随意加租所困扰。如果自己兴建一座大厦，不仅可以解决自己工厂的租房问题，还可以将大厦空余的厂房租出去，每年还能产生固定的收益。自己现在不是地产商，但是为什么不能做地产商呢？李嘉诚决定了：盖楼建厂房，进军房地产！

如今的房地产行业也俨然已经成为造富的集中领域，福布斯排行榜上的房地产商不胜枚举，但是在当时，香港地产业的造富能力并不出众。换句话说，房地产业还远远没有真正繁荣起来。

但李嘉诚绝不冒进，我们无从知晓他从何时开始孕育进军地产的念头，也许在他创业不久后就萌生了这种想法。但可以肯定的是在经过深思熟虑之后，在塑胶花产业为他赚来了丰厚的资金储备之后，他才着手将自己的构想付诸实践。

李嘉诚的稳健派做法让他并没有摈弃塑胶业，而是在继续壮大塑胶业的同时开拓地产业务。在其后十余年间，他在塑胶领域继续处于领先地位，为开创新事业积累了数以千万的资金。

初涉地产江湖

经过充分的准备，李嘉诚不失时机地进入地产界，香港地产界从此增添了一支劲旅。

1958年，李嘉诚在繁盛的工业区——北角购地兴建一座12层的工业大厦。1960年，他又在新兴工业区——港岛东北角的柴湾兴建工业大厦，两座大厦的面积，共计12万平方英尺。

李嘉诚相信房地产的前景一定是光明的，但他仍采取谨慎入市、稳健发展的方针，他没有走捷径——预售楼花，而是将此作为出租物业。

　　如今我们对"楼花"的运作方式并不陌生。"楼花"一词最早源自香港，是指尚未竣工的商品房在施工阶段就推向市场销售。预售商品房也称楼花、期楼。如果把开发公司已建成的房屋看成建设完成后的果实，那么开发公司正在建设而未完成的建筑物则可看做这一果实的花。由此进一步引申出买"楼花"、卖"楼花"、炒"楼花"等。一般称卖"楼花"为预售房屋，买"楼花"为预购房屋。

　　卖楼花改变了过去整幢售房的做法，在楼宇尚未兴建之前，就将其分层分单位（单元）预售，得到预付款，即可动工兴建。这样一来，卖家用买家的钱建房子，地产商还可用地皮和未完成的物业拿到银行做抵押贷款。不可否认，卖楼花加速了楼宇销售，加快了资金回收，弥补了地产商的资金不足。

　　卖"楼花"是霍英东首创的，1953年他创办立信置业有限公司，翌年创办"霍兴业堂置业"，首创卖楼花制度，容许买家在大厦未落成前预先订购，当时引起市民猜疑，结果这方法令楼市进一步发展，地产商纷纷效法，他亦身家暴涨。

　　因为看得见的好处，继霍英东后，香港大多数地产商纷纷效法这种新兴的售卖方式。而另一方面，银行的按揭制基于卖"楼花"也得到进一步完善，房地产交易出现了繁荣的景象。用户只要付得起楼价的10%或20%的首期，就可凭借首付款向银行按揭。银行接受该房产做抵押，将楼价余下的未付部分付给地产商，然后，收取买楼宇者在未来若干年内按月向该银行付还贷款的本息。

　　用户采用按揭的方式，提前住上了房子；房地产商通过资金杠杆，实现了用最少财力办最多事的目的；银行当然也获得了贷款利息。这是一个三赢的局面。市民购买"楼花"主要存在延期交房的风险、定金风险。而银行作为房贷的供给方，无疑承受了更为严重的风险。

　　李嘉诚依旧奉行自己的稳健经营策略。他认真研究了楼花和按揭，他敏锐地发现，地产商的利益与银行休戚相关，卖"楼花"造成地产企业过多地依赖银行，虽然促进了房地产业的繁荣，但长此下去，未必就是好事。

　　香港本地最大的地产商是英资置地公司，置地公司一向比较保守，他们的业务重点在收租物业。

　　置地公司的历史可追溯至1889年，为亚洲历史最悠久的地产集团之一。置地公司最初名为香港置地投资及代理有限公司，由香港著名商人保罗·遮打（Paul Chater）及占士·庄士顿·凯瑟克（James Johnstone Keswick）创立。

　　遮打先生曾努力游说香港政府，在中环维多利亚港进行新的填海工程，并沿海港兴建一条新的海傍大道。在置地公司成立6天后，遮打先生终于得偿所愿。

这幅填海地带为宽约 250 呎、面积 65 英亩的建筑用地，而新建的海傍大道则成为日后的遮打道。这幅填海地自此成为香港中环（中区）的核心部分，也是今天德辅道中与干诺道中（包括皇后像广场和遮打道）之间的地段。

位于上述填海地的第一幢商厦是建于 1898 年的新东方行，现址为友邦金融中心。因此，遮打道填海计划可视为置地公司将"中环"发展为香港商业区的第一步。新东方行落成后，全港第一批共 5 幢的"摩天"大厦亦于 1904 年 6 月至 1905 年 12 月间在中环相继落成，包括于 1904 年建成的亚历山大行，其所在地为今天历山大厦的现址。

置地经过半个多世纪的发展，一直雄踞中区"地王"宝座，拥有大量大厦物业。只要物业在，置地就能源源不断地从中获取租金等收益，而置地最终也凭借核心区的大量物业成为地产行业的"大哥"。

对于商人来说，任何时候都是资金紧张的。李嘉诚当时并没有紧跟卖"楼花"的市场潮流，而是量力而行，资金紧张就宁可少建楼盘。在李嘉诚初期涉足地产的过程中，他也尽量不向银行抵押贷款。他主要凭借自己的资金力量在地产行业开疆辟土，虽然建房速度慢一点，但他认为是最保险的做法。

李嘉诚重点研究置地公司的经营手法，他认为置地公司的保守经营用在自己身上是比较合适的。他依靠自有资金兴建工业大厦，以后再放租，这样无疑资金回笼缓慢，但他相信地价和楼价向上飙升的总趋势。

利用自己的物业去收租，虽不可像卖"楼花"那样牟取暴利，却有稳定的租金收入，只要物业增值，收益就能成倍增长。当时间过去了 20 年，就越能看到香港地产的升值空间有多大。

事实证明李嘉诚的判断是准确的。据港府公布的统计数据，1959 年港府拍卖市区土地平均价：工业用地每平方米 104.85 元；商厦、写字楼、娱乐场等非工业用地 1668.44 元；住宅用地 164.75 元。而到 1980 年，这三类拍卖地价分别为 29549.03 元、124379.06 元、13728.30 元。升幅分别为 280.8 倍、73.5 倍、82.2 倍。

地价不断上升，楼价及租金自然仍旧一路水涨船高。到 20 世纪 80 年代，李嘉诚已拥有大批物业，储备了大量土地，作为香港的最大"地主"之一，他享受着当初自营物业所带来的丰厚利润。

不过，在当时卖"楼花"挣快钱的香港地产市场中，李嘉诚的做法过于另类。

炒房热

20世纪50年代初，香港政府还未推行公共房屋制度。但不少人栖身于木屋或者其他临时住宅，住房的需求相当高，不过另一方面大多数居民的储蓄很少。这时，房地产商的妙招"楼花"制度应运而生，这就是在楼宇未盖好之前，预收买家一部分资金，待楼宇竣工交付使用时，买家再付余款。

"楼花"制度下，多方在其中获得利益。在此过程中，一些买家有可能将楼花转让，因此也给了民众一些赚钱的机会。当然，开发商在此过程中也获利颇丰。

"楼花"制度给香港的发展注入极强的动力。一些地产商甚至盖起了高达近20层的大楼，当时在东亚地区还相当少见。

在这一时期，香港的地产业还是鱼龙混杂的自由竞争态势。由于经营地产业利润丰厚，许多本地资本及外国资金都投入房地产业，地产置业公司数量激增，从40年代末期的五六百家发展至60年代中期的近两千家，绝大部分是小资本经营公司，"皮包公司"、"一楼一公司"相当普遍，其中，规模较大的公司，有超过200家。

1962年，香港政府修订建筑物条例，收紧地积比率，但新条例在1966年实施。地产商千方百计抢在条例实施前发展地产计划。于是，一时间，大量资金投入地产业，一批中小银行积极向地产业贷款。有的银行不仅提供按揭，自己也直接投资房地产。

在这一波地产繁荣的浪潮中，不少人发现楼花事实上是可以炒卖的。一些人在预售期购买大量楼花，之后再卖给终端客户，职业炒家应运而生。他们认定地价和楼价一定会不断上涨，购买楼花是一项稳赚不赔的买卖。只要付得起首期地价楼价，就可炒楼花，然后再趁高脱手。

房地产市场一片繁荣，在这股风起云涌的房地产泡沫中，李嘉诚始终保持清醒的头脑。他看到了投机地产背后的陷阱，当越来越多的人"一夜暴富"，后面往往酝酿着巨大的风险。

李嘉诚仍然一如既往地秉持着自己的稳健风格，他在港岛新界的新老工业区寻购地皮，营建厂房。与其他地产商过分依赖银行贷款不一样，他尽可能少依赖银行贷款，有的工业大厦完全是靠自筹自有资金建造。而投资地产的同时，李嘉诚也没有放松公司的塑胶业务，塑胶业的盈利为地产投资源源不断输送"血液"。

当完成了投资期后，随着新厂的不断竣工，出租租金源源不断，地产部分从此进入了赢利时期。

地产繁荣一直持续到1965年，香港的一家小银行——明德银号发生挤提宣告破产，由此引发了银行信用危机。

1965年1月23日，明德银号发出的约值700万港元的美元支票遭拒付。消息传出后，许多存户纷纷拥至银行提取现金，结果在1月26日，明德银号发生挤提，1月27日，当时的港府银行业监理处接管明德，同时停止该公司的一切业务，以便审查。1月30日，明德银号因对地产放款过度而宣布申请破产，又被发现该银号欠债接近1200万元。

明德银号的破产，加剧了存户恐慌心理，挤提风潮由此爆发，迅速蔓延到一系列银行，连实力雄厚的恒生银行也陷于危机之中。

银行信用危机之后，房地产价格暴跌，许多地产公司倒闭，香港房地产业陷入了战后第一次大危机之中，地价、楼价、租金均大幅暴跌，楼宇空置率高企。在银行危机的影响下，兴旺炽盛的房地产业一落千丈，一派肃杀。地价楼价暴跌，脱身迟缓的炒家，全部断臂折翼，血本无归。靠银行输血支撑的地产商、建筑商纷纷破产。

在这次地产危机中，李嘉诚的损失与同业比微乎其微。只是部分厂房碰到租期届满，续租时降低租金，而未动摇公司发展的良好势头。而这一切也许该归功于李嘉诚的稳健经营策略。

在这轮银行危机中，香港政府采取紧急措施，才遏制住挤提潮，但银行危机却持续了一年有余，不少银行虽未倒闭，却只能"苟延残喘"。香港地产业由此进入了第一个隆冬时节。

人弃我取

"屋漏偏逢连夜雨"，到了1966年年底，本已低迷的香港房地产的地价楼价开始回升。就在此时，中国内地发生"文化大革命"。

1967年5月，以浦岗人造花厂劳资纠纷为起点，爆发了一系列反英抗暴斗争。从5月到8月几乎遍及香港各个工厂部门的数万工人举行了多次罢工，后来升级为武装冲突。有51人死亡，800人受伤，5000多人遭拘捕，港人称之为"五月风暴"。这是港英当局在香港统治时期所遇到的最严重的一次政治危机。

《明报》的社评综述了当时的情况：

（他们）烧巴士、烧电车、杀警察、打巴士电车司机、烧贝夫人健康院、炸邮政、用定时炸弹炸大埔乡事局、攻打茶楼、大石投掷行人和汽车、向警察投掷鱼炮、爆炸水管、烧报馆车辆……

在香港拥有数个地盘、物业的李嘉诚此时心中忐忑。他不时听广播，看报纸，密切关注事态发展。而此时媒体透露的全是"不好"的消息。

事实也确实如此，5月25日，人民日报发表火药味极浓的评论员文章说，一个多世纪以来，英帝国主义对中国人民欠下的血债，中国人都一笔一笔地牢记着，向英帝国主义进行总清算的日子，是一定要到来的。6月2日，人民日报再次发表评论员文章，指出：英帝国主义本身也不过是一只纸老虎，它必将被香港同胞的伟大革命风暴所粉碎。6月3日，人民日报发表社论，题为《坚决反击英帝国主义的挑衅》，非常明确地发出了改变我国政府对港根本战略方针的信号，社论号召："港九爱国同胞们，进一步动员起来，组织起来，勇猛地向着万恶的英帝国主义展开斗争吧！随时准备响应伟大祖国的号召，粉碎英帝国主义的反动统治！香港的命运取决于香港爱国同胞，取决于七亿中国人民。"

8月22日，北京红卫兵和一些群众组织采取了极端行为：万人围攻英国驻华代办处，火烧办公楼，批斗英国代办。

在这种情况下，香港局势日趋紧张，冲突也不断升级。一时间，"中共即将武力收复香港"的谣言四起，香港人心惶惶，触发了自二战后第一次大移民潮。移民以有钱人居多，他们纷纷贱价抛售物业，不少独立花园洋房都贱卖。新落成的楼宇无人问津，整个房地产市场卖多买少，特殊的历史时期造成香港房地产有价无市。地产、建筑商们面对如此低迷的市场环境，一筹莫展。

作为拥有多套地产者，李嘉诚最关注的莫过于"中共会不会以武力收复香港"。他分析，中共若想武力收复香港，早在1949年就可趁解放广州之机一举收复，何必等到现在？中共并不希望香港局势动乱。

从20世纪40年代末以来，鉴于当时国际、国内的形势以及香港的实际情况，以毛泽东为代表的中共第一代领导集体始终十分冷静、慎重地对待香港问题。我国政府对外的公开表述是："香港是中国的领土，中国不承认帝国主义强加给中国的三个不平等条约，对于这一历史遗留下来的问题，我们一贯主张，在适当时机通过谈判和平解决，在未解决之前暂时维持现状。"暂时维持现状的特殊政策，事实上就是指明在香港回归实现以前，要有足够的耐心容忍香港暂时由英国统治的现状，一切事涉香港的问题需通过外交途径来解决，而不宜直接介入。

9日初，中央有关领导人下令停止进行对抗港英当局的暴力斗争，从9月开始反英活动大大减少，香港局势很快缓和下来。中国共产党的立场是一致的，没有动摇"暂时不动香港"的决心，也没有放弃保持香港边境平静和社会稳定的正确政策，大陆内部"文化大革命"对香港的消极影响控制在了最低限度。

李嘉诚基于理性的判断，认为香港能保持持续的稳定，他毅然采取惊人之举：人弃我取，趁低吸纳。

当时，很多人大量抛售所持有的楼宇，尤其是富裕人家持有的楼宇。半山区一些原价值十三四万元的豪宅，很多人以四五万元急于抛售。

在这次危机中，一批新兴的地产发展商，如李嘉诚、郭德胜、李兆基、郑裕彤、王德辉等，看好香港地产业的长远发展前景，他们在危机中及时把握时机，大量收购贱价抛售的地产物业，一举奠定了他们日后在地产业的地位。

乱极则治

1967年，大多数香港人都在恐慌和焦虑中度过。遍布街头的弹片和无缝不钻的"武力收复香港"谣言，让许多生意人毫不犹豫地远走南洋。在慌乱的移民大军中，有4个人皆未离港——李嘉诚、郭得胜、李兆基、郑裕彤。而且他们都做了几乎相同的一件事：在地产领域开始低位买入。

这次战后最大的地产危机，一直延续到1969年。大规模移民潮虽渐渐平息，而移居海外的业主，仍急于把未脱手的住宅、商店、酒店、厂房贱价卖出去。李嘉诚认为这是拓展的最好时机，他把塑胶盈利和物业收入积攒下来，将买下的旧房翻新出租，又利用地产低潮，建筑费低廉的良机，在地盘上兴建物业。

这场社会危机着实让香港经济尤其是地产业受到了不小的打击，其对香港地产的影响十分巨大且深远。

1968年，这个曾经的"东方之珠"便迅速恢复了往日的繁荣景象，进入了新一轮经济增长周期。港英当局也改善了施政策略，政治的稳定促使当地居民对经济发展的信心得到平稳恢复，曾因动荡局势而离开香港的商人们纷纷回到自己的生意场上。这种变化不仅带来了当地各种轻工业的快速发展，也吸引了东南亚等国家的热钱迅速流入岛内。

地产市场出现了一波同步上扬的趋势。1968年，受此前局势影响的地产市场结束了供过于求的局面。曾经被贱卖的半山别墅等豪宅开始发力反弹。公开资料显示，从 1968 年起，位于港岛半山区、浅水湾和九龙塘的高级住宅，租售价均开始急升。1969 年初，高级住宅楼价每平方英尺已回升到 60 ~ 80 港元，其后节节上升，到 1970 年底已普遍升至 160 ~ 200 港元。

高级住宅租售价格上升的原因，是 20 世纪 60 年代中后期楼宇供应量大幅减少，而随着经济的复苏繁荣、股市的急升，大批外资公司，尤其是美日等跨国公司前来香港开设分支机构，派驻香港的高级职员增加，对高级住宅、花园洋房的需求殷切。

当房屋租售价格节节攀升的时候，当年在动乱时抄底的 4 个人的黄金时代正悄然来临。

这时的李嘉诚早已不是那个逃难而来的"仔"。李嘉诚用制作塑胶花赚取的第一桶金在香港北角购地兴建一座 12 层的工业大厦，起名"长江大厦"。后来的商业研究者将此时确定为李嘉诚进军地产业的肇端。

1971 年 6 月，李嘉诚创办长江地产有限公司。1972 年 8 月，公司更名为长江实业（集团）有限公司，将投资重点转移到房地产业并随后上市。当时，长江实业的规模和实力已经明显提升，旗下有 35 万平方英尺的出租物业，且大半是工业大厦，每年租金收入达到 390 万元。此外，有 7 个项目处于建设期内。

李嘉诚的判断是正确的。长江实业上市时预期年度利润仅为 1250 万元，但由于期间地价、楼价大幅上升，公司在上市后第一个年度便获利 4370 万元，相当于预算利润的 3.5 倍。

与李嘉诚同样展现出"老香港"远见卓识的还有郭得胜和李兆基。1963 年，以郭得胜为董事局主席的新鸿基地产公司成立。郭得胜了解到很多中小厂商对多层工业楼宇的急切需求，遂将"分层出售、分期付款"的售楼方式移植于工业楼宇，重点发展多层工业大厦。这一时期，新鸿基不仅在地产业站稳了脚跟，而且雄霸多层工业大厦市场。1965 ~ 1972 年，新鸿基售出的楼宇总值约 5.6 亿港元，"平均每年的售楼营业额高达 7000 万港元"。

与此同时，周大福金铺创始人的女婿郑裕彤，也开始关注房地产市场，并看好未来这块巴掌大小地方房价的升值潜力。1967 年，郑裕彤联同其好友杨志云等逆势大量购入地产物业。1970 年 5 月，郑裕彤等创办新世界发展有限公司，除拥有尖沙咀新世界中心地盘外，还拥有 4 幢高级商业、住宅楼宇，4 间电影院及一些商铺、写字楼单位，总面积 74.6 万平方英尺，每年租金收入 2130 万港元。此外，还拥有 6 幢兴建中的商住楼宇，规模已不小。

1970 年，香港地产市道转旺。有人说李嘉诚等地产四大天王是赌场豪客，孤注一掷，侥幸取胜。也许，只有李嘉诚自己清楚，他们的成功绝不是仅仅依靠赌博成分就能解释得了。

强者的有为

——长江商学院首届毕业典礼

（2005 年 9 月 25 日）

尊敬的各位领导、各位来宾、项院长、各位教授、各位同学和家人：

长江商学院成立了三年，回想起来，这三年是一段很长的时光，今天我很高兴看见你们和家人一起庆祝生命中骄傲的这一刻，也谢谢你们和我分享。

项院长说主讲嘉宾要说一些训勉的话，我想今天不太合适，你们诸位先生女士，都拥有丰富的人生经验，在你们选择的行业内也曾付出努力、取得了不同程度的成就，前途也一定是无可限量的，你们才是最懂得掌握和有能力主宰自己生命的人，因此我认为我不应该告诉你们应该做些什么，或者不应该做些什么。

今天我想和大家分享我所坚持和珍惜的信念：

我相信自由，也相信自由和责任是并行不悖的。

我相信世上每一个人都有义务去维护人类的尊严。

我相信帮助他人对社会有所贡献，是每一个人必要的承担。

我相信强者特别要学习聆听弱者无声的呐喊；没有怜悯心的强者，不外是个庸俗匹夫。

我相信只有坚守原则和拥有正确价值观的人，才能共建一个正直、有秩序及和谐的社会。一个没有原则的世界是一个缺乏互信的世界。

我相信只有通过对真理和公平不断的追求，才可建立一个正义的社会。

我相信没有精神文明、只有物质充斥的繁荣表象，是一个枯燥、自私和危险的世界。

我相信有理想的人富有傲骨和诚信，而愚昧的人往往被傲慢和假象所蒙蔽。

各位朋友，强者的有为，关键在我们能否凭仗自己的意志坚持我们正确的理想和原则；凭仗我们的毅力实践信念、责任和义务，运用我们的知识创造丰盛精神和富足的家园；我们能否将自己生命的智慧和力量，融入我们的文化，使它在瞬息万变的世界中能历久常新；我们能否贡献于我们深爱的民族，为她缔造更大的快乐、福祉、繁荣和非凡的未来。

我在这里和大家共勉。

谢谢大家。

第九章

▼

长江上市

明确增长目标

1969 年 3 月中苏爆发珍宝岛冲突，中国与苏联持续处于敌对状态，而中美关系则开始正常化。与此同时，20 世纪 60 年代末，美国总统尼克松入主白宫后想通过改善中美关系，开展"均势外交"，增强美国对付苏联的力量，并调整其亚洲政策，多次做出寻求"与中共改善关系"的姿态，包括主动建立了通过巴基斯坦和罗马尼亚与中国互传口信的渠道。

美国与中国领导人都意识到，改善双边关系符合两国的共同利益。1969 年，美国放宽了对华贸易限制。

70 年代初，毛泽东主席和周恩来总理从调整中、美、苏大三角关系的外交战略需要出发，通过请美国作家斯诺传话、邀请美国乒乓球队访华等方式，发出愿与美方接触、争取打开中美关系僵持局面的信息。

1971 年 7 月 9 日～11 日，基辛格秘密访华，中美双方讨论了国际形势及中美关系问题，并就尼克松访华一事达成协议，7 月 16 日发表了《公告》。1972 年 2 月 21 日，美国总统尼克松乘坐的"空军一号"飞机降落在北京机场。尼克松与前来迎接的中国总理周恩来的手握在一起，这标志着中美结束了 20 多年的隔绝状态，标志着中国和西方国家的关系进入了一个新时代。

中国与美国正在逐渐消除敌对状态，中国也会有限度地打开国门，香港的转口贸易地位将会进一步加强。这为香港经济的腾飞带来了宽松的政治气候，从 20 世纪 70 年代起，香港经济由工业化阶段，转入多元化经济阶段。同时，中美关系的好转为香港经济界注入了信心，香港继续繁荣，对楼宇的需求激增。

1971 年 6 月，李嘉诚审时度势，成立了长江地产有限公司，他要集中物力、财力、精力发展房地产业。1972 年长江地产有限公司改名为长江实业（集团）有限公司。面对良好的发展形势，李嘉诚对长江地产的前途充满了信心，他踌躇满志地提出：要以置地公司为奋斗目标，不仅要学习置地的成功经验，还要超过置地的规模。

置地公司为亚洲居领导地位的物业投资、管理及发展集团之一，其优质商用及住宅物业遍布亚洲各地。经过半个多世纪的发展，置地跻身全球三大地产公司之列，在香港处于绝对霸主地位。除地产外，置地还兼营酒店餐饮、食品销售，业务基地以香港为重点，辐射亚太14个国家和地区。

面对这样一个庞然大物，要超过它，简直是痴人说梦！公司的股东们对李嘉诚的目标则是充满疑虑，他们不禁私下质疑："与置地等地产公司比，长江还只能算小型公司，如何竞争得过地产界的老大哥？"

一定能！李嘉诚给出了自己的答案。在他眼中，世界上任何一家大型公司，都是由小到大，从弱到强的。即使是置地公司的创始人遮打爵士，最初也只是个不受人重视的贫寒之士，他靠自己的勤奋与精明，最终在香港这片土地上打出了一片天下。

1864年遮打来到香港，最初在一家银行当文员。两年后，转任金银经纪。经过多年奋斗，渐有所成。1871年在湾仔设立香港码头及货仓公司，1875年搬至尖沙咀，改称香港九龙码头货仓有限公司，即"九龙仓"，使维多利亚海港有了崭新的码头和货仓设备，奠定了这个深水港的重要基础。当时的怡和洋行的大班佩服遮打的企业精神，多次与他进行经济合作，如香港电灯公司、香港置地公司、香港电车公司、中华电力公司、香港及上海酒店集团、天星小轮公司等，都争相与遮打合作。

遮打具有敏锐的商业眼光，他看到苏伊士运河通航后香港转口港的地位上升，判断在港岛西区经营码头可获厚利，遂投资坚尼地城填海拓地26英亩计划，于1886年完成。

1887年又向政府提出中环填海计划，为港岛拓展土地面积。工程从1890年开始，到1904年完成。工程开始前一年，遮打与怡和联合组织香港置地公司，经营新填地区的房地产业，建起了一幢幢维多利亚式的楼房，成为巨富。

遮打和他的置地公司能够成功，今天的长江实业为什么不能成功？李嘉诚当然明白，以当前长江的实力，远不可与置地同日而语，但只要踏实努力，就有赶超的一天。

置地公司的经营方法向来为李嘉诚所称道，置地自从19世纪末创立以来，能屹立半个多世纪不倒，得益于它的以收物业为主、发展物业为次的方针。置地不求近利，注重长期投资。而今后长江的发展基础，也将以收租物业为主。

李嘉诚通过分析发现，置地的基地在中区，中区的物业已发展到极限，简直到了寸土寸金的地步。以长江的资金储备，自然还不敢到中区去拓展，力量弱小的长江公司自然不能与地产巨头硬碰硬。但长江实业可以去发展前景大、地价处于较低水平的市区边缘和新兴市镇去拓展，待资金雄厚了，再到核心的地方去经营。

回顾长江公司的创业历程，草创时基本都是借来的资金，合计才5万元。而到如今，物业从无到有，已经达35万平方尺。这说明，以发展的眼光看问题，即使看起来不可能的目标总有一天也能实现超越。

长江实业集中发展房地产，只要采用正确的经营策略，增长速度将会更快。赶超置地，也不是一个遥不可及的梦想。

上市背景

要实现赶超置地的目标，显然并不是容易的事。李嘉诚带领他的长江实业在地产业上干得风生水起，正常的情况是楼宇未等建成就有用户上门求租。获得租金后，又继续投入兴建楼宇。尽管趋于良性发展，但李嘉诚仍觉得发展太慢，靠租金收益和塑胶产业的收入来兴建楼宇，其发展速度无疑太过迟缓。

有没有更加有效的方式吸引资金，来支持长江实业的规模扩张呢？一个快捷而有效的途径是将公司上市。

当然，如果公司不上市的话，公司股份只是掌握在一小部分人手里。当公司发展到一定程度，由于发展需要资金，上市就是一个吸纳资金的好方法。公司把自己的一部分股份推向市场，设置一定的价格，让这些股份在市场上交易。股份被卖掉的钱就可以用来继续发展。股份代表了公司的一部分，比如说如果一个公司有100万股，董事长控股51万股，剩下的49万股，放到市场上卖掉，相当于把49%的公司卖给大众了。

总的来说，公司上市是有好处的，首要好处就是解决资金难题，其次是提高公司知名度，分担部分经营风险等。但任何事物都存在两面性，上市也有可能降低公司持有人个人收入，同时公司经营受到诸多约束。

香港的证券交易历史悠久，早于19世纪香港开埠初期便已出现，香港最早的证券交易可以追溯至 1866 年。香港第一家证券交易所——香港股票经纪协会于 1891 年成立。1914 年，改名为香港证券交易所，1921 年，香港又成立了第二家证券交易所——香港证券经纪人协会（下称"香港会"）。1947 年，这两家交易所合并为香港证券交易所有限公司。

1969 年前，香港所有股票买卖活动均通过香港证券交易所进行。当时香港会的会员大部分为外籍人士及通晓英语的华人，当时香港会只使用英语，把不谙英语的华人经纪排斥在外，这样，无形中又把占香港人中大多数的华人投资者排斥在外。

而当时香港的上市公司则主要为外资大银行。香港股市对众多欲上市的华资企业来说，可望而不可即。香港会上市条件之苛刻，使不少条件具备的华资大企业长期被拒之门外。

20 世纪 70 年代以前，香港股市规模停滞不前，还包括如下原因：由于与祖国大陆的特殊关系，大陆政治的任何波动都会不同程度地影响香港前途。1961 年以后，银行业的激烈竞争，使得贷款较容易，相对削弱了股票的吸引力。

1960 年代末，香港经济起飞，华资公司对上市集资的需求越来越大。促成更多以华资拥有及管理的交易所开业。

1969 年 12 月 17 日，由李福兆为首的华人财经人士组成的"远东交易所"开始营业，打破了香港会一所垄断的地位。远东会放宽了公司上市条件，交易允许使用广东话，开辟了香港证券业发展的新阶段。1970 年，远东会的成交额高达 29 亿元，占当时本港股市总成交额的 49%。

1971 年 9 月 15 日，金银证券交易所创立，1972 年九龙证券交易所创立。加上原有的香港会、远东会，香港证券市场进入四家交易所并存的所谓"四会时代"。

证券交易所的增加也使公司上市变得容易，为上市公司集资提供了更多的场所，大大刺激了投资者对股票的兴趣。股市成交活跃，1969 年至 1972 年短短 4 年，恒生指数最高猛升 7 倍，成交量狂飙 16 倍。

成功上市

1972 年 7 月 31 日，李嘉诚将长江地产改为长江实业（集团）有限公司（简称长实）。长江公司的发展步入了新阶段。

李嘉诚为上市做了充分的准备，公司章程、招股章程、公司实绩、各项账目等附件都已经准备妥当，1972 年 10 月，长江实业向香港会、远东会、金银会申请股票上市。在夫人庄月明的全力协助下，李嘉诚把握良机，及时将长实上市。

上市的过程十分顺利，11 月 1 日长江实业获准挂牌，法定股本为两亿港元，实收资本为 8400 万港元，分为 4200 万股，面额每股两元，溢价 1 元。包销商是宝源财务公司和获多利财务公司，分别在香港、远东、金银等三间交易所向公众发售。

当时正值股市大牛，而长江实业也备受投资者青睐。上市后 24 小时不到，股票就升值一倍多。"僧多粥少"，认购额竟超过发行额的 65.4 倍，包销商不得不采取抽签的办法，来决定谁能最终购得股票。

短短时间内，股票升值一倍多，意味着公司市值增幅一倍多。消息传来，长江实业的员工们欣喜若狂，为公司上市成功而庆祝。但在喧嚣的背后，长实董事局主席李嘉诚却并没有特别高兴，愈成功的时候，他愈能保持冷静。

李嘉诚意识到，长江实业的股票开盘大幅上涨，很大程度上是因为股市的兴旺。

香港经济基础良好，储蓄能力高。这一方面是因为中国人的储蓄传统，另一方面也因为 1971 年美国废除以黄金作结算的制度，刺激金价上升，60 年代越战刺激商品需求，所以 60 年代末期至 70 年代初期，所有商品（包括铜、铁、棉花及贵金属）都涨价。香港的储蓄率高，市民又担心通胀，因此大多数人都要把资金储蓄起来。

1969 年拍卖土地成功后，促使资金流向股票。股市节节上升，恒生指数由 1969 年初的 107 点上升至 1973 年 3 月最高的 1775 点。1971 年至 1973 年期间有很多新股上市，不仅包括长江实业，也包括新世界地产、新鸿基地产等。上市以一元票面价认购，上市后股价飙升 20 ~ 30 倍的情况很常见，令股民将储蓄的钱大量投入股票。

那时，不少人的心态是宁买地产股，不买地产，前者虽然昂贵，却很容易套现。李嘉诚清楚地看到，投资者并不是仅仅看到长江实业的赢利能力，更看重股票的获利空间。其他上市股票均有升值，有的比长实股升值更惊人。

李嘉诚认为，不能因为上市成功了，就能追求安逸了，股票升值如此神速，那么缩水也就会是瞬间的事。要使投资者真正信任并宠爱长江实业的股票，最终得看长实的未来实绩，以及股东所得实惠。

李嘉诚带领他的长江实业经历了漫长的创业期后，现在终于跻身上市公司之列。成功上市后，在较大程度上缓解了企业资金不足的问题，为企业的后续发展筹措了大量的资本。但是，上市公司就必须要按照股票市场的游戏规则运作。

上市以后，长江实业不再是私人公司，而是要接受证交所和证监会的管理及监督，向证交所提交由独立会计师审计的财务报表，并且负有向公众（包括竞争对手）进行充分信息披露的义务，包括主营业务、市场策略等方面的信息。此外，上市后为保护中小股东利益，企业重大经营决策需要履行一定的程序，如此可能失去部分作为私人企业所享受的经营灵活性，而管理层将不可避免地失去对企业的一部分控制权。

但李嘉诚认为上市是长江实业必须要走的一步，一家成熟的公司一定是上市公司。上市过程中所经历的一些阵痛必须是长江实业所需要克服的。

70 年代初，香港股票市场进入有史以来的大牛市，大批地产公司纷纷借股市高潮在香港证券市场挂牌上市，并充分发挥股市功能，通过发售新股、配股，或将股票在银行按揭贷款，筹集大量资金发展业务，或在股市中购买兼并，迅速壮大公司的资产规模。当时，在香港上市的 257 种股票中，地产股就有 112 种，占 43.6%。

据不完全统计，从 1972 年 7 月至 1973 年 3 月 19 日香港恒生指数达 1774.96 点的历史高位的 9 个月中，在香港上市的地产公司至少 65 家，其中，1972 年下半年上市的有 34 家，日后在香港具影响力的大地产商，几乎都在这一时期上市。

李嘉诚的长江实业上市后即利用发行新股作为工具大规模集资，并趁地产低潮大量购入地皮物业，先后购入及兴建轩尼诗道八幢旧楼、皇后大道中联成大厦一半权益、观塘中汇大厦、皇后大道中励精大厦和德辅道中环球大厦等。

此外，新鸿基地产、新世界发展、合和实业、恒隆等一批新兴地产公司也及时把握良机，大幅扩张，逐渐成为香港地产业的主流力量。

1973 年股市泡沫

1972 年，借着尼克松访华、中日邦交正常化、中（西）德建交、中英关系改善的国际大背景，香港股市也出现了繁荣发展的景象。1973 年，港府宣布兴建地铁，各公司相继派息并大送红利，香港股市更加狂热，宛若遍地黄金。

在"只要股票不要钞票"的观念刺激下，香港市民一窝蜂抢购股票，一路高歌的股价远远脱离了公司的实际盈利水平、经济及社会的发展，以至于制度上的创新和变革都被忽略了。

进入 1973 年，香港股票市场继续疯狂，于 3 月 9 日达到 1774.96 点。政府为冷却股市，曾出动消防员以消防条例禁止股民进入华人行买卖股票，即所谓的"消防员到交易所救火"。

由于交投过分活跃，有交易所甚至疲于应付而被迫宣布压缩交易时间。在股市炒得热火朝天时，批评众多企业在股市"一拥而上"、力劝大家警惕市场风险的文章接连不断，就连汇丰银行主席也公开呼吁小心股市过度投机，可这样的声音没有人听得进去。

据当年的报纸报道，港府曾印制了诸如《购买股票须知》之类的册子，放在银行或证券交易所，免费派发，可误信"买股可以致富"的股民埋首炒股，那些小册子与灰尘相伴多日后被无奈收回。

1972 年 10 月 30 日，一场香港开埠以来最大规模的收购战打响了，置地以两股面值五元现金，交换牛奶股东手上一股面值七元五角的股份，双方于报章上作出广告战，一时成为市场焦点。置地利用股民对股市知识缺乏，宣布一送五红股，当年股民没有"除息"、"除权"的概念，不知送红股实乃数字游戏，争相抢购，加上当年股票过户需要时间，冻结大量置地股份造成市场假象，曾经由 12 元炒至 67 元。

当置地除权时股价调整至原来的六分之一，再加上市场出现假冒合和实业股票，担心所持股票成为废纸引起市场恐慌。而由于当时对于公司上市监管不足，大量空壳公司上市浑水摸鱼，最典型例子莫过于有"香港黐线"（"黐线"粤语中即是"神经病"的意思）之称的香港天线及同等人创办的香港电脑上市。

行情过急、过剧、过滥的膨胀与扩张，终于乐极生悲，酿成股灾。从 1973 年 3 月至 9 月中旬，恒生指数从 1700 多点跌至 500 多点，一些炙手可热的蓝筹股，最低限度跌去了七成半。

1974 年，中东石油危机爆发，美国、西德、日本猝不及防陷入战后最严重的经济衰退，西方各国股市一泻千里，香港股市也没有逃脱。恒生指数在上年狂跌 75% 之后再跌 60%！

除极少数脱身快者，大部分投资者均铩羽而归，有的还倾家荡产。香港股市一片愁云惨雾，哀声恸地。处境最糟的总是接到最后一棒的散户。因为先前差不多所有参与买卖股票的人都能获利，所以就有人辞去工作全心全意投入股市，当市场突然翻脸大跌，兴高采烈的人们顿时呆若木鸡，有的因突然失去所有财产而走上自杀自毁之路。

在一浪接一浪的炒买炒卖、企业倒闭、停牌和合并浪潮下，一向信奉不干预市场的港英政府立法局在1974年通过了《1974年证券条例》、《1974年保障投资者条例》。同年4月及8月，香港先后成立了证券登记公司总会、证券交易所赔偿基金，期待以此拨乱反正，恢复市场秩序。

自从长江实业上市那天起，股市为其募集了大量资金，李嘉诚日后的许多震惊香港的大事，也是借助股市进行的。但李嘉诚也并不盲目相信股市，他认为企业的好坏必须建立在自身经营实绩的基础上。

把小市民推向疯狂的是置地公司收购牛奶公司，为了推高自己股价，提出每一股置地旧股送5股置地新股，令除净后的新股价钱上升至历史高峰的67元，市盈率达到230倍。时至今日，置地的股价仍未回复当年水平。

在这场举世瞩目的股灾中，李嘉诚是这次大股灾中的"幸运儿"。长江实业当然也在这场股灾中遭受损失，但这只不过是市值随大市暴跌，而实际资产并未受损。相反，李嘉诚利用股市，取得了比预期更好的实绩。

长江实业刚上市时，拥有收租物业约35万平方英尺，年租纯利390万港元；发展物业7项正兴建或拟建，基保独资拥有的地盘3个，合资共有的地盘4个。长江实业上市时将25%股份公开发售，集得资金3150万港元。这笔巨资，加速了长实的物业建设。与其他地产商合资发展的楼宇，均做出售；独资兴建的楼宇，做收租物业。

1973年，长实发行新股110万股，筹得1590万港元，收购了"泰伟有限公司"。该公司的主要资产是位于官塘的商业大厦——中汇大厦，当时每年能为长江实业赢得120～130万港元租金收入。

上市之时，李嘉诚预计第一个财政年度盈利1250万港元。结果，长实的年纯利为4370万港元，是预计盈利额的3倍多。1973年3月，长实宣布首期中期派息，为每股1角6分，每5股送红股1股。让购买长江实业股票的股民们真正看到了这家地产公司的实力。

地产五虎将

20世纪70年代，香港传媒及地产业界，把1972年香港股市狂潮中上市的几家华资地产公司，称为华资地产五虎将。它们是新鸿基地产、合和实业、长江实业、恒隆地产及大昌地产（或新世界）。

1963年，郭得胜、冯景禧、李兆基三人凑齐100万港币共同创建了一家新公司。他们从冯景禧的"新禧公司"、郭得胜的"鸿昌合记"与李兆基的名字中各取一字，命名为"新鸿基企业有限公司"，郭得胜担任董事会主席，李、冯为副主席，李兆基还兼任总经理。

数年间，郭、冯、李三人分工协作、各展其长，把新鸿基经营得红红火火，从十余人的小公司发展为拥有20多处发展地盘、年营业额7000万港元的大型地产公司。1972年，郭得胜创建新鸿基地产发展有限公司并成功挂牌上市，以每股5港元的价格公开发行2000万股新股，获得超额10倍认购。

合和实业的掌门人是胡应湘，早年赴美国普林斯顿大学攻读土木工程，1958年学成返港，曾任职政府工务局助理工程师。1962年胡获得建筑师执照后，即创立家族的中央建业有限公司。当时，港府为香港的士不足，因而增发牌照，胡应湘的父亲胡忠多购了数十部的士，使车库不敷应用，于是便在铜锣湾海旁购地建造大厦，底层作停车场，上盖作住宅出售。这次交易令胡氏家族赚取了可观利润，并开始兼营地产。

1965年香港爆发银行危机，地产市道萧条，中央建业业务大受影响，胡应湘遂决定另组公司自行发展。1972年，胡在父亲协助下向汇丰银行贷款1500万元，创办合和实业有限公司。同年8月，合和在香港挂牌上市。当时，合和实收资本2亿元，分为1万股，每股面价2元，以每股5元公开发售2500万股新股，集资1.25亿元，用作减轻债务及地产发展。当时，香港地产市道蓬勃，股市飙升，合和的股价也于1973年3月冲上每股30元水平，整间公司市值高达36亿元，成为规模最大的华资地产上市公司。

恒隆地产由陈曾熙先生于1960年9月13日创办，瞬即发展为香港大型地产发展商之一。陈曾熙战前曾留学日本，学土木工程。60年代初，香港政府为建玛嘉烈医院，以何文田山与陈曾熙原购有的九龙荔园后山头交换，陈曾熙得何文田山后即在那里建造了恒信苑，这一次交易给他带来了数千万计的财富。

1972年10月21日，恒隆在香港上市，公开发售2400万股新股，每股面值2元，以8.5元价格发售，集资逾2亿元。恒隆上市时共拥有5个发展地盘，包括港岛半山区列提顿道1号的豪宅大厦恒柏园、北角云景道的恒景间、恒英楼等，另有6个已建成或正在建筑中的收租物业，包括铜锣湾的恒隆中心、九龙的柏裕商业中心、港岛南湾道的宝胜楼等，已初具规模。

"周大福"的掌门人郑裕彤第一次投资房地产，是1952年在跑马场建造蓝扩别墅；此后又在香港闹市区的铜锣湾建造了香港大厦。进入 70 年代，随着金饰生意的兴隆，郑裕彤已经不满足在地产业上小打小闹，而是要大干一场。

1970 年，郑裕彤与何善衡、郭得胜等人组成"新世界发展有限公司"，他占 57% 做大股东，全面向地产进军。该公司于 1972 年上市，公司的法定股本为 7.5 亿港元，实收股本 6.74 亿港元，拥有不少地产，总面积达 74.6 万平方英尺。

与这些同时代的地产巨头相比，李嘉诚的长江实业其实并不算出众，但李嘉诚的长江实业无疑是这几家地产公司中崛起速度最快的。从 20 世纪 70 年代中后期起，迅速从五虎将成员中脱颖而出，到 80 年代中期，已经成为地产五虎将中的大哥。

当有人问李嘉诚长实是否与另四虎存在竞争关系，李嘉诚答道："我好像从未想过这个问题，我想的是与置地竞争，赶超置地。"

蒸蒸日上

1973 年开始的大股灾，一直延续到 1974 年年底，其后股市有所回升。但受到当时世界石油危机的影响，香港的经济仍旧处于低位徘徊。

1973 年 10 月，第四次中东战争爆发。为了抗议美国等西方国家对以色列的支持，欧佩克通过了一个对美国等西方国家的石油禁运决议。石油禁运使原油及石油制品价格大幅度上涨。原油价格从战争爆发前的 3 美元 / 桶急升到 1974 年 3 月的 12 美元 / 桶，上涨 4 倍，这不仅导致了消费者支付的能源价格上涨和使用能源的企业营运成本提高，还带动了非能源的石油产品（例如塑料）的价格上涨。这次石油价格暴涨如同对消费者和企业同时增税，各国的消费和投资都出现收缩，世界经济步入衰退。

世界性经济衰退以及本港的股灾让不少地产商和投资者受损，造成地产低潮。但李嘉诚对经济周期有独到的把握，他相信低潮正是拓展的有利时机。

当时香港最著名的证券公司，是冯景禧创办的新鸿基证券投资公司。由新鸿基牵线搭桥，英国证券公司为财务顾问与包销商，长江实业于 1973 年年初在伦敦股市挂牌上市。

1974 年年底，长江实业发行 1700 万股新股票，用以购买"都市地产投资有限公司"50% 股权。实际上，是以 1700 万股长实新股，换取其励精大厦和环球大厦。两座商业大厦，租金收入每年达 800 ～ 900 万港元。

　　而这次收购正值地产低潮，都市地产发生财政危机，若不是地产危机，李嘉诚绝不可能捡着这个"漏"。

　　1974 年 5 月，长实与实力信誉卓著的加拿大帝国商业银行合作，成立怡东财务有限公司，实收资本 5000 万港元，双方各出 2500 万港元现金，各占 50% 权益。李嘉诚任这间公司的董事兼总经理。

　　这间合股公司的成立，为长实引进外来资金，又为今后长实拓展海外业务铺路搭桥。1974 年 6 月，在加拿大帝国商业银行的促成下，加拿大政府批准长江实业的上市申请，长实股票在温哥华证券交易所发售。

　　李嘉诚全方位在本港和海外股市集资，为长江的拓展提供了厚实的资金基础。

　　1974 ～ 1975 年间，李嘉诚两次发行新股集资约 1.8 亿港元。另外，李嘉诚从个人持有的长实股份中，取出 2000 万股售予获多利公司，套取 6800 万港元现金。李嘉诚手头拥有了较充裕的现金，趁低潮时地价偏低，大量购入地盘。

　　在地产低潮的几年时间里，李嘉诚带领的长江实业开展的主要地产业务有：

　　斥资 8500 万港元，向"太古地产"购入北角半山赛西湖地盘，地盘处于著名风景区，面积约 86.4 万平方英尺。李嘉诚划出 5.3 万平方英尺的地皮兴建高级住宅楼宇 10 幢，每幢 24 层，楼宇总面积达 130 万平方英尺，计划 2 年内竣工；用户购楼，每个单位可配得车位一个。楼宇发展中后期，正值地产复苏，成交转旺，李嘉诚发展的楼宇全部销售一空，获利 6000 万港元。

　　地盘剩余的 94% 空地，李嘉诚建成一个集娱乐、运动、休闲为一体的大型活动场所，与风景优美的赛西湖风景区连成一片；李嘉诚与南丰集团的陈廷骅联手合伙，购入太古山谷第一号地盘，几个月出售，获纯利 1450 万港元，超过 1974 年上半年的租金收入；其后，李嘉诚又与新鸿基、恒隆、周大福等公司合作，集资购入湾仔海滨高士打道英美烟草公司原址，建成伊丽莎白大厦和洛克大厦。楼宇以平均每平方英尺 400 港元的价格出售，共盈利 1 亿港元。长实占其中 35% 权益，获利 3500 万港元。

　　1976 年，香港地产市道转旺。

　　当迈入 1976 年时，香港地产业已经走出了阴霾。李嘉诚召开股东特别大会，通过大规模集资的决议。这一年，长实发行新股 5500 万股，集资约 1.1 亿港元。另外，李嘉诚积极开拓新的资金渠道，与世界著名的大通银行达成协议，长江实业需要时，可向该行随时获得一笔约 2 亿港元、4 年长期贷款。光此两项，李嘉诚可资使用的资金达 3.1 亿港元。再加上公司盈利，长江实业的实力已经是今非昔比。

有了充足的资金，长江实业就有能力买更多的地，盖更多的楼，长江实业的发展进入了黄金时期。

据相关财报，1976 年，长江实业年纯利 5997 万港元，另有非经常性收入 653 万港元。这一年，仅租金收入一项就达 2192 万港元，是上市前年租金收入的约 54 倍。

一组数据见证了长江实业的发展步伐，相关物业和地盘统计数据如下：

1972 年，长江实业上市时，拥有物业为 35 万平方英尺。

1975 年，面积增至 510 万平方英尺。

1976 年，为 635 万平方英尺。

1977 年，跃至 1020 万平方英尺。此时，香港置地公司拥有物业和地盘近 1300 万平方英尺，上市短短 5 年多时间，长江实业与置地公司的差距进一步缩小。

长实的盈利状况：

1973 年，公司盈利 0.47 亿港元。

1976 年，盈利增至 0.59 亿港元。

1978 年，递增到 1.33 亿港元，首次突破亿元大关。

1979 年，为 2.54 亿港元，增幅近 2 倍。

1980 年，迅速增长到 7.01 亿港元。

1981 年，跃至 13.85 亿港元，首次突破 10 亿元大关。6 年间，长实盈利增长近 30 倍，引起了全香港的瞩目。

🏛 延伸阅读

打倒"差不多先生"

——2006年汕头大学毕业典礼致辞

（2006年6月29日）

尊敬的各位领导、各位嘉宾、各位家长：

今天很高兴地代表各位校董、校领导和老师，欢迎你们到临汕头大学，和毕业的同学们共度重要和难忘的一刻。

我最近重读了胡适先生1924年所写的文章《差不多先生》，差不多先生若真有其人，他早应是不在人世。

我认为胡先生笔下对中国人夸张的描绘虽不全面但发人深省，然而这家传户晓的人物，有一双眼睛，但看得不是很清楚；有两只耳朵，但听得不很分明；有脑袋但缺乏洞察力和没有层次思维的先生却依然活着，而且可能有特强的繁殖力。

现代科学至今还未找到人不死的灵丹妙方，何以独独差不多先生能成功存活于世？

也许胡适的差不多先生已变异为病毒，通过其散播，感染越来越多人。病毒强烈的僵化力使脑筋本质聪敏的人思想停滞不前，神志昏沉，虚度其既漫无目的也无所期待的庸碌日子。

也许他还有发白日梦的本事，但缺乏追求梦想的意志，发酸地堕入无底的借口世界以哄慰自己，种种似是而非的理由还在蔓延，慢慢侵蚀我们的社会、价值观、体系、技术和经济。

当我重读这篇名作，令我惊骇的不仅是差不多先生可怜的愚昧，更糟的是旁人接受如此荒谬的存在方式，还企图自圆开脱，这种扭曲式的浪费智慧行为足以令人哭泣。

医生常常说准确断症是痊愈的起点，差不多是一种折损人灵魂的病，令人闲散；要知道人的生命光辉需凭仗自我驰骋超越，

各位同学，如若你不愿被命运扣上枷锁，你必须谨记，活着是一种参与，你要勇于思考、尊重科学、尊重原则，能感受、有追求、能关心，敢于积极，能经

得起考验，骨中有节，心中有慈、心中有爱。

你们都知道我生长在离汕大约 45 分钟车程的地方，当年因为战乱，离乡别井的时刻我并不知道命运前景将会如何，我只知道在理性误区中是不可能建造信念或希望的。

终我一生，我将毫不含糊和不变地活出我精神力量的华彩和我血肉热切之心。

我是绝不会成为差不多先生，你们呢？

谢谢大家。

第十章

▼

中环地王

小有名气

1977 年，是李嘉诚事业上不寻常的一年。1977 年之前，李嘉诚只是不太出名的普通成功商人，1977 年是他日后成为香港首富的分水岭，1977 年之后，李嘉诚成了一个大名人。

1976 年，中国粉碎"四人帮"，结束为期 10 年的"文革"动乱，并开始推行四个现代化计划。香港的经济气候也因此有所好转，世界性石油危机渐渐退去了。良好的外部环境为香港的经济发展提供了条件。

繁荣首先在土地市场上得以体现。在那一段时间，香港土地拍卖迭创新高。1976 年，港府在官地拍卖会上售出土地面积 54.36 万平方尺，收益为 4.41 亿港元；到 1980 年分别为 151.48 万平方尺和 39.3 亿港元，增幅分别为 1.79 倍和 7.91 倍。1982 年 2 月港府拍卖中环一幅土地，总售价为 47.55 亿港元，平均每平方尺 3.3 万元，创历史最高纪录，为全球最大宗地产交易。

香港经济以 11.3% 的年增长率持续高速发展。自 70 年代中后期起，香港地产市场大幅攀升。百业繁荣刺激了地产的兴旺；地产的兴旺，又带动整个经济的增长。地产成为本港的支柱产业，举足轻重。

李嘉诚从当初籍籍无名的打工仔成长为上市公司的掌门人，他带领长江实业从一家小地产公司发展成为香港不容忽视的大型地产公司。1976 年，长江实业取得年经常性利润 5887 万港元、拥有地盘物业 635 万平方尺、资产净值增至 5.3 亿港元的历史最好成绩。长江实业的实力让港人对李嘉诚刮目相看，香港多数人从此对长江实业和这家企业的掌门人有了印象。

很多人都已注意到了李嘉诚的幸运，天时、地利，等等。从当初的街头推销少年，诚实而腼腆，到加工塑胶花的著名企业家，勤奋、机灵、信用，再到闻名香港的地产大亨，豪气冲天，李嘉诚成为激励人们向上的标杆。

李嘉诚成长、创业的年代，蕴藏着巨大的机会，也有着巨大的风险。从战后到 70 年代的这段时间，一次次起伏给无数的商人带来了灾难，但也有少数精明的商人在时代的轮盘上转眼崛起。李嘉诚让人惊叹之处，也正在于他有如神助，避过各种风险，成为香港的风云人物。

李嘉诚崛起的时代，有不少人物同样出众：霍英东智慧超群，包玉刚勇冠三军，郑裕彤胆略过人，李兆基本分严谨，郭得胜雷厉风行。李嘉诚是平凡的、普通的，然而他的眼光足够敏锐，他的头脑极为灵活，他每有行动总能令世人大吃一惊。

和李嘉诚共事过的人都对他的能力非常认可，几乎没有人认为他会甘于平庸。在塑胶行业，他领先风气，并且也较早地预感并应对其衰落。涉足地产业，每有举动，似乎逆流而行，但他取得了成功。他在市道低迷时收进，几年后他的产业成倍地升值。到 70 年代初，他已是香港小有名气的成功商人了。

不过，尽管如此，此时的李嘉诚仍未被业界和传媒视为商界名人。长江实业仍旧不能成为与置地公司比肩的顶级地产公司，他只是一颗正在冉冉升起的地产明星。

"擎天一指"

美国经济学家麦卡菲认为："拍卖是一种市场状态，此市场状态在市场参入者标价基础上具有决定资源配置和资源价格的明确规则。"

1997 年 7 月香港回归中国之前，香港所有土地均属英国皇室所有，由港督代表皇室处理，业主只是从港府取得一定期限的土地使用权。1997 年香港回归中国后，《基本法》规定，香港境内的土地属国家所有，由特区政府负责管理、使用、开发、出租等。

香港自开埠以来，长期实行土地租用制或称批租制，出租土地多数采用公开拍卖、价高者得的办法，通过拍卖使土地商品化，进入市场，这是香港土地政策的基础。准备拍卖的土地包括住宅楼宇用地和工商业楼宇用地，每年举行多次拍卖，拍卖土地的时间每年预告两次。

拍卖的起价，是为政府工作的物业测量师通过市场调查后制定的，一般比较保守。除拍卖土地外，香港还有公开招标承投的办法，政府公布招标的地段，投票者不需要公开报价，投票者间彼此不知道对方出的价钱，仍是价高者得。在公开招标中，地价比较便宜，但投标者必须提交详细的开发计划并得到有关行政部门的批准，才能租到土地。

此外，用作兴建公屋（政府用来出租的住宅）或发展公共事业及慈善用途的土地，通常采用私人协议方式批租，政府只收取部分地价或免收地价。

在香港的地产拍卖场上，李嘉诚频频举手应价，被誉为"擎天一指"。

但是在地产界崭露头角的李嘉诚并不为人人所熟知，有个新入行的记者问旁边的老记者："那个额头高高，头发微秃，频频举手应价的中年人是谁？举一次手加个几百万，好像很平常？"

旁边的老记者向年轻的记者解释，他就是李嘉诚，长江实业公司的老板，当年靠做塑胶花发迹，还被捧为"塑胶花大王"。近些年投资地产，拥有多间工业大厦，还在赛西湖发展高级住宅楼宇。

其时，李嘉诚已经在地产界渐露峥嵘，看他在拍卖场气定神闲的气度，长江实业的实力已经不可小觑。

这个典故也说明当时的李嘉诚并没有被所有传媒人所熟知，如今，无论是新出道的记者，抑或是普通香港人，若有哪位还不知道李嘉诚，那几乎是不可能的事了。

在地产拍卖会上，传媒的目光一般都会关注华资地产五虎将。五虎将中，除低调的陈曾熙，人们更关注的是郭得胜、郑裕彤、胡应湘等人。1977年后，公众渐渐将焦点聚在李嘉诚身上，只要他出现在拍卖场，记者会盯着他穷追不舍，采访拍照。

此后，香港传媒常用"擎天一指"形容在拍卖场上舍我其谁的李嘉诚。其实，"擎天一指"指的是李嘉诚强大的经济实力，更是李嘉诚与众不同，超然于人的气度气势气概气量。

拍卖场上的李嘉诚，并没有财大气粗、盛气凌人的架势。因此，每次参加竞标，李嘉诚总是洞察先机，仔细研究，精心计算，全面分析，往往能够一举夺魁。

有记者在采访中会这样问李嘉诚，你在拍卖场上擎天一指，志在必得，出师必胜，为什么呢？李嘉诚幽默地回应，如果有利可取就参与竞争，不然就要退出。你们没有看到我想举右手，就用左手用劲按住；想举左手，就用右手按住。

耐心等待，捕捉机遇，有智有谋，从长计议，这是李嘉诚成为"擎天一指"的诀窍之一。

地铁上盖物业

20 世纪 60 年代，香港经济急速发展，人口不断增加，公共交通的需求越来越大，港府决定兴建地铁。

在过去半个世纪的急速发展中，由于地理和传统土地权益等种种因素，香港采取了以轨道交通为主导的高密度发展模式，香港地铁每日载客量约 200 万人次。按每公里客运量计，它是世界上载客量最大的地下运输工具。轨道交通在香港公交体系中的比重为 55%。

中环—金钟—铜锣湾地铁沿线的平均就业密度超过每公顷 2000 人。特别值得一提的是，金钟与中环地铁站的中心距离仅 800 米，其间的办公楼竟仍然没有均匀分布，而分别向两站靠拢，多数建筑到地铁站的步行距离仅 200 米。

地铁轨道的建设和运营都需要大量投资，如果单靠卖票赚钱，地铁公司几乎注定亏损。但香港轨道交通是全世界唯一赚钱的，其成功就在于地铁的建设与地下商业开发紧密联系，地铁沿线的地产开发、物业开发支撑了地铁的营运。

地铁沿线的地皮价格总是一路飘红，不动产不断增值。香港地铁充分利用这种优势，将地铁建设和沿线地产开发捆绑在一起。每开通一条线路，香港地铁都要先从政府取得发展车站上层空间的权利，然后寻找地产商共同开发车站及其上盖空间，因地制宜兴建大型住宅、写字楼或商场，出售这些物业所得的利润由地铁公司与发展商共享，而这成为香港地铁的滚滚财源。

香港地铁首期工程由九龙观塘，穿过海底隧道到达港岛中环，全长 15.6 公里，共 15 个站，耗资约 56.5 亿港元。而兴建地铁的资金来源，主要是由港府提供担保获得银行的各类长期贷款，地铁公司通过证券市场售股集资，地铁公司与地产公司联合发展车站上盖物业的利润充股。

地铁上盖物业引发了地产商的广泛关注，尤其中环地区的中环站和金钟站，是地铁最重要、客流量最大的车站。

中环是香港的心脏地带，也是港岛开埠后最早开发的地区，也是香港的商业中心。早在 1841 年英国人占领香港的时候，英国人便率先在中环建立其军事基地，并迅速地兴建了多条主力干道。

在二战前后，位于香港岛北岸的中环，已经成为当时香港的主要商业中心。今日的香港会所，皇后像广场、立法会大楼等，都在这个区域。1970 至 1980 年代是中环的全盛时期，当时中环不断兴建多层式摩天大厦，包括各银行总部，加上金融市场开始兴旺，不少香港主要的商业活动均在中环进行，香港人都以在中环上班为荣。

毫无疑问，中环、金钟两站的上盖将可建成地铁全线盈利最丰厚的物业，香港的知名地产商无不对这块物业心动。

当然，为之心动的也包括李嘉诚。经过 20 年的打拼，李嘉诚已经在香港盖了不少房子，但是大多在偏僻的市区和荒凉的乡村地区，正因为如此，长江实业在人们眼中也只是一家大中型的地产公司。

如果能在寸土尺金、摩天大厦林立的中环地区兴建物业，长江实业将会改变其在香港人心中的形象。对李嘉诚而言，已经到了改变长江实业形象的时候了。

早在 1976 年下半年，香港地铁公司将招标车站上盖发展商的消息，被新闻界炒得沸沸扬扬。1977 年初，消息进一步明朗，地铁公司将于 1 月 14 日开始招标，地段是邮政总局原址。原址拆卸后，兴建车站上盖物业。

地铁车站上盖投标的事，让各大地产商都蠢蠢欲动，李嘉诚一定要打入中环地区，对他而言，他看重的不是上盖发展的利润，而是长实的声誉。

借地铁上盖物业打入中环地区的决定无疑是正确的，但如何才能获得香港地铁公司的青睐，这需要细细思量。那段时间肯定是李嘉诚最难熬的一段日子。据追随李嘉诚多年的人回忆说，李嘉诚极少把工作带回家做，他总是在办公室处理完工作，然后才回家。李嘉诚在家的时光主要是用来陪太太和儿子，在家的时候他尽可能放松自己，不思考工作上的事情，保证睡得安稳，以便第二天有充沛的精力去应付工作。

但是，这一次，李嘉诚把大量的文件资料带回了家，因为地铁车站上盖投标是他认定的大事，他必须争分夺秒地谋划如何竞标。

中环、金钟的两站的招标，一定不乏实力雄厚的大地产商、建筑商竞标，群雄争鹿必有一番你死我活的较量。长江实业参与竞投的把握在哪里？

中环地区的地价高涨，当时每平方英尺已突破 1 万港元，是世界地价最贵的地方。一幅地，动辄要数亿至十多亿，投标也面临极大的风险。但是，李嘉诚梦寐以求的是希望带领长江实业进入中环地区，虽然前路多艰，他决定投标，并在积极思考投标策略。

研读对手

素有"地产皇帝"之称的置地公司，毫无疑问成为夺标呼声最高的公司。也难怪，置地本来就是香港地产的龙头老大，长江实业不过是香港众多地产公司中的一个不起眼的默默无闻的小地产公司，名不见经传，在地产方面从来没有什么辉煌的业绩，也没有留下引人注目的地标。

面对众多的强大对手，李嘉诚并没有选择放弃，他说：不必再有丝毫犹豫，竞争既是搏命，更是斗智斗勇。倘若连这点勇气都没有，谈何在商场立足，超越置地？

在这次"地王"公开招标竞投活动中，香港地铁公司先后收到三十个财团及地产公司的投标申请。其中包括置地、太古、金门等老牌英资地产公司，还有众多华资地产公司，当然，也包括李嘉诚的长江实业。

港岛中环地区，是置地的"老巢"。当年置地创始人保罗·遮打参与中区填海，获得港府成片优惠地皮。置地广场合康乐广场（又名怡和大厦）位于未来的中环地铁车站两翼。中环车站又恰好落在遮打道上，遮打道的南侧，则是遮打花园广场，金钟站离遮打花园广场仅一百多米。当时的公众和传媒甚至把中环站称为遮打站，由此可见置地公司的实力。

1971年长江地产成立之初，李嘉诚就放言，要超越号称香港地王的置地，而置地当时已经是亚洲最大的地产开发商。攫取中环、金钟车站的兴建权，等于打入中区的心脏，就是从置地的口中夺食。

以置地公司的实力，夺取中环地王当然是唾手可得的事，置地并未公开声称参与竞投，就有报章唱起置地"志在必得"的高调，谁与置地竞争，无疑"以卵击石"。

置地属怡和系，怡和集团早年即与香港的关系密切。公司在1841年购下今日香港铜锣湾附近的大幅土地作货仓。铜锣湾每天中午鸣放礼炮，亦是由怡和集团负责。怡和集团也是香港中环商业中心区的大地主，至今很多中环的贵重物业都是由怡和属下的置地所拥有。其中在1973年落成的怡和大厦是香港首幢摩天大楼。在香港仍有不少的地方和街道，都是以怡和或"渣甸"为名的。

怡和大班又兼置地大班。大班一词是粤语中日常口语词，最初用于描述19世纪到20世纪初在中国大陆或香港的外国商人，进而演化为市井民众口中呼唤的"老板"。

置地的现任大班是纽璧坚。纽璧坚是苏格兰人，1934 年出生于天津，毕业于英国北安普顿郡的安杜公学，1954 年在伦敦格林轮船公司受训，同年加入怡和洋行。先后在伦敦、澳大利亚、马来西亚任职。1967 年出任怡和洋行董事，1969 年升任副常务董事，1970 年任常务董事，1975 年任董事局主席。纽璧坚 20 岁起就参加怡和洋行的工作，一步步爬上董事局主席的高位。他没有任何背景，靠的是自己的勤勉努力。

但是，凯瑟克家族是怡和有限公司的第一大股东，凯瑟克家族力主把发展重点放到海外。纽璧坚身为大班，又得受股东老板的掣肘。此外，过于自负的置地未必就会冷静地研究合作方，并"屈尊"去迎合合作方。

这些都是一般人不易洞察的置地的薄弱之处，李嘉诚由此认为置地也不是无懈可击的。

对症下药

要想投标成功，不仅仅要研读竞争方，更重要的是迎合客户方的需求。香港地铁究竟有什么样的需求呢？李嘉诚翻阅有关地铁的研究材料，一边苦苦思索，试图寻找答案。

香港地铁公司是一家直属港府的公办公司。地铁公司除少许政府特许的专利和优惠外，它的资金筹集、设计施工、营运经营，都得按商场的通常法则进行。

目前香港地铁公司是世界上盈利情况最为理想的地铁公司之一。其核心的盈利模式可总结为"地铁＋地产"的组合，在其公司的利润结构中，物业开发的比重占到一半以上。

在"地铁＋地产"的实践过程中，香港政府授予地铁公司物业发展权，地铁公司通过全盘规划、项目招标、施工监督、收益分享等措施掌控了整个开发价值链上增值较大的拿地、规划设计、经营管理等环节，而将成本较高、风险较大的施工建设环节主要交给开发商操作。

在政府、地铁公司、开发商三个主要市场参与者中，香港地铁公司扮演了"向上承接政府战略，向下启动市场资源"的角色，成为整合政府与市场资源的平台。而香港地铁公司之所以能成为这一平台，其核心就是获取围绕地铁沿线的土地物业开发权，充分实现规划升值。

李嘉诚经过分析发现，作为发展商的地铁公司，早在 1976 年，为购得中区邮政总局旧址地皮，曾与香港政府磋商多次，希望用香港地铁公司的部分股票加部分现金支付。但是，财政紧绌的港府坚持全部用现金购买，而且将这块地皮要价 2.443 亿元。

从这则信息里，李嘉诚发现了一些端倪，港府坚持要地铁公司全款现金支付现金补地价，而地铁公司的反应恰恰表明手头缺少现金，从而要求用部分地铁股份支付地价，但地铁公司的这一计划已经遭到港府明确拒绝。

所以，地铁公司在现金匮乏的困境中，更多考虑的是如何解决资金周转，即在地铁公司不付分文或尽量少付的前提条件下，寻求合作伙伴，并能够确保地铁公司拥有更大更多的利润。

李嘉诚认为，在众多的竞争者中，如果没有出奇制胜的绝招，以长江实业的江湖地位，很难啃到中环和金钟地铁站的物业这块肥肉。

1977 年 1 月 14 日，香港地铁公司正式宣布：公开接受邮政总局原址发展权招标竞投。各竞投公司频频与地铁公司接触，刺探地铁公司意图，准备投标书及附件，在限期内呈交上去。

公开招标为各公司提供一个平等机会，投标书内容则属机密。投标中标法则，若过多考虑自己一方的利益，则中标希望小；若条件过于优惠对方，自己则毫无利益可图。各家都对投标内容秘而不宣，任记者发挥想象揣测。

参加竞投的财团、公司共 30 家，超过以往九龙段招标竞投的一倍多。据报界披露，它们是置地公司、长江实业、太古地产、金门建筑、日澳财团、辉百美公司、嘉年集团、恒隆地产等。

李嘉诚在投标书上，提出将两个地盘设计成一流商业综合大厦的发展计划。这仍不足挫败其他竞投对手。任何竞投者都会想到并有能力兴建高级商厦物业。

李嘉诚的"克敌"之法是：

其一，为了满足香港地铁公司急需现金的要求，长江实业主动提出为地铁公司垫付补地价，并提供现金做建筑费，即整个专案，地铁公司无须支出分毫；

其二，将与地铁公司共同分享商业大厦出售后的利润，并且再打破平时分红各五成的常规，由地铁公司占百分之五十一，长江实业占百分之四十九；

其三，整个专案由长江负责规划，最后由地铁审核批准；

其四，整个项目落成后，由地铁公司负责招标管理，长江实业在地铁公司的同意之下参与管理。

在这个投标方案中，地铁公司无疑占尽了便宜，而长江实业甘愿当配角。风险由长江实业承担，利润却是对半分成，而且由地铁公司掌握主控权，这就是李嘉诚为地铁公司精心制作的极具诱惑力的投标方案。

对长江实业来说，这样的投标方案会给自己带来沉重的现金负担。但李嘉诚已经为此做了充足的准备。1976 年冬，长实通过发行新股，集资 1.1 亿港元，大通银行应允长江实业随时取得 2 亿港元的贷款，再加上年盈利储备，李嘉诚可资调动的现金约 4 亿港元。

在众多的竞争者中，传媒对置地公司"情有独钟"。《南华早报》记者为此专访置地大班纽璧坚，纽璧坚拒绝透露投标内容，也不对究竟花落谁家做任何评价，但他用自信的口气说："投标结果，就是最好的答案。"

消息传到长江实业，淡定自若的李嘉诚听后微微一笑，说"传说总归是传说，到底花落谁家，到最后一刻再见分晓吧。也许，笑到最后的那位，才是最开心的。"

一边是历史悠久的置地公司，一边是初出茅庐的长江实业，究竟花落谁家呢？

击败置地

1977 年 4 月 5 日，香港多家报纸以大标题报道："长江击败置地，夺得旧邮政总局地段。"

香港的《工商日报》称：

"时值约 2.4 亿港元，为 50 个大财团争相竞投的中区地王——旧邮政总局地皮，卒为长江实业（集团）有限公司投得。

"这幅平均地价为每平方英尺约 1 万港元的'地王'，早为大财团觊觎，卒为长江投得。

"据地下铁路公司透露，主要原因是被长江所提交的建议书内列举之条件异常优厚而吸引，终能脱颖而出，独得与地铁公司经营该地的发展权。

"地下铁路公司董事局昨日已经批准协议条款，规限长江实业公司在地铁未来中环站上盖，占地 2270 平方英尺，建造 37 层高的商厦与办公室混合的单塔形建筑物一座。

"长江实业有限公司已同意，在签订协议时，付给地铁公司一笔现金，并继续交付现金若干次，保证地铁公司无论如何都可以获利。"

此时此刻，许多香港人还在问：长江是何方神仙？李嘉诚终于力挫多家强悍竞争对手，尤其击败了一度呼声甚高的香港地产巨头——香港置地有限公司，被人们誉为"长江实业扩张发展中的重要里程碑"。"华资地产的光辉，值得开香槟庆贺。"

地铁公司董事局通过决议，一致接纳长江实业的竞标方案。规限长江实业在未来地铁中环上盖，建造 2270 万平方英尺，高三十七层的混合式商厦。

4月4日，地铁公司董事局主席唐信，与长江实业李嘉诚首先签订中环站上盖发展物业协议，金钟站上盖则由日后商议签订。

当晚，唐信召开新闻发布会，对与会记者说：

"这座建筑物会逐层售予公众，利益由地铁公司与长江分享，地铁公司则占大份。

"若干间公司均对与本公司合作甚感兴趣，因而竞争激烈，所有建议均经详细研究，结果卒为长江获得，因其建议对本公司最具吸引力。"

李嘉诚顺利投得中区物业发展权，击败了置地公司，无疑让港人又惊又叹。地产新秀李嘉诚一飞冲天，一鸣惊人，让香港人从此认识了这位奇人。

被问及此次能击败置地公司，获得地铁公司青睐的秘诀，李嘉诚娓娓道来：

其实没有秘密可言，但我觉得，顾及对方的利益，为对方着想，考虑对方的需要是最重要的。不能把眼光仅仅局限在自己的利益上，两者是相辅相成的，自己舍得让利，让合作方得利，最终还是会为自己带来较大利益。占小便宜的不会成为朋友。这是我小的时候就明白的道理，做生意也是这样。

的确如此，学会顾及对方的利益是精明的体现，同时也是一种处世智慧。超越狭隘、帮助他人，以此作为出发点做生意，往往能收获意想不到的成功。

一个精明的荷兰花草商人引进了一种名贵的花卉，培育在自己的花圃里，准备到时候卖个好价钱。但是几年时间过去后，这种花卉却逐渐退化，他想卖好价钱的愿望落空了。商人百思不得其解，便去请教一位植物学家。植物学家说："尽管你的花圃里种满了这种名贵之花，但和你的花圃毗邻的花圃却种植着其他花卉，你的这种名贵之花被风传播了花粉后，又沾上了毗邻花圃里的其他品种的花粉，所以你的名贵之花一年不如一年，越来越不雍容华贵了。"怎么办？商人有自己的方法，他把自己的花种分给了自己的邻居。次年春天花开的时候，商人和邻居的花圃几乎成了这种名贵之花的海洋。这些花一上市，便被抢购一空，商人和他的邻居因此而发财。

李嘉诚深刻地懂得这个道理，他之所以能在众多的竞争对手中脱颖而出，靠的就是他这种顾及对方利益的做法。为对方着想，不但帮助了他人，还为自己创造了更多。

　　1977 年，当时 49 岁的李嘉诚一举夺得中环地铁车站上盖发展权，他的财富帝国也从偏僻的柴湾、北角挺进香港的"心脏"——中环。从彼时起，被誉为"超人"的李嘉诚从中环腾飞，一路扩张自己的财富版图，在数十年后成为香港首富、华人首富。

中区站稳脚跟

　　1977 年，长江实业以逾 3 亿元标价与地铁公司达成协议，夺得中区旧邮政总局及金钟地段上盖物业发展权，建成楼高 28 层的环球大厦和两幢楼高 32 层和 33 层的海富中心。

　　香港经济经过短暂的调整，于 1976 年全面复兴，该年香港本地生产总值增幅高达 17.1%。这一时期，香港经济开始转型，成为亚太区国际性的金融中心。

　　1970 年，香港人口尚不足 400 万，但到 1980 年已超过 500 万，大量新移民源源不断地涌入，对房屋需求造成了持续的压力。香港地产市场从 1975 年开始复苏，期间，地产发展商大规模投资兴建各类楼宇，包括住宅楼宇、商业楼宇尤其是写字楼，以及工厂货仓等，地价、楼价、租金大幅攀升，楼花炒卖盛行，投机之风炽热，地产市道呈现空前的繁荣盛况。

　　商业楼宇市场，无论是供应、销售都相当畅旺，中环、尖沙咀等繁华商业区都掀起重建高级商厦的热潮，高耸云天的摩天大厦逐渐取代以往的旧楼，香港商业区的面貌焕然一新。这时期，大批商业楼宇建成，以写字楼为例，1976 年，香港写字楼落成面积仅 217 万方尺，但到 1981 年新建成面积已增加到 338 万方尺。对商厦的需求亦刺激了租售价格的急升，以甲级写字楼为例，1974 年甲级写字楼平均每方尺月租约 6 元，但到 1981 年已上升到 21 元，7 年间升幅达 2.5 倍。其中，中环部分甲级写字楼每方尺月租升至接近 30 元。

　　1970 年 6 月 1 日康乐大厦现址拍卖时，每方尺平均地价是 4868 元，到 1978 年 8 月 4 日金钟道一幅地皮拍卖时，每方尺售价已跃升至 13643 元。1981 年 4 月 2 日，香港地铁公司以公开招标的形式出售红棉道一幅地皮，面积为 13825 方尺，结果以 4.8 亿元售出，平均每方尺地价高达 34720 元，创香港最高地价纪录。

　　长期以来，中环一直是香港商业经济活动的心脏，它的脉搏跳动代表了香港整体社会的动力、活力，是香港繁荣的最高象征。70 年代以前，中环商业核心区的贵重物业，基本上被英资著名的地产公司置地所垄断，这种情况直到 70 年代中后期以长江实业为代表的新兴华资地产商崛起，才逐渐发生变化，形成各据一方的局面。

这一时期，新兴华资地产商在中区、金钟一带重建的商厦，荦荦大者计有华人行、中建大厦、环球大厦、新世界大厦、欧陆贸易中心、海富中心、统一中心、励精大厦、鳄鱼恤大厦、永恒商业中心、冯氏大厦以及威亨大厦等等。

正是在这段时期内，李嘉诚投标成功的地铁物业于 1978 年公开发售。1978 年 5 月，中环车站上盖建筑——环球大厦分层发售，时值地产高潮，用户购楼踊跃，广告见报后 8 小时内全部售完，交易总额 5.92 亿港元，创当时香港楼价最高纪录。1978 年 8 月，金钟车站上盖建筑——海富中心开盘，物业总值 9.8 亿港元，创开盘售楼一天成交额最好业绩。

环球大厦和海富中心两座发展物业，为长江实业获得 7 亿多毛利，纯利近 0.7 亿，远远超出了当初的预期。

而香港地铁首期工程，于 1979 年 9 月底竣工，中环、金钟两站上盖物业发展的利润，大大缓解了地铁公司的财政困难。地铁公司主席唐信对与长江的合作非常满意，他说："中环、金钟地铁车站上盖地产发展，为本公司二期、三期工程的车站上盖合作，树立了样板。"

虽然长江实业的赢利仍然低于地产高潮时地产业的平均利润，但李嘉诚获得了无法以金钱估量的无形利益——信誉和声望，这也是他参与竞投的主要目的。长江实业不再是一间只能在偏僻地方盖房的地产公司，在香港最繁华地区已经能见到长实的身影。长江实业立足于中环地区，为它取得银行的信任，继续在中区拓展创造了有利条件。

延伸阅读

李嘉诚谈企业战略

2001 年 5 月，李嘉诚在汕头大学以一问一答的形式与汕头大学商学院的 100 多位师生，以及在场的和在校园网上收看直播的校内其他学科学生共享他几十年的宝贵经验。

问：当企业进行战略调整时，公司内部应进行多方面的变革以适应这种调整。请问，您认为哪些方面的调整最为重要？哪些环节最容易出错？哪些环节重要而又最容易被忽略？

答：就我个人的经验来讲，最要紧的是要做出正确的决定，而做出正确的决定之前一定要拿到最准确的资料。对你公司所有的业务，你一定要了解，不能够出错。不然，你最好的最有潜力的公司，今天有，明天可能就没有了。这是第一点。其次是流动资金。因为有的公司有了利润，但是没有流动资金的时候，就会麻烦。还有，面临变革，最要紧的还有公司同事的士气。

问：面对"知识经济"的浪潮，或者说进入 IT 时代，您认为一个企业应该进行哪些战略调整？请问在新的经济形势下，您怎样看待所从事的传统行业经营？是否看好一些新出现的行业？

答：IT 时代，其实就是令你所做的实业更有效率，更可以节约时间和金钱。现在我们有很多新的行业，比如生物技术，还有很多现在还没有人知道的行业，我们都在发展。但是传统行业如果能够配合新的 IT 技术，就最好赚钱。我们每一家公司都这样做。除了在香港、内地之外，我们还在 28 个国家发展。现在看起来，到今天为止，我们在每一个国家的发展都是非常好的。

问：许多公司都形成了自己特有的经营管理模式，如内地已有"海尔模式"。请问李先生，有没有一种"和黄－长实模式"？如果有的话，这种模式具有何种特征？

答：我们的模式，原则上是西方管理模式，但是我们好的地方，是加入中国文化哲学。你们听到西方国家叫作 Quarter-CEO。如果一年做得不好，你这 CEO

就应该打好包袱，立刻回家。但是我会去看、去分析，比如一个行业，每一个同行都掉了90%，我们只掉了60%，这个CEO我还要奖励他，人家掉了这么多，你掉了这么少。但是假如有一个行业，人家赚的是100块钱，我们赚80块钱，那我就会问：为什么人家赚得这么多，你赚得这么少？

问：请问李先生，您记忆中最艰难的是哪一段时间？面对这些困难时，您如何面对并成功渡过？

答：我在1950年开始创业时只有5万块港币。开业的那一天是5月1日，公司只剩下几千块港币。所以当时最大的艰难是财政。但我对今后的业务一定可以做得好充满信心。我的5万资金，可能几年之内，可以拿到100万块。那个时候，100万块算是非常多啦。我愿意把生意卖掉，回去念书。其实我不是做生意的材料。为什么不是材料？因为第一，我这个人怕应酬；第二，我不懂得逢迎；第三，诚信的事，我答应人家，就会守信用，但是人家答应我的，就不是很守信用。但是我想通了，就一直做下去吧。所以生意虽然困难，但是因为我肯求取新的知识，所以我的困难只是非常短的时间。一方面做好自己经常的业务，一方面努力去创新，创新虽然有时也会失败，但是成功了就能赚大钱。这是我的经验。困难是一种锻炼的形式。

问：李先生手下有许多杰出的高层管理人员，可谓"卧虎藏龙"。请问您是如何降龙伏虎，激励和约束他们，使得他们既能接受管理又保持自主性和创造性？

答：他们与我的关系非常好。我自己曾经也打过工，领过薪，那我就知道你的希望是什么。所以，我的所有行政人员，包括非行政人员，在过去10年至20年，变动很小，我相信是所有的香港大公司最小的，譬如高级行政人员在过去的十多年，我相信流失率低于1%。为什么？第一，你给他好待遇，第二，你给他好的前途，让他有责任感，你公司的成绩跟他是100%挂钩的。另外要有制度，不能山高皇帝远，靠制度来管理。有些人有时会做错，他并不是有意的，凡事都是有个预算的嘛，你拿出来之后，也要大家同意，你要过不了大家的关那就不行。我老是在说一句话，亲人并不一定就是亲信，一个人你要跟他相处，日子久了你觉得他的思路跟你的吻合，那你就可以信任他，任用他。这个人可以做你的亲信。如果你用人唯亲的话，那么企业就一定会受到挫败。

问：现在无论怎样大的企业，只要战略上有一点过失，都会使企业损失巨大，您如何防止贵企业犯这样的错误？

答：这个问题不容易答复。防止人家犯错，就要知人善任。像一些大企业，如世界有名的巴林银行，一个小小的职员，他买空卖空，去日本买卖期货就可以将企业搞垮。另外企业经营不要太贪心，要步步为营，现在经济全球化，这个原则也是绝对不能随便变动的。

问： 人的成功离不开机遇。请问李先生机遇在您的事业发展中是否发挥了作用？人怎样才能抓住机遇？

答： 坦白来讲，我1950年或是在我12岁开始工作的时候，我是全靠努力、吃苦、求知，甚至到我开始创出我的事业的时候，最初五年也不是靠机遇，全是我自己的努力创造出来的。后来机遇越来越多，越来越大，那么机遇有了，最要紧的就是你要充实，多了解外面的情况，无论政治、经济，最新的行情你都要尽量知道，这样，机遇来的时候才能有能力去抓住它。假如一个人很懒，机遇就是跑到你面前来，也会错过。还有，你去找机会难，但是机会来找你容易。因为我公道公正，以前很多人跟我合作愉快，因此直到现在，很多机遇都是跟我合作的人送来、追来给我的。这是我的一个秘密。当你跟一个骗子合作，你跟他讲合作、讲信用，那你是傻瓜。所以这就要自己充实自己的学问。学问知识能力一高，判断力也就高，机遇无论大跟小，只要来了，即使是普通的机遇，你也要抓住它，好好地运用它，一个中等的机会可以发挥变成一个大机遇。这是我自己的看法。

问： 作为一个管理者，个人的人格魅力是非常重要的，请问李先生您认为您的人格魅力主要体现在哪些方面？

答： 我啊，其实长得也不英俊，最要紧的是以诚待人。如果你没有诚意，你周围的人迟早都会离开你。一个企业不只是靠一个人，是靠大家的。单单你一个人，再有能力也没有用。历史上项羽力能扛鼎，非常能打仗。但最后还是失败了。这就告诉你，一个人再有魅力，也成不了事。你要以诚待人，有好的管理，有好的人员，有好的制度，每个人都帮助你的话，你一定能成功。

第十一章
▼

联手汇丰

声名鹊起

20 世纪 70 年代中后期，是李嘉诚取得惊人业绩的一段时间。到了 1977 年，李嘉诚所拥有的物业和地盘已由 1976 年的 635 万平方英尺跃升一倍，达到了 1020 万平方英尺，距置地所拥有的 1300 万平方英尺物业与地盘相比，只差一步之遥了。

1977 年 4 月 4 日，长江实业力挫置地，夺得中环、金钟上盖发展权，赢得了香港乃至世界传媒的瞩目。1977 年之前，李嘉诚以地产为主业的长江实业刚上市没几年，在公众的心目中，长江实业的形象不过是一家二流地产公司。尽管竞标地铁物业令长江实业面临前途未卜之路，但李嘉诚依然果断出手并最终夺标，夺标意义重大，真正开创了李嘉诚和长江实业的辉煌时代。

有媒体测算，李嘉诚从这两座物业上获得的纯利并不高，可是，这并不重要。重要的是，通过这两个项目，李嘉诚和他的长实集团顺利打入了中环——香港的商业中心，不仅赢得了名声，一举成为华资地产商的领头羊，更赢得了港府和银行的信任，为将来的财富帝国埋下了最宝贵的种子。

1977 年 4 月底，长江实业通过发行新股和大通银行的支持，斥资 1.3 亿港元，收购了美国人控制下的永高公司。该公司拥有香港希尔顿酒店和印尼巴厘岛凯悦酒店的经营权。希尔顿酒店位于中环银行区，占地约 3.9 万平方英尺，房间达 800 间；凯悦酒店房间为 400 间，占地 40 英亩，酒店四周是开阔的热带植物园。

这两间酒店，每年为长江实业带来经常性收入 2500 万港元（以当年物价计），这是一笔稳赚不赔的买卖。

1977 年中期，李嘉诚购入大坑虎豹别墅的部分地皮——15 万平方英尺。香港的虎豹别墅，位于香港岛大坑的大坑道，邻近励德邨的住宅大厦群落，属于世界上第一座虎豹别墅。虎豹别墅俗称"万金油花园"，是万金油大王胡文虎、胡文豹兄弟精心建造的私人别墅，曾是香港著名的观光胜地之一。

别墅依山而建，红墙绿瓦的宫殿式房屋，极富中国传统特色。在形状突兀的崖壁上，大规模地装饰着取材于佛教故事和古老传说的彩色塑像。别墅的主人试图通过这些警世故事，劝人行善积德。

1935 年，胡文虎耗巨资 1600 万港元建造私人别墅。比起许多传统的私家园林，胡文虎兴建花园是出于以下几个目的：他想将自己的私家花园开辟为公园供民众游览、玩赏；他煞费苦心地设计花园内的景观，旨在向参观者宣扬中华民族的传统文化；另外也借花园以宣传自己的虎标药品。实际上，胡文虎的花园既是炎炎夏日下消暑纳凉、散心小憩的好去处，又成为远离尘嚣，讲述民间传说故事，体会、感悟道德箴言的难得场所。而在他的花园内，道家所宣导的归隐真谛也蕴含于景观的布局当中。

李嘉诚购得虎豹别墅的地皮后，在上面兴建了一座大厦。游客批评大厦与整个别墅风格不统一。李嘉诚遂停止在地皮上继续大兴土木，尽量保留别墅花园原貌。

在 2000 年，虎豹别墅仅余的部分以一亿港元出让给长江实业集团兴建私人住宅。原拟拆掉整幢别墅连带该用地上所有建筑物，后长实经过考察，修订重建计划，不再兴建住宅，虎豹别墅连私人花园于 2001 年 10 月交给政府。

这就是李嘉诚，他对公司信誉和形象这样的"软实力"颇为重视，有时甚至不惜以减少利润的方式获得。

进军中环令长江实业声誉鹊起，大得形象分。声誉能当饭吃吗？答案是肯定的——就在李嘉诚中标地铁上盖物业不满一个月，汇丰银行就拍板和其合作重建华人行大厦。可以说，正是这次竞标奠定了其和汇丰合作的基础。

结识汇丰大班

在香港，一直流传着这样一种说法："控制香港的不是政府，而是马会和汇丰银行。"香港经济界的人常说："谁结识了汇丰大班，就高攀了财神爷。"

说起汇丰银行，港人无人不晓，所用的港纸（港币）几乎全是汇丰银行发行的。汇丰的中文全称是"香港上海汇丰银行"，创设于 1864 年，由英国、美国、德国、丹麦和犹太人的洋行出资组成，次年正式开业，后因各股东意见不合，相继退出，成为一家英资银行。现为一家公众持股、在港注册的上市公司，1988 年股东为 19 万人，约占香港人口的 3%，是香港所有权最分散的上市公司。汇丰一直奉行所有权与管理权分离，管理权一直操纵在英籍董事长手中。

汇丰是香港第一大银行，又是以香港为基地的庞大的国际性金融集团。总部位于中环皇后大道中 1 号香港汇丰总行大厦，现时汇丰银行及各附属公司主要在亚太地区设立约 700 多间分行及办事处。

前美林证券香港副总裁林森池曾指，若香港人由 1977 年开始，每年以 1 万港元购买汇丰的股票，第 10 年开始，其股息已足够购入 1 万元股票。30 年后，汇丰市值已经增长 80 多倍，每年股息有 50 多万港元。当时有市民戏言，要投资，只需学 4 个字——HSBC（汇丰银行），以此反映香港人对该银行的态度。

汇丰的声誉，还不仅仅限于其强大的资金实力，它在香港充当了"准中央银行"的角色，拥有港府特许的发钞权（另一间获此特权的是英资渣打银行）。在数次银行挤提危机中，汇丰虽然也遭受损失，但最终能挺过危机，甚至还扮演了"救市"的"白衣骑士"。

可以说，能获得该银行的资金支持，想不成为股商巨富都难。20 年纪 60 年代起，刚入航运界不久的包玉刚，靠汇丰银行提供的无限额贷款，而成为著称于世的一代船王。

当时的汇丰银行董事长为沈弼，也即所谓的汇丰大班。沈弼的英文名是 Michael Graham Ruddock Sandberg，1927 年 5 月 31 日出生在英国东南部的萨里郡。大学就读于赫赫有名的牛津大学圣爱德华学院。

1945 年，性格独立的沈弼尚未完成大学学业就决定参军，并在英国的肯特郡参加了预备军官的培训。由于被印度的发展前景所吸引，他自愿加入了印度陆军，并被派往西北边境到第六骑兵团服役。两年后，印度独立，他又加入了英国皇家骑兵卫队，到巴勒斯坦和北非的班加西服役，并升任中尉。

22 岁时，沈弼开始回归，子承父业，首先到当时设在伦敦的香港汇丰银行工作，随后又在新加坡、日本的汇丰分行工作过数年。1958 年，沈弼乘船历时五个昼夜到了香港的汇丰银行。

1971 年任总经理，后逐级升迁。1977 年被委任为汇丰银行董事长，直至 1987 年退休。在他任职期间，汇丰银行盈利高速增长，其业务发展达到巅峰时期。

英国哲学家弗朗西斯·培根说过，"金钱就像肥料：如果不播撒，就会一无是处"。用培根的这些话来描述汇丰银行及沈弼在香港的发展中所起的作用，再恰当不过。银行的贷款政策成为香港奇迹般发展起来的重要因素之一。

沈弼作风雄健大胆，与华人工商界人士关系密切，1979 年将汇丰持有的英资和记企业的普通股全部卖给长江实业。1980 年又动用 20 亿港元支持包玉刚买进九龙仓的控股权，先后招纳若干华人成员如李嘉诚、邓莲如进入汇丰董事局。

一位了解李嘉诚的第一代华人企业家说，其实，早在经营工厂的时候，李嘉诚就结识了沈弼。只是，当时他的生意还不大，两人的合作属于小打小闹。不过，从私人感情上，李嘉诚却与沈弼建立了可靠而紧密的关系。

李嘉诚的太太庄月明对他最大的支持之一，就是帮助他结交了关键的商业伙伴，这个关键"伙伴"就是沈弼。接近李家的知情人回忆，当时李嘉诚的英语水平不算特别好，庄月明就当起了他和沈弼的翻译，而且，庄月明大家闺秀的气质和温文尔雅的交往方式，为李嘉诚在沈弼面前赢得了好印象。

"更关键的是，李嘉诚和庄月明非常懂得怎么跟沈弼交朋友。"一位老资格的企业家曾这样回忆。沈弼这个人具有独特的性格，他具有苏格兰人的典型特点，固执、寡言，朋友不多，与他交往很难，话说重了容易得罪他，说轻了他又觉得你在拍马屁没诚意，只能实事求是，再加一点小幽默。

李嘉诚的成功，除了勤奋和讲诚信外，有一点才是最关键的：多年来，他有一帮忠心耿耿的商业伙伴，在尔虞我诈的商场上，建立一段长期而稳固的友谊，太难，但他做到了。

华人行掌故

在获得地铁上盖物业兴建权后，李嘉诚寻求与汇丰合作发展华人行大厦，正是与沈弼接洽的。

华人行是与洋行相对的概念，洋行就是近代外商在中国从事贸易的代理行号。1782 年，广州始设柯克斯·理德行。1784 年第一艘美国商船中国女皇号驶抵广州，该船船货管理员几年后与人合办一家行号，从事代客买卖。到 18 世纪末，广州英美代理行号已达 24 家以上，主要经营鸦片贸易。

所以，我们一般都只听过洋行的概念，而没有听过华人行。关于香港华人行的来由有这么一则掌故。

20 世纪初，港岛中环是洋行的天下，华商想跻身中环无立锥之地。第二代香港邮政总局（皇后大道中）及第一代香港最高法院（毕打街）旧址，于 1922 年以 50 元每平方英尺售出，1924 年，有一位地产商在皇后大道中兴建一座商业办公综合楼。

当时，楼建成后，华人竞相入伙承租。洋人一贯自以为高人一等，不屑与华人同楼栖身，已付订金的洋人纷纷退租。于是此大楼便成为华人的"独立王国"，大楼名称便改叫"华人行"。第一代华人行自此成立。

不少华人从华人行发迹。最具影响的一件事之一，就是有香港股坛教父之称的李福兆，于 I963 年与友人在此密谋成立与香港会抗衡的证券交易所，秘密安装 150 条电话线至华人行，并于 1969 年年底宣告远东交易所开业。由此，华人行成为华商的标志与象征，成为华商的大本营，成为华商的骄傲。

1974 年，汇丰银行购得华人行产权。因原有的建筑已历经半个世纪，大楼已十分陈旧。随着时代的变迁，高楼林立的中环商业区，原来破旧的华人行大楼已经显得越来越不合时宜。

旧华人行的拆卸工作始于 1976 年 2 月 10 日，谁都想与业主汇丰银行合作兴建新华人行。其时正值地产高潮，位于黄金地段的物业，必寸土寸金。加之华人行在华人中的巨大声誉，各大地产商都希望自己能获得新华人行的兴建权。李嘉诚当然也是其中之一。

后来，李嘉诚与汇丰合作发展旧华人行地盘，业界莫不惊奇李嘉诚"高超的外交手腕"，他何以能击败众多的地产商？

其实，言行较为拘谨的李嘉诚，并不具备谈锋犀利、能言善道的才能，亦不像那种巧舌如簧、精明善变的商场老手，他更像一位从书斋里走出来的中年学者。他靠什么取胜呢？李嘉诚靠的是一贯奉行的"诚实"，以及多年建立的"信誉"，尤其是地铁车站上盖发展权一役，使他名声大振，信誉猛增。所有这些，就是他与汇丰合作的基础。

身为汇丰大班，沈弼十分赞赏李嘉诚精明诚实的作风，对他情有独钟。李嘉诚也频频与沈弼接触，俩人早已建立起深厚的友谊。

让李嘉诚喜出望外的是，汇丰大班沈弼仔细研究了李嘉诚合作的意向材料，拍板确定长实为合作伙伴——此时，与李嘉诚中标地铁上盖不满一个月。

1978 年，李嘉诚的事业再攀高峰，凭着自己积累的信誉以及自身的实力，长江实业与汇丰银行联手合作，重建位于中区黄金地段的华人行。

新建华人行

老华人行已经矗立半个世纪，重建已经是势所必然。但是，拆建过程势必严重影响华商的经营活动。那么，摆在李嘉诚面前的，就是如何将重建时间压缩至最短，这也是将华商的损失减少到最少的责任。

长江实业与汇丰合组华豪有限公司，拿出了最快的速度重建华人行综合商业大厦。大厦面积 24 万平方英尺，楼高 22 层。外墙用不锈钢和随天气变换深浅颜色的玻璃构成。室内气温、湿度、灯光，以及防火设施等，全由电脑控制。内装修豪华典雅，集传统风格与现代气息于一体。整个工程耗资 2.5 亿港元，写字楼与商业铺位全部租出去。

1978 年 4 月 25 日，华豪公司举行隆重的华人行正式启用典礼，汇丰银行大班沈弼出席典礼，剪彩并发表讲话：

"旧华人行拆卸后仅两年多一点时间便兴建新的华人行大厦。这样的建筑速度及效率不仅在香港，在世界也堪称典范。

"本人参与汇丰银行正好 30 年，深感本港居民以从事工商业而著称于世，不管与海外公司还是本港公司，均以快捷的工作效率，诚实的商业信用而受人称赞。我可以这样说：新华人行大厦不愧为代表本港水平的出色典范！"

长实与汇丰，都是本工程的开发商，故而沈弼不便"自我吹嘘"。他对港民和新华人行的赞誉，也就是对李嘉诚的赞誉。新华人行被人们视为长江的招牌大厦。

新行正式启用的 3 月 23 日，也就是香港传统的"生易生"的大吉大利之日，李嘉诚的长江集团总部，迁入新华人行大厦。长江正式立足大银行、大公司林立的中环，更上一层楼，确定了自己的江湖龙头地位。汇丰银行大班沈弼与香港地产大亨李嘉诚成了左邻右里，他们的关系愈来愈密切。

合作开发华人行大厦是李嘉诚与汇丰合作的良好开端，这为后来汇丰力助长实收购英资洋行奠定了良好的基础。1985 年，汇丰银行邀请李嘉诚担任非执行董事，后来更任非执行董事副主席。

互惠共赢

几十年过去了，香港中环站上的环球大厦和金钟站上的海富中心，即使到如今，风采依旧不减当年，写字楼的租金仍处于中环地区的中上游水平。虽然这两座物业早已不属于李嘉诚，但它们却记录了李嘉诚商业王国崛起中最精彩的一章。

华人行已经改名为"AON 怡安华人行"，主人变成了世界上最大规模的保险公司之一怡安集团。华人行如今已淹没在周围四五十层高的新摩天大楼中，俨然成了中环的"小矮人"，正如 30 多年前的旧华人行。

如今，只有墨茶色的玻璃幕墙还保留了一份古典感和神秘感，但正是这个地方，李嘉诚曾经在这里上班长达 20 年。华人行这座普通写字楼的建设，对于李嘉诚来说，早已超过了一城一池之价值。因为，通过这次合作，他收获了一生中最关键的一个商业合作伙伴——时任汇丰银行执行主席的沈弼。

李嘉诚曾说：有钱大家赚，利润大家分享，这样才有人愿意合作。假如拿10% 的股份是公正的，拿 11% 也可以，但是如果只拿 9% 的股份，就会财源滚滚来。这样的理念贯穿于投标地铁物业项目和重建华人行项目中。

古语说："天下熙熙，皆为利来；天下攘攘，皆为利往。"千百年来，谈起商人，似乎"唯利是图"就是他们的唯一标签。

但在李嘉诚看来，顾及对方的利益是最重要的，不能把目光局限在自己的利益上，两者是相辅相成的，自己舍得让利，让对方得利，说不定还会给自己带来更大的利益。

抱着人我共兴的态度，与他人进行积极合作，使李嘉诚结识了很多好朋友，也促进了他的商业帝国的发展。实际上，李嘉诚总是有意识地去结交朋友，先不谈生意，而是建立友谊。在商务交际中，真的能完全排除情感作用吗？当然不能。人逃脱不了自己的感情，人与人之间的关系更是如此。

李嘉诚认为，商业合作应该有助于竞争。联合以后，竞争力自然增强了，对付相同的竞争对手则更加容易获得胜利。但是，有许多公司之间的所谓联合只是一种表面形式，在利益上并没有达到共享共荣，这种情况往往就容易让对手从内部攻破而导致失败。由此可知，商业合作必须有三大前提，一是双方必须有可以合作的利益，二是必须有可以合作的意愿，三是双方必须有共享共荣的打算。此三者缺一不可。

中国传统的商贸文化就是倡导和气生财，有钱大家赚。这种文化精髓契合和谐之道，也是与时代发展潮流合拍的，李嘉诚深谙其道。鼓励利润分享，让每个合作环节、每位合作伙伴都有利可图，这样的生意才是最成功的，也才有可能做大。李嘉诚之所以受人尊敬，关键就在于他有这种分享的精神。

延伸阅读

在那 "零" 和 "非零" 间

——汕头大学 2002 年毕业典礼暨颁奖礼致辞

（2002 年 16 月 27 日）

尊敬的李鸿忠主席、尊敬的韦钰副部长、尊敬的黄洁夫副部长、尊敬的袁隆平院士、尊敬的巴德年院士、尊敬的郑德涛厅长、尊敬的李统书书记、徐小虎校长、谢练高书记、各位副校长、各位院长、各位领导、各位校董、各位嘉宾、各位老师、各位同学：

首先让我欢迎各位领导和朋友参加汕头大学第十六届毕业典礼。我今天很快乐，二十年前这里原是一片菜花飞扬的农地，此刻我们共聚一堂，颁发 1 个医学博士学位、246 个硕士学位及 13552 个学士学位，我心内的激动不是语言能表达的。二十年是一段很长的时间，然而时间的意义怎能以日子的累积来度量呢？有很多人担心汕大是我个人孤独的激情，所以今天，尤其是今天，我一定不能忘记向多年来支持和关心汕大的各界朋友和同事，表达我深心由衷的谢意，是你们令我到这段历程一点都不孤单，在这里我要重申我曾经说过的话：汕大，你是我超越生命的承诺。

我常常都想能列出我个人认为成功一生缺一不可的质素，坚毅、勇气、有志、有识、有恒、有为、诚恳、可靠、有礼、宽容、公平、正义、洞察、智慧、尊重、正直、和善大方……大家不要紧张，菜单这么长，真正可令人吃不消，读诵已经够累人，世界越变越复杂，反覆如汪洋，对一些人来说生活是艰苦的，但对更多人来说生活尽是迷惘，今天我们确是需要很多生命的坐标。

我们要主宰生命，但如何主宰在学校可没有课程。理论上我们最清楚自己是怎样的一个人，在你们的脑海中，早已刻画好自己理想生活的每个细节，其中包括浪漫、权力和成就。我们都希望一切从心所愿，每一事物都要用理智来衡量，生活好像是沉闷无趣。我想学术界的博弈理论（Game Theory）对人生有一定的反映，人生有没有既定命运，我不知道，但每一天我们在那零和非零间的选择，我们其实正在不断选择自己一生的命运。

西班牙著名的画家戈雅（Goya）有一幅蚀刻画，命名为"当理智沉睡时，心魔可会出现"，画中一个学者沉睡在其书本之上，背后的猫头鹰和蝙蝠像噩梦一样纠缠着他，我们一生应小心谨慎及高度戒备，以理智克服心魔的诱惑。当我们面对镜中的自己，尽管不一定是梦想或理想中的最成功、最伟大、最有权力的人物，但一定不可以是一个我们所憎恶的形象。

各位同学，今天是你们很值得庆祝的一天，你们已成功完成你这段人生的一件大事，你们应无畏地拥抱自己的未来，从教育得到知识是我们为明日前途的准备，但道德只可以在行为里体现，自由选择要扎根于对社会和民族的责任，这个世界是由个人组成的，我们的行为、我们的选择，都会影响我们能否和平、负责任和有礼地共存，今天社会对精英一词有很多定义和误解，对我而言，如果你们能够坚定捍卫你们净洁能反思的心、能努力正直取得自己的成就、能对别人的成功不存妒忌、能关怀无助贫弱的人，你就是我心中的精英。今天在这里与大家共勉。

谢谢大家。

第十二章

▼

助战九龙仓

百年怡和

怡和洋行对香港早年的发展有举足轻重的作用，有"未有香港，先有怡和"之称。怡和洋行在 1832 年 7 月 1 日成立，由两名苏格兰裔英国人威廉·渣甸及詹姆士·马地臣在中国广州创办，是以其两个创办人的名字命名的。

威廉·渣甸来自苏格兰，早年曾是一名在中国从事鸦片贸易的船上外科医生。1820 年 5 月，渣甸遇到了詹姆斯·马地臣，一位苏格兰从男爵的儿子，这个人的名字将和渣甸放在一起，组成东方最强大、最富有、最有影响的公司。

1820 年代中叶，渣甸邀请马地臣，组建一个从事中国贸易的企业。马地臣因为未能将一封重要信件地送给一位船长，刚刚被叔父安排送回英国，但他拒绝离开亚洲，加入了黎萨利公司。合伙人黎萨利去世以后，没有继承人，在公司的股份全归马地臣。这给了两人商业合作一个理想的机会。

渣甸和马地臣优点互补，配合默契。渣甸是公司出色的计划者，强硬的谈判高手和战略家，马地臣是听话的职员，掌管公司的文件和财务账本，熟悉大部分公司的商业运作。两人形成鲜明对照，渣甸瘦高而马地臣矮胖；马地臣有优越的家庭教养，而渣甸来自于卑下得多的背景；渣甸强硬、严肃，而马地臣坦率、活泼；渣甸以工作狂著称，完全是商业头脑，而马地臣爱好艺术、非常有口才。

1832 年 7 月 1 日，怡和洋行，一个普通合股公司，在中国广州成立，渣甸、马地臣是主要合伙人，次要合伙人有霍灵沃斯·马格尼亚克、亚历山大·马地臣、托马斯·比尔（时钟和自动机器发明者）等人，中文名称"怡和"，意为"快乐融洽"，买卖鸦片、茶叶和其他货物。1833 年，国会结束了英国东印度公司对中英贸易的专营权。怡和洋行抓住了机会，填补东印度公司留下的真空。渣甸从东印度公司的主要代理商变成了亚洲最大的英国洋行。这时渣甸被其他商人称为"大班"，一个中国俗语，意思是"总经理"。

1830 年代中叶，对华贸易变得困难起来，因为清朝政府对麻醉品贸易的限制越来越多，以控制白银的恶性外流。这时已经形成了贸易不平衡的局面，西方商人输入中国的鸦片，多于他们输出的茶叶和丝绸。

清朝政府开始制止鸦片贸易。负责查禁广州的毒品贸易的钦差大臣林则徐说，"铁头老鼠（渣甸），狡猾的鸦片走私头目，畏惧天朝的愤怒，已经回到烟雾之地。"他命令交出所有鸦片，在广州销毁了超过 20000 箱鸦片。

1840 年，带着有数百名在亚洲和英国的英国商人签名的请愿书，渣甸成功地说服国会对中国发动战争，制定详细的战争计划、战略地图、战争策略、保障和政治需要，甚至军队和军舰的补给。这个计划称为渣甸计划。在渣甸计划中，渣甸对帕尔姆斯顿强调了几点：完全补偿林则徐没收的 20000 箱鸦片，通商条约要组织进一步的敌意，并开放更多的港口贸易，诸如福州、宁波和上海。渣甸还建议有必要占领广州附近的一个岛屿或港口，香港由于拥有安全广阔的港口，最为理想。渣甸清楚表明他所认为完成以上目标需要的足够的海军和陆军数量。他还提供了该地区的地图和海图。

1842 年，中英双方代表签订了南京条约。条约允许开放 5 个重要的中国港口，给予在华外侨治外法权，赔偿损失的鸦片，并正式割让已于 1841 年 1 月 26 日被英国占领的贸易和军事基地香港岛。由于经营对华贸易，特别是仍然违法的鸦片，怡和洋行，又称为太子行，成为在东亚最大的英国贸易公司。

1843 年初，威廉·渣甸刚过完他的 59 岁生日，这位英国最富有、最有权势的人之一，在英格兰去世。马地臣在 1843 年退休，将经理职位交给渣甸的另一个侄子大卫·渣甸。马地臣回到英国，填补国会席位中渣甸留下的空缺，充当国会议员长达 19 年。

1912 年，怡和洋行和凯撒克家族最终买下了马地臣家族的公司股份，但公司名称未变。

九龙仓的由来

1871 年，英商保罗·遮打创办了香港第一家码头货仓公司——香港码头货仓有限公司，在湾仔海旁建设码头及货仓，依照英国标准，用优质木材修建码头，用水泥建筑仓库，并购入简单的起重机及手推车做卸货之用。不过该公司创办后，股东仅筹集到三分之二资本，资金不足，经营不理想，开业不久就负债累累，最后宣布破产。

1885 年，香港政府将尖沙咀临海地段重新拍卖，由遮打投得。当时，该地段尚未发展，全是临海的空旷的泥沙之地，有充足的土地兴建货仓码头，且临深海处港湾，可避台风，可停泊大轮船，是建设货仓码头的理想地点。

保罗·遮打鉴于香港岛设码头货仓不甚理想，1886 年，遮打与怡和洋行合作，创办九龙仓公司，注册资本 170 万元，在尖沙咀沿海地段建设两座码头与仓库，因其两仓相连如桥故得名"九龙仓桥"。

九龙仓备有容量巨大的仓库，运输货棚各有专门设计的充足灯光和宽敞的货场，货仓是一座钢筋混凝土的坚固的足以抵御八级台风的六层楼房，全都安装了货运电梯和起重机。九龙仓的创办，使维多利亚海港有了崭新的码头及货仓设施，奠定了这个远东深水港的重要基础。

到 20 世纪 70 年代，九龙仓已成为香港一家以效率著称，闻名远东的大型码头货仓公司，无论在涨潮或退潮时，其码头都能够同时停泊十艘吃水十米以上的远洋货轮。

经过百年的发展，九龙仓的业务逐渐步向多元化，除收购了海港企业 51% 的股权外，亦收购了天星小轮和电车。产业包括九龙尖沙咀、新界及港岛上的大部分码头、仓库，以及酒店、大厦、有轨电车和天星小轮。

九龙仓是怡和系的一家上市公司，它与置地公司并称为怡和的"两翼"。历史悠久，资产雄厚，可以说，谁拥有九龙仓，谁就掌握了香港大部分的货物装卸、储运及过海轮渡。

已逾百年历史的"九龙仓"，本是一家彻头彻尾的英资企业，资本结构上又隶属香港四大洋行之首的"怡和系"，与香港置地并称为"怡和双翼"。怡和的掌门人同时又兼任九龙仓董事局主席。

九龙仓的母公司怡和，与和记黄埔、太古集团、会德丰并称为香港四大洋行。怡和在四大洋行坐大。怡和曾在它的广告上狂傲地宣称："在中国任何地方，只要哪里有贸易活动，哪里就有怡和洋行。"

1949 年共产党执政后，怡和在大陆的业务发展便走到了终点，怡和完全撤离大陆后，损失惨重。此后，作为英资的怡和系对中国政府却心存芥蒂，在香港前途问题上始终抱有悲观态度，改而努力开拓海外市场，在香港的势力范围日渐衰微。到 1976 年 12 月底，怡和只持有约 5% 的九龙仓股份、3% 的香港置地股份，达到历史最低比率。

在怡和系的执掌下，九龙仓虽先后建有海港城、海洋中心大厦等著名物业，但在经营方式上却不足称道。他们固守着用自有资金兴建楼宇的理念，只租不售，造成资金回流缓慢，使得集团陷入财政危机。为解危机，大量出售债券套取现金，又使得集团债台高筑，信誉下降，将自己一步步逼向绝境。

而不少华人商俊看中了九龙仓的前景，这中间自然包括李嘉诚。

"觊觎"九龙仓

九龙仓全力发展尖沙咀的地皮作为商业大厦，火车总站东迁后，九龙仓把货运业务迁到葵涌和半岛西，腾出来的地皮用于发展商业大厦，而此等位于尖沙咀的优质地皮是九龙仓未来发展的王牌。

而与港岛中区隔海相望的尖沙咀，正日益成为香港的旅游商业区。李嘉诚看准了九龙仓所在的这块风水宝地。尖沙咀是九龙油尖旺区的一部分，位于九龙半岛的南端，北以柯士甸道至康庄道为界，与香港岛的中环及湾仔隔着维多利亚港相望。从地理学的角度看，尖沙咀是九龙半岛南端的一个海角，毗邻红磡湾。在移山填海之前，由于该处附近的海水被官涌山所阻，其南端形成一个长及尖的沙滩，地形上十分显著。

尖沙咀的原海岸线约在梳士巴利道、漆咸道一带。该处原有两个平行的海角：九龙角和黑头角。两个海角之间还有一个小海湾。经过多次填海工程后，今天的尖沙咀已增加不少土地面积，却依然是一个高度发展区域，一直是香港的心脏地带。

其时，九龙仓在收购天星小轮、香港电车以及海港企业51%的股权后，又将码头货仓迁往葵涌、荃湾，并在尖沙咀海旁兴建庞大综合物业海港城，业务搞得有声有色。特别是海港城，寸土寸金。

然而，李嘉诚发现九龙仓的投资策略有几个致命弱点：其一，是以发行新股的方式筹集发展资金。九龙仓为筹集发展海洋中心及海港城的庞大资金，先后多次发行新股及送红股，令公司股数急增至8501万股，股份几乎扩大十倍，公司股份大大摊薄，股值也相应压低，作为控股公司怡和所拥有的股份，也大幅度摊薄。此后，九龙仓大量发行债券，不少九龙仓股东，迅即抛售股票筹集资金收购债券，令股价大幅抛低，股票大量流入散户之中。

另一方面，九龙仓兴建的商厦，效法置地，以出租用途为主，此招虽然能确保九龙仓公司财政稳健，但是也造成现金回流极慢，从而形成长期缺少充裕流动资金的压力，这也从侧面造成九龙仓股价偏低。股民只会关注最赚钱的企业，在赢利低迷的情况下，很难指望股民对九龙仓过分关注。

而九龙仓的大股东怡和，此时已经开始了其战略部署，大幅度削减在港投资，转而向海外市场扩张，并且有意识地大规模转移资产。怡和试图分散投资，连年来大举海外投资，负债累累，没有充裕的现金流，一旦风吹草动，根本无力搭救九龙仓。

对于收购外商公司，1977 年时李嘉诚就小试牛刀，以 2.3 亿港元收购美资的永高公司，开创了香港华资公司吞并外资企业的先河。当时，永高公司拥有港岛中环著名的希尔顿酒店，以及印尼巴厘岛的凯悦酒店。虽然当时巴厘岛的凯悦酒店正在亏蚀之中，但李嘉诚以独到的眼光预测到该地的长久发展潜力。

那时的巴厘岛一片荒芜，游客稀少。事后证明，长江实业对永高的收购极为成功，因为要在同样地点兴建同等规模的一流酒店，再多用一倍的资金也做不到，至少找不到这么理想的地理位置。更重要的是，巴厘岛很快就发展成为印尼最负盛名的旅游胜地。

在接管经营之后，酒店面貌大为改观，经营状况迅速好转，没过多长时间，已经转亏为盈。

初试锋芒之后，李嘉诚即将矛头指向了九龙仓。李嘉诚曾多次设想，若他来主持九龙仓，一定会比置地控股做得更好。自从长江上市，李嘉诚在兴建楼宇"售"与"租"的问题上，奉行谨慎而灵活的原则。若手头资金较宽裕，或楼市不景气楼价偏低，最好留做出租物业；若急需资金回流，加快建房速度，楼市景气楼价炒高，则以售楼为宜。九龙仓只租不售的方法已经过时。

1977 年 12 月中旬，敏感的财经评论家对九龙仓进行分析，以《九龙仓业务开始蜕变》为题，指出九龙仓集团如能充分利用其土地资源，未来 10 年可以出现年增长 20% 的良好势头。该评论家还预测时价 13.5 元的九龙仓股，将是 1978 年的热门股。

李嘉诚也看好九龙仓股票，是因为该集团不善经营造成股价偏低。精于地产股票的李嘉诚，算过一笔细账：1977 年年末和 1978 年年初，九龙仓股市价在 13 ~ 14 港元之间。九龙仓发行股票不到 1 亿股，它的股票总市值还不到 14 亿港元。九龙仓处于九龙最繁华的黄金地段，按当时同一地区官地拍卖落槌价，每平方英尺以 6000 ~ 7000 港元计算，九龙仓股票的实际价值应为每股 50 港元。九龙仓旧址地盘若加以合理发展，价值更是不菲，即使以高于时价的 5 倍价钱买下九龙仓股也是合算的。1978 年年初，九龙仓的股价最低见 11.8 港元，仅为李嘉诚心目中理想价位的五分之一。其间，香港地价不仅没有回落，而且大幅飙升，九龙仓具有巨大的升值潜力。

此外，李嘉诚通过智囊探得一个消息：怡和洋行作为九龙仓股份有限公司的最大股东，它在九龙仓实际占有的股份，还不到总股份的 20%。也就是，只要不动声色地买到九龙仓 20% 的股票，就可以与怡和洋行进行公开叫板了。那时的香港证券交易，并不像现今这样透明公开。

李嘉诚把握良机顺手牵羊，大量接货。他不动声色地大量购入九龙仓股票，从每股十余港元一直买到每股三十多港元，共吸纳了大约 2000 万股九龙仓股票，到 9 月份，李嘉诚已掌握了九龙仓近 20% 的股票了。

九龙仓被收购之说早在 1978 年便在市场流传，当时市场盛传某华资大鳄（可能是李嘉诚）打算收购九龙仓，但李嘉诚在接受采访时对此断然否认。事实上，李嘉诚确实在不动声色地收购九龙仓股票，只是不显山不露水地采取分散户头暗购的方式，也就是说，李嘉诚所收购的股票并不全在自己名下。

所以，李嘉诚买下了 2000 万股，并没有惊动怡和。但 2000 万股的数目，无论对李嘉诚，还是对怡和，都是一个敏感而关键的界限。现在李嘉诚吸纳的九龙仓股，约占九龙仓总股数的 20%。这意味着，目前九龙仓的最大股东不是怡和的凯瑟克家族，就是李嘉诚。

这为李嘉诚进而购得九龙仓，与怡和在股市公开较量，铺平了道路。

收购战

由于李嘉诚是用多个公司的名义分散购入，怡和高层还蒙在鼓里，不以为然。其实，这时的李嘉诚，已经成了九龙仓名副其实的大股东。

李嘉诚吸纳九龙仓股，是采取分散户头暗购的方式进行。九龙仓股成交额与日俱升，引起证券分析员的关注。随着九龙仓股票莫名其妙地大幅飙升，嗅到"铜臭味"的股民们，已渐渐意识到正有高人抢购九龙仓股票。不过，几乎没有谁知道这是谁在收购股票，作为股民，又何必知道这人是谁呢？只要能赚到钱就可以了。

随着嗅觉敏锐的职业炒家介入，九龙仓股便被炒高。一时间，大户小户纷纷出马，加上股市流言四起，到 1978 年 3 月，九龙仓股在短短时间内急速窜到每股 46 元的历史最高水平，这和李嘉诚估算的九龙仓股每股实际估值相当接近了。

然而，对于李嘉诚来说，入主九龙仓董事局的路程并不是一帆风顺的。这时期，李嘉诚持有的九龙仓股还不满 2000 万股，他不得不筹股回落，以稍低的价格将九龙仓股增至 20% 的水平。

按照相关法律规定，股东对公司的绝对控制权，是其控有的股份在 50% 以上。否则被收购方反收购，会使收购方的计划前功尽弃。现在九龙仓股票的股价已被炒高，要想增购到 51% 的水平，李嘉诚的财力是无论如何也达不到的。

九龙仓的老板——怡和系的置地公司已在布置反收购，到市面上高价收购散户所持的九龙仓股，以增强其对九龙仓的控股能力。

1973 年香港股灾前，作为怡和系的置地公司，轻而易举收购了周锡年任主席的牛奶公司，风光百多年的怡和，在当时的本港商界股市仍可翻手为云覆手为雨。"置牛大战"，被港人视为怡和实力超群的体现。

然而，实力发生变化也正是在 20 世纪 70 年代中后期。一大批华资公司上市，借助股票以小搏大、以少控多的优势，当初上市公司家族的小矮人，渐渐长成小巨人。现在，这些华人公司正以咄咄逼人之势，向商界超级巨人怡和频频发起攻势。

怡和大班现正面临九龙仓收购的危机，此时能不惊慌？因海外投资战线过长，投资回报率低，给怡和背上沉重的财政包袱，怡和如何才能在这场反收购战中占得先机，是摆在怡和大班面前的问题。但是，关键在于，怡和的现金储备也不足以增购到绝对安全的水平。

1978 年 7 月的某天，李嘉诚在接受记者访问时对收购九龙仓的传闻依然断然否认，显示他精密部署的收购计划已经戛然而止。至于突然中止的背后原因，仍扑朔迷离。

当时怡和确认神奇小李有意收购九龙仓，始知大事不妙，无奈怡和在 70 年代中前期大规模投资海外，导致盈利停滞不前，资金捉襟见肘，心有余而力不足，虽然在紧急部署反收购行动之后，也到市场上高价收购散户持有的九龙仓股票，然而为时已晚，资金有限，只好转向好兄弟汇丰银行求助。

据说，当时的怡和在慌乱之中，向本港第一财团——英资汇丰银行求救。汇丰大班沈弼亲自出马斡旋，奉劝李嘉诚放弃收购九龙仓。李嘉诚审时度势，认为不宜同时树怡和、汇丰两个强敌。日后长江的发展，还期望获得汇丰的支持。即便不从长计谋，就谈眼下，如果拂了汇丰的面子，汇丰必贷款支持怡和，收购九龙仓将会是一枕黄粱。李嘉诚遂答应沈弼，鸣金收兵，不再收购。

这只是当时股市风传的小道新闻。事后曾有记者询问汇丰斡旋是否属实，李嘉诚与沈弼皆言称不知其事。不过，依日后事态的发展，汇丰从侧面参与九龙仓大战却千真万确。

此时，李嘉诚已收购到近 2000 万股。是否是九龙仓最大股东？李嘉诚也摸不透，怡和一方未透露增购后的持股数。

船王包玉刚

李嘉诚退出收购，引来八方强手介入角逐。其中一位，就是赫赫有名的包玉刚。20 世纪 80 年代中期，李嘉诚坐上香港首席富豪的宝座。可当时，论实力和声誉，李嘉诚都还比不上包玉刚爵士。

1918 年 11 月 10 日，包玉刚出生在浙江宁波一个小商人家庭，父亲包兆龙是一个商人，常年在汉口经商。宁波地处东海之滨，是浙江省最大的港口城市，是鸦片战争后"五口通商"的口岸之一，有着悠久的商业传统，形成了历史上著名的商帮——宁波帮。包玉刚家所在的村落，离海不远。

1949 年初，包玉刚与父亲一起携着数十万元的积蓄，到香港另闯天下。开始的时候做些小生意，积累了点钱，但接下来干什么呢？包玉刚提出了海运的主意，母亲劝他，"行船跑马三分险"，搞海运等于把全部资产都当成赌注，稍有不慎，就会破产。当时，香港的航运业已经十分发达，竞争相当激烈，而包玉刚对航运完全是门外汉，凭什么经营航运？但包玉刚主意已定，矢志在海洋运输业谋求发展。他一面继续做好父亲和其他家庭成员的说服工作，一面四处了解有关船舶和航运的情况，认真研读有关航运和船舶方面的书籍。

在朋友的协助下，包玉刚筹集了 70 多万美元，专程到英国买回了一艘以烧煤为动力的旧货船，这艘船已经使用了 28 年，排水量也只有 8200 吨。包玉刚请人将它整修油漆一新，并取名叫"金安"，这艘船就是事业的开始。1955 年，包玉刚成立了"环球航运集团有限公司"，并与日本一家船舶公司谈妥，将"金安号"转租给这家公司，从印度运煤到日本，采取长期出租的方式。

这是一个冒险的决策，因为当时世界各国经营航运业的人，都是采用传统的短期出租方式，也就是每跑一个航程，就同租用船只的人结算一次。这样不但收费标准高，而且随时可以提高运价。

包玉刚要使自己的航运事业迅速发展，光靠自己是不行的，必须得到银行的支持。

于是，包玉刚到处奔走，积极寻找门径。他找到了早年搞进出口贸易时结交的朋友——香港汇丰银行的高级职员桑达士。凭着自己流利的英语和娴熟的业务，1956 年，包玉刚以一艘船向汇丰银行承作抵押借款，得到桑达士的同意，取得了一小笔贷款。

此后，环球公司的船队迅速壮大，1974 年，闻名世界的希腊船王奥纳西斯在美国曾拜访了包玉刚，风趣地对他说："搞船队虽然我比你早，但与你相比，我只是一粒花生米。"据 1977 年吉普逊船舶经纪公司的记录，世界十大船王排座次，包玉刚稳坐第一把交椅，船运载重总额 1347 万吨；香港另一位老牌船王董浩云排名第 7 位，总载重 452 万吨，在世界传媒界名气最大的希腊船王奥纳西斯竟屈居第 8 位。

20 世纪 70 年代，还没有进行富豪榜编制工作，不过在传媒和香港民众眼中，包玉刚是本港第一富豪。在包爵士集团总部办公室，挂满了他与世界各国王室成员、国家元首、政府首脑、各界名人的合影照片。

1980 年，环球达到巅峰，船数达到 200 多艘，总吨位达 2000 万吨。国外报纸上都以大量篇幅介绍包玉刚，用的标题是《比奥纳西斯和尼亚科斯都大——香港包爵士》。1981 年，包玉刚的船队总吨位达到 2100 万吨，比美国和苏联的国家所属船队的总吨位还要大，成了名副其实的"世界船王"！

包李秘商

但"先知先觉"的包氏决定减船登陆，套取现金投资新产业，他瞄准的产业，是本港百业中前景最诱人的房地产。

1973 年的石油危机，促使英国开发北海油田，美国重新开发本土油田，这样，世界对中东石油的依赖将减少，随着时间的推移，将会有越来越多的油轮闲置。同时，日、韩造船热轰轰烈烈。油轮是包氏船队的主力，包氏油轮闲置，预示一场空前的航运低潮将会来临。

厌倦海洋生涯的包玉刚积极推行他的登陆大计，不断寻求新的投资机会及购入有发展潜质的产业及股票，他抬头上岸后瞄准的第一块猎物便是怡和系守在海岸边的九龙仓。

当李嘉诚已实质性收购九龙仓时，包玉刚还只是停留在思想的层面。李嘉诚隐隐约约知道，船王包玉刚想染指九龙仓。在华人商界，论实力，论与银行业的关系，能与怡和抗衡的，非包氏莫属。

李嘉诚权衡得失，决定把球踢给包玉刚，成全包玉刚，让他集中全力收购九龙仓。于是，由此演绎出在中国至今流传甚广的故事。

1978年8月底的某天下午，包玉刚与李嘉诚在中环的文华酒店一间幽静的雅阁晤面。究竟是李嘉诚主动约见包玉刚，还是包玉刚主动约见李嘉诚，这已经无从考证。当香港两位重要的华商坐在一起，所商谈的是震惊香港的大事，他们的会见将决定九龙仓的前途命运。

两人的秘密约见看似平常，但当时两人的私交并不密切。包玉刚欲减船登陆，当他将目标瞄准九龙仓时，发现李嘉诚已捷足先登，已经收购了大量股票。九龙仓对包玉刚来说是在太重要了，他要不惜一切代价赢得收购战的胜利。

纵横四海的包玉刚和驰骋香港的李嘉诚自然不是等闲之辈。在此之前，包玉刚已经揣摩到李嘉诚的意图，李嘉诚当时已将精力转向和黄，李嘉诚出让九龙仓股票正好与老谋深算的他不谋而合。包玉刚深知自己没有胃口同时吞下九龙仓与和黄。两人见面，并没有太多的语言，开门见山，因为彼此的性格、要求、目的、立场都十分清晰明确。

在《世界船王——包玉刚传》中曾这样讲道：

"经过简短的寒暄，李嘉诚即开门见山地表达了想把手中拥有的九龙仓1000万股股票转让给包玉刚的意思。

"转让？包玉刚想，天上没有掉下来的好事。包玉刚低头稍加思索，便悟出了李嘉诚的精明之处。李嘉诚很清楚包玉刚的情况，知道他需要什么。于是，用包玉刚所需要的来换取自己所需要的，这一'转让'，可真是一桩便宜两家的好事。

"从包玉刚这方面来说，一下子从李嘉诚手中接受了九龙仓的1000万股股票，再加上他原来所拥有的部分股票，他已经可以与怡和洋行进行公开竞购。如果收购成功，他就可以稳稳地控制资产雄厚的九龙仓。而从李嘉诚这一方面来说，他以10～30元的市价买了九龙仓股票而以30多元脱手给包玉刚，一下子就获利数千万元。更为重要的是，他可以通过包玉刚搭桥，从汇丰银行那里承接和记黄埔的股票9000万股，一旦达到目的，和记黄埔的董事会主席则非李嘉诚莫属。

"这真是只有李嘉诚这样的脑袋才想得出来的绝招！包玉刚在心里不禁暗暗

佩服这位比自己小但精明过人的地产界新贵。

"没有太多的解释，没有冗长的说明，更没有喋喋不休的讨价还价，两个同样精明的人一拍即合，秘密地订下了一个同样精明的协议：

"李嘉诚把手中的 1000 万股九龙仓股票以 3 亿多的价钱，转让给包玉刚。

"包玉刚协助李嘉诚从汇丰银行承接和记黄埔的 9000 万股股票。"

一个决定两家英资企业命运的历史性协议，在这两人的低声密语中顺利达成。

决战九龙仓

1978 年 9 月 5 日，包玉刚正式宣布他本人及家族已购入 20% 左右九龙仓股票。怡和与九龙仓现任大班纽璧坚，不得不吸收包玉刚及其女婿吴光正加入九龙仓董事局。按照香港当时的公司法，持股 16% 的股东即可成为董事。

包玉刚初战告捷，李嘉诚功不可没。9 月 7 日，《明报晚报》发表对九龙仓收购事件的文章：

"九龙仓事件已经披露，包玉刚取得九龙仓 15% ～ 20% 的股权，并加入董事局。戏剧上演至此已告一段落。

"由九龙仓事件发展初期起，直至真相披露前，人们爱把长江实业主席李嘉诚与九龙仓拉在一起谈论和揣测，李氏昨日接受本报记者访问之时，作了如下具澄清作用的透露。

"据李氏称，他本人没有大手吸纳九龙仓，而长江实业的确有过大规模投资于九龙仓身上的计划，所以曾经吸纳过九龙仓的股份。他本来安排买入九龙仓全部实收股份 30% ～ 50%，做稳健性长期投资用途，但吸纳到约 1000 万股之时，九龙仓股份的市价已经急升至长实拟出的最高价以上，令原定购买九龙仓股份的整个计划脱节。结果，放弃这个投资计划，并且把略多于 1000 万股的九龙仓及若干股权，转让出来。"

实际上，李嘉诚手中当然不止这 1000 万股九龙仓的股票。这之后，李嘉诚又继续将手头剩余的九龙仓股转让给包玉刚。据多份报章估计，李嘉诚在一进一出间，获纯利 5900 多万港元。

另一方面，包玉刚还没有达到自己的目的——控股九龙仓，包玉刚不断到市面或通过幕后吸纳九龙仓股，使其控有的股权增至 30%，大大超过九龙仓的控股公司置地，身兼三家公司主席的纽璧坚大为惊惶。

但为了稳稳当当控制九龙仓，包玉刚又实施了一着攻守兼利的高招。他将自己名下的九龙仓股票，以高于市价的每股55元转让给环球属下的隆丰国际，以此来表明，他的目标是掌握50%以上的股权，从而赢得不受挑战的控制地位。反过来，万一收购失利，最多是赔掉一个隆丰国际，即可推掉全部法律责任，不会对包氏财团产生致命的打击。包玉刚吞并九龙仓之意"昭然若揭"。

九龙仓在吸纳了包玉刚翁婿作为董事后，九龙仓大班纽璧坚视这两位新任董事为眼中钉、肉中刺。他必须要想办法保住怡和对九龙仓的控股权，不能将这家公司拱手让人。

1980年6月，包玉刚有一段较长时间的环球旅行。纽璧坚探知他的行程后，认为这是天赐良机。怡和立刻以迅雷不及掩耳之势，发动了惊心动魄的"九龙仓股票反购战"。

首先是份额。怡和财团把增购九龙仓股票的份额确定在49%。这样，怡和回避50%全面收购的临界点，让自己立于进可攻、退可守的不败之地，又可以令包玉刚陷入进退两难之地——如果不跟进，就得认输；如果要跟进，持股量必须超过49%，而突破了50%的临界点，便属于全面收购，牵动资金近百亿，包玉刚能吃得消吗？

其次是价格。怡和财团把几份相同的广告认刊书送至香港几家权威报社，要求在主要版面上同时刊登。内容是怡和愿以12.2元的置地股票、外加一张面值75.6元的抵押债券，换1股面值仅10元的九龙仓股票。这样，怡和一下子把九龙仓股票的价格翻了近一倍（包玉刚已经抬高至55元），其升幅之大，为股市历史所罕见。这意味着包玉刚如要应战，也得不惜血本。

最后也是最厉害的绝招是时间。纽璧坚在包玉刚离港之后突然袭击，攻其不备，而且鞭长莫及。纽璧坚在星期五将收购的广告送到报社，安排次日刊出，下午打电话给九龙仓董事会的每一位成员，告知收购计划，当然也包括吴光正。而此时交易所已经收市，谁也无能为力了。纽璧坚"特意"委托吴光正转告远在欧洲的包玉刚，但接下来是周六、周日，即使包玉刚没离开香港，想必也不可能在这两天里筹集到巨额资金来收购股票。

包玉刚被这突如其来的消息震惊了，但他很快稳定了下来。他当时的现金约为5亿，如要实施这个计划，必须在星期一之前筹到15亿的现金。

他首先获得汇丰银行的22亿港元贷款保证，紧接着召开紧急会议。怡和提出的所谓100元收购一股，是用股票和债券作交换，不能马上见到实惠。包玉刚出现金，即使报价 90 元，也有把握成功。

该出手时就要出手，如果出 105 元，便会让怡和完全没有反收购的机会。虽然 105 元与 90 元相比，须多付出 3 亿港元，但这是根据对手的底牌确定的，可以稳操胜券。于是决定以 105 元的现金吸收市面九龙仓股，目标也是 49%。

星期天晚上 7 时，包玉刚召开记者招待会。他谈笑风生，说是"到当铺里转了一转"，已经筹集了足够的资金，宣布以个人和家族的名义，开出 105 元一股的高价，收购九龙仓股票 2000 万股，把所持股份提高至 49%！收购期限只在周一、周二两天。

星期一开市不到 2 小时，包玉刚一下子付出 21 亿现金，购足 2000 万股，使控股权达到 49%，取得这场战役的决胜权。

这次战役轰动了整个香港，大长了华人志气，打击了英资财团的嚣张气焰，包玉刚在谈笑之间，调集了 20 个亿的事情，也成为一个传奇。

竞合之道

1986 年 8 月，《每周财经动向》总编林鸿筹先生，在《与李嘉诚谈成功之道》一文中谈道：

"最近有人向李氏提问：'一个优秀的运动员，必须在与强劲的对手竞赛时可创下骄人的成绩。'环顾今日香港商界，似乎只有包玉刚爵士一位匹配做阁下强劲的对手，您可有以包先生为对手的想法吗？'

"一般人很自然会认为李氏是以包氏为竞争的对手，因为他们有相同的社会地位，在过去又有极类似的活动，例如李氏从英资手中收购和黄、港灯，包氏则收购九龙仓、会德丰，两人先后出任汇丰银行的副主席，两人又同时出任香港基本法，草委，李氏捐赠汕头大学，包氏捐赠宁波大学等。

"但李氏答复这问题时，只说他朝着个人定下的目标向前一步一步推进，从来没有居心与任何人比拼。

"在多个场合，李嘉诚说：'我与包先生有真诚愉快的合作。'"

关于九龙仓收购战中，李嘉诚总是轻描淡写地化解在这次竞争中的恩恩怨怨纷纷扰扰，对于有人一再把他与包玉刚拉在一起做比较，一定要分出个高下立见，李嘉诚只是淡然一笑。

怡和大班纽璧坚见大势已去，将置地控有的九龙仓股 1000 多万股转让给包玉刚，价值共 10 亿零 500 万港元。当时香港"收购合并守则"的综合条例第三款指出，拥有控制权的大股东，在可能的范围之内，以不低于其获得控制前 6 个月所提出的最高价，购入其他股东的股票。这即是说，包玉刚应该在这次事件中，以 105 元的代价向其他所有股东买入九龙仓股份。

虽然船王包玉刚在九龙仓争夺战中最终胜出，但由于怡和方面的精密策划，如果不计后来开发海运码头的利益，包玉刚最终亏损 6.1 亿港元，赢了面子输了金钱。故有人称"船王负创取胜，置地含笑断腕"。

九龙仓收购战，赢家只有一个。那就是仿如和风细雨中羽扇纶巾的李嘉诚。在这宗交易中，李嘉诚不动声色赚取约 6000 万港元利润，全身而退，将九龙仓这个烫手山芋扔给了包玉刚。

但是，包氏的远见卓识，两年后便充分显示出来。包氏购得九龙仓，实现了减船登陆，从而避免了空前船灾。香港另两个船王——董浩云与赵从衍，因行动迟缓，陷入濒临破产的灭顶之灾。

1985 年，包玉刚又收购另一家英资洋行——马登家族的会德丰，又一次轰动全港。

值得一提的是，包玉刚入主九龙仓的一年后，与其"死对头"置地成为合作伙伴，这两家公司邀请李嘉诚的长实加盟，三家合资成立一间地产发展公司，项目是在九龙仓尖沙咀地盘发展新港中心物业。

延伸阅读

活出你的故事
——2007年汕头大学毕业典礼致辞

（2007年7月6日）

尊敬的各位校董、各位校领导、各位嘉宾、各位家长、老师们、同学们：

首先让我代表校董会，祝贺各位毕业的同学，和你们的家人一样，我们衷心祝愿你们一生快乐、如意、健康和顺利。

快乐，因为你懂得如何有理性地管理自己；

如意，因为你有争取理想的能力；

健康，因为你知道珍惜；

顺利，因为你能辨善恶，及有勇气有尊严地面对挑战。

汕头大学的校领导和每一位老师都付出了很大的努力为你们打造基础。

这几年来，汕大推行的改革取得的重要成就，不仅以优秀成绩和最高度的评价通过了教育部的评估，不仅在毕业生就业率连续为全省第一位，不仅是医学院连续九年以来全部以第一志愿收生，不仅在外语系同学于今年全国高校英语考试中达百分之九十九通过率的优异成绩，最重要的成就是他们努力实行学分制，让你们得以对自己的未来有选择，他们以新的教学模式，让你们能发现和发挥自己的潜能追求卓越，这一切都是为了你们，这时候我希望你们能和我一起向各位校领导和老师们致以最崇高的敬意。

一切是为了你们，但世界不仅是你和我的。一个人通过自身的努力，为自己和家庭，争取成就、建立幸福是非常重要的。然而，"取得成就"和"真正成功"有天渊之别。要做一个比成功更成功的人，拥有专长、技能、学历、人际网络或经验只是基本功，更重要的是确立你与众不同的特质和看世界的角度。思维单一的人也许只终生追求财富和满足于拥有权力，但人生意义是多狭隘和失诸平衡，一个一生能够肩负理想、承担抱负、以爱心为原则、热诚投入及活出价值观的人，他们的生命却是无穷无尽的。

你们要做个造梦者，也要做个脚踏实地的人。你们要结合现实理据和实际经验来不断测试和强化自己的梦想。如果你有崇高的抱负为指引明灯，人生的目标便清晰明确，如果你一生以思驱动，你一定可从容不迫和充满活力地生活；如果你的价值观不是空洞口号，而能历久常新，你一生会有定力去应付现实社会复杂、多元和变幻莫测的挑战；如果你真正深爱你的社会、深爱你的民族，深爱这个世界和深爱活着，那你必须参与和无惧承担，我们民族传统智慧有很多高贵的境界，如若你能拈出"好谋而成、分段治事、不疾而速、无为而治"的精髓，生命是可以如此的好，各位同学，好好活出你一生的精彩，为世界谱上一段一段丰盛乐章。

谢谢大家。

第十三章

▼

入主和黄

和黄的历史

李嘉诚退出九龙仓角逐，将目标瞄准另一家英资洋行——和记黄埔。

和黄集团由两大部分组成，一是和记洋行；二是黄埔船坞。和黄是当时香港第二大洋行，又是香港十大财阀所控的最大上市公司。

和记黄埔的历史，最早可追溯到 1860 年创办的和记洋行及 1863 年创办的黄埔船坞。到 20 世纪 70 年代，和黄迅速崛起，其经济实力一度超过沉雄稳健的太古洋，威胁到怡和洋行的地位。

和记洋行由英商沃克于 1860 年在香港创办，初期业务主要是经营布匹、杂货及食品的转口贸易。1873 年由英商夏志逊接管。和记洋行在 20 世纪初进入中国大陆，曾先后在上海、广州等通商口岸设立分行。

1863 年 7 月 1 日，怡和洋行、铁行轮船公司、德忌利士洋行等几家船东创办了香港黄埔船坞公司，由铁行公司驻港监事托马斯·苏石兰出任主席。1865 年黄埔船坞收购了石排湾船厂和贺普船坞。

1880 年，黄埔船坞合并了大角咀的四海船坞公司，一跃成为香港修船和造船业的巨擘。

1900 年，黄埔船坞的规模已达到雇工 4510 人，其设施不但能建造各式船舶，而且为来港商船及远东海面的船只提供各种维修养护服务。

二战之后，几经改组的和记洋行落入祈德尊家族之手。祈德尊在 1917 年6 月 13 日出生于英国在非洲的殖民地南罗德西亚。二战结束后，祈德尊在1947 年重返香港，投身商界，并于同年加入三四流的英资洋行和记洋行。当时，会德丰持有和记洋行一半的股权，祈德尊在 1954 年出任和记洋行董事局主席，到 1963 年，他收购了会德丰旗下上市公司万国企业，再透过万国企业收购和

157

记洋行股权，到 1965 年完成收购后将和记洋行更名为和记国际，自己担任主席。

在 20 世纪 60 年代中，祈德尊更通过发行新股展开连串的收购活动，期间收购了屈臣氏、德惠宝洋行及泰和洋行等历史悠久的洋行，构成了和记国际拓展进出口贸易及批发零售的核心。到 1969 年，他透过发行优先股集资 7200 万港元，收购了黄埔船坞 30% 的股权，控制了公司。1970 年和记国际通过黄埔船坞收购了大型货仓集团均益仓，两家公司在九龙红磡和香港岛北角及西环分别拥有大面积的地皮，和记国际一度成为香港最大的地主，期间，集团所控制的公司更从 30 间发展到 200 间以上之多。许多大公司和未上市小公司归于旗下，风头之劲，一时无两。

但在收购这些公司后，效益大幅度下滑，和记背上沉重的债务负担。和记在捉襟见肘中惨淡经营，艰难运作。好在祈德尊运气不算太差，当时正值全球股市节节上扬，香港股市也是牛气冲天，不见阴霾，祈德尊大量从事股票投机生意，屡有斩获。由此倒也能弥补公司的财政困难。

和记鼎盛时期所控子公司高达 360 家，其中有 84 家在海外。祈德尊甚至连旗下许多公司经营什么业务都不知道。公司经营状况更是鞭长莫及，顾此失彼。

1967 年，香港政局动荡，投资者纷纷抛售股票、物业，移居海外，但和记国际的收购步伐并未因此而停止。

1969 年，和记国际通过发行优先股集资 7200 万港元，收购了著名的黄埔船坞 30% 的股权。这是和记国际发展史上的一个重要里程碑，它奠定了日后和记黄埔携手发展的坚实基础。

和记国际收购黄埔船坞后，即重组该公司业务并推向多元化发展。同年，黄埔船坞在红磡兴建一座货柜码头，开始了向货柜运输业的扩充。之后又与华资地产公司合作成立都城地产有限公司，发展黄埔船坞内剩余土地。

1970 年，和记国际通过黄埔船坞，收购港岛的大型货仓集团均益有限公司，黄埔船坞和均益仓这两家公司在九龙和港岛均拥有大量廉价地皮，令和记国际成了香港最大的地主。也由此引起了李嘉诚的高度关注与格外垂青。

1973 年 3 月，恒生指数历史性高位回落，香港股市热潮开始冷却。当时，和记国际并未停止扩张步伐，仍然大量借贷用作投资活动，尤其是借入风险极大的瑞士法郎，埋下了日后身陷泥潭的导火线。

和黄合并

1973 年中股市大灾，接着是世界性石油危机，接着又是香港地产大滑坡。投资过速、战线过长、包袱过沉的和记集团掉入财政泥淖，接连两个财政年度亏损近 2 亿元。

当时间进入到 1974 年年底，和记国际股价已从 1973 年 3 月股市高峰期的每股 44 元跌至 1.18 元，整个公司市值已跌至 3.4 亿港元，仅相当于 1973 年全盛时期的 4.7%。

当时，和记国际已陷入严重的财政危机之中，市场有关公司倒闭的传言满天飞。1975 年 9 月，和记国际召开股东大会，董事局在逼不得已之下，要求股东供股 1.75 亿港元，以解除公司的财政危机，但被汇丰银行所代表的股东断然回绝。而和记国际的债权人则正循法律途径强力追债，要求和记国际清盘还债。

在无可选择的情况下，和记董事局被迫接受汇丰银行的友好建议，由汇丰银行注资 1.5 亿港元收购和记国际 33.65% 控股权，汇丰银行成为和记国际的控股大股东。结果，和记国际董事局重组，祈德尊黯然去职。

当时，汇丰银行亦曾承诺，一旦和记国际恢复盈利，汇丰银行将在适当时候出售和记国际。尽管如此，和记集团的财政基础并未稳固，当时公司仍有短期负债 7.6 亿港元、长期债务 5.7 亿港元，集团的组织架构仍未清晰。

1975 年 11 月，大股东汇丰银行出面，邀请被誉为"公司医生"的韦理加入和记国际董事局，出任副主席兼行政总裁，订明一旦和记恢复盈利韦理可享有和记国际 2.5% 的纯利。自此，和记国际进入韦理时代。

韦理上任之初，就向和黄全体高层人员提出了在预定期限内达到的各项目标，包括建立财务控制、解决未了结的诉讼、减缩经常性开支、全面减债计划，以及清除亏损的部门和公司等。

随后，韦理展开了一系列大刀阔斧的改革措施，首先是全力遏止附属公司的亏蚀，同时加强总公司与附属机构的沟通，进而加强对公司的管理。其次是强化集团的财政基础。为此，韦理决定将亏损及盈利较低的公司出售或关闭。

经过一年多的改革，和记集团内部管理层的改组已大致完成，主要的亏蚀已全部制止，公司运作很快就有了起色。韦理认为，黄埔船坞的业务只有货柜码头、交通运输、地产、制造业和船舶修理业等，这些业务的发展余地有限。但黄埔船坞拥有极大数量的土地，可为公司带来巨额的现金收益。

不过，黄埔船坞在其他业务方面却缺乏专门人才，尤其在地产方面，可说全无经验。而和记的业务极其广泛，它所拥有的最大资产就是人才，这刚好弥补了黄埔的不足，能协助黄埔将土地发展带来的资金加以适当运用。因此，韦理决定将和记国际与黄埔船坞合并，1977 年 12 月 21 日，和记国际董事局批准了韦理的建议，1978 年 1 月 3 日，和记黄埔有限公司正式成立并取代和记国际的上市地位。

这时，和黄集团共辖有上市公司八家，包括和记黄埔、和宝、屈臣氏、和记地产、都城地产、均益仓、安达臣大亚以及海港工程，其所经营的业务遍及进出口贸易、批发零售商业、商务、货柜运输、船坞、货仓和交通运输、地产、石矿业、建筑业，以及金融投资业务。

此外，和黄还持有170万平方英尺商场做收租之用，为集团提供稳定租金收入，确保公司必需的现金流量，以应付集团日常运作之基本开支。1976 年，和记集团获得 1.07 亿港元的综合溢利，并恢复向股东派息。韦理也如约获得 260 万元的巨额花红。

动心收购

李嘉诚在觊觎上九龙仓的同时，也垂青和记黄埔。当他放弃九龙仓时，必然要把矛头对准和黄。

在九龙仓收购战中，李嘉诚及早抽身，他成全包玉刚收购九龙仓的心愿，对于他自己而言，是让出一块肉骨头让包玉刚去啃，自己留下一块瘦肉——和黄集团。

因为九龙仓属于家族性公司的怡和系，凯瑟克家族及其代理人不会坐视九龙仓被人收购，可以预见会有一番殊死拼斗。包玉刚虽然成功收购九龙仓，但代价沉重，实际上与怡和大班打了个平手。如果假设李嘉诚收购九龙仓，可能未必会收购成功，毕竟他当时并没有包玉刚的实力与人脉。

而被李嘉诚所觊觎的和记黄埔，此时已经沦为公众公司，至少不会出现来自家族势力的反击。身为本港第二大洋行的和黄集团，各公司"归顺"的历史不长，控股结构一时还未理顺，各股东间利益意见不合，他们正祈盼出现更"厉害"的掌门人，能帮助和记黄埔力挽颓势，使公司彻底摆脱危机。

只要能照顾并为股东带来利益，股东不会反感华人大班入主和黄洋行，这便是李嘉诚最初的出发点。

而另一方面，李嘉诚清楚了解自己的实力。当时，长江实业的资产才 6.93 亿港元，而和黄集团市值高达 62 亿港元，轻举易动都会导致收购失败。和黄拥有大批地皮物业，还有收益稳定的连锁零售业，是一家极有潜质的集团公司。本港的华商洋商，垂涎这块大肥肉者大有人在，只因为和黄在本港首席财主汇丰的控制下，均暂且按兵不动。

李嘉诚很清楚，汇丰控制和黄不会太久。根据公司法、银行法，银行不能从事非金融性业务。债权银行，可接管丧失偿债能力的工商企业，一旦该企业经营走上正常，必将其出售给原产权所有人或其他企业，而不是长期控有该企业。

在李嘉诚吸纳九龙仓股之时，他获悉汇丰大班沈弼暗放风声：待和记黄埔财政好转之后，汇丰银行会选择适当的时机、适当的对象，将所控的和黄股份的大部分转让出去。

1979 年，李嘉诚秘密与汇丰银行接触，得到的明确答复是：只要李嘉诚开出的条件适合，长江实业的任何建议，都会直接为汇丰银行有意在适当时候有铁序地出售和记黄埔普通股提供最好的选择与机会。汇丰大班沈弼更私下应允李嘉诚，汇丰将优先积极考虑李嘉诚的任何可行性建议。

在收购九龙仓的战役中，李嘉诚卖了汇丰一份人情，这份人情此时就转换为了和黄股票，李嘉诚做了一笔划算的买卖。

为了使成功的希望更大，李嘉诚拉上包玉刚，以出让 1000 万股九龙仓股为条件，换取包氏促成汇丰转让 9000 万股和黄股的回报。李嘉诚一石三鸟，既获利 5900 多万港元，又把自己不便收购的九龙仓让给包氏去收购，还获得包氏的感恩相报。

李嘉诚频频与沈弼接触，他吃透汇丰的意图，不是售股套利，而是指望放手后的和黄经营良好。

明确了汇丰的意图，担心夜长梦多的李嘉诚，在背地里加速推动吞并和黄的计划。吸取上次收购九龙仓消息外泄的教训，李嘉诚在外界一无所知的情况下，与汇丰银行展开收购和黄股份的洽谈事宜。同时，李嘉诚继续采用收购九龙仓时的分散户头的手法，开始有条不紊地部署收购和黄的一系列行动。李嘉诚集中火力，对英资和记黄埔穷追不舍，在股市上吸纳和记黄埔的股票。

汇丰大力支援

早在两年前，汇丰银行的大班沈弼与长江实业合作重建华人行的期间内，就对李嘉诚的做人做事留下了极为深刻的印象。

中国有句俗语："不管白猫黑猫，能捉住老鼠就是好猫。"这句话在沈弼这里也得以通行，作为银行家的沈弼，他在出让和黄一事上的考虑，就是以汇丰银行的切身利益为前提，而不在乎对方是白皮肤还是黄皮肤。

沈弼，这位汇丰银行的洋大班具有远见卓识。沈弼曾经这样讲："银行不是慈善团体，不是政治机构，也不是英人俱乐部，银行就是银行，银行的宗旨就是盈利。谁能为汇丰赚钱，谁就是汇丰的好朋友。"

在地产行业浸染多年，李嘉诚以自己精明能干、诚实从商的作风，以及日益壮大的长江实业的业绩，为香港工商业界所重视，尤其赢得了汇丰银行大班沈弼的欣赏。和黄对于汇丰来说，是个烫手山芋，沈弼需要把这个公司及时甩出去。

作为李嘉诚而言，他早已得知汇丰绝对不会长期控股和记黄埔，因为金融机构直接操作企业，于理不合，于法不通，于情不便，汇丰银行迟早要出售和记黄埔。汇丰手头上所持有的和黄股份，最终要找个好人家接手。这个资产值62亿元的商业帝国，究竟交给谁好呢？

据悉，汇丰为出售所持和黄股权，曾经多番找寻买家。在寻找买家的过程中，汇丰银行大班沈弼很早就甚为欣赏李嘉诚，与李嘉诚初次会晤后，沈弼立刻向银行高层写了一份备忘录，大意是说，李嘉诚此人非常精明，汇丰以后要多加留意。

当李嘉诚表达有意收购时，和黄基本上已走上正常发展轨道，双方的谈判极其保密，并在极短时间内达成协议。当年沈弼与李嘉诚在华人行会面后，1979年9月25日下午4时，沈弼主持了一次汇丰董事局会议，商讨把和黄股份售予李嘉诚。

相关资料显示，在该次商讨出让和黄的汇丰董事局会议上，怡和及太古两大英资行的董事居然因故未到场，会议决定同意把股份售予李嘉诚。历史不容假设，如果假设上述两位英资大班也出席此次董事会，沈弼恐怕也很难轻易地拍板做成这笔交易。

该项交易事前也没有咨询和黄管理层的意见，只是在会议结束后，通知和黄行政总裁韦理。和黄完全是在自己不知情的情况下，被汇丰出卖了。和黄管理层的尴尬不言而喻，韦理等人的愤怒可想而知。

1979年9月25日夜，在华人行21楼长江总部会议室，长江实业（集团）有限公司董事局主席李嘉诚，举行长实上市以来最振奋人心的记者招待会，一贯持稳的李嘉诚以激动的语气宣布：

在不影响长江实业原有业务基础上，本公司已经有了更大的突破——长江实业以每股 7.1 元的价格，购买汇丰银行手中持占 22.4% 的 9000 万普通股的老牌英资财团和记黄埔有限公司股权。"

在场的大部分记者禁不住鼓起掌来，有记者发问："为什么长江实业只购入汇丰银行所持有的普通股，而不再购入其优先股？"

李嘉诚答道："以资产的角度看，和黄的确是一家极具发展潜力的公司，其地产部分和本公司的业务完全一致。我们认为和黄的远景非常好，由于优先股只享有利息，而公司盈亏与其无关，又没有投票权，因此我们没有考虑。"

李嘉诚被和记黄埔董事局吸收为执行董事，主席兼总经理的仍是韦理。

当时的和黄行政总裁韦理便认为，和黄每股最低限度值 14.4 元，李嘉诚可说以大折让五成购得和黄，更得到汇丰的贷款支援。给予李嘉诚如此优厚的条件，除了九龙仓一役中欠其一个人情外，最主要是汇丰觉得，今后十年李嘉诚在香港的位置将举足轻重。

同时，也可借帮助华资赢得北京方面的好感，使得汇丰在香港回归后能够平稳过渡，经营运作不会受到政治影响。这对汇丰而言，又何尝不是一石三鸟。不过，汇丰与李嘉诚都极力否认有如此长远的政治考虑，强调纯粹为一宗商业交易。双方从未考虑其中所牵涉的长远的政治利益。

深谙人情世故的李嘉诚，从来都不刻意展示自己的超人智慧，而对助自己一臂之力的汇丰，总是一副感恩戴德："没有汇丰银行的支援，不可能成功收购和记黄埔。"

蛇吞象

香港新闻界整日轰动，各报纸杂志纷纷用醒目的大幅标题，形容李嘉诚这次"蛇吞大象"式的成功收购，有如在香港上空投放了一颗原子弹，其石破天惊的能量，不仅轰动整个香港而且令股市狂升。记者招待会后的一天，和黄股票一时成为大热门。

小市带动大市，当日恒生飙升 25.69 点，成交额 4 亿多元，可见股民对李嘉诚的信任。李嘉诚继续在市场吸纳，到 1980 年 11 月，长江实业及李嘉诚个人共拥的和黄股权增加到 39.6%，控股权已十分牢固。其间，未遇到和黄大班韦理组织的反收购。

根据协议，长江实业仅须即时支付总售价 6.39 亿港元的 20%，也就是说，李嘉诚仅仅需掏出约 1.4 亿元，就潇潇洒洒地达成了自己的世纪心愿，完成了对和黄的控股，完成了对资产达 62 亿元的和黄的控股。

这是亘古以来绝无仅有的传奇式的商业收购。简直太不可思议了。然而，这是千真万确的历史事实。是人人不能漠视却又不能不心动甚至忌妒的历史事实。汇丰对李嘉诚还法外开恩，优惠多多。

整项收购的余数，大约 4.8 亿元可延迟支付，为期最多两年。不过须在 1981 年 3 月 24 日之前支付不少于余数的一半。也就是说，李嘉诚最迟在收购生效之日算起的 18 个月内，最少须支付 2.4 亿元。

以和黄集团的规模与当年的收益，可以这样说，汇丰的这一优厚条件，等于告诉李嘉诚，你可以拿和黄的盈利来收购和黄集团。

相信这个世界上绝对不会再有这样便宜的买卖了。换言之，李嘉诚以极优惠的条件收购了和黄。难怪和黄前大班韦理，以一种无可奈何又颇不服气的语气对记者说："李嘉诚此举等于用和黄 2400 万美元做订金，而购得价值 60 多亿元的和黄资产。"

整个香港都为之轰动，李嘉诚凭什么能够鲸吞和黄？汇丰的解释简单到不能再简单的地步：李嘉诚就凭李嘉诚三个字。

1979 年 9 月 26 日，《工商晚报》称长江实业收购和记黄埔，"有如投下炸弹"，"股市今晨狂升"。

《信报》在评论中指出：

"长江实业以如此低价（暂时只付 20% 即 1.278 亿港元）便可控制如此庞大的公司，拥有如此庞大的资产，这次交易可算是李嘉诚先生的一次重大胜利……

购得这 9000 万股和记黄埔股票是长江实业上市后最成功的一次收购，较当年收购九龙仓计划更出色（动用较少的金钱，控制更多的资产）。李嘉诚先生不但是地产界强人，亦成为股市的热门人物。"

美国《新闻周刊》在一篇新闻述评中说："上星期，亿万身家的地产发展商李嘉诚控制和记黄埔，这是华人出掌香港一间大贸易行的第一位，正如香港的投资者所说，他不会是唯一的一个。"

英国《泰晤士报》分析道："近一年来，以航运巨子包玉刚和地产巨子李嘉诚为代表的华人财团，在香港商界重大兼并改组中，连连得分，使得香港的英资公司感到紧张。

"众所周知，香港是英国的殖民地，然而，占香港人口绝大多数的仍是华人，掌握香港政权和经济命脉的英国人却是少数。'二战'以来，尤其是六七十年代，华人的经济势力增长很快。

"有强大的中国做靠山，这些华商新贵如虎添翼，他们才敢公然在商场与英商较量，以获取原属英商的更大的经济利益，这使得香港的英商分外不安。连世界闻名的怡和财团的大班大股东，都有一种踏进雷区的感觉。英商莫不感叹世道的变化。"

1981 年 1 月 1 日，李嘉诚被选为和记黄埔有限公司董事局主席，成为香港第一位入主英资洋行的华人大班，和黄集团也正式成为长江集团旗下的子公司。

就连一贯对华人吝啬刻薄的日本《朝日新闻》也用惊叹赞美的语调酸溜溜地写道："异军突起的长江实业，出人意料地夺得资产庞大的和黄集团控股权，将意味着华人资本在香港兴风作浪的开始。李嘉诚的手掀开了香港历史的新一页。"

当时英文《南华早报》和《虎报》的外籍记者，盯住沈弼穷追不舍：为什么要选择李嘉诚接管和黄？沈弼答道："长江实业近年来成绩良佳，声誉又好，而和黄的业务脱离 1975 年的困境踏上轨道后，现在已有一定的成就。汇丰在此时出售和黄股份是顺理成章的。"

他又说："汇丰银行出售其在和黄的股份，将有利于和黄股东长远的利益。坚信长江实业将为和黄未来发展做出极其宝贵的贡献。"

怡和大班纽璧坚说得更明白："整个形势都变了，英国准备抛弃香港，华商在 70 年代起就越做越强大。这就像当年美国扶植日本，突然一天发现，原来抱在怀里的婴儿，是一只老虎。人们总是揪着九龙仓不放，而不睁眼看看对方是婴儿还是老虎。如果一个人的胳膊被老虎咬着，不管这只手是在颤抖，还是在挣扎，都会被咬断或咬伤。聪明的人，是不必再计较已经失掉的手，而是考虑如何保全另一只手。"

和黄易主

在一片喝彩声中，李嘉诚并未陶醉其中，沾沾自喜。

"创业容易守业难"，"前车之鉴，后人之师"，如何才能将收购来的企业焕发生机，让股东赚钱，这才是李嘉诚面前最迫切的任务。和记黄埔的前大班祈德尊是个收购企业的高手猛将，但是他发展过速，结果消化不了，终于把集团拖垮，痛失江山。他的教训给李嘉诚也提了个醒。

香港的英商华商，都有人持这种观点："李嘉诚是靠汇丰的宠爱，而轻而易举购得和黄的，他未必就有本事能管理好如此庞大的老牌洋行。"

李嘉诚进入和黄出任执行董事，在与董事局主席韦理与众董事的交谈中，他们的话中分明含有这层意思："我们不行，你就行吗？"李嘉诚深感肩上担子之沉重。

俗称："新官上任三把火。"细究之，李嘉诚似乎一把火也没烧起来。他总是过于低调，他希望用自己的实绩来证实自己。

初入和黄的李嘉诚只是执行董事，按常规，大股东完全可以凌驾于支薪性质的董事局主席之上，李嘉诚从未在韦理面前流露出"实质性老板"的意思。李嘉诚作为控股权最大的股东，完全可以行使自己所控的股权，为自己出任董事局主席效力。他没有这样做，他的谦让使众董事与管理层对他更尊重。他出任董事局主席，是股东大会上，由众股东推选产生的。

董事局为他开支优渥的董事袍金，李嘉诚表示不受。他为和黄公差考察、待客应酬，都是自掏腰包，而不在和黄财务上报账。故有人称：李氏的精明，到了炉火纯青的地步。他小利全让，大利不放。李氏的大利，是他持有的股份，公司盈利状况好，李氏的红利亦匪浅。李嘉诚不放大利，还表现在他不断增购和黄股份。令人叹绝的是，他"鲸吞"和黄的"企图"，竟未遇到"老和黄洋行"的抵抗。

毋庸置疑，李嘉诚能较快地获得众董事和管理层的好感及信任。在决策会议上，李嘉诚总是以商议建议的口气发言，但实际上，他的建议就是决策——众人都会自然而然地信服他，倾向他。

李嘉诚入主和黄实绩如何，数据最能说明问题。李嘉诚入主前的 1978 年财政年度，和黄集团年综合纯利为 2.31 亿港元；入主后的 1979 年升为 3.32 亿港元；4 年后的 1983 年，纯利润达 11.67 亿港元，是入主时的 5 倍多；1989 年，和黄经常性盈利为 30.3 亿港元，非经济性盈利则达 30.5 亿港元，光纯利就是 10 年前的十多倍。盈利丰厚，股东与员工皆大欢喜。

不过在此期间，李嘉诚与以李察信为首的和黄外籍管理层的矛盾也日趋尖锐。李察信早于 1972 年便加入和记，经历了韦理时代及长实的入主，职位日益提高，但他与韦理一样，并不甘于只成为一个决策的执行者，更不甘成为华人管理下的打工者，而希望作为一个决策者，希望李嘉诚像汇丰一样，只承担大股东的职责，完全不过问和黄日常经营管理事务。同时，作为洋人一贯居高临下的殖民心态，他们对李嘉诚的经营管理能力也自始至终表示毫不掩饰的怀疑。

鉴于长实取得和黄控制权，在贸易、零售等方面仍须依赖原有人才，李察信等人便利用这段青黄不接的绝好时机，积极扩张本身的权势，同时千方百计排挤华籍高层，避免这些华籍要员与李嘉诚结成统一阵线，成为长实接管和黄的基础。

1983年，和黄多名华籍高级职员被迫离职，部分华籍职员遂与长实及李嘉诚接触，要求李嘉诚干预并直接插手拨乱反正。当时，李嘉诚仍稳坐泰山，按兵不动，坚持不直接干预和黄行政，只对华籍行政人员进行安抚，但是此事件已种下长实与和黄管理层决裂的伏线。

1984年4月，李嘉诚决定和黄派发巨额现金红利，主要目标是削弱和黄管理层的权力，并进一步增加长实在和黄的股权，同时也借此赢得众多小股东的支持与拥戴。这一釜底抽薪的决断自然引起和黄管理层的不满，后者操纵并利用外资基金的不满，指责李嘉诚杀鸡取卵，无长远之发展战略眼光，迫使李嘉诚接受以股代息的建议。

和黄在未来发展路向上的尖锐矛盾，直接影响到自身的发展，基金借势持续抛售和黄套现，终于造成和黄在李嘉诚收购后的首次营运危机，这使双方裂痕已经无法弥补，此时李嘉诚也已完成接管的战略部署。

在李嘉诚八段锦式刚柔并济的运作下，无可奈何，以李察信为首的三巨头只好全都辞职走人，李嘉诚正式全面接管和黄。

百年和黄由此进入焕然一新的李嘉诚时代。

超人李嘉诚

今日香港，提起"超人"，无人不知指的是谁。那么，李嘉诚的这一称号，是谁最先提出的呢？

在完成对和黄的收购后，《远东经济评论》首次把李嘉诚称为香港的超人，并以卡通人物为封面。自此，李超人便成为李嘉诚的代称。此后，李嘉诚便成为香港的象征。超人的名头家喻户晓。

在香港曾经流传这样一则轶闻。某先生看了李嘉诚收购和黄的文章，拍案叫绝，写下一副流传其广的对联：

高人高手高招，超人超智超福。

"某先生"是否确有其人其事，这恐怕已经无从考证，但这至少代表香港普通民众对李嘉诚的认可和钦佩。

　　"超人"的称呼，很快为人们所接受，不久，各大小报章竞相采用。超人盛名，誉满香江。

　　似乎在人们的视野里，李嘉诚被描绘成一个天才，一个创造财富奇迹的人，他不停地扩大着自己的财富。

　　少年丧父，又赶上国运不佳，14岁的李嘉诚身无分文，而作为家中的长子，他举家食粥。从扫地、倒茶、端水的学徒做起，到满街跑的"行街仔"生涯，他都十分敬业，凭着他的努力和他独特的商业眼光，18岁就做到了部门经理，年方20，便当上了总经理，继而，他通过打拼成为了富可敌国的华人首富，真是令人叫绝。

　　人们更多地看到了李嘉诚的幸运，鸿硕先生曾专门探讨过李嘉诚的"幸运"，他在《巨富与世家》一书中提到：

　　"1979年10月29日的《时代周刊》说李氏是'天之骄子'，这含有说李氏有今天的成就多蒙幸运之神眷顾的意思。英国人也有句话：'一安士（盎司）的幸运胜过一磅的智慧。'从李氏的体验，究竟幸运（或机会）与智慧（及眼光）对一个人的成就孰轻孰重呢？"

　　1986年，李嘉诚阐述他的观点：

　　"对成功的看法，一般中国人多会自谦那是幸运，绝少有人说那是由勤奋及有计划的工作得来。我觉得成功有三个阶段：第一个阶段完全是靠勤力工作，不断奋力而得成果；第二个阶段，虽然有少许幸运存在，但也不会很多；现在呢？当然也要靠运气，但如果没有个人条件，运气来了也会跑去的。"

　　实际上，李嘉诚认为勤奋是成功的基础仍是自谦之词，幸运也只是一般人的错觉。从李氏成功的过程看，他有眼光判别机会，然后持之以恒，而他能看到机会就是一般人认为的'幸运'。许多人只有平淡的一生，可能就是不能判别机会，或看到机会而畏缩不前，或当机会来临时缺少了'第一桶金'。也有人在机会来临时，因为斤斤计较目前少许得失，把好事变成坏事，坐失良机。

　　这也许是他能成为超人的最主要原因所在。

延伸阅读

李嘉诚谈成功

——在加拿大明尼吐巴大学国际杰出企业家颁奖礼上的讲话

（2000 年 6 月 6 日）

　　我是李嘉诚，首先我要感谢大家到来，与我分享这高兴的时刻，早在 10 年前，Mr. Albert Cohen 首次邀请我接受这奖项，可惜那正是我生命中最心伤的一刻，除了应付日常的工作压力外，我实难以收拾心情顾及其他事情，但今天晚上，我来了，与朋友们共聚一起，受颁"国际杰出企业家奖"，令我深感荣幸。我要衷心感谢 Mr. Cohen 推荐我接受这个奖项，亦多谢提名委员会主席 Mr. Fraser 及各委员、明尼吐巴大学校长 Dr.Szathmary、商学院院长 Dr. Gray、The Associates 联委会主席 Mr. Watchorn 以及筹办这次活动的全体有关人士。

　　约在一个月前，即 5 月的第一日，我静悄悄地度过了自己的公司创业 50 周年。那天，我思忆从前的种种：在战乱中失去童年的悲伤、目睹父亲病苦中的无助、贫穷的寂寞、一个 12 岁少年拼命寻找工作的焦急、首次收到粮单的喜悦、取得首单生意的拼劲、创立公司的兴奋、拥有第一间居所的舒适、置身全球性的改变及发展的感受、取得成功及被认同所带来的畅快感觉，一切实在是毫不容易的历程。我的一生充满了挑战与竞争，时刻被要求要有智慧、要有远见、要有创新，确是使人身心劳累，但综观一切，我还是很高兴地说我始终是个快乐人，因为我作为一个人、一个市民及一个商人，我尽了一切所能服务社会。

　　我们都知道这新纪元蕴藏无穷和不稳定的变数。今天我们在不同程度上都能分享科技及资讯革命所带来的成果，令效率更高、生命更丰盛；但我们亦面对天然环境及社会结构遭受惊人的破坏。在这前所未有的资讯社会，教育区分出哪些人可拥有或懂得如何应用知识，哪些人被视为更有价值或不受重视。我们都痛恨世界上现存的不正义和不公平现象，但我们可带来改变的能力却有局限；然而我深信忠诚、正直、公正无私及同情心是重要和不可替代的价值观，如果有人对你说这些人生观已不合时宜及不适用，这不令我感到惊奇，对于某些人来说，为了追求商业上的成就，或要牺牲以上的价值观，当然现实中的商业社会是需要不断更新求变，但我深信在获取更多盈利及更高效率所带来的巨大压力下，也不应牺牲了我们维护公平及减除疾苦的决心。如果我们选择只为追求金钱及权力，而牺牲人类高尚情操的话，则一切进步及财富的创造都变得没有意义。

我并非将自己看成卫道之士，除我两儿之外，我亦无意成为其他人的导师。我自己经历的挫折与无助，令我早已下定决心不以我所拥有或所能发挥的权力来评价自己，我只想令生命变得有价值。50年前，我以"长江"为公司命名，取其不择细流，汇聚百川之含义。这些日子，我正思考这"河流"应流向何方。

这些年来，在我的基金会成立后，已捐出超过7亿加元，赞助很多公益项目，特别在教育和医疗工作方面，我会继续下去，并且会做得更多，我这样做并非只为了责任感，而是因为这是我所选择的做人方式。

这个世界由于资讯传递与交通工具不断发达，令我们可生活得更加接近，并更能意识到人与人之间的多元化。以往的高速发展给我们制造了很多严峻的环保及贫富悬殊问题，有待我们解决。我们要同心协力，建立一个新的大同世界，协助纾缓痛苦、知识贫乏、贫困等问题，以我们的技术及资金，参与建立一个较平等及富有同情心的社会，亦为经济、教育及医疗做出贡献。

各位，"成功"与"自由"，是人类的基本渴求，但其意义却不应局限于一个狭隘的框框内，亦不是三言两语所能阐明。但若一个人的成功是达到自己定下的人生目标，而自由则是对自己的行为向社会负责，那我们每一个人都可以成功、可以自由。

谢谢大家。

第十四章

招贤纳士

人才观

李嘉诚由一个微贱的打工仔，成为华人首富；长江由一间破旧不堪的山寨塑胶厂，成长为庞大的跨国集团公司。李嘉诚的巨大成功，除了他自己的努力与能力之外，还得助于他的用人之道。

李嘉诚的公司取名"长江"，自有李嘉诚的深意，他曾说：

"长江取名基于长江不择细流的道理，因为你要有这样旷达的胸襟，然后你才可以容纳细流。没有小的支流，又怎能成为长江？

"只有具有这样博大的胸襟，自己才不会那么骄傲，不会认为自己叻晒（样样出众），承认其他人的长处，得到其他人的帮助，这便是古人说的'有容乃大'的道理。假如今日没有那么多人替我办事，我就算有三头六臂，也没有办法应付那么多的事情，所以成就事业最关键的是要有人帮助你，乐意跟你工作，这就是我的哲学。"

在中国历史上，刘邦作为汉民族与汉文化的开拓者之一，他善于起用人才，最终建立了汉朝。

刘邦当皇帝后，他在都城洛阳南宫摆酒宴，招待文武百官。他问百官他与项羽的区别，百官纷纷夸赞他大仁大义。刘邦说："夫运筹帷幄之中，决胜千里之外，吾不如子房；镇国家，抚百姓，给饷馈，不绝粮道，吾不如萧何；连百万之众，战必胜，攻必取，吾不如韩信。三者皆人杰，吾能用之，此吾所以取天下者也。"翻译成现代文就是：运筹帷幄不如张良，安抚百姓不如萧何，率军打仗不如韩信，但我能合理地使用他们三位俊杰，所以能得天下。

将张良、萧何、韩信等优秀人才囊括到自己旗下，并且善于因人而用，这是

171

大汉帝国得以立足四百余年的重要根基。

企业本来就是由各种"人"组成，用各类"人"做事，通过整合不同"人"力资源，最终推动企业的发展。李嘉诚无疑是这方面的行家。

综观每个企业家，几乎都信誓旦旦地说重视人才，但真正做到重视人才的有几个呢？是否真正重视人才，要看他的实际行动。

战国时期，郭隗给燕昭王讲了一个"千金买骨"的故事：有位国君让下属带千两黄金求购千里马，但下属却用五百黄金买回了一匹马的尸骨。结果不到一年，国内有千里马的人纷纷来面见国君。

郭隗讲完这个故事后，接着说："千里马好比贤士一样，现在大王您要不惜重金访求豪杰，那么您就把我当作死了的千里马，那么比我有才干，有智慧，能报齐仇的人，不久后也会自己来见您了。"燕昭王听完，仿佛大梦初觉，非常高兴。

著名管理学家彼得·德鲁克曾说："企业只有一项真正资源——人，管理就是充分开发人力资源以做好工作。"如果企业家能上演"千金买骨"的故事，何须担忧团队不兴旺，事业不发达呢？

一个企业的发展，在不同的阶段，企业主扮演的角色不尽相同。而企业主下属的辅佐人才，在不同的阶段，也不相同。

在企业创立之初，企业主最希望忠心耿耿、忠实苦干的人才。在塑胶厂草创初期，别说他的下属，就是李嘉诚本人，也须凭自己的双手安装机器、生产制品、设计图纸，靠自己的双腿，走街串巷，采购和推销。

上海人盛颂声、潮州人周千和，从 20 世纪 50 年代初就跟随李嘉诚。盛颂声负责生产，周千和主理财务，他们兢兢业业，任劳任怨，辅助李嘉诚创业，是长江劳苦功高的元勋。

周千和回忆道："那时，大家的薪酬都不高，才百来港纸（港元）上下，条件之艰苦，不是现在的青年仔可想象的。李先生跟我们一样埋头搏命做，大家都没什么话说的。有人会讲，李先生是老板，他是为自己苦做，打工的就不是。话不可这么讲，李先生宁可自己少得利，也要照顾大家的利益，把我们当自家人。"

1980 年，李嘉诚提拔盛颂声为董事副总经理；1985 年，他又委任周千和为董事副总经理。有人说："这是很重旧情的李嘉诚，给两位老臣子的精神安慰。"其实不然，李嘉诚委以重职又同时委以重任，盛颂声负责长实公司的地产业务；周千和主理长实的股票买卖。1985 年，盛颂声因移民加拿大，才脱离长江集团，李嘉诚和下属为他饯行，盛氏十分感动。周千和仍在长实服务，他的儿子也加入长实，成为长实的骨干。

李嘉诚说："知人善任，大多数人都会有部分的长处，部分的短处，各尽所能，各得所需，以量才而用为原则。"

左右手

在公司的阶段性任务完成后，不少企业家可能发现昔日的战友已经没有发展的潜力，跟不上新时期企业的发展步伐，这时，企业家便难免向外招揽人才。必须要大胆启用有专才的干部，以弥补元老们见识上的不足，以此推动企业的进步发展。

如果李嘉诚一直只任用元老重臣，长实的发展相信会不如今天。在长江实业的逐步壮大过程中，有三个人物必须要着重提及。

最为人所熟知的就是霍建宁，他是长江实业的高层管理人之一，香港和记黄埔有限公司集团董事总经理。据媒体报道，和记黄埔集团董事总经理霍建宁是全港赚钱最多的"打工皇帝"。他的年薪达 2.74 亿港元，平均月薪 2283 万港元。如果以平均每日上班 12 小时计算的话，他每上班一分钟，银行户头即可进账超过 1040 港元，每日的薪酬达 75 万港元。

霍建宁是澳大利亚特许会计师协会会员。他追随李嘉诚多年，他于 1979 年加入长实，由会计主任做起，凭着其金融财务本领，一直平步青云。直到 1993 年接替马世民，担任和记黄埔集团董事总经理。

霍建宁是香港人，毕业于香港大学，随后赴美深造，1979 年学成回港，被李嘉诚招至旗下，出任长实会计主任。他业余进修，考取英联邦澳洲的特许会计师资格（凭此证可去任何英联邦国家与地区做专业会计师）。李嘉诚很赏识他的才学，1985 年委任他为长实董事，两年后提升他为董事副经理。是年，霍建宁才 35 岁，如此年轻就任本港最大集团的要职，在香港实为罕见。

霍建宁还是长实系四间公司的董事。另外，他还是与长实有密切关系的公司如熊谷组（长实地产的重要建筑承包商）、广生行（李嘉诚亲自扶植的商行）、爱美高（长实持有其股权）的董事。

1993 年，霍建宁登上和黄董事总经理之位。霍建宁接手后，不断改组，透过收购合并，成功将业务由亏转盈。其后，他趁赫斯基有好表现，2012 年顺势在加拿大借壳上市，令集团从中获特殊盈利 65 亿港元。

继后，他更接手处理亏损多年的欧洲电讯业务，因 Orange 成立以来，一直蚕食和黄在港的电讯业务盈利，和记电讯变相白做。到 1996 年，霍建宁毅然分拆 Orange 上市，成功套现，后来，见时机成熟，于 1999 年底将 Orange 转售，成功替集团赚取超过 1600 亿港元的盈利，创出神话。

霍建宁任期内，令多年亏损的赫斯基石油转亏为盈。1999 年末他促成了多宗大交易，将和黄发展成名牌电讯商，可谓功不可没。

在香港，还有一位曾叱咤地产市场近 30 年的女将，她就是李嘉诚基金会有限公司董事洪小莲，从一名普通的打工者，到李嘉诚地产王国的高管，洪小莲一直被看作香港打工族的传奇典范。

洪小莲一直统领着长实业务的命脉——售楼部门，在这期间，长实的售楼收益逾千亿港元，由一家房地产公司发展成世界级的企业王国。洪小莲由李嘉诚的秘书，攀升至长实的执行董事，工作成绩超卓，深受器重。

洪小莲衣着简单端庄，薄施脂粉，没有一般名女人的珠光宝气。但 1980～2000 年间，洪小莲在长实无疑举足轻重。她掌管长实售楼部及物业管理部门，由楼盘市场定位及销售，以至编印楼书及与住客沟通等细微工作，她都兼顾。

1972 年加入李嘉诚长江实业集团的洪小莲才 24 岁，只有高中学历的她由一名秘书做起。当时"长实"规模较小，才十几个职员，她努力协助李嘉诚打理生意，直至后来"长实"由塑胶花及玩具生意逐步转向地产业务，她也随之转为专责集团内的售楼事务并负责联络传媒的工作。十几年里她扶摇直上，至 1985 年出任公司董事，年薪 1200 万港元。由一个秘书跃升为一家市值 1000 多亿港元公司的执行董事。

20 世纪 80 年代中期，长实管理层基本实现了新老交替，各部门负责人大都是 30～40 岁的少壮派。长江集团董事周年茂说："长实内部新一代与上一代管理人的目标无矛盾，而且上一代的一套并无不妥，有辉煌的战绩可凭。"

"指挥千人不如指挥百人，指挥百人不如指挥十人，指挥十人不如指挥一人。"李嘉诚当然明白，长江集团能够获得持续发展，必须引进各类人才的力量，而非单靠自己个人的能力。

孔子的学生宓子贱治理单父时，经常抚琴自娱，悠然自在，很少走出公堂，却把单父治理得井然有序、百业兴旺。前任巫马期治理单父时，天还没亮就出门工作，直到天黑才回家，日夜奔波、事必躬亲，这样才勉强把单父治理好。

巫马期向宓子贱询问他能够治理好单父的缘故。宓子贱说："我的办法是凭借众人的力量，你的办法是依靠自己的力量。依靠自己力量的当然劳苦，依靠众人力量的人当然安逸。"

优秀的企业家依靠个人获得企业的发展，表面上看是领导者的强大，实际上这并不是合格的企业家。企业家必须学会适当地弱化自己，培养起一批值得信赖的分身，能交给其他人才做的事，就一定不用自己出手，才能使整个企业充满活力，使企业获得持续发展的动力。无疑，李嘉诚深谙此道。

随着企业的建立和发展，使得企业家的活动更具有复杂性和多变性，而善于用人应成为优秀企业家的重要特征和追求目标，让自己的企业人才"动"起来，使用人的魅力淋漓尽致地展现出来。

只会自己包揽做事的领导者充其量是个将才，而非帅才。而善用人才，运筹帷幄、稳当坐镇、指点江山者才称得上是称职的企业家。"为政以德，譬如北辰"，李嘉诚把自己放在北辰的位置，善于用人，使得以自己为中心的长江公司能够持续发展。

洋为李用

评论家说："（李嘉诚）这个内阁，既结合了老、中、青的优点，又兼备中西方的色彩，是一个行之有效的合作模式。"

李嘉诚曾说："在我心目中，不管你是什么样的肤色，不管你是什么样的国籍，只要你对公司有贡献，忠诚，肯做事，有归属感，即有长期的打算，我就会帮他慢慢地经过一个时期而成为核心分子，这是我公司一向的政策。"

李嘉诚这么说，也这么做了。综观长江实业的重要管理人员，有一个显著的特色，就是聘用了欧美来的"洋人"。

根据香港劳工统计局的相关数据，2012 年香港人的平均月工资为 3716 美元，这样的工资水平已经达到发达国家水平了。历经多年的发展，香港人的收入及生活水平大大提高，已经成为全球最发达地区之一。因此，今天的香港人见了洋人，不再有低人一等的感觉。

但是 20 世纪七八十年代则不一样。由于百多年来洋人歧视华人的惯性，经济上开始崛起的华人，仍存有抹不去的"二等英联邦臣民"的潜意识。那时候，雇佣心高气傲的"鬼佬"（外国人）做职员，让洋人做下属，是一件颇荣耀的事。

香港是由港英当局、洋人和华人构成的社会。英国殖民当局统治着用武力抢来的地方，对原来主权国的中国人十分忌讳和警惕，与洋商、华人之间的关系，也一直错综复杂。

香港被占据后，英国人便成为统治者及拥有特权的人，构成香港的统治阶层和上流社会。他们中的小部分是当局官员，大部分是商人。英商以开拓者身份，要在这块殖民地上获取最大利益，与殖民地官员有着利益上的差异，有时形成相互之间的矛盾和冲突。原为中国渔农之乡的香港，变为鸦片储存和转运地，并逐渐发展成商业城市，主要经营活动是转口贸易。英国商人及其开设的洋行，当然执贸易之牛耳。香港华人除了以渔农为生的原住民约5650人外，主要由来自汕头、梅州和珠江三角洲的体力劳动者，构成下层社会。

即使到了20世纪70年代，洋人高人一等的想法仍然根深蒂固。曾有记者问李嘉诚："你的集团，雇用了不少'鬼佬'做你的副手，你是否含有表现华人的经济实力和提高华人社会地位的成分呢？"

李嘉诚回答道："我还没那样想过，我只是想，集团的利益和工作确确实实需要他们。"

在现实生活中，很多人缺乏明辨是非的能力，他们往往以貌取人，这样的态度对自己的发展是极为不利的，也是极为功利的。有则"九方皋相马"的故事。

秦穆公对伯乐说："你的年纪大了，你能给我推荐相马的人吗？"伯乐说："我有个朋友叫九方皋，这个人对于马的识别能力，不在我之下，请您召见他。"穆公召见了九方皋，派他去寻找千里马。三个月以后九方皋返回，报告说："已经找到了，在沙丘那个地方。"穆公问："是什么样的马？"九方皋回答说："是黄色的母马。"

穆公派人去取马，却是纯黑色的公马。穆公很不高兴，召见伯乐，对他说："你推荐的人连马的颜色和雌雄都不能识别，又怎么能识别千里马呢？"伯乐长叹："九方皋所看见的是内在的素质，发现它的精髓而忽略其他方面，注意力在它的内在而忽略它的外表，关注他所应该关注的，不去注意他所不该注意的，像九方皋这样的相马方法，是比千里马还要珍贵的。"穆公试了试马，果然是千里马。

九方皋相马，注重马的内在本质，而不注重马的外形，所以能选出天下难得的骏马。重用人才，当然首先看重的是他的个人能力，而不论他是中国人还是外国人。

20世纪70年代初，长江工业工厂分布在北角、柴湾、元朗等多处，员工两千余人，管理人员约 200 位。李嘉诚为了从塑胶业彻底脱身投入地产业，聘请美国人 Erwin Leissner 任总经理，李嘉诚几乎将所有的塑胶厂事物都放手给这位美国人。其后，长江工业再聘请一位美国人 Panl Lyons 为副总经理。这两位美国人是掌握最现代化塑胶生产的专家，李嘉诚付给他们非常高的薪金，并赋予他们实权。

到 20 世纪 80 年代中期，李嘉诚已控有几间老牌英资企业，这些企业有相当部分外籍员工。李嘉诚并没有解雇这些员工，而是继续任用这些企业原有的管理人员。他用洋人管洋人，这样更有利于相互间的沟通；还有重要的一点，这些老牌英资企业，与欧美澳有广泛的关系，长江集团日后必然要走跨国化道路，启用洋人做"大使"，更有利于开拓国际市场与进行海外投资。他们具有血统、语言、文化等方面的天然优势。

长实董事局副主席麦理思（George Magnus）是英国人，毕业于著名的剑桥大学经济系。麦理思曾任新加坡虎豹公司总裁，因业务关系与李嘉诚认识。1979 年，麦理思正式加盟长实，与本港洋行和境外财团打交道，多由麦理思出面。李嘉诚器重他，不仅是他的英国血统、名校文凭，更看中他是个优秀的经济管理专家。

李嘉诚入主和黄洋行，韦理卸职后，李嘉诚提升李察信（John Richardson）为行政总裁，自己任董事局主席。到 1983 年，李察信与李嘉诚在投资方向上"不咬弦"，李察信离职，李嘉诚起用了马世民（Simon Murray）。

1960 年，马世民 20 岁时，曾于法国马赛加入法国外籍兵团，共服役 5 年。曾驻守阿尔及利亚，1965 年退役。退役后，马世民加入怡和洋行，在远东工作，由低做起，销售空调系统及电梯。

身为怡和贸易代表的英国人马世民，到长实公司推销冷气机。虽然李嘉诚一般不过问此类业务，但马世民却一再坚持要求面见李嘉诚。他的倔强吸引了李嘉诚，这次偶然的接触，彼此间留下了相见恨晚的深刻印象。后来时机成熟，李嘉诚不惜重金收购了马世民创办的 Davenham 工程顾问公司，延揽了马世民这位不可多得的人才。

后来，马世民出任和记黄埔董事总经理，1993 年离任，由霍建宁接替。

马世民在任期间，促成和黄收购香港电灯及加拿大赫斯基石油业务，亦带领和黄进军流动通讯业务，间接促成了 2000 年科网热潮，以超过 1000 亿港元出售旗下欧洲流动通讯品牌 Orange 的世纪交易。

除和黄，马世民还先后出任港灯、嘉宏等公司董事主席。马世民是长实系除老板李嘉诚外，第一个有权有势、有影响力的人物。

李嘉诚表示："我一个人没有那么多时间做那么多间公司的主席。"另外，青州英泥行政总裁布鲁嘉，也是英国人。在和黄、港灯两大老牌英资集团旗下，留任的各分公司董事长、行政总裁更达数十人之多。

智囊团

商界里的很多事实都证明了这样的一个道理：在市场竞争中，哪一方占有更多的人才资源，哪一方就会胜出。因此，很多胸怀大志的企业领导者都很重视人才的作用，尤其是李嘉诚，他将广纳人才视为自己最高明的经商方略。

在组成李嘉诚"智囊团"的成员中，既有一些法律专家，也有营销"老手"，他们都是作风严谨、善于谋划分析的人，他们为李嘉诚的财富帝国贡献了自己的一分力量。李嘉诚的智囊团中，不少是在长江系挂职或未挂职的"智囊"。

其中，大牌律师李业广与当红经纪杜辉廉影响最大。李嘉诚谋事决策的成功，得益于多位顶尖智囊、高参、谋士长期忠贞不渝的合作。

李业广是"胡关李罗"律师行合伙人之一。"胡关李罗"律师行是一家香港和国内著名的律师事务所，是在1962年于香港成立的。该律所以其在房地产、公司及商业、诉讼及公司秘书事务方面的出色而闻名。

李业广是个"两栖"专业人士，在业界声誉甚隆。人们称李业广是李嘉诚的"御用律师"，李嘉诚说："不好这么讲，李业广先生可是行内的顶尖人物。我可没这个本事独包下他。"

早在70年代，李业广已与华资大亨李嘉诚建立了密切关系，他的律师行有香港处理楼花买卖最多的纪录，长江不少楼盘都是由其律师行负责法律文件，他是香港不少大亨的非正式智囊，尤受李嘉诚信任。长江上市，李业广便是首届董事会董事，长江扩张之后，李业广是长江全系所有上市公司的董事。就此一点，足见他们二人的关系非同寻常。

1991年，李业广出任香港证券联合交易所董事局主席。在他之前，任联所主席的有：金银会创始人胡汉辉，股坛教父李福兆，恒生银行卸任主席利国伟等，个个都是香港商界风云人物。

杜辉廉是英国人，出身伦敦证券经纪行，是一位证券专家。20世纪70年代，惟高达证券公司来港发展，杜辉廉任驻港代表，与李嘉诚结下不解之缘。1984年，万国宝通银行收购惟高达，杜辉廉便参与万国宝通国际的证券业务。

　　杜辉廉被业界称为"李嘉诚的股票经纪"，他是长江多次股市收购战的高参，并经理长实及李嘉诚家族的股票买卖。

　　杜辉廉多次谢绝李嘉诚邀其任董事的好意，是李嘉诚众多智囊中唯一不支干薪者。但他绝不因为未支干薪，而拒绝参与长实系股权结构、股市集资、股票投资的决策。

　　1988 年 9 月，杜辉廉与他的好友梁伯韬共创百富勤融资公司。杜、梁二人占35% 股份，其余股份，由李嘉诚邀请包括他在内的 18 路商界巨头参股，如长实系的和黄、中资的中信、越秀、地产建筑老行尊鹰君与瑞安、旅业大亨美丽华、胡应湘的合和等。这些商界巨头，不入局，不参政，旨在助其实力，壮其声威。

　　他们自立门户不到 10 年，已使"百富勤"从一间小公司发展成为拥有 240亿港元总资产、126 亿港元市值，包括融资、投资、证券、商品期货及外汇经纪与资产管理等多种业务的香港最大证券集团，也是除日本以外亚洲市场实力最雄厚、影响力最大的投资银行，并跻身于《财富》杂志全球 500 强之列。梁、杜二人也随之成为香港股坛叱咤风云的人物。在许多人看来，百富勤的成功是一个真正的奇迹。

　　在百富勤集团成为商界小巨人后，李嘉诚等主动摊薄自己所持的股份，好让杜梁两人的持股量达到绝对"安全"线。李嘉诚对百富勤的投资，完全出于非盈利，以报杜辉廉效力之恩。不过，李嘉诚持有的 5.1% 百富勤股份，仍为他带来大笔红利。

　　20 世纪 90 年代，李嘉诚与中资公司的多次合作（借壳上市、售股集资），多是由百富勤为财务顾问。身兼两间上市公司主席的杜辉廉，仍忠诚不渝充当李嘉诚的智囊。

　　不过，殊为可惜的是，1997 年 7 月，正当百富勤的发展如日中天之时，东南亚金融危机爆发了。由于百富勤大量投资于东南亚债券市场，这次危机直接给百富勤带来了巨大的冲击。东南亚国家货币的大幅度贬值，在亚洲债券市场的过度扩张，使百富勤陷入了财务困境。在一整套"拯救计划"相继流产后，百富勤投资集团公司无可奈何地进入法律程序，进行清盘。

　　曾经有记者问李嘉诚："您的智囊人物有多少？"李嘉诚说："有好多吧。跟我合作过，打过交道的人，都是智囊，数都数不清。比如，你们集团的广告公司就是。"

　　李嘉诚所指的，是发售新界的高级别墅群，委托与《明报》有关联的广告公司做广告代理商。广告公司的人跑去看地盘，房子已建好，相当漂亮，美中不足的是，路还没修好，下雨天尽是泥泞。广告商提议，能不能稍迟些日子，等路修好，装修好几幢示范单位，不但售得快，售价也可高。

李嘉诚很快认可了这个建议，觉得自己不应该把这一点给忽略了。李嘉诚马上照广告商的建议去办，效果不错。

李嘉诚说："决定大事的时候，我就算 100% 的清楚，也一样要召集一些人，汇合各人的资讯一齐研究。这样，当我得到他们的意见后，看错的机会就微乎其微。"采用众多智囊团的智慧，这便是李嘉诚超人智慧之源泉。

任贤用能

李嘉诚常说："唯亲是用，必损事业。"唯亲是用，是家族式管理的习惯做法，这无疑表示，对"外人"不信任。20 世纪 80 年代内地开放后，不少潮州老家的侄辈亲友，要求来李嘉诚的公司做事，遭到他婉拒。

在长实系，有他的亲戚，更有他的老乡，他们都没因这层关系获得任何照顾。得到他重用和擢升的，大部分不是他的老乡，其中相当一部分是外国人。

李嘉诚说："亲人不代表亲信。比如说你有个表弟，当然是很亲了，但如果只是因为这样，你就重用他，你的事业就可能出问题。而一个人和你共事一段时间，如果他的思路，人生方向跟你比较一致，那就可以委以重任。"

美国企业家比尔·休利特说："没有什么比自己的人才成为对手手中的武器更让人感到可怕的了。"人才是企业最为宝贵的资产，尤其是同行中优秀的人才，更是企业最难得的财富。任何时候，"用人唯贤"的准则都不能被抛弃。

齐桓公继位后，准备任命鲍叔牙当宰相。岂知鲍叔牙却偏偏提出："我虽然对您是忠心耿耿的，但只是一个庸臣，不会有大的作为。您要想把齐国治理好，就必须任用管仲来当宰相。"齐桓公问："为什么一定要用他做宰相呢？"鲍叔牙说："以我与管仲相比，我有五点是不如他的：宽厚仁慈，能安抚百姓，这我不如他；治理国家，能抓住根本，我不如他；忠信可结于诸侯，我不如他；能给国家制定规范和礼仪，我不如他；能站在军门前指挥练武，使将士勇气倍增，我更不如他。管仲有这五个强项，所以要是他当宰相的话，一定可以使齐国很快强盛起来。"齐桓公说："可是他阻挡我回来当国君，在交战时又射中了我的带钩，几乎置我于死地。他是我的仇人，我怎么能用他做宰相呢？"鲍叔牙说："当时两军对峙，他忠于其主。他是箭在弦上，不得不射。换了我，也会为您去射公子纠的。"

在鲍叔牙的再三劝说下，齐桓公终于不再计较一箭之仇。命人择定吉日良辰，用"郊迎"的大礼，亲自迎接管仲并同车进城。桓公与管仲一连谈论三日三夜，句句投机，即拜管仲为相国，且尊称为"仲父"，言听计从，专任不疑。从此，在鲍叔牙的协助下，管仲出谋划策，在齐国顺利实行了他的治国之道。

事实上，能像齐桓公这样博大胸襟的人毕竟是少数。企业老板在选拔、任用人才时，以才能作为第一考量标准，当用人唯亲让位于任人唯贤时，一定会让自己的企业生机勃勃。

"举贤不避亲、举亲不避嫌"源自一个传统典故：春秋时期，晋平公问祁黄羊："南阳地方没有长官，谁适合去补这个缺？"祁黄羊回答："解狐适宜。"平公说："解狐不是你的仇人吗？"他回答："您问的是谁适宜，并不是问的谁是我的仇人呀。"平公依着他任命了解狐。隔了一些时候，平公又问祁黄羊："国家缺少了军事统帅，谁适宜担任这个工作？"他回答："祁午适宜。"平公说："祁午不就是你的儿子吗？"他回答："您问的是谁适宜，并不是问的谁是我的儿子呀。"平公又依着他任命了祁午。

有人说，李嘉诚身边有300员虎将，其中100人是外国人，200人是年富力强的中国香港人。李嘉诚任人唯贤，同时也"举贤不避亲"，这种用人理念值得其他管理者们学习。

如何才能做到任人唯贤？作为管理者，关键在于无私，无私是选贤才的前提。对这点，中国古代的先哲孔子看得十分清楚。他说：君子对天下之人，应不分亲疏，无论厚薄，只亲近仁义之人。

感恩员工

《贞观政要》中有这样一段话：

贞观初，太宗谓侍臣曰："为君之道，必须先存百姓，若损百姓以奉其身，犹割股以啖腹，腹饱而身毙。若安天下，必须先正其身，未有身正而影曲，上治而下乱者。朕每思伤其身者不在外物，皆由嗜欲以成其祸。若耽嗜滋味，玩悦声色，所欲既多，所损亦大，既妨政事，又扰生民。且复出一非理之言，万姓为之解体，怨讟既作，离叛亦兴。朕每思此，不敢纵逸。"

翻译成现代文就是：

贞观初年，唐太宗对身边的大臣们坦然说出了他的治国之道："作为国君，必须首先关心百姓，让他们能够生存下去，如果损害百姓的生存以奉养自身，那就像割自己大腿的肉来填饱自己的肚子一样，肚子饱了，人却死了。要想安定天下，必须首先端正自身。世上没有身正影斜的现象，也没有上治下乱的道理。我常想，损伤自身的不在外部事物，都是因自身的贪欲而酿成祸患。倘若贪恋美味，沉湎声色，想要得到的越多，所受的损失就越大，既妨碍国家政事，又侵扰百姓。如果再讲出一些不明智的话来，就会导致民心涣散；怨恨一旦产生，自然就众叛亲离。我每每想到这些，就不敢有丝毫的放纵和懈怠。"

"先存百姓"的思想反映了唐太宗与君臣们心里装着百姓，关心百姓的疾苦，重视百姓的利益。治国之道在"先存百姓"，为企业之道，在"先存员工"。如果损害员工的利益，以积累个人财富，财富积累起来了，也就是众叛亲离的时候。现代管理者更应该明白"先存员工"的道理，把员工的利益放在第一位。

一般常理，公司员工总是对管理者感恩戴德，认为是企业给了他们饭碗。但李嘉诚却不这么看，他指出，是员工养活了公司。他说："可以毫不夸张地说，一家大企业就像一个大家庭，每一个员工都是家庭的一分子。就凭他们对整个家庭的巨大贡献，他们实在应该取其所得。只有反过来说，是员工养活了整个公司，公司应该多谢他们才对。"

李嘉诚的长实系，已经成长为一间股权结构复杂、业务范围广泛的庞大集团公司，他是这一商业帝国的绝对君主，集团内部，却看不到家长制作风的影子，完全按照现代企业的模式管理。香江才女林燕妮，在一篇文章中谈到这样的一件事。

北角的长江大厦是李嘉诚拥有的第一幢工业大厦，是他地产大业的基石，又是他赢得"塑胶花大王"盛誉的老根据地。20世纪90年代后期，林燕妮为她的广告公司租场地，跑到长江大厦看楼，发现长江仍在生产塑胶花。此时，塑胶花早过了黄金时代，根本无钱可赚。长江地产业当时的盈利已十分可观，就算塑胶花有微薄小利，对长江实业来说，增之不见多，减之不见少。仍在维持小额的塑胶花生产，林燕妮甚感惊奇，说李嘉诚"不外是顾念着老员工，给他们一点生计"。

"长江大厦租出后，塑胶花厂停工了。不过老员工亦获得安排在大厦里干管理事宜。对老员工，他是很念旧的。"

对此，李嘉诚说："一间企业就像一个家庭，他们是企业的功臣，理应得到这样的待遇。现在他们老了，作为晚一辈，就该负起照顾他们的义务。"

李嘉诚对员工既宽厚，又严厉。长实的员工道："如果哪个做错事，李先生必批评不可，不是小小的责备，而是大大的责骂，急起来，恼起来时，半夜三更挂电话到要员家，骂个狗血淋头也有之。"李嘉诚的骂，不是喜怒无常的"乱骂"，总是"骂到实处"。

一般来说，越为李嘉诚看好的职员，受的批评越多、越严厉。他们经受过李嘉诚一段时期的"锤打"之后，通常又能升职和加薪。

李嘉诚坚持认为员工是为公司赚钱的人，他们才是对企业做出最大贡献的人。因此，李嘉诚总是在能力范围内给予员工最大的福利。

延伸阅读

管理的艺术
——汕头大学长江商学院"与大师同行"系列讲座

（2005 年 6 月 28 日）

尊敬的各位领导、各位来宾、各位教授、同学们：

屈指一算我的公司已成立了 55 年，由 1950 年数个人的小型公司发展到今天全球 52 个国家超过 20 万员工的企业。我不敢和那些管理学大师相比，我没有上学的机会，一辈子都努力自修，苦苦追求新知识和学问，管理有没有艺术可言？我有自己的心得和经验。

翻查字典，"Art"——艺术的定义可简单归纳为人类发自内心的创作、行为、原则、方法或表达，一般带美感，能有超然性和能引起共鸣。是一门能从求学、模仿、实践和观察所得的学问。光看这些表面证供，管理学几乎和艺术可混为一谈，那么我今天就应该没有什么好讲了。

我常常问我自己，你是想当团队的老板还是一个团队的领袖？一般而言，做老板简单得多，你的权力主要来自你地位之便，这可来自上天的缘分或凭仗你的努力和专业的知识。做领袖较为复杂，你的力量源自人性的魅力和号召力。要做一个成功的管理者，态度与能力一样重要。领袖领导众人，促动别人自觉甘心卖力；老板只懂支配众人，让别人感到渺小。

想当好的管理者，首要任务是知道自我管理是一项重大责任，在流动与变化万千的世界中，发现自己是谁，了解自己要成什么模样是建立尊严的基础。儒家之修身、反求诸己、不欺暗室的原则，西方之宗教教律，围绕这题目落墨很多，到书店、在网上自我增值的书和秘诀多不胜数。我认为自我管理是一种静态管理，是培养理性力量的基本功，是人把知识和经验转变为能力的催化剂。这"化学反应"由一系列的问题开始，人生在不同的阶段中，要经常反思自问，我有什么心愿？我有宏伟的梦想，我懂不懂得什么是节制的热情？我有拼战命运的决心，我有没有面对恐惧的勇气？我有信息有机会，有没有实用智慧的心思？我自信能力天赋过人，有没有面对顺流逆流时懂得恰如其分处理的心力？你的答案可能因时、因事、因处境，审时度势而有所不同，但思索是上天恩赐人类捍卫命运的盾牌，很多人总是把不当的自我管理与交厄运混为一谈，这是很消极无奈的，在某一程度上是不负责任的人生态度。

14岁，穷小子一个的时候，我对自己的管理方法很简单，我知道我必须赚取足够一家勉强存活的费用。我知道没有知识我改变不了命运，我知道今天的我没有本钱好高骛远，我也想飞得很高，在脑袋中常常记起我祖母的感叹："阿诚，我们什么时候能像潮州城中某某人那么富有。"我可不想像希腊神话中伊卡罗斯（Icarus）一样，凭仗蜡做的翅膀翱翔而坠下。我一方面紧守角色，虽然我当时只是小工，但我坚持将每样交托给我的事做得妥当出色，一方面绝不浪费时间，把任何剩下来的一分一毫都购买实用的旧书籍。我知道要成功，怎能光靠运气？欠缺学问知识，程度与人相距甚远，运气来临的时候也不知道。还有一点，我想和同学分享，讲究仪容整齐清洁是自律的表现，谁都能理解贫困的人包装选择不多，但能选择自律心灵态度的人更容易备受欣赏。

22岁我成立公司以后，进取奋斗的品德和性格对我而言层次有所不同，我知道光凭能忍、任劳任怨的毅力已是低循环过时的观念，成功也许没有既定的方程式，失败的因子却显而易见，建立减低失败的架构，是步向成功的快捷方式。知识需要和意志结合，静态管理自我的方法要伸延至动态管理，理性的力量加上理智的力量，问题的核心在如何避免聪明组织干愚蠢的事。"如果"一词对我有新的意义，多层思量和多方能力皆有极大的价值，要知道"后见之明"在商业社会中只有很狭隘的贡献。人类最独特的不仅是我们有洞悉思考事物本质的理智，而是我们有遵守承诺、矫正更新的能力，坚守价值观及追求目标的意志。

商业架构的灵活制度要建基于实事求是、能有自我修正挽回的机制（Check and Balance）。我指的不单纯是会计系统，而是在张力中释放动力，在信任、时间、能力等等范畴建立不呆板、能随机应变的制度。你们也许听过我说企业应在稳健中寻找跳跃的进步，大标题下的小点要包括但不局限于：开源对节流、监督管治对创意和授权、直觉对科学观、知止对无限发展等。

每一个机构有不同的挑战，很难有绝对放诸四海皆准、皆适用的预制组件，老实说我对很多人云亦云的表面专家的分析是"尊敬有加"，心里有数，说得俗一点，有时大家方向都正确，耍的却是花拳绣腿，姿势又不对。管理者对自己负责的事和身处的组织有深层的体验和理解最为重要。了解细节，经常能在事前防御危机的发生。

其次成功的管理者都应是伯乐，摩登伯乐的责任在于甄选、延揽"比他更聪明的人才"，但绝对不能挑选名气大但妄自标榜的企业明星。高度竞争社会中，高效组织的企业亦无法负担那些滥竽充数、唯唯诺诺、灰心丧志的员工，同样也难负担光以自我表演为一切出发点的"企业大将"。挑选团队，有忠诚心是基本，但更重要的是要谨记光有忠诚但能力低的人和道德水平低下的人同样是迟早累垮团队、拖垮企业的最不可靠的人。要建立同心协力的团队第一条法则就是能聆听得到沉默的声音，问自己团队和你相处有无乐趣可言，你是否开明公允、宽宏大量，能承认每一个人的尊严和创造的能力，有原则和坐标而不是费时失事矫枉过正的执着者。

领袖管理团队要知道什么是正确的"杠杆"心态，"杠杆定律"始祖阿基米德（Archimedes，公元前287至前212年）是古希腊学者，他曾说："给我一个支点，我可以举起整个地球。"支点是效率和节省资源策略智慧的出发点，试想与海克力士（Hercules）单凭个人力气相比，阿基米德是有效得多。不知从什么时候开始，把这概念简单扭曲为"教人迷思四两拨千斤、教人以小搏大"，聪明的管理者专注研究精算出的是支点的位置，支点的正确无误才是结果的核心。这门功夫倚仗你的专业知识和综合力，能否洞察出那些看不见的联系之层次和次序。今天我们看见很多公司只看见千斤和四两的直接可能而忽视支点的可能性，因过度扩张而陷入困境。

我没有你们幸运，能在商学院聆听教授指导，告诉你们，我年轻的时候，最喜欢翻阅的是上市公司的年度报告书，表面上挺沉闷，但别人会计处理的方法的优点和流弊，方向的选择和公司资源的分布有很大的启示。

对我而言，管理人员对会计知识的把持和尊重，对现金流的控制，对公司预算的掌握，是最基本的元素。还有两点不要忘记，第一，管理人员特别要花心思在脆弱环节；第二，在任何组织内优柔寡断者和盲目冲动者均是一种传染病毒，前者的延误时机和后者的盲目冲动均可使企业在一夕间造成毁灭性的灾难。

最后，好的管理者真正的艺术在其接受新事、新思维与传统中和更新的能力。人的认知力由理性和理智的交融贯通，我们永远不是也永远不能成为"无所不能的人"，有时我很惊讶地听到今天还有管理人以"劳累"为单一卖点，"天行健，君子以自强不息"。自强不息的方法重要，君子的定义也同样重要，要保持企业生生不息，管理人要赋予企业生命，这不单只是时下流行的介绍企业时在powerpoint打上使命，或是懂得说上两句人文精神的语言，而是在商业秩序模糊的地带力求建立正直诚实的良心。这路并不好走，企业核心责任是追求效率及盈利，尽量扩大自己的资产价值，其立场是正确及必要的。商场每一天如严酷的战争，负责任的管理者捍卫企业和股东的利益已经精疲力竭，永无止境的开源节流、科技更新及投资增长，却未必能创造就业机会，市场竞争和社会责任每每两难兼顾，很多时候，也只能是在众多社会问题中略尽绵力而已。

我常常跟儿子说，他要建立没有傲心但有傲骨的团队，在肩负经济组织其特定及有限责任的同时，也要努力不懈，携手服务贡献于社会。这不能只是我对你的一个希望，也应是你对我的一个承诺。今天也和大家共勉。

谢谢大家。

第十五章

收购港灯

吸纳青坭

20 世纪 70 年代开始，是华资入主香港的分水岭。作为华资的代表人物，从 20 世纪 70 年代末到 80 年代中期，李嘉诚大举进军本港英资企业。

从 70 年代末至 80 年代中期，李嘉诚领导的长江实业进入了一个高速扩展的新时期。当时，李嘉诚以高瞻远瞩的战略目光为长实制定新的发展策略，即动用大量现金收购那些潜质优厚的英资上市公司，这些公司的共同特点就是拥有庞大的土地储备，因为长期经营保守而股价持续走低，大股东对公司的控制权不稳。

1977 年，李嘉诚购得美资永高公司后，迅速把矛头指向称雄香港的其他英资。他的第一个目标是怡和系的九龙仓，后来李嘉诚及时放弃九龙仓收购。与此同时，他又把经营不善的和黄作为自己的目标。

人们大多关注他收购和黄的战役，却甚少知道他在部署收购和黄的同时，已经在市场悄悄吸纳英资青洲英坭公司的股票。青洲英坭（集团）有限公司，前香港上市公司，创办于 1887 年澳门青洲，在香港及华南从事水泥及混凝土制造，此外在东南亚则经营矿务。

20 世纪 20 年代，广东政府限制英德石料出口，以致原料短缺，只好停产。20 世纪 30 年代迁到香港九龙复业。青洲英坭也是一家老牌的英资公司，主要业务是生产及销售水泥等建筑用的材料，但最为李嘉诚所看重的是，该公司在九龙红磡拥有大量土地。其间，长实与青洲英坭达成协议，自 80 年代起，双方合作发展青洲英坭所拥有的红磡鹤园的庞大厂址。

李嘉诚在市场上的手法十分娴熟，他在九龙仓攻防战中细腻地应对自如，进退有据，已经将自己置于不败之地。李嘉诚在商战的风风雨雨中，驾轻就熟，恣意挥洒。

他仍如收购九龙仓股票时的不动声色，几乎没有人知道他正在大举吸纳青洲英坭的股票。1978 年，李嘉诚持有的青洲英坭股票达 25%，他入局出任董事。1979 年他所持的股份增购至 40%，顺理成章坐上青洲英坭董事局主席之位。

这一次，李嘉诚居然在不知不觉中就轻易获得成功。作为李嘉诚，通过收购公司能获得巨大的收益。这种收购持有大量廉价地皮的公司的策略，比直接购买地皮更加有利，可谓一举五得：其一，被收购公司即可提供合理的经常性利润；其二，被收购公司拥有的大量廉价地皮，为集团的长远发展提供了基础；其三，若将被收购公司的物业地皮做资产重估或出售，即可获大量利润；其四，青洲英坭业务与长江事业业务有很强的互补性，有助于降低长实房地产运作成本；其五，在收购九龙仓未果的情况下，成功收购青洲英坭有助于确认长江实业无可替代的不可动摇的江湖地位，成为李嘉诚日后资产运作的助推器。

李嘉诚投资收购青洲英坭，反映了他过人的眼光与精明。李嘉诚入主青洲英坭后，青洲英坭的行政总裁选留布鲁嘉，这就是港刊所称的"以鬼治鬼"策略。

直至 1988 年 10 月，长江实业宣布以 20 元一股的价格进行全面收购，将青洲英坭私有化。当时长江实业持有 44.6% 股权，市价 17.7 元，收购价 20 元，溢价 13%，涉及资金 11.23 亿港元。至同年 12 月 30 日截止收购，最后长江实业已购得 9 成半股权，并以强制收购完成私有化及除牌。在交易后长江实业获得青洲英坭位于红磡厂房的大片土地供日后房地产发展用途。

李嘉诚以其高瞻远瞩的眼光，攻下英资一城又一城。在经历九龙仓收购战，成功收购永高、青坭、和黄后，李嘉诚的市场之手又将伸向何方呢？

置地消化不良

香港是亚洲一个最早有电力供应的城市。1888 年，香港政府与香港电灯签署首份电力供应合约，港灯供应的电力把食水抽上太平山顶，同时为港岛区的路灯提供电力。1890 年 12 月 1 日，港灯开始为香港岛部分地区供电，包括中环商业区的电街灯。

港灯发起人是保罗·遮打爵士，股东是各英资洋行。港灯是香港第二大电力集团，另一间是为英籍犹太家族嘉道理控制的中华电力集团，供电范围是九龙新界。二战之前，港灯坐大。二战后，九龙新界人口激增，工厂林立，中电后来者居上，赚得盘满钵满，成为第一大电力公司。

港灯自从成立以来，一直是独立的公众持股公司。港灯收入稳定，加上港府正准备出台"鼓励用电的收费制（用电量愈多愈便宜）"，港灯的供电量将会有大的增长，盈利自会递增。用电是一种刚性需求，无论经济盛衰，投资电力集团都是有盈利空间的。

这个道理当然谁都明白，港灯无疑成为各大公司心中的肥肉。1981～1982年，市场上就有传言说长江、佳宁集团都对港灯有觊觎之意。

但是，人们奇怪的是，长江实业、佳宁集团都没有出手，置地公司出手了。置地公司所属的怡和系从70年代开始，大举向海外投资。但海外投资回报不高，进入80年代，怡和系重新在香港大肆扩张。

置地公司购入电话公司、港灯公司的公用股份，与此同时，并以破本港开埠以来最高地价的47.5亿港元，投得中环地王，用以开发"交易广场"的浩大工程。一时间，置地公司在香港市场上的风头盖过了其他公司。

李嘉诚当然也在觊觎港灯，但他不愿意与置地公司正面交锋，这样只会带来两败俱伤的结局，以退为进是李嘉诚一贯的扩张战术。

1982年4月，置地公司准备收购港灯的消息已经充斥整个香港市场。市场上传闻长实、佳宁会参与竞购，港灯、置地、长实、佳宁4只股票都被炒高。4月26日周一开市，代表置地做经纪的怡富公司，以比上周收市的5.13元高出1元多的价格（6.3～6.35元一股的时价），收购了港灯股份2.22亿股。为避免触发全面收购，增购的股份控制在35%以下。按收购及合并委员会规定，超过35%的临界点，就必须全面收购，持股量要过50%才算收购成功），并到市场以9.40元的价位买入1200万股港灯认股证，占认股证总发行量的20%。

置地以高出市价31%的条件，顺利完成对港灯的收购。长江实业并没有参与此次竞购，而此时的佳宁集团正面临危机，也没有参与竞购。

置地在香港的急速扩张，耗尽了现金资源，还向银团大笔贷款，负债额高达160亿港元。对于置地公司而言，借债160亿港元本不是什么大问题。怡和系坐拥中区地王，不愁没钱赚。但谁也没有想到，1982年的香港经济形势风云突变，撒切尔夫人到北京谈判香港问题，引来港人信心跌落。

香港出现移民潮，移民连资金一道卷走，汇率大跌，港人纷纷抛港币套取外币。雪上加霜的是，欧美日本经济衰退，香港工商界蒙上一层凄云寒雾。地产市道滑落，兴建的楼宇由俏转滞，拥有越多正在开发的地产反而越来越是累赘。楼宇奇货可居变成有价无市，置地欠银团的贷款不仅无法偿还，光利息一年就等于赔掉一座楼宇。

到 1983 年时，香港地产全面崩溃，置地坠入前所未有的危机。1983 财政年度，置地出现 13 亿港元的亏损。作为怡和旗舰的置地把母公司怡和拖下泥淖，怡和在同期财政年度盈利额暴跌 80%。

作为怡和置地大班，怡和大股东凯瑟克家族要求纽璧坚必须要扛起这个责任。此时，已经在置地大班宝座上坐了 8 年之久的纽璧坚默然下台。

1983 年 9 月 29 日晚，纽璧坚在董事局宣布辞去两间公司主席职务。1984 年 1 月 1 日，纽璧坚又辞去董事职务，离开他服务 30 年之久的怡和洋行。

"我热爱香港，我永远热爱香港。"纽璧坚在离开香港之前，反复强调这句话。传媒对纽璧坚的离去不无惋惜，但同时也在猜测凯瑟克家族究竟如何应付这场危机。九龙仓和置地被称为怡和的双翼，在纽璧坚主政时失去一翼。现在另一翼，能否保全呢？

置地新大班

19 世纪末，置地公司创办于香港，创办人是著名英商保罗·遮打和怡和洋行的执行董事詹姆士·庄士顿·凯瑟克。当时遮打和凯瑟克都意识到，香港因其独特的地理位置，一定会发展成为世界上最重要的商埠之一，将来会寸土寸金，香港的房地产业必将蓬勃发展，经营地产将大有可为。因此，两人携手合作，于 1898 年 3 月 2 日注册成立香港置地有限公司，注册资本 500 万港元，共 5 万股，每股 100 港元，其中一半通过发行股份筹集，另一半则须征集。

同年 3 月 18 日，置地召开第一次董事局会议，由凯瑟克担任主席，自此，怡和洋行大班兼任置地大班成为不成文的历史惯例。后来，董事局会议决定，为了应付日益膨胀、野心勃勃的华资地产商的势力及其挑战，置地将扩大股本，邀请华资富商加入。于是，当年的华资巨富李升和潘邦成了这家英资公司的两位华人董事。

由于资本雄厚，置地创办后即在香港岛中环区广购物业，根据 1895 年至 1896 年的物业登记，当时置地拥有的物业主要集中在皇后大道中、德辅道中，其他则包括云咸街、奥庇利街、庇利街、伊利近街及史丹顿街这些中环、上环旺地。

1982年，置地收购35%以内的港灯控股，动用了约29亿元的资金。1982年中开始出现的香港信心危机，对刚做出不同项目巨额投资的怡置系财团，可说是一场始料未及的灾难。当时，置地的一连串收购行动使怡置系现金资源消耗净尽，债台高筑。

情况似乎越来越悲观，挨过了1982年，1983年地产市道未见好转，反而全面崩溃，怡置系手中的庞大资产，居然大幅度贬值，几乎到了资不抵债的边缘。

1983年，李嘉诚洞悉置地在地产投资遭遇陷境，遂狮子口大开，向怡和、置地游说，购入他们手中的港灯、牛奶公司、惠康超级市场等股份，但双方条件始终谈不拢。

香港股市、楼市在此时，已经下跌。随着地产市道的崩溃，不少地产大公司相继出现问题：

10月27日，置地的主要合作伙伴佳宁集团宣布出现短期资金周转问题，稍后更被银行清盘。11月2日，另一地产大好友益大投资亦宣布债务重组，只余下置地焦头烂额，置地的困境可想而知。

据估计，在地产低潮中，置地仅中区交易广场、美丽华酒店旧翼等三大投资项目，损失就超过30亿港元。

接替置地大班纽璧坚的是怡和凯瑟克家族的西门·凯瑟克。西门·凯瑟克尚未正式上台，港媒就以"对怡和新大班来说，战役才开始"为标题，报道怡和高层变动及未来。

西门·凯瑟克接下怡和置地的管理大权，又接下前任留下的累累债务。西门1942年出生于英国温切斯特市，他与曾任怡和大班的叔父约翰一样，少年时进入全英著名的伊顿公学念书，毕业后进入世界名校剑桥三一学院。西门不愿念书，他只读了一年就举行了一场别开生面的葬礼。他躺在棺材中，由同学抬出校门——从此永别全球学子都向往的剑桥大学。西门的玩世不恭，惹得他父亲威廉暴跳如雷。这也是他当初年少时的一段轶闻。

西门的哥哥亨利·林德利在20世纪70年代初，曾任3年怡和大班。西门于1962年加入怡和公司，在海外的分公司任职。1982年年初，西门调回香港，同年出任常务董事。纽璧坚辞去职位后，西门如愿以偿坐上大班尊位，成为凯瑟克家族出任怡和大班的第五人。

已过不惑之年的西门·凯瑟克，不再是年轻时的纨绔子弟。但他是否有能力统治一港最大洋行？不少人提出这个问题。

李嘉诚反复研读有关怡和及凯瑟克家族的报道。李嘉诚动用各种网络全方位收集凯瑟克的各种资料，包括凯瑟克在伦敦买醉的种种绯闻，为的只是彻底了解这位对手的行事风格。年轻的西蒙·凯瑟克虽是贵族出身，却不是外行商家，是个不容小觑的对手，李嘉诚心里没有轻视这个对手。

初步交锋

西门·凯瑟克接下怡和置地的管理大权，同时又接下了前任留下的累累债务。面对困局，西门绝对不是一个一筹莫展的人。

统揽怡和地产业务的置地自然是核心业务，置地的旗舰地位无论如何要保住，而置地又是怡和全系的欠债大户。银行追债，股东吵闹，经营商危机四伏，150亿元的沉重债务压得怡和顾此失彼，狼狈不堪。西门·凯瑟克决定策划一项自救及偿还借款的大计，就是壮士断臂，拆东墙补西墙，当然西墙更重要。置地准备出售大量海外业务，以及在港的非核心业务。尽管西门·凯瑟克一千个一万个不愿意，如果还有哪怕是更下下策的招数，西门都不会考虑这一步。

为港灯找买家，西门·凯瑟克第一个想到的便是"初恋情人"李嘉诚。在置地购入港灯不久，置地即陷入了经营困境，李嘉诚觊觎港灯，当时还不是置地大班的西门当然也知道。如今到了不得不卖的地步，西门憧憬能将港灯卖得好价钱，起码不会太惨。

知己知彼，置地虽希望港灯能卖个高价，但也明白置地已到"弃车保帅"的地步，"人为刀俎，我为鱼肉"，恐怕只能任由买家鱼肉宰割。但是，在此之前，摸透对方的底线，力争将港灯卖得好价钱仍是主要的努力方向。

于是，置地曾与和黄有过接触，但要价在每股 6.5 至 6.6 港元，比当时市价约高出 12%。而李嘉诚似乎早已料到怡和会找自己接手，事态一如预料，正向他所期待的方面发展。李嘉诚当然表态不愿意以如此高的价格收购，遂还价以低于市值 13% 收购。当时置地手上的港灯股份平均成本连同利息计算为每股 6.6 港元，如以李嘉诚的还价，账面损失将超过 4 亿港元，因此有关谈判搁置。

当时间进入 1985 年年初，置地的财政危机日深，怡和的幕后舵手、前主席亨利·凯瑟克遂亲自从伦敦飞抵香港，会晤怡和高层，决定毫不犹豫抛售港灯。

统揽怡和地产业务的置地自然是核心业务，虽然是欠债大户，但不能不保。置地不保，怡和将会倾覆。

债台高筑的置地大班西门·凯瑟克已经决意出售港灯减债。置地不得不再次面对"来者不善"的李嘉诚。没有选择的余地，能吃下港灯的香港公司并不多，年轻的西门只好硬着头皮主动和李嘉诚打交道。

然而令西门·凯瑟克深感不解的是，这一年来，李嘉诚好像失去了对港灯的任何兴趣，从未有过任何倾心的表示。对港灯不闻不问，视如陌路，似乎港灯已经完全不在自己的关注范围。

难道连李嘉诚也不想要港灯？难道李嘉诚改变初衷？或者是老谋深算的李嘉诚别有所图？凯瑟克着急了，李嘉诚的葫芦里究竟卖的是什么药。李嘉诚欲擒故纵，使急不可耐的西门·凯瑟克如坠云里雾中，百思不得其解。

实际上，李嘉诚从未放弃关注港灯，从蛛丝马迹中探寻置地下一步的发展动向。此时的李嘉诚，正静静地等待猎物露出疲态的那一刻出现。他有足够的耐心等待事情的发展，当然，他也有足够的信心，相信凯瑟克会主动找上门来。

马世民上任

作为怡和最大的潜在对手李嘉诚，始终密切关注怡和的一切变动。哪怕是一项不经意的人事变动。

20 世纪七八十年代，李嘉诚发起了多项收购行动。此时，作为后来李嘉诚左膀右臂的马世民尚没有加入长实集团。

虽然马世民没有正式加盟长实系和黄，但两人接触频繁，常坐在一起谈论马世民服务过 14 年的怡和系。马世民指出：怡和高层一直患有"恐共症"，这是他们的致命弱点。

置地陷入困境之时，马世民积极主张从置地手中夺得港灯。在这点上，李嘉诚与马世民的观点是一致的。但李嘉诚奉行"将烽火消弭于杯酒之间"的战略，主张以谈判的温和方法购得。当时，纽璧坚仍然是置地大班，但地位已岌岌可危，他不想在他手中失去九龙仓，又失去港灯。虽然他知道出售港灯，大概是早晚的事，李嘉诚与怡和的初步接触因双方差距过大而不了了之。

马世民原名西蒙·默里（Simon Murray），马世民是他来香港后取的中文名。马世民未读大学，他说他的大学就是人生。1966 年，马世民来到英殖民地香港，进入最负盛名的怡和洋行工作。他形容自己就像个推销员，墙纸、果仁、钢材、机器、电器，什么都卖过。其中的 3 年，他被派驻怡和在泰国的分支机构，负责怡和地产的建筑合约，他借用一种华人独钟的药品——称自己是万金油。

也正是他在多个领域经受过锻炼，李嘉诚在物色综合性集团和黄行政总裁时，把马世民列为首选。

马世民在怡和服务了 14 年，深得怡和重视，他是多间公司的执行董事，如怡和工程、金门建筑等。20 世纪 70 年代后期，他还被派往伦敦大学和美国斯坦福大学，专修经济管理专业课程。

20 世纪 70 年代末的一天，马世民代表怡和贸易来长实推销冷气机，希望长实在未来的大厦建筑中，采用怡和经销的冷气系统。他竭力要见李嘉诚，李嘉诚并不过问这一类"小事"，但是最终还是会见了这位倔强的"鬼佬"经理。

这次会面，彼此都留下深刻印象。马世民自我评价说："目前来说，我的能力和经验还有待于边干边学，但香港是这样，只要你拿出真本事来做生意，你就会学得很快。"

马世民还说："我属龙，用你们中国人的话说，是龙的儿子。"李嘉诚也属龙，不过，比马世民整整大 12 岁。李嘉诚与马世民就好些话题交换了意见，对这位"龙老弟"颇有好感。从此，李嘉诚对马世民多了份关注。

李嘉诚完全收购和黄洋行先后达 3 年，1981 年伊始，他正式出任和黄集团董事局主席。李嘉诚完成对和黄的收购后，和黄集团的行政总裁一职选择了李察信。

1982 年秋，英国首相撒切尔夫人赴北京就香港的政治前途与中方谈判，香港英人惶恐不安。和黄集团的总裁李察信竭力主张和黄集团将重心转向海外发展，李嘉诚却看好香港前途。两人在发展方向上分歧严重，导致了李察信的辞职。

1982 年后，李嘉诚与和黄行政总裁李察信，在"立足香港"问题上分歧加深。李察信去意已定，李嘉诚积极物色接任人选，竭力拉马世民加盟。1984 年，李嘉诚透过和黄收购了马世民的 Davenham 公司，委任他做和黄第二把手——董事行政总裁。

1984 年，马世民加盟长实系，李嘉诚委以他和黄董事行政总裁的重任，和黄的业务获得长足发展，成为长实系的盈利大户。

马世民一上任，便为和黄赚大钱，并辅佐李嘉诚成功地收购港灯集团。

16 小时定乾坤

银行逼债穷追不舍，债台高筑的置地不得不出售港灯减债。首选的买家，自然是李嘉诚。令西门不解的是，这一年来，李嘉诚不再有任何表示。难道他真不想要港灯？港灯在港岛不可能会有第二家与其竞争，盈利确保稳定。要不是陷入经营危机，置地不可能出手港灯。

但李嘉诚似乎对港灯完全失去了兴趣，怎么办呢？西门·凯瑟克终于按捺不住性子，他主动向李嘉诚抛去绣球。第95期《信报月刊》描绘道：

"1985年1月21日（星期一）傍晚7时，中环很多办公室已人去楼空，街上人潮及车龙亦早已散去；不过，置地公司的主脑仍为高筑的债台伤透脑筋，派员前往长江实业兼和记黄埔公司主席李嘉诚的办公室，商计转让港灯股权问题，大约16小时之后，和黄决定斥资29亿元现金收购置地持有的34.6%港灯股权，这是中英会谈结束后，香港股市首宗大规模收购事件。"

港灯——这个英人长期把持的、握有专利权的厚利企业，终于被李嘉诚不动声色收入囊中。第二天上午，李嘉诚在和黄行政总裁马世民陪同下，前往康乐大厦四十八楼怡和主席办公室，与怡和方面就收购港灯股份签订协议。结果李嘉诚通过和黄以29亿港元价格收购置地名下34.6%香港电灯股权，每股作价为6.4港元，仅是港灯市价的八成半。

在这么短的时间里匆匆忙忙拍板此项大生意，足见李嘉诚早已成竹在胸，胜券在握。港灯摇身一变，由英资股过户为李嘉诚的囊中之物。

当年置地以比市价高31%以上的溢价抢入港灯，现在和黄以6.4元的折让价（收购前一天市价为7.4元）捡了置地的"便宜"，而购入34.6%的港灯股权。以市值计，李嘉诚为和黄省下4.5亿港元，显然要高对方一筹。

对于一个盈利前景稳定可观的企业，通常其收购都是溢价完成，李嘉诚居然能反其道而得之，折价收购，而且还是送货上门。李嘉诚的韬略与功力由此可见一斑。

未过35%的线，故不必全面收购。因是"和平交易"，不会出现反收购。和黄实际上已完全控制港灯。

李嘉诚曾经说，收购公司不是买古董，他并无非买不可的心理。但他也坦承对港灯他早已有意："假如我不是很久以前存着这个意念和没有透彻研究港灯整间公司，试问又怎能在两次会议内达成一项总值达到 29 亿港元的现金交易呢？"这就是李嘉诚收购成功后，向新闻界透露的心声。

准备港灯收购行动一个多月后，李嘉诚接受一英文财经杂志访问，他强调港灯集团是"真正理想的投资对象"。首先港灯收入稳定，增长也正常。此外，港灯未来很可能成为国内另一间电力公司的顾问和计划经理，甚至有机会与中国其他电力公司合资经营。

李嘉诚收购港灯，其实"醉翁之意不在酒"，他在意的是港灯的地盘。李嘉诚收购港灯后，想方设法将电厂迁往南丫岛。李嘉诚运筹帷幄，获得了两处可用于发展大型屋村的地盘。

这场收购没有硝烟，争锋不多，历时仅短短 16 小时，便成就了中英会谈完结后第一宗划时代的大规模收购。

收购过程中，有关股票未做全日停牌。只是午时左右，买家和记黄埔，卖家置地公司和"货色"港灯公司主动要求 4 家交易所停牌。

4 家停牌时间不一，造成部分炒手利用时间差炒这 3 只股票。大部分投资者作壁上观，3 只股票均未像以往的收购战一样被抢高——都知李嘉诚"买货"，不会出现竞购与反收购的好戏。

怡和失去港灯，等于给李嘉诚送出一个大便宜。为进一步改善经济状况，西门再将电话公司卖给英国大东电报局，至此他才算勉强化解了资金周转的困局。

将数项非核心业务卖掉后，西门奋发图强，重组怡置系，采取一系列的脱钩行动。首先置地以配售形式减低持怡和股量，然后再将部分股权转售给怡和证券，为解除怡置互控关系做准备。

1986 年年尾，怡和宣布重组怡和置地，成立怡策，与怡和证券合并。困扰了怡置系数年的收购危机渐行渐弱。

整项 29 亿元的交易，和黄只需向银行借款 15 亿元，李嘉诚表示若市场环境平稳，和黄可在两年内偿还清欠债。

20 世纪 90 年代，马世民谈起港灯的收购，仍对李嘉诚称道不已。

"李嘉诚综合了中式和欧美经商方面的优点：一如欧美商人，李嘉诚全面分析了收购目标。然后握一握手就落实了交易，这是东方式的经商方式，干脆利落。"

"共花了 16 个小时，而其中 8 个小时是花在研究建议方面。"

西门·凯瑟克在港灯售购协议上签字后，舒一口气道："从此置地不再处于被动了！"几天后置地便宣布投资 7.5 亿元，兴建行将胎死腹中的交易广场第三

期工程。其后，李嘉诚把 29 亿元的巨额现金支票交给西门，西门高高兴兴将港
灯交给长实系和黄。

华资扬眉吐气

自从香港开埠以来，一直垄断香港经济的是英资集团，自 70 年代末 80 年代
初就大受华资财团的打击。原来由英资控制的九龙仓公司、和记黄埔集团、会德
丰集团和香港电灯公司，先后落入华资之手。

英资老牌大行怡和虽算能幸免于难，但论风头和影响力，也渐被以李嘉诚为
首的长江实业集团盖过了。怡置系和李嘉诚实力的此消彼长，港灯易手可说是一
个重要的分水岭。香港人不时感叹华资终于战胜了英资，他们真正为中国人扬眉
吐气了一回。

在收购港灯的交易中，李嘉诚展现出了大气魄。整个现金交易额 29 亿港元，
按协议须 2 月 23 日前交清。和黄 2 月 1 日就提前付款。置地提出扣还利息。依
计算 2 月 1 ~ 23 日间，利息达 1200 万港元，和黄只收了 400 万，另 800 万送回
置地。

这等于和黄蚀本 800 万港元，李嘉诚觉得这笔交易"抵数"。他看好的不仅
是港灯的常年盈利，还看好港灯电厂旧址发展地产的价值。

李嘉诚斥巨资收购港灯，对恢复港人对香港的信心起了较好的作用。值得关
注的是，同年 3 月（1985 年），包玉刚收购了大型英资洋行会德丰。

此时，四大英资洋行中的两家——和记黄埔、会德丰先后落入华资手中。怡
和仍是最大英资洋行，但昔日风光不再——九龙仓和港灯分别被给华资两大巨头
控得。四大战役，彻底扭转英资在港的优势，是香港经济史上划时代的大事。

李嘉诚、包玉刚名声大振，引起世界经济界的瞩目。世界华文传媒，称李氏
包氏是"民族英雄"，"大涨中国人志气，大灭英国人威风"，"被英殖民者统
治百年之久的香港华人，从此扬眉吐气"，"李超人、包大人，不愧是龙的传人，
世界华商的骄傲"，"大大振奋和提高了中国人的自尊"……

当然，也有人评论说："不必把商业行为太往政治上扯，别忘了他们（包玉刚、
李嘉诚）是商人，当然是出色的商人。"

还是看看包玉刚、李嘉诚如何评价自己的行为。

早在 1981 年 5 月 12 日，包玉刚在香港记者俱乐部发表讲话：

　　"想你们其中必然会有人对我参与某些本港地产公司活动（注：指收购九龙仓）感兴趣。让我告诉你，我参与地产活动，并非因为我想与传统的英资洋行作对，而是像香港其他大多数人一样，我对香港的前途充满信心。控制权从一个环节转到另一个环节，或者从一个集团转到另一个集团，只是表示某些由于商业上成功带来的资金需要另寻出路。"

　　李嘉诚未正面评价舆论有关他收购英资洋行的报道，只不过，他经常说的是："我一直奉行互惠精神，当然，大家在一方天空下发展，竞争兼并，不可避，即使这样，也不能抛掉以和为贵的态度。"

　　以李嘉诚个人而言，他真正的发展是从收购和黄开始的，李氏的发迹史无疑是一部吞并史。李嘉诚收购英资企业，出发点也许并非为民族而战，他是为自己而战，为缔造他的商业王国而战。在涉及大量资本的收购中，李嘉诚头脑异常冷静，不把情绪带到商战中，这就是出色商人的头脑。

　　不管怎样，李嘉诚、包玉刚收购英资企业的业绩，是香港经济史上的大事，也为全世界的华人成功经商树立了榜样。

长实盈利

　　在 20 世纪七八十年代的历次收购战中，李嘉诚所表现出来的一派王者气势，一览无余。收购港灯，李嘉诚的商业收购暂时告一段落。李嘉诚控得港灯，委派港灯控股母公司和黄行政总裁马世民，出任港灯董事局主席。

　　李嘉诚不仅是商业收购的高手，也是资本运作的高手。1987 年 3 月 2 日，和黄将港灯非电力业务分拆上市——嘉宏国际集团公司。嘉宏从和黄手中购入港灯 23.5% 的股权，成为港灯集团的控股母公司。马世民出任嘉宏董事局主席。

　　重整后的长实系股权结构是：李嘉诚控有长江实业 33.4% 股权，长江实业控有 36.55% 的和记黄埔和 42.9% 的青洲英坭，和记黄埔控有 53.8% 的嘉宏国际，嘉宏国际控有 23.5% 的港灯集团。

　　20 世纪 80 年代，马世民负责和黄系的电讯、能源、货柜（集装箱）码头、零售及港灯与嘉宏的业务。现分述如下：

　　电讯：1986 年年底，和黄设立一间全资附属公司——和记通讯有限公司，统辖原有的和记电话、和记专线电视、和记传讯、和记咨询传通 4 家公司。和记电话公司主要从事流动无线电话，客户拥有率占全港的 55%。和记传讯公司原已收购了 24 家传呼公司，是本港最大的传呼机构，市场占有率占 5 成，和记专线电视合作拥有亚洲卫星一号的权益，并开办了亚洲卫星电视台。和记资讯传通主要开发电脑联网资讯服务，业务在起步阶段，但前景广阔。

货柜码头：葵涌码头是世界吞吐量最大的货柜码头，到 1985 年，和黄属下的香港国际货柜码头处理的货柜量占葵涌的 45% 以上。之后，和黄先后投资近百亿港元，到 1990 年年底公司拥有 10 个泊位，89 公顷码头设施（占总设施的 63%），货柜吞吐量占市场的 70%。和黄的国际货柜码头公司，是同业的垄断性企业。另外，公司还拥有楼面 600 万平方英尺的亚洲最大的货物分发中心。货柜码头业务是和黄的主要盈利来源，1986 年盈利 45 亿港元，20 世纪 90 年代盈利已逾 10 亿港元。

零售：零售业务是老和记洋行的传统业务。和黄拥有两大零售系统——百佳超级商场和屈臣氏连锁店，另还有屈臣氏制造业和多种消费机构。百佳与怡和系的惠康是本港最大的两家超市集团。到 1990 年 4 月止，百佳超级市场已达 135 间，另有 10 余间在海外。屈臣氏属下的连锁店有 220 多间。20 世纪 90 年代初和黄零售业营业额达 50 亿港元的水平。

港灯：1984 年，为怡和置地所控的港灯集团，拥有香港电灯公司和丰泽、嘉云等 9 家全资属公司及国际城市等 5 家联营公司，业务包括电力、地产、工程、工业、贸易、零售、保险等多方面。该年税后盈利 822 亿港元。1985 年，长实系和黄收购港灯后，年盈利 12.8 亿港元，增幅 56%，为港灯集团有史以来首次突破年盈 10 亿元大关。

嘉宏：1987 年，港灯非电力业务单独分拆上市，始有嘉宏国际。嘉宏除控有 23.5% 的港灯股权外，全资拥有希尔顿酒店，控有 50% 联信公司股权。1987 财政年度，嘉宏盈利 6.8 亿港元，1988 年度增至 9.5 亿港元。1989 年盈利突破 10 亿港元大关。

1986 年 1 月，和黄集团市值从收购时 1979 年的 62 亿港元，上升到 141.5 亿港元。同期，控股母公司长江实业的市值为 77 亿港元，和黄近两倍于长实，成为长实系的主舰。1979 年，李嘉诚从汇丰手中以 7.1 港元每股购入 22% 和黄股权，共付出 6 亿多港元。1989 年和黄纯利 30.5 亿港元，共获利 60.8 亿港元，相当于购价的 10 倍。

和黄取得如此惊人实绩，主要取决于李嘉诚的远见卓识，当然也在于马世民管理有方。马世民名声大噪，成为本港大班中风头最劲人物。

1990 年，香港《资本》杂志第二期，列出 1979 ～ 1989 年香港十大盈利最高的上市公司。

它们的排行顺序与 10 年盈利总和是：

1. 汇丰银行 292.72 亿港元
2. 太古洋行 154.81 亿港元
3. 和记黄埔 139.22 亿港元
4. 中华电力 132.49 亿港元
5. 香港电讯 130.57 亿港元
6. 国泰航空 121.46 亿港元
7. 长江实业 112.40 亿港元
8. 港灯集团 107.69 亿港元
9. 恒生银行 99.92 亿港元
10. 新鸿基地产 89.50 亿港元

这其中，华资有和黄、长实、港灯、新鸿基 4 家——长实全系就控有其中的前 3 家。在 80 年代这 10 年间，长实系的 3 家上市公司，平均年盈利均达 10 亿港元以上。由此可见长实系在本港业界的盈利水平。

⌂ 延伸阅读

李嘉诚谈经营哲学

2008 年 11 月 21 日，《全球商业》采访团队来到香港中环的长江集团中心，对李嘉诚做了一番专访。

《全球商业》：大家都很好奇，你从 22 岁开始创业做生意，超过 50 年，从来没有一年亏损，而且还一步步成为华人首富。如何在大胆扩张中，不翻船？

李嘉诚：想想你在风和日丽的时候，假设你驾驶着以风推动的远洋船，在离开港口时，你要先想到万一悬挂十号风球，你怎么应付。虽然天气蛮好，但是你还是要估计，若有台风来袭，在风暴还没有离开之前，你怎么办？

我会不停研究每个项目要面对可能发生的坏情况下出现的问题，所以往往花 90% 考虑失败（巴菲特自述我每年有 50 个"思考周"，工作约 2 周）。就是因为这样，这么多年来，自从 1950 年到今天，长江（实业）并没有碰到贷款紧张，从来没有。长江（实业）上市到今天，假设股东拿了股息再买长实，（现在）赚钱两千多倍。就是拿了（股息），不再买入长江（实业），股票也超越一千倍。

《全球商业》：90% 考量失败？很有趣，一般人满脑子都想怎么成功，为何你花这么多时间想失败？

李嘉诚：你一定要先想到失败，从前我们中国人有句做生意的话："未买先想卖"，你还没有买进来，你就先想怎么卖出去，你应该先想失败会怎么样。因为成功的效果是 100% 或 50% 之差别根本不是太重要，但是如果一个小漏洞不及早修补，可能带给企业极大损害，所以当一个项目发生亏蚀问题时，即使所涉金额不大，我也会和有关部门商量解决问题，所付出的时间和以倍数计的精神都是远远超乎比例的。

我常常讲，一个机械手表，只要其中一个齿轮有一点毛病，这个表就会停顿。一家公司也是，一个机构只要有一个弱点，就可能失败。了解细节，经常能在事前防御危机的发生。

《全球商业》：哪些细节你一定会紧盯观察？

李嘉诚：现金流、公司负债的百分比是我一贯最注重的环节，是任何公司的重要健康指针。任何发展中的业务，一定要让业绩达致正数的现金流。

《**全球商业**》：90%考量失败，可以说是，全方位预测风险的能力吗？为什么这件事比思考成功关键来得重要？

李嘉诚：可以这样说，就像是军队的"统帅"必须考虑退路。例如一个小国的统帅，本身拥有两万精兵，当计划攻占其他城池时，他必须多准备两倍的精兵，就是六万，因战争激活后，可能会出现很多意料不到的变化；一旦战败退守，国家也有超过正常时期一倍以上的兵力防御外敌。

任何事业均要考量自己的能力才能平衡风险，一帆风顺是不可能的，过去我在经营事业上曾遇到不少政治、经济方面的起伏。我常常记着世上并无常胜将军，所以在风平浪静之时，好好计划未来，仔细研究可能出现的意外及解决办法。

《**全球商业**》：你相当强调风险，不过外人注意到的却是长江集团五十年来，屡屡在危机入市，包含后期掌握时机从塑料跨到地产，89风波后投资上海、深圳港口生意，甚至在印尼排华运动时投资印尼港口等，你的大胆之举为何都未招来致命风险？

李嘉诚：这其实是掌握市场周期起伏的时机，并顾及与国际经济、政治、民生一些有关的各种因素。如地产的兴旺供求周期已达到顶峰时，几乎无可避免会下跌；又因为工业的基地转移，必须思考要增加的投资、对什么技术需求最大等等的决定，因应不同的项目找出最快达到商业目标的途径，事前都需要经过精细严谨的研究调查。

能在不景气的时候大力发展，就是在市场旺盛的时候要看到潜伏的危机，以及当它来临时如何应对，这是需要具备若干条件的。

《**全球商业**》：你所谓的具备若干条件……？

李嘉诚：关键在于要做足准备工夫、量力而为、平衡风险。我常说"审慎"也是一门艺术，是能够把握适当的时间做出迅速的决定，但是这不是议而不决、停滞不前的借口。

经营一间较大的企业，一定要意识到很多民生条件都与其业务息息相关，因此审慎经营的态度非常重要，比如说当有个收购案，所需的全部现金要预先准备。

我是比较小心，曾经经过贫穷，怎么样会去冒险？你看到很多人一时春风得意，一下子就变为穷光蛋，我绝对不会这样做事，都是步步为营。

有一句话，我牢牢记住："穷人易过，穷生意难过"，你再穷，你不能吃好的白米，你可以买最便宜的米，还是可以过，人家吃肉，你可以吃菜，最便宜的菜；

但是穷生意很难，非常难。所以小心翼翼，可以讲，如履薄冰。

《全球商业》：你刚才提到，在不景气的时候能大力发展，关键在于要"做足准备功夫、量力而为、平衡风险"。机会来临时，能够把握适当的时间做出迅速的决定。1977 年，你迅雷不及掩耳地收购香港希尔顿酒店就很经典……

李嘉诚：最重要是事前要吸取经营行业最新、最准确的技术、知识和一切与行业有关的市场动态及讯息，才有深思熟虑的计划，让自己能轻而易举在竞争市场上处于有利位置。你掌握了消息，机会来的时候，你就可以马上有动作。

能买下希尔顿是因为有一天我去酒会，后面有两个外国人在讲，一个说中区有一个酒店要卖，对方就问他卖家在哪里？他们知道酒会太多人知道不好，他就说，在 Texas（德州），我听到后立即便知道他们所说的是希尔顿酒店。酒会还没结束，我已经跑到那个卖家的会计师行（卖方代表）那里，找他的 auditor（稽核）马上讲，我要买这个酒店。

他说奇怪，我们两个小时之前才决定要卖的，你怎么知道？我只说：如果你有这件事，我就要买。

我当时估计，全香港的酒店，在两三年内租金会直线上扬。（卖家）是一间上市公司，在香港拥有希尔顿，在峇里岛是 Hyatt Hotel（凯悦饭店），但是我只算它香港希尔顿的资产，就已经值得我跟它买。这就是决定性的资料，让这间公司在我手里。

《全球商业》：这起生意难道没有别的竞争者？

李嘉诚：一、因为没有人知道；二、我出手非常快。其他人没这么快。因为我在酒会听到了，就马上打电话给我一个董事，他是稽核那一行的，我一问，他和卖家的稽核是好朋友，马上到他办公室谈。

你今天坐的地方（手指地上），就是希尔顿一部分地址。那笔交易我买过来后，公司的资产一年增值一倍。

《全球商业》：你最近看哪些新的产业？

李嘉诚：今天啊？很多新的东西，我昨天开会，讲到 Facebook，从最初的几家大学开始，有人说 2011 年还是 2012 年才达到 4800 万名用户，其实这公司上个月已达 4500 万活跃用户，但是如果你没有这个 information 的话，要分析 Facebook，你的资料就不足够。

所以呢，做哪一行都是，最要紧的就是要追求最新的 information，做哪行都是一样。

《全球商业》：在事业上追求最新的信息，在个人理财上呢？

李嘉诚：这么多年来，1950年到今天，个人（资产）来讲，从来没有一年比去年少。要做到这样，第一原则就是不要有负债（巴菲特：不负债、不做空、不懂不做）。我在1956年以后，个人没有欠过一个债，我的负债是这个（边桌上有两只金属做大、小北极熊雕像，指着小北极熊说），我的现金是这样大（指着大北极熊），这个是我今天才运用的（比喻）啊（笑）！

《全球商业》：个人理财第一个原则是不能负债，那投资呢？

李嘉诚：投资时我就是先设想，投资失败可以到什么程度？成功的多几倍都没关系，我也曾有投资赚十多倍，有的生意也做得非常好，亏本的非常少，因为我不贪心。公司是从来没亏过，个人赚的钱、财产，也是一直增加。但我并没有赚快钱的机会，因为我比较小心（巴菲特：我知道怎样去快速挣钱，我只是看到我5、10年后会有固定的利润）。

《全球商业》：个人投资有没有哪个时间碰到的挑战最大？

李嘉诚：没有，因为我不是只投资一种行业，我是分散投资的，所以无论如何都有回报，我比较小心。而且我个人（资产），很多是一个礼拜便可以拿得到现金。

《全球商业》：一周能拿到现金占你的投资比例有多少？

李嘉诚：不少于三分之一。例如政府债券、股票，一个礼拜都能拿到。我当然还有其他的投资，例如地产，这不是马上可以兑换为现金。

《全球商业》：李先生你说成功没有方程式，但如果一定要你说成功的三项原则，会是什么？

李嘉诚：第一个，你做那个行业，一定要追求那个行业最好的知识、information，最好的技术是什么，且必须处于最佳的状态，这是第一。第二，努力、毅力（补充：李先生说努力、毅力的意思不是传统字面上那个意思，是best effort，做到极致）。不过，很重要的是，如果一个机构，没有掌握跟这个行业有关的知识，如果你判断错误，就算你再努力、再有毅力，你失败的代价太大。第三就是建立好的制度与人才。

《全球商业》：你刚刚提过必须有最新的信息，除此之外还要有制度，但是你管的事业从零售业、港口运输一直到石油产业，种类包罗万象，如何用制度管理？

李嘉诚：现在是一个多元的年代，四方八面的挑战很多。我们业务遍布55个国家，公司的架构及企业文化，必须兼顾来自不同地方同事的期望与顾虑。

所以灵活的架构可以为集团输送生命动力，还可以给不同业务的管理层自我发展的生命力，甚至让他们互相竞争，不断寻找最佳发展机会，带给公司最大利益。公司一定要有完善的治理守则和清晰的指引，才可以确保创意空间。例如长实，长实在过去十年有很多不同的创意组织和管理人员，他们的表现都很出色，所有项目不分大小，全部都是很有潜力和有不俗的利润。

大家一定要知道，企业越大，单一的指令与行为越是不可行的，因为这会限制不同的管理阶层发挥他的专业和经验。

我举一个例子。1999 年我决定把 Orange（指原本和记黄埔集团旗下的一家英国电讯业务公司，后高价卖出）出售，卖出前两个月，管理层建议我不要卖，甚至去收购另一家公司。我给他们列了四个条件：如果他们办得到，便按他们的方法去做。

一、收购对象必须有足够流动现金；二、完成收购后，负债比率不能增高；三、Orange 发行新股去进行收购之后，和黄仍然要保持 35% 的股权，我跟他们说，35% 股权不但保护和黄利益，更重要的是保护 Orange 全体股东的利益；四、对收购的公司有绝对控制权。

他们听完后很高兴，而且也同意这四点原则，认为守在这四点范围内，他们就可以去进行收购。结果他们办不到，这个提议当然就无法实行。

我建立了四个坐标给 Orange 管理人员，让他们清楚知道这个坐标，这是公司的原则，然后他到那边发展时，在这四个原则发挥才干。但是不能超越我这四个 coordinates（在空中比出四个坐标）。

这只是众多例子中的一个，其实在长实、和黄集团里面，我们有很多子公司，我都会因应每家公司经营的业务、商业环境、财政状况、市场前景等，给他们订出不同的坐标，让管理层在坐标范围内灵活发挥。

《全球商业》：你提到经营企业成功的第三原则是人才，威尔许说他花六成到七成时间在人才身上，你如何定义优秀人才的准则？

李嘉诚：成功的管理者都应是伯乐，不断在甄选、延揽比他更聪明的人才，不过有些人却一定要避免。绝对不能挑选名气大却妄自标榜的"企业明星"。企业也无法负担那些滥竽充数、唯唯诺诺或者灰心丧志的员工，更无法容忍以自我表演为一切出发点的企业明星。

我的经验是，挑选团队，忠诚心是基本，但更重要的是要谨记，光有忠诚但能力低的人或道德水平低下的人迟早累垮团队、拖垮企业，是最不可靠的人。

因此，要建立同心协力的团队，第一条法则就是能聆听得到沉默的声音，你要问自己团队和你相处有无乐趣可言，你可不可以做到开明公平、宽宏大量，而且承认每一个人的尊严和创造的能力，不过我要提醒，有原则和坐标，而不是要你当个费时矫枉过正的执着的人。

可能是我少年忧患的背景，可以让我在短时间内较易判断一个人才的优点和短处，从旁引导，发挥其所长。

《全球商业》：当了五十多年的老板，对于管理、领导，你有很深切的体悟，也曾经以"管理的艺术"发表演说，能否分析老板与领袖的差异？

李嘉诚：我不敢和那些管理学大师相比，我没有上学的机会，一辈子都努力自修，苦苦追求新知识和学问，管理有没有艺术可言？我有自己的心得和经验。

我常常问我自己，你是想当团队的老板，还是一个团队的领袖？一般而言，做老板简单得多，你的权力主要来自你地位，这可能是上天的缘分或凭着你的努力和专业的知识。做领袖就比较复杂，你的力量源自人性的魅力和号召力。做一个成功的管理者，态度与能力一样重要。领袖领导众人，促动别人自觉甘心卖力；老板只懂支配众人，让别人感到渺小。

《全球商业》：今天的对谈，你谈到许多经商之道，是否呼应你在今年（2007年）汕头大学的演讲中所说"好谋而成、分段治事、不疾而速、无为而治"，你说若能"拈出这四句话的精髓，生命是可以如此的好"。尤其，"不疾而速"这句话特别有意思……

李嘉诚：对于我来说，一场最漂亮的仗，其实是一场事前清楚计算得失的仗。以上四句话是环环相扣、互为因果的。

"好谋而成"是凡事深思熟虑，谋定而后动。"分段治事"是洞悉事物的条理，按部就班地进行。"不疾而速"，你靠着老早有这个很多资料，很多困难你老早已经知道，就是你没做这个事之前，你老早想到假如碰到这个问题的时候。你怎么办？由于已有充足的准备，故能胸有成竹，当机会来临时自能迅速把握，一击即中。如果你没有主意，怎么样"不疾而速"？

"无为而治"则要有好的制度、好的管治系统来管理。我们现在大概有25万个员工，分布在55个国家，而我们员工大部分在西方国家，你没有足够时间去管理，所以没有良好制度是不行的。

兼具以上四种因素（好谋而成、分段治事、不疾而速、无为而治），成功的蓝图自然展现。

《全球商业》：所以你能做到"不疾而速"，其实是在风险管理、信息收集、财务准备齐备了，遇到机会，才能"一击即中"。你如何把这样的成功心法，传授给你的后代？

李嘉诚：我告诉我的孙儿，做人如果可以做到"仁慈的狮子"，你就成功了！仁慈是本性，你平常仁慈，但单单仁慈，业务不能成功，你除了在合法之外，更要合理去赚钱。但如果人家不好，狮子是有能力去反抗的，我自己想做人应该是这样。very kind，非常好的一个人，但如果人家欺负到你头上，你不能畏缩，要有能力反抗。

第十六章

▼

地产获利

地产繁荣

话说某一天，开完业务会议，当时还是李嘉诚秘书的洪小莲（后为长江实业董事，现职李嘉诚基金会董事）说："依目前的发展势头，我们将来一定要做成最好的华资地产公司。"

李嘉诚却说："我们要做到能与置地（当时香港实力最雄厚的英资地产商）较量。"

1972 年，长江实业上市时，李嘉诚提出赶超置地的远大目标。当时不少人持怀疑态度，单以地盘物业比，拥有 35 万平方英尺的长实，如何比得上拥有千余万平方英尺的地王置地？但李嘉诚做到了，这得益于他个人卓越的经营能力，也得益于香港地产业的持续繁荣。

20 世纪 70 年代，随着香港经济起飞，大批跨国金融机构纷纷到香港发展，香港逐渐发展为国际性金融中心。因资本市场的繁荣，为地产业带来充足的资金。此外，随着香港经济的持续繁荣，大量人口源源不断移民香港。20 世纪 80 年代初，香港人口已超过 500 万，大量年轻的新移民涌入，对房屋需求造成持续的压力。当时，香港平均每年有 5 万对青年结婚，传统家庭结构也发生重大转变。1981 年地产高峰期，中小型住宅每平方米售价超过 1 万港元。

而与此同时，1976 年中国大陆结束了为期 10 年的"文革"动乱，并开始推行四个现代化计划。1978 年，中共召开十一届三中全会，推行改革开放路线，香港与内地的经贸关系进一步密切，香港的地位显得更为重要。凡此种种，刺激香港出现罕见的繁荣。

华资地产公司开始崛起于香港。大批地产公司纷纷借股市高潮，在香港证券市场挂牌上市，由此筹集大量资金，迅速壮大公司的资产规模。据统计，当时在香港上市的地产股达到112种，占同期上市股票量的43.6%。

当时，香港盛行"炒楼花"，楼花系香港民间对"分期付款购买期房"制度的俗称，也就是此后中国大陆的商品房预售和按揭制度的前身。炒卖楼花，实质上是一种门槛较低、面向普通老百姓的杠杆化投资工具。"炒楼花"的盛行，充分说明了买家看好未来楼价走势，才肯以现价买入。

当时"炒楼花"盛行时，曾出现轮候排队四日三夜抢购楼花的历史记录，并出现职业炒家及集团式炒楼的现象。80年代初，由于银行提供九成按揭贷款，大小炒家只要动用一亿港元，便可在市场形成十亿港元的购买力。由此造成的地产繁荣让同时段的地产商充分发展，地产商愿意以更高的价格购入土地，刺激地价一再飙升。

1980年到1982年地产高潮期间，"炒楼花"甚至已经发展成为"炒楼宇"，其中最闻名的是金门大厦，从1979年至1981年先后三次易手，每转手一次，楼价跳升一级，最初售价为7.15亿港元，最后炒到16.8亿港元，高出一倍以上。

香港的飞速发展引来世界瞩目。其中，1982年2月港府拍卖中环一幅土地，总售价为47.55亿港元，平均每平方尺3.3万元，创历史最高纪录，为全球最大宗地产交易。

借助于香港的持续繁荣以及地产业的飞速发展，李嘉诚带领长江实业步入了大跨越的进程。1979年，长实拥有的地盘物业，急速增加到1450万平方英尺。而同期香港民间第一大地主置地，拥有的地盘物业面积才1300万平方英尺。从拥有物业的面积上看，长江实业在不到10年时间就实现了赶超置地的目标。

但李嘉诚并没有轻易满足，他清楚地意识到长实离置地仍有较大差距。他还需要在更多方面做出努力，才能实现超越置地的目标。

当时，置地是中区地产大王，地盘物业皆在寸土尺金的黄金地段。而长实在黄金地段的物业寥寥无几，两者物值相去甚远。李嘉诚并不急于在中区与置地比拼，他更看好港岛中区和九龙区域的发展前景。

屋村计划

经常看港剧，会听到"屋村"的概念。屋村特指公房，为中国粤语地区，尤其是香港、澳门一带对政府提供的公益性廉租房的称呼，即政府提供给收入低于政府所定标准的人的福利性出租屋，一般是以家庭为申请单位。由于居住者多为低收入者，居住环境以及配套设施无法达到最高标准，较于设施齐全的居民小区来说，显得比较落后，有如城中之村，因此有屋村一说。

二战之后直到20世纪50年代，大量内地移民涌入香港，房租高昂，房屋奇缺。许多居民只好在山坡或空地上用铁皮、木板搭建木屋居住。可是，木屋区抵御天灾的能力极差，稍有不慎，便引来火灾。1953年12月24日，九龙石硖尾一场漫天连营的大火，一夜之间将六条木屋村化为灰烬，5.8万灾民无家可归。这场熊熊大火成为香港公共房屋发展的导火索。

1954年香港政府成立徙置事务处，迅速于一年内兴建20多座7层大厦以安置灾民，成为香港的第一批公共房屋。1961年，港府实行廉租屋计划，对象是月收入400港元以下的家庭。1964年，港府推出"临时房屋区计划"，以安置不符合入住公屋资格、又没有能力租住私人楼宇的居民。1965年，公共屋村住户人口达到100万。

1978年，香港政府开始推行"居者有其屋"计划，采取半官方的房委会与私营房地产商建房两条腿走路的方针。建成的房分公共住宅楼宇与商业住宅楼宇两种，前者为公建，后者为私建。公房廉价出租或售予低收入者，私房的对象以中高消费家庭为主。

这项计划旨在照顾一些居民，他们收入水平高，不能入住公屋，希望有自置居所，又没有足够能力负担私人楼宇租金或购买私人楼宇；同时也希望吸引已经有能力改善居住环境的公屋居民，从而可腾出公屋单位给予轮候公屋及有需要的人士。第一期"居屋计划"约有8400个单位，非公共屋村住户申请者家庭总收入不能超过每月3500港元，但对公共屋村申请者则无收入总额的限制。

香港政府所规划建设的公共屋村区位，首先考虑的是为居民提供出行的便利，要首先满足那些只能依赖公共交通工具的人群。兴建屋村首要的原则是，强调该地区应该具有便捷的交通和对外的联系，交通枢纽和转换节点将安排在公屋区的近旁，方便转乘、保证效率。

在公共屋村的周边地段，安排商业、医疗、官立学校、体育、休闲、宗教场所、公共广场和绿地等配套设施。公共屋村具有自身的独立用地并与附近的其他商品房住区自然地划分开来。

在港岛北岸的中区、东区、西区，每年都有高层住宅楼宇拔地而起，那是祖传地盘物业的业主和地产商收购旧楼拆卸重建的，地盘七零八落，很难形成屋村的规模。

屋村只有到港岛南岸、东西两角、九龙新界去发展，形成十多个卫星市镇。大型屋村的优点，就是综合功能强，集居住、购物、餐饮、消遣、医疗、保健、教育、交通为一体，便于集中管理，统一规划。一个大型屋村往往由政府与多个地产商共同开发。

李嘉诚的大型屋村计划，就是为这类大众消费家庭推出的。80年代以来，李嘉诚以开发大型屋村而名声在外。20世纪80年代，长江先后完成或进行开发的大型屋村有：黄埔花园、海怡半岛、丽港城、嘉湖山庄。李嘉诚由此赢得"屋村大王"的称号。

兴建大屋村不难，难就难在获得整幅的大面积地皮。李嘉诚有足够的耐心，他不会坐等机会，他在筹划未来的兴业大计之时，仍保持长实的良好发展势头。

几年之后，李嘉诚相继推出大型屋村计划，更是轰动一时，全港瞩目。

迅速发展期

回顾李嘉诚的地产史，可以追溯到20世纪50年代。1958年，李嘉诚在香港繁盛的工业区——北角购地兴建了一座12层的工业大厦，从而正式介入地产市场。两年后，他又在新兴工业区港岛东北角的柴湾兴建工业大厦，两座大厦的面积共计12万平方英尺。

大厦落成之际，正遇香港物业价格大涨。李嘉诚断定房地产行业在香港将大有可为。由此，便开始循序渐进地将资金部署到房地产市场。然而几年之后，经过狂炒的香港房地产却一度狂跌，秉承着商人特有的敏锐，李嘉诚用低价大量收购了地皮和旧楼，在观塘、柴湾及黄竹坑等地兴建厂房，用来出租。

10年之后的1968年，香港经济果然开始复苏，房地产行业也再次显现出了巨大活力，李嘉诚则分到了房产业最大一杯羹，实现了个人资产迅速翻番，并成为香港首屈一指的房产大亨。

1971年6月，李嘉诚成立长江地产有限公司，走上了集中经营房地产业务的轨道。当时间进入到70年代末80年代初，李嘉诚在地产业上表现得更加积极进取。

1978年5月，李嘉诚中标所建的环球大厦开盘，总价值约5.92亿港元的物业，于广告刊登后 8 小时内全部售完。这是一个香港开埠以来少有的神话：6 亿商品 8 小时售罄。

1978 年 8 月，李嘉诚投标所建的金钟海富中心开始出售，交易总价为 9.8 亿港元，创造开盘售楼一天交投最大的纪录。

1979 年 3 月，李嘉诚与会德丰洋行大班约翰·马登，合作发展会德丰大厦。

4 月，与"地主"广生行联手发展告士打道、杜老志道、谢斐道的三面单边物业，建成一座 30 万平方英尺的商业大厦。

6 月，与约翰·马登再次合作组建美地有限公司，集资购入港岛、九龙、新界等楼宇物业近 20 座。

7 月，与中资侨光置业公司合组宜宾地产有限公司，以 3.8 亿港元投得沙田广九铁路维修站上盖平台发展权，平台面积 29 万平方英尺，计划兴建 30 层高的高级住宅大厦和商业大厦。

同年，长实与美资凯沙、中资侨光，三方合作投资香港（中国）水泥厂（长实、凯沙各 40% 股权，侨光占 20%）。投资额（其中李嘉诚私人投资 10 亿港元）创香港开埠以来重工业投资最高纪录。该厂地皮面积 180 万平方英尺，位于新界屯门市，计划年产高标号水泥 140 万吨。该厂于 1982 年年底建成投产。

1980 年，长实联营公司加拿大怡东财务与九龙仓、置地、中艺（香港）、怡南实业、新鸿基证券合组联营公司，以 13.1 亿港元价格，投得尖沙咀西一幅 7.1 万平方英尺的综合商业大厦，建成的单位，全做出售。

8 月，李嘉诚与联邦地产的张玉良家族联手合作，斥资 10 亿港元购入国际大厦和联邦大厦。5 个月后，以 22.3 亿港元出售，利润达 100% 以上。

1980 年 11 月，长实与港灯集团合组上市国际城市有限公司，共同开发港灯位于港岛的电厂零散旧址地盘。

为什么在 60 年代李嘉诚的物业基本上是用作出租为主，而如今长实兴建和购得的楼宇，为何大部分做出售用途，而少做出租用途？

李嘉诚说："这并不违背我们增加经常性收入的原则，因为要决定将楼宇出售或出租，须看时势及环境而定，而现今楼宇价急升，售楼所能获得的利润远比租屋为多，在为股东争取最大利润的前提下，是将建成楼宇出售为合算。"

20 世纪 70 年代末至 80 年代初，李嘉诚在地产业的成绩不俗，令人刮目相看。

黄埔花园

李嘉诚兴建的第一个大型屋村是黄埔花园。早在 1981 年，李嘉诚就开始筹划推出这一庞大发展计划。

1981 年元月，李嘉诚正式入主和记黄埔任董事局主席。李嘉诚收购和黄动机之一，便是它的土地资源。先前，和黄洋行大班祁德尊，已开始在腾出的黄埔船坞旧址的地皮上发展地产，兴建黄埔新村。祁德尊不谙地产之道，竟然没有将这块风水宝地充分利用好，这也不禁让李嘉诚嗟叹不已。

黄埔花园所用地盘就是黄埔船坞旧址。按港府条例，廉价的工业用地改为住宅与商业办公楼用地，应当补交地皮的差价。李嘉诚走马上任和黄之时，正好是地产狂热的阶段，按协定的价格，和黄需补地价 28 亿港元。由于代价太大，李嘉诚不得不按兵不动，暂缓实施。

仅仅时隔两年，香港地产业再次出现低潮。李嘉诚抓住大好时机，与港府讨价还价。结果他仅用 3.9 亿港元，就获得了商业住宅的开发权。在短短的两三年时间里，李嘉诚就为自己节省了 25 亿地价。

1984 年 9 月 29 日，中国总理赵紫阳与英国首相撒切尔夫人在京签订了中英联合声明，香港前景骤然明朗。恒生指数回升，房地产再度活跃。

1984 年年底，黄埔花园兴建计划是中英签订联合声明后香港首项庞大地产发展计划，和黄将在 6 年内投资 40 亿港元发展整项计划。该计划包括兴建一百多幢住宅大厦，总楼面面积 765 万平方英尺，另有商场面积 170 万平方英尺。这样宏伟的屋村工程在香港地产业史上前所未有。和黄公布黄埔花园发展计划时，李嘉诚亦亲自到场，主持动工仪式，可见李嘉诚对这个项目的高度重视。

整个黄埔花园，占地 19 公顷，拟建 94 幢住宅楼宇，楼面积约 760 万平方英尺，共 11224 个住宅单位，附有 2900 个停车位及 170 万平方英尺商厦。整个计划分 12 期，首期 1985 年推出，1990 年全部完成，被称为香港有史以来最宏伟的屋村工程，超过政府建的大型屋村，在世界亦属罕见。

地产低潮补地价，地产转旺大兴土木，地产高潮出租楼宇，而且要分期逐年推出，每期楼花还根据市场波动不断调整推售的数目、价格、时间、层数、座向，等等。这就是李嘉诚在香港地产界立于不败之地的秘密所在。

　　黄埔花园由第一期，至最后一期，售价出每平方英尺 686 元升至 1755 元。据粗略估计，整个黄埔花园平均售楼价为每平方英尺 1220 元，以黄埔花园住宅楼面积共 765 万平方英尺计算，和黄在约四年半时间内总收入达 93 亿港元，扣除约 40 亿港元发展成本，税前利润高达 53 亿港元。此外，和黄还持有 170 万平方英尺商场做收租之用，为集团提供稳定租金收入。

　　和黄拥有黄埔船坞地皮这一烂泥荒地，经李嘉诚之手，竟然能够点石成金，这不得不让人佩服李嘉诚的"超人"能力。

两大屋村

　　20 世纪 80 年代，李嘉诚先后完成或进行开发的大型屋村有：黄埔花园、海怡半岛、丽港城、嘉湖山庄。李嘉诚由此赢得"屋村大王"的称号。

　　丽港城、海怡半岛两大屋村的构想萌动于 1978 年李嘉诚着手收购和黄之初时。之后，经过他长期耐心等待时机，精心策划，其间 1985 年收购港灯，使其构想向前迈了一大步，1988 年方全面推出计划。

　　1985 年，置地因债台高筑，被迫出售港灯股权，李嘉诚斥资 29 亿购入 34.6% 的港灯股权，他看好的是电厂旧址发展潜力。李嘉诚收购港灯，其实"醉翁之意不在酒"，他在意的是港灯的地盘。港灯的一家发电厂位于港岛南岸，与之毗邻的是壳牌石油公司油库，壳牌另有一座油库在新界观塘茶果岭。

　　李嘉诚收购港灯后，祭出环保旗，想方设法游说港府，并策动传媒舆论，大造声势，强调发电厂邻近市区，既对人体健康无益处，又直接威胁人身安全，成功将电厂迁往南丫岛。这样，李嘉诚运筹帷幄，获得了两处可用于发展大型屋村的地盘。

　　1986 年，李嘉诚运用超人力量及其固有的灵活的交际手腕，与政府充分合作，壳牌石油将茶果岭和港岛南两块油库地皮，换回青衣油库地皮。而港灯将毗邻壳牌油库的港岛南发电厂，移到南丫岛后，将两幅地皮合并重建，发展成为今日的海怡半岛。

　　1988 年 1 月，全系长实、和黄、港灯、嘉宏四公司，向联合船坞公司购入茶果岭油库后，即宣布兴建大型屋村，并以 8 亿港元收购太古在该项计划中所占的权益。这样，李嘉诚又获得了大型屋村发展所需要的地皮。这一计划成就了今日的丽港城。

两大屋村预算耗资 110 亿港元，又一次轰动香港。《信报》称："唯超人才有如此超人大手笔。"

茶果岭屋村定名为丽港城，占地 8.7 公顷，为高级住宅区，有专为住户设立的私人俱乐部。屋村计有 38 幢 25 ～ 28 层住宅楼宇，单位面积 640 ～ 920 平方英尺，共 8072 个单位，总楼面达 620 万平方英尺，附设 16.1 万平方英尺商厦。总投资 45 亿港元。

鸭月利洲屋村定名海怡半岛，占地 15 公顷，兴建 38 幢 28 ～ 40 层住宅楼宇，单位面积 600 ～ 1100 平方英尺，共 10450 个单位，总楼面达 787 万平方英尺——超过黄埔花园。附设 31.2 万平方英尺商厦、网球场、俱乐部、游泳池等。总投资 65 亿港元。

长实估计，以 1988 年同类楼宇的时价每平方英尺 1000 元计，两大屋村可获纯利 50 亿港元。

1990 年 5 月丽港城首期发售，每平方英尺售价 1700 元，用户及炒家争相抢购，异常激烈。到 1993 年，每平方英尺售价，丽港城已达 4300 元，海怡半岛为 3300 ～ 3500 元之间，均大大超出预计售价。若加上建筑成本及售房成本上涨等因素，两大屋村全部竣工盈利，远远突破百亿。

嘉湖山庄

嘉湖山庄原名是天水围屋村，这是相对偏僻的新界一个毫不起眼的荒凉村庄。天水围在新界元朗以北，与深圳西区隔一道窄窄的深圳海湾。嘉湖山庄计划的推出，也历经十年磨剑之久。

1978 年，长实与会德丰洋行联合购得天水围的土地。1979 年下半年，中资华润集团等购得其大部分股权，共组巍城公司开发天水围。公司股权分配是：华润占 51%，胡忠家族大宝地产占 25%，长实占 12.5%，会德丰占 5%，其他占 6.5%。华润雄心勃勃，计划在 15 年内建成一座可容 50 万人口的新城市。

李嘉诚忙于收购和黄，未参与天水围的策划。整个开发计划，由华润主持。华润是一间国家外贸部驻港贸易集团公司，缺乏地产发展经验，亦不谙香港游戏规则。结果 1982 年 7 月，港府宣布动用 22.58 亿港元，收回天水围 488 公顷土地，将其中 40 公顷作价 8 亿港元批给巍城公司，规定在 12 年内，在这 40 公顷土地上完成价值 14.58 亿港元以上的建筑，并负责清理 318 公顷土地交付港府作土地储备。如达不到要求，则土地及 8 亿港元充公。

另外，港府于 1983 年年底宣布：计划投资 40 亿港元用于市政工程，其中整理地盘工程 16.2 亿港元，基本建设 9.6 亿港元。这两项共 25.8 亿港元的工程批给巍城承包，并保证 15% 的利润。

因为华润缺乏广泛的香港人脉，未完全洞悉港府运作的特点，所以最终它的庞大计划在港府的干预下胎死腹中。此时，巍城公司的其他股东也想退出。

但李嘉诚看好天水围的前景，他逐年从其他股东手中接下他们亟待抛出的"垃圾"股票。经过较长时间的吸纳，到 1988 年，李嘉诚控得除华润外的 49% 股票，成为与华润并列的仅有的两家股东。1988 年 12 月，长实与华润签订协议，其主要内容如下：

> 长实保证在天水围发展中，华润可获纯利 7.52 亿港元，并即付 5.64 亿予华润。
>
> 如将来楼宇售价超过协议范围，其超额盈利由长实与华润共享，华润占 51%。
>
> 今后天水围发展计划及销售工作均由长实负责，费用由长实支付，在收入中扣回。

离政府规定的 12 年限期已过一半。完成这么浩大的工程，风险由长实承担，华润坐收渔利。当然风险大，盈利也大，若如期完成，长实按协议范围的售价，约可获利 43 亿港元。

天水围大型屋村定名为嘉湖山庄。拟建 58 幢 27 ~ 40 层住宅及商业楼宇，总楼面 1136 万平方英尺，至今仍是香港最大的私人屋村。共有单位 16728 个，可容 6.5 万人口，总投资 63 亿港元，预定分七期于 1995 年中完成。

第一期发售的 7 幢，税后利润 10.86 亿港元，其中长实得 6.23 亿，华润得 4.63亿。另外 7 幢，华润可赢得协议范围中的 7.52 亿港元利润。以后 6 期，华润等于"额外"所得，而长实的利润，更是不可斗量。

在这个计划中，李嘉诚一箭多雕。其一，自己大赚特赚；其二，挽救了华润，并且使它坐收丰厚利润；其三，搞好了与中资的关系，因为华润正是国家外贸部驻港贸易集团公司；其四，向港人推销推广了环保概念。

1991 年 11 月嘉湖山庄首期推出时，当时的售价已经达到每平方英尺 1850 元，超过了当初长实与华润协议中的 1997 年每平方英尺 1700 元的预期理想价。其后，随着香港楼市的稳定与攀升，嘉湖山庄水涨船高，到 1996 年 4 月，每平方英尺已经达到 2936 元，最后一期在 1997 年推出时，售价已超过 4000 元。据估计，长江实业在嘉湖山庄的十年发展过程中，前后获利超过 130 亿元。

展现实力

在 80 年代，李嘉诚还推出了较小型的屋村，有红勘鹤园、汇景花园等。

1979 年，李嘉诚收购英资青洲英坭，就看好该公司在红勘海旁的 80 万平方英尺土地。当时传媒捅破李嘉诚的"醉翁之意"："首先，被收购之公司可提供合理的经常性利润；第二，被收购公司的大量平价土地可供日后发展；第三，若重估或出售该平价土地可获庞大利润。"

1983 年 4 月 8 日，长实与青洲英坭发表联合声明：长实发行 2458 万新股（相当于 2.27 亿港元）予青洲英坭，李嘉诚在 14 个月内以私人名义购入新股，以获得鹤园地皮及红勘的有关物业。

李嘉诚在这幅地皮推出高级住宅区——红勘鹤园。红勘是九龙新发展的繁华区域，楼价至 20 世纪 90 年代高攀到每平方英尺 4000 ~ 6000 港元，李嘉诚赚得盘满钵满。

1988 年 4 月，长实与中资中信（集团）公司联手合作，投得蓝田地铁上盖发展权。1989 年 12 月底，长实出台在地铁上盖兴建汇景花园的计划。蓝田位于新界南临靠维多利亚港东入口处，是一处偏僻地。由于第三期地铁的兴建，沿线地价飙升，汇景花园成了港人置业住家的好去处。

1979 年长实拥有地盘物业面积已超过置地，而实际价值仍大为逊色。置地的优势，是单位面积的含金量高。因此，到 1986 年 1 月，虽然长江全系已超过怡和全系的市值，但长实市值仅为 77.6 亿港元，远远低于置地的市值 150 亿港元。李嘉诚扬长避短，把发展重心放在土地资源较丰、地价较廉的地区，大规模兴建大型屋村，以此来取胜。

耐心等待，捕捉机遇，有智有谋，从长计议，这是李嘉诚的经商诀窍之一。李嘉诚从不炫耀自己，也从未自高自大。李嘉诚说："我只是朝着个人定下的目标一步步推进，从来没有居心和任何人比拼。"逞一时之英雄，不计后果，这绝对不是李嘉诚的行事作风，而是某些赌徒的手法。李嘉诚说："与其到头来收拾残局，甚至做成蚀本生意，倒不如袖手旁观。"当有人问起李嘉诚地产生意的诀窍时，李嘉诚毫不犹豫地说："第一是地段，第二是地段，第三还是地段。"

1987 年 11 月 27 日，香港官地拍卖场。在股灾大熊渐去，地产渐旺之时，不少地产商重新恢复了对香港地产的信心。政府拍卖的一幅官地位于九龙湾，24.3 万平方英尺，底价 2 亿港元，每口竞价 500 万港元。

李嘉诚与对手连叫两口，底价连跳两次：2 亿 500 万、2 亿 1000 万。

"2 亿 1500 万！"拍卖场的一角响起熟悉的声音，是李嘉诚的老朋友合和老板胡应湘。李胡两人有过多次合作，李嘉诚见是胡应湘，报之以微笑，对方也报以微笑。此时地价已竞抬到 2 亿 6000 万。

"3 亿！"李嘉诚"擎天一指"举起，连跳 8 口，一时掀起竞价高潮。

"3 亿 5500 万！"胡应湘如河东狮吼，一口急跳 11 档，再掀高潮，举座皆惊。俗话说：商场无父子。在商言商，商业竞争与朋友友谊是两回事。

一时，郑裕彤等地产大亨又加入竞价。李嘉诚的副手周年茂，悄悄坐到胡应湘副手何炳章旁边，与他低声耳语。胡应湘不再应价，退出竞投。当叫价很快飙升到 4 亿元，此时的叫价也高出底价一倍，竞投各方都在心中打算盘。

"4 亿 9500 万！"李嘉诚"擎天一指"再次举起，四座瞩目。无人竞价，一声槌响，尘埃落定，成为此幅官地的成交价。

李嘉诚当时宣布："此地是我与胡应湘先生联合所得，将用以发展大型国际性商业展览馆。"

一位地产分析家评论道："依本人估计，李嘉诚把此幅官地的最后投价定为 5 亿。这个价，可以说是参与竞价的各方心定的最高价。有人会定在 4 亿，有人会定在 4.5 亿，各家有各家的算盘。李嘉诚是地产金指头，他染指的土地，开发物业所得盈利，往往可高出同业。故他出价 4 亿 9500 万，仍有厚利可图。"

李嘉诚不断地通过官地拍卖与私地收购，为地产发展提供了源源不断的土地资源。1986 年 1 月长江实业公司市值 77.69 亿港元，还远远低于置地公司的 147.27 亿港元。到 1990 年 6 月底，长实市值升到 281.28 亿港元，居香港上市地产公司榜首；第二位是郭得胜家族的新鸿基地产，市值为 242.07 亿港元。一直在本港地产业坐大的置地公司以 216.31 亿港元，屈居第三位。另外，长江全系早在 1986 年中已超过怡和全系的市值。

20 世纪 90 年代初，长实系各公司拥有已完成物业面积 1655 万平方英尺，建设中的地盘物业达 3733 万平方英尺，可供未来发展的土地储备 2200 万平方英尺。

1987 年 9 月 14 日，李嘉诚在记者招待会上兴奋地宣布：其控制下的四家上市公司已经集资 103 亿元，并且动用其中的 29 亿收购英国大东电报局 4.9% 的股份，其余用于扩建第六、第七号码头，以及兴建四号码头货物物流中心。

此后，李嘉诚一改从前在香港所进行的长期策略性的收购活动，重新着眼自身结构与业务的整顿重组和进一步加重业务国际化的比重之有关政策。

1986 年，李嘉诚财团趁石油价格处于低潮时期，收购赫斯基石油公司 52% 的控股权。其中李嘉诚家族占 9%，共耗资 32 亿港元。

李嘉诚进军北美能源业的同时，并没有放过欧洲能源市场。1986 年 12 月初，李嘉诚私人斥资港币 1000 万元，收购英国伦敦上市的克拉夫石油公司 4.9% 的股权。

此外，他进行了一系列眼花缭乱的改组活动：1987 年将港灯集团的非电力业务分拆成嘉宏国际集团有限公司，1988 年长江实业进一步将青洲英坭私有化，1989 年和记黄埔将属下的安达区大亚集团售予长江实业。

李嘉诚集团内部的一系列资产重组措施，不仅仅便于理顺集团内部的业务分工和利润分配，而且也为今后新的投资创造有利条件。接下来，李嘉诚还通过加强对和记黄埔的货柜码头和电讯业务等方面的投资，使集团业务进一步核心化多元化。

延伸阅读

李嘉诚谈赚钱的艺术

2002 年 12 月 19 日于汕头大学为长江商学院 EMBA 同学做的演讲。作为成功的生意人，他从不吝于分享自己的经商心得。

我每次出门，在机场都看到有关于我的书籍，不知道为什么其中最多人感兴趣的题目，总是离不开我如何赚钱，既然那么多人有兴趣，我今天便选定了这个题目。

首先，让我回顾一下我和"长和系"的发展里程碑：1940 年因战乱随家人从内地去港，1943 年父亲因贫病失救去世，负起家庭重担，1950 年创立长江塑胶厂，1971 年成立长江地产有限公司，1972 年长江实业集团上市，1979 年从汇丰银行收购英资和记黄埔集团 22.4% 的股份。

我个人和公司都是在竞争中成长。很多人只看到我今天的成就，而已经忘记，甚至不理解其中的过程，我们公司现时拥有的一切，其实是经过全体人员多年努力的成果。

2002 年集团业务已遍布 41 个国家，雇员人数逾 15 万。我个人和公司都是在竞争中成长，我事业刚起步时，除了个人赤手空拳，我没有比其他竞争对手更优越的条件，一点也没有，这包括资金、人脉、市场等等。

很多人常常有一个误解，以为我们公司快速扩展是和垄断市场有关，其实我个人和公司跟一般小公司一样，都要在不断的竞争中成长。

当我整理公司发展资料时，最明显的是我们参与不同行业的时候，市场内已有很强和具实力的竞争对手担当主导角色，究竟"老二如何变第一"？

或者更正确地说，"老三老四老五如何变第一第二"。我们今天可以探讨一下。

竞争和市场环境的关系：

竞争和市场环境紧密相连，已有很多书籍探讨这题目，我不再多谈。很多关于我的报道都说我懂得抓紧时机，所以我今天想谈谈时机背后是什么。

能否抓住时机和企业发展的步伐有重大关联，要抓住时机，要先掌握准确资料和最新资讯，能否抓住时机，是看你平常的步伐是否可以在适当的时候发力，走在竞争对手之前。

抓住时机的重要因素：

知己知彼

做任何决定之前，我们要先知道自己的条件，然后才知道自己有什么选择。在企业的层次上，身处国际竞争激烈的环境中我们要和对手相比，知道什么是我们的优点，什么是弱点，另外更要看对手的长处，人们经常花很长时间去发掘对手的不足，其实看对手的长处更是重要。掌握准确、充足资料可以做出正确的决定。

20世纪90年代初，和黄（和记黄埔）原来在英国投资的单向流动电话业务Rabbit，面对新技术的冲击，我们觉得业务前途不大，决定结束。这亦不是很大的投资，我当时的考虑是结束更为有利。

与此同时，面对通信技术很快的变化、市场不明朗的关键时刻，我们要考虑另一项刚刚在英国开始的电讯投资，究竟要继续？或是把它卖给对手？当然卖出的机会绝少，只是初步的探讨而已。

我们和买家刚开始洽谈，对方的管理人员就用傲慢的态度跟我们的同事商谈，我知道后很反感，将办公室的锁按上了，把自己关在办公室15分钟，冷静地衡量着两个问题：

1. 再次小心检讨流动通信行业在当时的前途看法。

2. 和黄的财力、人力、物力是否可以支持发展这项目？

当我给这两个问题肯定的答案之后，我决定全力发展我们的网络，而且要比对手做得更快更全面。Orange就在这环境下诞生。

当然我得补充一句，每个企业的规模、实力各有不同，和黄的规模让我有比较多的选择。

磨砺眼光

知识最大作用是可以磨砺眼光，增强判断力，有人喜欢凭直觉行事，但直觉并不是可靠的方向仪。时代不断进步，我们不但要紧贴转变，最好还要走前几步。

要有国际视野，掌握和判断最快、最准的资讯。不愿改变的人只能等待运气，懂得掌握时机的人便能创造机会；幸运只会降临到有世界观、胆大心细、敢于接受挑战但能谨慎行事的人身上。

设定坐标

我们身处一个多元年代，面临四方八面挑战。以和黄为例，集团业务遍布41个国家，公司的架构及企业文化必须兼顾全球来自不同地方同事的期望与顾虑。

我在 1979 年收购和黄的时候，首先思考的是如何在中国人流畅的哲学思维和西方管理科学两大范畴内，找出一些适合公司发展跟管理的坐标，然后再建立一套灵活的架构，发挥企业精神，确保今日的扩展不会变成明天的包袱。

灵活架构为集团输送生命动力，不同业务的管理层自我发展生命力，互相竞争，不断寻找最佳发展机会，带给公司最大利益。完善治理守则和清晰指引可确保"创意"空间。企业越大，单一指令行为越不可行，因为最终不能将管理层的不同专业和管理经验发挥出来。

毅力坚持

市场逆转情况，由太多因素引发，成功没有绝对方程式，但失败都有定律：减低一切失败的因素就是成功的基石，以下四点可以增强克服困难的决心和承担风险的能力：

①法律及企业守则；

②严守足够流动资金；

③维持溢利；

④重视人才的凝聚和培训。

最后的总结就是：

1. 现今世界经济严峻，成功没有魔法，也没有点金术，但人文精神永远是创意的泉源。作为企业领导，他必须具有国际视野、能全景思维、有长远的眼光、务实创新，掌握最新、最准确的资料，做出正确的决策、迅速行动，全力以赴。更重要的是正如我曾经说过的，要建立个人和企业良好信誉，这是在资产负债表之中见不到但价值无限的资产。

2. 领导的全心努力投入与热诚是企业最大的鼓动力，透过管理层与员工之间的互动沟通、对同事的尊重，这样才可以建立团队精神。

人才难求，对具备创意、胆色和审慎态度的同事应该给予良好的报酬和显示明确的前途。

3. 商业的存在除了创造繁荣和就业机会，最大的作用是为服务人类的需求，企业本身虽然要为股东谋取利润，但是仍然应该坚持"正直"是企业的固定文化，也可以被视为是经营的其中一项成本，但它绝对是企业长远发展最好的根基。一个有使命感的企业家，应该努力坚持，走一条正途，这样我相信大家一定可以得到不同程度的成就。

第十七章

股海弄潮儿

借股市成长

有人说，李嘉诚是靠地产和股票而发迹起来的。李嘉诚深谙股市运作之道，从 1972 年长江实业上市以来，在翻手覆手之间，他利用股市为自己的财富帝国不断添砖加瓦。

长江实业能够大展宏图，是由于成功上市集资，令长江于 70 年代末时，已快速成长为一家颇具规模且声誉日隆，生机盎然野心勃勃的华资地产商。

谈起长江能够在 20 世纪 70 年代成功上市，还得拜李福兆打破股市垄断之赐。70 年代之前，香港公司上市，要通过香港会进行。这所向来为外籍人士所占据的"私人会所"，一般而言，华人公司鲜有上市公司。

20 世纪 60 年代末，香港经济开始起飞，华资势力崛起，华商们希望通过将企业上市来筹集资金，发展壮大。但他们的上市申请却屡屡被当时由西方经纪控制、独家经营的香港证券交易所拒之门外。

1969 年，由李福兆牵头，成立了"远东证券交易所"，为华资企业上市大开便捷之门。这个交易所打破垄断，为华商上市铺平道路，也为他们日后的飞黄腾达创造了机遇。其后，金钱证券交易所、九龙证券交易所先后成立，构成香港早期证券交易的四强鼎立之势。

李嘉诚闻名世界的"长江实业"就是于 1972 年 11 月在这个交易所上市的，股价当天即飙升一倍。

这次上市行动能够圆满顺利进行，李嘉诚花费了很大的精力及心血，也取得了令人满意的成绩。长江实业法定股本 2 亿港元，实收资本 8400 万港元，分为 4200 万股，每股面值 2 港元，溢价 1 港元。上市后 25 小时，股票上涨 1 倍多。

成功上市为李嘉诚和长江实业积聚了大量资金，为长江实业在地产方面的开拓累积了实力。几乎与此同时，胡应湘的合和、郭得胜的新鸿基、郑裕彤的新世界、陈曾熙的恒隆，他们的公司都是这一年上市的，不过与英资地产公司比，都只能算中小型公司。

拿 1972 年长实上市的规模和实力来说，并不算强。当时，长实只有 35 万一平方英尺出租楼宇，多是旧式工业大厦，每年租金收入仅 390 万元。此外还有几个地盘在兴建中。长实上市时预期年度利润为 1250 万元，但由于期间地价、楼价大幅上升，长实在上市后第一个年度获利 4370 万元，相当于预算利润的 3.5 倍。

长江实业自 1972 年 11 月 1 日在香港上市后，正逢香港股市牛市。长江实业利用股市进入牛市、股价上升的时机大量发行新股集资。1973 年，长实公开发售新股 5 次，总数达 3168 万股，用以收购地产物业，以及泰伟、都城地产等公司的股权。其中，1973 年 12 月，长实以每股 6.30 元价格（比上市时每股 3 元上升逾一倍），发行新股 1700 万股，集资逾 1 亿元收购都城地产其余 50% 股权，即以 1700 万股新股换取皇后大道中励精大厦利德辅道中环球大厦，使每年租金收入增加八九百万元。

此后，1975 至 1983 年间，长实又先后公开发售新股 8 次，总数达 32072 万股，相当于公司上市时总发行股数的 7.6 倍，藉以筹集大量资金去收购地产物业或公司股权。其中，1981 年 1 月，长实透过发行新股 664.64 万股，就取得利兴发展 39.3% 股权。

在长实上市的过程中，李嘉诚尝到了甜头。为了进一步扩大经营规模，同时看到香港工业蓬勃发展，房价节节攀升，楼宇需求不断增强，他的长江实业开始涉足住宅楼，且改变只租不卖的策略，以增加现金迅速回笼。但是在大力发展地产的同时，李嘉诚仍苦于缺少资金。为了尽快募集必需的发展资金，李嘉诚想到了将长江实业海外上市。

1973 年，由冯景禧的新鸿基证券投资公司穿针引线，聘请英国财务公司作为主承销商，长江实业终于在伦敦顺利挂牌上市。此后，得益于加拿大帝国实业银行的鼎力相助，长江实业又在加拿大证券交易所安排上市。通过境外上市，大大充实了长江实业的资金实力，为李嘉诚扩充收购奠定了坚实的资金基础。

但是，在股市一片大好之际，长实上市集得资金后不到一年，正逢上香港 1973 年股灾。恒生指数迅速探底，股市一片哀鸿。然而，即使是股市低潮，也给李嘉诚拓展业务带来了机遇。

对于广大股市投资者而言，投资股市让自己在一年内蒸发了九成资金。香港沉浸在一片凄凄惨惨的经济困境中，业界呼吁港府断然采取有力措施托市救市。

虽然长江实业在股灾中市值大跌，而李嘉诚个人的实际资产却受损无几。他拥有大批地皮物业，并且趁地产低潮，继续低价收购物业。

1973年，长实发售新股110万股，集资1590万港元，现金收购泰伟有限公司，该公司在观塘拥有一座商业大厦——中汇大厦，年租金收入130万港元。1974年，长实发行1700万新股，以换取"都市地产"的50%股权。实际上是换取该集团励精大厦等物业，年租金又增850万港元。到1976年底，长实共发行股票1.13亿股、资产净值5.3亿港元，比上市时增幅3.4倍。

透过连串供股、发行新股，长江实业的资产规模迅速壮大。1972年11月长实刚上市时，市值仅约1.26亿元，但到1981年底，市值已增加到78.77亿元，在香港股市中成为仅次于置地的第二大地产公司。可以说，借助于股市的力量，长江实业由一家二流地产公司一跃成为香港地产公司的巨头。

低进高出

李嘉诚在股市的作风，一如他在地产一样，"人弃我取"，"低进高出"。自从1972年长实上市以来，李嘉诚以其娴熟的股市操作手法，在股海中大展身手。人们羡慕他的功劳，但却学不来他的功夫。也许这种功夫自在人心，不可传授吧。

春秋战国时，有位擅长做车轮的能工巧匠，叫作轮扁。一天，齐桓公在殿堂上读书，轮扁在堂下砍削车轮。轮扁问齐桓公："大王你所看的书，上面写的都是些什么呀？"齐桓公回答说："书上写的是圣人讲的道理。"轮扁说："请问大王，这些圣人还活着吗？"齐桓公说："他们都死了。"于是轮扁说："那么，大王你所读的书，不过是古人留下的糟粕罢了。"

轮扁不紧不慢地接着说："我是从自己的职业和经验体会来看待这件事的。就说我砍削车轮这件事吧，速度慢了，车轮就削得光滑但不坚固；动作快了，车轮就削得粗糙而不合规格。只有不快不慢，才能得心应手，制作出质量最好的车轮。由此看来，削车轮也有它的规律。可是，我只能从心里去体会而得到，却难以用言语很清楚明白地讲授给我儿子听，因此我儿子便不能从我这里学到砍削车轮的真正技巧，所以我已经70岁了，还得凭自己心里的感觉去动手砍削车轮。由此可见，古代圣人心中许多只可意会、不可言传的知识精华已经随着他们死去了，那么大王你今天所能读到的，当然只能是一些古人留下的肤浅粗略的东西了。"

　　这段对话给我们以启示，实践经验是很重要的，因为它不但是产生理论知识的源泉，而且有些精深的实践技艺若不是亲手去做一做，是很难从别人的经验中得到的。

　　到 1990 年年初，李嘉诚以他私有的 98 亿余元资金，控制了当时市值 900 多亿元的长实系集团。1972 年长实上市时，市值才 1.57 亿港元，18 年后市值增长近 180 倍。以全系市值计，比 1972 年膨胀了 586 倍。

　　1972 年，股市正是大牛市，股市成交活跃，上市后必定股价节节攀高。李嘉诚借这大好时机，将长实骑牛上市。长实股票每股溢价 1 元公开发售，股票借助牛市上市。这便是典型的"高出"。

　　1973 年，香港股市出现大股灾，恒生指数到 1974 年 12 月 10 日跌至最低点 150 点的水平。1975 年 3 月，股市跌后初愈，开始缓慢回升，深受股灾之害的投资者仍"谈股色变"，视股票为洪水猛兽。

　　此时，李嘉诚以其独到的眼光重新投入股市。在李嘉诚的安排下，长江实业发行 2000 万新股予李嘉诚，依据当时低迷不起的市价，每股作价 3.4 元。李嘉诚宣布放弃两年的股息，既讨了股东的欢心，又为自己赢得实利。此后，股市渐渐摆脱低迷，繁荣景象再现，并一直持续到 1982 年香港信心危机爆发前。长江实业的股票此段时间升幅惊人，李嘉诚赢得的实利恐怕令很多人都会眼红——是为"低进"。

　　1985 年 1 月，李嘉诚大手笔收购港灯，他抓住卖家置地急于脱手减债的心理，提出以比一天前收盘价低 1 元的折让价——即每股 6.4 港元，收购了港灯 34.6% 的股权。仅此一项，为长实系节省了 4.5 亿港元。6 个月后，港灯市价已涨到 8.2 元一股。李嘉诚又出售港灯一成股权套现，净赚 2.8 亿港元。

　　李嘉诚运用"低进高出"的手法两头赢钱，说起来虽然容易，但做起来恐怕就比较难以把握。巍城公司开发天水围的浩大地皮，由于港府的"惩罚性"决议，天水围开发计划濒临流产，众股东纷纷萌发退出之意。但李嘉诚看好天水围发展前景，他从其他股东手中折价购入股权，为此后的大举盈利提前埋下了伏笔。可以说，长实是两大股东中最大的赢家。

　　1989 年香港股市一度低迷。1991 年 9 月，李嘉诚斥资近 13 亿港元，购入一个有中资背景财团的近 20% 股权。稍后，此财团收购了香港历史悠久的大商行"恒昌"。4 个月后，这个财团大股东"中信泰富"向财团的其他股东发起全面收购，李嘉诚见出价尚可，便把手中的股权售出，总价值 15 亿多港元。李嘉诚又净赚 2.3

亿港元。

李嘉诚每一次"低进高出"，几乎都能准确地把握时机，预测股市未来的走势。

股市投资经

马世民在会见《财富》记者时说："李嘉诚是一位最纯粹的投资家，是一位买进东西最终是要把它卖出去的投资家。"马世民的话，揭示了李嘉诚在股市角色的优势。虽然股市的许多人都愿意做一个投资家，但最终却成了投机家，这很大程度上源于自身的短视与浅见。

李嘉诚作为投资家，他看好有潜质的股票，作为长线投资，既可趁高抛出，又可坐享常年红利，股息虽不会高，但持久稳定。投机家热衷于短线，借暴涨暴跌之势，炒股牟暴利，自然会有人一夜暴富，也有人一朝破产。

李嘉诚的投资行为虽然繁复，却并不难以理解，大体遵循长期投资的逻辑，而不是短期投机的目的。

李嘉诚遵循价值投资策略，倾向于收购"微笑曲线"两端附加值高的业务。比如价值链上游的能源业务（赫斯基能源公司 2013 年平均每天出产 31.2 万桶石油）、下游的零售（包括香港在内的 25 个市场拥有屈臣氏、百佳超市超过 10500 间零售门店）和港口业务，覆盖大宗商品和大众消费品的经销买卖。

李嘉诚还青睐那些对组织能力依赖度较低的业务，如房地产开发、物业出租、污水处理等基建项目，这类生意受"人的因素"影响较小，易于形成持续、稳定的收益。

李嘉诚投资股票时，在市场恐慌时买入，在市场繁荣时卖出。20 世纪 70 年代，当英资公司从香港大规模撤离导致股价萧条，李嘉诚以极其低廉的价格收购香港电灯、青洲英坭、和记黄埔等英资企业。1989 年之后，外资从中国大陆纷纷撤离，李嘉诚反其道而行之，积极到大陆开发房地产，日后获得超值的土地收益。

1986 年，中东石油危机的影响还未消散，全球油价暴跌，石油股低迷不振，李嘉诚入股亏损的加拿大赫斯基石油公司并大举收购石油资产，在日后油价大涨中成为受益者。

马世民曾数次对记者谈到投资英国电报公司股票。1987 年，李嘉诚采纳马世民的建议，在半小时内就下决心投资 3.72 亿美元，购买英国电报无线电公司的 5% 股份。这是一只值得长期保留的明星股。3 年后，股价高升，李嘉诚又以同样快的速度将股票抛出套现，净赚近 1 亿美元（合近 7 亿港元）。

除股票外，李嘉诚还投资债券。众所周知，购买债券是一种极保守的投资，持有人只能享受比定期存款高的利息，而不能分享公司的利润。李嘉诚购买债券的一大特色，是可以交换股票。债券有 1 ~ 3 年的期限，若认定该公司业务有可靠的增长，便以债券交换股票。即使不成，就将债券保留至期满，连本息套回。

1990 年，李嘉诚购买了约 5 亿港元的合和债券。另又购买了爱美高、熊谷组、加怡等 13 家公司的可兑换债券计 25 亿港元。胡应湘的合和表现最为出色，先后拿下广东虎门沙角电厂 C 厂、广深珠高速公司、广州市环市公路及泰国架空铁路大型工程兴建合同。

因为合和公司的表现诱人，李嘉诚马上把合和债券兑换成股票，当初价值 5 亿的股票，到 3 年后升值近 9 亿，账面溢利达 3 亿多港元。李嘉诚购入的其他可兑换债券，也大都有不俗的表现。

一位经济评论家说："若在 20 世纪 80 年代初，李嘉诚投资一家公司，就要将其控得并做它的主席。从 80 年代末起，他已鲜有大规模的收购计划，较偏重于股票投资。他的集团委实太庞大了，他的精力智力都不够应付同时管理多家大型公司。他只有透过债券股票投资，利用富有进取心的商家为他赚钱生利，虽不如自己投资自己经营获利大，却比较省力。"

私有化

这里所讲的"私有化"是股市中的一个专用名词，这是与"公众公司"相对而言。根据香港普通法，香港公众公司是指没有公司的章程对自己设定那些要求私人公司必须具备的限制的公司。香港公众公司的特点是股票可在联合交易所挂牌公开进行交易，成员的人数也没有法定最高数额限制。

因为香港公众公司的规模一般较大，股东（成员）人数众多，所以《香港公司条例》对香港公众公司作出了较为严格的要求：如公开业务经营状况；向投资者和公众公开资产负债表及损益表等。也就是说，香港公众公司的经营要贯彻"公开原则"的要求，以保护广大投资者和与公司进行交易的第三者的利益。

香港公众公司不能等同于上市公司。香港公众公司在符合一定条件下，可以申请其股票在香港联合交易所上市交易。而香港上市公司是其股票已经在联合交易所挂牌交易的公司。上市公司必然是香港公众公司，而香港公众公司则不一定就是上市公司。

香港公众公司因为不受私人公司必须具备的三个条件的限制，在募集资本、扩大经营规模以及股东通过股份的转让随时转移风险等方面，具有私人公司所不具有的优点。但香港公众公司的公开制度容易暴露公司的经营秘密，股东人数的众多会导致公司缺乏凝聚力，等等。在香港，私人公司的数量远远超过公众公司，但公众公司在商业及工业中所起的作用却仍是巨大的。

"私有化"即改变原有上市公司的公众性质，使之成为一间私有公司。按香港证券条例，公司上市必须拨出 25% 以上的股份挂牌向公众发售，即使是一间家族性的上市公司，本质上也是公众公司。

将公司私有化，取消其挂牌的上市地位，就是大股东向小股东收购该公司股票，使其成为大股东的全资公司。取消挂牌后的私有公司，不再具有以小搏大、以少控多的优势。

当时，李嘉诚所控的长实集团够庞大了，仅以长实、和黄、港灯 3 间巨型公司的规模，足以获准浩大的集资计划。私有化的公司，将恢复不受众股东和证监会制约监督的优势——李嘉诚正是基于这点，先后决定把已经上市的公司进行私有化。

1984 年中英就香港前途问题草签后，香港投资气候转晴，股市开始上扬。1985 年 10 月，李嘉诚宣布将国际城市有限公司私有化，每股出价 1.1 元，较市价高出一成，亦较该公司上市时发售价高出 0.1 元。

市场人士当年分析指出，国际城市发展的城市花园项目已经完成，倘要再发展其他项目，则需购入土地，李嘉诚为避免国际城市与旗舰企业长江实业重叠，于是通过资本运作将其私有化。

李嘉诚出价 1.1 元，较市价高出一成，小股东大喜过望，纷纷接受收购。

李嘉诚第二次私有化，是收购青洲英坭。资料显示，20 世纪 80 年代初青洲英坭还拥有 80 万平方英尺的临海土地，这两点对当时进军房地产的李嘉诚具有相当大的吸引力。随后他迅速出手，成功地购入该公司达 36% 的股份，入主董事局并成为主席。

业内知情者介绍，青洲英坭在同李嘉诚旗下其他企业联合发展房地产后，土地储备几乎耗尽，而且还由于经营不当将经营房地产所得的资金投入到当时几近夕阳产业的船运行业，导致公司业绩下降。

1988 年 10 月，长江实业宣布将青洲英坭私有化。长实控有其 44.6% 股权，以 20 元一股的价格进行全面收购，收购价比市价 17.7 元溢价 13%，共涉资金

11.23 亿港元。到 12 月 30 日收购截止期，长实已购得 9 成半股权，从而可以强制收购，完成私有化。现在申请摘牌，就变成长实旗下的私有公司了。

李嘉诚的第 3 次私有化是将嘉宏国际私有化，不过过程不是特别顺利。

嘉宏国际是 1987 年从李嘉诚的另一家公司——香港电灯集团分拆出的上市公司，主要业务包括石油投资和地产等，是李嘉诚长实集团的骨干公司之一，到 1990 年 6 月底，嘉宏市值达 90.75 亿港元，资产值 44.57 亿港元。但是进入 20 世纪 90 年代，嘉宏的盈利增长开始缓慢，投资回报率不理想。

上市时，和黄控嘉宏 53.8% 股权，嘉宏控港灯 23% 股权，嘉宏综合资产净值为 44.57 亿港元。到 1992 年 6 月底即将完成全面收购时，市值为 155.09 亿港元。

1991 年 2 月 4 日，控股母公司和黄宣布将嘉宏私有化建议，以每股 4.1 元价格将嘉宏收归私有，共涉资金 118 亿港元，这是当时最大的一次私有化计划。收购价比市价溢价 7.2%，和黄当时拥有嘉宏 65.28% 股权，实际动用资金 41 亿便可完成收购。

和黄解释，嘉宏盈利能力有限且业务与母公司重叠，并声称不会提高收购价格，如有人肯出 5 元的价收购，他会考虑出售。

但是，当时嘉宏资产估值在每股 5 ~ 6 元的水平，和黄开价 4.1 元折让一成多收购，显然损害了小股东的利益。在随后的 4 月 10 日嘉宏股东会议上，小股东质询：嘉宏 1990 财政年度业绩在 1991 年 3 月 8 日公布时，盈利状况甚佳，13.16 亿港元年盈利比上一年增幅达 99%。另外，嘉宏所控的港灯市值连月上升，也会造成嘉宏资产值增高，以 4.1 元的价格收购，不能接受。

小股东纷纷质疑，嘉宏私有化建议在小股东的强烈反对下而胎死腹中。证券界认为："流产的原因，是收购价偏低，收购方对嘉宏的评估与实际业绩的差异太大。和黄出价太低，远不及 1987 年上市供股价 4.3 元的水平。李嘉诚素来关注小股东利益，而和黄的收购建议对股东照顾不够，有失长实系的一贯作风。"

这次私有化失败了，李嘉诚还会将嘉宏私有化吗？按规定，私有化失败，一年之内不得再提（私有化）建议。很快一年时间就过去了，1992 年 5 月 27 日，和黄重提嘉宏私有化。收购价 5.5 元 / 股，较之停牌前收盘价高出 32%，涉及资金 58.38 亿港元。

7 月 10 日的嘉宏股东会议，私有化建议以 96.7% 赞成票获得通过。这次私有化，和黄以 5.5 元的价格收购小股东 36.6% 股权，实际动用资金 50.84 亿港元。这次的收购价，比上一次出价的 4.1 元提高了 36.62%，比资产净值每股 6.4 ~ 6.5 元的水平仍有折让。当日，嘉宏收市价 5.4 元，升 0.05 元，和黄 17.40 元，升 0.2 元。

分析者后来认为，嘉宏国际资产净值高出收购价不少是和黄私有化的关键所在，事实上还是一种逢低吸纳的方法，简化机构等原因只是一个借口而已。

自此，长实系剩下长实、和黄、港灯三大上市公司。

内幕交易事件

李嘉诚绝对是个股市高手，他从涉足股市开始，短短十多年间自己就成了富可敌国的"超人"。

但在李嘉诚的股海生涯中，他却遭遇"内幕交易"的指控，这让一向看重清誉的李嘉诚颇为尴尬和难堪。

内幕交易是一种典型的证券欺诈行为，是指证券交易内幕信息的知情人员利用其掌握的未公开的价格敏感信息进行证券买卖活动，从而谋取利益或减少损失的欺诈行为。

内幕交易在世界各国都受到法律明令禁止。内幕交易虽然在操作程序上往往与正常的操作程序相同，也是在市场上公开买卖证券，但由于一部分人利用内幕信息，先行一步对市场做出反应，因而具有相当的危害性。

内幕交易侵犯了广大投资者的合法权益。证券市场上的各种信息，是投资者进行投资决策的基本依据。内幕交易则使一部分人能利用内幕信息，先行一步对市场做出反应，使其有更多的获利或减少损失的机会，从而增加了广大投资者遭受损失的可能性。

20世纪80年代中，"内幕交易"事件，使李嘉诚清白的声誉有所受损。《企业大王中的大王李嘉诚》一文的作者，涉及此事时说：

"名誉对每一个人来说，都是十分重要的东西，更何况对一位超级大富豪？李嘉诚一直都十分重视自己的名声，不许有半点蒙尘，但1986年中香港内幕交易审裁处却裁定'长江实业'四名董事包括李嘉诚在内，触犯了有关内幕买卖条例（注：对触犯条例者的制裁依性质轻重包括：勒令交出内幕交易所得利益并公开谴责，判罚所得利益3倍以上罚款；取消违法者在市场交易资格；禁止出任香港任何公司的董事职位），并且公开谴责，相信是李嘉诚最感气愤和遗憾的。

"事缘于1984年1月23日，'国际城市'出售城市花园予王光英（北京（香港）光大集团主席），这消息公布时，其中的一项细则'退订条款'并没有一并透露，其后这宗交易告吹。而当年1月16日至3月1日期间，'长实'一名董事周千和出售了五千五百多万股'国城'股份，因而被裁定为'内幕交易'。

　　"当时'长实'高层对这项裁决深为不满，在各大报章首次刊登全版广告辩白，表示对裁决深感遗憾，以及保留公司在这件事上的法律地位。但最后李嘉诚知难而退，事件不了了之。"

　　这一事件轰动一时，舆论称"这是多年来一帆风顺的超人李，最灰色的日子"。但李嘉诚后来以他的信誉，再次捭阖商界，赢得人心。

遭遇股灾

　　"花无百日红"，李嘉诚在股市中一向顺风顺水，他难道没有翻船的时候？很快，他便在股灾中面临一次挫折。

　　20世纪80年代中期，香港股市持续兴旺，恒指连年攀升。到1987年，股市步入狂热。2月18日，恒指破2800水平报2801点。8月3日，恒指已升越3500水平。10月1日，飚升到历史高峰的3950点。

　　"超人"是人，不是神。在股灾发生之前，香港股市牛气冲天，正是售股集资的大好时机。1987年9月14日，李嘉诚宣布长实系四间公司——长实、和黄、嘉宏、港灯合计集资103亿港元，是香港证券史上最大一次集资行动。对于这笔巨资的用途，李嘉诚表示将在3个月内公布。

　　1987年大股灾，事发前并无明显兆头。这次股灾是从1987年10月19日开始的。上午9时30分，纽约股市一开盘，道·琼斯指数经过一段颤动后突然下跌，惊慌失措笼罩了整个纽约股市，投资者纷纷抛售股票，急迫到不讨价格的地步。一直到休市，道·琼斯指数暴跌508.32点，跌幅达22.62%，超过了1929年10月29日纽约股市暴跌的纪录。如果将抽象的指数折算成货币，这一次纽约股市下跌使市场丧失了5000亿美元的市值。这个数目几乎相当于当年美国国内生产总值的八分之一。

　　美国股市暴跌，迅速蔓延全球，10月19日，英国伦敦《金融时报》指数跌183.70点，跌幅为10.8%，创下了英国股市日最大跌幅；日本东京日经指数10月19日跌620点，20日再跌3800点，累计跌幅为16.90%。10月19日香港恒生指数跌420.81点，下跌11.2%。香港股市在被迫停市4天之后，26日上午11点复市，积压数日的抛单汹涌而出，市场根本无法接单。至休市，香港恒生指数暴跌1120.7点，日跌幅高达33.33%，创世界股市历史上的最高跌幅纪录。

　　长实系发行的新股，此时正由5家证券经纪公司包销，向公众发售。10月19日，香港股市值恒指暴跌 420 多点。如果在 9 时之前，包销商尚可引用"不可抗拒"条款退出包销供股计划。结果这个计划在 10 时开市前得以顺利通过。开市后造成包括香港在内的世界股市的连锁反应。

李嘉诚靠他的运气，侥幸躲过这场股灾浩劫。长实系上市值下跌，但实际资产依旧。而包销商则承担了主要风险——包销的风险。10 月 26 日周一重新开市，五家包销商所拟定的供股价都较市价高出 30% 以上。在这种形势下，长实系的大股东或控股公司承担其责任的一半（51.5 亿港元），其余价值 50 多亿新股由原有 5 家包销商，上百家分包销商承担。结果，长实系四公司的集资计划大功告成。

这就是被有关传媒评价的"百亿救市"行动。李嘉诚在这次股灾中，扮演了"白衣骑士"的角色。

香港股市暴跌，长实系上市股票均下跌 3 成，这正是向公众股东廉价收购本系股票的好时机。10 月 23 日，李嘉诚向香港证监会提出一个"稳定股市"的方案，拟动用 15 亿 ~ 20 亿港元，吸纳长实系四公司的市面散股，以便稳定股市，他强调"此举目的是希望看到本港股市的经济不要太多波动，希望能稳定下来"，"绝非为个人利益，完全是为本港大局着想"。

当时，李氏家族控有长实 35% 以上股权，和黄的股权也近 35%。按照收购及合并条例，已超过 35% 股权的人士要再增购股权，就必须提出全面收购。李嘉诚无法全面收购，要求当局放宽限制。

证监会碍于条例不予批准，李嘉诚多次去港府力争，希望以"救市大局"出发。结果，收购及合并委员会决定接纳李嘉诚的"救市建议"，暂时取消有关人士购入属下公司股份超过 35% 诱发点而必须履行的全面收购条例，但规定所购入最高限额之股份，必须在一年内以配售方式出售。同时购入股份时必须每日公布详情。

李嘉诚对放宽限制表示欢迎。但认为既放宽收购点又限期售出，这是"措施矛盾"，"难消危机"，不能根本解决问题，故表示对附带条件的失望。这意味着，如一年限期内，股价继续下跌，他收购的股票必蚀本。

有舆论如此评说："李嘉诚原想酿的美酒变成苦酒，现在不得不喝下去——李氏购买了数亿股票。"这恐怕不会空穴来风。当时许多人都认为，李嘉诚这次投资必定亏本，人们在股灾之后还是看淡后市。

也许是运气，这次特大股灾竟恢复得非常快。到了年底，全球股市就开始回扬上冲，股灾的痕迹竟然瞬间消弭。李嘉诚在一年的限期内，以配股方式将增购的股票出售，当然没有亏本，甚至还小赚几千万港元。

延伸阅读

知识——核心价值

——北京工业大学综合科学楼启用仪式致辞

（2003年12月15日）

尊敬的王岐山市长、左铁镛校长、各位领导、各位来宾、各位老师、同学们：

今天我们很高兴能聚首一堂，为北京工业大学综合科学楼举行开幕典礼。大学一直以来为国家培育专业人才作出贡献，今天启用的这座大楼，是因为有你们在这里追求知识而有重大意义。

记得数年前，有人跟我说，现今世界已进入知识经济的时代，当时我有点诧异，心想，知识不就是一直推动人类历史进步的动力吗？

百多年来科学家与企业家为了人类福祉，追求各种创新发明和工业发展，我们赖以舒适生活的内燃机、能源、解除痛苦疾病的药物到通信网络，都是以知识为核心的发明与创新。知识既然是我们生活的核心，它必然也是我们经济活动的核心。过去如是，将来也理当如是！

中国人最懂得这个道理，传统流传的智慧告诉我们"书中自有黄金屋，书中自有颜如玉"。我们早早就知道，投资在知识上是有所回报的。

既然是老生常谈，何以今天对知识经济有那么多新的定义，提出新的重要性呢？难道单单因为知识已成为资产负债表栏目上可估量的一项、单单是因为它是计算增长的倍数值而被重视？

今天，每一个国家、每一个商业机构、每一个人都清楚明白，创新动力可带来爆炸性的效益。我认为，所有新的理论、方法及分析架构，正在塑造一种新的心态和社会方式，都是在强调一点，在激烈竞争的环境中，个人能力比任何其他资产更为重要。

社会已容不下滥竽充数的人，这对每一个人来说都是沉重的压力。我们已到了一个范式转移的关键时刻，知识就是我们最核心的价值。

世界对我们有新的要求，我们要有新的准备。知识已不再是一门技能或一纸文凭。对这个世界的认知，大家要有多层次、多维全方位的视野，慎思明辨、客观论证及逻辑思维，这是现实生活可仰赖的成功方程式。

美国哈佛大学 Michael Porter 教授在一篇叫《国家创新能力》的文章内提出，创新是未来的决胜因素，创新能力是知识及资讯组合的百变动力。为了现实的需要，在宏观层面，政府缔造的架构要重视培植创新的活力，不仅是投资精尖科技的发展或其商业应用这些硬环节，而是在政策上，建立一个包括政府、工商业、教育、环境、健康、精神成长、艺术和科学，有利于创新的互动流畅开放的软环境。

Michael Porter 教授在报告中所列出的国家创新能力排行榜中，我国处于中游位置，这正是鞭策我们力争向前的动力。这是我们，尤其是各位年轻人的责任。在个人追求生产力与繁荣的同时，我们也能够为解决国家及人类社会的各种挑战作出贡献，打造未来。

今天在这里与大家共勉。谢谢。

置地收购战

衰落的"狮子"

提及怡和洋行的威名，在香港恐怕无人不知。在香港有"未有香港，先有怡和"的说法，足可见怡和洋行的影响力。

怡和洋行是最著名的一家老牌英资洋行，远东最大的英资财团，清朝时从事与中国的贸易。怡和洋行对香港早年的发展有举足轻重的作用，亦是首家在上海开设的欧洲公司，和首家在日本成立的外国公司。

怡和洋行1832年在广州成立，创始人是大鸦片商渣甸与马地臣。香港开埠后的1841年，怡和将总部迁往香港，是19世纪香港四大洋行之一。1855年，渣甸的侄女婿威廉·凯瑟克来华为怡和工作，渐爬上怡和大班之位。百余年来，凯瑟克家族的多人任怡和大班，该家族控有怡和10%～15%股权，为第一大股东，怡和也由此被认为是凯瑟克家族的基业。

1949年后，怡和在中国大陆的大部分资产及生意被收归国有。1954年，怡和在中国国内最后一家办事处亦被迫关闭，公司总部迁回香港。此后，怡和高层一直对共产党政权持戒心，奉行"获利在香港，发展在海外"的方针，海外分据点达20多个国家和地区。

进入20世纪70年代后，正值香港华商崛起，英资怡和对香港信心渺茫，大力拓展海外业务，其间收购英国怡仁置业、夏威夷及菲律宾糖厂、南非雷民斯公司等世界多地公司。因为海外投资战线太长，回报率并不高，导致怡和资金枯竭。此时，在香港的华资财团正处于急速扩张期。此时的怡和被誉为衰落的"老狮子"，愈显沉沉暮气，渐不敌香港的新生代"华南虎"。

我们通常所说的怡和，是指怡和系，在香港主要包括怡和、置地、牛奶国际、文华东方等一批大型公司。怡和系拥有中区黄金地段大厦物业、国际一流酒店、百余间超级市场及精品零售连锁店等。全系论控股地位，怡和占主要地位。若单以公司资产论，置地公司无疑是最大的。

经历 20 世纪 70 年代的扩张，怡和系在海外的投资并不顺利，置地渐渐奉行由海外收缩的战略。进入 20 世纪 80 年代以来，置地看到香港的辉煌发展，将精力重新放到香港，期间参与白笔山豪华住宅区建设、美丽华酒店旧翼重建，收购香港电话及港灯集团近 3 成半股权。更令人瞩目的 1982 年，破纪录以 47 亿多港元巨资投得中区地王，兴建交易广场。

1982 年秋，撒切尔夫人访华，专门商讨香港问题。从《邓小平文选》中摘录了当时邓小平对香港问题的回应："关于主权问题，中国在这个问题上没有回旋余地。坦率地讲，主权问题不是一个可以讨论的问题。现在时机已经成熟了，应该明确规定：1997 年中国将收回香港。就是说，中国要收回的不仅是新界，而且包括香港岛、九龙。……如果中国在 1997 年，也就是中华人民共和国成立四十八年后还不把香港收回，任何一个中国领导人和政府都不能向中国人民交代，甚至也不能向世界人民交代。如果不收回，就意味着中国政府是晚清政府，中国领导人是李鸿章！"

会谈结束后，撒切尔夫人"落寞地从门口走出，脸色凝重"。她步下大会堂北门石阶，抬眼望见右下方的记者，突然绽开笑脸，转过头来向记者示意，努力地使自己表现出镇定。当她继续往下走时，高跟鞋与石阶相绊，使身体顿失平衡，栽倒在石阶地下，皮鞋、手袋也被摔到了一边。幸好她已将至平地，摔得不重。在一旁的随员及工作人员立即上前将她扶起。

香港不少传媒认为，正因为这一"摔"，摔掉了香港英资的信心。此后，香港爆发信心危机，地产市道凄云笼罩。

正在香港大展拳脚的置地遭遇地产低谷，市值大幅下滑，一时遭遇现金难题。原本偿债不成问题的置地，竟然遭遇了银行紧逼，偿债无力。在前文中已经述及，1983 年，怡和系大班纽璧坚颓然下台，西门·凯瑟克走马上任。但凯瑟克面对如此困境亦无回天之力，不得已大幅出售公司的非核心资产和业务。

1983 年 3 月将置地所持有的香港电话公司 38.8% 股权售予英国大东电报局集团，套现 14 亿港元。同年 6 月，将南非雷里斯公司 51.7% 股权出售，套现 13 亿港元。10 月再将怡和属下金门建筑公司 50% 股权售予英国的特法加集团，出售价为 2 亿港元。同时将夏威夷戴惠思公司所拥有的甘蔗园以 5.4 亿港元价格售出。

1985 年 2 月，怡和再将置地所持有的香港电灯公司 34.9% 股权售予李嘉诚的和记黄埔集团，套现 29 亿港元。因为航运业持续不景和油价大幅回落，怡和亦决心撤销船东和离岸石油业务，怡和船队从最高峰期的 35 艘轮船减至 10 艘。

接着是重整庞大债务。怡和首先取得了汇丰、渣打两家发钞银行的支持，为置地安排了一宗以汇丰、渣打为首包括中国银行等 15 家银行组成的银团贷款，数额高达 40 亿港元，为期 8 年。1985 年，置地宣布委托获多利和标准渣打亚洲安排一宗高达 12.5 亿港元的商业票据，该宗商业票据成为香港最大额的商业票据协议。期间，置地又不断与多家金融机构协商作出财务安排，使公司以往的净动利率借贷转为固定利率借贷，以减低利率波动的风险。

其时，这只纵横香港百余年的"老狮子"疲态尽显，早已失去了前几年的威风。进入 80 年代，九龙仓、和记黄埔、会德丰、港灯集团等大型英资企业，先后落入华人财团之手，"华南虎"令世界刮目相看。

在吞并了众多的英资后，市场便盛传，华人财团下一个目标将会是置地了。因为华人财团几乎是地产商，而置地在中区的豪楼名厦，让这些财团垂涎已久。

怡置互控

踏入 80 年代，继青洲英坭、和记黄埔、九龙仓等老牌英资公司相继被华资财团收购之后，英资财团独占香港的局面已彻底破产。日益坐大的华资大亨，开始虎视眈眈地转向下一个目标：怡和旗下的置地公司。

置地对华资地产商的诱惑是巨大的，它在香港经济的心脏中环银行区的黄金地段，拥有一个庞大的高级商厦组合。控制了置地，才真正称得上香港地产界的"王中之王"。当时，市场上有关华资要收购置地的传言甚嚣尘上，有说李嘉诚正在收集置地股票，有说李嘉诚正与包玉刚联手挑战置地，甚至宣称华资大户将直接收购市值仅 40 多亿港元的怡和，透过怡和控制置地，种种传闻，不一而足。

当时，怡和及置地确实形势不妙，怡和尚在海外的经营中苦苦挣扎，盈利停滞不前，大股东凯瑟克家族仅持有约一成怡和股权，而怡和及怡和证券仅持有置地 20% 左右股权，置地股价大幅低于其资产净值，正是理想的收购目标。

面对可能被华资收购的可能性，怡和大班纽壁坚果断采取了一系列措施，以加强对怡和及置地的控制权：首先，于 1980 年 9 月 5 日，怡和以价值 11.95 亿港元的资产，交换置地发行的约 6400 万股新股，转移的资产包括铜锣湾世界贸易中心五成权益及 3300 万股会德丰 A 股。交易完成后，怡和持有置地的股权增至27.8%，成为置地大股东。有迹象显示，当时华资财团并未就此甘心，转而将目标转向怡和。为保卫怡和，同年 10 月 29 日，怡和宣布发行 2500 万股新股予置地，收取置地约 7.6 亿港元现金。在此之前，置地又从股市购入怡和已发行股本的 5%。11 月 3 日，怡和再以现金在股市购入置地 7800 万股股票，使它持有的置地股权增加到约 40%。到 1980 年底，怡和宣布，怡和及其附属公司怡和证券已持有 40% 置地股权，而置地亦持有怡和约 38% 股权，形成所谓"连环船"结构。这一策略可说是怡和主席纽璧坚任期内最瞩目、亦最具争议性的大动作，透过怡和与置地互相持有对方约四成控股权，怡和、置地两公司的控股权可谓固若金汤，令觊觎已久的华资大亨难越雷池一步。

1983 年 3 月，香港政府宣布修订收购及合并条例，将上市公司"控股权"的定义从过去的 51% 修订为 35%，规定持有 35% 的大股东可在一年以内增加持有量至 45%，如超过此数便要提出全面收购；非大股东一旦吸入一家公司 35% 股权便要公开提出收购。控股权定义修订后，外界觊觎一家公司控制权的困难增大。这也让置地暂时渡过了被收购的危险。

据估计，在地产低潮中，置地仅中区交易广场、美丽华酒店旧翼、白笔山发展计划等三大投资项目，损失就超过 30 亿港元。

这时，怡和与置地互控的"连环船"策略，其弊端已完全暴露：怡置互控对方四成股权，不但导致大量资金被冻结、债台高筑、削弱了整个集团运用资金的能力，而且在地产、股市低潮中形成互相拖累的局面。1983 年置地严重亏损，令怡和业绩亦大幅倒退，纯利剧减八成。怡和与置地均处于危城苦守的困局，风雨飘摇。其中怡和最惨，市值才 30 亿左右。置地情况稍好，仍有 100 亿港元。此时，市场一改原有的传闻，说华资财团下一个目标是怡和，进而控得置地。

西门·凯瑟克上台后不久，请英国拯救破产公司而闻名的戴伟思主理置地的业务。到 1986 年，他又从美国请来投资银行家包伟士，重组怡置系结构。以彻底解除怡置互控这个心腹大患，同时保卫怡和对属下公司的牢固控制权，以适应过渡时期的投资策略。

1980 年，面对新兴华资财阀的觊觎，前怡和主席纽璧坚采取断然措施，透过怡和及怡和证券与置地互控，保卫了怡和及置地的控制权。不过，到 1983 年，香港地产崩溃，怡置互控成为怡和与置地互相拖累，被迫出售大量海外资产及非核心业务。因此，结构重组的关键，是解除怡置互控。

早在 1984 年 1 月，西门·凯瑟克已开始行动，置地将所持 7200 万股怡和股票，以每股 12.3 港元对外配售，套现 8.6 亿港元，置地所持怡和股权从 42.6% 减至 25.3%。同时，怡和亦将对置地的持股量从 30% 减至 25%。1986 年 3 月，怡和证券向置地购入 12.5% 怡和股份，置地所持怡和股权进一步降至 12.5%。

1986 年 1 月，怡和集团宣布重大改组，由怡和控股、怡和证券、置地三家公司注资组成香港投资者有限公司，置地将所持剩余的 12.5% 怡和股权全部注入新公司。新公司随即与怡和证券合并，在百慕达注册成为怡和策略控股有限公司，取代怡和证券在香港的上市地位。经过连串繁复的换股后，置地不再持有怡和股份，怡和透过怡策控制置地，怡置互控解除。

此外，将原属置地的两家全资附属公司——牛奶有限公司和文华国际酒店有限公司分拆出来独立上市。1986 年 9 月及 1987 年 4 月，置地先后将旗下两项重要资产，经营零售业务的牛奶公司和经营酒店业务的文华酒店分拆出来，在百慕达重新注册，分别成立牛奶国际控股有限公司及文华东方国际有限公司，在香港独立上市，并将它们转拨怡和策略旗下，成为与置地平行的公司。置地分拆牛奶国际和文华东方之后，已从一家庞大的综合企业集团重新成为一家单纯的地产公司，负债亦减至 55.5 亿港元，财政状况大为健全。

首轮接触

通过改变怡置互控的格局，让置地财务状况改善的同时，也削弱了凯瑟克家族对置地的控制，使外敌入侵置地的可能性大增。

1984 年 3 月 28 日，正值中英就香港前途问题的谈判进入关键时刻，香港投资者的信心仍处低迷之际，怡和主席西门·凯瑟克突然宣布，怡和将把公司的注册地从香港迁移到英属自治区百慕达。

到 1987 年，除置地、仁孚行外，怡和集团的 4 家主要上市公司，包括怡和控股、怡和策略、牛奶国际及文华东方均全部迁册百慕达。舆论认为已将怡和迁册海外，行将大举走资的凯瑟克家族，有意将置地出售，待价而沽，好卷资远走高飞。

此时，在地产界风生水起的李嘉诚一直对置地拥有的中区各大楼情有独钟。经过 20 世纪 70 年代末 80 年代中的系列收购，长实系的实力大增。现在，置地被置于怡和核心结构的外围，多年一直觊觎置地的李嘉诚怎么会放过？

股市中流传各种传言。很多人都说，李嘉诚与包玉刚欲再次联手合作，吞并置地。尤其到 1987 年股灾前几个月，各种收购的传闻，已经沸沸扬扬。香港当时财大气粗的华商财团，均被传言有收购置地的意图，包括长江实业的李嘉诚，环球集团的包玉刚，新世界发展的郑裕彤，新鸿基地产的郭得胜，恒基兆业的李兆基，信和置业的黄延芳，香格里拉的郭鹤年等等，皆在此列。另外，尚有股市狙击手刘銮雄兄弟，也可能乘虚而入。

有一种说法，刘銮雄曾登门拜访怡置大班，提出以 16 元 / 股的价格收购怡和控有的 25% 的置地股权。西门·凯瑟克愤然拒绝，嫌弃对方的出价太低。

当然对置地花心思的肯定不止刘銮雄一个人，华商财团接踵而至，他们拜访凯瑟克。凯瑟克愈加囤积居奇，既不彻底断绝华商财团收购的念头，又不愿轻易脱手置地。

流传最广的价格要数以李嘉诚为首的华资财团。李嘉诚和凯瑟克早在港灯一役中就交过手，两人已经算是老熟人。超人来谈收购，西门·凯瑟克不敢怠慢，更不敢掉以轻心。李嘉诚表示愿意以 17 元 / 股收购 25% 置地股权，这比置地其时 10 元多的市价溢价 6 元多。西门·凯瑟克对这个出价颇不满意。同时，他也未把门彻底封死："谈判的大门永远向诚心收购者敞开——关键是双方都可接受的价格。"

李嘉诚等人与凯瑟克继续谈判，但双方分歧仍十分巨大。华资财团告辞，商议对策，约定下次谈判。李嘉诚一如收购港灯一样，他有足够的耐心等待有利的时机。

1987 年前，香港股市一派兴旺，攀上历史巅峰。但扶摇直上的香港恒指，受华尔街大股灾的波及，一泻千里。1987 年 10 月 19 日，恒指暴跌 420 多点。被迫停市后的 26 日重新开市，恒指再泻 1120 多点。

突如其来的股灾让香港商界始料未及，华资财团形如过河泥菩萨，自身难保，哪有余勇卷入收购大战？此时，华商对置地的收购战暂时告一段落。

再度较量

在 1987 年大股灾中，李嘉诚迅速出台了百亿集资计划，被视为香港股市的救命稻草，成为当时黑色熊市的一块亮色。然而，令众人没有想到的是，正如一场暴风雨，这场股灾来去匆匆。仅两三个月后，堕入谷底的恒指开始回攀，地产市况渐旺。

股灾过后的农历年之后，香港市场收购置地的传言再次此起彼落，表明华资再度收购置地的计划在酝酿中。事后报章披露，1988 年年初，李嘉诚等华商翘楚，多次会晤西门·凯瑟克及其高参包伟士。

有不少人好奇李嘉诚等华商为什么不在股灾中乘低吸纳呢？ 1987 年大股灾，怡置系损失惨重，置地股摔落到 6.65 元的最低点，股价较股灾之前已暴跌 40%。李嘉诚就算以双倍的价收购，也不过 13 元多，仍远低于李嘉诚在股灾前的 17 元的开价。这涉及到香港的法律法规。

原来，根据收购及合并条例，收购方重提收购价，不能低于收购方在 6 个月内购入被收购方公司股票的价值。10 月股灾前，华资大户所吸纳的置地股票，部分是超过 10 元的，每笔交易的内容全部储存于联交所电脑。这就是说，假设以往的平均收购价是 10 元，现在重提的收购价，不得低于 10 元的水平。6 个月后，就可以不受到这个限制。

1988 年 4 月中旬，股灾已经结束了整整 6 个月。这一时期，置地股从 6.65 元的最低点回升后，已经上升到 8 元的水平线上。虽然股价有所回升，但仍低于股灾前的水平。按照相关的收购条例，对收购方华资财团较为有利。

4 月初，李嘉诚以广生行董事的身份出席该公司股东年会，他首次向舆论披露长实持有置地股份，是做长期投资，并无意出任置地董事参与管理。

李嘉诚的这次发言不是无意间"泄露天机"，而是有意为之。华商财团吞并置地的传言再次在市场上甚嚣尘上。4 月底，以超人为首的华资新财团草拟函件致置地，要求在 6 月 6 日的置地股东年会上，增加一项委任新世界主席郑裕彤、恒基兆业主席李兆基为董事的议案。华资新财团已捏有王牌——合持股权已直逼置地的控股公司怡和。

市场受此消息提振，置地股价从原有的水平线上迅速急蹿到 8.9 元。这是股灾之后，置地股升幅最大的一天。

面对置地可能被华商财团控股，身为置地大班的西门·凯瑟克当然不会束手就擒。他与包伟士面对华商咄咄逼人的气势，开始布置反收购。4 月 28 日，怡和策略与所控的文华东方发布联合声明，由文华东方按每股 4.15 元的价格，发行 10% 新股予怡策，使怡策所持文华东方股权，由略低于 35% 增至 41%。

这个消息对华商财团来说可以说是严重的一击。在商场驰骋多年的李嘉诚从中已经看到，怡策与文华东方股权的变化，虽与置地无直接关系，却是怡和抛出的反扑信号。怡和也有可能抛出同样的反收购措施在置地上。

4 月底，华商财团的代表人物李嘉诚、郑裕彤、李兆基，以及香港中信集团的荣智健，数次晤面，商讨对策。他们决定必须在怡和另一反收购举措未出笼前，向怡和摊牌。5月4日傍晚，股市收市后，李嘉诚、郑裕彤、李兆基、荣智健等，赴怡和大厦与西门·凯瑟克、包伟士谈判。

双方就收购意向展开了谈判。李嘉诚开门见山，说明本财团收购置地的诚意，提出以12元/股的价格，收购怡和所持的25.3%置地股权。

凯瑟克当然不会同意这样的意见，他坚决地表示否定："不成，必须每股17元，这是去年大股灾前你郑重其事开的价格。李先生素以信用为重，不可出尔反尔。置地只是市值下降，实际资产并未损半分，如何就从17元跌到12元呢？"

李嘉诚平静地说道：

"凯瑟克先生，如果你未得健忘症的话，一定还记得，这17元并非双方敲定的成交价，都表示继续谈判重新议价。你我都在商场呆过这么多年，我想你一定不会陌生，'市价'是一切价格的依据的商场规则。现在置地的市价才8元多一点，我们以高出市价近4元的价格收购，怎么能说收购价下跌了呢？"

双方在收购价格方面始终谈不拢。参与谈判的新世界主席郑裕彤，以咄咄逼人的口气挑起新一轮较量：

"既然和谈不拢，那只好市场上见。我们四大集团将宣布以每股12元的价格全面收购。按证券交易惯例，收购方的出价高出市价两成以上，便可在市场生效，置地的公众股东会站在我们一边！"

包伟士却不紧不慢地说："我们将奉陪到底，只要你们不怕摊薄手中的股权的话。置地不是九龙仓，更不是港灯，置地就是置地！是怡和手中的置地！"

包伟士在不动声色中，无疑又把撒手锏抛出来。华商财团没有采取进一步行动，他们不想和怡和闹得两败俱伤。

1988年5月6日，怡和控股、怡和策略及置地三间公司宣布停牌。同日，怡策宣布以每股8.95元，购入长江实业、新世界发展、恒基兆业及香港中信所持的置地股份，合占置地发行总股份的8.2%，所涉资金18.34亿港元。

这样，怡和所持的置地股权，由略过25%增至33%，控股权已相当牢固。怡和"更胜一筹"的是协议中有个附带条款，长江实业等华资财团在7年之内，除象征性股份外，不得再购入怡和系任何一间上市公司的股份。

喧嚣数年之久的置地收购战，就以这种结果降下大幕。一些华文报刊在报道结局时称，这是"一场不成功的收购"，有些英文报刊则称这次战役是"华商滑铁卢"。

华商鸣金收兵

李嘉诚为首的华资财团，为何不决一死战，较个高低胜负而就这么草草收兵了呢？不少香港市民都对此迷惑不解。

事后，传媒不断披露材料，使人们能窥其内幕之一斑。包伟士抛出的撒手锏，是置地将步文华东方后尘，如法炮制。文华东方按 4.15 元／股的价格，发行新股予怡策，以增强怡策的控股权。

怡策认购文华东方新股后，所持股权必超过 35% 的全面收购触发点，怡策按收购及合并条例向文华东方小股东提出全面收购。由于收购价（4.15 元）低于该公司资产值（估计约 6 元），文华东方少数股东对收购计划反应冷淡，这正中怡和下怀，不必动用大量资金，又可使所持文华东方股权超过收购触发点（现有股东可按其权益认购，也可放弃）。这样，怡策所持的股权由 35% 增至 41%，文华东方可保万无一失，收购方不可能通过全面收购使其控股数过 50% 的绝对数，因为被收购方可反收购，能轻而易举再增购 9% 的股权，以达到过半的绝对控股量。

置地效仿文华东方，将会使华资财团陷于极被动的局面。置地从华资财团手中，以 8.95 元／股的价格赎回 8.2% 股权，共耗 18.34 亿资金。这意味着，置地总估价为约 223 亿港元，以 8.5 元左右的市值计，总市值也近 200 亿港元。华资财团若想全面收购达到 50% 略多的绝对控股权，得耗资 100 亿以上。

事实上，怡和不会坐以待毙，在收购反收购的价格战中，股价必会不断抬高，华资财团欲获全胜，所需的资金远远会超过这个数。华资四财团是否能在发起全面收购的短暂限期内筹措这么多现金，尚是个未知数。

怡和控股数近 26%，已优势在先。怡和售出港灯和香港电话的股权后，已从最困难的谷底走出，业务渐入顺境。怡和系尽管大量出售本港和海外企业，仍是本港最大的综合性集团，除银行外，市值仅次于长实系。凯瑟克家族在海外还拥有不少非怡和系资产，有人估计，其控有资产在李嘉诚之上。

即使能控得置地，必付出极昂贵的代价——这不是李嘉诚所希望的。

李嘉诚是个商战高手，而非民族斗士（虽然客观上起了振抬民族精神的作用），他必须权衡商业利益，而不会将其撇在一边决一死战，以痛打落水狗的精神穷追不舍——况且，对方仍是一头老狮子，虽垂暮，余威尚在。

华资财团中，有一位引人注目的干将——中信的荣智健。这使得新财团带有中资背景。大陆读者，甚至中资机构的部分成员，都认为急剧膨胀的中资（一千多家），将是要在 1997 年后取代英资的。这是一种错误的观念。

中国政府有关官员多次强调：未来的特区政府将对各种资本（自然包括英资中资）一视同仁，在港中资必须按香港的游戏法则参与公平竞争，而不是去抢香港人饭碗（包括不同国籍的香港居民）；中国政府希望英资集团继续留在香港，为香港的繁荣稳定发挥作用……

须知，香港的经济发展和腾飞，是华资、英资以及所有国籍的香港居民共同创造的。香港在 20 世纪初，还是个落后的转口商埠。

因此，新财团荣智健的参与，并不像某种舆论所说"向苟延残喘的英殖民经济势力发起总决战"。收购置地，还只是商业行为，进与退，都是自身利益所决定的。

那么，新财团既已退出收购，为什么还要签订带妥协性的 7 年不得染指怡和系股权的协议呢？怡和赎回 8.2% 股权的价码并不高，不足成为交换"怡和 7 年太平"的条件。

市场曾有种种揣测，种种揣测都不足以令人信服，故笔者不想再妄加揣测。

现在，7 年内不得染指怡和系股权的"大限"已过，未见有哪家财团发起收购攻势。1988 年 6 月收购战落幕之后，证券界透露的怡和系股权结构显示如下：怡和控股与怡和策略互控，各控有对方 45% 和 30% 股权；怡和控股控 50% 怡富，以及其他各种业务；怡和策略控 33% 置地、35% 牛奶国际、41% 文华东方。

母公司控子公司股权均在 30% 以上，能攻能守，全系控股权已相当稳固，给外强可乘之机委实太少。另外，已经迁册百慕大的怡和系，从 1995 年起取消在香港的上市地位，股票不再在香港股市挂牌买卖。怡和系虽仍在香港经营，却不再是本港企业。这为外强收购增加很大的难度。

置地撤离香港

李嘉诚为首的财团退出收购，将所持的置地股权售予怡和，售价（8.95 元）仅比当日收盘价高出 5 分。新财团先后购入置地股票，相信比 8.95 元的出售价，低不了多少。新财团售股的税后利润，估计约在 1 亿元。这对四家大财团来说，先后耗费一年多精力之所得，实在是微不足道。

1989 年 1 月，怡和成立全资附属公司怡和太平洋有限公司，作为统筹和加强怡和在亚太区的综合贸易业务的旗舰。怡和太平洋的业务包括：销售（由怡和持

75% 股权的仁孚公司的汽车销售及服务）、航运及航空业务、保安、物业管理及代理、工程与建筑、财务等。

此外，怡和还计划发行 B 股，以加强大股东凯瑟克家族对怡和集团的控制权。1987 年 3 月 27 日，怡和宣布 1 股送 4 股 B 股，B 股面值为 2 角，仅相当于怡和 A 股面值的十分之一，但拥有与 A 股相同的投票权。怡和发行 B 股计划立即在香港引起轩然大波。

4 日后，李嘉诚旗下的长江实业和和记黄埔亦宣布发行 B 股，长实的理由是，发行 B 股是为确保本公司的控制权延续性长远策略之一部分，亦为本公司管理阶层发展及规划业务增长提供一个稳定之环境；同时，此项 B 股之发行，使本公司于未来之扩展及收购行动中拥有更大之灵活性，在控制权结构方面亦无后顾之忧。

长实将发行 B 股目的讲得如此清晰，有人怀疑它是针对怡和的行动。结果引起一些中小型上市公司亦计划跟风，触发了股民抛售股票的浪潮。当时正值九七回归的敏感过渡时期，香港各大企业宣布发行 B 股，不免有减持 A 股增加 B 股，撤走资金的意图。

在强烈的反对声中，4 月 7 日长实及和黄举行记者招待会，宣布自动取消发行 B 股计划。翌日，香港联合交易所和证监处发表联合声明，不准新 B 股挂牌，因此，怡和的 B 股计划胎死腹中。

此后，怡和高层为豁免香港证券条例的监管，怡和与香港的证监当局展开了历时长达 5 年的激烈角力，从申请"上市豁免"到最后甚至不惜全面撤离香港股市。自此，怡和结束了在香港股市叱咤风云的时代。

就在护监会和联交所商讨对策时，怡和采取了连制措施：1990 年 5 月，怡和宣布在伦敦作第二上市，决定改用国际会计准则（IAS）编制公司账项并改用美元为计算单位。其后又先后在澳洲悉尼和新加坡上市。1991 年 3 月，怡和执行董事李舒正式向传媒透露，怡和准备将第一上市地位从香港迁往伦敦，并申请在香港"上市豁免"。怡和在向香港证监会提交的"上市豁免"申请中，建议香港政府设立一种名为"纯买卖公司"的上市公司类别，受海外的上市规则监管，但不受香港的上市规则、收购和合并守则及公司回购股份守则的约束。怡和表示，若此建议遭到拒绝，怡和将不惜取消在香港的上市地位。

1994 年 3 月 24 日，即怡和宣布迁册百慕大即将届满十周年之际，怡和控股发表了其在香港逾一个半世纪以来最具震撼性的声明：决定从 1994 年 12 月 31 日起，终止怡和股票在香港的第二上市地位，撤离香港股市。

延伸阅读

人性的迷失能否复归

——2003 年在汕头大学主持开学典礼时致辞

（2003 年 9 月 19 日）

尊敬的各位校董、各位校领导、各位嘉宾、老师们、同学们：

小时候我的志愿想做医生，也曾想过当大学教授而不是要做一个企业家，你们也许不知道，我曾想过多少多少次，如果像你们一样有机会上大学，我的一生又会如何呢？所以我很羡慕你们，因为我的梦想就是你们的现实，我很高兴汕头大学今天把我们联结在一起。

我们生活在一个充满矛盾的时代，全球化到底代表些什么？它是多元一体的世界，我们生活中的每一个范畴——经济、社会、文化、科技等，都不断加速改变，这高速快车却像没有终站，车上的人谁也不知道往哪里去。全球化如此大规模的商贸及金融活动，在一个董事会议室内，就可以为地球另一端的地方创造价值或为投资撇账，一张资产负债表是否就能反映商贸的真正价值呢？今天全球化资讯有爆炸性的力量，我们能传递资讯，我们又能否传递意义呢？变化已经成为人类生命的本体，再没有人能凝固于往昔的日子里，在这场追求效率及效益最大化的混战中，生命可以变得很无情，人性可以很迷失，我们每一天要快人一步，根本没有时间停下来，好好思考到底需要一个什么样的新典范，来面对经济失衡，环境破坏，人性尊严及和平所受到的挑战？

我们常说人为万物之灵，人是一切发展的核心能源，我们兼具为善、为恶，有创造、有破坏的能力，我们为了追求进步，不断提升自己的竞争力，这本来是对的，教育的本质是令我们积极向前。今天科技进步，通讯、医疗、生命科学等都不断有新突破，我们拥有更多知识，但未必更有智慧；我们能掌握事物的起因，但还不能预知未来。今天社会一切的困境不也就是人类创造出来的吗？所以我们必须反思人性的迷失能否复归，我个人深信透过教育是做得到的。

教育目标是传播知识，追求思维、追求智慧、完善人格。我们生活在社会中，要与社会互动，懂得如何与自己相处，以及如何与别人相处。大家要有同理心，能易地而处，张开心胸去体会来自世界各地不同文化、不同种族的人们所思所想，才可以超越种族、性别、年龄、文化及其他隔膜，不单要努力提升自己，更要致力建立社会共同的尊严，否则我们在全球化的过程中想要彼此和谐共处，只是遥不可及的希望。

各位同学，也许你认为今天你对别人最珍贵的付出是你的情，将来，你会知道，你最珍贵的付出其实是你的承担。汕头大学是我超越生命的承诺，今天我想代表校董会向你们说，对每一位有志贡献于推动中国教育事业前进的工作者，汕头大学欢迎你，对每一位立志成为社会栋梁对社会有承担的同学，汕头大学欢迎你！

谢谢大家。

第十九章

▼

迁资风波

移民风潮

20世纪80年代，香港前途问题开始引起香港及英国政府的关注。1982年9月，英国首相撒切尔夫人访华，在北京与中国领导人邓小平展开对香港前途问题的讨论。当时双方无法达成共识，撒切尔夫人更在步出人民大会堂时在门外摔了一跤。

股市是香港政治经济的晴雨表，消息传来，股市发生动荡，持续滑落，到年底，恒指跌幅六百七十多点。1983年7月12日，中英两国正式展开香港前途谈判，早期双方就主权问题争论，令香港出现信心危机。香港市民对前途忧虑，使物价飞涨。1983年9月港元兑美元曾跌至9.6港元兑1美元的历史低点，市面出现抢购粮食等情况。

在企业迁资的同时，香港也迎来移民潮。不少国家伸出橄榄枝，欲将香港的富豪和各类人才一网打尽。代办移民护照的机构与律师充斥港岛中区，赴美的护照在黑市竟然炒到50万美元一张。香港原就约有10多万持外国护照的居民，他们非富即贵，几乎没有平民百姓。他们有如吃了定心丸，只差一张机票，随时可离开香港。但是也有一些没有"先见之明"的富翁，他们此时正想方设法寻求移民的门票。

从1983年开始，香港兴起了移民高潮，当时移民的风潮漫布在香港社会的各个角落，而且许多市民以移民为时髦，主要移民的国家是美国、加拿大、澳大利亚和新西兰。除有钱的家庭移民外，主要是专业人士的移民，专业人士包括面比较广，主要有医生、律师、会计、核算师、建筑师、测量师、工程师、牧师、教师、演员、管理层、文员等，他们大都是社会的精英。人们见面头一句话已由中国人传统的问话方式"吃了没有？"而改为"移了没有？"

伴随移民潮而来的，必然是走资潮。还有一些人，人不走财先走——早有护照在身，先将一笔资产转移到海外。

包玉刚、李嘉诚在20世纪六七十年代就分别加入英国籍、新加坡籍。这两位香港华商的代表人物，他们是否将资本转移海外，受到全香港的瞩目。他们都曾发表声明，表示不会将家庭迁往海外，不会将资产转移海外，对香港的前景充满信心，也看好中国内地的改革开放。他们的声明，对稳定港人民心，起了较好的作用。

据港府公布的统计数据，20世纪80年代中，香港移居海外的人口每年约20～30万人；90年代初开始，每年以6万人的速度外流。这其中，绝大部分是工商业者和专业人士。

坚决不迁册

1983年3月28日，当时正值中英就香港前途谈判时期，怡和集团突然宣布将把怡和控股公司的注册地点由香港改为百慕大，英资怡和系此举无疑是对香港"九七问题"缺乏信心。当晚伦敦港股大幅下跌，一度停板。这种高姿态的举止，不但引起市场极大的震撼，而且引发了后来香港企业纷纷迁册的浪潮。

以怡和集团为代表，不少企业已经部署撤出香港。除了将控股公司的注册地迁往百慕大外，集团又以"加速企业国际化"作幌子，暗地里将资产向海外转移，借以降低香港的投资比重。虽然该集团（及其他已迁册的公司）已将香港的企业变成了"海外附属"，但主要业务仍在香港。

从撤资过程来看，英资怡和集团的撤资，分为两个阶段，第一个阶段是逐步转移资产，缩小在香港的投资比重，同时加大对所谓"海外市场"的投资比重。第二个阶段是将控制权转移海外，一般通过将控制性单位移出香港，在海外上市来实现。但与此同时，作为商业机构，除了宏观战略部署之外，英资撤出香港之后，也并非将业务完全撤出，他们依旧紧盯各种香港和大陆的赚钱机会，心走，人不走；钱走，事不走！

事实上，至今怡和集团在香港仍然维持相当的业务，属下子公司包括：置地集团、牛奶国际、文华东方酒店集团、怡和太平洋、怡和汽车；投资的业务包括有：建筑（金门建筑）、地产（置地）、航运（香港空运货站、怡中机场服务、香港货柜码头）、零售（惠康超级市场、7-Eleven、必胜客、万宁药房、美心饮食集团）、投资银行、酒店（文华东方）、保险顾问等等，员工总数达数十万。

当时的香港，英国人莫不脸呈焦灼之色，谈论着迁册问题。1981年1月1日，李嘉诚出任和黄董事局主席。1982年，韦理辞去和黄的副主席与行政总裁职务，李察信接任行政总裁。

正值中英谈判期间，身为和黄的行政总裁，李察信进入到长实与和黄主席李嘉诚的办公室，用急切的语气说：

"英中谈判北京方面的态度越来越强硬，共产党要全面接管香港，难道我们要做约翰·凯瑟克第二？"

李察信口中的约翰·凯瑟克，20世纪40年代任上海怡和洋行大班。1950年朝鲜战争爆发，中美关系趋于紧张。同年12月，上海政府颁布"清查并管制美国在沪公私财产的决定"。其后，国内开展了抗美援朝、土地改革和"三反"、"五反"运动，社会主义改造运动。怡和在上海的业务渐趋停顿，1954年怡和终于关闭它在大陆的全部办事处撤离大陆，结束它在中国大陆逾100年的历史。约翰·凯瑟克在离开上海之前，曾召开各地分支机构负责人联席会议，宣布下旗撤退。他说："看来，我们的好日子是过去了。将来从香港和中国大陆打交道，怕也不能按着我们的规矩办事了。"怡和大班的这番感慨，反映了中国时局所发生的深刻变化。据怡和估计，怡和撤离大陆后，所损失的资产为数达800万至3000万英镑。

此事使得凯瑟克家族对中国的一切神经过敏。李嘉诚很清楚李察信的言下之意，他说："不可能那样，我们长实集团不打算迁册。若论个人在公司的利益，我比你拥有的多，我是经过慎重考虑才说这种话的。现在中国政府欢迎海外企业家来华投资，也就根本不可能对香港私人资产采取行动。"

李嘉诚不愿意从香港迁册，他对时局有着独到的把握。但他无法说服李察信，两人分歧颇大，以致无法协调工作。1984年8月，李察信辞职。

接替李察信的仍是英国人，这就是马世民。马世民未正式加盟前，李嘉诚就与他在"看好香港前途问题"上达成共识，在迁册的问题上两人有着共同的看法。

1984年12月19日，时任中国总理赵紫阳与英国首相撒切尔夫人，在北京签订了《中英联合声明》，香港投资环境渐渐变得明朗起来，迁册风有所遏制。当然，中英谈判并不是一帆风顺的，时不时出现一点插曲。香港企业的迁册风波一直没有停歇。在这种大气候下，李嘉诚一直坚持自己的不迁册念头，以实际行动支持了香港的稳定。

据1990年12月18日香港《明报》和《东方日报》的相关统计，到该年

11 月底止，"香港已有 77 间上市公司迁册海外"，"占香港上市公司总数的 1/3"，"现时在香港四大财团中，只有李嘉诚的长实系集团和施怀雅的太古洋行集团尚在香港注册"。"吴光正（包玉刚女婿）接掌的隆丰系集团，则有一家连卡佛于 1990 年 5 月迁册于百慕大"。

80 年代末期，流言四起，香港掀起了新一波迁册潮。李嘉诚作为香港首富，长实系在港上市公司占总市值的 10%。长实系在不少国家已经有大量投资，他会不会也要迁册于海外？

这种形势下，李嘉诚不得不站出来说话，11 月 20 日的香港报章，发表了他的长篇言论，核心内容是：他相信香港 1997 年后仍会继续繁荣，香港是个充满活力的城市，也是一个赚钱的好地方。

当时，香港最大财团汇丰银行，将借收购英国米特兰银行之机，变相迁册伦敦。合并及迁册花费了两年时间完成。汇丰在香港地位举足轻重，工商界深为不安。汇丰大班浦伟士发表讲话，言称汇丰仍保留香港第一上市地位，业务仍以香港为最大基地。

汇丰完成迁册不久，李嘉诚突然宣布辞去汇丰董事局非执行副主席职位。据传，李嘉诚对汇丰迁册持反对意见，他的意见未被董事局采纳，最后导致这一结果。

舆论认为，汇丰迁册伦敦，还只是出于买政治保险，以获得外国驻港公司的特殊地位，它会兑现"迁册留港"的诺言——它怎么可能舍得割弃令其发迹的香港呢？

在所有的迁册公司里，怡和系无疑是影响最大的一个。郑德良先生在《现代香港经济》一书中谈道："1991 年 3 月 21 日，怡和又将第一上市地位迁往伦敦（香港改为第二上市地点）。大概在目前近 100 家迁册公司中，怡和可算其中最老谋深算的一家了。"到 1994 年 12 月 30 日，怡和系在香港第二上市的地位也取消了。

上市公司迁册，有精确的统计，未上市公司迁册几何？未见港府公布数据。有人言称，大概有 1000 家以上。对于这股兴起于 80 年代的迁册潮，李嘉诚虽无法遏制，但他在"迁册问题"上的坚决态度，令不少港商坚定了对香港回归后的信心。

进军加拿大

1987 年 5 月美国《财富》杂志这样写道：

"在太平洋上空的一班航机上，坐在阁下旁边那位风尘仆仆的华人绅士可能

253

正赶赴纽约或伦敦收购你的公司。由香港到雅加达，这些精明的华籍企业家近年赚得盘满钵满，东南亚已再不能容纳这些非池中之物了。在有家族联系的中国，他们已成为最大的海外投资者。时至今日，这些名列世界首富榜的亿万富豪为了分散风险而在西方国家投资。

"58 岁的李嘉诚先生是最具野心的收购者。在 50 年代初期，他以制造塑胶花开始他的事业。现今，他准备了 20 亿美元（约折港元 120 亿）收购他认为超值的西方公司。"

在香港不少公司迁资海外时，李嘉诚坚决留在香港，但留在香港并不意味着不拓展海外业务。李嘉诚正是在 20 世纪 80 年代中期，大举进军海外的。

在大规模海外投资前，李嘉诚已在海外投资小试牛刀。1977 年，首次在加拿大温哥华购置物业；1981 年，李嘉诚在美国休斯敦，斥资 2 亿多港元收购商业大厦；同年，他再次斥资 6 亿多港元，收购加拿大多伦多希尔顿酒店。在短短数年中，李嘉诚个人或公司，在北美拥有的物业有 28 幢之多。

加拿大作为李嘉诚最早投资的基地，深受他青睐。早在 1967 年，香港爆发动乱，引发大逃亡，加拿大就从香港移民计划中初尝甜头。现在，地广人稀的加拿大，自然不会错过这次天赐良机，在香港移民潮中，表现出异常的热情和积极。其实绩，远远超过同样以国土辽阔而著称的美国和澳洲。

加拿大记者杜蒙特与范劳尔，在其著作中描绘道：

"加拿大各省在中国（香港）银行大厦附近一带纷纷设立办事处，全职的工作人员也忙着协助商人投资到他们的省份，每个星期大批加拿大商人和政府官员到香港来，物色投资家和富商。而大量加拿大律师和移民顾问亦替急于移民的商人办手续，收取可观的服务费……

"加拿大联邦政府和省政府清楚地表明只接纳最够资格和最富有的人移民。这种情况引起各省之间开展一场可笑可恼的争夺战，就好像饿犬抢夺肉骨头一样。"

加拿大把香港移民分成两类，一类是"才"，另一类是"财"；有才者，需持英联邦专业人士资格证书；凭财者，依各省的条件，每人携 25 ～ 50 万元来加投资。有的省，连投资实绩都免了，只要存这笔钱到该省投资银行，并且付给存户利息。他们明白，不论凭什么条件来加，也不论男女老少，进来一人就不止先投的那笔钱，他们得居住消费、工作投资，会为加国带来滚滚财源。

加拿大获得的最大的"财"，莫过于"逮住"世界华人首富李嘉诚，仅他一人，就为经济面临衰退的加国带来一百多亿港元巨资。香港众多华商，看到李嘉诚在加拿大的相关投资后，香港富豪郑裕彤、李兆基、何鸿燊等人竞相进军加拿大，为加拿大带来了大量投资，促进了加拿大经济的大发展。

杜蒙特与范劳尔赴港专程采访，发现加拿大商务官员和商人，为了便于和李嘉诚接触，把办公室也搬进了华人行。在决策阶段，李嘉诚几乎每天都要接待这些加国"猎手"，并与高级助手研究加方提供的投资项目。

"一位加拿大商务官对李嘉诚简直是着了迷。他有一幅李氏的肖像（杂志封面），挂在办事处内。此人提到李嘉诚便赞不绝口，说道：'那是我的英雄人物！'

"这位商务官很想李嘉诚投资魁北克省，哪怕是买下皇家山一座房子、一间纸厂还是一些餐厅连锁店，都十分欢迎。只要李氏肯投资，魁北克省便可列入李的商业帝国版图，而且还可以吸引其他香港富商仿效。"

马世民作为李嘉诚的"左膀右臂"，他也是力主海外扩张的代表人物。李嘉诚早就萌生缔造跨国大集团的宏志，现在和黄、港灯相继到手，现金储备充裕，自然想大显身手。

李嘉诚、马世民以及长江副主席麦理思，穿梭于太平洋上空。1986 年 12 月，在加拿大帝国商业银行的撮合下，李氏家族及和黄透过合营公司 Union Faith 投资 32 亿港元，购入加拿大赫斯基石油公司 52% 股权。时值世界石油价格低潮，石油股票低迷，李嘉诚看好石油工业，做了一笔很合算的交易。这是当时最大一笔流入加国的港资，不但轰动加国，亦引起香港工商界的骚动。

其后李嘉诚不断增购赫斯基石油股权，到 1991 年，股权增至 95%。其中李嘉诚个人拥有 46%，和黄和嘉宏共拥有 49%，总投资额为 80 亿港元。

此外，李嘉诚的两个儿子李泽钜和李泽楷都加入加拿大国籍。他本人于 1987 年应邀加入香港加拿大会所，成为会员。

对李嘉诚大举进军海外的行动，香港舆论议论纷纷，有人说他是本埠华商最大的走资派；有人说他大肆收购欧美企业，是隐形迁册；还有人说他食言，准备大淡出。李嘉诚说："因投资关系，我在 1967 年时已获得新加坡居留权，别人怎么说，我并不在意。"

1988 年，兼任加拿大赫斯基公司主席的马世民，从侧面也回答了舆论的疑问，马世民在会见美国《财富》杂志记者时说：

"若说香港对我们而言太小，这的确有点狂妄。但困境正在日渐逼近，我们没有多少选择余地。"

马世民还谈到收购赫斯基公司的波折。按照加国商务法例，外国人是不能收购"经营健全"的能源企业的。赫斯基在加国西部拥有大片油田和天然气开发权、一间大型炼油厂及 343 间加油站。除石油降价因素带来资金周转困境，并无债务危机。幸得李嘉诚已经安排两个儿子加入加拿大籍，收购计划才得以顺利通过。

1988 年，李嘉诚、李兆基、郑裕彤以及加拿大帝国商业银行旗下的太平协和世博发展公司（李嘉诚占该公司 10% 股权），以 32 亿港元投得"1986 年温哥华世界博览会"会址的一块 204 英亩的市区边缘黄金地段地皮，将在上面建筑加国规模最宏伟的商业中心及豪华住宅群，预计 10 ～ 15 年完成。李嘉诚约占 50% 股权，其余 50% 为各大股东分有。预计整个建筑费在 100 亿港元以上。

在这段时期，新世界主席郑裕彤，在加的重要个人投资有：在多伦多大学附近兴建一幢 19 层高商业大厦；在多伦多兴建一个住宅区，共 1000 个单位；在温哥华收购海港假日酒店。

恒基兆业主席李兆基，是高尔夫（球）俱乐部的"波友"（球友），杜特蒙说他是步李嘉诚后尘来加投资的。他是香港中华煤气公司主席，来加第一项投资，是竞购卑诗省煤气公司，结果因无加籍而告退。继而他看中多伦多西郊一块风景优美的地皮，用于兴建高级住宅休闲区。

赌王何鸿燊在温哥华大举收购酒店豪宅，女儿何超琼与记者交谈时，否认是来加买政治保险："我们不担心九七问题，父亲有葡萄牙护照，所以我们可以随时离开香港。"

在加国一掷亿金的香港富豪还有罗鹰石家族、王德辉夫妇、杨志云家族，等等。至于数千万身价的移民，数不胜数。

大举进军海外

李嘉诚投资英国，几乎与加国同步进行。1986 年，他斥资 6 亿港元购入英国皮尔逊公司近 5% 股权。该公司有世界著名的《金融时报》等产业，在伦敦、巴黎、纽约的拉扎德投资银行拥有权益。该公司股东担心李嘉诚进一步控得皮尔逊，不甘让华人做他们的大班，组织反收购。李嘉诚随即退却，半年后抛出股票，盈利 1.2 亿港元。

1987 年，李嘉诚与马世民协商后，以闪电般速度投资 3.72 亿美元，买进英国电报无线电公司 5% 股权。李嘉诚成为这间公众公司的大股东，却进不了董事局。原因是掌握大权的管理层，提防这位在香港打败英国巨富世家凯瑟克家族的华人大亨。1990 年，李嘉诚趁高抛股，净赚近 1 亿美元。

1989 年，李嘉诚、马世民成功收购了英国 Quadrant 集团的蜂窝式流动电话业务，使其成为和黄通讯拓展欧美市场的据点。

李嘉诚进军美国的一次浩大行动，是 1990 年，试图购买"哥伦比亚储蓄与贷款银行"的 30 亿美元有价证券的 50%；涉及资金近 100 亿港元。因为这家银行是加州遇到麻烦的问题银行，卷入了一系列复杂的法律程序中。结果，李嘉诚的投资计划搁浅。

李嘉诚在美国最有"着数"（合算）的一笔交易，是他与北美地产大王李察明建立友谊。李察明陷入财务危机，急需一位"叠水"（粤语水即钱，意为很富有）的大亨为他解危，并结为长期合作伙伴。为表诚意，李察明将纽约曼哈顿一座大厦 49% 的股权，以 4 亿多港元的"缩水"价，拱手让给李嘉诚。

在新加坡方面，万邦航运主席曹文锦，邀请本港巨富李嘉诚、邵逸夫、李兆基、周文轩等赴星洲发展地产，成立新达城市公司，李嘉诚占 10% 股权。

1992 年 3 月，李嘉诚、郭鹤年两位香港商界巨头，通过香港八佰伴超市集团主席和田一夫，携 60 亿港元巨资，赴日本札幌发展地产。李嘉诚的举动，引起亚洲经济巨龙——日本商界的小小震动。李嘉诚回答记者提问时说：

"正像日本商人觉得本国太小，需要为资金寻找新出路一样，香港的商人也有这种感觉。一句大家都明白的道理，根据投资的法则，不要把所有的鸡蛋放在一只篮子里。"

世界经济史证明，一间公司发展到相当的规模，就会突破原有的日益显小的经营区域，向外界寻找发展。一个国家和地区的经济发展到相当的水平，自然会为剩余资本寻找出路。其道理，李嘉诚回答记者问时曾谈到过。

二战以后，最具扩张性资本是美国本土美元，其后是欧共体美元、中东石油美元、日本美元。它们各领风骚，相继在国际经济舞台风头大出。

从 20 世纪 80 年代中期起，世界华人资本崛起，日益引起世界经济界的瞩目，大有压倒日本资本之势。

据美著名财经杂志《福布斯》1994 年报道：

国际基金会、世界银行、美国人杂志、日本经济新闻、纽约时报等权威机构和学者评论，当前全球华人是世界经济最大活动力之一。迄今，海外华人（指中国大陆以外）约 5500 万，每年总产值超过 5000 亿美元，拥有总资产 2 万亿美元，接近日本（人口 1.23 亿）总资产的 2/3，是世界最富的群体。华人中富豪的人数，超过发达资本主义国家英国、法国和加拿大（三国总人口 1.41 亿）富豪的总和。论外汇储备，总额最高的是台湾（1991 年为 831 亿美元，第 2 位美国 798 亿美元），人均占有量最高的是以华人为主体的新加坡（1991 年为 11376 美元，第 2 位香港 4962 美元）。

美国著名经济学家葛得坚认为："华人现时是世界上最具流动性的投资集团，已取代日本成为主要投资者。"

作为世界华人首富李嘉诚，以及他所控的全球最大华资财团，走跨国化道路参与国际竞争，不可避免且名正言顺。如果困守弹丸之地——香港，不进行境外投资，反而令人奇怪。

综观香港回归之前李嘉诚的境外投资，重点是北美、西欧等资本主义国家，直至 1992 年前，他对祖国内地的投资，基本处于观望等待的态度。

延伸阅读

在北京大学荣誉博士学士颁授仪式上的讲话

1992 年 4 月 28 日

刚才吴树青校长和庄世平先生的赞誉，令我感到无限的鼓励，亦非常感激。希望我不负他们以往的期望。事实上过去我能够做一些有意义的事，不少都是通过庄先生的帮忙。让我借着这个机会，向他致以衷心的感谢。

今天我能够站在贵校讲台上和各位讲话及接受这样的荣誉，感到极大的荣幸。这将烙印在我心中、毕生难忘。

世界在蜕变中，既向我们展示前景，又显现出挑战性。面对我们的有三种别于往日、急剧转变的时代：就是科技的时代、开放的时代和亚洲人的时代。现在科技的发展，除了穿梭太空之外，对衣食住行民生的改善，亦有多方面的贡献。例如，现在可以应用高科技刺激动植物体内基因的变化，缩短他们的成长过程，改善品质，增加产量，丰富社会的物质供应，而使种植、养殖者得到更大更多的收获。又如在运用能源方面，懂得运用新的导体，把同是一吨煤所产生的效应大大提高。科技时代的来临使很多过往的梦想变为事实，使我们的生活有进一步的改善。高科技的发展加速了我们生活的节奏。历史命运使中国迟于起步，因而我们急需推展中国的经济和科技现代化来配合高科技下生活的来临。

我们面对的另一个改变是开放时代的来临。祖国近十年的变化就是佐证。整个世界，连最保守的国家的经济政策也开始走向改革开放政策，甚而让外国人参与投资的局面。祖国在改革开放政策下经济发展迅速。全国农民都享受到改革开放政策带来的利益，收入大幅增加。尤其是一些南方地区的经济和工业发展更见成效。今日国民生活与过去十年相比，水平已见大大提高。我们应感谢国家领导人的改革开放方针，它替我们的社会带来繁荣和进步。

希望开放政策继续进行和拓展，开放的尺度再为扩大，这将会替每一个国民带来更多的发展机会。

由今天起到跨越二十一世纪，我们可以展望到的是亚洲人的时代，亦都是中国人的时代。

从过去二三十年至今，崛起的亚洲国家已直追欧美。70年代东亚经济的平均增长率已达 5.5%，比同期欧美经济的增长率高出一倍。80年代东亚地区平均增长率是世界之冠，90年代地位更加确定。甚而有些西方人士说："世界的重心逐渐由大西洋转移到太平洋。"科技研究、工业、重工业、电子工业、汽车制造业等等，在日本、韩国、新加坡、台湾地区，已有很可观的发展，足以媲美西欧美加等国的成就，甚至在某些方面已经超越他们。近代史上，亚洲人的苦难，已在他们的坚毅精神和传统文化文明带领下渡过，亚洲人才辈出，生机盎然，这种情况，可以归功于亚洲人的教育日益普及和勤奋积极工作。

反观今日欧美社会，除部分城市治安欠佳外，更有部分国民期望享受免费午餐心态。大抵欧美先进国家对国民的福利过分优厚，失业人士可以领救济金。相反，对就业的人却抽重税。渐渐使得领取救济金的失业者和低薪而勤恳工作的人收入相差不远，引致工作意欲减低。再加上国家每遇到竞选时，参选者为争取选民的支持，过分地向国民承诺一连串福利，讨好选民，以致国家长远利益受损。过分的福利结果给国民带来巨额的缴税负担。这样因循下来，犹如饮鸩止渴。社会经济状况便出现问题，赤字日增。

但是今日领导着世界尖端科技的国家仍是美国，它是个资源丰富、潜力强大的国家，而且乐于接受有才能的其他国籍人士在那里公平竞争和发展。所以在美国，不少杰出的人才都是别国移民。这种吸纳人才的气候使美国的研究和发明特别多。可是由于他们的国民大部分都有追求收入多、工作少的心态，使他们发明后的产品却要转移到国外生产，以求达到价廉物美的效果。如在日本及亚洲其他地区生产，因而促进了亚洲地区的经济繁荣。但是今天的日本工商界亦急起直追，投资于新科技研究及发展的基金在比例上已高于美国。目前整个世界形势：亚洲，尤其是中国，在改革和开放政策下出现了无穷无尽的发展机会。无论经济、教育、工商业、农业的发展，各方面都表现得大步迈进。整个亚洲形势是非常蓬勃、处处充满生机。

我们应该怎样掌握机会，去配合亚洲人时代的来临呢？虽然祖国国力和我们的文化潜藏深厚，但是我仍然认为只有大力发展教育事业，方能把我们的国家推向世界先进国家的前列。我们要普及教育，发展高等教育，更要悉心培育国家的精英分子，这样，肯定会加速我们的发展步伐。

在亚洲国家中，日本人最重视教育，他们的文盲数几乎等于零。欧美社会的亚洲裔学生和学者往往有优异的表现，尤以中国人为甚。目前大多数的亚洲人都抱着"怎样使明天更好"的目标而努力。所以照我估计在未来的一段长时期中，亚洲人的国民收入增长率将会持续高于先进的欧美国家。

今天在座各位都是祖国的精英分子，在我国高等教育事业中扮演着重要角色。如能再加上海外侨胞学者，人才济济的同心协力，我相信二十一世纪将是我们中国人的世纪。

教育事业为中国人培育元气，是国运之所寄。在这里，我深深地感到不单只要向北京大学的教育工作者致敬，亦应向整个国家教育界致敬。老师们清朴的生活条件下，仍然敬业乐业，为国家培育人才，为迎接大时代的来临而努力。

至于在座同学，我则寄望各位要不枉所学，不负所志，在五彩缤纷的亚洲中大展身手，为国家、为人民创造更美好的明天。

最后，我以至诚的心，感谢国家教育委员会和北京大学给我的荣誉让我有机会跟各位见面和讲话。让我再次在这里致以衷心的感谢，同时，我恭祝各位身体健康、生活愉快。

谢谢。

第二十章
▼

报效乡梓

国庆观礼

新中国成立 30 年来，时值 1978 年，刚刚经历了"文化大革命"之后的中国大地正在发生着细微而重大的变化。

1978 年 5 月 10 日，中共中央党校的内部刊物《理论动态》第 60 期，刊登了经胡耀邦审定的由南京大学胡福明教授撰写的文章《实践是检验真理的唯一标准》。第二天，即 5 月 11 日，《光明日报》公开发表了这篇文章，当天，新华社将这篇文章作为"国内新闻"头条，转发全国。5 月 12 日，《人民日报》和《解放军报》，以及不少省级党报全文转载了这篇文章。到 5 月 13 日，全国多数省级党报都转载了此文。

这篇文章的发表，在全国引起强烈的反响，由此引发了一场大讨论。思想解放带来了人们精神面貌的变化，经历动乱后的中国重新呈现勃勃生机。

1978 年 9 月底，李嘉诚作为港澳观礼团的成员，应邀到北京参加国庆典礼。这是李嘉诚第一次来到自己祖国的首都，也是他自十几岁逃避战乱远走香港 38 年来，再一次踏上祖国内地的土地。

1977 年之后，李嘉诚成为了香港的大名人。在拍卖场上的李嘉诚被誉为"擎天一指"，在地产界举足轻重。但是在中国首都北京，除了有关官员知晓李嘉诚是香港的富商外，几乎没有谁知道李嘉诚是谁。当时，就连香港商界泰斗包玉刚，在大陆也鲜为人知。

时值十年动乱结束不久，李嘉诚对往昔的传闻记忆犹新。他告诫自己，到了北京，千万得谨慎小心，不可对政治妄加议论。他特地为自己赶制了一件中山装，他不想太显眼。

在这一年的天安门国庆典礼上，这个名叫李嘉诚的香港商人穿着一件紧身的

262

蓝色中山装，不无局促地站在同样穿着中山装的中央干部身边。在几年前，他还是一个被大陆媒体批评的万恶的资本家，现在他已经成了被尊重的客人。他是受到邓小平的亲自邀请，来参加国庆观礼的。

来自港澳的观礼团受到国家领导人的亲切接见，游览了天安门、故宫、颐和园、十三陵、长城。李嘉诚从首都人的精神面貌上，预感到中国将会发生巨变。

另一方面，通过对北京的直观认识，他也看出内地的贫穷落后。香港人知道内地贫困，但近距离目睹内地的贫困实况，仍然足以让李嘉诚震撼。"应该为祖国和家乡做点什么呢？"自从重登祖国故土，这个问题一直萦绕在李嘉诚的心头。

造福故里

1978 年底，李嘉诚从家乡的来信中，获悉潮州有很多返城的"黑户"，或露宿街头，或挤在临时搭起的矮棚笼屋栖身。

回到香港后，李嘉诚当即决定，在家乡潮州市捐建 14 栋"群众公寓"，他在给家乡人的信中写道："念及乡间民房缺乏之严重情况，颇为系怀。故有考虑对地方上该项计划予以适当的支持。"他要求家乡媒体不要对此做任何的宣传。

捐建群众公寓，虽不可根本上解决房荒，也算是为家乡父老尽了绵薄之力。群众公寓两处共 9 幢，4 ~ 5 层不等，建筑面积 1.25 万平方米，安排住户 250 户。李嘉诚共捐资 590 万港元，工期分几年完成，陆续迁入新居的住户无不欢天喜地，有位新住户在门联上写道："翻身全靠共产党，幸福不忘李嘉诚。"

1979 年，事业有成的李嘉诚回到阔别 40 年的家乡。当晚，在潮州市政府举行的茶话会上，李嘉诚说出一席感人肺腑的话：

"我是 1939 年潮州沦陷的时候，随家人离开家乡的，到今天已经有整整 40 年了。40 年后的今天，我第一次踏上我思念已久的故乡的土壤，虽然一路上我给自己做了心理准备，我知道僻远的家乡与灯红酒绿的香港相比，肯定是有距离的，但是我绝对没想到距离会是这么大。就在我刚下车的时候，我看到站在道路两边欢迎我归来的，我的衣衫褴褛的父老乡亲们，我心里很难受。我心痛得不想说话，也什么都说不出来，说真的，那一刻，我真想哭……"

李嘉诚的真切话语源自内心的真切感受。"我是中国人，一个普通的中国人。"李嘉诚不仅时时这样提醒自己，也以作为一个中国人对祖国应尽些责任来要求自己。他离乡多年，虽忙于商务，却无时不思念国家，思念故土，竭力支援祖国建设，报效桑梓。

回港后，李嘉诚与家乡飞鸿不断，他在给家乡政府的一封信中写道："我目睹祖国之高速进步，在四个现代化政策的推动下，一切欣欣向荣，深感雀跃"；"乡中或有若何有助于桑梓福利等，我甚愿尽其绵薄。原则上以领导同志意见为依归。倘有此需要，敬希详列计划示告。""月是故乡明。我爱祖国，思念故乡。能为国家为乡里尽点心力，我是引以为荣的"，"本人捐赠绝不涉及名利，纯为稍尽个人绵力"……

1981年，李嘉诚又捐2200万港元，在潮州市兴建两座大型综合医院，以改善家乡人民的医疗条件。这两座医院，各拥有逾万平方米面积，设备齐全，每天可接待3000例患者，有病床500张。当医院落成时，家乡人民期望他能回乡剪彩，李嘉诚推辞再三，他说："若有一天，我到医院去，喜见病人接受良好治疗，康复出院，我心已足矣！"

其后，李嘉诚积极响应市政府发起的募捐兴建韩江大桥活动。李嘉诚捐款450万港元，名列榜首，庄静庵（其舅父、岳父）居其二，陈伟南（香港屏山集团主席，饲料大王）列第三。共集善款5950万人民币，大桥于1985年奠基，1989年竣工。在大桥东侧笔架山，有一座韩江大桥纪念馆，在捐资芳名榜中，李嘉诚彩色大照位于正中。

李嘉诚还多次捐善款，资助家乡有关部门设立医疗、体育、教育的研究与奖励基金会，每笔数额10～150万港元不等。

李嘉诚慷慨解囊，善举义行，在家乡广为流传。尤令人称道的是，他淡泊功名，保持低调。1983年元宵节，家乡政府有多项包括潮安、潮州医院在内的工程落成与开幕剪彩仪式，李嘉诚不愿参加剪彩活动。最后在有关领导的多次劝说下，才在开幕前的一分钟赶往医院剪彩。

筹划捐资大学

有人说："闽有陈嘉庚，粤有李嘉诚；前有陈嘉庚，后有李嘉诚。"想当年，陈嘉庚多年奔波于东南亚和世界各地，召集和发动海外炎黄子孙，积极支持国内人民的正义斗争。他还热心于祖国的公益事业，帮助家乡人民办教育。他以"企业可收盘，学校不能停办"之决心，在福建集美捐资兴办幼儿园、中小学、师范、水产学校和航空学校，造福后代，成为中国人民交口称赞的爱国华侨领袖。

如今，李嘉诚怀着"报效祖国，造福桑梓"的爱国热忱，捐赠创办了汕头大学，为祖国、为家乡人民办了件造福子孙万代的实事。

潮汕地区人多地广，却没有一所大学。早在 1920 年初，饶平人张竞生，在获得法国里昂大学的哲学博士学位后，返回祖国出任家乡潮州的省立金山中学校长。任职期间，他深深体会到文化发达的潮汕地区，需要建立一所大学。他对金山中学进行教育改革，想把金山中学办成潮汕大学，但最后无力摆脱军阀混战后的困境和世俗偏见的束缚，从而导致张竞生的愤然辞职和潮汕大学流产。

1925 年 2 月，潮州人林子肩，重新发起组建潮州大学的号召，并成立了筹备处，终因经济上的重重困难，无力办成潮州大学，只得不了了之。

1949 年，国民党政府的两广监察使潮阳人刘候武，向海外潮藉人士再次发出在汕头创办一所潮州大学的呼声后，立即得到了香港地区和东南亚一带的潮藉人士的热烈响应，并且在香港成立了筹款委员会。创建厦门大学的陈嘉庚先生，闻讯后十分高兴，热烈地希望此次潮州大学的筹建能一举成功。陈嘉庚还就此写过一篇文章《论潮州大学》。文中说："虽僻处南疆，然与东南亚交通至为便利，潮州创办大学……不但为中国之大学，将来亦可为东南亚之大学。"但因内战烽火蔓延到了潮汕地区，筹建潮州大学一事遂告夭折。

李嘉诚的祖父李晓帆是清末秀才，伯父李云章远渡重洋，求学日本，并在学有所成之后，回归故里办教育。父亲李云经，15 岁以优异成绩考入省立重点中学，毕业后，也是从事教育。李氏家族可以说是书香世家，知书识礼，学问渊博。李嘉诚生长于这样的环境，对教育事业情有独钟。

1978 年 9 月到 10 月之间，邓小平、廖承志等中央领导，接见前来参观访问的泰国侨胞，对提出在潮汕地区建一所大学的要求，表示完全赞同。这样，筹建创办汕头大学的行动，就正式开始了。

中央同意在汕头办大学的消息在海外华人中传开。各地华侨团体发出倡议。1981 年 4 月，汕头大学筹委会宣告成立，广东省委书记吴南生是筹委会主任，庄世平老先生是汕头大学筹委会副主任。

庄世平是全国政协常务委员，中华全国归国华侨联合会副主席，香港南洋商业银行董事长，他比李嘉诚年长近 20 岁，是一位德高望重的前辈。他请李嘉诚参加汕头大学的筹建。

李嘉诚来到庄先生办公室，向他表达心愿："现在中国政府顺应民心，实行开放政策，使旅居各国华侨、港澳同胞更感报国有门。"他又说："关于创办汕头大学的事，刻不容缓。就让我先带个头吧！相信以后会有人跟着来的！"

李嘉诚向庄世平请教："庄老，我不知道办一所大学需要多少钱。"

庄世平笑了笑，回答道："嘉诚，这很难说，大学像海洋一样，投进去再多的钱，也能消化得了。但是，我个人认为，只要有个带头人，创造一个良好的开端，将来一定能得到海外潮籍人士的积极响应。"

李嘉诚听后，果断地说："那就让我来做这个带头人吧！我马上捐出 3000 万港元，作为筹建汕头大学第一期工程的经费。"

李嘉诚当即拍板，为筹建汕大第一期工程捐赠港币 3000 万元。翌年 5 月，又将这笔经费增加到港币 4500 万元。就这样，在庄世平的牵引协助下，李嘉诚不负众望毅然肩负起创办汕头大学的历史重任。

1981 年 8 月，国务院正式批准成立汕头大学。11 月，任命许涤新为汕头大学首任校长。校址选在汕头市郊桑浦山南麓。

艰困不放弃

李嘉诚捐的 3000 万港元，很快汇到了汕头大学的筹委会。

陈衍俊先生从 1981 年起就参加汕头大学筹备工作，他在其著作中写道：

"这个阶段（筹备阶段），李嘉诚与汕头地区、市政府领导人和汕大负责人的主要精力和主攻目标，集中地放在抓'硬件'的工作上，也即是迅速解决第一期建校工程问题。承担这方面艰巨任务的是香港伍振民建筑师事务所和汕大筹委会办公室基建部门的建筑设计师工程师和同事们。香港伍振民建筑师事务所受李嘉诚先生委托，专负责整体设计之职，并与汕大筹委会办公室基建组、北京有色金属冶金设计院紧密合作进行建校蓝图的设计。汕大校区占地 1 平方公里，总体规划建筑面积 25 万平方米。据悉，总体设计先后六易其稿，历经二十多次反复认真的切磋和讨论研究修改，方才定案。"

80 年代初期，正值汕头大学开始破土动工之际，中英关于香港问题的首轮谈判破裂，前途未明的香港问题，使香港人心惶惶，局势动荡不安，经济衰退惨重，各行业倒闭现象不断发生。李嘉诚旗下的长江实业等上市集团公司，也受到经济衰退等一系列严重打击，损失重大。1981 年，长实的年盈利 13.85 亿港元；1982 年，长实盈利下跌到 5.26 亿港元，跌幅高达 62%；1983 年，公司盈利继续下跌至 4 亿港元。

是否能继续向汕大捐款，李嘉诚陷入了沉思之中。在公司状况不佳、流言四起的非常岁月，李嘉诚终于表态了。李嘉诚给汕大筹委会写信：

"……近年世界经济衰退，影响所及，本人面临十年来的最困难处境。各行业倒闭及亏损者甚多，本人所经营业务亦深受打击。上述捐赠，在个人今后数年之现金收入，已达饱和。但鉴于汕大创办成功与否，较之生意上及其他一切得失，更为重要。而站在国民立场，能在此适当时间，为国家桑梓竭尽绵力，即使在面对较为困难的本港经济情况下，仍属极有意义及应勉力以赴之事。"

当时，国家高教部副部长黄辛白出国考察途经香港会见了李嘉诚。在谈到了汕头大学继续施工之事时，黄辛白希望李嘉诚先保自己，渡过难关之后，再考虑创办汕大。

1983年7月29日，在广州解放路广东迎宾馆，广东省委第一书记任仲夷、省长梁灵光、省委书记吴南生、全国侨联副主席蚁美厚等，晤见李嘉诚、庄世平两先生。李嘉诚再次表示：

"我在事业上，一切都可以失败，但汕头大学一定要办下去！"创办汕大，"这是我作为一个国民应尽之天职，亦是我抱定之宗旨！"

1983年秋，汕大首期工程开工，首次招收学生。同年12月31日晚，李嘉诚在"汕头大学奠基典礼庆祝大会"上发表讲话：

"我认为汕大的创办，是合乎民意，深得人心的。千方百计以破釜沉舟精神，务必使之建成办好，这就是我的最大心愿。"

翌日元旦，在汕头大学奠基典礼剪彩仪式后，李嘉诚在龙湖宾馆举行的中外记者招待会上说：

"创立汕头大学是一个国民应尽的天职。支持国家，报效桑梓，乃是我抱定的宗旨！

"最先进的科学技术和机器，也需要有优秀思想文化素质的人去操纵去控制。汕头大学的创办，就是要为国家四化培养人才，为潮汕地区培养出一流人才。为潮汕人民服务，为改变潮汕落后面貌出力！"

对汕大投入心血

为了把汕头大学建成国内以至国际上的高水平学府，无论选址、设计、师资还是设备等，李嘉诚都非常关心，事事过问。

267

1980年底，李嘉诚与庄世平重点踏勘了汕头桑浦山下各处。面对眼前秀丽的风光，李嘉诚欣喜之下对吴南生和庄老说："学校，就建在这里。"

此后，李嘉诚又与庄老商量，决定付巨款邀请香港著名的伍振民建筑师事务所对汕头大学进行总体设计。设计图经李嘉诚多次指点，庄老细致审核，于1982年初拿到汕头。在得到与会筹委、专家及相关人员绝大多数的赞同后，由吴南生拍板按设计付诸实施。

尽管李嘉诚十分繁忙，但对汕头大学办学的事，都是用第一时间来进行研究，及时解决。李嘉诚先后22次亲临汕头大学与校董会同仁一起对学校校园规划、办学规模，师资队伍建设，仪器设备的购置，教职员工的生活，学生的学习等日夜运筹，殚思竭虑。他对学校办学提出的真知灼见，使工作在教育战线的专家教授亦深感钦佩。

陈衍俊在其著作中叙述道：

"在繁忙的商务活动中，总要安排时间会晤到香港的世界知名学者、专家、教授，倾听他们关于如何办好汕头大学的意见。每次到外国进行商务活动，也总要安排出一定时间，去访问一所有影响有名气的大学，去获取经验，去取得感性认识。还积极为汕大聘请外籍教师，为汕大教师出国深造、访问、讲学、争取参加有关国际性学术会议等等创造了许多有利条件，提供了许多方便……"

"比起生意，我对汕头大学更用心。"李嘉诚在接受媒体采访时曾透露，"最初10年，我每次到汕大都工作直至凌晨两三点。"时至今日，他依然将"办好汕大"作为他一生中最重要的事业。

汕头大学执行校长、加拿大工程院院士曾记得一个细节：有一年校董会期间恰逢李先生在欧洲的一个大项目签约，为了参加校董会，他硬是把签约时间推迟了三天。宁愿放弃生意，也不愿缺席汕大的校董会，足可见李先生对汕大的重视程度。

捐资汕头大学，金钱投资当然重要，但是更重要的是时间和心血，还有投入的感情也是无以衡量的。

没有李嘉诚，就不会有汕头大学医学院及附属的两所医院和一个眼科中心。没有李嘉诚，就不会有中国第一个较为正规的临终关怀机构"宁养院"。

李嘉诚在汕头大学，曾经说过一句几乎让所有汕大人所传诵的名言："我对教育和医疗的支持，将超越生命的极限。"当李嘉诚开始捐建汕头大学的时候，当时香港大学的校长，曾经警告过他，说医学院很贵的，好像一个大海洋一样，比一般的大学可能贵 10 倍。在买仪器，及各方面的投入都要多，而且医学院一定要有附属医院才有用。他劝李嘉诚捐建大学不一定要建医学院，可以建一些费用较低的大学，可是李嘉诚坚持要搞一个医学院，这当然不会是沽名钓誉。

多年以来，李嘉诚对医学院和附属医院的捐资巨大。李嘉诚本人的视力相当好，但是他对于医学院眼科中心的建立，却倾注了更多的心血。

不过，捐资汕头大学容易，办好汕头大学可并不容易，这必须依靠政府——并且不是省市政府全能解决。李嘉诚给邓小平写了一封信，决定求助国家最高领导人。

为加快这所大学的建设和发展，李嘉诚还亲自到北京争取中央领导的支持。1986 年 6 月 20 日，邓小平会见李嘉诚，对李嘉诚的爱国爱乡热情表示赞赏。当听取李嘉诚关于汕头大学建设和发展的意见及要求后，邓小平对李嘉诚，同时也是对陪同会见的国家教委主任李铁映说："创办汕头大学，这是一件好事！汕头大学要办，就一定要办好。在全国，要调一批好的教员到那里去，把汕大办好！汕大应该办得更开放些，办成全国重点大学。"

同一天，国务院总理赵紫阳也会见了李嘉诚。

不注重名利

李嘉诚 1986 年 4 月在给邓小平的信中说："本人童年失学，深切体会到学业对人生之重要，自少即有志办学校。其后，个人事业薄有成就，即渴望偿此心愿。"这充分表达了李嘉诚捐巨资办好汕头大学的初衷。

"人过留名，雁过留声"，中国人向来注重留下历史名声。在筹建汕头大学之时，就有人建议将其命名为李嘉诚大学。然而，当李嘉诚为汕大投入了大量的金钱、心血和感情的时候，汕头大学里却没有留下李嘉诚的名字。

关于这个问题，李嘉诚的回答是："这个名呢，真的是……如果你建起一个大学，太多的股东的名字，这边一个，那边一个。我自己好像是感到有不好的地方。

"有的人希望最好自己的名字更大一点，更醒目一点。但是，一个人有一个人的人生观，我的人生观就是我做的都是自己认为对这个国家民族有利的，只要能这样做下去的话，那么没有我的名字是不要紧的。只要做好这个事业。

"我利都没有了，名都不写，那么我为教育、医疗做什么事的时候，假如有一个部门，或者有一个人，专门要刁难，什么原因我不知道，那么他心里要想一想，我这人来到国内，来到这个地方做事，为了什么？如果有难为我的地方，他午夜梦回的时候，也应该感到有惭愧的地方了。"

李嘉诚为创办汕头大学，倾心竭力，不计名利。有关领导，多次询问李嘉诚的意见，想将某幢建筑，以他和他父亲李云经先生的名字"命名"，李嘉诚坚决反对。

有记者曾问过李嘉诚："你是重视声誉的人，做慈善是否求名声？"

李嘉诚回答说：

"我不理别人怎么说，我的决心就是继续做下去。投入公益慈善事业是我终生职志，绝不求名利。在汕大，即使基建、设备90%款项由我支付，任何一个角落也找不到"李嘉诚"三个字，我捐建汕大只想做出成绩。很久以前捐款支持潮州两所大型医院，市政府领导曾游说写上我的名字，我不肯。他们于是建议写上我父亲名字，我也不肯，我回答说：先人如果有知，父亲一定认同我的做法；如果并不知道，那么写也没有意义。而且我更说笑，如果真的写上父亲的名字，将来拆掉更不好。"

1995年12月29日，李嘉诚先生专程陪同江泽民总书记和广东省委书记谢非、省长朱森林莅汕大视察，江总书记说，"我这是第二次来汕大，今天看到汕大的进步和变化很大，我很高兴"。江总书记高度赞扬李嘉诚捐资办学的爱国爱乡精神。

汕大落成

1990年2月8日，汕头大学隆重举行全面落成典礼。

新建的汕头大学坐落在汕头市以西十几里的桑浦山南麓。它三面山峦环抱，一面田野碧绿，可谓山清水秀，风光旖旎。校舍建筑面积为20万平方米。校园建筑堪称一绝，校园中央的主体楼群——行政办公楼、教学实验楼、图书馆、食堂、学生宿舍等近10幢环形大楼，用高架庭院式长廊相接，所有建筑均用清一色的白色玻璃马赛克贴墙。这种富丽堂皇的建筑群与幽美宜人的大自然相结合，美妙绝伦。

李嘉诚宴请前来参加汕大典礼的所有来宾。李嘉诚举着酒杯，环顾在场的所有朋友，又激动又满怀主人的歉意告诉大家：

"今天是汕头人民大喜的日子，盼望已久的汕头大学隆重开幕了，我很高兴能请来这么多的高贵朋友。我提前赶到，发现餐桌上菜牌的位置放错了，虽然我自己已将它们一一纠正过来，但不知道接下来还会有什么错误发生。很对不起，我无法更好地招待你们，感谢你们。这已是汕头最好的酒店了，可是他们从来没有接待过这么多的高贵客人，他们已经尽了最大的努力。幸好，我们是回来参加汕大的庆典的，不是回汕头专门吃晚饭的，所以，如果接下来有什么招待不周的地方，希望朋友们能够理解并且宽容。谢谢大家。"

多么生动而质朴的话语啊，字字闪烁着真情，在场所有的人，都被李嘉诚的话语所打动，他的话音刚落，便响起了长时间的热烈掌声。

是日，李嘉诚携李泽钜、李泽楷两公子及长实集团高级助手参加典礼。出席典礼的政要有：国务委员李铁映、全国人大常委会副委员长荣毅仁、广东省委书记林若、广东省政协主席吴南生、国家教委副主任何东昌、新华社香港分社社长周南、国务院港澳办副主任李后、全国侨联副主席庄世平等，李嘉诚的好友李兆基、郑裕彤、何添等大企业家亦同来庆贺。

汕头大学校长在《答谢词》中说：

"李嘉诚先生为了创办汕头大学，他不但慷慨解囊，捐献近5亿港元巨款，而且亲自参与筹划，为解决汕大的种种问题而竭诚尽力。李嘉诚先生捐资兴学、育才强国的义举，将在我国高等教育史上留下光辉的一页！"

汕头大学校董会主席吴南生，撰写了《汕头大学建校纪略》，镌刻在大理石碑上，该文记述了建校的全部过程，并对李嘉诚和中央省市各级领导，以及海内外各方人士表示感谢。碑石立于校园中心广场的中央。

"汕头大学的创建，实现了潮汕人民的百年梦想——建一所潮汕地区自己的大学。"汕头大学执行校长顾佩华认为，汕头大学的发展关系着汕头乃至潮汕地区的发展，对吸引和培育人才，发挥"智库"作用具有非常深远的意义。

从1981年经国务院批准创办汕大以来，李嘉诚先生为汕大的建设、发展和改革付出了大量心血。至2012年，李嘉诚基金会对汕头大学已实现捐款约42亿港元。

延伸阅读

社会资本——终极目标
——西部中小学现代远程教育发布会致辞

（2003 年 12 月 16 日）

尊敬的陈至立国务委员、尊敬的周济部长、各位领导、各位来宾、各位新闻界的朋友：

还记得三年前和陈至立国务委员在贵州见到一个笑容满面的小朋友，究竟他为何而笑呢？他说"大山再也阻挡不住知识了"。短短十一个字正好说出今日科技的伟大成就，这个项目体现了当我们正确运用科技时，所带来的成本效益及巨大影响，同时也体会了通过资讯传播克服数码文盲，提升能力。

人类智慧伟大成就是如何将科学与人文接合起来，这是我们知识的终极关怀。命运掌握在自己手里，也在我们梦想之中。

今日科技经济新典范的崛起，正处于矛盾吊诡之中。我们一方面追求变迁，但又同时希望更安定，数码鸿沟、学习鸿沟构造着权力再集中及分配不公平的现象，全球化令我们知道和拥抱世界的多元化，我们更不能忽视建立社群的重要性。

发展的失衡不能完全依赖政府去解决，这是社会的集体责任，我们每一位都要勇于承担。

1999 年世界银行报告表示："愈来愈多证据显示社会整合对社会经济繁荣及持续发展日益重要。"

有论者认为在知识时代，社会资本是经济持续增长的重要组成部分，社会资本像其他资产一样是可以量化的，有可量度的可转变性、耐用性、弹性、可代替性、创造其他形式资本的能力。

若真如是，那么社会资本包括的社区关系、信任与分享信念、社区参与、义务工作、社会网络及公民精神等等，这些全属可量化和有效益的价值，我们都应乐于参与投资。建立社会资本就是社会希望的泉源；公民精神与公民权利相比，有时甚至来得更重要。

只有通过全力增进社会资本，才可以驾驭知识与创新的动力，或者这就是一个宏观与微观经济层面之间的合理关系。

我们有幸活在一个充满机会令人兴奋的时代，我们拥有更多创意、更多科技、更多时间，甚至更长的寿命。今天，是时候去领悟社会资本的重要性，通过帮助他人重塑命运，为进步赋予新的意义。

谢谢大家。

第二十一章

香港角力场

立足香港

20 世纪 80 年代，香港数次爆发信心危机，从而引发了不少本港财团迁册、迁址，以实际行动对香港前途投下不信任之票。

李嘉诚虽然也大举进军海外，但立足于香港，发展大型住宅区，由此也给长实系带来数以百亿计的庞大利润。相比较而言，在港的投资令长实系和李嘉诚本人，赚得盆满钵溢。

李嘉诚于 20 世纪 80 年代先后推出的大型屋村计划，步入 90 年代进入收获旺季。以茶果岭的丽港城为例，第一期工程于 1989 年 3 月开工，第一批楼花于 1989 年 3 月推出，每平方英尺售价为 1700 港元。而到 1990 年 5 月底，每平方英尺飙升到 2100 港元以上。这个大型屋村是长实与和黄共同发展的，地产经纪商估计，发展商在此项大型工程获利润在 50 亿港元以上。

长实系在 20 世纪 80 年代的盈利状况，仅次于汇丰集团，优于怡和，亦优于太古。香港的众多华资大财团，长实系无疑是领军者。大举盈利的长实系，于 80 年代、90 年代大举进军海外。也怪乎有人会说，长实集团"赚钱在香港，投资在海外"，这是要抛弃香港的节奏吗？

事实并非如此。李嘉诚多次强调他不会迁册。早在 1984 年时，怡和掀起香港迁册风潮，李嘉诚就发表声明：长江集团绝不会迁册，将一如既往立足香港发展。

1986 年中，李嘉诚开始大举海外扩张，他频频接触加拿大政府官员，引起本港工商界的不安，李嘉诚表示，投资加拿大仅是本集团投资计划的一部分，本集团仍以香港为主要基地，海外投资只占一成多，至多不会过三成，舆论界仍将信将疑。

2013 年李嘉诚会见媒体时回应撤资猜测指出，他爱香港、爱国家，他旗下的长实与和黄绝对不会改变注册地，而且相信多年后都会屹立在香港，只不过生意规模大小会随香港及世界的政治和经济情况而决定。

"立足香港"并不是随意说说的。1987 年 1 月 1 日，李嘉诚与合和主席胡应湘，联合推出"西部海港——大屿山战略发展计划"，这项计划立即轰动全港，亦引起港府的高度重视，如此浩大的工程足以证明李嘉诚坚守香港的决心。

计划由长实合和为核心的私人财团提出，投资 250 亿港元，在香港岛西部海湾的大屿山东角，移山填海兴建双跑道国际机场及西部海港。并开发工业区、住宅区，兴建多条跨海大桥及海底隧道，使机场新区与港岛、九龙连接。另追加投资兴建联系香港、广州、澳门的广深珠高速公路。

李嘉诚以其实际行动彰显立足于香港的信心。1 月 3 日《明报》刊文评论道："即使在现阶段，这已是一个令人鼓舞的消息。对本港和长线投资，是香港前途之所系，一直十分为市民关注。本地财团提出这样庞大的计划去发展香港，使人感到他们对香港足具信心，愿意为香港的将来作承担。"

虽然这个计划最终被否定，但催促了港英政府稳定民心的玫瑰园计划——香港新机场方案的出台。这年下半年，港府成立"新机场发展研究小组"，对纷至沓来的方案进行对比研究。1989 年 10 月 11 日，港督卫奕信宣布确立在大屿山北端小岛兴建新国际机场的方案。据估算，完成整个工程需动用 1270 亿港元，为本港历史上最庞大工程，由政府和私人财团共同开发。

当然，这项工程的主导者不可能是长实，毕竟土木工程不是长实的强项，长实的强项在楼宇工程，但长实积极参与了这项大工程。至 1995 年 11 月，李嘉诚先后投得机场铁路车站上盖 001 号、013 号的发展权，权益由长实、和黄、中泰三家分享。

据 1995 年 10 月 11 日《信报》报道，机铁青衣站上盖总面积 5.4 公顷，总楼面积为 29.2 万平方米。发展项目包括 3500 个住宅单位和一座商业中心。李嘉诚财团在这两幅地皮发展中，估计投资在百亿以上。

从 20 世纪 80 年代后期，长实系在扩大海外投资的同时，也继续扎根香港，用实际行动证明自己的爱港爱国。到了香港回归前夕，悲观的情绪蔓延，移民潮汹涌再起。1995 年，《财富》杂志断言"香港已死"。在此情势之下，1995 年 9 月，李嘉诚与李兆基、郑裕彤、邵逸夫、曾宪梓等多位富豪捐款 1 亿港元，筹建了一个名为"香港明天更好"的基金，以策划宣传、推广"东方之珠"的成就及形象，对香港前景投下信心一票。

角逐9号码头

90年代初的长实集团，其实质资产负债率惊人之低，作为一家拥有巨额现金的超级财团，这些投资不如人们所期望的多，并且在香港的声势似乎一年弱似一年，这是为什么呢？这是因为，在此段时间内，李嘉诚在本港遭遇了一些挫折。

葵涌货柜码头位于香港葵青区醉酒湾，是香港最主要的货柜（集装箱）物流处理中心，是全世界第二大吞吐量的货柜港口。李嘉诚旗下的国际货柜码头公司，在葵涌坐大。香港国际货柜码头的货柜码头业务于1969年由香港黄埔船坞公司（黄埔船坞）展开。在一个多世纪以来，黄埔船坞一直都是主要的船只建造与维修公司，其后更于20世纪60年代把业务范围扩大到货物处理及货柜处理业务。黄埔船坞于1977年与和记企业合并，成为和记黄埔有限公司（和记黄埔）。

9号码头的发展和经营权，夺标呼声最高的人当然是李嘉诚。20世纪80年代，葵涌集装箱港现有的6个码头，国际货柜码头公司拥有2、4、6号3个码头，另3个码头由其他集团分别拥有。

1988年4月，拥有葵涌半壁江山的李嘉诚，以44亿港元在政府投标中中标，获七号码头发展经营权。两年后，国际货柜码头、现代货柜码头两公司与中国航运公司联合投得8号码头，李嘉诚在葵涌再下一城。

香港是个港口城市，码头的重要性不言而喻。李嘉诚在香港不仅是屋村大王，还是货柜码头大王。国际货柜码头公司占据香港市场的大部分，占据绝对的垄断地位。

对于李嘉诚来说，他当然不会满足自己目前所占的市场份额。随着香港经济迅猛发展，国际航运越来越集装箱化，多中标一个码头，就相当于为公司多种下一棵"摇钱树"。随着9号码头的选址及招标渐上议事日程，李嘉诚作为市场的最有力竞争者，对9号码头志在必得。

李嘉诚的志在必得是有原因的。从李嘉诚的角度来说，他至少占据了两方面的优势。其一，国际货柜码头公司是同行业的翘楚，业绩骄人，经验丰富，是葵涌的"龙头老大"。另一方面，李嘉诚在香港有方方面面的良好关系，尤其是港府决策机构立法局，9名非官方议员就有6名是李嘉诚私下"幕僚"，他们是长江集团"特邀"的董事，每年可享不菲的酬金。行政局通过的决议，港督通常不会否决（港督亦兼行政局主席）。

不过，当时的政策环境却发生了一点点变化。1992年7月，英国职业政治家彭定康接替卫奕信出任香港总督。彭定康到港不久，视察葵涌码头，正值国际货柜码头公司举行处理2000万个货柜庆贺盛典。也有人说，李嘉诚是借盛典之名来取悦新港督。当李嘉诚父子与彭定康见面时的场景被传媒放送时，大多数人都会以为9号码头非李嘉诚中标不可。

不料，事情并非李嘉诚所想的那般顺利。彭定康新官上任，对港府组成人员大动干戈，撤换了一批议员，使李嘉诚在港府数载经营前功尽弃。当然，彭定康并非针对李嘉诚，他初来乍到，总有自己的行事风格，提拔重用一些"自己人"。彭定康所做的一切，都是围绕他的"政改方案"。

彭定康的"无心"改组，却给李嘉诚竞投9号码头抹上一层阴影。先前，与李嘉诚关系甚密的行政局议员，都主张宜将码头公开招标，价高者得。如果这样，在公平竞争的环境下，李嘉诚的财力足以拿下9号码头，几乎没有人能击败李嘉诚。

与李嘉诚关系最密切的议员下台，李嘉诚也就失去了自己的"御用议员团"。结果，9号码头的招标方式不再是公开招标，而是协议招标。所谓协议招标，就不再以价高为中标唯一标准，而是要看竞投者的综合条件。

不再以价格作为唯一的标准，这就让竞标存在很大的不确定性。不过，国际货柜码头公司的综合条件也是相当具有竞争力的，但是，最后的结果却是：国际货柜码头败北，9号码头的4个泊位被英资怡和与华资新鸿基等财团投得。

有人说，这是彭定康有意与李嘉诚过不去。这个判断有失偏颇。1991年，彭定康任英国保守党主席期间，李嘉诚曾向保守党捐赠一笔大额竞选资金。彭定康即使不投桃报李，也不至于恩将仇报。因此，李嘉诚能在国际货柜码头公司庆典日，很顺利地邀请彭督亲临现场，并视察葵涌。其后不久，彭定康邀请李嘉诚进入"总督商务委员会"，李嘉诚婉谢后，结果让其子李泽钜进入总督商委会，成为最年轻的委员。这些都足以认定李嘉诚与彭定康的关系是正常的，彭定康并未特意针对李嘉诚。

事实上，竞争9号码头失利，很大程度上或许正是起源于李嘉诚的"强势"，港府有意削弱李嘉诚在货柜码头的垄断地位。

一家公司的市场占有率达5成以上，则可认定处于垄断地位。香港崇尚自由经济，政府不像其他国家那样制定反垄断法，但香港政府对企业的经营和发展奉行积极不干预政策。国际货柜码头公司垄断香港市场，遭到欲夺 9 号码头的各财团的抨击。有议员说："经验与财力不是首选条件，如是这样，当年选择遮打金钟地铁上盖发展商，就不该是在中区发展物业毫无实绩的小地产公司长江实业。"

港府在选择 9 号码头发展商时，首先就把李嘉诚排斥在外，另选实力与长江系相当的财团英资怡和与华资新鸿基。这也是破除垄断的一种方式方法。

一位财经分析家说："凯瑟克家族洗雪了当年痛失遮打金钟地铁上盖发展权的耻辱，李嘉诚成了纽璧坚第二。不过，两者失利的缘由不同。置地号称中区地王，实际上拥有的地盘物业，不及一成，纽璧坚是大意失荆州。李嘉诚控有货柜码头的七成，算是真正的霸主，超人失利，非本人努力不够，故仍可歌可叹。"

地产寡头时代

进入 20 世纪 90 年代，香港又迅速进入一个疯狂的时代。地产行业几乎发展到了失控的边缘，房价节节攀升。香港楼市的涨幅，远远高于物价的平均涨势。

当时的香港，"睇楼团"风起云涌，"睇楼"就是看楼的意思。"睇楼团"有冷气专车接送，还提供免费饮料午餐。有不少"闲情者"借此作"一日游"，这是项"亏本"项目，各商家仍乐此不疲。一位地产经纪一语道破天机："只要有一个买家，全团费用就足可捞回。"楼市看好，一团岂止一个买家？

香港消费者委员会在研究 1990 年至 1995 年间将军澳、马鞍山、蓝田三个地区新落成住宅楼盘的销售情况，发现大地产发展商的市场行为有两个特点：楼盘的开售时间各不相迭；楼宇单位分成小批推出。研究报告认为："这种供应楼盘的方法，会减少消费者的选择，推高楼价，及减低消费者比价的机会。"报告认为"这种激烈竞争最有可能是市场结构的结果（寡头垄断），这反映了市场上的不完全竞争。"

香港房地产行业此时高度繁荣，报章杂志、电视广播，各发展商和代理商的广告争奇斗艳，触目皆是，充耳便闻。传统的屋村现场广告，均是大幅宣传画和霓虹灯等。李嘉诚别出心裁，在天水围的嘉湖山庄放激光广告。两个大型激光发射器，安装在第一楼屋顶，入夜便发射出多组五颜六色、形态各异的激光，甚为壮观。

李嘉诚不愧是销售的行家，由长实建造的楼宇单位一部分由公司售房部直接发售，一部分派给多家代理商包销。一处屋村就有若干代理商，李嘉诚多管齐下，售楼的速度十分快。

嘉湖山庄第一期的售楼日期一早排定，广告业已出街，人手预早调配。开售当日，炒楼的黄牛党依然肆无忌惮，十分猖狂。嘉湖山庄推售3日，竟然有超过3万人登记，这个数量是推售单位数额1752个的近二十倍。

为了应对不断攀升的房价，香港政府透过银监会致函各大银行，将楼宇按揭大幅度加至七成。地产商面对港府高压，明修栈道，暗度陈仓，表面上接纳七成按揭约束，实质上通过自己旗下的财务公司提供二按，补足其余两成。即买楼者仍可以不受政府限制，只要支付楼价一成即可。港府眼看自己的招数被地产商见招拆招，唯有通过银行施加更大的压力。

11月22日，汇丰银行大班包伟士与恒生银行主席利国伟高调警诫地产商，如果无视港府立场，一意孤行，很遗憾，今后将不会得到银行的充分合作。

香港的大地产商不得不放下身段，召开记者会，表明绝对无意与官对抗，将信守七成按揭限制，以推动香港楼市健康发展。见好就收，港府、银行、地产商谁也不希望搞得太僵。港府要靠地产商生存，地产商要靠银行赚钱，银行要靠地产商盈利。

1994年5月26日，港府拍卖两块官地。出人意料的是，粉岭地皮以比市场预期的28亿元低三分之一的价格20.4亿元成交，元朗地皮则以5.1亿元成交，也大幅低于市场预期。持续多年的香港地产市道的高温虚火，总算在港府的积极干预中慢慢降了下来。

在90年代初的地产大升浪中，随着市区土地资源的日渐短缺，地价、楼价的不断上涨，地产发展项目的规模越来越大，经营房地产所需的资金日见庞大，大批早年从事地产业的中小型地产发展商逐渐被淘汰。

到了90年代中期，香港房地产业已逐渐形成经营高度集中的局面，市场结构已具备寡头垄断市场的特征。1996年，香港的地产发展及投资公司达5463家，但最大型的10家地产集团却控制了房地产市场六成的份额。根据香港政府的统计，从1994年到1996年，香港十大地产集团在房地产市场所占的份额，以当年落成楼宇面积计算，分别占52%、56%和63%；以增加价值计算，分别占51%、45%和65%，其中在住宅楼宇市场所占的比率更高，反映了经营的高度集中性有日渐增强的趋势。根据1996年7月香港消费者委员会发表的调查报告《香港私人住宅物业市场："安得广厦千万间"？》提供的数据显示，1991年至1994年间，香港最大规模的11家地产发展商合共建成的楼宇单位平均约占每年私人住宅楼宇新落成单位总数的75%。其中，最大规模的5家地产集团平均每年所占的市场份额约达 60%，最大规模的 3 家地产集团所占的市场份额达 45%，而规模最大的一家地产发展商住宅单位供应量则持续占市场的 25%，有关数字反映了香港新落成住宅市场的高度集中性。

另据香港消费者委员会的调查报告，自 1981 年以来，香港房地产市场虽然不断有新经营者加入，但没有一家新的大型地产商能打入市场，即有能力每年供应量占市场的 5% 或以上。

经过激烈的竞争、收购、兼并，约十数个规模宏大、实力雄厚的大型地产集团逐渐成为左右市场的主导力量。主要有：长江实业、新鸿基地产、恒基地产、新世界发展、华懋集团、信和集团等；而大地产投资商则有：九龙仓、太古地产、恒隆/淘大、希慎兴业、置地等。而长江实业无疑成为香港地产盛宴中的最大获利者。

争夺美丽华酒店

美丽华酒店位于香港九龙尖沙咀弥敦道 118 ～ 130 号，位置优越，交通方便，由已故香港富商杨志云等人于 1957 年创办。

美丽华酒店可谓是杨氏家族的祖业，但创始人却是一批外籍神父。20 世纪 50 年代初，九龙尖沙咀有一家教会小旅店，专门收容被驱逐的内地教堂的神职人员。1957 年，中山籍商人杨志云，因一次偶然机会，购得这间小旅店。几经扩充，到 70 年代，美丽华已是拥有千余客房的一流酒店。80 年代初，佳宁和置地联手购美丽华一翼，价高 28 亿元，轰动全港。后佳宁破产，置地债台高筑，致使交易未成。但由此可见美丽华酒店的潜力。

1985 年，杨志云逝世，其子继承父业，美丽华仍是香港酒店业的重量级。到 1989 年，受当时大环境影响，香港旅游业空前萧条，入住率到 1991 年还未突破 50%。杨氏兄弟遭众股东指责，集团元老何添出任美丽华集团主席。

1992 年，邓小平南方谈话后，中国大陆的市场再度活跃，香港旅游业也因此转旺。至 1993 年，美丽华已恢复元气，入住率大幅提高。

美丽华是恒生指数三只酒店蓝筹股中唯一的华资酒店股，该集团主要资产包括：

美丽华酒店，位于九龙尖沙咀商业旅游区，估值 24 亿港元；深圳蛇口南海酒店，估值 12 亿港元；柏丽广场，第一期估值 10 亿港元，第二期估值 47.5 亿港元。这三项加起来，总估值 93.5 亿港元。

然而，随着美丽华酒店渐入佳境，各大股东间的矛盾并未因此而消融。并且，杨氏兄弟作为最大股东，他们也不是团结得如铜板一块，大哥杨秉正坚决不放弃祖业，而其弟杨梁则主张到美国发展。

美丽华的内部纷争，当然逃脱不了李嘉诚的眼睛，他已经觊觎美丽华很长时间了。1993 年 6 月 5 日，李嘉诚的长实与荣智健的中信各占一半股权的新财团，正式向美丽华提出收购建议。以长实的财力与中信的背景，欲得美丽华，如瓮中捉鳖。一位财经评论家说："满香港，再也找不到第二对这么强大的黄金拍档。"

市面上，关于美丽华将被李嘉诚收购的消息已经传遍，多数人都认为美丽华肯定会被李嘉诚收入囊中。美丽华，非得李超人、荣公子这样的大佬才吞得下。新财团向美丽华提出收购建议，每股作价 15.5 元（认股权证 8.5 元），涉及资金 87.88 亿港元。

美丽华集团于 6 月 9 日申请停牌，停牌前市价为 14.8 元。李嘉诚 15.5 元的收购价，溢价只不到一成，低于市场的预期。一般要溢价二成方可生效（即为众股东接受），市场普遍认为，李氏、荣氏的出价太低，市场估计美丽华的资产值为 18 元 / 股。

李嘉诚的出价为什么这么低？有人说，李嘉诚从来都不会做非善意收购，在杨家举棋不定的情况下，李嘉诚自己更是心猿意马。涉资 90 亿，恐怕再也没有人拿得出这个价钱了。也许李嘉诚过于自信，认为不再有强手跳出来与其角逐，美丽华似乎已经成为李嘉诚的口中之食了。

市场传闻，李嘉诚此番收购，是美丽华的一名大股东主动提出洽商，该股东有意出售其所持股权，并且持股数不少。

这个神秘的大股东会是谁呢？有人说就是杨秉正！到 6 月 14 日，美丽华董事总经理杨秉正发表公开信，声称全部董事均未与长实、中信达成共识，美丽华物业发展潜质极佳，资产净值为 20 元 / 股。信中提到，6 月 8 日晚才接到李嘉诚、荣智健财务顾问的电话意向，而次日早上 9 时，收购建议书就送到美丽华董事局，"这么庞大的收购行动，未给予当事人适当时间去了解，而突然采取行为，那当然算不得友好和善意。"

杨秉正显然对李嘉诚和荣智健开出的 15.5 元 / 股的价格不满，他应该不是那个神秘的股东。有人说主动与李嘉诚接洽的股东，很可能是美丽华董事局主席何添。但何添所持的股权跟杨氏兄弟比起来，只有一小部分。李嘉诚和荣智健要成功收购美丽华，杨秉正的股权是关键。

6 月 22 日，杨秉正又刊启事，称公开信可能有不适之词，致使公众对李嘉诚、荣智健两先生产生误解，谨向两位先生深表歉意。

这则启事让更多的人疑窦丛生。内中情由，外人恐怕并不知晓。有市场消息称，在李嘉诚亲自致电杨秉正，诚意十足地向杨秉正解释收购意图后，令杨秉正十分感动，所以，才有上面近乎道歉式的声明。也有人说，面对李荣两位志在必得的强大攻势，杨秉正担心一旦闹僵连还价的余地都没有，所以不得不出此下策，摇动橄榄枝，缓解气氛。也有人说，杨秉正此时已获业内高人指点，出手搭救，但先要来个缓兵之计，以麻痹对方，免得对方强攻破城。

其时，李嘉诚与荣智健的新财团对收购美丽华仍然胜券在握。毕竟，杨氏家族只持有3成多股权，李荣集团全面收购，仍取胜有望。但是局势在突然之间逆转了，因为李嘉诚的老朋友——李兆基也介入进来了。

李兆基是美丽华酒店创始人杨志云的老朋友，他突然高调介入，使得原本平静的收购战再度暗涌翻滚。李嘉诚和李兆基的交情是很深的，他们是地产老拍档，曾在温哥华共同投得并发展世博会旧址，总投资百亿。他们是高尔夫俱乐部的"波友"，每周相聚一次，形影不离。更令人称道的是，不久前，他们共同推出一个"嘉兆台"高级地盘，把两人的名字合成物业名，成为两人友谊的永恒象征。

不料，嘉兆台的金字招牌油漆未干，两人又在美丽华摆起了擂台。看来，商场没有永远的朋友，只有永恒的利益下的朋友。

杨秉正面对李嘉诚的来势汹汹，担心自己招架不住，这才求助于李兆基。综观香港，也唯有李兆基能与李嘉诚对阵。李兆基碍于李嘉诚的情面，但现在老朋友杨志云遗孤身处险境，不帮又似乎于情于理于利都说不过去。

就算李兆基无意美丽华酒店，只要在关键时刻，能将李嘉诚大力压低的美丽华价码抬高，最后就算未能保住美丽华，杨家也可以以一个心目中的理想价位抛出，这对杨家来说不失为一个好选择。

杨志云的夫人更亲率四子四处奔走，杨老太亲口对李兆基的代表林高演说："杨氏家族要出售的股份应该是价高者得。但是我们的情况比较特殊，因四哥和先生是好朋友，志云在世之时一直是恒基兆业的董事，有了这层渊源，就算是收购价一样，我也会毫无考虑地卖给四哥。"

在商言商，谁也不会和钞票过不去。李兆基与杨秉正签订君子协定，杨秉正以极优惠的条件，让李兆基的恒基兆业以高于李嘉诚16.5元出价的17元一股，从杨氏家族购得美丽华股权。这是一个友情价格，但是对于李兆基和杨家来说，都是可以接受的价格。

李兆基保证只做股东，不当老板，管理权仍为杨氏家族所控。由此解除了杨秉正的心头之患。他最担心美丽华一旦被另一家财团控得，杨家将会被清扫出局。

第二天，香港报章竞相报道：李兆基斥资 33.57 亿元成功收购了美丽华34.78% 的股份。

原本胜券在握的李嘉诚被李兆基横插一竿子，"不抱买古董心理"的李嘉诚也许和李兆基较上了劲：他把 15.5 元的收购价提高到 17 元，与李兆基的同等收购价对撼。一位证券经纪商称："头脑冷静的李嘉诚，也会情绪冲动，在古董拍卖会上竞价了。"

到 7 月 12 日，以杨秉正为首的 8 名董事，仍拒绝百富勤（长实与中泰委托的财务顾问）的收购建议，他们还控有 7.61% 美丽华股权。以何添为首的 5 名董事持有 5.37% 股权，他们主张接受收购。

李嘉诚将收购价提高至 17 元，与李兆基之收购价相同，在无法获取大股东杨秉正所持有的股份的情况下，这一收购必然会破局。

7 月 16 日，百富勤宣布至全面收购截止期，只购得 13.7% 股权及 9.2% 认股权证，股权未购满 50% 以上，承认收购失败。

李兆基此后通过市场吸纳，使其所持股权增至 34.8%。因未过 35% 全面收购触发点，无须发起全面收购，却保持第一大股东地位。

香港证券分析员说："李兆基攻守兼利。如果李嘉诚再要发动全面收购，李兆基可从杨秉正等股东手中买入股份，超过半数不太难，李嘉诚又可能徒劳无功。如果李嘉诚按兵不动，他也不动，稳可控制整个集团。"

两李相斗，轰动全港，成为香港商场竞争中的重要事件。李嘉诚和李兆基曾经是形影不离的高尔夫球友，两人是朋友，但是就是这两个朋友之间，却曾经一再展开过几乎是你死我活的商业竞争。然而，残酷的商业竞争后，两人又在一起挥杆击球，谈笑风生，这不免让普通民众不明所以。

李嘉诚与李兆基可谓棋逢对手，将遇良才，对李嘉诚而言，正可谓"天下英雄，唯使君与操耳"。

二李再次相斗

进入 1994 年，香港地产竞争更显激烈，各大地产企业无所不用其极，力图增加销量。

1994 年秋天发生"吉屋白蜡烛"事件，使得楼市大赢家李嘉诚真正见识到了恶性竞争的危害。

李嘉诚作为香港最大的地产商，住宅楼宇信誉良好，"睇楼"的人众多。海怡半岛屋村是当时李嘉诚开发的一处地产，当买家去参观吉屋（香港称空屋为吉屋，含吉祥之意），突见吉屋里燃有几枝白蜡烛，顿时吓得魂飞魄散，疑神疑鬼。白蜡烛很容易让人联想起死人丧礼中的白蜡烛，吉屋中有白蜡烛，更增添了几分诡气，吉屋瞬间变成了凶屋。

此事不止发生一次，也并非海怡半岛一处。"吉屋白蜡烛"事件经传媒一渲染，吓走一批置业者。这是何人所为呢？有人说是发展商，有人说是发展商委托的几家代理商。这至少表明，香港的地产竞争已经进入到恶性竞争阶段。

到 20 世纪 90 年代，减价竞销的情况比比皆是。1994 年 10 月，中原地产住宅公司董事陈永杰表示，过去蓝筹发展商（注：均是进入恒指成分股的大地产公司）的竞争阵地在广告宣传，在减价促销，现在他们转移到提供的按揭方式上。他们先对抗银行自办按揭，接下来是同业比拼。你 7 成，我就 8 成，你 8 成，我就来个 9 成。这样，买家所获的最优按揭，首期只付一成楼款。这只有长实这一类的地产巨头，具备这般雄厚的实力。有的发展商，按揭比例虽不高，却在供款期限上提供优惠。

李嘉诚与同业的竞争，莫过于与大好友李兆基的对撼了。就在美丽华酒店收购战烟消雾散之后不久，两位商场好友又披挂上阵，展开了新一回合的惨烈厮杀。

李嘉诚的长实与李兆基的恒基，在新界马鞍山均有大型商居楼盘，长实的叫海柏花园，恒基的叫新港城，两个楼盘群仅隔一条马路。

1994 年年底，李嘉诚先声夺人，减价推出海柏花园，短时期就卖出八百余个单位，致使李兆基的新港城睇客锐减。李兆基急忙还招，也来个减价售楼。

1995 年夏，恒基兆业将推出第四期最后一座楼宇，李兆基精心策划，秘密筹备，准备打得对手措手不及，闹个满堂红。

7 月 13 日，恒基宣布以先到先得方式开售 248 个单位，售价 4100 元 / 平方英尺，比二手价还便宜。恒基还推出 9 成按揭，住户只要交 1 成的楼价就可以入住。此外，恒基还花血本搞幸运抽奖，十分之一的中奖率，中奖者可得十足黄金。

新港城的装修示范单位，是效仿长实的一贯做法，但恒基另有创新。聘请著名设计师萧鸿生推出八款装修，可供买家任意选择，最便宜的一款仅 4 万多元一套。八款各具特色，最贵者也不至于贵到离谱，极易为买家接受并心喜。

14 日恒基安排睇楼。公司安排免费巴士不停往返沙田广场至新港城之间。私车睇客，可获 3 小时免费泊车。睇客免费享用早餐晚餐，这又是吸引睇客的条件之一。

大批睇客涌至新港城。一家大小齐齐参加大食会，其场面相当热闹，大大地吸引了买家的眼球，很快就引起了市场的关注。

李嘉诚最善于出奇制胜，他岂会错失马鞍山睇客如云的良机？他做了精明且合算的安排。13 日晚，长实从媒介获悉恒基的楼价后，马上将新港城对面的海柏花园定价电传给各传媒，每平方英尺售 4040 元，较新港城的平均楼价要低 60 元。

其实，长实原本没有这么快就推出新楼单位。但担心欲入马鞍山置业的买家会被恒基抢去大半，故在 14 日，火速请名师高文安设计监做示范装修单位，好赶到 15 日向睇客开放。时间太仓促，示范单位非实楼，而是模型。

14 日晚，长实董事洪小莲出席恒威 25 周年酒会时向记者表示："我们的海柏花园比新港城优胜好多好多。"一般竞争对手在公众场合，尽可能避免过激语言，尤不宜直言不讳褒己贬他。《壹周刊》评议道："这个破天荒的评论，掀开了李嘉诚和李兆基马鞍山之战的序幕。"

两强对撼，使得当时的售楼现场呈现出你争我抢的热闹场景。长实的职员对参观示范单位的睇客说："我们（海柏）平（便宜）过对面（新港）几十蚊（元）。我们也请设计师设计了，你有没睇过对面的装修同用料？我们的要靓得多。我们的设计师是高文安，没得顶（盖帽），你如果睇过，就知道没得比嘅，你有没睇过先？"

你方唱罢我登场。在新港城摆档售房的经纪商，亦大肆挖苦海柏花园："我们这里潜质一流，有八佰伴购物中心，海柏连街市都没有，商场又小，没得比。"当睇客说海柏有靓景时，经纪商笑道："论海景，马鞍山的都差，向西北。买新港的山景单位，向东南，咪仲好（岂不更好）。"

恒基造声势到 16 日星期天步入高潮，与新港城相连的八佰伴商场开张，睇客如潮。周一起，就有买家提前排队，等周二正式发售。

长实见势不妙，又出"新桥"（新招）——周一晚 11 时左右，就在排队候新港城发售的人龙前（已有 180 人漏夜排队），挂出一条醒目的长幅："海柏花园每尺仅售 3275 元起！"

粤语里有个词叫"顶烂市"，就是说用低于成本的超低价倾销顶死竞争对手。

李嘉诚与李兆基的竞争已经进入了这种状态。一时间，新港城排队的人龙缩了截，跑掉近 20 人。自然到天亮和当日，有买家加入，结果不尽如人意。据《二李决战马鞍山》一文报道："翌日，新港城 248 个单位开售，恒基只派出筹号（注：凭筹号可购单位五个）逾 200，反应不及嘉湖的楼宇，首天只卖出七八成单位，较预期逊色。"

地产竞争加剧，也让李嘉诚和李兆基有苦难言。记者采访李兆基，他尽可能扮出轻松状，表示不会再减价与海柏对撼："我都平了许多啦，对面实际上还只是平几十蚊一尺，只要楼盘艰险，买家就不会计较这几十蚊。"

李兆基总算沉住气，不再与超人顶烂市。几天后，所有的单位好歹推了出去。在之前的美丽华收购战中，李兆基力挫超人，这次马鞍山比拼，长实虽然没有最终战胜，但也总算杀了一杀李兆基的气焰。

延伸阅读

成功 3Q

——香港理工大学李嘉诚楼命名典礼上的致辞

（2001 年 1 月 24 日）

今天很高兴在这里与各位聚首一堂。理工大学在胡应湘主席、校董会同仁和潘宗光校长悉心领导下，成功为香港的高等教育肩负重要的使命。理工大历史悠久，她前身是培养专业技术管理人才的理工学院，是中小型企业的摇篮，很多毕业生亦成为各行各业的骨干。她对香港的成长，实有不可磨灭的贡献。本人能为理工大学的发展尽一分力，是一件非常有意义的事情，承蒙大学方面以本人名字为这座宏伟的大楼命名，谨表衷心谢意。

当我为今天讲话定题的时候，同事们马上议论纷纷，不同的分析论点接踵而来。有些说 3Q 是不准确的，5Q 比较切实，有些说无限 Q（nQ）才是绝对概括。老实说我并非学者，今天也不是做学术报告，我所知的都是从书本及杂志吸收而来，但我的知识及见解都是自己的经验和观察所累积。究竟成功人生有没有放诸四海而皆准的方程式？

每个人都可以有巨大的雄心及高远的梦想，区别在于有没有能力实现这些梦想。而当梦想成真的时候，会否在成功的台阶上更知进取？当梦想破灭、无力取胜、无力转败为胜时，会否被套在自命不凡的枷锁中？抑或会跌进万念俱灰无所期待的沮丧之中？再有知识再成功的人，也要抵御命运的寒风。虽然我在事业发展方面一直比较顺利，但和大家一样，无论我喜欢或不喜欢，我也有达不到的梦想、做不到的事、说不出的话，有愤怒，有不满。伤心的时候，我亦会流下眼泪。

人生是一个很大、很复杂和常变的课题，我们用分析、运算、逻辑等理性的智商（IQ）解决诸多问题；用理解能力和自我控制的情绪智商（EQ）去面对问题；用追求卓越、价值及激发自强的心灵智慧（SQ）去超越问题。在我个人经历中，对此 3Q 的不断提升是必要的。IQ、EQ、SQ 皆重要：学术专业的知识，使我们有能力去驰骋于社会各行各业中；对自己及他人环境的了解能发挥人与人之间的同理心，加强家庭、学校、机构的团队精神；慎思明辨的心灵能力驱使我们对意义和价值的追求，促动创造精神，把经验转化成智慧，在顺境和逆境之中从容前进。

今日全球经济明显欠佳，平常生活中经历的所有挫折，均显得更加沉重。遗憾的是在经济转型中，并没有即时显效的灵丹妙药，亦没有人可以向你保证说所有面对的问题会持续多久，只有聪明睿智的人洞悉今天不是昨天，知识要承担无可逆转的改变。尽管今天没有破译的方法，他们也不会凝固于痛苦和自我折磨之中，不会天天斤斤计较眼前的得失，不会天天计算眼前的利弊。皆因他们知道每日积极正面地面对、思考及冲破问题，是构成丰富人生的重要环节，及为人生累积最有价值的财富。即使处境可能不会因自己的主观努力或意志转移，但他们早已战胜生活的苦涩，为转危为安做好一切准备。

各位朋友，世人都想有一本成功的秘籍，有些人穷一生精力去找寻这本无字天书，但成功的人，一生都在不断编制自己的无字天书。今天在这里希望与大家共勉。

谢谢大家。

第
二
十
二
章

▼

地产称霸

地产大牛市

1984 年 12 月，中英两国经过长达 22 轮的谈判，终于在北京签订关于香港前途问题的《中英联合声明》。自此，香港步入回归祖国的过渡时期。由于土地事宜事关重大，《中英联合声明》中有多项条款与土地制度安排有关。如文件中承认，现行土地契约及新界土地无须补地价，续期至 2047 年。这种安排使困扰多时的香港土地问题明朗化，有力修复了投资者信心。香港地产业借此进入新一轮的地产周期。

在香港回归以前，香港市民一直生活在这种由政府、开发商和传媒共同构建的买楼紧迫感中。在这段时期内，地产市场进入了香港有史以来最长的牛市周期。期间除了 1989 年至 1991 年受内地政治风波和第一次海湾战争影响，以及 1993 年至 1994 年时香港遏止炒卖房产的措施期间，上涨势头略受压制外，其余大部分时间，香港楼价都在急速飞涨。

香港不少媒体回顾这数十年来的地产涨势，不禁发文感慨，1994 年 8 期《今日港澳》中的一篇文章这样讲道：

"10 年前，当香港楼市从 20 世纪 80 年代初房地产衰退中复苏，重新纳入又一轮升势之时，住宅楼宇每平方英尺（0.0929 平方米）的平均售价不过是 700 ~ 800 港元，而与民生关系最为密切的中小型住宅还不及这个价。而现在，豪华住宅每平方英尺的售价已超过 13000 港元，连远离市区的新市镇，楼价之高也令人望而生畏，普普通通一套住宅动辄要价数百万港元已司空见惯。拿一套建筑面积仅 400 平方英尺的小型住宅来说，目前售价约为 240 万港元。

"而一个刚刚毕业的大学生，月薪不过 1.2 万港元，为了构筑自己的'小巢'，

289

买下这种仅够建立'二人世界'所需的小型住宅，除了要拿出首期72万港元的现款（按七成按揭）外还要每月供款1.5万港元，才能在20年后还清全部楼款本息，成为真正的'业主'。如果说，若干年前的楼价水平，年轻一代的'无壳蜗牛'经过发愤努力，节衣缩食还可以承受的话，那么时至今日，即使不吃不喝，也很难填满供楼这个'无底洞'了。"

1990年与1970年相比，香港银行存款增加了81倍。财富的积累使当时香港房地产市场的需求极其旺盛，而每年50公顷的土地供应量更使房地产价格易升难跌，房地产市场成为"资金市"，各类资金以及银行贷款都投入到房地产市场，造成房地产价格狂升不已。香港弹丸之地，发展成为国际著名的金融中心，地产价格不断攀升，让普通民众置业难，租房亦难。香港是世界租金最贵地区之一。

在苏东的《房地产真相》这一本书里，引用了当时香港楼市的报道。该报道说："在高峰时期，一般中档私人住宅每平方英尺要大约7000至8000港元，如果有海景或是高层单位则价格更高，一般中产人士需要持续工作直到退休后才可完成供款。楼价的持续上扬使中下阶层难以自置物业，即使是租住物业，租金也连年上升。在1997年的高峰期，香港人平均把月薪的74%用作供楼。"

香港地域狭小、寸土寸金，到1997年时，房地产以及相关行业的增加值，占香港GDP的比重已超过四成，整个经济活动几乎都围绕着房地产业而转。香港的财政收入则长期依靠土地批租收入以及其他房地产相关税收。房地产投资长期占固定资产总投资的2/3。房地产股历来是第一大股，占港股总市值1/3，股票和房地产价格"互相拉扯，荣辱与共"。

据相关资料统计，1984年至1997年香港房价年平均增长超过20%，其中1990年至1994年"豪宅"价格猛涨了6倍，甲级办公楼价格猛涨2.5倍，沙田等非市中心的中档楼盘价格猛涨近3倍。房价中位线长期是居民收入中位线的8倍以上，不少年份为4倍甚至更高。20世纪90年代初期，香港中环、湾仔、尖沙咀等中心区域每平方米房价已经高达10几万港元，元朗、屯门等新镇地区每平方米房价也要3至4万港元，而大部分居民年薪却只有10几万甚至不到10万港元。

房价上涨太快之时必是炒楼成风之日，炒楼越烈也就说明离泡沫崩溃不远了。由于地少人多资本集中，香港房地产投资回报率长期比世界其他主要城市高2至3倍。在房价狂涨的时候短期炒作更加有利可图，转手之间就可以赚20万、50万港元。

在香港地产大发展的年代，获利的自然是大地产商。《东方日报》1991年5月26日《地产发展商赚钱知多少》一文：

"做牛做马为片瓦，有人穷一生精力，才可以自己拥有物业，楼价已占去家庭收入的7成，究竟地产发展商在建楼及卖楼之间，赚去我们多少血汗，难以统计。但从香港有数的富豪都是经营地产业务，上市公司之中，逾5成的市值均是地产建筑公司，可见做地产的赚钱能力。"

该文接下来以楼市盈利大户长江实业发展茶果岭丽港城为例，剖析并估算李超人在这个地产杰作中，将如何获取111亿惊人巨额利润。

有人声称李嘉诚依靠炒地成为首富。实际上，李嘉诚累计数十亿港元的非正常性盈利，相当部分来自炒地炒楼。不过，与他全系的地产正常性盈利比，比例甚小，他的主要精力财力，放在地产发展上。

地产盛宴

从1985年房地产市道复苏算起，到1997年时香港的房价已上升了9～10倍。

1991年，香港楼市蓄势而发，升势凌厉，尤其是设备齐全的大型私人屋村更成抢手货，包括黄埔花园、太古城、康怡花园、杏花邨、德福花园、华信花园等，黄埔花园和太古城的楼价在短短一个月时间即从每平方英尺约2300元急升至约3300元。

由于楼市活跃，地产发展商在港九新界推出的多个楼盘瞬即售罄，楼价急速攀升，甚至是尚未进行登记及公开发售的楼盘，售楼处已出现轮候人龙，唯恐机会稍瞬即逝。

在这期间，长实推出的汇景花园更掀起新一轮的炒楼热潮。汇景花园因为是地铁沿线最后一期的大型私人屋村，备受欢迎。3月下旬，市场传闻汇景花园将于日内推出，瞬即在长实总部中区华人行的售楼处大排长龙，长实多次贴出告示劝谕市民离去不果，最终要警方出面驱散人群。及至3月26日，长实推出汇景花园750多个中小型住宅单位，平均售价为每平方英尺2400元，结果发售第一天已售出9成。

据媒体报道，当时，一名炒家在一日内与买家达成转售协议，赚取了8万元；另一炒家购入汇景一个单位，在一个月内成功转手，获利25万元。

在楼市大涨的年景，人人都在大谈楼价、交换炒楼经验。银行按揭部、律师行、地产代理均忙得不可开交，一些地产代理更是从早上9时忙到第二天凌晨，为的就是赚取更多佣金。据业内人士估计，当时地产市场上现货楼炒家约占55%，而楼花（即预售合同）炒家所占比例更高达70%。

1991年7月，中英双方就新机场问题达成谅解，延误多时的新机场计划终于可以上马。受此利好消息刺激，香港楼市再度飙升，结果全年累积升幅超过55%，与市民的实际承受能力逐渐脱节。据统计，1991年底香港供楼负担比率已达93%，是1983年以来的最高水平。楼价的急升，一时成为社会舆论关注的焦点。

踏入1992年，香港楼市承接上年升势继续上扬，港九各区主要大型私人屋村的成交价升至每方英尺4000元以上。大型豪华住宅价格开始大幅上升，短短半年间升幅达2成至3成。帝景园、宝马山花园平均每平方英尺升到5000元以上，九龙塘又一村、又一居亦升至接近5000元。

这一时期的香港地产商已经颇受人瞩目。十大地产上市公司，占香港股市总计市值的2成以上。实际上有不少大鱼漏网，如太古地产，却归类为综合股。不少从事他业的巨富亦把重点放到地产上。据估计香港过半的资产为地产商和兼做地产的富商控有。尤其是10大地产巨头控制了同业地产股市值的五成以上。

从20世纪80年代后期起，有人这样说："控制香港的是港府、汇丰、马会、地产商。"

这场地产盛宴让不少人获取巨额财富，而这场地产繁荣持续这么长时间，跟香港经济的繁荣稳定有很大关系，在90年代初，香港经济增长率平均每年达5%。而另一方面造成炒风盛行，跟当时的投资渠道也有关系。

当时，香港的银行存款利率偏低和通货膨胀高企，负利率情况严重。以1994年初为例，3个月定期存款利率仅3.5厘，最优惠利率6.75厘，住宅按揭利率8.5厘，而通胀率则高企8.5%，换言之，存款人的存款每年实质亏蚀5%，贷款的实质利率接近零。负利率驱赶银行存款流向股市、楼市，买楼或"细楼换大楼"不仅可改善家居环境，而且成为保值、增值的理想投资工具。

在需求的推动下，香港楼价连年上升，且升势愈来愈猛，反映供求问题已进一步恶化。市场的真正买家和投机者均认同楼价将继续上升的走势，真正的置业者担心其未来的置业能力进一步下降，只好也都加入到买房大军中。

面对不断攀升的房价，普通民众苦不堪言。步入20世纪90年代，公众舆论要求港府立法打击楼市投机的呼声愈发高涨。

一些财经界学者说："由于各种因素，造成了财富分配的不公。香港经济是外向型经济，真正为本港赚来外汇，积累财富的主要是贸易、航运、工业等等。地产商在社会财富的再分配上，获利最大，并且大得离谱。

"世界上，没有哪个地方像香港这样，最富的阶级几乎全集中在地产界，过去香港也不是如此，大富豪分散在贸易、零售、航运、金融、工业等行业。现在其他行业的富豪逐步在富豪榜上被挤下去——除非他们抱住了地产。这种现象，实际上是香港经济衰退的前兆。"

日益攀升的房价，也不为政府所乐见。政府此时正在谋划出台相关楼市调控措施，以遏制不断攀升的香港房价。

香港楼市调控

在 1991 年 4 月，麦高乐获港督卫奕信爵士任命为财政司，接替即将退休的翟克诚爵士，麦高乐在 1991 年 8 月 12 日正式上任。

1991 年 11 月 6 日，麦高乐履新不久，就宣布增加楼宇转让印花税和限制内部认购比例，以杀楼市炒风，平息民怨。其时，正值李嘉诚的天水围嘉湖山庄第一期开盘，迎头赶上突如其来的调控措施。因筹备多时，天水围嘉湖山庄第一期仍按期开盘，这被不少传媒视为检验新政策效果的风向标，备受关注。

嘉湖山庄开盘之日，炒家买家十分踊跃，排队的长龙浩荡，竟然有超过 3 万人登记，相当于发售的 1752 个单位的近二十倍，火爆程度远远超出预期。这无疑给了港英政府一个大大的难堪。

据传媒报道："麦高乐对此大表不满，觉得李嘉诚明知他在当天宣读打击炒楼措施，却偏偏不避风头在同日推出大楼盘，与政府'对着干'。麦高乐于是使出厉害的招数，11 月 13 日由银行监理处致函各银行，将新旧住宅楼宇按揭贷款，由原来的八九成，降至 7 成。"

李嘉诚一向低调，这次却不慎撞到枪口上。银行按揭的比例，直接关系到买家与炒家首期现金的承担，进而影响到楼市的兴衰。按揭降至 7 成，无疑会影响相当一大批置业者的购房愿望，这让香港的地产商们叫苦不迭。

11 月 21 日，李嘉诚在希尔顿酒店，设宴招待来访的加拿大卑诗省总督。这本来是一件很平常的商业交往，但是让传媒瞩目的是，香港地产巨头李兆基、郑裕彤、郭炳湘、郭鹤年、何鸿燊、罗嘉瑞等人都出现在了此次接待会上。有人认为，这是地产商们向港府"示威"，如果逼人过甚，他们将把投资重点移向加拿大等美欧澳国家。

记者们当然对这个话题深感兴趣，不少记者就向与会者抛出自己的疑问，询问他们对政府降低按揭成数的反应。香港著名地产商李兆基率先表态，在回答记者的提问中抛出"震撼弹"：他声称会透过自己旗下的财务公司，提供较高的按揭成数，防止楼市下跌。其他地产巨头异口同声附和，地产商们似已结成同盟。李嘉诚在记者的追问之下，说希望能与政府协调好关系，如果地产同仁都这样，他也会跟随潮流。

地产商们似乎与政府站到了对立面，这让财政司司长麦高乐深感恼火。第二天，麦高乐与汇丰银行大班浦伟士、恒生银行主席利国伟紧急磋商，由两位金融寡头出面还击。香港银行公会主席浦伟士措辞极为激烈，严厉警告地产商，如果一意孤行，日后其他发展计划将得不到银行的支持。恒生银行主席利国伟口吻较为温和，但也表达了支持政府决议的意见。

以李嘉诚为首的地产商们当然不愿意与政府和银行走到对立面。他们在第一时间召开记者招待会，声明接受 7 成按揭规定，并无意与银行对立。1994 年 8 月《香港楼价探秘》一文称：

"1991 年以来港府和银行曾多次联手打击楼宇炒卖活动，推出一系列旨在限制炒家投机活动的政策措施，如：买家须付楼价 5% 作按金，限制内部认购比率低于 50%；楼花转售征收 2.75% 厘印费，将住宅楼宇按揭率由 90% 降至 70%；向频密买卖楼宇的投资者征收利得税；将提前赎回按揭贷款的罚金增至 5 万港元或楼价的 3%；将 500 万港元以上的住宅的按揭率降至 50%；等等。

"措施可谓严厉，但市场回应不积极，楼价反而越炒越高。仅今年第一年第一季度便上升 30%，终于引起社会各界的强烈不满。普通市民无力购房，怨声载道。"

打击炒风不能从根本上解决问题，香港此后房价的节节攀升证明了调控措施的无效。地产巨头的能量相当巨大，像长实等十余家大地产公司，就有充沛的自有资金提供八九成按揭。银行的 7 成按揭，受影响的是一些小地产商，这样的政策反而加剧了地产寡头的形成。

李嘉诚等一些地产巨子，果然就按最初设想去做。银行家一时大为惊慌，因为地产按揭占银行业贷款的相当部分。如果此后这块业务被地产财务公司所揽走，银行将会丧失盈利的重要渠道。

金管局一向支持这措施，认为七成按揭对促进银行体系稳定非常重要。这项措施 1991 年 11 月由香港多间主要银行率先推行，并逐渐成为业界标准。这项措施虽然增强了银行防范风险的能力，但还是没有遏制住房价继续攀升的势头。

与汇丰关系

汇丰银行是香港最大的银行，就银行业来说，汇丰银行本质上是英国殖民银行，一直以来都与港英政府保持着特殊的关系。这使它在香港金融业具有垄断性的特权地位。汇丰的存款约占香港存款的一半左右，在香港金融管理局成立之前，汇丰银行在香港一直行使着央行的职责。因此，香港的任何富豪如果没有汇丰的支持，必然成不了大气候。尤其是房地产业，港英法律规定，所有土地都属于英国女王，任何商人要开发香港的土地都需要支付一笔不菲的土地出让金。

港英政府财政收入的大头就是这笔收益。然而，如果不能与汇丰等英资银行建立良好的关系，就不可能拥有巨额的资金来开发房地产。

李嘉诚与汇丰"蜜月"始于 20 世纪 70 年代末，汇丰前大班沈弼宣布，一次性将汇丰持有的二成多和黄控制性股权，以相当于和黄资产净值的半价售予长实集团，使长实这家中小公司，控得和黄这家大企业。

1980 年，汇丰委任李嘉诚为董事；1985 年，更委以非执行董事长之衔给李嘉诚。这一崇高荣誉，只有包玉刚曾经获得。

但是随着时间的发展，1990 年后，香港汇丰银行将借收购英国米特兰银行之机，变相迁册伦敦。汇丰完成迁册不久，李嘉诚突然宣布辞去汇丰董事局非执行副主席职位。有人说，李嘉诚作为董事局重要成员，对汇丰迁册持反对意见，从而愤然辞职。1992 年 4 月 2 日，汇丰控股宣布，李嘉诚将于 5 月份辞去汇丰控股及汇丰银行副主席一职。

其后，李嘉诚马上召开记者招待会，表明他的辞职与最近汇丰收购英国米特兰银行毫无关系，纯属巧合。他指出，辞职始于两年前，但一直未被接纳。他强调，辞职的理由是基于私人原因，拟将腾出更多的时间专注于其他业务及发展个人兴趣。

李嘉诚的声明并没有平息市场种种揣测，传媒也将按揭七成的事与之相联。《信报》指出："各种传闻之中，除了指李嘉诚不满汇丰与米特兰合并之外，亦有传闻指李嘉诚不满汇丰不断主催银行界收紧楼宇按揭至 7 成，令地产市道无法如去年般兴旺，故与汇丰方面不和。"

长实集团从 20 世纪 80 年中起，逐步减少资产负债率，加大靠自有资金发展的比例。对提高高于七成的按揭，于长江实业来说，并不费事。

汇丰银行和李嘉诚之间不存在不可调和的矛盾，汇丰大班浦伟士委任李泽钜任汇丰非执行副主席。市面传闻，李嘉诚与汇丰的关系并没有破裂，相反这是李氏家族与汇丰的"二度蜜月"。

换地不利

地产总有高潮和低谷，如前文所述，1982 年、1987 年、1989 年都可算是香港的地产低谷。李嘉诚逐渐成为地产新贵，跟他的投资眼光是分不开的，他一贯擅长在地产低潮时吸纳土地。

黄埔船坞发展英埔花园大型屋村，要将工业用地改作商业住宅用地，按 1981 年市价计，李嘉诚需补 28 亿多地价。李嘉诚采取拖延战术，中英谈判之时，本港发生信心危机，楼市一泻千里，原先的高地价自然难以维持。李嘉诚迅速与政府拍板，结果以 3.9 亿元惊人低价达成协议，完成换地目标。

有人认为李嘉诚是以牺牲政府的收入为代价的，若人人效仿，不啻是政府的财政灾难。但作为商人来说，这是合法地运用智慧节约成本，赚取利润，无可指责。

1987 年，李嘉诚准备开发丽港城与海怡半岛，涉及庞大且复杂的油库、港灯电厂和青衣联合船坞，这也涉及工业用地改作商业住宅用地，需要补地价。李嘉诚则在 1987 年大股灾后几个月后，迅速与港府达成协议。之后，股市楼市全面复苏，港府白白失去补地价的收益。

但是，李嘉诚频频采用的逢低吸纳的手段并不总能奏效。李嘉诚与英商讲道理，合伙将鹤园电厂旧址发展商住屋村。1989 年，香港因大陆政治形势再爆信心危机，形成一波移民潮和迁册潮。到 1990 年，地产市道奄奄一息。聪明的李嘉诚，将补地价谈判选在这个大好时机。

但港府官员这一次并没有"闻鸡起舞"，他们不紧不慢，也效仿李嘉诚实行拖延战术。1992 年春，邓小平南方谈话，大陆改革的巨浪波及香港，香港楼市经历了短暂低潮后，迅速繁荣，由此带来地价飙升。港府选择此时与李嘉诚谈判换地补地价，最后谈判结果，李嘉诚需补地价 38 亿元。

可以说，李嘉诚这一次并未占到便宜。作为香港地产的龙头老大，不少同行对李嘉诚与政府的良好关系颇有微词。《壹周刊》借用一位地产老行尊的话说："别人向政府申请换地，不容易得到批准，李嘉诚申请就很快获得批准。"一些申请换地与洽谈补地价而受挫的地产商及业主，不免也把矛头对准李嘉诚，说政府给李嘉诚太多的优惠，李嘉诚是政府的宠儿。

事实果真如此吗？恐怕不见得。

在香港，也有一位响当当的人物，这就是邱德根，经过多年的奋斗，邱德根成为"远东集团"的董事长，同时也成了香港名列前茅的亿万富翁。邱德根主要精力集中于影视、游乐等方面。

邱德根旗下公司远东酒店和娱乐公司在九龙荔园拥有一批物业地皮，其中有宋城和荔园游乐园。第二次世界大战结束，香港经历了3年多的日占苦难之后，社会逐渐复原。为了适应市民找消遣的需求，除了大小戏院的不断落成，游乐场亦应运而生。规模最大者，是开业于1949年位于荔枝角的荔园游乐场，内设的玩意如摩天轮、碰碰车、骑木马等，吸引了不少成人和小童，还有电影场、粤剧场和歌坛，若干当红电视艺员和歌星，都是出道于荔园。至于荔园因游人众多，一直在扩展，于20世纪70年代，还在毗邻地段开设一座吸引游客的宋城。游乐园一部分是宋家自有地皮，一部分是租用的官地。另外，邱氏家族在游乐园外围还拥有大幅土地。

1991年4月4日，邱氏家族的远东酒店和娱乐公司，与李兆基的恒基兆业及林伯欣的丽新发展签订临时买卖合约，共同开发宋城现址及邻近8万平方英尺土地，发展三幢大型商住物业。

由于戏院影片放映连年亏损，邱德根引入两位大咖投资。李兆基是香港地产巨头，林伯欣是亚洲电视老板，有这两位名士助力，换地应该能一帆风顺。但是，事情的进展并不顺利，政府城市规划委员会正式宣布否决远东的计划，认为将宋城现址改作商住物业，不符合城规会的整体规模构想。

李兆基与林伯欣不行，李嘉诚或许能行。邱德根准备与李兆基、林柏欣两人中止合作协议。1993年12月，远东与长实达成协议，长实购入远东店所持荔园及附近36万平方英尺土地的5成权益。这次重建范围比原来的更大，涉及问题更多，换地补地价更复杂。远东的地皮未连成片，这中间夹有多个业主的物业，并且政府已有荔园整体发展计划。

长实的计划分两部分，一部分是建35幢6～8层高级住宅，总楼面积130多万平方英尺，第二部分与政府换地建商厦。

孰料李嘉诚出马，换地计划仍然未能成功。端木先生撰文报道：

"向来强于与政府谈判的长实，今次竟遭滑铁卢，铩羽而归。在外界普遍看好荔园重建计划在长实扛大旗下快有成果之时，城规会于 1994 年 7 月正式通知长实，建议重建荔园的计划已遭该会否决，对看好此计划的长实中人，实在有点晴天霹雳。"

港府驳回的理由是由于综合发展区须涉及范围内所有土地的发展，故长实的申请未获接纳。因为长实只对所拥有业权的土地及政府所拥有的土地做出计划，未包括一些分散业权的土地规划。

李嘉诚的另一项计划，是争取政府拥有的邻靠荔园的巴士站地皮发展权，以长实持有的部分荔园地皮和宋城作交换，使政府可获整块土地作完整发展。李嘉诚拟在巴士站地皮建两幢酒店，该幅地皮 8 万平方英尺，楼面面积 70 万平方英尺。

这个申请亦同样遭城规会否决。城规会认为长实的计划未将政府公屋及居屋计划考虑在内，有关公屋居室的发展蓝图，城规会未审定，故不宜先考虑酒店计划。

1995 年 5 月的香港媒体刊文指出："长实重建荔园计划遭城规会否决，不但长实中人，相信外界普遍始料不及，今次铩羽而回，并不代表长实与政府磋商谈判过程败下阵，其实在鼓未擂之前，战阵已输了一半，长实之输在未有好好估计，在重建地皮上，要收回分散业权的难度。远东店这个伙伴所出售荔园及邻近地皮，又存在很多掣肘，要发展起来一点也不易。

"其次，远东店方面在未完全了结与恒基和丽新的合约前，就急急与长实合作，引来恒基与丽新插手，令事件复杂化。看来荔园这块土地，要换过另一番新面目，短期内很难实现。"

遭遇换地不利，证明并未如一些人所猜测的那般，李嘉诚不是政府的宠儿。在地产行业一帆风顺，更多的是依靠李嘉诚的眼光和长实的综合实力。

楼价继续攀升

香港楼价持续攀升，大大超过了普通民众的经济承受力。开发商认为地价过高导致楼价攀升，民众认为开发商只重获利，政府与开发商都不愿承担楼价高企的错。

布政司（1997 年前香港最高行政执行长官的称呼）陈方安生声称，政府会在短期内公布增加土地供应的详情，其中包括没有旧物业的"生地"，以保证楼宇兴建的用地。政府表明楼价的上涨责任不在己方，这引起了地产公司的不满。新地公司郭炳江公开发话："楼价高并非地不够，只系政府对图则改用途，官僚程序'拖'死人而已。"

面对日益高企的房价，发展商被置于风口浪尖上，更多的人指责发展商囤积居奇，是造成房价不断上涨的主因。平时不轻易表态的李嘉诚也对此回应："近日各方君子纷纷指地产商囤积楼盘唔（不）卖，带头扯高楼价，这讲法唔（不）公道，事关政府一批入伙纸（房产契约），发展商便卖楼盘，没有发展商联手操纵市场这件事。"

1994年5月26日，政府拍卖两块官地。其时，楼市仍高企不下。拍卖场却出奇地冷清，睇客多多，而竞者寥寥。结果，一块粉岭地皮成交价20.4亿，比预期的28亿低许多。一块元朗地皮以5.1亿成交，比预期7亿多低了3成多。官地价格骤然下跌1/3，股市马上起连锁反应，当日地产股便急挫。

市场传言十多家地产商联手投地，控制政府官地价格。香港《大公报》次日发表文章指出："对5月26日卖地场上发展商'联手投地'的做法，不少人有异议。这并非不容许发展商组财团购入土地，而是不能出现变相垄断局面。倘若真的如此，就不是一个公平的市场了。"

该文还指出，未来的特别行政区政府，也一样会出售土地，若财团"大联合"，便有"造价"之嫌，希望5月26日的事情不再发生。

面对居高不下的房价，港府正在酝酿出台更严厉的措施，压抑楼价。6月份，港府以最快的速度推出打击楼市炒风的新措施，其要点有：内部认购单位由5成降至1成；禁止楼花购买者在未办妥正式交楼手续前将单位转让；不可预售超逾9个月的楼花；首次订金数由楼价的5%增至10%；在完成交易前取消买卖协议；罚手续费由楼价3%增至5%；等等。港府官员同时表示，稳定楼价的长期举措是增加土地供应量，加大私建和公建楼宇数量。

此轮调控，能将香港楼市的虚火降下来吗？答案尚不明确。

延伸阅读

汕大开幕典礼致辞

（1990 年 2 月 8 日）

今日在此值得纪念的大日子，得到各位莅临观礼，不但是汕大的荣耀，本人也觉毕生难忘。

汕大在筹办之初，即得到中央领导人的关注、省市的支持、各方面人士的努力，才可以立下今日的根基。尤其是国家教委会长期的指导和协助，更和汕大的各项成就息息相关。在此，我首先对各位曾为汕大出力的人士深表谢意！

教育对国家民族的重要性，从世界和历史上许多事例，都可以得到证明。学生就像种子，而学校像土壤，教学的方法和环境，就如同阳光雨露，教学人员，便是栽培灌溉的园丁。种子是否能健全地发芽苗长，而至成为可用的栋梁之材，各方面因素的配合，都起着一定的作用。如果通过教育的途径，能使年轻的一代培养爱国的情操、健全的心智、充实的学识和正确的人生观念，从而提高民族的素质，使国家的元气充沛，潜力深厚，则必然可使国家日渐富强。而教育的失败，也意味国家前途的暗淡。当国家了无可用之才的时候，则任何建国兴国的事业也谈不上了。所以，能促使教育的成功，便可对国家社会作出实际的贡献，这是我参与筹办汕头大学的主要动机之一。同时，也觉得很有意义和价值。

教育是百年大计，我认为这句话可解释为教育事业应长期发展的意思。一些老生常谈，往往以历史悠久的著名大学为例，认为办大学，必须要有一百几十年始见成效，这是不切实际的。在今天的工业时代，科技日新月异，社会突飞猛进，这种旧常规是应该打破的。尤其是在国家经建工作迫切需求人才的时候，每一个大学毕业生都必须投身社会，在适当的岗位上发挥积极的作用，高等教育若不能迅速配合，则失去了其重大的意义。汕大在未来的岁月中，不单以培养优质人才为己任，更应尽一切的努力，分秒必争，配合时代的巨轮，加速步伐向前迈进！尽量以最短的时间，发挥出最大的成效。

从历史的事实看，积极进取的精神，才是成功的决定性因素。美国立国的时间只有二百多年，比欧洲许多国家的历史短促，但整个国家的发展，却是后来居上。

日本自明治维新以后，曾几何时，便超越了许多比它历史更悠久的国家，第二次世界大战失败后，不久又在经济的成就上大放异彩。而德国经历了两次大战的失败，都能迅速复原。可见在人为的努力下，可以加速达至目标。汕大自创校以来，已有四届的毕业生，毕业同学在工作上许多都有令人满意的表现，值得欣慰。我深切盼望汕大在各位领导、师生员工的同心协力下，自立自爱、发奋图强，使汕大在不久的将来，成为国家有名的重点大学之一。

今日在座的年轻人，就是汕大所撒下的种子，在他们日后的成长过程中，不断地吸收知识，接受启导，培养出对国家社会作出贡献的能力和情操，若培养成功，便是汕大丰硕的收获。我希望在中央和省市的领导、地方群众、学校的教职员的合力栽培爱护下，不久以后，汕大便园林茂盛，为国家提供一批栋梁之材。

以爱国之心办好教育，从而对国家作出贡献，对我个人来说，就是汕大创办的目的和意义，对包括我在内的每一个中国人来说，是国家民族兴衰的关键所在。但愿教育的花果开满中华大地，使锦绣河山，新姿焕发，使中华民族的前途远大辉煌！谢谢各位。

第二十三章 ▼

联手中资

香港四大中资

由于特殊的历史背景，香港资本市场上一直存在着英资和华资公司的划分，前者是指资本来源于英国背景的机构，后者则指由香港本地或海外华人投资控股的企业。

1984 年中英签署联合公报，宣布中国政府将于 1997 年 7 月 1 日恢复对香港行使主权后，以怡和系为代表的英资逐渐淡出香港。而为了维持香港的繁荣和稳定，同时配合内地的改革开放政策，更好地利用香港的优势地位，以内地为背景的资金开始大量进入香港，到 1996 年内地在港设立的中资企业已有 1600 家，从而在原有的英资和华资之外，逐渐形成了第三类实力庞大的机构——中资背景企业。

在改革开放前，驻港的中资公司按照内地国企的机制在香港的资本主义自由经济环境下运行，发展迟缓。20 世纪 80 年代起，中资逐步与自由经济体制相适应。香港四大中资企业为：招商局集团有限公司、华润集团有限公司、中国光大集团公司和中国港中旅集团公司。

招商局是中国民族工商业的先驱，创立于 1872 年。洋务运动期间，北洋大臣、直隶总督李鸿章主张设立招商局，获同治皇帝批准。1872 年，招商局正式成立。这是中国最早的航运企业，也是中国洋务运动硕果仅存的产物。

曾创办过中国第一家银行和保险公司的招商局，于 1986 年再次进军金融业，收购了香港友联银行，创中资企业收购香港上市公司的先例，并成为中国首家拥有银行的非金融性企业。

1992 年，招商局国际在香港联交所上市，开创了中资企业在港上市的先河，获 374 倍超额认购，首日升幅超过 200%，创香港股市历史最高纪录。招商局国际是香港恒生中资企业指数成分股。

华润建基香港，是香港和中国内地最具实力的多元化企业之一，是副部级中央企业。华润的主营业务与大众生活息息相关，主要包括零售、电力、饮品、地产、食品、医药、纺织、化工、水泥、微电子、燃气、压缩机等行业。

华润集团旗下共有 20 家一级利润中心，在香港拥有 5 家上市公司：华润创业、华润电力、华润置地、华润微电子和华润燃气。

中国光大集团是中央管理的国有重要骨干企业，1983 年 5 月在香港创办，国务院国发 89 号文批复光大集团章程明确：光大集团是直属国务院的部级公司。中国光大集团作为我国改革开放的窗口，经过二十多年的努力，现已发展成为以经营银行、证券、保险、投资管理等业务为主的特大型企业集团。

港中旅集团创立于 1928 年 4 月，是香港四大驻港中资企业之一。经过几代人的开拓经营，现已发展成为以旅游为主业，以实业投资（钢铁）、房地产、物流贸易为支柱产业的海内外知名大型企业集团，是中央直接管理的国有重要骨干企业。

从 20 世纪 80 年代末起，香港中资掀起上市热。80 年代末，越秀集团、粤海集团分别间接或直接收购香港的上市公司取得了上市的地位。90 年代初，中信收购泰富及其后的一系列成功运作掀起中资企业在港收购热潮。据不完全统计，仅在 1992 年 7 月至 1993 年底的一年半时间，被中资收购或参股成为主要股东持股 10% 以上的香港上市公司有 28 家，占 1993 年底香港全部上市公司 477 家的 5.9%。

随着中资企业或有中资背景的企业群体在香港股市中的地位和影响力的增强，部分投资者开始将它们归为一类，统称为"中资概念股"，以有别于传统的华资和英资概念股。但由于原来在市场上有流传把与中国内地业务往来密切的香港上市公司划类为"中国概念股"，为了便于区别以指引投资，有市场人士创设了"红筹股"一词。其意一是指中国通常被形容为红色中国，此类公司为中资背景，称为红色可表明属性；此外，该称呼又代表了一种评价，香港市场原有蓝筹股一称，而此类中资背景公司在市场上表现活跃，业绩良好，但在规模和实力上又稍逊于蓝筹股。

在 90 年代上市的热潮中，"红筹股"中信泰富、首长国际也顺利上市，而这两家公司上市与李嘉诚密不可分。

中资大举进军香港，曾引起英资的恐慌，认为将是要取代他们的。也引起华资的不安，认为中资是来港占地盘抢饭碗。

时任国务院港澳办主任鲁平指出，"在未来的特别行政区，所有本地资金和外来资金（注：包括中资英资在内）将在平等的基础上展开竞争"，"所有资本将在无政府干预的条件下公开、公平地竞争"，"中资现在和将来都要遵守香港的法律、法规，并且平等地与其他资本竞争"，"中资公司到香港完全按照资本主义自由经济的方式去竞争，对我们来讲还是个新课题，我们仍在学习之中……"

中信泰富

1979 年 1 月，邓小平在约见工商界和民主党派人士时，希望荣毅仁等能围绕改革开放做一些实际工作，发挥自己的作用。同年 2 月，荣毅仁向中央提出了《建议设立国际投资信托公司的一些初步意见》。1979 年 6 月，国务院正式批准成立中国国际信托投资公司。1979 年 10 月，中国国际信托投资公司正式成立，荣毅仁任董事长兼总经理。

1979 年 10 月 4 日，中信董事会在人民大会堂台湾厅正式成立。董事会成员共 44 人，荣毅仁为董事长兼总经理，其他董事包括李嘉诚、马万祺、茅以升、霍英东等人。

荣毅仁的儿子荣智健于 1978 年移居香港，他只身持单程证到港，投靠堂弟荣智鑫及荣智谦，住在荣智鑫在浅水湾保华大厦的家。其时荣氏族人不少客居香港及海外，并且有一定事业基础。荣智鑫是荣文科技主席，他和荣智谦在港经营爱卡电子公司，另一股东为美国商人。荣智健获堂兄推荐入电子公司当受薪经理，当时并没有股份。

1981 年，荣智健 39 岁，在港打工三年，适逢电子公司改组，获得机会加入公司，持股三分之一，与美商持股相等。

1986 年，荣智健参加香港中信集团的工作，不久，荣升为香港中信的董事总经理。荣智健此时来到香港已将近 10 年，生活与工作已经相当港化，年轻的荣智健希望创立一家由自己所控的公司。此时的荣智健早已不是那个初入商界的名门之后，他的一番资本运作成绩，似乎是为了向外界证明，自己不仅仅只是荣毅仁的儿子。

李嘉诚和荣毅仁是多年的朋友，荣智健作为后生晚辈，与李嘉诚自然也熟识。荣智健决定借壳上市，李嘉诚作为他的"军师"，也认同借壳上市。

一家公司要在香港上市，不仅需要 5 年以上的经营实绩，而且上市过程非常繁复，循正式手续在交易所上市，需花费相当的人力、财力和时间。于是，一些急于上市的公司，通过收购他人的小型上市公司，以实现自己上市的目的。这些小型上市公司被喻为"空壳"——资产和营业额都极少，买家无须动用大额资金，有别于一般含义的股市收购战。

香港的中资公司，大多是改革开放后才来到香港发展的，他们或资历尚浅，或会计制度不合上市要求，一般很难通过正常途径上市。中资上市的最快捷方式，就是通过一些资产少，或经营差的上市公司"借壳上市"。为让有的公司能"借壳上市"，就有公司有意分拆公司上市，或掏空某上市公司的"肉"，使其变为空壳，待价而沽。

荣智健收购恒昌之前，买下泰富并经过资本运作上市成功的过程，均受惠于李嘉诚的帮助和指导。

李嘉诚、荣智健在股市多次寻找、权衡，相中了泰富发展。泰富发展前身是本港证券大亨冯景禧旗下的新景丰发展。几经改组，控股权落入毛纺巨子曹光彪的手中，1988年8月，曹氏拥有泰富发展50.7%控制性股权。泰富经营地产及投资，状况良好。曹光彪的大项目是港龙航空，与太古洋行的国泰航空展开激烈空中争霸战。曹氏不敌对手，财力枯竭，焦头烂额。为摆脱困境，曹氏决定出手泰富发展。

李嘉诚的英籍高参杜辉廉任主席的百富勤，为中信的财务顾问及收购代表。1990年1月，百富勤宣布向泰富主席曹光彪以1.2元/股的价格购入其泰富股份，并以同样的价格向小股东全面收购。泰富市值7.25亿元，这样的市值并不算很大。荣智健并没有全部付现金收购，而是通过换股、物业作价等其他形式作为补充。这次收购经各方缜密协商，是互利的公平交易。

1991年6月，泰富经改组、集资、扩股之后，股权分配是：中信49%、郭鹤年20%、李嘉诚5%、曹光彪5%。泰富正式改名中信泰富，荣智健任董事长。

在李嘉诚的帮助下，中信泰富成功实现"借壳上市"。

收购恒昌

《荣智健传》中提到荣智健收购恒昌的缘由，当某次高尔夫球场上荣智健与李嘉诚对杆时，有些开玩笑地说："如果球进洞了，我就买下恒昌行。"身为荣毅仁好友的李嘉诚由此顺水推舟、成人之美，主动出让了恒昌的股份，并动员郑裕彤等其余股东让出股份，成就荣智健的收购。

1946 年何善衡与何添等人成立恒昌公司。到 90 年代，恒昌整个集团资产净值高达 82.73 亿港元，经营状况良好。恒昌坐拥 20 亿现金及 7 亿多元股票，并有市值 50 亿港元以上的物业。若将恒昌部分非核心物业及股份出售，随时可套取二三十亿现金。另外，恒昌的汽车、粮油、食品等贸易业务，有庞大的流动现金。

三大股东拥有绝对的控股权（何善衡 30%，梁銶琚 25%，何添 15%，共计 70%）。恒昌企业是大型非上市华资企业，包括汽车及零售业，其汽车代理占香港四成市场。

生于 1900 年的何善衡是恒昌公司的主要创始人，他也是"恒生银行"、"恒生指数"、"何梁何利奖"的创始人。他领导编制的"恒生指数"，作为股市升跌的参考系数，以其科学性与权威性而为世界所接受，并且一直沿用至今。

1941 年香港沦陷，何添与何善衡往澳门避难，至 1945 年才返港复业。1946 年，何添与何善衡、梁銶琚等成立恒昌公司（大昌贸易行前身），代理粮油杂货。

梁銶琚出生于银业世家，20 多岁时已在银业及贸易界崭露头角。凭借忠厚诚朴、英明果敢、勤于任事、勇毅实干的创业精神，二战后即任香港恒生银号协理，并主持国内大昌贸易行业务。数十年如一日的奋斗，使恒生银行和大昌贸易行的业务大幅发展，对香港的繁荣有卓越的贡献。

到 20 世纪 90 年代，何善衡年事已高，萌生将恒昌公司出售的意愿。1991 年 5 月，郑裕彤家族的周大福公司、恒生银行首任已故主席林炳炎家族、中漆主席徐展堂等成立备贻公司，提出 254 港元 / 股的价格向恒昌全面收购，涉及资金 56 亿港元。

据市场披露的消息，备贻的 3 大股东对收购成功后做出了业务分割的协议：郑裕彤得恒昌物业，林氏家族得恒昌汽车代理权（代理日本本田、日产、五十铃及美国通用汽车经销权），徐展堂则取恒昌的粮油代理等业务。

恒昌的大股东肯定不满买方的"拆分"企图，尚未进入价格谈判，就将洽商的大门关闭了。这家公司出师不利，此时，荣智健、李嘉诚见有机可乘，也在紧锣密鼓策划收购。

荣智健当时的财力实不足吞并这个庞然大物，不得不倚赖几位大富豪的拔刀相助。荣智健的特殊背景，令他有绝对条件登高一呼，应者纷纷。谁都知道，荣智健特殊的政商身份，让香港众多富豪加入新组建的财团。

7 月底，荣智健会同李嘉诚等众豪商议成立收购恒昌的旗舰大牌（GREAT STGIE）公司。该公司的九名股东是：中信泰富 36%、李嘉诚 19%、郑裕彤 18%（郑原为参与获多利收购，后倒戈加盟）、百富勤 8%、郭鹤年的嘉里贸易 7%、荣智健个人仅占 6%。百富勤既是这次收购的股东，又是财务顾问。大牌公司的出价是每股 330 港元，涉资 69.4 亿港元，比恒昌重估的资产 393 港元一股大幅度缩水 60 亿港元。

新组建的财团吸取教训，在收购之前信誓旦旦，保证收购后不会将恒昌拆分，不会辞退老员工，恒昌老一辈开创的事业在他们手中将会得到发扬光大。收购后的恒昌还是过去的恒昌，一切都照过去方针办。公司运作方式不会改变，公司人事亦不会做大的改变。而且整项收购以全数现金交收，绝不以股份支付。

恒昌的创始人何善衡、梁銶琚仍嫌出价太低，但觉得对方不失拳拳诚意，似乎可以坐下来慢慢谈。至少，恒昌的经营运作与盈利在相当程度上有了确实的可靠保障。而且这班老人相信李嘉诚的为人与诚信，对上述承诺深信不疑。

市场人士认为，大牌公司投其所好的策略初步奏效。关键是恒昌创业元老兼大股东何添许诺将所持的恒昌股份让出。另外，小股东对恒昌在老人的控制下不敢放胆博取的暮气沉沉的消极保守经营作风有所异议，认为出价尚可，表示可出让所持的股票。实际上，此次收购战中，自始至终最吸引人的地方是李嘉诚这面旗号。

9 月 3 日，经过近一个月极其艰难的谈判，双方达成协定，恒昌的财务顾问宝源投资建议股东接受收购建议。大牌公司财务顾问百富勤宣称，已得到持有恒昌股份 44.4% 股东的接受收购承诺。9 月 5 日，百富勤宣布已有 52.24% 的股东接受收购，收购已获成功。

到 1991 年 10 月 22 日收购期届满，百富勤代表大牌公司宣布，获得 97% 恒昌股权。大牌公司股东按权益分配恒昌股份，中信泰富为首席大股东，荣智健出任恒昌主席，行政总裁为与李嘉诚关系密切的前联交所行政总裁袁天凡。

中信泰富为首的财团收购恒昌时，整项收购几乎折让两成，荣智健挟天子以令诸侯，轻而易举地捡了个大便宜。

中信泰富控得这家贸易巨人，市值至 1992 年年初已经膨胀到 87 亿港元。收购恒昌涉资达 25 亿，20 亿以新股支付，另借贷 5 亿。荣智健施展财技，把恒昌名下的物业售出，再分派股息，中信泰富及荣智健本人均有现金回笼。

1992 年 1 月，中泰宣布第三次集资计划，配售 11.68 亿新股，集资 25 亿港元，用以收购未有的恒昌 64% 股权。其后以现金及新股换回李嘉诚等人手上的恒昌股份，李嘉诚很爽快接受荣智健的收购条件，所持恒昌股作价 15 亿港元，售予荣智健。至此恒昌全归中信泰富及荣智健个人所有，李嘉诚等也有收获，合共获利 7.8 亿元。

荣智健完成全面收购后，中泰不仅有红筹股（中资股与国企股的统称），还于 1993 年上半年进入蓝筹股（恒生指数成分股，由 33 种上市公司股票编算恒指，均为各类上市公司的代表股票）。

通过一次次蛇吞象的收购举措，荣智健时代中信泰富的商业帝国版图辽阔，从房地产、贸易到隧道，再到民航、发电，包罗万象。

李嘉诚售股

很难说是不是因为荣智健特殊的政商身份，使其他商人给其礼遇。不仅李嘉诚，郑裕彤、郭鹤年等代表华资的香港顶级富豪曾在关键时刻助他一臂之力。

对于荣智健来说，该如何请这些曾鼎力帮助过自己的众富豪"出局"呢？"请神容易送神难"，成功收购恒昌后，荣智健看到恒昌前景如此诱人，感到众多富豪阻手阻脚，他已经迫不及待地考虑这一十分棘手的问题。

荣智健摸准了李嘉诚、郑裕彤、郭鹤年等人的心理。12 月底的一天，荣智健特邀李郭二君到深水湾高尔夫球场打波。一宗涉资 30 亿港元的交易就像挥杆击球一样容易，当场敲定。

为应付全面收购，中信早于年初配售 11.68 亿新股，集资 25 亿港元。同时，一贯做好人好事的大好人李嘉诚，积极出面做众富豪的工作。李嘉诚晓之以理，诉之以情，告之以义，动之以利。

1992 年 1 月 13 日，除中信及荣智健外，李嘉诚、郭鹤年、郑裕彤、百富勤、何添家族、冯梁宝琛等七名股东宣布将所持的恒昌股份主动售予中泰。

收购完成后，中泰及荣智健共持有恒昌 97.12% 股权，共涉资金 30 亿港元，恒昌成为中泰全资附属公司。

前后四个月，李嘉诚把手中的股份售出，总价值十五亿多港元，李嘉诚净赚 2.3 亿港元，低进高出，关键在于扣紧市场脉搏，眼光准，出手时机适宜。据传，李嘉诚曾反复强调，价格是经双方反复估算的，是公平合理的符合股东利益的商业交易，不存在彼此之间的有意让利。

李嘉诚从中得到的，绝不仅仅是 2.3 亿港元的商业利润这么简单。对于李嘉诚而言，维持长久的关系才是重中之重。在这收购出让之中，还有一个小插曲。荣智健请君入瓮，逼君走人的手法，令耿直的大管家袁天凡愤然辞职。

荣智健倚靠香港的几位大富家帮助，李嘉诚的慷慨相助，是荣智健得以成功的最主要原因。其他的富豪很大程度上都是给李嘉诚面子而出资，给李嘉诚面子而撤资。其他富豪虽说情有不愿，但看到李嘉诚都愿意抛售，也就顺水推舟，给荣智健做个人情。

联手首钢

在香港，首钢控股是首钢总公司在香港的全资附属机构，是首钢海外经营发展的主体公司，其业务主要是投资控股，目前已是首长国际企业有限公司、首长科技集团有限公司、首长四方（集团）有限公司、首长宝佳集团有限公司等四家香港上市公司的最大股东。上述四家公司被市场合称为"首长系"，"首"即指首钢控股，"长"则指李嘉诚旗下的长江实业。

首都钢铁企业总公司，是中国特大型四大钢铁基地之一，以生产钢铁为主，兼营采矿、机械、电子、建筑、房地产、服务业、海外贸易等多种行业，跨地区、跨所有制、跨国经营的特大型企业集团。首钢总公司为母公司，下属有股份、新钢、京唐、迁钢、首秦、长治、通钢、高新技术、机电以及其他海外企业。

彼时，香港有一家"东荣钢铁"上市公司。该公司业务以经销钢铁为主，1990年，光钢筋一项就进口33万吨，占本港同年市场的1/3。东荣为李明治的联合系集团所控。

李明治40年代出生于马来西亚，60年代留学澳洲悉尼，其后在马来西亚的英国ICI化工公司工作时，发明了一套提炼橡胶的新方法，他于1969年出售该方法的专利权，赚得60万马元，成为第一桶金。

1978年，李陷入财政困难，其金融公司数年后转手，赚得7000万马元。1984年转战澳洲，成立辉煌澳洲公司，并开始进行一连串收购活动。1987年大股灾前一周，李明治将澳洲业务作价4亿港元悉数出售，逃过澳洲经济衰退的厄运。

从1986年开始，李登陆香港大搞房地产和投资股市，首先收购兆安地产及新昌地产两家空壳公司，获得上市地位，分别改名为联会海外（后改名为联合集团）及联合地产。1991年，联合集团收购多家上市公司，最多时控制了10家。

李明治涉嫌触犯证券条例，招致证监会等机构的大调查，如证据成立，李明治及其联合系集团将会受到严厉的处罚。在这种情况下，李明治决定将旗下上市公司作壳出售。

东荣钢铁与中资首钢的入港发展方向相吻合，它既可消化首钢的钢铁，还可将部分钢铁销往海外。

1992 年 10 月 23 日，首都钢铁、长江实业、怡东财务、东荣钢铁在北京签订有关收购东荣的协议，收购价 9.28 角 / 股，涉资 2.34 亿港元。收购方的股权分配是，首钢 51%，长实 21%，怡东 3%，一共为 75% 东荣股权。收购停牌前，东荣市价为 9.2 角 / 股。

东荣这只"壳"的市价及收购价都很低，但是这只空壳里将会装什么东西，就要看首钢的能耐了。1993 年起，东荣钢铁改称首长国际。

首长国际是香港老牌红筹股之一。它在 1993 年 1 月以"东荣钢铁"名义成为首批 9 只恒生香港中资企业指数成分股之一。

首长第二次合作，是收购三泰实业。1993 年，李明治的联合系将旗下的上市公司继续出售。4 月 2 日，首钢、长实、怡东又一次联手，收购联合系的三泰实业 67.8% 股权，每股作价 1.69 元，共涉资金 3.14 亿港元。

三泰实业是一间生产电子产品的上市公司。收购后，三家的股权分配是首钢 46%，长实 19%，怡东 2.7%。5 月，东荣从长实和怡东手中购回三泰股份。同月，东荣正式改名为首长国际。大股东仍是首钢、长实、怡东三家。三泰实业则挂在首长国际旗下。

1993 年 5 月 18 日，首长国际收购开达投资，经重整后，将其改名为首长四方。

1993 年 8 月 12 日，收购建筑公司海成集团，斥资 1.74 亿。

1993 年 9 月 12 日，首长国际全面收购宝佳集团，涉及资金 11 亿港元，是首长国际金额最大的一次收购。宝佳的业务以黑色金属为主。

经过 5 次收购后，首长国际在香港站稳脚跟，实力大增，于是，掉头向内地进军。与内地政府及企业任命的投资项目，累计资金达百亿以上。

李嘉诚对首钢控股深具信心，李嘉诚忆述当年决策，是源于对首钢管理层的信任，"尤其是现任董事长罗冰生先生，当时他任首钢总经理，他守信、实干、公正，是难得的大企业主管人才。"尽管首长系股价曾经历一段低潮，然而李嘉诚深信与首钢的联手没有错。

无限未来

——第七届联合国际计算器会议上的讲话

（2000年11月3日）

很高兴第七届联合国际计算器会议在汕头大学举行，这是一件很有意义的事情，我深信这次会议一定成功，谨向你们致以衷心的祝贺。

今年以来，一些高科技股票在金融市场波动很大，纳斯特克指数反复下跌，一年来累积下调超过20%，其中互联网股的跌幅更大。假如你是一个在这次波动中蒙受损失的股民，今天你可能对各种科技的发展与其集资行为有较深的了解。在以往一片e潮之中，大家对科技市场发展空间充满憧憬，现在突如其来的市场重大调整，又被过分渲染为南柯一梦。无可否认，那些缺乏实质业务的科技公司尤其不堪一击，其价值一下子可以化为灰烬，但其实今日的e潮，与17世纪欧洲的"郁金香热"这种疯狂经济行为实在大有分别，因今天有大批实质稳健的科技公司，在此巨大无限的商机中，悄悄地茁壮成长和在世界经济中占一席位。新科技的能量，伸展至各行各业领域之中，不单为自身市场创造价值，更令很多传统企业成功地重新整合，创出新的生产、经营及销售方式。

美国在过去十多年间，经济得以保持于高增长、低通胀的良好周期中发展，究其原因，主要有赖于新科技的发达。美国重视基础科技的长期研发，信息、生化等新兴工业技术的创新，研发成果高居世界首位，造成美国有史以来为期最长的发展盛况。1980年至1990年，美国生产力每年平均增长约2.9%，过去5年提高至3.86%，今年至目前为止则进一步上升至超过4%。

在科技发展中，计算器的运用是关键环节，与我们日常生活、大小工商企业、教育、科技研究以至太空国防领域等等都息息相关。计算器运算速度的快速增长，牵动未来发展的步伐。近年互联网的兴起，拉近了人与人、国与国的距离，给予我们崭新的视野，帮助我们接触世界上不同种族、不同社群的动力，加深了解和信任，互动发挥起来，塑造现代和平的世界。

人的天赋智力和后天的环境、教育均有差距，区别了我们个别发展的能力。

在现今的世界，知识、土地和资金等同，是宝贵的民族资源；知识是发明及开展未来的基础，推动蓬勃的经济商机，它让人有更好的机会及选择，让人更能认知权利与责任。在知识经济下，新科技的发展创造了很多前人不可能梦想的机会。今天我们民族正处于强大经济潜力开发的机遇中，我对此是深感兴奋和充满期望的。各位在座的嘉宾，今天的年轻人受到上天的厚待，拥有比以前充实的条件和丰盛的生活，因此更应珍惜和重视一切发展的机会，肩负起我们丰厚的文化传统、人文精神和道德的责任，让新科技与传统的智慧互动起来，为人类创造更美好的生活，为我们中华民族开创无限的未来。

　　谢谢大家。

第二十四章

▼

高层变动

马世民离职

被称为和黄大班的马世民自从 1966 年来港工作，1984 年加入和黄，到 1993 年时已经为和黄工作将近 10 年。

在这 10 年时间，和黄在这个洋大班的带领下，取得了十足的发展。马世民上任之初就收购港灯，将和黄不断做大做强。在马世民的主导下，80 年代中后期，和黄提出立足香港、跨国投资的策略，此后就有了和黄、长实及李嘉诚私人大笔投资海外的惊人之举。

不过，这一时期的李嘉诚海外投资回报迟缓且偏低，在《杀戮香江·富豪沉浮录》一书提到：

"去年（1992 年）8 月，和黄公布 1992 年上半年业绩，李嘉诚毅然宣布为加拿大赫斯基石油的巨额投资，作出 142 亿元撇账，令和黄盈利大倒退。

"李嘉诚认为这项投资亏损，是马世民管理出了乱子。

"他曾说，如果和黄没让伙伴左右决策，收购另一家石油公司，和黄收购赫斯基，绝不会有所亏损。

"他怪罪马世民，是因为他策划的海外投资项目，接连失利，1989 年马氏再买下生产天然气为主的 Canterra，却没有取得这家公司的话事权，由人家管理，没有当上这家地产公司的主席。

"痛定思痛，李嘉诚决定不听马世民的解释，将赫斯基石油 142 亿的账撇得干干净净。"

由此段描述中，可以反映出当时马世民带领的和黄没有取得预期的收益。而同一时期马世民的另一项重要投资，即 CT2（第二代无线电话）也远远没有达到预期。

1992 年，和黄在英国推出 CT2，市场反应冷落，客户不到 1 万，不及预期的 1/5。建立电讯网络需要投资 60 亿港元，此外还要算上其他辅助性的投资，总投资额上百亿，对于和黄来说是一项重大战略投资。但是事实证明，这种高科技项目还不被市场认可，迟迟不见收益，李嘉诚决定及时抽身。

从 1992 年中起，和黄关闭在台湾地区、孟加拉国的 CT2 业务，退出澳洲等 3 个移动电话网络的竞投。但李嘉诚认为这样还不够，他主张全线撤退，这和马世民的主张相左。马世民跟李嘉诚顶撞起来，他认为 CT2 发展前途远大，现在匆忙下结论，为时过早。但李嘉诚却不愿意投资近百亿去冒险，然后等市场做出最后结论。在这项重大投资上，两人始终持不同意见。

正因如此，1993 年年初，马世民将离开和黄的传闻就已经传遍公司上下。

1993 年 9 月，流传已久的马世民辞职的消息终于被证实，马世民辞去行政总裁，接替他的是长实副董事总经理与和黄执行董事霍建宁。

关于马世民的离职事件，马世民和李嘉诚都拒绝评论，令好事者不得窥一究竟。后来被流言包围的马世民，终于打破沉默，向传媒披露他离职的内幕：

"大约是一年前的事，我开始感到在和黄的时间太长了，足足 9 年半，我认识的洋行大班中，甚少做过 5 年的。葛达禧（太古大班）做了 4 年，纽璧坚（怡和大班）做了 7 年，于是我决定尝试一些不同的工作。

"向李嘉诚辞职，要有很大决心，我做了两次，第一次我刚开口，他就叫我停止，频频说 No Way。第二次是半年前的事，我深思熟虑并下决心不让他令我回心转意，于是大家心平气和地详细讲清，他很细心听我讲理由，最后都接受了，真是贤明通达。"

在马世民的口中，他反复提到他与李嘉诚的关系很好，李是他心中的大英雄，他们今后也会保持友好交往。

也有人认为，马世民的离职与李泽楷有关。马世民是李泽楷的"师傅"，李嘉诚安排李泽楷跟随马世民。但和黄的职员看到，李泽楷似乎不把他的上司和师傅放在眼里，弄得马世民难堪，也引起和黄部分职员的不满。此后，李泽楷出售卫视等，为和黄和李氏家族各赚得 15 亿元盈利。李泽楷声名鹊起，令他的上司马世民日显黯然。

不少分析家认为，马世民离职前，已被李泽楷逐渐架空，马世民主动提出辞职，已是迫不得已。传闻中有这一件事，一次李泽楷请马世民开会，马世民赶到后，却发现泽楷正与另一批员工开小会，马世民不得不在门外恭候多时。

但马世民否认他与李泽楷不咬弦，他在一次采访中公开表明他与李泽楷的关系："Richard（即李泽楷）两年前来和黄工作初期，显得有点 Brutal（横蛮）……他急于表现自己，初期我们的关系并不 Easy（融洽）……后来 Richard 专心卫视，我们感情反而增进。

"我和 Richard 的关系，较外界想象中亲密得多。我离开和黄，Richard 要求我全职担任和黄顾问，并提议李嘉诚委任我做长实非执行董事。"

对于马世民担任和黄大班近 10 年的业绩评价，一般都认为他功大于过。其中的一"过"在于收购赫斯基石油事件。马世民对此澄清道：

"收购赫斯基石油，是我一手策划的说法不正确，实际上是赫斯基在主动接触和黄，而和黄是一个大集团，任何一项投资都是高层的集体决定，作为董事总经理，我会聆听下属的专业意见。

"当投资取得成功，很多人自然会走出来分享荣誉；当失败了，愿意站出来承担责任的人不多，这是人性。"

马世民确实为和黄做出了相当大的贡献。马世民经历的收购无数，记者问哪些是最满意的，马氏立即回答："港灯，最称心如意又最容易收购，只用了 24 小时。"至于最不满意的收购，马世民笑道："数不胜数。"这当然是自谦之语。

从和黄离职后，人们都很关心这位前和黄大班的去处。听闻马世民要离职，就有多家大公司来拉他入伙。马世民最后选择的是德意志银行，任德意志银行亚太行政总裁。

事后，马世民曾说："是德意志银行先接触我，当时，他们听到我想离开和黄，我亦觉得这是一家很有实力的银行，是世界十大行，在亚洲 17 个地区设有 60 家分行办事处，但颇为分散及零碎，我希望能够尽力使银行在亚洲成为一家有影响的地区银行，在一些项目例如融资及私人银行业务方面，帮上一把。"

据市场保守人士估计，马世民离职前，在和黄的年薪及花红有 1000 万。此外还有非正常性收入，但是这很难计算。在马世民离职前，曾一次性套现股票，净赚 2500 万港元。

争议马世民

马世民虽然离职，但对他的争议却一直存在。在香港生活多年的马世民被人们称为"鸡蛋人"，即皮是白色的，心是黄色的。他与香港的华人相处很融洽，他儿子在香港证券界工作，他媳妇还是个华人，似乎他俨然已经成为了华人。但是，马世民的骨子里仍是个英国人。

1991 年，马世民公开支持民主会的麦理觉入立法局。而这个立法局非官守议员的席位，是由香港总商会选举产生的。突然间，有一批亲英的公司加入总商会，令麦氏的选票急增。事后，有人认为这些新加入的公司与和黄关系甚密，故怀疑是马世民"做大"票数。

李嘉诚奉行生意与政治切割的理念，他奉劝马世民不要直接介入政治，这对生意没有好处。但是，马世民作为生意人却保持着对政治的热情。

港督彭定康来港没太久，就抛出政改方案，掀起轩然大波。在宪报上公布了他的所谓政改方案，从而引起香港舆论界的强烈反响，股市大跌，中英之间的互信关系也因此受到空前的破坏。

面对港督抛出的政改方案，香港的大部分商家尽可能保持沉默，即使要表态，也都是说一些希望平稳过渡，继续保持香港繁荣稳定的不含锋芒的话。此时，李嘉诚正在内地大举投资，此外作为香港人，他肯定也不希望香港因此而步入乱局，他没有表态支持彭定康的政改方案。偏偏马世民不懂老板的良苦用心，接受英国《卫报》采访，公然声称站在彭督一边。有人说，马世民敢称彭督是心中的英雄，可望被彭督提携进入政局做议员。

马世民在 9 月离职后，接受美国《新闻周刊》访问，他否认他投机政治，渴望从政；但他承认他与李嘉诚在政治上分歧的事实。

"李生（李嘉诚）会想我（在政治上）收声，做生意的，若对当地政治发展感兴趣，会错失很多资讯，做生意的态度也受影响；话虽如此，我却无意在政治上多花时间。"

"这是我们私人间的事。"马世民解释道。但舆论普遍认为，以马世民的身份，擅自发表可能引发争议的政见，实在是让自己的老板心头不快。

1989 年香港信心危机再次泛滥以后，似乎留在香港就是坐守待毙。长实集团 9 成以上的董事都主张迁册，就李嘉诚一人坚决不同意。在投资方向上，李嘉诚又一次与洋大班产生严重分歧。

80 年代中后期开始，香港不少财团已在中国内地大举投资，随着改革开放的进展，不少财团都取得良好业绩。1992 年，邓小平视察南方经济特区，掀起改革开放的巨浪。中国大陆重新成为全球最具潜力的投资市场。李嘉诚因为海外投资的失利，从 1992 年起，决定把港外投资重心放到内地市场。

马世民曾被贴上"亲英"的标签，现在自然不宜充当投资内地的主帅了。马世民承认自己是主迁派，但他不承认，他阻挡李嘉诚在中国内地大举投资。

他说："我确实不赞成在内地搞货柜码头，因为 1997 年后，香港成为中国的一个特区，我们在香港货柜码头坐大，深圳又搞一个，等于抢香港的生意，自己打自己。我是从商业上考虑的，绝不像凯瑟克家族那样害怕。"

李嘉诚大举进军内地，如签署上海货柜码头投资计划，深圳盐田港计划，马世民都没有直接参加。随着战略重心的转移，李嘉诚表示，和黄以后请人，要多用本地人，并且通晓普通话是必要条件——这很清楚地表明，他的投资重点将会放眼中国内地。

可以说，马世民辞去和黄董事总经理一职，与李嘉诚大举投资中国内地不无关系。马世民虽然在政见上为自己惹来非议，但他深得人心。

马世民辞职后，他的下属评价他"好在平易近人，从没架子，做事爽快，魄力惊人，永不言倦……"几乎所有人都对他交口称赞，有的还掉下眼泪。有位记者曾写道："真的，不论曾与马世民共事数月，还是已建立十年八载合作关系的下属，都对他称赞不休。他们的不吝啬，也许是源自马世民的作风。"

和黄的同事们对马世民的效率与精力印象深刻。马世民从早到晚，排满了大大小小的会议，一般人吃不消，他却能应付自如。下班后，员工都走光，他留下消化文件，该审批的马上签上意见和大名，不消一个小时就能完成。

此外，马世民管理下属有一套。他从不吝啬笑容，是个慈善的管理者，他从不隐瞒自己的观点。他是个香港特大集团的总裁，却不像洋大班那样盛气凌人。和黄的老员工，或是新到的，哪怕是清洁工，都能与他合得来，认为他是个优秀的管理者。

马世民还善于听取下属的意见，从不发号施令强迫下属去做未形成共识的事。他极少发脾气，他如觉得批评人的口气重了些，过后必定会向当事人道歉。据一位员工讲，马世民道歉的方式很独特，不是一般的口头说说而已，而是买一只花篮送给他。

作为股东，自然对于马世民的投资失利耿耿于怀。但作为下属，却多了一份宽容与理解。他们说世上只有常胜将军没有不败将军，和黄的投资项目这么多，工作千头万绪，有些失误实属难免。下属说，外界应该看到和黄的总成绩，马世民执政以来，和黄的资产增加多少，盈利增加多少，本港没几家公司能与和黄比，而不该揪住一两项投资不放。

但不少股民都认为马世民投资眼光大有问题。和黄"换马"的消息公布后，股民恢复了对和黄的信心，和黄股票升值1元。股市因马世民下台而大涨，让这位昔日的和黄大班下台时增添了一份落寞。

霍建宁接班

霍建宁追随李嘉诚多年，如同其左右手。霍建宁一人兼任和记黄埔董事总经理、香港电灯副主席、长江基建副主席、长江实业执行董事等职务。

他于1979年加入长实，由会计主任做起，凭着其金融财务本领，一直平步青云。1984年升为和黄执行董事，1985年任长江董事。

1993年，霍建宁接替马世民，成为和黄"大班"。他在任期内的一个代表作，是令多年亏损的赫斯基石油"转亏为盈"。1999年年末他促成了多宗大交易，将和黄发展成名牌电讯商；2000年和黄被国外的杂志选为全港最佳管理公司，霍建宁立下了汗马功劳。另外，和黄以高价"卖橙"（把和黄手中的欧洲移动电话业务Orange出售给全球最大的流动电话运营商沃达丰）后，一次盈利高达1173亿港元，论功行赏之下，身为集团总经理的霍建宁一人获得1.646亿港元红利。

2004年，前和黄"一把手"马世民在一次专访中，才首次披露了当年他是如何看中比他小12岁的霍建宁：当时他到日本公干，霍建宁被借调过去帮忙，结果马世民意外发现此人是一个出色的谈判专家。由日本回到香港后，马世民很快就向李嘉诚推荐了霍建宁。

1993年，霍建宁登上和黄董事总经理之位。但在当时，他所面临的是一个"烂摊子"，那时和黄正大肆在海外扩张，但投资的英国电讯网络Rabbit和加拿大赫斯基石油均连年亏蚀，股价长期偏低。和黄大班的职位如同一块"烫手山芋"。

新官上任三把火。霍建宁接手后，果断将Rabbit出售，转移投资个人通讯网络Orange，然后将赫斯基石油撇账，并减债重组，积极开垦油井、气井，令和黄业务在短短几年间逐步转亏为盈，向李嘉诚以及和黄股东交出了一份漂亮的成绩单。

在霍建宁接手后，不断改组，透过收购合并，成功将业务由亏转盈。接着，更引入中国海洋石油，合作开发中国南海文昌油田，深获赞赏。其后，他趁赫斯基有好表现，顺势在加拿大借壳上市，令集团从中获特殊盈利65亿。

继后，霍建宁接手处理亏损多年的欧洲电讯业务，因Orange成立以来，一直蚕食和黄在港的电讯业务盈利，和记电讯变相白做。

1999 年底，霍建宁飞往欧洲，将 Orange 卖给德国的电讯集团 Mannesmann。霍建宁这一番转手，成功替集团赚取超过千亿港元的盈利，创出"和黄卖橙（Orange 中文意思即'橙'）赚千亿"的佳话。这宗交易，令李嘉诚十分骄傲，霍建宁为此收取了一笔为数 1.646 亿港元的花红。

到交易接近完成时，即使身经百战的李嘉诚，在睡觉前亦特别把手机放在床边，更将铃声调至最高，以防错过霍建宁从英国报回的最新消息，可见这宗交易对和黄的重要性。结果，霍建宁不负众望，李嘉诚对他的能力更连连称赞："一众高层夜以继日都替'卖橙'努力，霍建宁连觉都睡不好，他回香港时病才刚刚好。"

继 1999 年出手 Orange 赚取 1180 亿港元后，霍建宁于 2000 年出售 Mannesmann 再赚 500 亿港元；同年出售 Voice Stream 又赚 300 亿港元；接着，以 500 亿港元夺得英国第三代手机（3G）执照，触发环球电讯公司争逐第三代手机（3G）执照的热潮。进而在德国第三代手机（3G）执照竞投中，和黄毅然退出，一手捏碎泡沫。在连串神奇交易中，和黄获利近 2000 亿港元，被外国传媒称为 Big Trader（大炒卖家）。霍建宁则强烈否认："我们买下资产，派人去做，当资本价值成熟时卖出，根据税务法例，这是 realization of capital assets（资本资产的变现），不是 trade。"

过去多年来，和黄集团成为全球名牌电讯商、旗下各公司及管理人员屡获海内外各种荣誉称号，霍建宁功不可没。

打工皇帝

霍建宁年薪超过一亿港元，多年来都是香港上市公司当中薪酬最高的行政人员，有"打工皇帝"和"超级打工皇帝"的外号。

在香港这个商业社会，"霍建宁"这个名字称得上家喻户晓——他是每年香港税务局薪俸税的大户之一，被称为香港赚钱最多的"打工皇帝"，也是很多初入社会打拼者的"偶像"，更被港媒形容为"浑身充满赚钱细胞"的人。

一次长和系的业绩会上，李嘉诚对记者提问时笑答："叫 Canning（霍建宁的英文名）回答啦，他薪水这么高！"

"虽然和黄坐拥千亿元现金，但不是把花红全部分我。"霍建宁说。不过，霍建宁又笑言："李生（李嘉诚）收 5000 块一年（年薪），但我收好贵。"

到底有多贵呢？据和记黄埔年报显示，霍建宁 2013 年的年薪高达 1.882 亿港元，较 2012 年增加 919 万港元，增幅约 5%。这意味着，如果按照全年 365 天来计算，霍建宁每日赚到 51.6 万港元。从最近的 8 年年报来看，霍建宁的年薪并非一直都在上涨，但年薪都超过 1 亿港元。如 2006 年他的薪水为 1.3 亿港元，2007 年涨至 1.48 亿港元，而 2008 年和 2009 年略有下降，分别为 1.33 亿和 1.24 亿港元。但 2010 年他的年薪猛增 2936 万港元至 1.54 亿港元，2011 年至 2013 年则连续加薪，这 3 年他的年薪分别为 1.7 亿、1.8 亿和 1.88 亿港元。

无论是在媒体的镜头中，还是在集团的内部会议中，李嘉诚总是会与头发花白的霍建宁比邻而坐，两人在一起或窃窃私语，或谈笑风生。集团的很多重大决策，往往就在类似这样的场景下做出。

霍建宁的名字还不断出现在世界著名财经杂志上，并一度成为《福布斯》评选的非美国企业全球最高薪行政总裁的第一人。

李嘉诚为什么每年都给他天文数字般的年薪呢？唯一的答案就是，霍建宁为李嘉诚的企业创造了巨大的经济效益。对李嘉诚、对"长和系"来说，他具有不可替代的价值。

霍建宁对李嘉诚而言，不啻为集团发展的主要功臣，20 世纪 80 年代后期受海外业务巨亏拖累，和黄股价长期偏低，正是他不断改组并购成功扭亏，一手将当时风雨飘摇的和黄打造成如今集电讯、港口、能源和公用事业于一身的商业帝国。

李老板当年慧眼独具，以伯乐的识人之明在霍建宁加盟公司后的短短 8 年内，就将其从会计破格升任长江实业董事副经理，那时霍建宁只有 35 岁。此后，除了 1983 年他曾短暂离开李氏家族，有过自立门户念头外，在漫长岁月里他以保持着极度忠诚来回赠李嘉诚当年的知遇之恩。

作为一家上市公司，和黄的首要目标是创造盈利及股东利益。霍建宁举例说："九龙黄埔花园是一座船形商业设施。以大轮船做购物商场，黄埔花园可说是首创，同时也含蓄地提醒游人，黄埔花园的前身正是一个船坞。这艘屋苑内的大轮船已成为专业及业余摄影师的热门摄影对象。""我们做生意从来不主张墨守成规。我们是全球唯一出售 2G 业务转营 3G 的公司。我们也开创独立出售停车位的先河，从中取得足够资金为长江中心补地价。当别人仍畏首畏尾的时候，我们却把握机会大举投资，实际例子包括收购印度尼西亚、马来西亚和墨西哥的多个港口，以及近期在美国的环球电讯。"

有人评价说霍建宁是香港"食脑族"，意为靠智慧吃饭的大富翁。而另一方面，霍建宁能拿到如此高薪，与他工作勤奋不无关系。

霍建宁被认为是工作狂，一周工作7天，视办公室为家，多年来很少放假。甚至1987年结婚前夕，他身在加拿大谈判收购赫斯基石油业务，在最后一刻才返回香港结婚。

2003年接受路透社记者访问时，他自言对工作的狂热犹如信教，很喜欢那种"全世界与我为敌的感觉"。

霍建宁个性随和低调，但每当老板李嘉诚及集团遭外界批评时，他必会出来挡箭。譬如，李嘉诚旗下的百佳超级市场在2002年率先调低猪肉售价，遭肉商炮轰垄断市场，霍建宁随即举行记者会反驳："据我所知，如果是垄断的话，我们应该加价才对。但现在我们是减价了，我实在不明白什么叫作垄断！"

作为和黄大班，霍建宁处处以公司利益为重。最令外界津津乐道的，是霍建宁和胡应湘为应否兴建港珠澳大桥互相指骂的事件。2002年8月份，香港地产发展商合和集团主席胡应湘向特区政府重提兴建港珠澳大桥，除连接香港大屿山与珠海及澳门外，并有货柜码头，令香港发展为南中国的物流中心。胡的建议在当年得到新鸿基地产、九龙仓和信德等大地产商的支持。但由于大桥项目对和黄雄霸港口业务构成威胁，遭到李嘉诚的极力反对。

霍建宁以和黄大班的身份狂轰胡应湘。当时身在意大利的霍建宁，甚至以电话会议召开记者会，以成本效益问题大力反胡，称："胡先生提出要兴建大桥，他赚到钱，我会恭喜他。不过，请你别影响到别人，这会害死人的。"

霍建宁工作能力出众，但是对李嘉诚却充满尊敬。据认识霍的朋友说，"即使递电话给老板，他也会双手奉上"。而李嘉诚每次说什么，霍建宁都会记在心里。某香港资深财经记者举例称：2005年8月，李嘉诚在和黄中期业绩发布会上一时豪言，声称集团的全球3G客户人数"在45天内一定可以突破1000万"。到了第45天，和黄果然对外宣布全球3G客户人数突破1000万，"霍建宁的确不简单，很懂如何尽量满足老板的要求"。

身为香港的打工皇帝，霍建宁曾于1992年以1650万港元买入春角道64号地皮，兴建成一座貌似古堡的576平方米大宅。2006年，霍建宁又以3.5亿港元天价购买深水湾道37号豪宅，轰动全港。这所亿元大宅的外墙米黄，矗立于山坡上，能鸟瞰整个南区海景及深水湾高尔夫球场，极具气势，因此被称为"港版凡尔赛宫"。

工作之外，霍建宁也十分重视家庭。他的妻子何绮华于 2003 年被发现患上初期乳癌，何的情绪低落，术后选择接受 4 次为期 3 个月的化疗疗程。霍建宁当时对她说："在这 3 个月里，我一定在你身边陪你。"之后，霍建宁果然说到做到，3 个月没有离港。

尽管这几年，伴随不可避免的日渐衰老，李嘉诚也将一直亲力亲为的事务决策权部分转移到李泽钜手中，但霍建宁的地位未见动摇。

军师袁天凡

2000 年香港市场的最大宗交易，必定是盈动并购电讯，在这次并购过程中，袁天凡功不可没。他以 23.5 港元高价，替盈动配股集资超过 100 亿港元，更在 48 小时之内，替集团筹组 130 亿美元银团贷款。

李泽楷以认股权相赠袁天凡。2000 年 8 月，正是电盈认股权的解冻期，袁天凡当机立断，见电盈股价在 15 港元水平，便趁机沽出手上的认股权套现。在 15.3 港元的水平，沽售 800 万股电盈股份，实时获利 1 亿港元。

1976 年，袁天凡于美国芝加哥大学经济系毕业后回港，加入中大任助教。过了大半年，他跳槽至汇丰旗下的获多利债券部。他曾与梁伯韬、杜辉廉等在银行共过事。杜辉廉、梁伯韬两人创立百富勤，成为他们这批才俊中"先富起来"的老板。而袁天凡则延续着打工岁月。在获多利工作 8 年，他先后从债券部晋升至财务部。1985 年离开前，袁天凡已成为集团的财务部主管。

此后，袁天凡离开获多利，先后出任唯高达董事总经理，参与全球证券业务工作；又在 1988 年接替霍礼仪，出任香港联交所行政总裁一职，年薪 250 万港元，成为当年香港收入最高的受雇人员。攀上事业首座高峰的袁天凡，当时只有 36 岁。1989 年，袁天凡被评选为香港财经界十大风云人物。

早在 1986 年，李嘉诚就已经注意到袁天凡。当时长和系四大公司轰动一时的 100 亿元集资行动，是由花旗银行唯高达香港有限公司负责包销，袁天凡就是其中的关键人物。

1991 年 10 月，荣智健联手李嘉诚等香港富豪收购恒昌行，李嘉诚游说袁天凡出任恒昌行政总裁。袁天凡于是辞去联交所要职，走马上任，年薪 600 万港元。然而，次年 3 月，因荣智健向众富豪收购他们所持的恒昌行其余股份，袁天凡愤然辞职。随后，他自己创业，1992 年 2 月，袁天凡与老同事杜辉廉、梁伯韬主持的百富勤合伙创力、天丰投资公司，袁天凡占 51% 股权，并出任董事总经理，并兼旗下两家公司的总裁。李嘉诚义无反顾，依旧支持袁天凡，当时认购了天丰投资的 9.6% 的股份。

袁天凡与李嘉诚关系密切，袁天凡曾说："如果不是李氏父子，我不会为香港任何一个家族财团做。""他们（李氏父子）真的比较重视人才。"

1996 年，当李泽楷决定进军高科技领域，李嘉诚亲自请袁天凡协助儿子打江山。袁天凡应允出任盈科亚洲拓展的副总经理。李泽楷对袁天凡尊敬有加，对他的建议言听计从。

尽管后来李泽楷身陷困境，但袁天凡当年分文不费，令盈动借壳上市成功，仍可谓杰作。当时盈动上市，并没有太大的困难，只是需要按正常程序申请。时值全球科技股大热，作为杰出的投资银行家，袁天凡和梁伯韬知道机不可失，时不再来，决定采取最快捷的方式——找一个"仙士股"借壳上市。

仙士，在港澳地区就是几分钱的硬币，所谓"仙士股"，就是由于经营不良、资产太少或业绩太差，股价已跌到几分钱的股票。1997 年金融风暴爆发后，在香港股市上，这种"仙士股"俯拾皆是，袁天凡和梁伯韬把目光投向了黄鸿年旗下的一家卖通讯器材的公司——得信佳。选择"得信佳"的原因之一是黄鸿年也正视"得信佳"为"鸡肋"，大有"卖壳"之意，这样就避免出现竞购以及反收购的麻烦，耽误时间。

1999 年 3 月初，得信佳的股价一直在 4 ~ 6 分钱之间徘徊。以当时得信佳的股价水平收购，花费不足 1 亿港元即可。但在袁天凡和梁伯韬的策划下，李泽楷将盈科拥有的地产项目（主要是北京盈科中心）作价 24.6 亿港元，再加上香港数码港发展权一道无偿注入得信佳，未花一分钱现金将其搞定。得信佳复牌交易，开市仅仅 15 分钟，股价从停牌时的 1 毛多，飚升到 3.22 港元，升幅高达 22.6 倍，盈动立即摇身一变成为一家市值上千亿港元的巨型公司。

盈动的"神话"，由入股得信佳开始，迈出了第一步，在连串的收购合并中，高超的财技和科技的结合发挥了惊人的协同作用，使盈动市值迅速膨胀，在收购香港电讯之后，盈动由一家虚拟的公司，摇身一变成为一家有实质内容和每年有巨额固定收益的公司。

在袁天凡的鼎力协助下，李泽楷孕育出了叫响香港的腾飞"神话"。

重用将才

1897 年，意大利经济学者帕累托发现了著名的"二八现象"：社会上 20% 的人占有 80% 的社会财富。也就是说财富在人口中的分配是不平衡的，反映在数量比例上，大体就是 2：8，这就是这则应用很广的"重要的少数与琐碎的多数——二八法则"。

"二八法则"也被应用到企业管理中，即核心人才占到团队总人数的 20%，但他们集中了团队 80% ~ 90% 的技术和管理，创造了团队 80% 以上的财富和利润。比尔·盖茨曾说，谁要是挖走了微软最重要的几十名员工，微软可能就完了。由此也可见企业"重要的少数"的重要性。

一般来说，企业"重要的少数"人才是指那些拥有专门技术、掌握核心业务、控制关键资源、对企业会产生深远影响的人。这些人才之于企业来说，是团队中的"有常之士，非常之才"。加强对核心人才的管理，提高核心人才的忠诚度，可以说已经成为管理者的重要任务。

毕竟优秀员工的人数较少，一般这类员工人数占到企业总人数的 20%，企业老板一般有办法和能力通过各种渠道确保这些人员有比较优厚的待遇，并且不会给企业带来太大的成本压力。

得人才者兴，失人才者亡，这是企业的生存法则。除了精准的商业眼光、高超的经营手段，选人、用人绝对是李嘉诚的超人之处。在李嘉诚身边的将才，无一不是李嘉诚用心血、赏识、重用来培育成长的。

周胡慕芳在和黄也是个重要人物，并深受霍建宁器重。她的父亲胡兆炽是知名富商，20 世纪 50 年代靠经营护发用品起家，与香港地产界三剑客李兆基、郭得胜及冯景禧十分熟稔。周胡慕芳的丈夫是香港前律师会会长周永健，而其同父异母的哥哥是商界巨子胡宝星，也是著名律师行"胡关李罗"的创办人之一。

周胡慕芳是执业律师，在法律界有一定名气。由于她是典型的实干派，加上是律师出身，和黄的不少交易，都由她充当集团法律顾问。周胡慕芳凭着法律的专业知识，为和黄决策出谋献策，居功不少。

在长江实业集团工作了 26 年的洪小莲说："李先生常说的一句话是不懂便要学。"看着自己的老板由最初从事塑胶工业，转移做地产，及后再发展港口、电讯、石油、互联网、航空等行业，每一门生意技术上的细节，他都能掌握得一清二楚，洪小莲说这一点是由衷地佩服老板李嘉诚。

"我觉得香港人在工作上多多少少会歧视女性，但幸好有个好老板和家人支持我！"这句短短的说话，已经包含了现时身居要职的洪小莲多年来工作的辛酸不易，亦说明了她和家人及上司李嘉诚的和谐关系。

事实上，洪小莲由一个负责日常事务的秘书，成为独当一面的房地产精英，也全赖李嘉诚的提点。话说早年有一日，洪小莲于午餐休息时候看报章的娱乐新闻，碰巧李嘉诚路过，便提醒她不要浪费时间，应争取机会学习有用的东西。

那时洪小莲的反应是老板竟然连自己用来"放松"的时间也要管，心中不免不快。然而她经过反复思量后，确实李老板讲得十分有道理，便开始利用工余时间来吸收多方面的知识。结果没有接受过建筑师训练的她，也学会看绘图，而负责的事务范围也由细读绘图开始，到印刷售楼资料、设计广告策略、定价、发售过程中的行政管理，以至连交楼后的物业管理都包括在内。

李嘉诚有一套人才管理之道："管理一家大公司，你不可以样样事情都要自己亲力亲为，首先要让员工有归属感，使得他们安心工作，那么，你就首先要让他们喜欢你。"

一位长江实业的司机对采访李嘉诚的记者说："我们真是很喜欢我们老板，他对我们非常好。他知道公司的公积金投资在外面，遇金融风暴，损失很多，老板填了那笔数，不让员工的公积金受损。"

2001 年 5 月 17 日下午，李嘉诚来到汕头大学，作为汕头大学商学院学生"经济沙龙"的主讲人和师生们见面。谈到自己如何在日常管理中建立与员工的关系时，李嘉诚说：

"这个问题对我而言是比较幸运的。他们与我的关系非常好。一方面，我自己也曾经打过工，受过薪，我知道他们的希望是什么。所以，我的所有的行政人员，包括非行政人员，在过去 10 ~ 20 年，变动是所有的香港大公司中最小的，譬如高级行政人员流失率低于百分之一。为什么？第一，你给他好待遇；第二，你给他好的前途，让他有一个责任感，你公司的成绩跟他是百分之百挂钩的，另外要有个制度，山高皇帝远，一个人好的也会变坏。亲人并不一定就是亲信。如果你用人唯亲的话，那么企业就一定会受到挫败。如果是一个跟你共同工作过的人，工作过一段时间后，你觉得他的人生方向，对你的感情都是正面的，你交给他的每一项重要的工作，他都会做，这个人才可以做你的亲信。如果一个人有能力，但你要派 3 个人每天看着他，那么这个企业怎么做得好啊！忠诚犹如大厦的支柱，尤其是高级行政人员。在我公司服务的工作人员，不论是什么国籍，只要在工作上有表现，对公司忠诚，有归属感，经过一段时间的努力和考验，就能成为公司的核心成员。"

那么，李嘉诚是如何处理别人和自己意见不符的情况呢？李嘉诚说：你自己应该知识面广，同时一定要虚心，听听专家的意见。我常常是这样，假如一个项目我认为是不好的话，我还是非常虚心地听。有的时候，可能90%是你认为不好的，但他讲的10%是你不知道的。那么这个10%可能就是成败的关键。当然，自己作为一家公司的最后决策者，一定要对行业有相当深的了解。不然的话，你的判断力一定会出错。今天跟从前有一个不同，传统的行业如果出错错不了多少，但是今天的决定错了，可以错得非常离谱。

李嘉诚曾用一个比喻来说明他的管理之道："我是杂牌军总司令，难道我拿机枪会好得过哪个机枪手吗？难道我可以强过哪个炮手吗？总司令懂得指挥就可以了。"

延伸阅读

李嘉诚谈领袖之道

2001 年 2 月 2 日，李嘉诚先生与一班中文大学行政人员工商管理硕士课程学生座谈，题目是"领导才能"。李嘉诚与学生见面的地点，在他的办公室所在地——长江大厦七十楼，据说这个地方过去极少"对外开放"，座谈全长一个半小时，也是"李嘉诚作风"，有问必答言无不尽。

学生：在外国，有所谓的"天才"，即使年纪轻也可领导一队人，成为领袖；但在中国人的社会如香港，则较论资排辈，年轻人难赶上资历较深的同事，作为领袖的你，有何意见？

李嘉诚：也未必如你所说。在 40 年代，我年纪很小便出来工作，17 岁时成为一家批发商的营业员，年纪小，但待遇很好，连花红一并计算，薪金比 MD 还高出两至三倍，18 岁做经理，19 岁为总经理，22 岁创业。所以，只要自身条件优越，有充足的准备，在今日的知识型社会里，年轻人更容易突围而出，创造自己的事业。

学生：李先生你那么成功，会否对下属构成压力？你那么有知识，下属是否有机会发表意见及发挥自己的才能？你是否容易接纳及采用下属的意见？

李嘉诚：下属们有很多发挥的机会。如在本公司服务多年的行政人员，有的已工作了很多年，有些更长过 30 年，什么国籍也有，无论是什么国籍，只要在工作上有表现，对公司忠诚及有归属感，经过一段时间的努力及考验，亦可成为公司的核心分子。

我很有信心，这批员工在他们退休之前，仍会留守在公司继续作出贡献。原因是员工们很积极，很主动地发挥自己的才干。我们的业务遍及 28 个国家，香港及海外员工的数目达 10 万，公司的成功，全赖这批员工的努力。

事实上，在每次开会前，我会多接触及了解有关事务。况且在开会前，我会仔细研究他们的建议，加上各部门同事各有自己的知识及专长，故当下属提出有用的建议时，很快便能获得我的接纳。例如在一次行政会议上，我在两分钟内批准了同事所提出的建议，我还打趣地说："全世界没有一个行政人员能那么快取得总裁的批准。"所以，下属在提出意见时全无压力，大家合作得相当愉快。

忠诚犹如大厦的支柱，尤其是作为高级行政人员，忠诚是最重要的。

每次作决定前也作好准备，例如 Orange 这历史上最大的交易，我事前不认识对方，亦从未见面，因我事先已熟悉 celluar telephone 的前途及作好准备，向对方清楚表达，很快便可作决定。

学生：你曾提及，在选公司的领导层时，会着重其工作表现、对公司的忠诚及有归属感等优点。在众多特质中，你认为最重要的是什么？

李嘉诚：忠诚犹如大厦的柱，尤其是作为高级行政人员，忠诚是最重要的。当然，具备了忠诚，还要讲求其工作表现及对公司的归属感，若没有归属感，员工掌握了工作上的知识及技能便离开，对公司也没有好处。但我们很少遇到上述情况，原因是我们能令行政人员及各级员工，深切明白他们在公司的前途是美好的。

恕我大胆说一句，若与香港其他公司，甚至外国公司相比，我相信本公司对一般员工的待遇会较优胜。在长江，我没有房屋津贴，只取 5000 元袍金。事实上，以我的工作，如公司要给予我花红，所有董事及非执行董事甚至股东都不会反对，但是我自己决定不要。

学生：若你的员工想自创一番事业，你会鼓励他向外作个人发展，抑或留守在集团内继续作出贡献？作为老板的你，对这位员工有何建议？

李嘉诚：以往，中国人做生意时常会有这个想法。对员工太好，他自己有积蓄，便会向外闯，开拓个人事业，若有这个想法，就只适合经营家庭式的小型企业；要经营大企业，必须知道大企业本身要有很完善的组织，一位员工的离开，自有其他人补上。例如公司会有员工被邀请往其他公司任高职，但当中也有不少人回流，原因是公司待遇好，大家合作愉快，最重要的是双方建立了浓厚的感情。我认为，最重要的是员工能以公司为荣，及觉得在工作上有前途。

学生：李先生做生意的手法及宗旨比较稳健、保守，但现在有些业务是需要以较进取的手法进行，并需承受风险。若有些业务需承受风险，即与你的宗旨违背，你如何作出取舍？若你的工作伙伴很进取，喜欢冒险，在合作上会否出现问题？

李嘉诚：我本身是一个很进取的人，从我从事行业之多便可看得到。不过，我着重的是在进取中不忘稳健，原因是有不少人把积蓄投资于我们公司，我们要对他们负责任，故在策略上讲求稳健，但并非不进取，相反在进攻时我们要考虑风险及公司的承担。事实上，我们现在有很多进取的业务正在进行中，只是未向外宣布。

反观欧美的新兴科技，平均来说，股价下跌了 80%，有的互联网科技，甚至下跌了90%。所以，在开拓业务方面，我要求是收入与支出平衡，甚至要有盈利，我讲求的是于稳健与进取中取得平衡。船要行得快，但面对风浪一定要捱得住。

我在28个国家都有业务，可见我的进取心。在过去一年，我奉行的原则是保持现金储备多于负债，可以起到平衡作用。

学生： 中国人的公司较着重感情，美国公司较着重科技化的管理，你在管理的过程中，两者之间如何取得平衡？

李嘉诚： 美国科学化的管理有它的优点，可以应付急速的经济转变，但没有感情，在业绩不好时进行大规模裁员，我们做不出，因会令员工没有安全感，及导致很多人突然失业。我们糅合两者的优点，以保存员工的干劲及热诚，我相信可以无往而不利。

学生： 在课余期间，当我们一谈及香港的领袖，不约而同大家都想到李先生。其实大家都知道要成为领袖所必须具备的条件包括要有目光、理想、勤力及奋斗精神，但又怎样才能做得比他人好？李先生会否有很大的压力，又怎样去舒缓自己的压力呢？

李嘉诚： 要成为领袖，你提到的基本的质素一定要有，小企业每样事情都要亲身处理，所谓"力不到、不为财"，至于中型至大型企业，则一定要有组织。而最难做到的就是要建立一个良好的信誉、建立主要行政人员对公司的信任，令他们知道在公司会有更好的前途及工资。同时，亦要令同事明白他们工资与花红愈来愈多时，亦要清楚知道他们的生产能力要同时配合，这样公司才能够维持，只做一个好好先生是没有用的，如果只会乱花钱，公司迟早会出问题。

最难做到的是要赚钱之余，又要令公司内外对你有信心，所以要清楚无论从事什么行业，都要比竞争者做好一点，就如奥运赛跑一样，只要十分一秒就会赢。就以我自己来说，我年轻打工时一般人每天工作8至9小时，而我则工作16小时，除了对公司有好处外，我个人得益更大，这就可以比人赢少许，对于香港今日竞争这样剧烈的社会来说，这更加重要。

我自己没有什么压力。起初未够20岁时便要负担家庭，一心想向上，每到晚上便想着明天的事情，但翌日一早醒来，便发现所想的事是行不通的，因此我知道一个人的工作能力是有限的，不及两三个人一起做事般事半功倍，但我会尽力去做，这样压力便减少。直至我做生意时，我采取稳健中大力发展，亦在发展之余取得稳健的平衡。一个大企业是不可以有错，所以最重要的是学习，要视竞争者为聪明人，只要肯努力一点，就可以赢多一点。

学生：作为一个领袖要取得员工的信任，但假如李先生做出了错误决定时，会以什么形式跟员工交代？以目前李先生管理全球这么多业务，开会前又要作好准备，时间上怎样分配？

李嘉诚：首先每一个人都会有错，错了便应勇于承认，把错的代价作教训。事实上，做出错误的决定不是我一个人，因为每一次决定都经由有关人员研究，要有数字的支持，而我对数字是很留意的，所以数字一定要准确。每次一开会就入正题，没有多余的话。

到目前为止，我似乎没有大的错误，每次作决定前也做好准备，例如Orange这历史上最大的交易，我事前不认识对方，亦从未见面，只听过他的名字，那次对方只有数小时逗留在香港洽谈，因我事先已熟悉cellular telephone的前途及作好准备，向对方清楚表达，所以很快便可作决定。我虽然是作最后决策的人，但事前一定听取很多方面的意见，当做决定及执行时必定很快。可见时间的分配、消除压力要靠组织来配合。

学生：李先生曾经说过自己做生意的原则是与伙伴合作时要留有余地，不会赚尽，但据知长实每次卖楼的售价亦取得很尽，外间亦说跟长和系做生意很难赚钱，是否有违李先生的一贯原则？

李嘉诚：长和系卖楼，价格以市价尽取是对的，买卖价格在今日的社会竞争激烈是无可避免的。如果一家公司把一买一卖之间 take it easy，它的 market capitalization 只会一直下跌。我们所指的合作伙伴不是指买卖的关系。合作伙伴共同合作经营是没有利益冲突的，大家一同投资，一同经营。据悉，阁下是从事文具生意的，我们的 BigBoxx 所赚的很微，在 internet 做 sales 就是靠你的服务、靠赢人家一点点，对来货的价亦要十分着紧。

第二十五章

大举进军内地

触角伸向内地

从 1987 年起，和黄集团先后与中国内地合作，成立"宝洁（广州）有限公司"，该公司被誉为"中国最成功的中外合营企业之一"。1991 年 9 月，成立"恒和纺织实业（广州）有限公司"，为合营企业，专门生产外销的优质毛巾。还与中国民航局广州管理局及美国洛歇飞机服务公司合作，成立广州飞机维修工程公司，为中国国内民航飞机提供维修保养服务。1988 年 2 月 24 日，李嘉诚决定由"和黄"公司和中国国际信托有限公司与英国大东电报局有限公司合作，成立亚洲卫星公司。

这些都只是进军内地的小试牛刀而已。1992 年 1 月 19 日至 29 日，邓小平的南方谈话，掀起了中国内地的第二次改革开放大潮。在邓小平南方谈话后，李嘉诚说："我们现在所面临的，正是科技的时代、开放的时代、亚洲和中国人的时代。"

据联合国"经社"理事会 1992 年 10 月 5 日发表的一份报告称："中国经济今年的强劲增长得益于高层领导对广泛大胆的改革的支持。"这项报告说："上半年中国固定资产投资比去年同期增加 30% 多；工业总产值增长超过 18%；夏粮收成又创纪录，达 1.3 亿吨。"该报告预测："中国今年的经济增长率将达到 10%。这将是世界上最快的增长速度。"

1992 年 3 月 11 日，李嘉诚被中国国务院聘为首批香港事务顾问。次日，中共中央总书记江泽民也亲切地会见了首批应聘的香港事务顾问。1992 年 4 月 28 日，李嘉诚应邀赴北京参加北京大学为他而举行的名誉博士学位授衔仪式。江泽民、杨尚昆、李鹏又一次先后地会见了他。

　　李嘉诚多次表示，"我对香港的前途充满信心。对中国的前途也充满信心"。李嘉诚在这一年的 3 月 27 日向社会公布集团 1991 年的业绩。李嘉诚所统领的集团公司分别有长江实业（集团）有限公司，和黄（和记黄埔）有限公司，香港电灯（集团）有限公司，嘉宏国际（集团）有限公司。单长江实业（集团）有限公司一家，盈利就达 48.6 亿港元，创"长实"历史新高点。李嘉诚表示，今后他要把主要精力放在办好"长实"系的主要公司上，并且争取能够有更多的时间到中国内地去看看，适时考虑对祖国内地的直接投资。

　　1992 年，李嘉诚的长江实业（集团）有限公司、和记黄埔有限公司及加拿大怡东（集团）有限公司和深圳市投资管理公司、中国国家机电轻纺投资公司联合，成立了深圳长和实业有限公司。5 月 1 日晚在深圳举行了合同章程签订仪式。该公司主要业务是从事工商业、地产、金融、交通、通讯、能源等的经营。注册资本为 2 亿港元。舆论认为这项行动是李嘉诚向内地大规模投资的标志，彰显了李嘉诚对内地发展的信心。

　　1992 年 8 月份，和黄又在上海金山集装箱码头投下巨资从事港口及码头建设。和记黄埔有限公司仍坚定表示，"本集团亦将积极拓展在香港及中国之物业发展机会"，"中国之开放政策使来往于中国大陆之货柜运输日益增加，本集团亦正研究在上海及中国其他港口投资货柜码头之可能性"。

　　不独李嘉诚，许多香港商人对内地兴起的改革开放大潮产生了浓厚的兴趣。有许多商人纷纷跨过深圳河，以独资、合资、合作等形式投入内地的房地产市场。除多数出现在珠江三角洲外，并出现向华中、华东、华北地区投资的趋向。它的显著特点是投资内容已不再限于在中国四大经济特区建立之初的建设生产厂房，而开始朝向商用住宅、写字楼、生活园区、旅游区等方面的综合性开发方面发展了。不少港商普遍认为，内地刚起步不久的房地产业、物业投资具有相当高的投资价值。

　　随着中共十四大提出"建立社会主义市场经济"，让更多的人看到了内地发展的潜力，李嘉诚从此开始了大举进军内地的步伐。

东方广场

　　东方广场之名源自香港董氏集团的东方海外公司，而周凯旋当时则是董氏集团旗下一家公司的董事，负责中国投资项目。

1993 年 8 月的一天，正在洛杉矶参加国际会议的李嘉诚突然接到董建华打来的电话。董建华说，他的表妹张培薇与其女友周凯旋合办的维港公司看中了北京王府井的一块地皮，正在寻找合作的开发商。

怎么回事呢？周凯旋把东长安街及王府井地区占地面积 10 万平方米的土地一并吃下，提出了全面开发东方广场的计划。那时周凯旋为东方海外寻找地产投资项目，找到了长安街上的儿童电影院，却被告知，儿童电影院不能单独开发，整个东长安街及王府井地区都属于统一规划，必须要将周围 1 万平方米的面积整体开发。

基于这样的现实，周凯旋提出了一个更大胆的计划，就是将王府井至东单"金街"与"银街"之间的 10 万平方米的地段全部拿下，计划开发的项目名称就叫"东方广场"。王府井是北京最繁华、历史最悠久的商业区，在这样的黄金地段想找一间铺面都难于登天。香港一位地产人士甚至称，谁拥有王府井一幅土地，谁就拥有了一座金矿。

周凯旋为东方海外带来的东方广场计划在香港引起了轰动，当时还是东方海外董事长的董建华亲自出面，邀请多家地产商合作，其中就包括"首富"李嘉诚。

9 月 12 日，李嘉诚如约会见周凯旋。令李嘉诚惊讶的是，面前的周凯旋是一位年仅 32 岁的小女子，而她要洽谈的竟是投资额高达 20 亿美元的大项目。

李嘉诚对这样的项目不禁也有忐忑："你能搞定这 12 万平方米的动迁？"周凯旋语气十分坚定地说："按时搞定。"李嘉诚又问："你如何搞定土地平整和一系列建设手续？"周凯旋胸有成竹："李先生，我交给您的将是手续齐全的'熟地'，您需要做的只是开工建设。"

李嘉诚提出最后一个问题："你所要求的佣金是多少呢？"周凯旋说："总投资的 2.5%，您同意吗？"

就如传说中那般，周凯旋只用了几分钟时间，说服李嘉诚买下这个项目，投入 20 亿美金打造一流的商业中心，而她则取得了 4 亿港币的酬劳。

东方广场项目是李嘉诚的长江实业、和黄集团，以及由董建华的东方海外集团与北京东方鸿联公司共同成立的香港汇贤投资公司一起进行投资建设的项目。房地产开发公司的拆迁工作是最基础的工作，也是最烦琐的工作。而在金街拆迁，让原有的居民与商家在限定的时间内搬家，更是难上加难。

好在拆迁工作得到了政府的大力支持，李嘉诚的长江实业只负责承担地价与拆迁费。在拆迁过程中，李嘉诚的公司势如破竹、进展迅速。

但是，拆迁过程中也出现了一个小插曲。被拆迁的商户中有一个"钉子户"，而这个钉子户就是麦当劳。麦当劳如此强硬的一个重要原因是，他们手中握有与北京市政府签订的为期20年的经营合同，经营期限为20年，此时才只过了2年。麦当劳准备与市政府打官司。在所有的商户拆迁后，只剩麦当劳一家还立在原处。

最终由李嘉诚出面，与北京市政府协商，答应在东方广场留一个比现在更大的铺位给麦当劳。同时，北京市政府又重新与麦当劳进行谈判，给出了优惠的条件，允许麦当劳在北京再开若干家分店。麦当劳拆迁一事就这样圆满得到了解决。

解决了拆迁问题，但后期的建设进度再次遭遇影响。按照国家规划委员会的要求，北京市规划以故宫为中心，其他建筑必须配合故宫的外观。按照《北京城市总体规划》，即"以故宫、皇城为中心，分层次控制建筑高度，旧城要保持平缓开阔的空间格局，由内向外逐步提高建筑层数"；"长安街、前三门大街西侧和二环路内侧及部分干道地段，允许建部分高层建筑，建筑高度一般控制在30米以下，个别地区控制在50米以下。"

但是，东方广场大厦却要建七十余米高，超出规定的高度一倍多。除了高度外，东方广场大厦建筑面积70万平方米，建筑用地9万平方米。其建筑面积比率超过了城市规划要求的7倍。

1994年正值中国经济发展过热，通货膨胀严重。这年年底，中央召开全国经济工作会议，再次决定加大宏观调控力度，对基本建设规模做出了要求，即缩小以盈利为目的的高档建设项目，凡是不符合国家规定、无正式手续的项目一律要停下来，同时要确保中低档安居工程的建设，加大能源、交通等基础设施的建设规模。

在多种因素的交互影响下，1995年东方广场就停工了。东方广场停工的消息传到香港后，舆论为之哗然。香港有媒体这样写道："李嘉诚成功逾30年，富甲一方，乃香港首富，大众冠以'李氏在港叱咤风云，已达呼风唤雨、点石成金之境界'。但对于一个国家，尤其是像中国这样一个幅员辽阔、人口众多的大国，无论财富有多大，亦不过有如大海中的一条船，哪管你是航空母舰，抑或是巨大游轮，始终富不与官争。"

李嘉诚怎么可能不明白其中的道理。李嘉诚没有站到政府的对立面，他从大局出发，为了使东方广场的项目能够顺利进行，长实主动与北京市有关部门协商，修改方案。李嘉诚也通过媒体表明了自己的态度："长江实业与北京市政府的合作非常愉快，方案正在修改。在任何地方，任何工程都是要不断商讨与修改后才最后确定的，东方广场目前遇到的问题并不出奇。"

李嘉诚对国家与政府的规定表示理解与服从。李嘉诚仍耐心地等待，没有对外界的评议做出多大反应。不久，经过双方的洽谈，东方广场项目按照国家的立项，申请报批，一切都按程序办理。1996年6月，东方广场项目经过国家计委报国务院得到了批准。项目经过调整，按新方案进行。

此项目很快动工。一波三折，终见成果。位于北京东长安街1号的东方广场于2004年项目全部竣工，包括商场、写字楼、酒店和公寓四种物业形态。李嘉诚旗下长江实业及和记黄埔占有60%股权，其内地合作伙伴拥有东方广场公司40%股权。

东方广场几乎是北京最好的商业综合体之一。包括共分三层的世界级购物商场"东方新天地"、由8座甲级写字楼组成的"东方经贸城"、由两座服务式公寓组成的"东方豪庭公寓"、拥有825间客房的五星级酒店"北京东方君悦大酒店"以及拥有约1900个停车位的多层地库停车场。

数据证明，东方广场是不折不扣的"赚钱机器"。东方广场2009年总收入达19.7亿元，利润13.55亿元。其中，东方新天地、东方经贸城、东方豪庭公寓、北京东方君悦大酒店收入分别为7.48亿元、6.69亿元、9800万元和4.54亿元。利润分别达到6.26亿元、5.31亿元、4600万元和1.52亿元。

遍地开花

毋庸讳言，90年代之前，因为政策风险、市场不透明、消费模式不成熟等因素，阻碍了和黄进入内地并投资内地的决心。

即使是在1992年之后，长实、和黄集团对内地地产的投资比例一度被严格控制在较小的范围之内。然而，随着国内市场经济的逐步建立和完善，李嘉诚对于内地房地产市场的巨大容量和增长潜力，他显然已经看在眼里。此后，他就开始了大规模的地产布局。

于1992年签署第一份内地合资合同，开始进入内地房地产市场以来，李嘉诚的长实与和黄集团，便先后在北京、上海、青岛、重庆、深圳、广州、东莞及珠海等主要城市，发展了多个地产项目，包括北京"东方广场"、"姚家园"，上海"御翠园"、"四季雅苑"、"梅龙镇广场"、"梅龙镇商厦"、"华尔登广场"、"汇贤居"、"世纪商贸广场"及"古北新区住宅"，广州"怡苑"、

"黄沙地铁上盖住宅"、番禺大石镇"珊瑚湾畔"，重庆"大都会广场及商厦"、"比华利豪园"，深圳"黄埔雅苑"、宝安"御龙居"，东莞"海逸豪庭"、"海逸高尔夫球会"，青岛"太平洋中心"，珠海"海怡湾畔"等项目。

从 1992 年李嘉诚大举进军内地以来，考察李嘉诚在大陆房地产业的投资路线，可以很清晰地看出他在内地的投资城市越来越广泛，从经济发达的一线城市（如北京、上海、广州等）向二线城市（成都、长春、武汉等）逐渐扩展的投资思路。

也有人总结，长江实业与和记黄埔是李嘉诚旗下两艘产业航母，但在内地房地产领域的投资策略则完全不同：和黄地产早在 1992 年已进入内地，在深圳、上海、北京、天津、成都等地成立有多个区域分公司，无论拿地还是开发都是一人独行，长江实业仅是作为投资方参与到众多"和黄"开发的地产项目之中。

相比在内地楼市浸润多年的和记黄埔，长江实业此前仅重点开发香港以及海外的房产项目。但是，也有市场分析人士认为："长江实业的特长是开发中高档住宅项目，在新加坡、伦敦、温哥华都开发过地标性的住宅项目，进入内地市场是迟早的事，而且内地住宅市场之大，完全可以容纳同一集团下属的两个品牌。"今后"长实"将重点在北京、上海、广州三地开发住宅项目，而在二三线城市依旧是"和黄"独立开发。

自 1992 年以来，李嘉诚先后在多个城市开发了项目，构建起一个涉及地产及酒店、港口及相关服务、科技及互联网、传媒、能源及基建、零售及制造、电讯、生态农业、环境治理、医药、保健及护肤等领域的庞大帝国。

随着内地经济的不断发展，李嘉诚投资内地的脚步也快了起来，在全国各地的市场都能看到和黄的身影。

2004 年正值中国内地一系列房地产调控政策的出台，却丝毫没有减弱香港地产商大举进军内地房地产市场的热度。尤其是长实与和黄逆市而动，在内地完成了超过 600 万平方米的土地储备。如此"逢低吸纳"的操作，恰似 30 年前李嘉诚在香港地产界的创业史。

李嘉诚的眼光也不仅仅局限于北上广等一线城市，和记黄埔对西部重镇成都、重庆、西安等也产生了浓厚的兴趣。

2004 年 4 月，和黄地产拿下武汉汉口区占地 1010 亩的旧城改造项目，并有意在市中心江汉路商业区开发一个建筑面积 10 万～15 万平方米的大型商场，两项总投资额粗略估计达数十亿元人民币。

2004 年 10 月 19 日，和黄地产宣布与深圳中航集团成立合资公司，在深圳市区繁华的华强北商圈内开发一个大型综合商住办公项目，该项目楼高 58 层，总建筑面积近 18 万平方米，总投资 20 多亿元人民币。有知情人士介绍，根据双方的合作协议，中航方面只负责出地，项目投资与运营管理几乎由和黄一手包办。

10 月 29 日上午，随着一声锤响，和记黄埔以 21.35 亿元人民币拿下了 1036.47 亩的成都"城南地王"，创下成都乃至整个西部地区单宗土地拍卖的最高价。

10 月 30 日，和黄地产（北京）宣布，将斥资 30 亿元人民币投资北京朝阳区姚家园项目（该 40 万平方米的土地项目已投入 7 亿元人民币）。

12 月 6 日，和黄地产以总价 10.05 亿元人民币，成功拍得了西安高新区 727 亩国有土地的使用权。此举标志着李嘉诚的和黄地产正式进入西安。

此外，李嘉诚还将触角伸向了旅游等其他产业。2005 年 3 月，长实成员企业——香港和记黄埔有限公司间接全资附属公司 Kingdom 持有 51% 股权的嘉云酒店（集团）有限公司，受让北京首都旅游集团有限公司持有的北京首都旅游股份有限公司 69.14% 的法人股。

2005 年 3 月 28 日，和黄又一次大手笔认购永安旅游 2 亿港元债券。永安目前在港运营有 4 家酒店，此次共发行 10 亿港元债券并计划投向内地酒店旅游产业。

2005 年 4 月，由李嘉诚控股的北京首都旅游有限公司，已基本敲定投资其在华东的第一个旅游地产项目——宁波"世界村"，这也意味着李嘉诚"曲线"进军内地旅游产业。

李嘉诚的长和系已经将触角大范围地伸向内地。公开信息显示，（和黄）集团已在内地累计投资 1000 亿港元，内地无疑成为李嘉诚商业帝国的重要基础。

否认围地

李嘉诚旗下长和系在全球拥有土地储备 2092 万平方米，其中中国内地土地储备为 1652 万平方米，占整个长和系的 78.96%。按 2013 年内地土地储备平均成本为每平方米 2400 元计算，长和系目前在中国的土地储备总值约为 396 亿元。

在这几年，时常会有报道指责李嘉诚在内地四处围地，通过土地价值的增长来获得高收益。

有业内人士表示，和记黄埔在开发姚家园地块时，通过慢开发，曲线围地近 6 年。期间，土地升值已超 5.6 倍。

2001年拿下姚家园地块后，和记黄埔专门成立了运作平台来运作此地块，这一运作平台就是成立于2002年11月15日的和记黄埔地产（北京朝阳）有限公司。和记黄埔拿下姚家园地块的费用为约7亿元，地块总建筑面积约40万平方米。以此计算，姚家园地块楼面价约1750元/平方米。而公开资料显示，于2005年开盘销售的姚家园地块一期项目，推广名为逸翠园，合计共760套商品房入市，最终的成交均价为9230元/平方米。这表明，姚家园地块一期的成交均价为楼面价的近5.27倍，利润相当可观。

据长江实业年报显示，早在1997年，长江实业和周大福集团已经取得了占地127万平方米的整个丽来花园的开发权。后来两家地产大鳄分道扬镳，瓜分了这一幅地块，长江实业拿下了一半多土地的开发权，即为誉天下项目。但是到10年之后，2008年下半年，誉天下一期第一组团才开始入市。

通过前后10年的时间，中央别墅区的交通配套和区域环境都有了明显改善，这大大提升了项目的土地价值。经过10年开发，中央别墅区可供开发的土地越来越稀缺，而且在房价不断上涨的推动下，该区域地块进一步提升了价值。

2006年，东莞市开出了最大一笔土地闲置罚单，罚金高达近8000万元，涉事房企正是长江实业旗下的东莞冠亚环岗湖商住区建造有限公司，该企业项目"海逸豪庭"面积达1938.3亩的土地闲置了8年。

公开报道显示，2006年底，长江实业以22亿元的挂牌底价摘得上海普陀区真如副中心商业项目，该地块占地面积17.72万平方米，地上和地下总建筑面积合计达114万平方米。但近3年的时间内该项目一直停滞不动，而3年后随着区域地价上涨，至2009年，其区域商业地块楼面价被炒至9000元/平方米。以此计算，仅仅3年之间，该项目土地价值已达102.6亿元，升值高达80亿元。

1997、1998年亚洲金融风暴时期，上海房地产最为低迷，而李嘉诚逆势而上，一举在上海拿下了梅龙镇广场、四季雅苑及其毗邻的Regency Park、古北项目。此后，和黄一直稳住不动，直到20世纪90年代末才开始逐渐启动项目，如愿获得十分可观的土地增值及物业开发双重收益。

李嘉诚囤地时间最长的地块，当属广州的黄沙地块，该地块是1994年由和记黄埔圈下，直到2005年11月才正式开工。

在武汉寸土寸金的江汉路步行街商业核心区附近，和记黄埔在2005年拍得一块地，就闲置了6年没有开发。而在北京，和记黄埔旗下的十三陵项目迟迟未开发，对此，李嘉诚解释为："十三陵不是我们的问题。政府要原来住在那里的居民交地，我们也明白，要好好安置当地的居民需要时间。"和记黄埔还有一幅位于广东珠海淇澳岛的住宅地块也因政府原因处于闲置状态。

对于屡屡被冠上的囤地之名，李嘉诚很委屈："长和系公司从来不囤地"，"批评的声音全是错。"

李嘉诚表示，集团并无在内地囤地，过去于东莞曾发生一件类似事件，但纯粹因为手续上需要以地换地，涉及金额数千万元，但也强调并不是囤地。

李嘉诚指出，集团在内地的发展基本都是自有资金，并没有贷款，因此"没有一个项目不是希望能加快开工"。他称，所有在内地的拿地项目会依照政府法规开发，并按既定时间表进行，集团"一边买地一边发展"，李泽钜对房地产未来的发展也表示要"继续投地，继续卖楼，货如轮转"。

延伸阅读

装备自己 挑战未来

——在香港总商会 140 周年庆祝大会上发言

（2001 年 4 月 20 日）

董建成主席、政务司司长陈方安生女士、姜恩柱主任、各位嘉宾、各位朋友：

今晚非常荣幸能够在香港总商会 140 周年庆祝晚会上与各位商界领袖和社会精英共聚一堂。总商会跨越三个世纪，领导工商界共同携手取得非凡成就，谨致衷心贺意。和记黄埔属下屈臣氏早于 1915 年成为会员，我们公司同仁很高兴能与大家一起参与发展和见证香港的奇迹。

在过去多年来，香港经济经历了三次结构转型。第一次是由转口港演变成以制造业为主导，第二次是房地产业的蓬勃发展，第三次是资讯科技及金融服务业的崛兴。香港几十年来都享有增长，主要基于我们代代人的努力及坚定不移的决心，西方经济蓬勃及中国持续增长亦为我们增添动力。每次经历危机或金融风暴，我们所得的最大裨益是信心的建造，但在全球经济一体化的压力下，经济架构及社会状况出现实质改变，知识经济令有些人的环境比其他大部分人优胜，很多人感到自己的生活、投资及职位越来越不受保障，贫富悬殊、社会分化、工作及生活质素转变等问题亦令他们感到不安，在这种大转变中若要定出正确的航道，需要在政治、社会、经济及环境等方面有创新、多层次、多角度的意念和方法，很多时候，也许要重新评估我们固有的观念。我们所面对的挑战是如何正确引导各股改变的动力，不论是政府、立法部门或私营机构都要知道，无论我们决策的理念多么崇高或具有理据，但如果罔顾决策的实际后果，都可能对别人带来不堪设想及难以补救的影响。

今天，我们要迎接不同国家、不同地区的挑战。与其他地方相比，香港实在占有优势，百多年来的工商贸易活动为我们带来较高的储备，若能适当地善用，当能为我们争取多一点的时间及资源，创造更多选择机会。发展中的中国为我们提供无限的投资商机，使我们可就出口、生产及商贸方面重新部署竞争优势。我们对国际情况、法律及资讯掌握较佳，较完善的金融制度令我们集资条件更成为全亚洲之冠，有助我们与外国公司匹比，我们的传统文化富有包容性，有为者可以得到回报和鼓励，这一切都有助推动我们社会迈向繁荣及维持稳定，但要时常保持及捍卫我们的各种优势，我们对很多方面要重视及有所考虑：

第一，全球均十分重视教育的质素，我们的年轻人需要扩阔国际视野和加强高层次的思维技巧，也需要接受跨学科教育的培训，以应付不断转变的社会需求。大家都知道香港劳力密集的工业早已北移，出现"有工无人做，有人无工做"的错配现象，我们邻近的日本，由于国民教育政策得宜，小学到高中毕业生质素都非常好，工人的水准很高，因此可能令贫富悬殊程度亦较世界很多国家为低。

第二，由于香港的生产成本高昂，国际竞争能力正受到严峻的挑战。今天，我们的生产成本仅低于日本而高踞亚洲最前列。从数字显示，近年虽然不断有国际机构来港开设新办事处，但亦有部分迁离香港，很多机构亦部署将后勤工序移往内地或海外运作，我们必须研究对策，以保持国际竞争优势。中国即将加入世贸，大中华地区的理想投资环境，无疑是香港的一个大宝藏，与其他地区相比，我们更了解内地的运作和拥有敏锐的世界市场触觉，加上香港优厚的融资能力及财务经验，与内地可相互配合，各行各业均有无限商机。例如由我领导的企业，一直以香港为基地，十年前开始大力投资海外和国内，迈出非常重要的一大步，目前在内地多个省市及全球 28 个国家均有投资，为集团带来非常丰厚的收入来源和可观成就。

第三，我觉得港人需加强危机意识。虽然这个说法或许令人感到不安，不过若要向前迈进，必须具有危机感的态度，不能因为长期生活在比较富裕的情况下而形成自我膨胀的心态，忽视其他地方的潜力和优势只会僵化自己。全球经济一体化进程其实已于十多二十年前开始，但可能香港由于需应付回归的问题，未有就经济的转型作出相应及有效对策，近年内地一些大城市如上海、广州、深圳等大力迅速发展，我们需要思变求变，懂得别些地区的潜力，化为自己的"东风"，得与竞争对手并驾齐驱。

第四，香港需要解决人才缺乏的问题。要知道由内地及海外引入优质专业人才，不一定打击本地员工的士气，经济一进入良性循环，必然会带动及制造更多就业机会。于 90 年代初期，以色列在俄罗斯犹太移民大量涌入之前，原本只拥有 6 万名工程师，不足够应付高科技先进产业人才的殷切需求，随着 80 万俄罗斯移民进入，带来了 20 万名工程师，问题得以解决，并带动经济发展，值得香港借鉴。我们集团属下企业，全球共有员工 10 万名，超过一半是外籍雇员，集团在海外及本地的雇员数目均不断大幅增加。我们奉行的宗旨是唯才是用，不同国籍的员工均合作无间，非常愉快，为企业创造无限的发展空间。

迈进 21 世纪，香港无可避免地踏入全球化经济革命年代，我们一定要时刻反思，更新求变，以智慧客观地认清香港的处境，以毅力坚决地冲破重重的障碍，尽管大家的意见常常不尽相同，但香港是我们生于斯、发展于斯的地方，我们对它有着深厚的感情，大家应共同努力，不断有尊严地追求社会的进步及繁荣，同心共建这个我们整体 700 多万人称之为家的地方。

谢谢大家。

第二十六章

"首富"大手笔

亚洲金融危机

1997 年对很多亚洲国家和地区来说仍然是一场可怕的噩梦，东南亚经济过快的增长泡沫，不良贷款的增多，以及本国货币的升值压力等经济问题，使得国际游资将投机的目光瞄准了这些国家。

1997 年 1 月份，以乔治·索罗斯为首的国际投机商开始抛售泰铢，买进美元，泰铢直线下跌。投机商们的如意算盘是：先从最不堪一击的泰国、印度尼西亚、马来西亚入手，进而搅乱亚洲"四小龙"新加坡、韩国、中国台湾，最后攻占中国香港，从而击溃市场信心，继而让投机商们渔翁得利。

泰国政府在 7 月正式宣布改变维系 13 年之久的联系汇率制度，实行浮动汇率制度，揭开了亚洲金融危机的帷幕。在扫荡了印度尼西亚、缅甸、马来西亚等国家的金融市场之后，国际游资将下一个猎获目标对准了刚刚回归祖国不久的香港地区。

1997 年年中，香港经历了第一波冲击，在国际游资的大量投机抛售下，港币汇率受到冲击，一路下滑，使得公众信心急剧下跌。香港金融管理当局立即进入市场，强行干预，稳住了港币汇率。随后，国际游资发动第二轮进攻，香港政府通过发行大笔政府债券，抬高港币利率，进而推动港币兑美元汇率大幅上扬。当港币又开始出现投机性抛售时，香港金融管理局又大幅提高短期利率，使银行间的隔夜贷款利率暴涨。一连串的反击，使得国际游资在香港没有讨到什么便宜。

1997 年的金秋 10 月，又一轮"大熊市"席卷整个香港股市。10 月 20 日，香港股市开始下跌。10 月 21 日，香港恒生指数下跌 765.33 点，22 日则继续了这一势头，下跌了 1200 点。23 日，对于港元前景的担忧使香港银行同业拆借利率节节上扬，21 日仅为 7% 左右的隔夜拆息一度暴涨 300 倍。在这种市场气氛下，港股更连续第四次受挫，下跌达 10.41%。

香港特区财政司司长曾荫权当天表示，香港基本经济因素良好，股市下跌主要是受到外围因素暂时投机影响，投资者不必恐慌。他说："我不认为这是股灾。"他认为，无论如何，特区政府首先是要捍卫港元汇率。虽然此前一天晚间有炒卖港元的投机活动，但此时炒卖活动已被平息。与此同时，香港金融管理当局总裁任志刚也发表讲话，声称金管局已于前一天晚上击退炒家。24 日，在连续 4 个交易日大幅下跌后，香港股市在这天强力反弹，恒生指数上升 718 点，升幅达 6.89%。

由索罗斯所引起的这场金融战争，让泰国、马来西亚苦不堪言。另一面，香港比以往任何时候都更加绷紧了自己的神经。面对国际金融炒家们咄咄逼人的气焰，香港特区行政长官董建华谨慎地表示，香港特区的外汇储备丰富，经济正稳步增长，更重要的是，香港特区背后有强大祖国的支持。所以这一风暴对香港不会形成特别严重的影响。

早在 1997 年 8 月 14 日和 15 日，一些实力雄厚的投资基金进入香港汇市，他们利用金融期货手段，用 3 个月或 6 个月的港元期货和约买入港元，然后迅速抛空。致使港元对美元汇率一度下降到 7.75/1。7.75 被称为港元汇率的重要心理关键点。香港金融管理当局迅速反击。通过抽紧银根、扯高同业拆息去迎击投机者。金管局提高对银行的贷款利息，迫使银行把多余的头寸交还回来，让那些借钱沽港元买美元的投机者面对坚壁清野之局，在极高的投机成本下望而却步。故在很短的时间内，即 8 月 20 日使港市恢复平静，投机商无功而返。

正在英国访问的特区行政长官董建华离开伦敦前强调，特区政府有极大的决心维护联系汇率；财政司司长曾荫权、财政事务局局长许仕仁一起会见传媒，重申维持联系汇率是港府首选目标，为了这一目标而导致利息飙升，属无可避免，希望香港民众少安勿躁，政务司司长陈方安生则呼吁所有人保持冷静，香港总商会发表文告声明支持联系汇率制度，并呼吁金融市场中人冷静思考，重新检视香港经济根基，从而稳定市场。

国际投机者三番五次狙击港元的行动不仅志在港元汇价上获利，而且采用全面战略，要在股票市场和期货市场上获益，他们的做法是，先在期指市场上积累大量淡仓，然后买上远期美元，沽远期港元，大造声势。待港府为对付港元受到狙击而采取措施大幅提高息口时，股票气氛转淡，人们忧虑利率大升推低股市与楼市，这时投机者便趁势大沽期指，令期指大跳水。于是，股票市场上人心惶惶，恐慌性地沽出股票，炒家就可平掉淡仓而获取丰厚的利润。换言之，投机者虽然在港元汇价上无功而返，甚至小损，但在期指市场上却狠捞一笔。

对此，新成立的香港特区政府金融管理当局在中央的支持下，采取了如下措施，一是动用庞大的外汇储备吸纳港元，二是调高利息并抽紧银根。一番对攻之后，港股在连续下跌中止住脚步并开始强劲飙升，主要是有中资及外地资金入市，24家蓝筹、红筹上市公司从市场回购股份，推动大市上扬。加上祖国内地减息亦成大市上扬的题材，这些因素令恒指急速反弹。在股市强劲反弹之下，港元汇价恢复稳定。至此，这场惊心动魄的港币保卫战告一段落。

香港顽强地抵抗住了金融危机的冲击，捍卫了港元联系汇率制度，在与内地政府经济部门的联手抗击下，保障香港的经济安全和稳定。

1999年2月1日，《中华英才》杂志有一篇对李嘉诚的专访，李嘉诚在接受该刊记者采访谈到金融风暴对亚洲和中国的影响时说，他依然认为21世纪是亚洲人、是中国人的时代。李嘉诚说，亚洲还是会恢复过来的，因为亚洲国家本身的货币以兑美金而言已大为贬值，生产成本下降，旅游业兴旺，竞争力有所加强，所以相信在一段时间后，经济仍将会逐渐复苏。

1999年3月，李嘉诚在接受《财富杂志》专访时表示，相信香港在经历经济调整后，将会保持竞争力，继续成为地区性的经济中心。他表示："我们将继续保持在香港的业务，同时，也会在世界其他地方做更多的事业。"

荣膺首富

自从1999年超越李兆基，被福布斯评为全球华人首富以来，李嘉诚连续16年蝉联华人首富宝座。2014年《福布斯》杂志公布的全球富豪排名，李嘉诚的净资产总值高达310亿美元，蝉联亚洲首富。

李嘉诚1981年获选"香港风云人物"和"太平绅士"。1989年获英国女王颁发的CBE勋衔、1992年被聘为港事顾问、1993年度香港风云人物、1995年至1997年任特区筹备委员会委员。

在2008年北京奥运会的成功举办过程中，港澳台五大富豪家族的贡献也被世人称道，其中李嘉诚家族、李兆基家族、郭炳湘家族、霍英东家族、何鸿燊家族，在北京奥运会期间专门租用了鸟巢的最高级别包厢，以观赏北京奥运会的辉煌盛况，其中李嘉诚家族和霍英东家族，分别向北京奥运捐款一亿及两亿人民币，其他李兆基等家族也分别捐出亿元不等的款项。

针对李嘉诚多年来为国家经济建设所做出的努力，党和国家领导人多次对李嘉诚给予高度的赞扬和评价。

1999年5月18日上午，国家主席江泽民在钓鱼台国宾馆会见了李嘉诚。江泽民主席对李嘉诚多年来积极支持国家经济建设和热心捐助内地教育、慈善事业表示赞赏，并称赞他为香港的经济和社会发展做了许多有益的事情，希望他继续为香港的长期繁荣稳定多做贡献。

李嘉诚家族的旗舰公司长实、和黄系是在香港上市的，生意则遍布全球，1999年盈利1173亿港元，是全球最赚钱的上市公司。李嘉诚这位商场上的"超人"，资产不断上升，个人财富在1999年已接近1000亿港元，在福布斯全球富豪排行榜上已稳坐第10把交椅。

美国《财富》杂志"2000年亚洲经济最佳商人"的评选揭晓，完成了它对亚洲经济过去一年来的关注和审视。1月22日出版的《财富》杂志把日本多科莫公司CEO立川敬二作为亚洲最佳商人的代表，同时入选的还有另外三名亚洲最佳商人：印度软件大亨纳拉亚纳·穆尔西、香港首富李嘉诚和新加坡创新科技集团主席沈望傅。

《财富》杂志称，评选2000年亚洲经济年度人物的标准是：在他们的领导下，亚洲公司能够跻身国际市场，不仅与国际名牌企业竞争，还要具备战胜国际竞争对手、在全球树立亚洲企业形象的潜力，同时能预示亚洲经济的未来发展趋势。

从表面上看，《财富》杂志的评选标准并不复杂，素有"超人"之称的李嘉诚入选似乎也在情理之中。

进入20世纪90年代之后，以生产塑胶花起家、被华人世界奉为创富天才的李嘉诚已经开始了其商旅生涯中的又一次"变脸"："李超人"不再以地产商或其他类似的面目出现，这一回，他摇身一变成了IT时代的新资本家。

李嘉诚从传统产业突围，积极进军新兴产业。1999年，李嘉诚在世人一片惊叹声中，抛售英国电讯Orange的股权，一进一出之间，将1000多亿港元轻松揣入腰包。李嘉诚经营之道最主要的就是一招："低买高卖"。据说，李嘉诚曾经向高层人员透露过自己的三大基本原则：没有其他人要买时自己再出手；不要与任何一项业务谈"恋爱"，只要价格合理就可以抛售；一定要让合作伙伴有足够的回报空间。但说来容易做起来难，落实到行动上才是真本领。难怪李嘉诚事后表扬自己："多年来以这桩生意做得最得意。"

荣膺首富之后的李嘉诚生活依然俭朴。他此时虽已 70 多岁，但依然精神矍铄，每天要到办公室中工作。据李嘉诚身边的工作人员称，他对自己业务的每一项细节都非常熟悉，这和他几十年养成的良好的生活工作习惯密切相关。

李嘉诚晚上睡觉前一定要看半小时的新书，了解前沿思想理论和科学技术，据他自己称，除了小说，文、史、哲、科技、经济方面的书他都读。这其实是他几十年保持下来的一个习惯。他回忆过去时说："年轻时我表面谦虚，其实内心很'骄傲'。为什么骄傲？因为当同事们去玩的时候，我在求学问，他们每天保持原状，而我自己的学问日渐增长，可以说是自己一生中最为重要的。现在仅有的一点学问，都是在父亲去世后，几年相对清闲的时间内得来的。因为当时公司的事情比较少。其他同事都爱聚在一起打麻将，而我则是捧着一本《辞海》、一本老师用的课本自修起来。书看完了卖掉再买新书。"

作为一位荣膺华人首富的资本大玩家，李嘉诚的观点是，任何事情都要知道什么时候该有所不为。1999 年上半年，李嘉诚最让人惊讶的举动就是：在第三代移动电话前景普遍被看好时，他居然顶住了诱惑，主动退出德国、瑞士、波兰和法国的第三代移动电话经营牌照竞标。李嘉诚认为，第三代移动电话固然是未来方向，但在当时市场一片狂热之中，牌照竞价已经过高，他只能选择退出。事后证明，李嘉诚的这一判断没有错。

"首富"只是一个虚名，进入世纪之交，"超人"李嘉诚依然会在他的财富帝国里遨游，继续着他的财富神话。

卖橙

亚洲金融危机之后，和黄奉行"继续扎根香港，但同时也不排除在海外寻求投资机会"的经营策略，加快了企业国际化的进程。

1999 年，刚刚经历过亚洲金融风暴的李嘉诚意气风发，因为在这一年，他要完成一笔重大交易，这笔交易至今仍为不少人所津津乐道，这就是"卖橙"事件。

1999 年 10 月间，海外媒体率先透露一个令全球轰动的消息：德国工业界巨头 Mannesmann（曼内斯曼）正在洽购和黄旗下电讯公司 Orange（橙）。Orange 的译音为"橙"。故有多家报章称这次股权交易为"李嘉诚巧手摘甜'橙'"。

市场传闻很快得到证实。21 日，李嘉诚在香港举行新闻发布会，正式宣布：

和黄同意 Mannesmann 有条件收购其所持有的 44.8% 的 Orange 股份，涉资 146 亿美元，即 1130 亿港元，以现金、票据及 Mannesmann 的股票支付。由此，李嘉诚旗下的和记黄埔成为欧洲最大的电讯经营商。

据了解，Mannesmann 高层于 1999 年 10 月 14 日赴港与李嘉诚商讨收购事宜，一个星期之内就达成了这项震动全球电讯市场的巨额交易。

Mannesmann 是德国最大的移动电话商，拥有客户 1700 万，业务多元化，包括电讯、汽车、电子、钢管及机械等，是一家从制造钢管转营电讯的公司。在二次大战前，这家公司以制造钢管起家，80 年代末才进入电讯市场，到 1998 年时，电讯营业额已增长了 3.4 成。Mannesmann 收购 Orange 后，客户将增至 2000 万，大大增强公司的实力。

这是一项双方各取所需的巨额交易。交易完成后，Mennesmann 不但成为欧洲最大的电讯公司，市值 7000 亿港元，更重要的是为该集团电讯业务提供更为远大的发展前景。对和黄股东而言，除了 28 亿美元现金及为期 3 年的 28 亿美元票据的进账之外，还获得 Mannesmann 扩大股本后 10%、5200 万股（相当于每股作价 1200 港元）的股权。简单地说，此次交易以股权互换、票据和现金三部分组成。交易完成后，李嘉诚的和黄集团成为该公司最大的单一股东，同时也成为欧洲最大的 GSM 电讯经营商。

10 年前，和黄注资 5 亿美元收购 Orange 发展电讯事业。如今，Orange 已位居英国第三大电讯公司；同时为以色列、香港及澳大利亚提供电讯服务。1999 年年初，和黄通过出售部分 Orange 股权已经收回全部投资成本，所以这一次顺利"卖橙"则全部为投资净利润。1000 多亿港元的利润无疑是香港历史上获利最大的单项交易，在世界投资史上也不多见。

李嘉诚说，本次出售"橙"电讯，是和黄历史上最大的交易，对于取得 Mannesmann10% 的权益，也感到振奋。他指出，该 10% 的股份将会作为长线投资，18 个月内都不会出售，至于是否会增加 Mannesmann 的持股量，他表示现阶段不会作任何决定。李嘉诚表示，和黄将派董事总经理霍建宁加入曼内斯曼董事局及顾问团。

Mannesmann 与和黄在双方正式接触不足一星期便达成了协议，李嘉诚说，这主要是和黄看好 Mannesmann 的增长前景，特别是其在欧洲电讯市场的优势，这是和黄进一步投资欧洲及全球电讯业务的好机会。

对于这笔世纪大交易，李嘉诚心中也有志忑和紧张。最能能反映李嘉诚紧张心情的，莫过于他即使是在睡觉时，还特意将手机放在枕边，并把铃声调到最大，恐怕在睡梦中错失交易落实的大喜讯。

一向早睡早起的李嘉诚，在交易完成前的一个晚上，也破例在办公室里等到深夜 11 时才离去。在回家途中，李嘉诚通过公关部人员通知各媒体，他有可能在第二天开市前举行记者会，公布交易详情。随后，李嘉诚又改变了主意，为了让记者不空等，他让通知媒体，记者新闻发布会将改在下午召开。

也许这一夜，李嘉诚也备受煎熬。终于很快传来消息，交易终于大功告成。当李嘉诚走进记者会会场，宣布好消息之际，他的兴奋溢于言表。他表示：本次交易足可以与多年前长实收购和黄相比。

这项和黄历史上最重大的收购，仅用了短短一周的时间。他形容本次投资，是他最值得骄傲的事件。

成功套现

20 世纪 90 年代初，和黄决定投资 Orange，当时的投资额为 7 亿英镑（约 84 亿港元），经过不到 10 年的营运，Orange 的客户基础不断扩大，成为英国三大移动电话经营商之一。1996 年，Orange 在英国上市，成为一家上市公司。

在 Mannesmann 与和黄洽谈收购时，全球最多客户的英国流动电话商 Vodafone Air Touch 已经计划收购 Mannesmann。说起主要原因，则是这家德国手提电话商与 Orange 合并后，将会大大地威胁 Vodafone Air Touch 在欧洲移动电话市场的市场比例。

说起 Vodafone（沃达丰），它是全球最大的流动通讯服务商，拥有世界上最完备的企业信息管理系统和客户服务系统，在增加客户、提供服务、创造价值上拥有较强的优势。沃达丰的全球策略是涵盖语音、数据、互联网接入服务，并且提供客户满意的服务。沃达丰集团公司在全球拥有超过 10 万员工。Vodafone 的名称结合了 Voice（语音）— Data（数据）— Phone（电话）三个意思。

截至 2009 年 12 月 31 日，沃达丰在全球拥有大约 3.33 亿用户，1999 年时，市值 11000 亿港元，无疑是一个巨无霸企业。1999 年 6 月合并了英国 Vodafone 和美国 AirTouch 通讯公司，而在合并之前，英国 Vodafone 和美国 AirTouch 通讯公司已经在各自的市场上成为领先者和最前沿的开发者。

1999 年 12 月 23 日 Vodafone 准备出资 1380 亿欧元拿下曼内斯曼公司，正式提出并购报价方案。经过沃达丰公司的一再让步，不仅提高了曼内斯曼公司股票价格，而且也暂时保留了埃瑟尔在新公司的权利，双方才终于达成协议。

2000年2月3日，德国曼内斯曼公司与英国沃达丰公司终于正式宣布合并。英国沃达丰总裁根特和德国曼内斯曼公司总裁埃瑟尔联合宣布，他们已经达成两个公司合并的协议，涉及金额近4000亿德国马克，相当于2000亿美元。这样，双方结束了长达3个半月的讨价还价，完成了涉及金额巨大的公司合并。

对李嘉诚而言，Orange 无疑是一只会下金蛋的鸡，为李嘉诚带来了巨大的收益。Orange 为和黄以及李嘉诚带来的持续收益是巨大的。几个月后，即 2000 年 3 月 22 日，和黄再度出售持有的部分 Vodafone 股权，成功套现超过 32 亿英镑（约 394 亿港元），短短 5 个月内获利 16 亿英镑，即 200 亿港元。

受消息刺激，和黄及长实的股价在伦敦大幅扬升。和黄是通过高盛和德意志银行，将手上大约 92500 万股的 Vodafone 股份，以每股 3.49 英镑出售予机构投资者，作价比 Vodafone 周二当日收市价折让 7.7%，涉及股份该公司已发行股本 1.5%。

和黄减持手中的股权后，Vodafone 股价下滑近 6%。和黄仍然持有大约 3.6% 的 Vodafone 权益，当时市值约为 76 亿英镑（927 亿港元）。

有关证券分析员指出，虽然和黄的投资遍及全球，行业分布触及电讯、港口及零售等多个层面，但长期持有 Vodafone 的股权却不符合和黄的发展策略，因此，出售有关股份十分合理。预期和黄会将套回的现金进行再投资，特别是留作日后中国开放电讯市场时使用。对李嘉诚而言，Vodafone 的业务与和黄的发展策略并不相符，亦无法控制董事局，故出售股份是明智做法，可将资金投放在其他投资上。

Tom.com 上市

1998 年亚洲金融风暴期间，为击退国际炒家，香港特区政府动用外汇基金 1181 亿港元入市，主要吸纳恒指 33 只成分股。之后随着香港经济复苏和股市趋于稳定，特区政府所持有的股票市值超过 2000 亿港元。1999 年 11 月 12 日，特区政府以集体投资基金即盈富基金形式将手上官股回放市场。盈富基金的推出，大受市民及投资者欢迎，第一期发行额由原定的 100 亿元增至 330 亿元。基金上市后交投稳定，而恒生指数更由 13000 点升至 12 月 24 日以 16833 点报收，创出 1997 年金融风暴后的历史高位。

与此同时，美国的科网热也吹至香港，香港股市再现繁荣。2000 年 2 月 17 日，李嘉诚的旗舰长（实）和（黄）系宣布，以"将中国带到世界，将世界带到中国"为口号的互联网站Tom.com即将于3月1日在香港上市，引起香港市民的广泛关注。

　　Tom.com拟筹资6.4亿港元，准备在香港创业板上市，用作技术开发、市场推广及发展集团的电子商贸，其余资金将用作策略性投资及一般营运资金。此时正值科技股大热，Tom必定会迎来大量认购，公司已印制逾3万本招股书及超过20万张认购表格，以应对可能的认购热潮。

　　2月16日，有分析人士认为，Tom.com在上市时股价会即时涨升10倍。然而，也有市场分析人士提出警告，如果美股尤其是高科技股出现大幅调整，则认购Tom.com股份的人士，可能会因股市大跌而遭受损失。

　　2月17日，Tom.com在举行的记者会上，除介绍公司业务外，还为投资者描绘盈利前景。公司主席陆法兰说，未来两年公司的主要盈利来源为广告收入，他预期产品及服务交易与订购收入、佣金收入及内容供应收入将稳步增长。公司将在全球各地的主要中国社群推出特色网站，其中包括台北、新加坡、北京、上海、悉尼、三藩市及温哥华。

　　2月18日，Tom.com开始派发新股认购申请表，大批香港市民连续两天排起长龙，100万份申请表一抢而空。Tom.com的招股活动如此疯狂，除了它是科技股外，股东背景显赫，加上公开发售的股份有限，自然引起轰动。

　　2月19日，是派发申请表的第二天，包销商百富勤继17日派出50万份表后，18日加印了50万份。负责派发申请表的汇丰银行各家分行门外，早早就排起了长长的人龙。在汇丰总行门前，前来领表的人排出几条街外。在中环，人龙在总行地下兜了几个弯。

　　至2月24日，再度掀起认购Tom.com股票的狂潮，相关媒体估计约有30万香港市民冒雨涌往10家指定的汇丰银行分行，交付认购表格。由于现场人数太多，警力紧急出动维持秩序。

　　警方估计，仅23日一天，在10家指定收表银行门外轮侯的市民，就起码有28万人，从而引起一场大混乱。由于人数太多，人龙不仅挤满人行道，甚至排到马路上。警方不得不封锁多条行车线，造成交通严重堵塞。

　　2月29日中午是招股申请的截止时间，因此掀起了交表狂潮。据悉，此次认购共收回表格五十多万份，打破港股认购的历史记录。

　　在此次申购狂潮中，最少有三名市民体力不支送进医院。场面之热烈为香港历史上所罕见。据悉，Tom.com今次公开招股最终获1500倍超额认购，创下了最高纪录，冻结的资金也高达千亿。这次是继 1997 年红筹国企股票热潮后，最罕见的疯狂排队认购股票热潮，由于反应空前热烈，以致截止认购时间被迫延迟一个多小时。

Tom.com 此次派发认购表引起的狂热景象，不仅引起香港市民的广泛关注，也引起香港证监会的关切。证监会的负责人士表示，将研究采用其他方法，让股票认购者能够不用再排队，免却浪费时间。针对 Tom.com 认购时出现的混乱，证监会发表声明，对保荐人、收款银行和有关公司未做出适当安排表示失望，已要求保荐人提供报告，并就招股事宜发出指引。

关于 Tom.com 的上市，香港证券界人士认为，这次认购狂潮可带旺热情已冷却的创业板，并且可吸引其他香港财团分拆科技业务在创业板上市。有分析人士认为，一般市民都会因为"超人"李嘉诚的魅力，一窝蜂地争相认购，Tom.com 在 4 月份的挂牌股价随时会超越股价的 10 倍，即是说股价会飙高至每股 17 港元或是以上。

李嘉诚的长江实业与和黄拥有 Tom.com57% 的股权。Tom.com 共发售 4 亿 2800 万股，占扩大股本的 15%，售价介于 1.48 ~ 1.78 港元。由于申请的小户多，而仅 10% 的发售量供公众认购，其散户成功申请到的机会不高。由于超额认购高达近 2000 倍，散户成功中签的机会犹如买彩票。

香港民众追捧 Tom.com 也是有道理的。就在 2 月 23 日，报出的 Tom.com 招股价仅为 1.78 港元，但市场暗盘价已上升逾 5 倍，报 10 ~ 11 港元。

2 月 25 日的《国际金融报》报道："市场人士透露，Tom.com 的超额认购约 1500 倍，以其定价每股 1.78 港元计，即冻结资金 1140 亿港元；至于暗盘价亦传出每股已逾 10 元，但因认购者太多，以致投资者对自己最终可获分配的股数都不敢肯定，因此大多投资者采取观望态度，无人敢于暗盘市场沽货，导致暗盘价只是'有价无市'。

2000 年 2 月 26 日电脑报有篇文章就质疑 Tom.com 作为概念股，股价被盲目推高。该篇文章这样说：

"近期很多小股民就是单凭对李嘉诚父子的盲目崇拜，踊跃投机 Tom.com 的股票，认为其"中奖"机会比中六合彩还高；就连号称最保守的大基金管理公司——ValuePartners 也积极申购股票，计划一旦赚足利润就抛售了之。全市一片短线投机热潮，Tom.com 公司也喜见资本如火箭攀升……

"但这时候不知道 Tom.com 和投资者们有没有静下心来想一想：'Tom.com，

除了概念你还有什么？'

"事实上，我认为这种以短期暴炒赢利为目标的疯狂炒作的结果必将导致股市泡沫破灭。这种氛围下的 IT 业，只会走向灭亡！当申购狂热消退的时候，Tom. com 将很可能没有足够的基本面支撑该公司的股价而造成自身股价的暴跌。一旦人们对李嘉诚帝国介入网际空间的兴奋减退，投资者就会需要坚实的证据，以证实这家公司具有足够的能力在亚洲日益拥挤的互联网市场上成为赢家。然而目前这方面 Tom.com 真的很是乏善可陈，投资者们很难给自己找到一个合适的理由继续投入。"

Tom.com 在香港上市集资，获得空前热烈的反应，是创业板上市获得最高超额认购倍数的公司。上市当天的成交金额更达 26 亿港元，并带起公众认购科技股的热潮。

稳健中发展

有人说香港成也地产，败也地产。盛也地产，衰也地产。确实如此，过去香港的地产业是香港经济繁荣的重要动力和标志。亚洲金融风暴前，地产市道十分畅旺，楼市升值造成的财富效应令香港出现一片繁荣昌盛的景象。金融风暴后，楼市狂跌带来持续的负资产效应，对香港消费意欲带来重大打击，也令香港百业萧条，失业率狂升，港人跳楼烧炭寻死的新闻不断。

由此，香港衍生出一个新词——"负资产阶级"，据说大概有 20 万港人跻身于这个队伍中。1997 年 10 月，在席卷东南亚的金融风暴影响下，香港汇市、股市暴跌，银行相继提高按揭、收紧楼宇放款，导致房地产市场大幅度降温，此前很长一段时间内膨胀到极致的房地产"泡沫"终于破裂。

香港房地产"泡沫"破裂最明显的表现是房价大幅下降，此后，香港的房价大概下跌了近一半。伴随房价的下降，直接导致了"负资产阶级"的产生——大批在当年房地产"巅峰"时期按揭购房的投资者，之后很多年也没有偿还完银行的贷款，欠下了沉重的债务。

不少人"有两个选择，烧炭自杀或申请破产"。房价的暴跌，使得这些曾经家道殷实的中产阶级如同经历了一场没有边际的噩梦。

2003 年下半年起由于中央政府实施"自由行"，大力挺港及政府停止卖地，刺激楼价上升，香港因而出现经济复苏的景象，失业率下降，港人重现笑脸。

李嘉诚曾在回答记者的提问时说："正像日本商人觉得本国太小，需要为资金寻找新出路一样，香港的商人也有这种感觉。说一句大家都明白的道理，那就是不要把所有的鸡蛋放在一只篮子里。"

李嘉诚在 1972 年将旗下的地产业务上市，但是这并不意味着他对香港地产的前景一片乐观。长江实业集团上市后不久，他已经着眼将公司的投资分散到其他业务，问他为什么有这样的安排，他开玩笑地说："可能我看错了。"

李嘉诚曾说："作为一家上市公司的负责人，我要为股东长远利益着想。地产以外，应该做多方面分散投资。当地产遇到低潮，或是以后土地供应增多，旧楼利润减少时，有其他行业的收入，公司所受到的影响会最少，这样做当然要付出更多精力，也较辛苦，因为五分钟前开一个会，五分钟后讨论的可能已经是另一种业务的会议，但我认为这一条路是正确的。"

"稳健"是李嘉诚经商多年的关键词，他把"发展中不忘稳健，稳健中不忘发展"作为他做生意的座右铭。平常心确实在某一方面失去了，然而又实实在在地从另一方面不期然显现出来。

2000 年 5 月 19 日，受到摩根士丹利资本国际公司调整 MSCI 香港指数成分股影响，尤其是在剔除的十只股票中，长实也包括在内，香港股市在大量沽盘涌现下，恒指当日收市报 14322 点，下跌 505 点，跌幅达 3.41%。

摩根士丹利资本国际公司（MSCI）执行董事佛诗翰表示，MSCI 香港指数剔除长实，是因为应客户近年的要求而做的，因为长实目前持有和黄股权 49.9%，与和黄出现指数重叠的情况。长实当日收市报 72.75 元，跌 7%，而最低报 70.25 元，单股单日成交金额高达 41 亿港元。

长实执行董事叶德铨则表示，长实持有和黄逾 40% 已有一段时间，这是历史事实，这一事实绝不是今天或昨天才发生，不明白为何以此理由，剔除长实于指数之外，莫非大摩刚刚读完陶渊明"觉今是而昨非"后，即幡然悔悟，痛下决心。他认为剔除名单长远来看对长实没有什么影响，但短期则由于基金需跟随指数沽售股票，而令股价受压。

但多年以来，长实走过的辉煌历程不因这些因素而受到影响。自 1958 年踏入地产以来，李嘉诚主导长和集团，先后完成的住宅物业有：

赛西湖大厦、伊丽莎白大厦、城市花园、爱都大厦、银禧花园、青怡花园、文礼苑、丽城花园、乐信台、丽都花园、丽港城、汇景花园、嘉兆台、嘉湖山庄、海韵花园、海韵台、怡礼苑、海柏花园、翰林轩、海逸豪园、鹿茵山庄、听涛雅苑、盈峰翠邸、盈翠半岛、雍艺轩、高逸华轩、星辉豪庭、翠拥华庭、碧涛湾、瑞丰华庭、汇星壹号、翰林苑、海逸湾—海逸豪园第四期、翠堤湾—海逸豪园第五期、海名轩、盈晖台、映湾园第一期—赏涛轩、港景峰、泓景台、凯帆轩、普顿台、都会轩、慧景轩、朗逸峰,等等。

已完成的工商楼宇有:海富中心、环球大厦、万国宝通银行中心、新港中心、会德丰大厦、信德中心、康宏广场、万诚保险千禧广场、新宝中心、摩登仓、潮流工贸中心、创富中心。

做自己命运的行动英雄

——在长江商学院 10 周年庆典的演讲

（2012 年 11 月 22 日）

下午好，今天很高兴和大家共聚，一起庆祝长江商学院成立 10 周年。

我 14 岁那年，一位会看相的同乡对我母亲说：你儿子眼眸无神，骨瘦如柴，未来恐难成大器。他安分守己，终日乾乾，勉强谋生是可以的，但飞黄腾达，恐怕没有他的福分！

彼时我妈妈刚刚失去丈夫，这番话令她多心酸。妈妈把失望放在一旁，安慰和鼓励我说："阿诚！天命难算，上天一定会厚待善良、努力的人。再艰难，只要一家人相依一起就不错啦。"我当然相信母亲，但我更相信我自己！我请妈妈放心，我内心相信，只有自己双手创建的未来，才是唯一能信任的命运。

当年我们一家生活在战乱、父亲病故、贫穷三重合奏的悲歌中。抬头白云悠悠，前景一片黯愁，仰啸问天，人情茫如风影，四方没有回应。我唯一的信念是——建立更好的自己，才能建立更好的未来。

在我眼中，未来跟明天是两回事，天命和命运是不同的。明天只是新的一天，而未来是自己在一生的各种偶然性中，不断选择的结果。追求自我，努力改善自己是一股正面的驱动力，当你把思维、想象和行动谱成乐章，在科技、人文、商业无限机会中实践自我，知识、责任感和目标融会成智慧，天命不一定是命运的蓝图。

你成功追求自我，前途光明远大，你下一阶段的追求是什么？你的价值取向、你的理想是什么？我们活着又是为了什么？世界上千千万万的人，今天依然活在悲惨、孤寂、贫病的绝望之谷，承担社会的责任，是不是我们的义务？

有能力的人，要为人类谋幸福，这是任务。历史中有很多具创意、有抱负的人和群体，同心合力，在追求无我中，推动社会进步。天地之间有一种不可衡量、永恒价值的元素，只有具使命感的人才能享有。这不是秘密，可惜，三岁小孩知道的事，不是人人做得到。回想过往，人生似梦非梦，七十年匆匆过去，那个同乡看不起的瘦弱、无神的少年,一直凭努力和自信建立自我,追求无我。

各位同学,你们生活在机遇的时代,在这片充满机会的大地上,我深信你们的成就一定比我更高、更好,能量一定比我更大,我们不一定是拯救世界的英雄,但我们谨守正知、正行、正念,应该可以高声回应社会:我们一生未曾不仁不义、不善不正。我盼望,为下一代建立和守望未来,是每一位长江商学院同学的承诺,让我们一起共勉,同塑更美好的世界,世世代代能在尊严、自由和快乐中,活出我们民族的精彩。

谢谢各位。

第二十七章

引领 3G 时代

3G 生活

3G 是第三代移动通信的简称。3G 是包括标准的制定、系统网络、终端应用开发等在内的一个整体概念。

1940 年，海蒂·拉玛和她的丈夫乔治·安塞尔提出一个 Spectrum（频谱）的技术概念，这个被称为"展布频谱技术"（也称码分扩频技术）的技术理论最终演变成我们今天的 3G 技术，展布频谱技术就是 3G 技术的根本基础原理。

事实上，1G、2G 的概念，是设备商们抛出来的。将移动通讯技术的发展按 G（代）来划分，技术演进的连贯性因此而一目了然。1995 年问世的第一代模拟制式手机（1G）只能进行语音通话。1996 到 1997 年出现的第二代 GSM、CDMA 等数字制式手机（2G）便增加了接收数据的功能，如接收电子邮件或网页。

3G 系统的优势在于，它能为用户提供更好的语音、文本和数据服务。3G 技术能极大地增加系统容量、提高通信质量和数据传输速率，此外，3G 利用在不同网络间的无缝漫游技术，可将无线通信系统和 Internet 连接起来，从而可对移动终端用户提供更优质便捷的服务。

2G 在话音质量、保密性上都有一定的保证，并可进行省内、省际自动漫游。但由于 2G 带宽有限，限制了数据业务的应用，也无法实现移动的多媒体业务。同时，由于各国 2G 的标准不统一，因而无法进行全球漫游。

3G 作为更高级的技术，与 2G 相比，它在传输声音和数据的速度上大为提升，它能够实现无线漫游，并处理图像、音乐、视频流等多种媒体形式，这是以往的 2G 所不能提供的。

在 3G 时代，每个用户都有一个通信号码，带着手机，走到世界任何一个国家，人们都可以找到你，而反过来，你走到世界任何一个地方，都可以很方便地与国内用户或他国用户通信，与在国内通信时毫无分别。此外，3G 时代除了进行普通的寻呼和通话外，还可以上网读报纸、查信息、下载文件和图片；由于带宽的提高，3G 还可以传输图像，提供可视电话业务。

具体来说，3G 给普通民众的生活带来翻天覆地的变化。在 3G 时代，人们将可以实现：

1. 宽带上网

宽带上网是 3G 手机的一项重要的功能，手机将替代电脑的功能。我们能在手机上收发邮件、写微博、语音聊天、视频……3G 时代的到来，让手机变成小电脑，更加便捷我们的生活。

2. 手机办公

与传统的 OA 系统相比，3G 时代可以实现手机办公，它摆脱了传统 OA 局限于局域网的桎梏，办公人员可以随时随地进行实时办公和处理业务，极大地提高了办公的效率。

3. 视频通话

在 2G 时代，视频通话成为极为普通的功能，传统的语音通话资费因此而降低。依靠 3G 网络的高速数据传输，当你用 3G 手机拨打视频电话时，不再是把手机放在耳边，而是面对手机，再戴上有线耳麦或蓝牙耳麦，你会在手机屏幕上看到对方影像。

4. 手机电视

3G 牌照的发放解决了一个很大的技术障碍，手机流媒体软件会成为 3G 时代最多使用的手机电视软件，在视频影像的流畅和画面质量上不断提升，突破技术瓶颈，已经大规模被应用。

5. 手机购物

移动电子商务是 3G 时代手机上网用户的最爱。用户只要开通手机上网服务，就可以通过手机查询商品信息，并在线支付购买产品。高速 3G 可以让手机购物变得更实在，高质量的图片与视频会话能使商家与消费者的距离拉近，提高购物体验，让手机购物变为新潮流。

6. 手机网游

与电脑的网游相比，手机网游的体验可能并不出众，但方便携带，随时可以玩，这种利用了零碎时间的网游是年轻人的新宠，也是 3G 时代的重要特点。

可以说，3G 改变生活，3G 方便生活。3G 时代的手机不仅仅是手机，还是电脑、电视、直播中转器、导航仪、游戏机、信用卡。

竞购牌照

1999 年，李嘉诚出售和黄在英国移动电话公司 Orange 的股份，净赚 1000 多亿港元，一时传为美谈。出售 Orange 几个月后，李嘉诚赢得了成本高昂的英国、意大利和其他几个国家的 3G 牌照。为这些牌照，和黄迅速付出了 76 亿美元——近出售 Orange 获利的一半数额。

李嘉诚对 3G 的前景是非常看好的。他认为，欧洲的电讯业较世界各地发展得都快，移动电讯服务已由语音传输迈入数据传输，多个欧洲先进国家的政府已开始着手竞标 3G 牌照，供经营者角逐。和黄要做，就必须在国际最领先的市场中，取得最有利的位置，决定策略之后，就立即在欧洲电讯市场中展开部署。

经过细密的研究后，李嘉诚认为最有利的做法就是出售欧洲现有的 2G 业务，转投资 3G。和黄在英国原本就拥有经营多年电信公司 Orange，非常熟悉英国市场。所以，和黄集团积极在欧洲发展 3G 业务，曾联合日本 NTT DocoMo 与荷兰 KPN 公司，成功取得英国的 3G 执照。

2001 年 1 月，和黄又以 1.14 亿欧元（7.66 亿港元）的代价在奥地利赢得了一张 3G 移动电话执照。奥地利的总人口为 820 万，移动电话普及率超过了 70%，在全球位居前列。奥地利国民的消费能力较强，而且比较喜欢购买高科技类的电子产品。

但随后在德国，却因为标价太高而放弃到手的执照，让予 KPN。和黄计划与 KPN 合组公司共同竞投频谱为 15 兆赫的德国 3G 市场。不过，最后的竞标价格已远远超过两家公司心中原定的预算，且最后只取得 10 兆赫的频谱，又明显不足供两家公司所共同使用。最后，和黄决定按成本让售给 KPN，退出合资公司。

欧洲作为全球通信业最发达的地区，当然是李嘉诚练摊 3G 的最好场所。随后在意大利，和黄也取得了 3G 的经营牌照。

在李嘉诚的"大本营"香港，李嘉诚自然不能放弃对 3G 牌照的争夺。2001 年 9 月间，香港特区政府拍卖 4 张 3G 运营执照。这次招标还是引发了移动电话运营商的觊觎之心。当时，香港有 6 家移动电话运营商，其中 5 家跃跃欲试，有心参与夺标。而其中李嘉诚的和黄更是豪气冲天，志在必得。

"对手拿着刀来打仗，和黄则是拿着机关枪来打仗。"霍建宁打了这样一个比方，对香港特区政府即将举行的 3G 竞拍，和黄展现出了强烈的企图心。

虽然李嘉诚对 3G 未来的前景非常看好，但也不是一味地蛮干，而是选择有目的地竞争。李嘉诚表示，绝不能为了获得每一个 3G 营业执照而无限制地竞标。比如在德国的执照由于成本过于高昂，超过了和黄集团的预算，李嘉诚就选择了退出。

早在 2001 年 7 月，和记黄埔就宣布将于 2002 年中期在欧洲推出 3G 网络服务。而沃达丰由于缺乏足够成熟的 3G 手机而推迟在欧洲提供 3G 服务的计划，给了和黄一个更好的机会。和黄的高层表示，公司正全面铺开 3G 计划，并没有任何押后实施的打算，对 3G 服务的前景仍然感到非常乐观。和黄在欧洲的 3G 计划覆盖范围包括英国、意大利、奥地利和瑞典，并且打算将网络范围进一步扩展至亚太地区的香港和澳大利亚。

和黄继取得香港 3G 牌照后，又以 9.5 亿克朗，取得了丹麦的 3G 牌照。2002年 7 月，和黄获得爱尔兰 3G 牌照。和黄董事总经理霍建宁预期，爱尔兰 3G 业务可以与和黄现在的英国 3G 业务，产生很大的协同效应。

此外，和黄还获得了瑞典、挪威、以色列、澳大利亚等多个国家的 3G 牌照。

和黄从 2000 年开始发展 3G，采用全球扩张战略和市场先行战略。但是，早期开始投入 3G 的和黄，经历了欧洲 3G 牌照的高价拍卖，使和黄 3G 业务运营的成本从开始就很高。"先行者"和黄并没有节约成本，反而付出了高昂的代价。

自全球 3G 牌照发放以来，和黄出售了欧洲所有的 2G 业务转投 3G，总共花费 102 亿美元获得了 10 个国家和地区的 3G 牌照。

2002 年秋，当电信业依旧持续低迷之际，欧洲其他运营商因为财务问题以及对 3G 前途的迷茫，手持 3G 牌照却按兵不动，一再推迟或缩减计划，李嘉诚则开始筹划向意大利和英国推出 3G 服务。

投资无底洞

作为市场的先行者，李嘉诚比其他运营商更早看到了 3G 存在的商机。李嘉诚坚信，无线数据传输将成为推动未来经济发展的重要驱动力量之一，而这也是李氏集团对 3G 垂青的一个最好理由。但是最早开始投入市场的和黄也必须担任培育用户的责任，而这一过程，不仅时间漫长，而且费用巨大。

各国政府也看到了 3G 的良好前景，发放牌照自然是他们不可放过的发财机会。商用移动通讯占了无线频段，无线频段向来是各国政府所有。政府们也觉得这是一个可以大捞一笔的机会，于是便向运营商们索要天价牌照费，谁出得起钱，谁就能获得使用某一频段的牌照。共有约 27 个国家的 120 个运营商为此所付费用的总额超过了 1100 亿美元，而仅英国沃达丰一家就向英国政府掏了 94 亿美元。

政府借此获取收入，为国民造福本无可厚非，但是此举大幅增加了运营商的 3G 建设成本，导致了运营商面临的局面：花高价购了设备、买了牌照，巨额投资面临的是不确定的市场未来。

在欧洲，和黄希望赶在其他运营商前面开通运营，虽然和黄在这两个国家的 3G 服务开通时间也有所延迟，但仍于 2003 年 3 月率先于欧洲其他运营商推出 3G 服务。此时，一些分析师预测该行业将继续滑坡。2004 年底，据野村国际（Nomura International）发布的报告显示，包括竞标政府牌照在内，和黄目前为推广 3G 业务已累计花费 250 亿美元。

虽然和黄已拥有香港地区、英国、澳洲、奥地利、丹麦、爱尔兰等十几张牌照，覆盖欧洲大多数国家，但 3G 似乎还没找到自己的盈利模式。"没有前期技术积累，就不会有核心竞争力。"NEC 通讯 3G 终端业务部总经理李亚东说。电信业是规模经济，在大规模设备投资完成后要想实现规模经济必须把握基本的用户需求。在英国和意大利，3G 服务推出并没有得到市场认同。"作为新进入者，价格是首选的营销策略。"博通智信咨询公司分析师郭发明说。

在英国、香港地区运行阶段，因为手机品种不足、体积庞大、耗电量高、下载速度慢等缺陷，和黄的 3G 服务并没有取得消费者认同。而更重要的是，3G 设想中的高利润来自于消费者对高级别语音、图像等多媒体内容的处理和传输的需求，但这部分内容似乎并没有足够的诱惑力。在这种现状下，原本的高端路线最后却不得不选择大规模降价以赢得市场。

3G 业务推出不久，就开始打起价格战。和黄将其语音传输服务的费用由每分钟 24 美分下调到了 8 美分。当 3G 手机最初以 635 美元的价格卖不动时，和记黄埔立即开始提供仅售 78 美元的手机给那些签署一年服务合同的用户。这些价格都远低于意大利其他运营商的收费。和黄的激进做法引起了其竞争对手，例如英国沃达丰及奥地利电信等运营商的极度不满。竞争对手愤怒地说："和记黄埔是在摧毁整个市场。"和黄在香港推出 3G 服务之后，依然延续降价模式，甚至走得更远。和黄在香港不断推出手机补贴计划，月费也相对其他国家便宜。2004

年，和黄的香港 3G ARPU（每月客户平均消费）为 240 港元，比最高位的奥地利的 611 元低 61%。

低价自然能赢得客户，但是和黄以低价攻城略地之时，成本之高也给和黄带来了持续的亏损。2004 年底高盛发布的"和黄 3G 欧洲调研报告"，就因为当地持续上涨的用户补贴成本（SAC），增加了英国 3G 的 EBIT（税前收益）亏损预测。

和黄曾透露，2004 年下半年和黄全球 3G 服务的上客成本平均每名客户为 271 欧元（约合 2726 港元），包括手机补贴和分销商佣金两大部分。

在欧洲 3G 狂热期，和黄为 3G 牌照支付了巨额的开支，李嘉诚通过多种资本运作方式降低了 3G 的投资风险。通过银团贷款、卖方信贷、股东贷款以及企业债券等多种融资方式，成功解决了和黄在部分欧洲国家的 3G 网络建设问题。

进入 2002 年，欧洲 3G 陷入低谷。和黄坚持认为 3G 的营运与商业环境没有实质性的重大变化，虽然其 3G 业务发展未达到预期，但坚持看好 3G 的良好前景。但投资人士的担忧使和黄集团的股价下跌，股市市值损失高达 1200 多亿港元，当年 10 月初更创下了 1998 年以来的股价新低。

2003 年，和黄 3G 业务由于手机缺乏、未能实现预定的用户数量等原因，业务亏损额高达 183 亿港元（约合 23 亿美元）。但和黄利用出售给日本 NTT DoCoMo 和荷兰 KPN 的英国 3G 业务 35% 的股份所得和其他一次性所得，回拨 78.1 亿港元，缓解了 3G 业务亏损的压力。

2004 年，为了不使当年的盈利因 3G 业务亏损而大幅倒退，和黄一方面通过将其部分 3G 网络运营、维护和开发工程外包等方式降低运营成本；另一方面自年初起，就依托于和黄集团的整体实力优势，不断筹划各种分拆上市、出售资产的操作。

2005 年，和黄 3G 业务持续亏损，但其海港业务和能源业务的强劲表现以及 186 亿港元（24 亿美元）的一次性收益和投资价值重估帮助抵消了部分亏损。

徐启棠作为香港最资深的 IT 分析师之一，跟踪和黄 3G 项目多年，但徐启棠说，和黄的 3G 数据最难获得，资料太少，相关的营运数据少得可怜。和黄 3G 亏损到底有多少？和黄对此类数据一直是讳莫如深。除了 100 多亿美元的牌照费可以查证以外，和黄在 3G 的投资尤其是营运成本只能依靠推算和估计。据推算，2003 年和黄 3G 亏损应该为 97 亿港元，2004 年则应该在 125 亿港元左右。

据和黄公告，截至 2007 年底，3G 业务已亏损 200 亿美元，再加上 2008 年的 108.57 亿港元亏损，和黄 3G 业务已累计亏损上千亿港元。

出售宝洁股权

2003 年和黄 3G 亏损达到了 183 亿港元，而据判断 2004 年和黄在这一业务上的亏损将会超过 2003 年。市场分析师指出，和黄每天要为 3G 业务烧掉大约 1 亿港元，市场一直担心其 3G 业务已对和黄集团的股价造成拖累。分析师称，市场对于该公司 3G 业务的担心已经拖累了和记黄埔的股票价格。

不可否认的事实是，和黄的 3G 业务开始之初就遇到重重阻力，未能完成他们此前制定的市场目标。在业务拓展并不乐观的同时，3G 正在成为和黄的财务窟窿。

就在这一年，和黄把所持有的内地合资零售企业"宝洁—和记"的全部 20% 股权，提前出售给合营伙伴美国宝洁（P&G），套现 156 亿港元，并获得 137 亿元的利润。这笔股权售出的盈利将用来抵消和黄 3G 业务 2004 年的亏损，确保和黄 2004 的盈利不会显著下挫。

宝洁在广州、北京、上海、成都、天津等地设有十几家合资、独资企业，宝洁的飘柔、海飞丝、潘婷等已经成为中国家喻户晓的品牌。2004 年 5 月 11 日，和黄中国与宝洁、PGIO（宝洁国际）、P&G-H（广州宝洁）签署了一项协议，宝洁同意收购和黄中国持有的广州宝洁全部股权及和黄中国授予广州宝洁股东的贷款。根据协议，宝洁（或其指定人士）将向和黄中国支付现金 20 亿美元（合 156 亿港元），而和黄中国也将向宝洁国际支付 7500 万美元（合 5.85 亿港元），以取得宝洁国际同意完全解除不竞争协议对和记黄埔、和黄中国及其各自附属公司的不竞争限制，使之可以在 2005 年 7 月 1 日前在中国内地销售、推广和制造相关产品。

数据显示，截至 2003 年 12 月 31 日，和黄中国出售的股份及股东贷款的账面总额为港币 10.35 亿元，交易完成后，和记黄埔将取得约 137 亿港元的净收益。

和黄与宝洁的合作最早始于 1988 年，当时两家公司在广州合资成立了广州宝洁有限公司，宝洁及和黄中国分别持有 69.25% 和 30.75% 的股权。广州宝洁主要在中国内地经营消费产品业务，包括一系列护肤品、护发用品、肥皂、清洁剂、护齿用品和纸制品。

1997 年，和黄与宝洁达成协议，和黄中国出售广州宝洁 10.75% 的股权给宝洁一家附属公司，以增加宝洁的持股量，并同意授予宝洁认购权，使其可购入和黄中国所持的广州宝洁剩下的 20% 股权。同时和记黄埔、和黄中国与宝洁国际签署了不竞争协议。

中间也有小插曲。2003 年 10 月，和记黄埔曾将宝洁告上法庭索赔不少于 1.744 亿元人民币，原因是和记黄埔认为宝洁向广州宝洁收取包装和其他服务的费用，违反了 1997 年 10 月签订的合同。该诉讼后进入庭外调解。

和记黄埔为了在全球部署 3G 服务，预算高达 220 亿美元。为了不让 3G 业务亏损拖累 2004 年的盈利大幅倒退，和黄自年初起，已不断地筹划各种操作，包括分拆上市、出售资产等，借此获得数以十亿元计的特殊盈利。2004 年 3 月，和黄以 13 亿美元出售了香港固定电话部门，还将亚洲、以色列、南美的电话业务成立了和记黄埔国际通信公司，并在香港上市。

李嘉诚是个投资策略大师，他当然不能让和黄靠变卖资产养活公司的 3G 业务。一时间，3G 对于和黄来说成了一个负面的话题。有媒体甚至说，3G 似乎已经成为和记黄埔香港公司头顶的一片阴云。

和黄将手中持有的 20% 广州宝洁股权全部出售，这笔交易赚走 137 亿港元，接近和黄 2003 年 143 亿港元的盈利。

对于外界关于出售股权弥补 3G 业务的议论，和黄新闻发言人张景如女士则表示，之所以交易提前，是因为和黄和宝洁协商后发现，现在进行交易符合双方的利益；同时，宝洁方提供的收购价格比较有吸引力，在双方意愿一致的情况下才达成了此次交易。

和黄发言人说："和黄对 3G 的投资前景毋庸置疑，当年和黄投资 Orange 时，该公司因业绩亏损一样不被外界看好，但和黄却在其后通过出售 Orange 获得 100 多亿美元的利润。本次和黄对 3G 的投资一样有信心。"

综合来说，和黄出售宝洁股权，不仅仅因为弥补 3G 所带来的亏损漏洞，也包括宝洁方面的需求。

和黄从合资公司赚得的利润由 2002 年 1.2 亿港元大幅上升到 2003 年的 4.46 亿港元，当时正值中国市场爆炸性的增长，使得外资更加看好在中国的资产，和黄基于此，才敢于开出股权高价。

和黄董事总经理霍建宁形容这笔买卖是一个"让人牙根发软的肥鸡腿交易"，他否认出售宝洁是为了填补和黄 3G 业务的亏损，而主要是为股东创造价值。霍建宁高兴地对记者说："我们要的就是'哗'的一声的感觉。"但此次交易带来的资本市场热情似乎不高。和黄股票在逆市小涨两天之后，5 月 14 日开盘价又跌回 50 港元以下至 49.8 港元。

不少市场分析人士认为，宝洁是和黄的非核心资产，将其出售不会对和黄未来的零售业务有重要影响，抵消 3G 开业成本可能是促使和黄出售宝洁股权的原因，交易应可以促进和黄零售业务的增长。

云开月明

进入千禧年，3G 时代被不少人所看好。这一利好不但惊醒了欧洲低迷的电信业，也让李嘉诚颇为兴奋。在李嘉诚的坚持下，和记黄埔启动了力度强劲的 3G 业务。

2002 年 9 月中旬，和记黄埔有限公司推出了以数字"3"作为标记的 3G 服务标志。10 月 8 日，又公布了 3G 品牌设计的详细情况，并提供了有关服务的细则。和黄的 3G 服务，将应用于欧洲的 7 个国家——奥地利、丹麦、爱尔兰、意大利、以色列、瑞典和英国，以及亚太地区的澳大利亚和中国香港。

然而，世事并未如李嘉诚所想的那般顺利，和黄也未获得丰厚的利润。截至 2009 年，作为 3G 网络建设的先锋，和记黄埔在 3G 项目中投入了数百亿美元，年年陷入亏损中。

自从涉入 3G 领域以来，和黄一方面陷入艰苦卓绝的盈利持久战，另一方面和黄这只"出头鸟"被欧洲竞争对手盯上，各种商业纠纷缠身。

欧洲的大运营商沃达丰等也开始把原来延后的 3G 计划提前。急于拓展市场的和黄不得不面对沃达丰这样强劲对手的拖延战略，沃达丰因有稳固的 2G 业务收入，并不急于推出 3G，不急于将 3G "蛋糕"做大。和黄采取降价策略，希望吸引客户转网；沃达丰并不跟随打价格战，而是通过现有客户增加数据服务使用率，从而提高无线电讯服务的 ARPU 及边际利润，以便顺利过渡到 3G。

和黄在 3G 上的投入将近 2000 亿港元，巨大的资金缺口拖累了和黄的整体业绩，期间赶上了 2008 年金融危机，和黄一度进入发展的低谷。

2003 年时，新加坡《联合早报》这样评价李嘉诚的 3G 投资："李生在 80、90 年代事事顺利，快人一步，但在 3G 上他真是'赌'得很大，而且几乎同全世界'赌'，如果胜出，可能连微软比尔·盖茨及巴菲特都得退避三舍。一位分析员形容，香港首富李嘉诚在 3G 上正在进行'豪赌'。"

诚如这位记者所言，这如同一场"豪赌"，但赌局直到 2009 年才得以揭晓。

3G 业务的正面效应在 2009 年开始显现，3G 业务的成功止损也帮助李嘉诚安然度过金融危机。

和记黄埔执行董事霍建宁解释称，2009 年下半年，3 集团除爱尔兰的营运外，全部取得 EBIT 正数营运业绩，并抵消集团在爱尔兰的损失。尽管 3G 业务以往并未盈利，但财技高超的李嘉诚往往通过各种出售获得一次性盈利，十年来股息照派。

受 3G 业务扭亏带动，和记黄埔 2010 年业绩斐然，全年净利润同比增长 47%，达到 200.38 亿港元。和记黄埔的 3G 业务在过去 10 年一直处于亏损状态，随着流动宽频用量不断加大，加上智能手机的普及，带动数据服务的迅猛增长，3G 业务终于在 2009 年首次录得盈利，拉动和记黄埔 2009 年下半年净利润大幅增长至 135.9 亿港元。

长江实业董事局主席李嘉诚说："随着 3G 完成投资期及获得盈利，和记黄埔业务已进入新纪元。"

和记黄埔董事总经理霍建宁说，目前全球 3G 总客户超过 2960 万名，比上年增加了 13%。预计从 2011 年起，3G 业务将成为和记黄埔的主要盈利来源，未来 3G 业务将推动集团业绩稳步增长。李嘉诚表示，如果集团未来要发展 4G 业务，无论是资金或者技术都不存在问题。他指出，技术上讲由 3G 提升至 4G 的差别不大，因此资金投入不需要太多。

不少市场分析人士认为，随着 3G 市场愈来愈成熟，未来和记黄埔 3G 业务的盈利或将以几何级数增长。

对于曾经对 3G 领域的"失误投资"，李嘉诚笑着回应："其实我比你们更急，3G 业务由零开始，发展至今客户数量已逾 2000 万，实在很不容易。"

延伸阅读

科技——未来主轴

——清华大学未来互联网络技术研究中心落成典礼致辞

（2003 年 12 月 15 日）

尊敬的顾秉林校长、张国华副主任、徐小虎校长、各位领导、各位来宾、各位老师、同学们：

清华大学是历史悠久的国家重点大学，学术成就享誉国际，多年来培育了大量优秀人才，参与国家建设，今天未来互联网络技术研究中心建设落成，标志着清华发展的另一新里程，谨此向支持这个计划的教育部和清华大学同仁致以衷心祝贺。

由我这年龄的人，站在这里，来与各位谈论未来，也许大家会觉得有点不合适，你们可能只是很有礼貌不笑而已。但是，我告诉大家，如果你这样想，我相信你是错的。

今天各种极速的发展速度，为我们创造更充裕的时间、更大的希望与更多的机会。我感到我拥有更多的时间，这是前所没有的感受。愿景是我们很大的无形力量，驱使我们憧憬创造未来。

不知道你们会不会和我一样，在每天早上晨光初照的时候问自己，我要怎样开动心智与情怀去面对焦虑、痛苦、快乐与成功。生命本来就尽是精彩，未来一定不乏味。 今天讯息与通讯科技加速全球化，推动知识交流、创意、转变与经济发展。这种威力无穷的增长效应属前所未有。资讯网络的无远弗届和生产成本的下降，迫令市场更开放，竞争更快更激烈，知识快速地传播，竞争优势很容易被侵蚀和转移。未来将是一场无情和灿烂的竞赛。

以前，我们常常挂在嘴边"时间是关键"这句话，有新的意义，讯息与通讯科技释放了"时间"的价值，今天多功能、多频道，什么都可以多元同步运行。讯息与通讯科技好像将物理的"时间"扩展，但感觉上的"时间"，还有待我们自己去选择，这是人一生旅程中要发现和自我追寻不断面对的挑战。讯息与通讯科技将"时间"变成朋友， 对此我为你们感到兴奋，也为自己感到兴奋。讯息与通讯科技发展是未来的主轴，它当中含无限可能，大家要抓住它、掌握它、珍惜它、建设它。　虽然未来由很多元素和机遇组成，然而未来最终的取决还系于人类的心灵和智慧，我们要用知识和智慧，赋予科技与时间新的意义，为自己、国家与全人类社会建造共同的尊严和福祉。今天在这里与大家共勉。

　　谢谢。

零售巨头

零售业版图

在李嘉诚的商业地图中，主要有 6 大主业：码头、地产、零售、基建、能源和电讯。这里的基建并非国人认为的工程建设，而是指电力、燃气、供水等公用事业；能源则是指其控股的加拿大赫斯基石油公司。

六项业务中，零售贡献了相当多的收入，占有举足轻重的地位。与大陆零售业百家争鸣所不同的是，香港的零售业基本由和黄旗下的百佳与怡和旗下的惠康控制，二者所占市场之和超过 70%，其所依靠的优势恰恰在于母公司遍布香港的商业地产。

为了独占市场，两家多次合作狙击外来零售巨头如沃尔玛、家乐福等公司在香港的拓展。而从年度变化来看，扣除电讯业务由于低基数造成的高增长，公用事业、地产和零售依然排在前三位，和黄集团的经营方向何在可以一目了然。

全香港 700 多万人，没有一个人能够否认自己的生活同李嘉诚息息相关，香港处处留下了李嘉诚的痕迹。要说香港老百姓最直观的感受，就是大多数人几乎每周都要去百佳、屈臣氏购物。

百佳超级市场，是李嘉诚和记黄埔旗下屈臣氏集团的零售业，1973 年在香港开设，已经发展成为亚洲区最知名的超市零售企业之一。

屈臣氏集团起源于 1828 年，时至今日，集团已成为全球知名的零售商，业务遍布亚洲及欧洲 19 个地区，经营超过 4500 间零售商店，制造和供应多款饮品，包括瓶装水、果汁、汽水，销售世界优质名酒和化妆护肤品。集团于全球聘用逾 6.4 万名员工。

全港现有 180 家百佳超级市场，约占香港零售市场四成，另有逾 100 家屈臣氏及 50 家丰泽电器。

1984 年，百佳在内地开设第一家分店，成为第一家打入内地市场的港资零售商，至今已拥有二十余年的内地零售经验。

超级市场的经营范围覆盖中国华南、华北、华东及香港、澳门等地。每周超过千万人次光顾百佳在国内的超级市场，在华南区被推选为"最受欢迎的品牌"。在香港，每个人几乎每周都会光顾百佳超市。

多年来，百佳超市以其积极进取的姿态，得以区域性垄断零售市场。业内人士估计，百佳占香港超市四成市场，整体食品零售市场，亦高占两成，其规模、影响确实牵涉香港千家万户的男女老幼。

李嘉诚的百佳超级市场、屈臣氏大药房及丰泽电器雄霸集团旗下的楼盘靓位，全力配合房屋署在全港公共屋村商场推行的大型超市计划，与其他零售商互为补充，为全港市民提供全方位的零售服务，成为香港现代社会舒适生活的重要组成部分。

百佳大力发展可兼售湿货鲜品的大型超级广场，市场占有率升至首位，可供销售的商铺面积增加一倍，与惠康瓜分市场总销售额高达七成。

百佳超市所销售商品的种类不低于 4 万种，新鲜蔬菜、肉类、鱼类、卤味、烧味、预先煮好的菜……进入百佳超市里，就可以随意选购解决家庭日常所需，可以说，百佳超市已经成为港人生活的重要组成部分。

百佳一直是顾客信赖的品牌。在独立市场调查公司 Ipsos—Reid 的全球性调查中，百佳超级市场得到"最受欢迎品牌"的称誉。

据屈臣氏集团官网显示，成立于 1973 年的百佳旗下店铺品牌除了有"百佳"字眼的百佳超级市场、百佳超级广场及百佳冷冻食品，还包括 INTERNATION-AL、TASTE、GREAT 等高端品牌。数据显示，百佳市场占有率达到 33.1%，是香港第二大超市。

百佳在香港、澳门和中国华南地区占有重要的市场地位，店铺总数 345 间，2012 年收益总额为 217 亿港元。

打入内地

内地市场已成和黄超市发展拓展之重心。百佳进入内地，起步较早，百佳和屈臣氏不单首次引入"超市"、"连锁店"、"个人护理"这些新名词，也成为外资进入中国零售市场的急先锋。

作为最早进入内地的港资超市，百佳在 1994 年就已把触角伸至上海，百佳曾一口气在上海开了 21 家店，但由于水土不服，经营模式不当，加之政策限制等种种因素，在 2000 年，百佳投资方将大部分店面转让，仅保留了一家门店。

百佳超市在上海的第一家大卖场地处五角场与中原商圈的交合处，受到了这两个商圈的全力挤压。有市场分析人士说："大润发黄兴店如果日营业额是 100 万元的话，那么沃尔玛五角场店的日营业额就是其一半，而百佳超市国和店又是沃尔玛的一半。"

更为重要的是，百佳超市国和店单店经营，销售业绩又不理想，很难得到供应商的支持。因此，在新品供应、商品价格等许多方面很难与其他大型超市竞争。

在和黄集团的全力支援下，2000 年百佳调整模式，二度出击，重新大举进军内地，已发展成为最有竞争力的零售企业之一。2004 年全年销售额为 28 亿元，比 1999 年翻了 2.5 倍，年平均增长近 33%。

屈臣氏与万宁无疑是香港个人护理用品方面的两大霸主。2004 年前，隶属于李嘉诚旗下的屈臣氏在广东的分店数已达 40 家，但万宁的快速推进对昔日宿敌而言仍然构成一大威胁。

屈臣氏零售集团所生产的矿泉水、代理的化妆品、食品等已遍布内地，加上尚未进入内地的丰泽电器，该资本能量十分庞大。

随着百佳的店铺越开越密，价格战在所难免。有消费者说："身边有个百佳，每月至少可省下保姆费。"这对消费者来讲，是最实在不过的实惠。这也正是百佳以低价谋求市场份额所达到的社会效应之一。

在任何国家都一样，价格是顾客永远关心的重要因素。如果在百佳店铺附近的其他商场有些货品的价格很优惠，那么百佳也一定要有这个优惠给顾客，让顾客在百佳也能享受到在别处享受的优惠，甚至享受到比别处更多更好更快的优惠。但价格战要打得有原则。这一原则包括不做假宣传，不标假价格，承诺保障食品安全，给顾客最好的质量，最好的服务，包括最好的售后服务，而不仅仅是停留在口头上的最好的承诺。

李嘉诚再三告诫："当我们在建立自我成功的同时，永远不要忘记追求无我，常常抱着为民族和人类做出贡献的良愿，当有能力及有意愿对社会竭尽一己之责，我们必能创出希望和有效的变革，打造一个公平、公正、充满自由动力和快乐和谐的社会"。这是香港百佳的待客宗旨，这也是李嘉诚的超市成功之道。

对于百佳的扩张计划，和记黄埔集团给予了财政等多方面的大力支持。依靠和记黄埔的雄厚财力，从 2000 年开始，百佳调整了经营模式，从以前传统连锁超市到现在的大卖场，百佳已经在华南区具备了一定的连锁规模。事隔 6 年后，李嘉诚麾下的百佳超市上海第一家超市终于在 2006 年开业。

品牌屈臣氏

提到屈臣氏，恐怕现在国内的消费者都已耳熟能详。大约在 1828 年，有一位叫 A.S.Watson 的英国人在广州开了家西药房，取名广东大药房。1841 年药房迁到香港，并根据粤语发音（屈 wat，臣 son）将公司名译为"屈臣氏大药房"（A.S.Watsons&Company），这就是屈臣氏的由来。到了 20 世纪初叶，屈臣氏已经在香港、中国内地与菲律宾奠定了雄厚的业务根基，旗下有一百多家零售店与药房。

1981 年被华人首富李嘉诚名下的和记黄埔收购，自从成了李嘉诚的囊中物后，通过李氏团队出神入化的缔造，屈臣氏随后将业务扩展到保健产品、美容产品、香水、化妆品、食品、饮品、电子产品、洋酒及机场零售业务等多个类目。

自 1989 年 4 月在北京开设第一家店，直到 2004 年零售业全面开放，屈臣氏在中国内地才真正开启扩张模式。而在过去的 8 年里，其拓展速度突飞猛进，门店规模已从当初的 300 多家，连续几个跨栏迈过 1700 家的门槛。

在屈臣氏进入中国最初的 16 年里，他们只完成了 100 家分店的布局。但随后，屈臣氏的店铺规模实现了两次翻番，尤其是最近几年，他们开出了近 700 家分店。这意味着，每两天屈臣氏就会有一家新店面市。

个人护理店这种业态最先由屈臣氏带进内地，相对于后来者香港万宁，以及本土的千色店、娇兰佳人等，屈臣氏具有无法匹敌的先发优势。尽管华润、百联集团近年来也陆续涉足这一领域，但规模上仍相差悬殊。这也是屈臣氏数年来一骑绝尘、领先内地个人护理店的主要原因。

2007 年，屈臣氏在内地的店铺数突破 300 家；仅 4 年后，其整体规模便跨越1000 家大关，并持续从一、二线城市向三、四线城市下沉。未来屈臣氏的规模会有多大？ 2007 年加入公司并亲自参与了扩张的屈臣氏中国区行政总裁罗敬仁表示"美国有 3 亿人口，而美国最大的连锁店是 4000 多家门店；中国有 13 亿人口，市场空间只怕更大。"

不断推出自有品牌的系列产品已成为屈臣氏最大的撒手锏。"屈臣氏"是一个自有品牌，也是企业品牌。

在购买了屈臣氏之后，李嘉诚通过资本的力量迅速在亚欧重点发展区域全面扩充了企业的规模。作为一种必需的战略补充，在一系列的海外并购中，在短期内实现业务扩张，屈臣氏成功地建立了自己的核心业务。自有品牌在屈臣氏的显著增长，成为屈臣氏手中舞动的锐利武器。据统计，屈臣氏每年新推出或升级的自有产品高达 400 个。

由屈臣氏可以看到，零售业同样需要品牌，同样需要维护品牌，只有在市场上准确地确定了自己的定位及服务对象，在产品质量、品类、服务水平等各个层面，各个环节，各个角度，各个方位，才是企业长期发展之计。

屈臣氏不失时机地推出了充满新鲜感的屈臣氏蒸馏水：流线型的瓶身、简洁时尚的绿色包装以及独有的双重瓶盖设计，把单纯的饮水变成了一款独具时尚品位、尽显个人风格的享受，甚至成为都市白领的身份象征。

屈臣氏在调研中发现，亚洲女性愿意投入大量时间去寻找更便宜或是更好的产品。中国大陆的女性平均在每个店里逗留的时间是 20 分钟，而在欧洲只有 5 分钟左右。这种差异，让屈臣氏最终将目标市场锁定在 18 ~ 35 岁的时尚女性。

屈臣氏一般选择在较繁华的商圈，例如有大量客流的街道或是大商场，机场、车站或是白领集中的写字楼等地方也是考虑对象。如北京王府井新东方广场地下一层设的屈臣氏就是成功选址的象征。

此外，屈臣氏拥有一支强大的健康顾问队伍，包括全职药剂师和"健康活力大使"——专业队伍均受过专业的培训，为顾客免费提供保持健康生活的咨询和建议。

据中国连锁经营协会数据显示：屈臣氏 2012 年实现销售收入 1490 亿港元（合 192 亿美元），同比增长 4%。除了这么耀眼的数据之外，这家全球顶级的美容护理产品零售巨头在中国市场也是难遇对手。2011 年，屈臣氏在中国内地突破 1000 家店，2013 年屈臣氏第 1500 家店在安徽开业，从而完成了中国区市场从一线城市到四线城市的覆盖。

虽然传统零售业步入"寒冬"，消费者在大卖场、超市的购物频率不断下降，但个人护理店和便利店仍能维持较高增长的光顾率。或许就是基于这种魔力，新加坡主权基金淡马锡才以440亿港元成为李嘉诚旗下屈臣氏集团的股东。

经营百佳超市

香港百佳超级市场成立于1973年，在不到10年的时间里，后来居上，一跃而成为香港超级市场的大哥。目前，百佳集团在香港占领市场份额的三至四成，并积极将触角伸入台湾、大陆市场，其发展势头令人瞩目。

百佳超市能获得如此迅速的发展，在于其先进的管理方式。在成立之初，百佳超市即全面引进西方成套的超级市场管理方法，各连锁分号的商品进货、价格制定、广告策划、商品摆设、橱窗设计等均由总部根据各大区不同的消费群体的不同喜好，进行专业化的管理实施，在百佳总部，共设有六大部门：

店铺管理部：主要职责为筹划开设新店铺，监管各个店铺的日常业务，包括雇员工作效率、服务态度、店铺的外观及清洁、商品的陈列及补充、费用开支的控制等。

采购部：主要职责是采购超市出售的所有商品，负责验收及保管，并随时向各连锁分号补充货物，并且根据各店销售情况进货，甚至确定特价优惠销售策略，有选择性地代理其他公司的商品采购。

市场推广部：全面搜集各种市场信息，开展各种有效的针对不同屋村的广告宣传，研究提出改善公司经营管理效果的新建议。

人事及训练部：负责雇聘和培训工作，制定公司奖金福利制度，全面改善雇员与公司之间的关系，激发前线员工的工作主动性与积极性。

保安部：负责商品的运送安全，检查收款计算是否准确，店铺除装有有效的防盗、消防设备外，还派有专门人员进行看守。

会计部：负责各项业务的财务工作及资料报告。

百佳超市实行统一的进货管理，所有下属分店的所有商品均由公司总部的采购部门负责，在全世界范围内寻找市场畅销的优良商品，经过严格筛选和检验后进货，分店按需求向采购部申报，甚至每个分店的货物流通，都通过电脑清晰准确地显示出来，然后由高效率的现代化中央仓库统一及时配货。

公司十分重视信息化建设，早在1991年，百佳投资了1600万港元购置了一套连接所有分店的电脑系统，于是哪一分店销售了商品，哪种商品畅销，哪种商品滞销，哪一分店需要补货，补进多少，何时进入卖场等，总公司的中央电脑中心随时可以显示出来，并直接指挥物流中心调配。

而价格无疑是吸引顾客的最主要手段，百佳超市当然懂得这点。百佳超市每周六都在报纸上大做所谓特价周广告，用百种比市价便宜一至两成的特价吸引顾客。踏进店内，更是草木皆兵，店墙上到处贴满不同颜色的明显标志，显示某种商品以特价出售，刺激消费者的购买欲。

遇上中国或西方常过的大节日，更是张灯结彩，大肆宣传，大幅度降价，号称为"亏本大拍卖"。其实，超级市场并不会真的亏本，虽然大多数特价货确实无利可图，但由于供应商必须给他们支付一笔作为每周特价货的广告费和市场内的陈列费，特价货"曝光率"越高，对厂家的收费亦相应提高，再加上供应商给百佳提供的数量折扣，因而大部分特价货并不是亏本大甩卖。

此外，百佳超市十分注重店内商品摆设，常常以此作为刺激顾客购买欲望的手段之一。他们尤为重视研究特价货的陈列，将最吸引人的特价货放置在超市最显眼的地方，其余的则分别陈列在店内各处，力求使顾客不得不走完商场一周，才能全部看完商场推出的特价货，这样无形中延长了顾客的逗留时间，促使顾客在寻找特价商品时顺手牵羊购买其他非特价品，这才是他们热衷于特价品促销的真正原因。

超市常将一些利润较高的商品放在与视线平行高度的货架显眼处，借以引起消费者注意与垂青，甚至在收银机前摆放零散小货品，如口香糖、电池、安全套等，诱使顾客在等待付款时不知不觉间产生随手购买小件商品的冲动。顾客很多时候都是多一件少一件无所谓，最主要是随手方便。

此外，百佳还尽量美化店内环境，除装饰优雅、窗明几净外，在入口处还陈列有各种新鲜、干净、整齐的水果蔬菜，加之购物车篮充足，灯火通明，甚至开设烘烤面包的柜台，通过这些色、香、味俱全的实物诱惑，让消费者在不知不觉中提升了购买欲望。

食品安全风波

2007年初，据香港大公报报道，香港超市售卖油鱼充鳕鱼，港人食后连泻四日。而事件的主角就是李嘉诚的百佳超级市场。

百佳超级市场，被指在过去半年出售有问题"鳕鱼"，有人进食后"痾油"，食物安全中心证实总共收到 14 宗声称进食"鳕鱼"后腹泻不适的投诉，经检验样本后发现原来是一种类似鳕鱼的"油鱼"，其含有人体不能消化的蜡酯，中心表示货品标签如果有问题，会考虑提出检控，并呼吁业界入货时要清楚标签上写明是哪种鱼类，百佳表示经已停售有关产品。

据调查，这种鳕鱼其实是油鱼，学名为"异鳞蛇鲭"及"棘鳞蛇鲭"，食用后虽然对身体没有太大伤害，但由于这种鱼含有人体难以消化的蜡酯，不会被人体吸收，继而排出体外，进食后会否腹泻仍视乎体质而定。进食油鱼对部分人士容易引致排油腹泻，故此一般不会将油鱼作为食物。

据媒体报道，14 个问题样本都是在百佳超级市场出售，包括沙田、上水、钻石山、鸭脷洲、青衣等 11 间分店，一般标示为"蓝鳕鱼"或"鳕鱼扒"等等。

百佳超市 1 月 24 日除了在日间发表声明向市民致歉外，晚上更临时举行记者会，反驳近日被指鱼目混珠，油鱼充当鳕鱼卖，误导市民的指责。百佳食品监控部总经理张思定在会上出示由印尼当局签发的卫生证明书，显示进口的"鳕鱼"取得当地的卫生检定，证明其适合食用。

张思定于会上表示，对于有市民进食油鱼后感到不适，再次就事件向公众道歉，但强调百佳无意，事实上亦没有误导消费者的成分。他表示，会继续就食物品质、安全等方面进行有关的监控程序。

百佳超市发言人表示，出售的鳕鱼所附带标签，已标明油鱼是鳕鱼的一种，并且在货架旁边张贴告示，说明产品含有大量鱼油，部分消费者食用未必能够消化，建议只吃少量，如果感到不适便应停吃。发言人又表示，这种鱼来自澳洲及东南亚，从供应商入货，售卖近 1 年，百佳在上周六收到食环署有关通知，作为预防措施，决定暂停出售这种鱼扒。

但食用过的不少市民认为，百佳应该作出赔偿，又认为连锁超级市场应该有较好的商誉，如果入货时已知悉那些并非真正的鳕鱼，超市的诚信便有问题。

2007 年 1 月 24 日，针对香港市场油鱼当鳕鱼卖并引致多人腹泻事件，李嘉诚在深水湾高尔夫球曾遭记者"突袭"访问时，首度开腔回应百佳出售油鱼一事。李嘉诚表示："香港人呢，要有头脑，油鱼一大堆，好多人、好多商店都有卖，我们自己每间公司有自己的答复，但我希望呢，要用脑筋想想，其实不单只百佳卖，是吗？"

李嘉诚强调百佳超级市场是负责任的公司，必定会妥善处理今次事件。

实际上油鱼事件除百佳外，还涉及其他众多零售商，反映有关问题存在相当大的普遍性，因为百佳所售卖的油鱼只占全部市场的两成左右。资料显示，香港每年进口该等鱼产品共3000吨，百佳向供应商购入不足两成，也就是说，约有2400吨油鱼已经被其他包括惠康在内的零售商所销售。不过，由于事发首天揭露的个案，事主报称是因为进食从百佳购买的鳕鱼，百佳超市因此成为关注目标。

另一方面，李嘉诚的业务遍布全球五十多个国家，旗下集团拥有数以千计的公司，通常自己订下企业大方向后，基本上不会过问干涉集团下属部门的日常运作，日常营运均交由个别管理层处理，当营运偶尔出现一些问题时，不应将所有问题完全归咎于一个人身上。

百佳是李嘉诚旗下的大型零售公司，在这次风波后，李嘉诚亦高度关注，并即时指令属下，务必相当谨慎留意，要求管理层做好善后，安排退款与赔偿，安抚民心，确保百佳形象不会受损，令到市民在百佳放心购物。

当然，此次所谓的食品安全事件，不能否认百佳超市在应对问题时存在的明显不足。如顾客提出有关问题时，售卖油鱼分店漠然置之，此外，百佳分店与管理层缺乏承担责任的勇气，造成公关危机扩大，最后造成不必要不应该的负面影响。

尤为重要的是，百佳不能以其他商户皆有出售问题货品而对出现的问题置之不理，因为就算全港都在销售，百佳作为最大的超市，在涉及民生息息相关的商品售卖上，必须承担必要的责任。

零售垄断之辩

香港是最开放的经济体，因为它是世界上最大的自由港，除了烟酒毒品武器外一切皆可自由进出。但是如果说香港是竞争最充分的经济体，则与事实严重不符。一个显著的事实是，香港的房地产、基建、零售等行业集中度都非常高，大资本集团垄断市场和妨碍竞争乃是普遍现象，香港经济命脉为大财团所控制也是不争的事实。

家乐福曾杀入香港超市业，但很快受到双巨头利用供货体系和掠夺性定价的绞杀，狼狈退出。有人说百佳超市已经垄断了香港的零售经营，这让李嘉诚不满。完全开放自由竞争的超市零售，又如何能垄断呢？

　　李嘉诚在出席以他命名的香港公开大学"李嘉诚专业进修学院"命名典礼，在接受记者访问时强调，和黄旗下的百佳并无对市场造成垄断。他解释，除百佳和惠康外，还有华润、吉之岛等其他超市，市场是开放的，任何投资者都可以加入，任何投资者都可以经营。

　　由传媒大股东黎智英私人投资的苹果速销，在经营了大半年，亏损10个亿，难以为继的情况下，宣布结束营业。据黎智英透露，该业务令他亏损约10亿港元。苹果速销声称，刚刚推出时，就受到香港两大超市集团百佳及惠康联手反击，营运困难，其后业务表现一直欠佳。

　　李嘉诚在被问到苹果促销倒闭并反指两大超市垄断经营事件时表示，香港超级市场竞争激烈，苹果网络销售倒闭，简单讲只是因为无法取得利润，并不等于，也不意味着百佳超级市场取得胜利，更不能意味着百佳垄断市场，因为在香港超市生意是开放的，机会是平等的，否则，精明强悍尚算理智的黎智英应该不会拿10个亿往维多利亚港里扔。

　　对于苹果速销正式宣布结业，有消费者担心两间主要超级市场百佳及惠康将会加价，对此，李嘉诚没有正面回应，只表示对于百佳的任何减价或加价行动，他本人并不知道，也无须知道。下属也绝不会将如此零碎的事务知会他本人，相信任何一个香港人都会相信这一点。

　　百佳毛利虽有5%，但由于铺租昂贵，尤其是超市竞争激烈，市场压力非常沉重，新鲜货品损耗又大，故纯利率估计只有3%，有时甚至只有2%。百佳超级市场，更是与本港市民日常生活息息相关的零售业务，2003年以来持续通缩严重，实际经营情况只属微利生意。

　　对于外界质疑李嘉诚如今富可敌国，为何还要与民争利呢？李嘉诚更感到莫大的委屈，因多卖一点猪肉的收入，对他来说如沧海一粟。这完全是为股东利益着想，为百佳近万名员工着想。

　　有业内人士分析称，投资零售业存在颇高风险，超级市场需要相当庞大的面积摆放货品，面对高租金及（土）地税压力，加上仓储、物流系统及劳工成本，投资风险相当高。此外，有关行业的折旧率相对较高，如水果蔬菜等食品之保质保鲜期限制，故要获取利润，必须有高效率的管理及物流成本控制措施，并非如外界所指超级市场是能获取厚利的行业，而现时在本港亦存在不少大规模的超级市场，故指百佳垄断市场的说法，是不靠谱的。

延伸阅读

无心睡眠

——2014 年汕头大学毕业典礼致辞

（2014 年 6 月 27 日）

尊敬的刘明康教授、各位领导、各位嘉宾、老师们、同学们：

每年 6 月，能参加毕业典礼，分享同学们完成人生阶段里程碑的快乐时刻，我内心的欣喜，犹如自己毕业一样。我谨代表校董会全体恭喜每一位同学，祝愿你们在天空海阔的人生大道上能实现理想，走出自己的宽坦大路。

可能因为网络上的许多讨论，最近很多朋友，不约而同，积极向我推介各种酣眠良方，有气功的、有食疗的、有中西各种灵方妙药——希望我可以在晚上睡得好点；朋友关怀的那份浓厚情谊令我感动，但大家讨论我长夜里未能成眠的热切对我却是一番鼓舞。我今年 85 岁，事态间，各种个人得失，早被风风雨雨冲淡，还有何忧心？

我忧心，在全球化、知识经济的时代，各人智商、能力和努力程度不一样——机会失衡成为"新常态"。

我忧心，国家资源局限成为未来发展的难题。

眼前，我们需要把困难变为机遇；

眼前，我们急需科技拓阔创新；

政府要有灵活方略，处理价值世界和实际世界间微妙的关系，特别在再分配的调节机制，不要让"贫富悬殊的愤怒"和"高福利负担"一事的两面现象，持续让社会停滞和不安；政府必须率先纳新求变、开拓思维，政府必须深切推行教育改革，我一直认为投资教育失当是对未来严重的罪行。

我忧心，人与人之间欠缺互信：信任是凝聚理性社会一个重要的环节，当它未能成为润泽社会的"正能量"，当大家总觉得一切在变味，对一切存疑，认为公平正义被腐蚀时，政经生态均会走向循环的大滑坡：构建社会信任——是民族最好的无形资产。

各位同学，你们今天毕业了，在新大门的真理钟敲响之时，你对未来的许诺是什么？每天晨光初现时，你可曾对社会的问题有所记挂？你会是，视而不见、无动于衷，还是渊深邃密、锲而不舍？一个有真能力的人，总会自觉地把"推动社会进步"视为己任。

不可言诠的世界，她的未来需要你们年轻人的承担，需要你们正面的价值观，需要你们的关怀，需要你们的耐心，也需要你们的解决问题的能力，尽其心者知其性，有你们推动社会进步的决心和坚持，就是你我在变动不居的世局中最好的酣眠良方！

再次祝愿各位同学在责任之路上活出成功、丰盛、快乐和充满尊严的人生。

今天你以汕大为荣，明天汕大必以你为荣。谢谢各位！

第二十九章

多元化发展

中药国际化

2004 年时，李嘉诚明确定调：中药将是和记黄埔的第六大支柱产业。求医问药时，有些常用药，比如板蓝根颗粒、复方丹参片，也有李嘉诚的影子。我国作为中药发源地，拥有博大精深的医药理论、丰富的用药经验、深厚的中医药文化底蕴，但是在国际市场上，中药的名头始终打不起来。

造成中药无法国际化的因素是多样的，从西方医学的角度看，中医理论太抽象，中药疗效没有"过硬证据"，复方中药的化学成分太复杂，无法"科学"阐明其药理，生产不够"标准化"等。即使在国内很多人看来，中药走向国际也是一件天大的难事。

李嘉诚拥有很浓厚的中药业情结。1998 年亚洲金融风暴期间，李嘉诚与香港新世界集团公司主席郑裕彤联手，投资 50 亿美元打造香港"中药港"。不过，几年来"中药港"一直没有出现轰轰烈烈的场面。究其根本原因，在于香港缺乏有分量的中药支柱企业支持，仅仅依靠本港运作不能迅速成长。此外，内地中药企业的发展，与香港市场的契合也并不顺利。

对于李嘉诚来说，唯一的出路是，推动者直接控制中药业发展的脉搏。于是，这便有了和黄亲自出马投资中药事业。

其中最引人注目的是与老牌中药企业同仁堂的合作。同仁堂集团，拥有总资产28.8 亿元，每年生产中成药 1 万多吨。同仁堂已取得生产批准文号的中成药品种近千个，常年生产的品种 400 多个，并能生产 24 个剂型产品。同时经营各种中药材、中药饮片 3000 余种，还拥有药用动物养殖场，每年向生产企业提供纯种乌鸡和优质鹿茸。在同仁堂的产品中，安宫牛黄丸、牛黄清心丸、乌鸡白凤丸、大活络丹、国公酒占据着同类市场的大半个江山，每年在国内市场的销售额高达上亿元。

早在 2000 年，同仁堂科技在香港上市以后，李嘉诚就以战略投资者身份成为其第二大股东，之后还与同仁堂集团"亲密合作"，签署战略合作构想。

2003 年 11 月 25 日，同仁堂集团旗下子公司"同仁堂国际"及其合资公司北京同仁堂泉昌有限公司正式在香港成立。当天，同仁堂集团副总丁永玲表示："同仁堂将继续积极寻求实力雄厚的战略伙伴，采取更灵活的合资方式和经营模式，实施多元化的经营战略，使同仁堂的业务更加国际化。"时隔不久，业内就传出"百年老店同仁堂将与香港首富李嘉诚旗下的和记黄埔成立合资公司"的消息。

据报道，百年老店同仁堂将与香港首富李嘉诚旗下的和记黄埔成立合资公司，合资双方各占 50% 股权。出资方案有两种：其一是同仁堂集团以手中的 A 股上市公司同仁堂 69.98% 股权，共计 2.32 亿股投入，李嘉诚按照 1：1.5 的比例现金出资；其二是同仁堂集团以集团内非上市资产中的盈利资产投入，可能是所有的药厂，也可能是所有的药店，这部分资产与第一种方案中的资产价值大致相同，不够部分可能会以进出口贸易权等做填补，而李嘉诚的出资比例不变。

截至 2003 年第三季度，同仁堂 A 的每股净资产为 4.84 元。照此估算，李嘉诚入股的价格约为每股 7.26 元，其总共将拿出约 16.84 亿元的现金入股。

一个是创建于清朝康熙年间的闻名遐迩的中药老字号，一个是财大气粗的香港首富，这桩"门当户对"的医药"联姻"自然成为 2004 年中国医药行业整个重组并购事件中的一大亮点，让业内人士尤其是中医药界人士精神大振。

与上海市药材公司的合作，是李嘉诚布局内地中药业的另一大手笔。2001 年 8 月，和黄出资 50% 与上海市药材公司旗下上海中药一厂合资成立上海和黄药业。据了解，上海和黄的总投资意向为 2.2 亿元人民币。像同仁堂一样，上海中药一厂同样大有来头。其所辖"上药"牌不仅拥有麝香保新丸、胆宁片、生脉注射液等一批老牌中药产品，还归属于国内最大医药上市公司上药集团麾下，在华东医药界颇有实力，这无疑为和黄在华东地区拓展市场奠定了良好基础。

在国内有"北有同仁堂，南有白云山"的说法，白云山中药厂的实力的确可当这样的称誉。白云山的拳头产品板蓝根占了全国市场份额的 60%，复方丹参片的市场占有率也达到 50%。另外，其穿心莲、消炎利胆片等"中药抗生素"作为"后抗生素"时代的替代性产品，也颇具市场潜力。经过"非典"，白云山中药厂名声更是如日中天，树立了良好的品牌形象和企业形象。

2003 年 12 月，李嘉诚写信给广州市主要领导，希望与国有控股企业白云山中药厂合作。这一要求得到市领导的重视，当即批转给该市国资部门，双方立即进入"热恋期"。虽然在此期间，双方也有细节上的摩擦：比如在股权上，两者都曾表示要控股，在财务总监的设置上要派出"自己的人"……但鉴于双方强烈的合作意向，最终在不到5个月的谈判时间内，完成了这项涉及10亿元、被外界称为"闪电战"的合作意向。

在新成立的白云山和记中药有限公司中，和黄与白云山将各出资50%。其中，白云山中药厂以经过评估的资产值（不包括"白云山"注册商标）投入合资公司，和黄则以对等的现金投入。初步合资期限为50年，在此期间合资公司可以无偿使用"白云山"、"和记"两个商标。

"中药国际化"有两个瓶颈：一是标准，二是资金。关于中药的质量控制标准，日本企业很早就看到这个问题，开始用西方药理标准来研发中药，而且采用大规模生产的方式。如此一来，欧美中药市场几乎全被日本货占据，"中药日本造"成为奇特的现象。此外，在美国销售的中药都需要通过FDA认证，而要让一种中成药通过美国FDA认证，需要至少10亿元人民币。这笔费用，即便对于中国最大的中药企业而言，都是无法承受的。和黄的加入，正是要解决"中药国际化"的这两个瓶颈。

为使中成药达到标准化，和黄在上海张江高科技园区创建了一个中药现代化研发生产基地，任务是借鉴美国西药开发规范化、标准化的成功经验，为中药所用。

为了大力推进中药国际化，从2001年下半年开始，和黄在欧洲建立零售药店"和黄药业大药房"。凭借其雄厚的资本和在零售行业多年的经验及管理能力，在短短两年半里，"和黄药业大药房"收购和开设了1000多家连锁店，兼营中西药。2003年，和黄在伦敦单独推出"森（SEN）"中药店，推广宣传中医药文化。2006年5月，和记黄埔将旗下和黄中国医药科技有限公司分拆后，在伦敦证交所独立上市，成为首家进入英国资本市场的中药企业。

李嘉诚正在将中药产业带向一个新的高度，他在为自己、也为全体中国人，圆一个"中药国际梦"。

生物科技

进入21世纪后，李嘉诚看中了生物产业。他表示，生化科技将是集团未来发展的重点领域，也是他投资的另一只篮子。显然，长江生命科技集团（长科）在长实未来的发展战略中，将占有十分重要的地位。

　　由长江实业集团和李嘉诚个人联合出资成立的"长江生命科技"公司，专门负责生命科技领域的业务。2002 年 5 月 12 日，长江实业宣布，已于 5 月 10 日向香港联交所正式申请分拆旗下生化科技业务——长江生命科技集团，于创业板独立上市。编号为 8222 的"长江生命科技"的招股价在两港元以下，招募 13 亿零700 万股，其中九成按照国际配售办法发售，余 10% 供公众认购。

　　这家公司成功研究出 108 个产品，并已在美国申请专利，至今取得的专利已有 7 个。另外，这家公司拥有 50 名科学家，其中 20 名有博士学位。公司发言人说：这些科学家正夜以继日地进行生物科学方面的研究。上市前，他们开发了五大类产品，包括健康食品、农用化肥等，据匡算未来市场总值可望达到 2500 亿美元。公司表示，这是"长江生命科技"的前景所在。

　　一般而论，从事生物科技开发的公司短期内难以获得盈利，另外又需花费大量的投资，属于资本密集的行业。因此，外界并未普遍认同、看好这只即将挂牌的新股。

　　长江生命科技从事健康及农业相关产品的研发、商品化、推广及销售业务，过去数年，该集团在人类健康及环境可持续发展两大核心业务中，已达成多项重大收购。

　　2010 年 11 月 8 日，长江生命科技集团有限公司宣布，将斥资 2.6 亿港元（约3308 万澳元）收购澳洲上市公司 Challenger Wine Trust（简称 CWT）逾七成股权。CWT 是澳洲及新西兰地区第二大葡萄园主，拥有超过五千公顷土地，包括位于澳新的 20 个葡萄园、两间酿酒厂及多项水务专利。

　　2012 年 11 月 29 日，长江生命科技集团有限公司宣布，以约 12 亿港元的价格收购澳大利亚奇塔姆制盐有限公司。奇塔姆于 1888 年成立，是澳大利亚本地市场最大的制盐商，在澳大利亚、新西兰和印度尼西亚均有销售业务，在澳大利亚的市场占有率约为 80%。

　　有不少人认为：李嘉诚对科技的兴趣正在从信息延伸到生物界，这两大科技领域的区别就是一个关注人类生活方式，一个关注人类生存方式。

　　李嘉诚近期又有了下一个投资目标，这也引发了人们的关注。2014 年 6 月 13 日，由李嘉诚投资打造的"人造蛋"正式在香港超市售卖，据说当天引发市民抢购，货架几乎被清空。人造蛋是美国人发明的，直接从植物中提取养分，营养价值比鸡蛋多四分之一，但售价仅为鸡蛋一半。最为重要的是，人造蛋不仅节约了生产成本，也给环球粮食危机带来希望。与鸡蛋相比，人造鸡蛋有效降低成本超过 40%。

全球每年生产大约 1.8 万亿颗鸡蛋，其中饲料成本大约 70%，人造鸡蛋与传统鸡蛋相比更加便宜，还更加环保。除了进入各大超市，还进入各大连锁快餐店。尤其是亚洲市场，人造蛋还可以减少禽流感袭击。

据媒体报道，李嘉诚也对人造肉十分感兴趣。李嘉诚近期斥资 1000 万美元投资了一家可以 3D 打印肉类产品的科技公司。据资料，李嘉诚投资这家公司，拥有生物组织工程技术，在实验室可从皮肤细胞中培养皮革，这家公司还在研发生物技术制造而成的禽肉、鱼肉和家禽肉。可以想象也许在未来，猪肉、鸡肉、鸭肉、皮革等都可通过 3D 打印技术制造而成，羊皮和鳄鱼皮等都可以用 3D 来打印了。

"科技让我心境年轻化。"在一次公开采访中，李嘉诚道出了对高科技投资保持冲动的源泉。

控股华娱

关于传媒，李嘉诚可谓既爱又恨。"传媒工作者一定要如实报道新闻，不要乱造新闻，将芝麻绿豆的事放大，写新闻前要用脑筋想一想，摸摸自己的良心。"2007 年 3 月 22 日，在集团业绩报告会上，李嘉诚回答记者提问时，突然提高语调，声色俱厉地批评香港部分传媒别有用心地针对他。李嘉诚这次罕有的发火，当然是有原因的，近年来，李嘉诚因香港媒体报道而陷入麻烦的情形不在少数。

自从 2000 年起，他旗下网络公司大举投资传媒，收购内地羊城报业、《三联生活周刊》等 8 家媒体和台湾 PCHome 城邦集团一半股权，在香港则入股《亚洲周刊》。

2003 年李嘉诚发现了传媒具有不可战胜的力量，他将目光投向了华娱卫视，他要投资传媒。

尽管李嘉诚本人并不喜欢娱乐业，但是投资做生意和个人喜好是不同的，他区分得十分清楚。

华娱卫视是新加坡华人蔡和平于 1994 年创立的，总部设在香港，创办后的经营状况一直不佳甚至面临破产。2001 年 10 月，华娱卫视成为首家在中国内地获得有线电视落地权的境外电视频道，进入广东地区。美国时代华纳旗下的特纳广播公司控股后，华娱的日子也并没有好转。

在广东，地方电视台的竞争异常激烈。凤凰中文台、星空卫视和亚视也获准进入广东省有线网络。在所有竞争者中，华娱唯一值得夸耀的是它有着实力雄厚的外资背景。而在香港，受到老牌电视台无线（TVB）和亚视（ATV）的挤压，华娱广告收入十分有限。

不幸的是，华娱卫视的收购方特纳广播公司在完成一系列并购案之后，成为全球最大的传媒集团，然而，合并之后的经营状况一直不尽如人意，网络泡沫破灭、股价连番下挫，2002 年的亏损额达到了 997 亿美元。严峻的形势迫使华纳考虑变卖部分资产，华娱首当其冲。

2003 年，特纳广播希望为华娱引入具有中资背景的股东。AOL 时代华纳已开始与不少有中资背景的公司接洽。这时，李嘉诚的 TOM 集团进入了 AOL 时代华纳的视线。身为亚洲首富的李嘉诚除了拥有雄厚的资本实力之外，他本人还在中国政府和民众中具有良好的声望。这也是 AOL 时代华纳看重 TOM 的地方。

华纳作为全球最大的传媒集团，这个平台也让 TOM 有所动心，于是双方在接触之后，便达成了合作意向。

2003 年 7 月 2 日，TOM 以每股 2.535 港元发行约 2100 万 TOM 新股，收购华娱卫视约 64% 股权，成为最大股东，而 AOL 时代华纳分公司特纳广播会继续持有余下 36% 的华娱卫视股权。TOM 在华娱卫视整体的营运上拥有控制权，包括业务发展、节目制作、广告销售和市场推广及营运；特纳广播则将管理华娱电视的节目内容准则，并继续执行现时与中央电视台 CCTV-9 的对等落地协议。

TOM 公司在取得华娱 64% 股权的同时，承诺在未来 30 个月之内提供不超过 3000 万美元的运营资金，也就是说，TOM 将承担全部运营费用并主动背负起亏损的包袱。

完全接过这个包袱之后，TOM 达成了进军内地电视市场的目标，开始在内地进行本土化改革。华娱卫视采取了一系列的行动，其中包括将运营总部由香港移至深圳，同时在北京、广州、上海设销售办事处；加大本土自制节目比重，从原来自办栏目不到 15% 提升至 40%。

TOM 集团除了在华娱卫视的自身发展上下足工夫外，其集团化运作还为华娱提供了有力的资金后援保证。

在内容上，华娱主张娱乐性和自创品牌。华娱自制的节目《夜来女人香》、《超级搜查令》等节目大受欢迎，黄金时段自己制作的节目已经达到了 40%。

2004 年底，TOM 集团以 1000 万美元收购内地影视业最大的民营企业——华谊兄弟 35% 的股权。他们的合作为华娱卫视在现有卫星平台拓展了层面，创造了更多的分销机会，并且提供了一个更大的广告销售平台。

华娱播出精心选购的最新的中国内地剧、港剧、台剧、韩剧、日剧等风格多样化的影视剧，大受年轻观众的欢迎。

华娱卫视的市场定位为综艺娱乐频道，而这个定位现在在华南地区，已经形成了一个市场区隔，它使得客户在有所需求的时候，会想到华娱卫视。在中国的南部——珠三角地区的电视格局是这样的：广东本地的广东电视台及地方电视台，中央电视台以及湖南卫视、凤凰和华娱。而今在广东的观众中有一个观念，凡是最热门的港台日韩偶像剧，都会第一时间在华娱卫视看到。从以前的《海豚湾恋人》、《天国的嫁衣》、《浪漫满屋》到《大长今》、《宫》、《爱情魔发师》等等，华娱卫视已经吸引了一大批忠诚的稳定的电视观众，年龄在 15 岁到 30 岁之间，既有新新人类，也有白领精英，都是走在时尚文化前端的一群中坚力量。

李嘉诚收购华娱卫视，是一个进退自如、一举两得的生意。当华娱遭遇低谷时，他低价买入并且签订了一个协议，30 个月之内提供不超过 3000 万美元作为华娱电视业务的营运资金。值得关注的是，该协议同时给予特纳广播认购权，购回部分或所有 TOM 持有的华娱电视股权，可以每年行使直到 2010 年。根据协议条款，若特纳广播购回部分股权，TOM 有权选择保留部分华娱电视股权，或将全数拥有的华娱电视股权回售给特纳广播。根据合同条件，TOM 投资华娱电视的 20 万美元营运资金，在 2010 年前，特纳广播若想重新夺回控制权，需要支付 7000 万美元。

李嘉诚通过进军华娱，不仅收获了利润，更重要的是他抢先一步占领了内地的市场。不过在香港，李嘉诚的传媒梦却遭遇阻碍。

2006 年，李嘉诚曾计划收购亚洲电视 32.75% 的股权（后放弃），声称要建立"大中华传媒网络"。人称"六叔"的邵逸夫因肺炎入院，准备把无线电视放盘出售时，李嘉诚领导的和记黄埔也被传出有意加入股权争夺战。然而，李嘉诚进军本地传媒的如意算盘并不成功。因为李氏家族富可敌国，不少香港人都担心，一旦李嘉诚再收购一些传媒，就会造成垄断局面，令香港失去新闻自由。有立法委员也因此提出，反对已持有一家电台牌照的李嘉诚入主本地电视台，提出香港法例不允许一人持有两个以上的广播牌照。

投资港口

李嘉诚的香港国际货柜码头经营 4 号、6 号、7 号、9 号（北），共 12 个泊位，与中远太平洋合资经营 8 号（东）的两个泊位。可以说，港口投资是李嘉诚的主业之一。

李嘉诚为何如此看好港口业的发展？这显示出了他的一大智慧。港口市场高门槛、高垄断、高回报、低竞争。港口投资规模通常都很大，有时会达到数十亿规模，这为其他企业的进入增添了屏障。此外，港口业务具有天然垄断性，并且不可能被新技术所取代，一旦进入就会处于非常有利的地位，同时还会带来非常稳定的现金流，这是很多规模巨大的投资行业所缺乏的。从行业的角度来看，港口业务是投资回报相对较高的行业。

当然，具有前瞻性的李嘉诚看到了中国经济的发展前景。对于中国这样一个大型经济体来说，谁控制了港口，谁就能充分、直接地分享中国经济增长所带来的好处。随着内地物流业的发展，以及加入世贸组织之后所导致的贸易增长，都会使得港口市场成为产出中国未来富翁的地方。

早在1992年7月31日，李嘉诚有致信广东省相关领导，提出决定投资与深圳共同发展盐田港，并同意把第一期工程的总投资作价25亿元，其占股70%。1993年10月5日，深圳市东鹏实业有限公司与香港和记黄埔盐田港口投资有限公司在北京钓鱼台国宾馆签约，合资成立深圳盐田国际集装箱码头有限公司，注册资本12亿港元，和记黄埔的股份占70%，合资建设和经营盐田港一、二期工程。

从此，深圳盐田港区名字与和记黄埔捆绑在一起，造就了一个新形象——盐田国际（YICT）。2001年底，和黄与盐田港集团再度合作，李嘉诚坚信："在未来，华南地区仍将是全球经济高速发展的地区之一，盐田港有潜力进一步发展。"双方共同投资60亿港元建设盐田港三期集装箱码头，持股比例分别为65%和35%。

自此之后，凭借雄厚的资金实力，李嘉诚开始了内地的港口业务扩张。1993年，由和记黄埔三角洲港口及珠海经济特区富华集团股份有限公司组建的合资公司珠海国际货柜码头（九洲）开始运营，开始了继盐田国际后广东地区港口版图的描画。南海国际货柜码头、珠海国际货柜码头（高栏）、江门国际货柜码头（JMCT）、汕头国际集装箱码头陆续开始运营。

和黄不断加码珠三角港口业务，一方面是由于香港码头的运营成本高居不下，从成本效益考虑，和黄的业务重心已不断向珠三角转移。更重要的原因则是在和黄最主要的大本营珠三角地区，和黄正面临着各类对手的强劲竞争挑战。

但这也造成了和黄港口投资面临"南热北冷"局面。而对于和黄的这种"北冷"局面，华夏证券行业分析师李磊认为，"而最主要的原因则是2003年港口招商引资工作下放到地方后，各地的港口招商自主权加大，而有着丰富航线资源的船公司则明显受到了各港口的青睐。"他分析说，由于招商自主权掌握在地方手里，而出于对拉动地方经济的考虑，地方政府更倾向于选择船公司来经营，因为有实力的船公司可以带来新的航线资源，会带来更多的集装箱中转货源。能带来航线和潜在货源的船公司显然比和黄这种单纯的码头营运商更有吸引力。

而和黄港口投资出现"北冷"局面也基本上是从 2003 年开始逐步显现。当年青岛港选择马士基、铁行、中远作为合作伙伴，实际上就代表了港口投资中的这一新迹象：当地政府不仅关注港口建设本身，更关注投资方可能带来的潜在物流量。

在地域分布上，和黄也套路清晰：以深圳盐田港分流日益饱和的香港运力，以上海外高桥码头为腹地对接中国的台湾、韩国釜山等货源，同时积极寻求机会跨过长江，冀望承接日益丰富的环渤海货源。

2005 年，一直在南方排兵布阵的和黄，首次将触角伸向了长江以北。当年10 月，和黄与大连港正式签订《大连矿石码头合资合同》。按照该合同，双方将共同投资 22 亿元，合资成立大连矿石码头有限公司，建设经营和管理大连港 30万吨级矿石码头。

有业内人士表示，作为航运港口产业的巨头，和黄对扩张时机的把握，全球布点的战略考虑及执行都显得极为老辣。它们拥有一整套领先的港口运营管理模式，同时还不断地对此投入研发，而这方面的研发在我国几乎就是空白。

无论如何，作为全球最大的港口投资、发展及经营商，和黄的港口及其所提供的有关服务已遍及亚、非、欧及美洲，占全球海上贸易占有举足轻重的地位。

多元化思考

"长和系"的七项核心业务：港口及相关服务、地产及酒店、零售、基建、能源、财务及投资、电讯，初具规模。而后，"长和系"旗下各项产业虽有重组、增减，但由这七项核心业务构建的基本框架一直存续至今。

长江集团的触角延伸至基建、港口、酒店、能源、电信和传媒等诸多领域，其经营范围也早已不限于香港一隅，业务遍及全球 50 多个国家。与其他很多企业盲目多元化不同的是，长江集团的多元化具有很强的目的性，从业务来看，既有周期性极强的房地产业务，也有现金流稳定的港口、电力等公用事业，这些不同版块互为补充，使得长江集团能够应对各种不同经济周期的冲击；而其遍及全球的业务布局，也在很大程度上消除了过于集中的地域风险。

值得一提的是公司的电讯业务，尤其是 3 集团，这是李嘉诚斥重资投入的

3G业务，业务主要集中于欧洲和澳大利亚等地，自2003年成立以来一直巨额亏损，严重拖累和记黄埔的盈利能力，也使得李嘉诚的投资能力备受质疑，但是李嘉诚对于该项目一直没有放弃，最终在2010年首次实现了息税前盈利。而这也正体现了多元化经营的好处，由于和黄旗下其他业务如屈臣氏、赫斯基能源以及基建、港口等业务保持了较好的盈利能力，因此可以用相对较长的时间和资金培育暂时不盈利的3G业务，一旦将来渡过了培育期，又可以成为公司最重要的利润来源。

长江实业和和记黄埔是李嘉诚商业版图中最为重要的两家公司，也是目前为止李嘉诚亲自担任董事局主席的两家公司，其余公司虽然也在李嘉诚的商业版图中扮演各自不同的角色，但是重要性明显不如这两家公司。

电能实业主要从事香港地区的电力供应，近年来逐渐转型为一家国际能源公司，积极投身各种可再生能源。这家公司的首要意义在于提供稳定的现金流，尤其是在经济下行的背景下。

长江基建是香港最大的基建类上市公司，在英国、加拿大、澳大利亚和新西兰等地都有重要投资，项目涉足交通基建、能源基建、水处理基建等业务，公司在2011年实现77亿港元的净利润。

和记电讯主要在香港和澳门地区从事移动通信和固网等电讯业务，与主要从事海外3G业务的3集团一起共同构成和记黄埔旗下的电讯版块。

长江生命是目前李嘉诚诸多公司中唯一一家创业板上市公司，在全球从事农业、医药和保健业务，包括在澳大利亚从事葡萄园种植、生态肥料以及专业草皮管理等业务，在美国和加拿大从事医药和保健销售及研发，在内地从事肥料业务等。

和记港陆原先的业务以生产玩具和手机配件为主，近年来开始向商业地产转型。李嘉诚在香港的8家上市公司中，TOM集团是唯一一家亏损公司。

这种张弛有度的业务搭配，既可以使集团各项业务的现金流互补，缓解外部的融资约束，又可以使集团保有当前需要巨额资金支持、未来盈利前景巨大的业务，从而可以耐心等待这类业务在经济上扬时反哺集团。

李嘉诚曾说："你一定要先想到失败，从前我们中国人有句做生意的老话：'未买先想卖'，在你还没有买进来之前就要先想怎么卖出去。你应该先想失败会怎么样。我在做任何项目时，都会用99%的时间去考虑失败，用1%的时间去考虑收益。"就是因为这样，这么多年来，李嘉诚领导的长江实业集团并没有碰到危急的贷款紧张问题。

不少企业的多元化经营通常都是由于不熟悉该行业，也不与行业中龙头企业联合经营，而是受到其他行业高速发展或者增值的引诱，直接进入相关行业进行投资生产。这样一旦行业不景气或者因为自身经营不善的原因，就会出现亏损，从而导致多元化失败。

综观李嘉诚一生的投资经历，可以看出他善用多元化控制风险。早在经营塑胶花时，李嘉诚就拨出一部分经营塑胶业积累的资金，投入到了与塑胶业务完全不相关的地产业；接着，在长江实业集团成功上市之后，李嘉诚又抓住最佳时机收购了和记黄埔有限公司，将业务范围拓展到了货柜码头领域；之后与和黄一起又做了全方位的多元化发展，收购了香港电灯和赫斯基石油，成功打入了电讯行业和油田开发行业……

李嘉诚通过收购来推行多元化策略的过程当中，其收购方向皆趋向于低核心业务相关度的行业，切实有效地分散了业务性风险。很好地活用了股票投资里面的那名格言——"不将鸡蛋放在同一个篮子里"。

此外，可以发现，从 20 世纪 80 年代后期开始，长江实业集团在董事长李嘉诚的领导下，开始进军海外市场。李嘉诚首先选择的目标是加拿大。1986 年 12 月，李嘉诚投巨资加盟了加拿大赫斯基石油公司；接下来，又联合香港地产巨头李兆基、郑裕彤和加拿大帝国商业银行旗下的太平协和公司一起以 32 亿港元的投资获得了加拿大 1986 年世博会旧址的发展权。

同年，李嘉诚又斥资 6 亿港元购入英国皮尔逊公司近 5% 的股权；第二年又购入英国电报无线电公司 5% 股权。

1990 年，李嘉诚又出击美国，取得了纽约曼哈顿一座大厦 49% 的股权，并且与北美地产大王李察明结了了长期合作伙伴。

李嘉诚积极走国际化道路，除了顺应业务规模扩张的需要，还有一个最主要的原因是通过业务全球化来分散地域性风险。因为不同的地域市场会受到经济周期的不同影响。在不同的周期内，表现好、盈利增长快的地区往往可以支持表现相对较差、盈利增长缓慢甚至呈负增长的地区，使各个业务的整体盈利始终保持正增长。

长江实业集团就是利用这种地域上的差异来增加其投资的灵活性并降低所承受的风险，确保了集团资金的整体回报率始终都令人满意。

延伸阅读

紫色动力

——长江学者奖励计划第五届颁奖典礼致辞

（2003 年 2 月 20 日）

尊敬的陈至立部长、各位副部长、尊敬的各位领导、各位院士专家们、各位校长、各位学者、各位嘉宾：

今天很高兴在这里和大家共聚，我首先要对所有今届获奖的学者们致以万分的祝贺，同时也要向教育部同仁以及曾经对长江学者奖励计划给予鼎力支持和协助的各方人士表示衷心的感谢。

我最近看了一本名为《淡紫色》的书，书中的主角是贝金（Sir William Perkin），他是第一位将化学发明转化为工业生产并创造出大量财富的化学家，贝金生长在一个普通家庭，老师叫他做一个化学实验，尝试制造奎宁，结果奎宁造不成，却制造出一堆黑色的化学物体，将台布染成紫色，这种名为"苯"的黑色沉淀物，日后成为工业上有广泛用途的染料——苯胺紫。18 个月后，他为这项发明申请专利，并大力加以商业化，结果这项发明，成为了其他科学家无数发明的"药引"，无论在漂染、医药、化妆品、食物工业等方面均有广泛用途，造就了价值以万亿元计的工商业生产。

贝金是百多年前的人物，今天他已被世人所遗忘，他的故事对我们却有重要的参考价值和启示作用，贝金 16 岁已取得丰硕的科研成果，他从个人的好奇出发，目的不是完全为了财富。他并非一帆风顺，我们可以想象，一个年轻的小伙子，要争取他人的信任是何等困难，但他排除万难，坚持将之转化为商业发展，结果成为一个杰出的企业家，23 岁已是当代富豪，36 岁盛年退休，重新专注他喜爱的科学研究。贝金化腐朽成金的传奇并非因为他幸运，而是建基于我们都可以拥有的潜质：无微不至的洞察力、争取知识的热诚、不断进取的毅力、不怕失败的自信。

曾经有一位科学家约瑟·亨利（Joseph Henry）这样说："伟大发明的种子不断在我们周遭浮现，但只会在那些已准备好迎接它们的人心中萌芽。"教育就是为我们作准备，教育的精神，不能局限于传授技术，今天教育家最大的挑战，是怎样令我们的年轻人怀着满腔热忱去争取知识，并乐于参与这个奋斗的过程。人生的成功，都有许多组成元素，但最关键是当机会来临时，我们是否累积有足够的知识去作为开启这个机会的钥匙。

今天全球化竞争激烈，工商业的竞争就是智慧的竞争，难以容纳滥竽充数的人，要不被淘汰，就要像贝金一样，以视野和好奇心为其主要的推动力，怀着锲而不舍、敢于向前的勇气，以及求创新求完美的心，这是他一生最重要的资本。

各位长江学者，你们背负着国家的期望，你们的努力，不单体现在科研成就，为国家创造幸福和繁荣，也体现在你们能作为年轻人的榜样，让他们能在你们的努力中获得无穷的启发。最后，我想用书中一句说话"没有实验，我便一无是处，尝试再尝试，谁知道什么是可能的"，与大家共勉。

谢谢大家。

第
三
十
章
▼

接班人李泽钜

李嘉诚教子之道

　　亚洲富豪白手起家创下庞大家业，往往希望后代也要拧成一股绳继续经营。香港首富李嘉诚，以其卓越的经营能力和积累的巨额财富而蜚声海内外。随着李嘉诚逐渐步入花甲之年，他开始考虑自己的接班人问题。

　　李嘉诚偏向于公司治理，而非家族性企业。李嘉诚经常说，他素来不主张古老的家族性统治，更看重西方公众公司的一套。公司首脑由董事股东选举产生，而非父传子承，这样方可保持活力。如果我的儿子不行，我不会考虑让他们接班，我不在乎家族内和家族外的人秉掌大权。

　　李嘉诚在接班人培养上，可谓煞费苦心，对自己的儿子很早就着手培养，以期成为合格的接班人。先看大公子李泽钜。

　　1964 年 8 月，李泽钜出生了。当时的李嘉诚在塑胶花行业独领风骚，被誉为"塑胶花大王"。但是，此时的李嘉诚也已涉足地产界，尽管作为新秀晚辈，也在香港的快速发展中分得一杯羹。李嘉诚此时虽然没有步入香港顶级富豪的行列，但是已经有独立洋房、名车游艇，李嘉诚为刚出生的儿子创造了良好的生活环境。李泽钜从小就生活于这种富豪家庭。尽管父母仍在艰苦创业，奋力拼搏，李泽钜作为富贵子弟，从小就已经锦衣玉食。

　　作为李嘉诚，当然愿意给儿子提供尽可能优越的环境。但他是在恶劣环境中成长奋斗出来的，他深知优越的家庭条件并非全是好事。他在给予儿子良好教育的同时，又不忘对其进行艰苦教育。

　　李泽钜渐渐长大，在香港顶级名校圣保罗学校上学。许多孩子都是车接车送，满身名牌，可李嘉诚很少让自己的孩子坐私家车，而是常常带他们坐电车、挤巴士。

　　中三时，李泽钜在父亲的安排下，远涉重洋到加拿大继续中学学业。李嘉诚不希望儿子过养尊处优的生活，既不准李泽钜在美国买车代步，又对他每月的零用钱进行限制。远离香港的李泽钜，少年时就开始接受独立生活的锻炼。

中学毕业后，李泽钜考入美国著名的斯坦福大学，就读土木工程系，这当然是李嘉诚的意愿。彼时，李嘉诚的长实系虽然经营多种业务，但房地产是李嘉诚事业的基石，必须立足地产。李嘉诚没有上过大学，常为地产专业知识贫乏而苦恼。在香港有不少土木工程专业毕业的地产商，如胡应湘、陈曾熙等人都是香港地产业的翘楚。让李泽钜就读土木工程专业，不无这方面的考虑。

当李泽钜和李泽楷兄弟还是孩童时，便已跟随父亲到公司开董事会了。李嘉诚让他们坐在会议室一角的小椅子上旁听讨论。尽管这对小兄弟不可能明白董事会说的是什么，但李嘉诚希望孩子们耳闻目睹，感受商业气氛。正如书香门第家的子弟多会舞文弄墨，正如音乐世家的孩子多能吹拉弹唱，李嘉诚深知氛围的重要。

在李泽钜读初中时，李嘉诚常带他和弟弟到自己的游艇上，让他们阅读古籍，对他们讲人生道理。之所以把地点选在游艇，就是为了让兄弟两个无处可逃、非听教不可。当时，父子三人边谈边吃番薯糖水，后来两兄弟回忆往事时，还打趣地说："我们吃了4年番薯糖水。"

李嘉诚用心良苦，可见一斑。在李嘉诚80年代大举进军加拿大前，他已作了巧妙的安排，1983年让他的两个儿子加入加拿大国籍。

20世纪80年代中期，李泽钜就正式加入长江集团从基层干起，被安排在当时长江实业在中环华人行的办公室上班。也曾有董事提议让李泽钜进董事局，但李嘉诚却没有同意，他需要让李泽钜证明自己的能力。培养李泽钜的师傅，是毕业于剑桥经济系的长实集团董事局副主席麦理思。麦理思说，李泽钜是个谦虚好学的好孩子，一点都不像世界级富豪的公子。

万博豪园计划

80年代中后期，李嘉诚大举进军加拿大。1986年12月，长实系和黄及李氏家族投资32亿港元，购入加拿大赫斯基石油公司52%股权。按加国法律，外国人不能收购"经营健全"的能源公司。因为李泽钜是加拿大籍的华人，这成为交易成败的关键。

真正使李泽钜脱颖而出的，是他参与世博会旧址的地产项目。1986年，世界运输博览会在加拿大温哥华举办。第一届世博会被称为"万国工业产品博览会"，因为这是第一次突破了国别界限，邀请其他国家一同参展，把展览从国内扩大到国际，因此被称为"万国博览会"。

世博会落幕后，不少展厅或拆卸、或废弃。世博会的旧址为靠海的长形地带，李泽钜认为发展前景良好，他认为可发展综合性商业住宅区。世博会的地皮为省政府的公产，可以以较优惠的价格购得。

于是，李泽钜以独到的眼光积极向父亲建议购得此块地，他的理由包括：

世博会旧址附近都已开发，社区设施、交通等已有良好基础；温哥华与其他的大都市不同，并无高架公路，市容美观；此外，世博会旧址位于市区边缘，具有市郊的便利，而又无市区的弊端，交通也较为便捷；世博会旧址临海，景色宜人；当然，最重要的是，香港移民源源不断来到加拿大，对饱受市区嘈杂拥挤之苦而又嫌郊区偏远冷寂的香港人来说，这样的海景住宅有相当的吸引力。

李嘉诚认为李泽钜颇具商业眼光。但是世博会的整块地皮，大致相当于港岛的整个湾仔区外加铜锣湾。投资巨大，后来确定的投资额达 170 亿港元，非长实集团所能承担。李嘉诚拉他同业好友李兆基、郑裕彤加盟，与加拿大帝国商业银行旗下的太平协和公司（李嘉诚占 10% 股权）共同开发。决策为各大股东（李嘉诚个人及集团占 50% 投权，另 50% 为各股东分占），具体操作为李泽钜。

1988 年，新财团以 32 亿港元巨款投得世博会旧址发展权。但在 1989 年 3 月，正在进行平整工程的施工区内，发现了一张措辞吓人的"告示"，上面写着："加拿大同胞们，请制止癌症扩散。醒来吧！否则太迟了！政府出卖我们，鼓励华人渗透，买光我们的土地，提高我们的税。中国人口超过 10 亿，正像野火般蔓延！我们的前途呢？我们下一代的前途、文化和机会呢？倘若我们不制止这种癌症的扩散，我们的孩子将一无所有！政府辩称这是有利于国家，怎样有利呢？中饱他们的私囊而已！谁得益呢？可以打赌，不是我们！"

把中国大陆 10 亿人口和香港财团的稳步发展计划扯在一块，自然让人难以理解。但加拿大政府当时以宽厚的待遇，锐意吸纳香港资金和人才，则属事实。

在加拿大出现这么大的风波，李嘉诚未亲自出面，李泽钜负责处理这个烂摊子。这也许是李嘉诚要考验儿子随机决断、谈判交涉的能力和毅力。

听到消息后，李泽钜即从滑雪胜地韦斯拉赶到温哥华。他的身份只不过是太平协和的董事，年轻的李泽钜还给人以稚嫩之感。李泽钜能处理好这次危机吗？

李泽钜求见到省督林思齐，问他："如果世博会发展搁浅，你会明白这意味着什么吗？"

林思齐于 1967 年香港"五月风暴"时移民加拿大，此后在加拿大经商致富。由于在商界上的突出表现，以及对加拿大社会作出重要贡献，林思齐在 1988 年于渥太华获联邦政府授予加拿大员佐勋章，同年 7 月，他获加拿大总理莫朗尼提名出任不列颠哥伦比亚省省督，成为加拿大全国历来首位华人省督，也是加国第二位非白人省督。

林思齐作为香港人，对香港的事再清楚不过。李嘉诚在香港的号召力，足以使流入加国的地产投资缩减至 2/3！林思齐设法说服省议会，对李泽钜的要求做出让步，许可世博会物业，将可同时在香港和温市发售——这实际上是以向港民发售为主。省议员透过传媒，向市民说明利弊关系，称华裔移民是温市建设的和平使者，要善待他们。

同时，李泽钜也在积极配合，以争取民心。他在温哥华的一次记者招待会上说："6 年来我的最大收获，就是加入了加拿大籍。"

风波平息，工程继续上马，这就是后来定名"万博豪园"的庞大商业住宅群。

香港《信报》1990 年 11 月 28 日，刊出《李泽钜设计万博豪园一鸣惊人》，里面写道：

"对李泽钜来说，加拿大温哥华的房屋计划——万博豪园，就是他事业上的试金石。因为这个被誉为加拿大有史以来最庞大的建设计划，是由他一手策划的。由看中地盘，以至买地、发展、宣传，他都参与其中，全身投入……但初挑大梁，无论如何，都会有一种无形的心理压力的。

"幸而万博豪园在香港刊登广告之后，初步的反应甚佳。第一期嘉汇苑，平均每平方英尺 230 加元（约 1540 港元），这个价格，较香港很多地区都便宜，加拿大增收香港移民，港人今后到加拿大居住者必较现时为多，因此，李泽钜对万博豪园的销售前景非常乐观……

"由投地到施工，这一段期间，他遇到的争议、面对的意外和困难不计其数。如果换了一个性格懦弱、信心不足的人，早已知难而退了。但他并未如此，仍然一丝不苟地去做，笑骂由人，愈战愈勇，终于卒底于成……

"为了这个庞大计划的早日完成，李泽钜过去 2 年内在港加两地穿梭来往，不辞舟车劳顿之苦。1989 年全年，他来往港加两地 26 次之多，坐飞机如普通人坐巴士一样。"

李泽钜自己也说："由于万博家园这个计划实在太大，自己肩负重任，因此无时无刻不在想着计划的发展。在飞机上，即使看书，都以城市规划以及居住环境的书本为主。"

万博豪园使李泽钜声名鹊起。而李泽钜的处事能力得到李嘉诚的赏识，当然也得到董事会们的认可，李嘉诚决定吸收李泽钜任长实集团董事。

走向台前

和李泽楷铺天盖地、长篇累牍的报道和传记相比，能搜索到的李泽钜的资料少得可怜，即使有，也多是作为父亲或弟弟的陪衬。

李泽钜的名字并不频繁见诸报端，有很多传媒批评李嘉诚令他儿子太低调。李嘉诚经常告诫李泽钜"凡事要低调"。但他又深知舆论对一个人的事业有巨大推动力。因此，李嘉诚会选择适当的机会，安排让李泽钜亮相。

最早在 1985 年，香港证券界泰斗人物冯景禧，生前为他所把持的最后一家公司"天安中国"举行开幕酒会，李嘉诚便携带李泽钜出席，争取机会使他认识香港商界的长辈们。

1986 年，李嘉诚与加拿大官员频频会谈，李泽钜就坐在一旁。

1990 年，万博豪园嘉汇苑公寓在港推出前，长实集团公关部就精心安排，让集团执行董事李泽钜接受两本杂志的采访——正是这个项目让李泽钜一鸣惊人，也让香港人认识了李家大公子。

1992 年，中共中央总书记江泽民会见李嘉诚，出现在香港电视屏幕上的，还有他的两位儿子李泽钜和李泽楷。

同年 7 月，新任港督彭定康视察葵涌的四号货柜码头。李嘉诚安排在那一天，举行旗下的香港国际货柜码头公司处理第 2000 万个货柜庆贺仪式。彭定康受到长实集团的隆重欢迎。李泽钜和李泽楷两人站在老爸两侧。

10 月，彭定康宣布"总督商务委员会"名单，李泽钜也在其列。商委会共 18 名商界名人和 3 名非官方议员，唯李泽钜年轻（28 岁），这显然是本当由超人出任的公职"禅让"给其子。

1992 年 4 月，李嘉诚突然辞去汇丰银行非执行副主席职务。一时间，各种传言纷起，浦伟士与李嘉诚顺势让李泽钜进入汇丰董事局。人们当然知道，李泽钜便代表李嘉诚。

虽然李嘉诚愿意让传媒了解自己的大儿子李泽钜，但对他无端"出风头"却耿耿于怀。李泽钜在劳斯莱斯房车里装镭射碟机，成为报刊争相报道评议的新闻。李嘉诚不得不亲自灭火：是我要泽钜装的，劳斯莱斯用于接客，方便客人消遣。

大概李泽钜从父亲李嘉诚身上，已经了解到"树大招风"、"人言可畏"的威力，故而他越来越保持低调。

夫人王俪桥

李泽钜的夫人叫王俪桥，原名王富信。2005 年 12 月，据香港媒体报道，有消息指王富信已改名为"王俪桥"，堪舆风水大师贾璐铭女士就说，以五行来说，"王俪桥"名字属火，旺秋冬时节出生的人，对家庭及婚姻有利。

王俪桥 1969 年生于香港，祖籍河北，父亲王华瑞是结束生意闲居在家的纺织商。1990 年，王俪桥正在加拿大英属哥伦比亚大学读工商管理。英属哥伦比亚大学的校址在温哥华，英属哥伦比亚省又简称卑诗省。在一次烧烤会上，与李泽钜认识。

王俪桥回忆道："我对李泽钜的第一印象是他平易近人，人品不错，但我完全不知道他就是李嘉诚的儿子。后来知道了，我说，哦，原来他是一个出名的人，但我一直没有担心过什么。"

论家世背景，王俪桥显然不能与李泽钜家相比。但是王俪桥不会因为双方家庭财富的差距而自卑，落落大方、天真无邪的王俪桥显然让李家大公子神魂颠倒，从此对王俪桥穷追不舍。

王俪桥并不艳羡富豪子弟，保持着自己独立的一面。和李泽钜在一起，两人也并没有多少浪漫曲折的故事，两个人都有自己的事要忙。他们的感情在平稳中不断推进。

王俪桥的父亲王华瑞起初很担心自己的未来女婿太富有了，难免沾染纨绔子弟的风气。李泽钜拜见未来的岳丈，是在李家旗下的希尔顿酒店。一见面泽钜便恭敬地问："老伯，我能否与您女儿交个朋友？"这位未来岳父的忧虑顿时烟消云散。

对儿子的婚事，李嘉诚表态道："我娶媳妇没什么规矩要守，不讲什么门当户对，最重要的是儿子中意，出身正当家庭，最好是中国人啦！"

1991 年，王俪桥回到香港加入万国宝通银行工作。次年 10 月，银行总部大厦落成，邀请本港名人参加典礼。李嘉诚以及李泽钜也亮相。

王俪桥以助理经理的身份，间隙间还跑到李泽钜跟前，两人谈笑风生。嗅觉灵敏的记者，这番却粗心大意了，以为王俪桥是出于工作的需要才这般。他们哪里知道，两人实际上早已经是男女朋友关系。

3个月后，王俪桥以未来李家媳妇的身份，同李氏父子参加大屿山观音寺开光大典。李嘉诚夫人庄月明生前喜来此寺参拜，夫人过世之后，观音寺重新修建，李嘉诚多有捐赠，是开光大典的嘉宾。

1992年的一天，李嘉诚透露大公子于次年结婚。消息传出，八卦传媒的记者纷纷打听李家大媳妇是何方神圣。千方百计打听，终于得知这位女子在外国银行任职，芳名 Cynthia Wong（辛西娅·王）。打听来打听去，只打听到英文名字，却不知道中文名字是什么。香港的外国银行，光分行就有数千家之多，加之王姓是中国的大姓，人们还是不知道这个 Cynthia Wong 是何方人物。

不过谜题很快揭晓。1993年5月16日，刚刚接任长实集团副董事总经理宝座不久的李泽钜新婚大喜。本港及外埠的华文报刊均报道了这次豪门婚宴，报道多渲染豪门婚宴的豪华奢侈，"一席婚宴近4万，一只鲍鱼2千蚊（元）"，"世界名车大博览"等吸引眼球的报道一时间引起全港瞩目。

这些报道本无恶意，但也引起李嘉诚的不安。李嘉诚本想低调办理大儿子的婚礼，结果愈想低调，愈难办到。李嘉诚说："我最初想，不如我们双方家长及新人去旅行。但又想，如果亲戚都不请不好，出门旅行，可能很麻烦，所以决定只请亲戚食餐饭。"请了亲戚，新人的同学也要请，还有长实集团的董事们，结果就有10席。

那天婚宴的招牌菜有椒盐生蟹钳等10道，禾麻鲍选的是12头鲍，每只2000元以上；红烧大鲍翅的又顶金山勾翅，每斤3000元；两斤多重的大苏梅，每条近2000元。

李嘉诚与参观李宅的众记者说："有人说我点菜38000元一席，我真不知几多钱！厨师最初写给我的菜单是一万多元一桌，我看过觉得不太好，改了几个菜，最后多少一桌我真是不知。"

婚礼定在天主教堂举行，新娘一家是天主教徒。李嘉诚捐了300万港元给教堂作慈善用，一了儿媳王俪桥心愿。

在李泽钜去接新娘之际，李宅门口聚满采访的记者。李嘉诚破例邀请记者参观李宅花园。李宅高3层，李嘉诚本人住3楼，李泽钜与王俪桥则在2楼构筑爱巢。李嘉诚站在草坪上说：

"一层才 2000 平方英尺，不算大呀……长实集团公司起码有 100 个伙计（职员），他们住的地方不比这里差……你们（记者）去过多少富豪家宅，好多都靓过我这里。"事实也的确如此。

参加此次婚宴的名人有郑裕彤、何鸿燊、荣智健、何善衡（恒生银行前主席）、李君夏（警务处长）、李业广等。名人多，名车亦多，故称世界名车博览会。李家婚礼，虽不及赌王嫁女花销大，却也引起沿街数十万人围观，成为一道奇观。

王俪桥非常贤淑，为人低调，婚后更于 1996 年、2000 年、2004 年连生三女，2006 年又为李家生下长房长孙。总结自己的豪门贵妇经验，王俪桥曾说："太太要顺从老公，老公要尊重太太。"王俪桥婚后一直专心相夫教子，与李泽钜十分恩爱。

李泽钜绑架案

香港在 1997 年回归之前，富豪经常被绑架，比较著名的是小甜甜龚如心的老公王德辉，他先后被绑架了两次。第一次支付了 1000 万美元赎金之后，被放了回来；第二次就没那么幸运了，在支付了 6000 万美元赎金之后，惨遭撕票。

除了王德辉，另一著名绑票对象就是李嘉诚的儿子李泽钜。2013 年，时隔 17 年后，李嘉诚首度开腔谈及长子李泽钜早年被绑架的事件。《南方周末》的《李嘉诚：孤独是他的能量》一文中记载：

"1996 年，李嘉诚的长子李泽钜被世纪大盗张子强绑架，对方单枪匹马到李家中，开口就要 20 亿，李当场同意，但表示'现金只有 10 亿，如果你要，我可以到银行给你提取'。

"李的镇静，连张子强都很意外，张问他：你为何这么冷静？

"李回答道：因为这次是我错了，我们在香港知名度这么高，但是一点防备都没有，比如我去打球，早上五点多自己开车去新界，在路上，几部车就可以把我围下来，而我竟然一点防备都没有，我要仔细检讨一下。

"李嘉诚告诉南方周末记者，当时他劝告张子强：你拿了这么多钱，下辈子也够花了，趁现在远走高飞，洗心革面，做个好人；如果再弄错的时候，就没有人可以再帮到你了。

"有趣的是，据李嘉诚透露，后来张子强又打来电话，李说，你搞什么鬼，怎么还有电话？张子强在电话中说，李生，我自己好赌，钱输光了，你教教我，还有什么是可以保险投资的？

"李嘉诚答道：我只能教你做好人，但你要我做什么，我不会了。你只有一条大路，远走高飞，不然，你的下场将是很可悲的。

"2013 年 11 月 22 日，李嘉诚向南方周末记者回忆当时的情形时，语气平静，就像是在讲述一段别人的历史。其中的惊险和锥心之痛，似乎全都烟消云散。"

绑架李泽钜的人就是世纪悍匪张子强。张子强绰号"大富豪"，1955 年生于广西玉林，4 岁时随父母从广东郁南县定居香港，他父亲其实是偷渡去的香港，就在街边开个凉茶铺维持生计。张子强从小就混黑社会，16 岁第一次坐牢，此后慢慢在黑社会混成了头面人物，后来独立出去单干，做了好几票"大生意"。比如：

1990 年 2 月，张子强等 5 人在启德机场持械抢劫了押表车，劫取了 40 箱 2500 块劳力士金表，价值 3000 万港币。

1991 年 7 月，张子强及其同伙在启德机场又一次抢劫解款车，劫取港币 3500 万，美金 1700 万，总价值港币 1.7 亿港币，是香港开埠以来最大劫案。

1996 年 5 月 23 日下午 6 点左右，李泽钜从公司下班回家。事先张子强已经都踩好点了，他精心选择了一个人烟稀少的单行道，就准备在这里设下埋伏。

张子强手下人都是 AK-47，车子前后把李公子的车夹住，面包车上下来一群劫匪，个个端着冲锋枪，还有一把大铁锤。绑匪迅速将李家大少爷拖出车外，胁迫他登上贼车离去，并让司机开车返回李家，通报大少爷被绑架的消息。

张子强虽然是悍匪，但他不崇尚暴力。李嘉诚知道李泽钜被绑架的消息之后大吃一惊，虽然在香港富豪被绑架的事情并不罕见，但他没想到会轮到自己头上。李嘉诚此时面临着一个重大的抉择：到底要不要报警？他打了一圈电话，咨询了以前的一些老朋友，最终决定，不报警！

很快，张子强来到了李嘉诚的家里，他单枪匹马来与李嘉诚谈判。

张子强说：

"我不想过穷日子，其实，我们这些人干这个也只是想要一个安家费。今天，我受香港一个组织的委托，就李公子的事和您协商，这个组织的一帮兄弟都要吃饭，还想尽量吃得好一点。这样吧，李先生富可敌国，而且还敌一个大国，我们也不狮子开大口，受弟兄们委托跟李先生借个 20 亿吧！全部现金，不要新钞。"

李嘉诚沉住气，对张子强说：

"我就是给你这么多，恐怕也提不了现。我不知道香港的银行能不能提出这么多的现金。你看这样好不好，我打个电话问一下？"

张子强没有说自己就是绑匪头子，而是虚构了一个"组织"，然后假装是这个组织找来的中间人。李嘉诚倒是没说假话，他确实不知道能不能提出这么多现金，于是打电话给银行的负责人商量。商量结果是，最多只能提现10亿，再多就没有了。但是为了表示自己的诚意，李嘉诚愿意把家里放着备用的4000万现金全部交给张子强。张子强表示接受。就这么几分钟时间里，两人把价格谈妥了。

张子强在装现金进自己车的时候，对李嘉诚说：四千万，有个"四"字，实在是有点不吉利，要不这样吧，我退还给你200万，我只拿3800万，拿钱回去之后，绝对不会亏待李公子。

当晚，张子强对李泽钜说：你老爸讲信用，钱我们已经拿到了。所以我们也讲信用，今天晚上我们就放你走。绑匪让李公子和司机穿好衣服，俩人还是蒙着眼睛，用汽车载到铜锣湾怡东酒店门口，把俩人放了。

李嘉诚支付了10.38亿港元的巨额赎金，之后李泽钜很快脱险。当时32岁的李泽钜，在脱险第二天后便如常返回公司上班，丝毫不见慌乱。

经过了这次绑架事件后，李嘉诚渐转低调，并全面加强安保，邀得前警务处处长李君夏替李嘉诚组建了保镖队，以保护李嘉诚一家。

除此之外，李家位于深水湾道79号的大宅也全面提升保安，大宅外围已装设了电网围栏，外墙有多部隐蔽闭路电视，大宅窗户全用顶级防弹玻璃，大宅天台设计成一个"独立天台"，没有楼梯通往天台以下楼层，目的是慎防不法之徒从天台潜入。而大宅最独特的保安设计，是各层楼也有部分房间被设计成配备钢门的"安全房"，墙壁加厚建造，可抵御外来袭击长达数小时。建安全房是假设万一有暴徒冲入屋时，大宅住客可迅速躲进安全房暂避，等候救援。有保安专家指出，类似安全房在本港富豪独立屋不常见。

李泽钜生了三女一男，除了大女儿因在1996年绑架事件发生前出生而公布名字为燕宁外，随后出生的孩子名字一直保密。

逐步接班

李嘉诚将选择谁为李家王国的接班人，是外界最为关注的问题。

李泽钜多次说，他最忌讳的一词就是"接班"，最不愿听到的一词，是"接班人"。他这样解释："父亲正年富力强，精力智力旺盛，他不会这么快退休。他让我们兄弟的锻炼，现在传媒谈接班问题，为时过早。"李泽钜又说："一个人完成学业，就需要工作。请不要把我们兄弟在父亲的公司里工作，与接父亲的班混为一谈。"

作为李家长子，李泽钜具有的家族使命感与责任感似乎与生俱来。早在美国斯坦福大学学习时，李泽钜便遵照父亲的意思，选择了土木工程系，后来又读了结构工程硕士学位——他无疑已将家族日后的发展方向与自己的未来牢牢地拴在了一起。

俗话说，创业难，守业更难。这位由李嘉诚一手培养和造就的商界才俊，正按着父亲安排的道路一步一个脚印地小心往前走。所幸李泽钜做得还很让老爸满意。据说，"长和"系内不少投资的策划者都是这位行事低调的李泽钜。

在李泽钜的人生中，1996年是个关键年份。那一年，长江基建上市，25倍认购额的功绩让厚积薄发的李泽钜登上了李家的权势榜单。其一手打造的长江基建，市值已超千亿，一跃而成为继长江实业、和记黄埔之后的第三大家族生意。

不断成长的李泽钜在商业上日臻成熟。自他2000年进入集团核心管理层后，长江集团从香港华资企业逐步转型为国际企业，资产和业务遍及全球50多个国家和地区，员工多达30万人，海外业务占八成，香港地区业务只占16%。

其中，由他掌控的长江基建不断向欧洲拓展公用设施业务。欧债危机后，扩张速度更是加快。由于天然气正在成为新的投资天堂，李泽钜以此为契机，开始加速扩张抄底欧洲。

李嘉诚如何评价这个儿子呢？"李泽钜的表现可以打90多分，如果不是自己的孩子，会给他100分。"

据不少媒体记者观察，李嘉诚的父子关系近年来有些微妙的变化。以前李嘉诚与重要人物会面时，都会带着两个儿子一起出现，但这几年却只有长子李泽钜陪在身边。在每次的公司业绩发布会上，李嘉诚更指定由李泽钜回答业务上的问题。而李泽钜也应对自如，侃侃而谈，李泽钜接班的态势愈加明显。

2012年5月26日，李嘉诚就其财产分配结果给出了答案。李嘉诚将旗下超过40%的长江实业及和记黄埔股份、超过35%的赫斯基能源权益全部交与李泽钜管理。

此次"分家"后，现年48岁的李泽钜将正式掌控以长江实业、和记黄埔为代表的Li Ka-Shing Unity Holdings Limited（李嘉诚家族信托，以下简称：LKS Unity）22家上市公司，这22家上市公司总市值逾8500亿港元，使得李泽钜个人名下资产达2900亿港元，身家已超越其父李嘉诚。

李嘉诚宣布分家后，李泽钜以77.53亿港元收购了英国天然气供应商WWU。

这是李泽钜继承父业后拍板做的第一笔大买卖，引起了市场极大关注。2010年至2012年，长江基建共斥资270亿港元完成了对英国电网和供水网络两大业务的收购。英媒称李泽钜"几乎买下了英国"。

对于父亲李嘉诚，李泽钜更是典型的孝子，至今仍与父亲生活在一起。在李家的豪宅中，李泽钜与妻子儿女同住一层，李嘉诚住另一层。对于父亲，李泽钜心怀敬仰之情，不善言辞的他曾表示，自己最钦佩的人是父亲。另一方面，父子二人也是工作上的好伙伴，李泽钜曾对美国《时代》周刊的记者说："我跟父亲是好拍档，在做决定的时候，我们往往会有同样的想法。"

尽管现在已经被外界普遍看作李嘉诚的接班人，李泽钜依然保持着谦逊谨慎的作风，在公开场合，他平和地表达了自己的事业理想："首先是做正确的事，其次要尽力令长实集团的业务蒸蒸日上，改善我们的环境，并协助重振香港精神。"

延伸阅读

内心的天空

——2005 年汕头大学毕业礼致辞

（2005 年 6 月 29 日）

尊敬的各位校董、各位校领导、各位嘉宾、各位家长、老师们、同学们：

　　首先容许我代表校董会同仁，欢迎各位家长到临汕头大学，今天我们大家共聚一堂，分享你们儿女努力的成绩，我谨代表校董会向你们衷心祝贺。也容许我代表校董会向校长及全体老师致谢，是你们不懈的努力，更新求进，为汕头大学更取佳绩。昨天晚上，我翻阅了汕头大学 2004 年的年报，虽然只是一段段简单的文字，却清楚写出"不一样学习经验"的意义，不仅是为了传授知识，更为着培养你们的毅力和心力。

　　谁都知道人力资源在全球竞赛中很重要，为了创造更丰盛的生活和更大的成就，大家都沉溺在竞争中。在一片追求财富、成功的声浪中，我们要活得出色快乐，毅力和心力同样不可或缺。如果你认为毅力是每分每秒的"艰苦忍耐"式的奋斗，我觉得这是很不足的心理状态，毅力是一种心态，毅力不是一种生活。真正有毅力的人清楚自己人生的目标，且愿意承担责任，有颗坚强、非凡的决心又充满着希望的心。知道什么是原则、事实与正义。有极大的勇气和谨慎。

　　心力是理性和理智心灵的发展，通过终生思索和追求学问的人一定不会掉进时间的迷宫，在营营役役中黯然失去生命的光彩。善于学习的人能领会和掌握未来，好学的人懂得把观察、经验和知识转化为智慧并使用得当，不仅能把梦想持之以恒，更懂得如何事半功倍。

　　各位同学，你们将走入人生另一阶段，我相信你们都有雄心壮志投入社会创造成就，请你们不要忘记，凭仗自己的本事你会受人尊重，凭仗自己的贡献你更会感动别人，让我们永远不会忘记回馈社会和民族的信念。我记得法国文豪雨果有这一句话：世界间有一种比海洋更大的景象，那便是天空；有一种比天空更大的景象，那便是你内心的天空。

　　在这里预祝大家活出精彩、快乐、成功。

　　谢谢大家。

第三十一章

小超人李泽楷

家有严父

1966 年深秋的 11 月 8 日,在香港富豪李嘉诚在深水湾的三层大宅内,充满了欢声笑语,这一天,李嘉诚之妻庄月明诞下了一个男婴。两年前,李嘉诚已得一男,现在再得一子,这就是李泽楷。

李嘉诚是个标准的严父,对两个儿子寄予厚望,即使为两个儿子起名,也含有深意。据《说文解字》释:"钜,大刚也。"《史记》卷二十三《礼书》有记:"宛之钜铁施,钻如蜂至。"张守节的《正义》亦指:"钜,刚铁也。钜,大刚也。"

至于次子李泽楷的"楷"则是"楷模"的意思,即榜样模范、典范。《后汉书》卷六十四《卢植传》有记:"士之楷模,国之核子也。"

一个意为"刚钜",一个意为"楷模",寓示着李嘉诚对两个儿子各有要求,亦各有期盼。

李泽楷出生时,正值香港经济低迷时期,李嘉诚大举购入廉价而优质的地盘物业,成为这次地产低潮的大赢家。当时,李家的家族住宿条件已经属于顶尖,李泽楷从小就生活在优越的家庭环境里。

但李嘉诚经历过艰辛,他常常带两个孩子去看外面社会的艰辛,带他们坐电车,在路边报摊看小女孩一边卖报纸一边温习功课的那种苦学态度。小小年纪的李泽楷也很懂事,有一次,父亲的朋友送来一件坦克车大玩具,几天后,他却用花纸把玩具包好,送给了一名游艇的帮工,原因是那名帮工没钱买玩具给快要过生日的儿子。

童年时,李泽楷就随其兄泽钜,在父亲的安排下进长实董事局旁听。李泽楷否认传媒其父从小就教他们经商,他说父亲从不讲如何做生意,而是教育我们如何做人，标准乃是古老的孔孟之道。

李嘉诚的理念，使他相信家庭教育对孩子十分重要，他说："以往百分之九十九是教孩子做人的道理，现在有时会与他们谈论生意……但也有约三分之一是谈生意，三分之二教他们做人的道理。因为世情才是大学问！世界上每一个人都精明，要令人家信服并喜欢和你交往，那才最重要。

"我经常教导他们，一生之中，最重的是守信。我现在就算再有多十倍的资金也不足以应付那么多的生意，而且很多是别人主动找自己的，这些都是为人守信的结果。对人要守信用，对朋友要有义气，在今日而言，也许很多人未必相信，但我觉得一个'义气'，实在是终身用得着的。

"十几年前，我曾带两个孩子去旅游。一样的山色，一样的环境，一百年后，一千年后，山色依旧，人可不同了。当你想起人生只是短短的旅程，便希望趁着有能力做事的时候，尽量在世上播下好的种子，这是值得的。成功之后，利用多余资金做我内心想做的善事，心安理得，方寸间自有天地。不义而富且贵，于我如浮云！"李嘉诚喜欢每星期都带儿子出海玩，但仍不忘带些文言文书本，让孩子们面对大海朗读，希望他们在学好中文的同时，也要学好做人的道理。

李嘉诚在李泽钜与李泽楷兄弟的教育方面，一向舍得投入。从3岁起，李泽楷每天都有特别安排的外籍私人教师为他补习英文，这是因为李嘉诚清楚地感受到英语这种国际语言在商场上的重要性。

李泽楷与兄长一起就读于香港最优秀的名校圣保罗男女小学，在这所名校入读的学生父母大部分都非富即贵。由于圣保罗小学的富家子弟颇多，那时的李泽楷在学校里的表现并不突出。李泽楷和许多与他同龄的小朋友一样，最喜欢在课间休息的时候与同学打乒乓球，他的一位校友描述他时说："我都不记得他打得好不好，只是记得与他相熟的同学给他起了一个'花名'（绰号）叫做'你掷界'。"

李泽钜与李泽楷虽然同时间上学，但很少一起玩耍。这可能与二人的性格有关，李泽楷较活跃，兄长则较文静，李泽楷不单爱独立行事，且自小已显露出其反叛的性格，最爱拗气，颇具辩才。

踏入中学时代，李泽楷与哥哥都直升上与圣保罗小学一脉相承的圣保罗中学。据说，李泽钜的读书成绩较好，李泽楷显然并不及哥哥用功，读书的成绩也是普普通通。

在读中一的时候，有一天，李泽楷竟然相约同学在上课的时候偷偷煮饭吃，把正在上语文课的曾念祖老师气得火冒三丈，最后他和共同犯事的同学都受到了罚坐垃圾桶的惩戒。在李泽楷还不满10岁的时候，就已经在长实的会议室配备"专席"，接受最早的商业训练。每当李泽楷有些什么不规矩的动作时，李嘉诚都会出言阻止："Richard"（李泽楷的洋名）。

小时候的李泽楷就显现出叛逆的一面，父亲李嘉诚为他选择的人生道路，他会沿着父亲安排的轨迹走下去吗？

远涉重洋

温室里的幼苗不能茁壮成长，李嘉诚当然明白这个道理。在李泽楷不满14岁的时候，李嘉诚就把他和大哥一起送到离香港万里之遥的美国求学，就是希望儿子能真正体验生活的磨炼。

李泽楷遇到了他人生中的第一个难关。在北美，没有父母的照顾，没有佣人的服侍，所有的一切都是陌生的。李泽楷虽然一直学习英文，但因为没有语言环境的帮助，所以他的英文并不太好，到了美国后根本难以与人沟通。他曾形容他在刚被送往美国加州继续中学课程的时候，是他一生中最寂寞的日子，"好像在地狱一样"。

初到美国的时候，打电话回家与母亲谈心成了李泽楷每天晚上的必修课。所以，李泽楷与母亲的关系一直更显亲密。

好在李泽楷从小就接受英文教育，而且他的适应能力也颇强，很快，他就适应了美国的生活。李泽楷开始学习独立，他从最简单的生活细节做起，尤其是一日三餐，他喜欢亲自下厨。据香港传媒报道，李泽楷回到香港后，香港特区政务司司长陈方安生和行政事务总署署长刘李丽娟就曾到李泽楷的大宅做客，由他亲自下厨煮法国菜，菜式虽然不很特别，但味道却十分地道。

虽然李嘉诚总是给李泽楷寄去充足的生活费，但李泽楷对家里的"接济"越发不以为然。他希望可以自己赚钱，不依靠父亲的接济。李泽楷瞒着父母，到麦当劳餐厅当兼职。在麦当劳，他仅仅是做一个最低层的收款员，白天上课、夜晚打工。

此后，李泽楷利用假日到一个高尔夫球场做球童。打高尔夫球是他的父亲李嘉诚最钟爱而且天天都要做的运动，但李泽楷到现在仍然不讳言最讨厌别人打高尔夫球，这是因为他当年做球童的时候常常背负沉重的球棒袋，结果拉伤了右边肩膀的筋骨。

父亲去看儿子，发现李泽楷假日在网球场拾球赚钱。李嘉诚回港后对夫人庄月明高兴地说："泽楷学会勤工俭学，将来准有出息。"

即使是当球童，李泽楷也能悟到经商之道。在球场内，球童多，客人少，竞争很大，这份工作要有相当的进取精神和灵敏的观察力才可干得好，所以可学到的东西确实很多。他说："这份工作的收入全靠'贴士'，所以你要有所选择。你想做一整天拿到许多'贴士'，结果一天下来会累得筋疲力尽……所以你要小心地选择客人，从而使自己可以不必做太多工作，但又确保多获'贴士'。他更逻辑地指出，拾球虽是一项极好的收入来源，但当中的窍门要你自己去摸索，去决定。"

这段日子李泽楷过着简朴的生活，弃豪宅而住普通洋房。17岁时，李泽楷进入大哥就读的美国斯坦福大学，专修自己喜爱的电脑工程。这显然不是父亲的意思，若从家族事业考虑，泽楷应读商科、法律等适宜管理综合企业的专业，并与泽钜的建筑专业互补相辅。

李嘉诚尊重小儿子的选择。

1987年，21岁的李泽楷大学毕业。此时，家族在加拿大的事业正轰轰烈烈展开。李泽楷去了加国，却不是像其兄一样打理家族生意，而是进入一家投资银行从事电脑工作，做一名靠工薪度日的打工族。

估计这也不是父亲的安排。从李泽楷的两次选择，可见他不羁的性格。

返港谋发展

1990年1月1日，李泽楷的母亲庄月明女士逝世，这个噩耗对李泽楷来说，无疑是一个极其沉重的打击。自小李泽楷与母亲的感情就十分好，李泽楷在国外也经常打电话向母亲倾诉心事。

办完母亲的丧礼后，李泽楷考虑是返回加国，还是留在香港陪伴父亲。但最终，他决定选择回香港工作。

李嘉诚并不以为小儿子刚回来工作就能主持大局，只安排他到和记黄埔做普通职员，跟随行政总裁马世民学艺。马世民则安排他到旗下的和记通讯公司工作，这与他喜爱的电脑工程基本对口。

李泽楷曾向父亲抱怨薪水太低，还不及加拿大的1/10，是集团内薪水最低的，都抵不上清洁工。李嘉诚说："你不是，我才是全集团最低的！"李嘉诚从集团支取的袍金才 5000 港元。

经过父亲一段短时间的亲自观察，李泽楷随即升为和黄的资金管理委员会董事，当时，这个委员会是由和黄大班马世民管辖的。

李泽楷加入不久，便策动了一宗 30 亿美元的美国垃圾债券收购大买卖，引起商界的极大关注，李泽楷的名头也渐渐打响。

当时，长实、和黄及李嘉诚本人宣布，将向美国哥伦比亚储蓄及信贷公司收购一批总值 30 亿美元的美国公司垃圾债券，各占一半股权。垃圾债券息率虽高但风险亦极高，因此李泽楷在策划这宗交易时异常小心。

李泽楷获得卖方同意，只需付一成订金，如果债券价格跌逾一成，卖方就要以原价购回。这一招实际上买方是封了亏本的门，长实、和黄及李氏家族最多亏 1.5 亿美元本金（约合 12 亿港元），如果赚则能赚不少。

不过殊为可惜的是，当地机构最后觉得条件太苛刻，认为这样的条件对和黄过分优惠，不予批准，计划告吹。但此事已令年轻的李泽楷技惊四座。

这一仗虽然未能成功，但李泽楷很快将目光转移到卫星电视上面。

李泽楷的"师傅"马世民回忆说："他当时很年轻，很有热诚，有活力，有时却表现得很早熟，而且渴望证明自己有能力做成一些事情。"

创办香港卫视

卫视简单地说就是通过卫星转播的电视。在卫视出现之前，香港已有两家电视台，即"无线台"和"亚视台"。两台历史悠久，竞争激烈，其间曾冒出个"佳视台"，但开播后第三年，就被两强挤出香港市场。香港的市场容量毕竟有限，在这弹丸之地，两家免费的无线电视台就足以让香港电视市场饱和。

20 世纪 80 年代，鉴于西方有线电视的发展，以及香港电讯的垄断地位，港府计划设立第二电讯网络，并于 1988 年正式批准。第二电讯网络将提供有线电视和其他非专利电讯服务和移动电话、无线寻呼等。

李嘉诚的和黄集团已经拥有非专利电讯业务，具有商业眼光的他迅速与英国大东电报局、香港中信公司等集团组成新财团，力夺第二电讯网经营权。李嘉诚看好的是有线电视的广阔前景。有线电视不同于免费电视依靠广告收入不容，有线电视实行向用户收费制，与免费的无线台冲突不大。

1988 年 2 月 24 日，和黄、中信、大东合组的亚洲卫星公司成立，宣布投资发射、操作经营第一枚专为亚洲提供电讯服务的人造卫星，计划利用中国长征三号运载火箭送入东南亚上空同步轨道。

1989年初，港府初步选定有实绩的和黄为第二电讯网的经营者。另一个强大的竞争对手，是香港另两大富商包玉刚的九龙仓与郭得胜的新鸿基地产合组的新财团。1989年香港再度爆发信心危机，随之港府要求投资承担最低限是55亿港元，方可取得有线电视经营牌照。和黄集团的其他高层，对这些重大投资上左右为难。结果，港府转手把牌照给了九龙仓有线传播公司。

九龙仓有线董事局主席吴光正，即包玉刚的女婿，踌躇满志地向新闻界表示，香港市民将可在1991年1月，享有有线电视共20个台的节目服务。到1995年，可提供32个频道。公司最高可提供59个频道。

然而，李嘉诚并不是完全没有机会。 按亚洲卫星公司与中国航天部的原有协议，"亚洲卫星一号"人造卫星，于1990年4月7日成功发射上天。据当时的英国大东电报局香港区某执行董事透露，连同购买卫星、送入轨道以及保险费在内，成本总计1.2亿美元（约合9.3亿港元），三家公司各占三分之一股权。

"亚洲卫星一号"人造卫星的原用途是以电话服务为主，由和记通讯负责经营。该卫星共有24个转发器。而当时整个卫星的使用率还很低，李嘉诚让它能"物尽其用"，把未尽其用的卫星改用在刚刚起步的电视计划上。

卫星广播有限公司（后简称卫视）成立了，李嘉诚家族与和记黄埔各占一半股权。卫视将向亚洲卫星公司所拥有的"亚洲卫星一号"租用线路，其中和黄又占有该公司三分之一的股权。李泽楷对卫星电视抱有浓厚的兴趣，马世民任命他为卫视的董事兼行政负责人之一。

不少舆论认为，在香港办卫视是一个没有前途的事业，无法成功。不过，李泽楷却有不同的看法，李泽楷对卫星电视抱有浓厚的兴趣，他甚至相信搞卫星电视是一个很好的商机，因为这是一个全新的空间。

李泽楷对新公司的运营十分紧张，他除了亲自动手招聘人才，更连安装卫星天线的细节和宣传策划之类都要亲力亲为。每天工作至深夜才下班，每天工作超过16小时。

1990年6月26日，李泽楷以和黄资金管理委员会董事经理的身份，宣布和黄正式考虑发展卫星电视，初步投资额约为4亿美元。

大战吴光正

1990 年 8 月，香港政府放宽有关条例。新条例规定，若使用碟形天线收看卫星电视讯号，只要不涉及商业用途（指向用户收费等）或再行转播（指向无线台、有线台有偿提供服务），便无须申请批准及领取牌照。条例又规定，只接驳一部电视机的独立卫星碟形天线可豁免领牌，若一座大厦共有卫星碟形无线及室内系统，则需持牌公司安装及操作。

据统计，全港至少有 15 万座大厦符合安装卫星天线标准。这对九龙仓的有线电视是个莫大的威胁。

为了占得先机，李泽楷与吴光正的战火全面铺开。李泽楷不准许九龙仓打进长实系兴建和管理的大型屋村、大厦楼宇安装有线电视。吴光正则禁止安装卫星天线的持牌公司，进入该家族所控的大厦安装碟形天线及室内系统。

当然，两人所代表的都是香港的大家族势力。吴光正的背后就是他的岳父包玉刚。可是在 80 年代末的这段时期，媒体也几乎寻觅不到包玉刚的踪迹。包玉刚逝世后，人们才知他当时已身患绝症，将自己的摊子基本上交付女婿吴光正。李泽楷的靠山自然是他的父亲李嘉诚，但是卫视的不少决策权已经掌握在李泽楷手中。

1990 年 12 月，卫星电视正式获得营业牌照，但有两个附加条件：一是不可播放粤语节目，二是不得向用户收取费用。

两个条件对于卫星电视的发展来说无疑是重大桎梏。第一个条件实际上是无线、亚视、有线等三家电视台向港府施加压力的结果。三家电视台的大股东如邵逸夫、林伯欣、郑裕彤、包玉刚与郭炳湘等虽然和李嘉诚是朋友，但在重大商业利益上不可能做出让步。

亚洲卫星的覆盖面从地中海至西太平洋，可为 30 多个亚欧国家和地区提供电视电讯服务。但卫视的主要市场在香港，香港华人主要的通用语言就是粤语，不许播粤语节目，等于将香港市场拱手让人。

李嘉诚父子对于不许播粤语节目的规定耿耿于怀，强烈要求解除禁播粤语节目的条例。嘉诚父子借助传媒，指责港府规定的荒谬性：一家香港本地注册的电视台，却不准许播放本地话的节目，此乃无稽之谈……李嘉诚还委托一间独立的公关公司，搞了一次民意测验，接近百分之百的卫视用户都赞成播放粤语节目（外籍用户则希望再增加英语节目）。李泽楷将测验结果呈交港府的文康广播科广播事务管理局，作为修改条例的参考。

以李嘉诚父子为主导的和黄与以吴光正为龙头的九龙仓在斗法，到 1991 年中达到白热化。双方的比拼，基本上和黄处攻势，九龙仓处守势——吴光正竭力敦促港府，维持有利于自己的条例。而李氏父子，则攻其"死门"，既要港府解除禁播粤语节目的条例，还要求准许向用户收取费用。

九龙仓向传媒坦言："根据我们多年的调查，香港这弹丸之地，只能容纳一个收费电视，两个只会造成恶性竞争，两败俱伤。"

李泽楷却加大了火力，让九龙仓上下颇为紧张。九龙仓董事吴天海感叹道：

"政府若批准卫星电视收费，九龙仓肯定放弃（有线电视计划）无疑。政府若批准卫星电视播放广东话节目，观众的节目选择将大增，对有线电视影响甚巨。除非政府在其他方面给予补偿，如免专利权税等，否则九龙仓打退堂鼓机会亦大于一切。"

据港府的态度，有可能放宽粤语节目的限制，但只维持一家收费电视。1991 年 9 月 6 日版的《壹周刊》指出："九龙仓计划竞投的有线电视及第二网络，预算投资额达 55 亿港元，而和黄的卫星电视计划，投资亦达到 30 亿港元以上。两大财团数十亿元投资的竞争，为了自保及克敌，哪有不出尽法宝力争！"

1991 年 3 月 23 日，卫星电视公司正式成立，李嘉诚任主席，马世民、李泽楷任副主席。李嘉诚为了不打无把握之仗，特意找来曾任香港电视总经理多年的陈庆祥任卫视的行政总裁，辅助李泽楷。

1991 年 4 月，卫视开始试播；到年底，卫视已正常利用 5 个频道播放节目。

卫星电视公司的主席是李嘉诚，但李泽楷实际上统揽卫视的管理大权。也许是年轻人的行事方式比较独特，李泽楷的一些言行也引起与和黄高层间的一些摩擦。据说，和黄大班马世民就与李泽楷有隙。马世民作风低调，看不惯李泽楷好出风头，而李泽楷也经常不满马世民做事保守。

有一次，马世民相约李泽楷商讨公司决策，而李泽楷因与下属谈话忘记了时间，让马世民等待了一个多小时，令他火冒三丈。后来李泽楷全力经营卫星电视，马世民则专心管理和黄的业务，双方井水不犯河水，两人的关系反倒变得融洽起来。

1991 年 5 月，卫星电视正式启播，覆盖面不仅包括港澳台，甚至达到中东等地。作为卫星电视而言，收视率是衡量成功与否的标准。卫星电视成败的关键，在于节目是否吸引人。

与香港的无线和亚视相比，卫视当时的电视节目制作经验肯定无法望其项背，并且，自制节目投资回报周期长，风险也较大。李泽楷确定卫视的主攻目标是新闻节目，而其他大部分节目向境外电视商购买。这种方式能有效降低成本、提高利润。

李泽楷向国际著名的广播电视公司 BBC 和 MTV 等买片，以少量的现金加一份卫视盈利（比例分红）的方式成交；他为 Star Plus 的娱乐线选购节目，尽量购廉价且受欢迎的节目，如已重播多次的《Sallta Barbam》，以及美国日间肥皂剧《Hill Blues》等。对过时的热门剧，他也有选择地大量采购。

卫视开播的战绩算是不错，不少屋苑住户都采用了卫视的服务。两年后，卫视已覆盖逾 50 个国家，家庭用户以几何级数增长。这在很大程度上源于李泽楷对这家公司的投入，那段时间，李泽楷几乎完全泡在电视里。中环和记大厦李泽楷的办公室，有一道电视幕墙，由 24 台电视机组成。他可以同时看多个友台的节目和自己的卫视台，以便能及时捕捉灵感，并发现卫视的差错。在回到山顶独居的寓所后，他还不休息，独个儿面对 5 台电视机，收看卫星电视 5 个台的节目，看看有哪些地方需要改善。

卫视的优势在收视面，它可 24 小时不停地向多个国家和地区播送节目，节目质量及收视面成为吸引广告的基础。不少大公司与卫视签订合约，成为其稳定的广告客户。从 1991 年年底全面开播，到 1993 年中转让为止，不到 20 个月的期间内，卫视的广告收入是 3.6 亿美元，而维持 5 个频道的年费用为 0.8 亿美元，当然维持费用并不包括先期投入。

不过也有人指出李泽楷实际上是靠父荫而招揽广告的。李泽楷对此不以为然，他说父亲只拉回了 4000 万美元广告，像可口可乐、麦当劳、雀巢、索尼、富士等超大型集团，是不受他人颐指气使的，他们怎么会把香港的一名富豪放眼里。

在卫视开播后，李泽楷仍为敦促港府放宽限制而不懈努力。他大打民意牌，将"盼望开播粤语节目"的大众呼声，以民意测验的结果呈交港府。1992 年 7 月 2 日，港府颁布新的电视广播条例，宣布卫视自 1993 年 10 月底起，可开播粤语节目；卫视不可独立经营收费电视，但可透过收费电视（注：指九龙仓有线电视）的频道，经营收费的卫视节目。

港府的新条例，为解决卫视、有线旷日持久的纷斗奠定了基础。李泽楷、吴光正为了共同的目标，在大打之后重新坐回了谈判桌。1993 年 6 月，两大财团达成协议：卫视与有线的重叠业务结盟，实行天地共存。

交手默多克

1993 年年中，李嘉诚决定对整体的经营策略作重大调整，收缩通讯和传播业的投资，把资源放回他的地产、码头以及其他在中国的生意，并对海外巨大的投资进行减磅。

卫视实际掌门人李泽楷考虑到卫视初现规模，深信具有一定的增值潜力，于是决定将其出售，以证明自己的投资眼光。当时，有不少买家对卫视感兴趣，然而，李泽楷只看中一个，这就是蜚声海外的澳洲传媒大王默多克。

默多克是世界级传媒大王，他拥有两个世界级的大电影公司，包括二十世纪福克斯及米高梅，其出品的电影雄霸欧亚市场，为默多克带来极其丰厚的财富。

当时，默多克打算收购香港无线电视，作为进军大陆的跳板。但据香港的电视条例，非香港永久居民的人士，持有本地电视台的股权不可超过一成，若外国人要成为香港电视台的主要股东，必须得到广播事务管理局和行政局批准。默多克收购无线的计划还没开始就已宣告失败，至同年 7 月，他把目标转向卫视。

卫视的观众群属于世界性的，不限于香港，故不受上述法例限制。李泽楷经过仔细考虑后，决定亲自与对方议价。

1993 年 7 月 23 日，李泽楷被邀至默多克的一艘泊在科西嘉海面的豪华游艇上。李泽楷只带了一位私人顾问，进入船舱内的只有李泽楷一人，他与默多克单对单闭门密谈了两个多小时，其私人顾问则只能在门外苦苦等候。

7 月 26 日，默多克宣布：以 5.25 亿美元（约折 40.6 亿港元）的价格，向和黄及李嘉诚家族购入卫星广播有限公司 63.6% 的股权，一半以现金支付，一半以新闻集团的股份支付。故整个卫视的售价是 9.5 亿美元，较李嘉诚两年来约 1.25 亿美元的总投资额高出 7 倍多！

李泽楷不但胜了这一仗，而且胜得非常漂亮。但根据合约规定，李泽楷在 7 年内不能再涉足电视行业。

默多克的私人技术顾问彼得·史密斯在回答记者"花费昂贵代价，购得卫视控制权，是否物有所值"的提问时，回答道："本集团看中的是卫星电视的潜在价值，因为卫视在亚洲；经营已有经验及影响，涵盖范围很大，而当卫视租用第二颗卫星后，涵盖范围会更大。这与本集团全球化的发展战略完全一致。"

和黄及李氏家族仍控有卫视 36.4% 股权，可继续获得经常性收益。

卫视交易成功，李泽楷名声大噪，"小超人"顿时威震香江。7月27日香港《经济日报》评价道：

"真的是后生可畏！李嘉诚次子李泽楷，今番终于做出一出好戏，为和黄集团及其父，带来近30亿港元利益……李嘉诚望子成龙，今次可如愿以偿了。

"早在1990年6月26日，当李泽楷以和黄资金管理委员会董事经理身份宣布和黄将构思发展卫星电视，初步投资额约为4亿美元，便有不少市场人士私下慨叹，李嘉诚父爱有价，愿意投资约31.2亿港元来栽培次子，将这样一盘极具挑战性的生意交予李泽楷打理，而本身只是从旁协助……卫视出售，是否意味着李嘉诚不用通过卫视栽培李泽楷了？"

1993年8月底，身任和黄集团执行董事的李泽楷，被提升为和黄副主席。这一年，李泽楷27岁。

自立门户

引人关注的是，李泽楷在荣升和黄副主席之前，就宣布成立私人公司。儿子自立门户，李嘉诚显得很豁达："年轻人到底有自己的理想，和黄管理层有足够人手，我不会强迫他做。"

1993年8月初，李泽楷宣布成立私人公司。当时，盈科的办公室还是借和记大厦的写字楼。1994年1月，盈科正式开业，并乔迁到中区万国宝通广场明楼，面积近2万平方英尺，月租逾百万港元。

不仅租用写字楼，甚至招聘一兵一卒，李泽楷都亲自挑选，足见其精力过人。可以说，盈科集团是他的心血结晶。盈科成立后，李泽楷出任主席，他利用这个基地大展拳脚，不断扩充自己的数字王国。

盈科初期的投资额为4亿美元（约合30多亿港元），业务范围主要是发展亚洲区高科技项目，向客户提供通讯技术建设，如铺设光纤网络等服务。由于盈科的业务方向与家族旗下的和黄电讯相冲突，为避免自家人打自家人，李泽楷选择以新加坡为据点，进行资产大转移。

李泽楷在新加坡施展的第一个大动作，是1994年5月，透过盈科斥资5亿多港元，收购新加坡上市公司海裕亚洲45.7%的股份，成为海裕的最大股东，实现在新加坡借壳上市，并将公司名称改为盈科亚洲拓展，业务主要是地产、酒店及以香港为基地的鹏利保险。

借壳上市后，李泽楷即透过海裕，得到一个良机，与日本地产富商堤义明和新加坡政府联合发展白沙浮商业城。

李泽楷的下属都说他是个工作狂，他可以早上 7 点钟要你回公司开会，也可以随时在深夜给你一个电话，找下属商谈业务。李泽楷每周飞一趟狮城（新加坡），通常是周四周五到，工作到周日才离开。

李泽楷在接受狮城《商业时报》采访时透露一个消息，在盈科草创之初，父亲为使他"回心转意"，安排他做和黄行政总裁，但遭到拒绝。他说："我来狮城发展，就是要摆脱父亲的荫庇。"

直至 1999 年 1 月，李泽楷的盈科集团仍然专攻亚洲物业市场，并与国际大型金融机构合组亚洲投资基金，以投资亚洲物业为主，涉资 3 亿美元（约合 23.4 亿港元），而李泽楷旗下的盈科则占 12 亿港元。这些合资项目主力投资新加坡、中国、韩国及泰国等地的地产市场。

1995 年底，李泽楷购入鱼涌皇冠车行大厦，作价 6.75 亿，短短 8 个月后即售予置地，净赚 1.35 亿港元。不过，李泽楷的创业之路并非一帆风顺。

1997 年，日本经济出现滑坡，写字楼较高峰期跌了八成，李泽楷认为投资时机已经成熟，于是重锤出击，出资 58 亿港元向日本国家铁路局购入一幅位于东京千代田区接连东京火车地铁站的地皮，面积达 5 万多平方英尺，兴建盈科中心，总投资高达 80 亿港元，较整个盈科的股本还要高出多倍。

但李泽楷万万没想到，这次投资使他面临创业过程中的第一个危机。由于日本经济仍未走出低谷，地产价格仍在持续下降，李泽楷购入的地皮价格更是在原有的基础上大幅滑落，远远也看不到底部。由于李泽楷的投资太过激进，盈科在资金运作上出现了很大的问题，陷入财政危机。

李嘉诚及时解围，通过旗下的和黄集团买入盈科的东京地皮四成半股份，明摆着给盈科许多优惠，让它暂渡难关。虽然有老爸李嘉诚的帮助，但李泽楷还是亏了不少。经历这一次大挫折之后，李泽楷在今后的成长道路上更加稳健了一些。

从 1998 年开始，李泽楷不断游说香港政府支持"数码港"计划，但港府高官被亚洲金融风暴弄得疲于奔命，无暇顾及"数码港"计划，直到 1999 年初，随着科技发展的步伐不断加快，港府为了增强香港的竞争力，希望通过科技救港，于是积极支持发展香港的高科技。而李泽楷的"数码港"计划也因适应时势，得到港府的大力支持。终于，130 亿的"数码港"成为盈科的囊中之物。

1999 年 5 月 4 日，李泽楷购买一家市值 3 亿多港元的空壳上市公司——"得信佳"，在取得该公司的控制权后，李泽楷将"数码港"发展权益无条件注入"得信佳"，并将"得信佳"更名为盈动数码动力，主营高科技业务，成功实现借壳上市。受到市场狂热追捧，使其摇身变为高科技概念股，市值达到 600 亿港元。

2000 年 2 月初，受到新加坡电信收购香港电讯行动的启发，李泽楷有了把有线网络与因特网和互动电视融合起来的大胆计划。在短短的 48 小时内，靠出售盈科数码公司的股票筹集了整整 10 亿美元。接着他用这笔现金取得了 130 亿美元的贷款，最终在 2000 年 8 月 17 日科网股热潮时，李泽楷以杠杆式手法，于新加坡电信的争夺中入主当时的蓝筹股香港电讯。

钻石王老五

李泽楷在香港堪称钻石级的王老五，他的感情生活也是媒体关注的焦点。日前，有媒体根据他交往的若干对象分析得出：清一色的浓眉大眼、长发飘逸，外加一张瓜子脸，美丽的外表下，头脑一样有着真材实料。美丽与智慧兼具的女性，正是李泽楷所欣赏的类型。

"小超人"身家显赫，因此虽然到现在依然是"钻石王老五"，但是却交女友无数。来自不同地方的女友已经可以组成一个小联合国了。

1992 至 1993 年间，李泽楷在美国斯坦福大学读书时，李泽楷便和其同窗密友 Margaret Chew 传出绯闻。Margaret Chew 是新加坡华人，是一名律师。但是，后传其二人因性格不合而分手。

被媒体传出的第二位女友是日本 NHK 首席新闻主播真正加留奈。1992 年，李泽楷还在和 Margaret Chew 交往期间，日籍电视主播加留奈因访问李泽楷而与李家二公子结缘。两年后，也就是 1994 年，加留奈与李泽楷正式确立恋人的关系。当时，李泽楷的工作基地是新加坡，加留奈为了亲近爱郎，放弃了 NHK 的工作，转阵新加坡 ABN。但二人的恋情最终还是在 1998 年宣告结束。

沈智慧也是李泽楷的绯闻女主角，她是香港中环某律师行的大律师。1995 年，沈智慧因与李泽楷同在方宁生开的舞蹈学院学舞而被香港媒体曝出绯闻。沈智慧出身法律世家，她的父亲是终审庭的已故大法官沈澄，母亲则是歌影女星白露明。

1999 年，被誉为盈科之花的 Karen 林慧仪与李泽楷结伴看戏，之后传出恋情。据称，她和李泽楷的感情始于公司的办公桌上。林慧仪被一些媒体形容为"温婉大方，小鸟依人，不仅关心男友，连他身边的朋友也会关心，非常体贴。"不过，两人最终还是分手了。

2000 年，李泽楷又被媒体曝光与葡籍资深裁判官李素兰谈恋爱。李素兰是资深裁判官，她出身于葡籍法律世家，其父是退休法官，哥哥是执业大律师，她本人也于 1986 年取得大律师资格，并从次年起在律师行执业，1995 年加入司法机构。

此后，连卡佛高层 Emily、混血儿女友罗爱欣等人也相继与李泽楷传出恋情。但是，后来传得最为沸沸扬扬的则数李泽楷与梁洛施的爱情。

梁洛施原名梁乐瑶，在澳门出生，是中葡混血儿，半岁时父亲已经病逝，其母亲在葡京赌场任职，她从小和妈妈及姐姐相依为命。梁洛施年幼时性格反叛，由于家庭经济环境不算富裕，因此曾寄居亲戚家中。12 岁的梁洛施样貌已经长得非常标致，获得赏识，经过 3 年秘密训练后，15 岁正式加入英皇娱乐唱片公司，推出唱片、拍电影、写真集及广告，工作不断，19 岁夺得影后，在圈中人气颇盛。

2007 年 11 月的一天，李泽楷去上海探班正在拍摄《盗墓迷城 3》的好友杨紫琼，意外见到了梁洛施。当天晚上，李泽楷以 19 万元包下外滩一间顶楼西餐厅，梁洛施跟着杨紫琼盛装出席。饭局之后，李泽楷带梁洛施在外滩漫步，并且送了两打她最喜欢的红玫瑰。两人的关系在那时就正式确立。

2008 年 3 月，梁洛施通过律师表明不再履行与英皇的合约，而英皇则控告梁洛施违约。有了李泽楷的撑腰，帮梁洛施的律师团包括了 4 年前帮助"小甜甜"龚如心争得巨额遗产的大律师余若海。2008 年 11 月，"解约门"事件在意料之中庭外和解，据传李泽楷为此付出了 1 亿港元的赎身费。

2009 年 6 月，香港媒体曝光了一张李泽楷、梁洛施和刚出生儿子的照片。梁洛施通过发言人卢觅雪向媒体介绍产子的情况，而李泽楷则对媒体表示，暂时未有结婚打算。

2010 年 6 月，梁洛施再次为李泽楷生下一对双胞胎儿子，在梁洛施再次怀孕期间，港媒报道李泽楷除了请来多位保镖 24 小时贴身保护外，每天更为梁洛施准备超过 10 万港元的安胎补品，整个安胎过程花费超千万。

2011 年 2 月 26 日，梁洛施发表与李泽楷的声明：

"新的一年开始，我祝各位百尺竿头，更进一步。踏入 2011 年，我本人亦走进人生的一个新阶段，我和李泽楷先生分手了。

"我们曾经拥有一段美好岁月，我们的孩子会共同抚养。他们健康快乐地成长，是我俩的共同目标。"

延伸阅读

做梦者的追求

——香港一中学的演说

（2005 年 9 月 8 日）

各位朋友们：

早晨好！

相信除了我的孙女外，你们是我最年轻的听众，我比你们年长很多，今天希望尽量不会令你们感到沉闷。

我想跟大家谈谈"梦想"。现在是早上八时三刻，希望陈校长不会太介意我这一大清早就谈"做梦"这回事。请不要担忧，我也不喜欢那些只知道"做白日梦"、守株待兔、等待命运眷顾的人，我一向认为虽然世界上各种机会不断在我们周遭浮现，但却只会在那些已准备好迎接它们的人心中萌芽。

全世界的人都公认中国人能干、聪明、勤奋，那为什么我们民族的实力和一些西方国家还有一段距离？有些人会简单归究是制度问题，或是历史问题，我没有完全的答案，但我认为正视"梦想"的增值作用，强化年轻人对未来的盼望是民族动力的催化剂。我明白传统中国文化教育一直偏重务实主义而轻视"做梦者"的追求，我们常常夸赞那些勤奋及苦干进取的人，但却不屑启发引导及支持那些跳脱思维的"做梦者"，这种想法虽无不妥，但显然未及全面。在这个瞬息万变的世界，追求知识只是满足人生目标的其中一环，今天，我们要懂得如何启发孩子们营造梦想，这不单只为了赢取生命中可量化价值的成就，更重要的是心灵力量的启迪，让孩子们能成为现代智慧的真正倡导者，不是旧式思维的奴隶，只懂盲从接受、重复或印证传统教育，把传统封固，而是能以积极开放的态度懂得如何面对一切考验和挑战，从而令我们的过去可与未来互相配合。

年轻的朋友，未来的世界要求将愈见苛刻，终身追求扎实的知识根基、比别人更努力进取、付出更多是基本原则，要非凡出色，你必须培养及坚持独立的探索及发现精神，你会否对大自然奇妙的力量感到好奇？你会否以无比的热忱与诚意来探讨生命？你是否只默然接受自己的能力所限还是决心追求超越能力界限的梦想？你想成为怎么样的人？你想拥有怎样的成就？你的智慧可否跨越人文和科学领域，看透事情之间的联系？又抑或你不外是如富兰克林所说"是一个学识渊博，可用九种语言来形容一匹马，但却无知地买下一头牛做坐骑之用"毫无慎思明辨能力的人。你是否拥有推理的能力，在下结论之前会否三思？或许问大家一个问题：当玩电脑游戏时，你是否是一个只知道按照别人既定游戏规则参与的人？抑或一边玩而同时思考尝试改良游戏玩法和设计？

　　各位朋友，我们现在享有的一切进步、科学的力量、艺术的美妙、哲学的启释也许都是始于一个人的疑问，或一个人梦想寻求更好的答案。圣保罗校董会希望改革，他们寻求社会的支持并且得到热烈的回应，当然我个人是盼望政府能够更重视策略教育投资及对社区的捐资作出更大的配套，为了未来，我们迫切需要如此。我相信你们追求的一定不单是建造一幢簇新校舍，而是全力争取打造年轻人更丰盛的心灵。或许有一天我们会说，人类又多破解了一个难题，又一次迈进，而这一切都始于我们同学的心中，他的一个疑问及他的梦想。

　　今天在这里与大家共勉。谢谢大家。

第三十二章
▼

回馈社会

李嘉诚基金会

李嘉诚在接受媒体记者采访时就语出惊人："我除了李泽钜及李泽楷两个儿子之外，其实还有第三个儿子，而且这个'儿子'的财产，家里任何人都没有份，任何人都不可以动。"李嘉诚所说的这第三个儿子，就是以他名字命名的"李嘉诚基金会"。

李嘉诚基金会于1980年成立，基金会成立三十多年来，致力于推动意义深远的公益项目，捐助的项目覆盖教育、医疗、卫生、扶贫、援助残疾人朋友等不同领域，累计捐赠数额超过150多亿港元。

李嘉诚笑称，现在很多事情都由他这个"儿子"来承担。这个基金会捐出的资金，其中超过90%用在内地及香港。据李嘉诚说，他的基金会以前本来没设固定的资金，每当需要捐款时，才向基金会注资。近年来，为基金会的长远发展考虑，开始向基金会投入资金，并作长线投资，令资金产生经常收入，作捐款的来源。他这次决定将家产的三分之一注入基金，其目的是想让基金有更充裕的财政基础，可从事越来越多的教育、医疗、老人福利等公益事业。他希望用自己的钱做有意义的事情，他打算留下足够的钱让下一代发展自己的事业，其余都用诸社会。

李嘉诚在接受记者采访时透露，他捐出的三分之一家产，主要是现金，也包括股票，例如中国银行股票。"基金会做的事最紧要有成效，只要有好的效果，无论2000万元，5000万元甚至高达100亿元的项目，我都会去做，但希望涉及金额可以分十年投入。基金会订明无论是家族成员或是董事，都不能从基金会拿一分一毫。基金会从成立至今，一分一毫都是辛苦从正途赚来的，也会百分之百用做慈善，做公益事业。"

　　李嘉诚先生说："有能力选择和做出贡献是一种福分，建立自我能让个人梦想成真，追求无我能让更大的理想成真。"基金会视培育"奉献文化"、秉承"助无助者理念"，为首要使命，支持和鼓励具有长远目光、促进社会能力、推动创意和开发思维的社会公益项目。

　　随着事业逐渐壮大，李嘉诚越来越热心于公益。在李嘉诚眼里，钱是有用的东西，但一个人一生中用不了多少钱，多了就是浪费。只有把钱用在更多人身上，帮助他人，才能让钱发挥出更大的作用。当然，李嘉诚也是一个务实的人，他并不赞成一个人连温饱都没有解决，就去帮助他人。他说，首先要吃饱肚子，不能连自己的生死都不顾。当手中的钱多出十倍、一百倍时，就应当想着如何帮助他人了。

　　李嘉诚认为，"慈善"的称谓，不如"公益"二字更贴切。因为，"慈善"多少带有一些施舍的意思，让承受之人心里不舒服，而"公益"是一个平等的概念，每个人都可以将其作为事业来做。

　　李嘉诚曾接受央视记者采访，他说，在为公益事业忙碌时，他时常要工作十几个小时，而且乐此不疲。他认为，一项助人为乐的公益事业，如果能够从自己的手中发展起来，而且还能够一代代延续下去，就是一项值得全身心投入的事业，这样的人生也才没有虚度。

　　李嘉诚基金会集中两方面的发展：通过教育使能力增值以及通过医疗及相关项目建立一个关怀的社会。至今，李嘉诚基金会及由李嘉诚成立的其他公益基金会已捐助过很多项目，其中64%用于中国内地的助教兴学、医疗扶贫和文化体育事业上。

　　另外，李嘉诚基金会的运作模式也有其独特之处，虽然基金会的资产规模已过百亿美元，但李嘉诚却从不动用基金会的现有资产，如果基金会在一年捐出10亿元，第二年他就会再放10亿元来补足基金会的本金。

　　李嘉诚热爱国家，对推动教育发展不遗余力，以下为历年在内地教育方面的主要项目：

1. 汕头大学

2. 长江商学院

3. 西部教育医疗计划

4. 长江学者奖励计划

5. 北京大学图书馆新馆

6. 清华大学 FIT 未来互联网络研究中心

7. 潮州基础小学

8. 广东警官学院

由于少年时代的经历，李嘉诚先生立志为医疗事业奉献力量，使需要帮助的贫病者及时得到照顾。以下为历年他在内地医疗方面的主要项目：

1. 汕头大学医学院

2. 中国残疾人联合会 / 长江新里程计划（第一期）

3. 中国残疾人联合会 / 长江新里程计划（第二期）

4. "人间有情"全国宁养医疗服务计划

5. "重生行动"全国贫困家庭唇腭裂儿童手术康复计划

6. 上海市金山众仁护理院

7. 潮州医院、潮州市中心医院

8. 医疗扶贫

9. "关心是潮流"计划

10. 海南省农村卫生建设

11. 陕西农村卫生扶贫建设

12. 广东省公安民警医疗救助基金会

13. 健康快车

14. 微笑行动

在对长江商学院的学员们讲话时他说："希望大家有慷慨宽容的胸怀，打造奉献的文化，实现我们人生最有意义的目标，为我们心爱的民族和人类创造繁荣和幸福。"

关心残疾人事业

李嘉诚依靠经商致富，终成为华人首富，但他却极富同情心，时时不忘关心弱势群体，把饱尝人间疾苦的人们挂在心上，不愿看到他们陷入无助的状态。

李嘉诚最难以忘怀的，是 1991 年他与属下集团捐给中国残疾人联合会的 1 亿港元。时隔 8 年，1999 年，李嘉诚在致汕头大学 / 香港中文大学联合国际眼科中心成立的祝词中写道："至今我仍认为，这是多年来捐款中的一项最深具意义的事情。"

1993 年 10 月 4 日北京新华社电讯称："中国残疾人福利基金会今天公布：香港长江实业（集团）有限公司董事局主席李嘉诚先生及属下公司，向中国残疾人福利基金会捐款港币 1 亿元。"并声称"这是一条迟发了两年的新闻"。

当时间回到 1991 年 8 月 9 日，中国残疾人联合会主席邓朴方在香港与李嘉诚先生会面。邓朴方对李嘉诚说："我们把捐款作为'种子钱'，每拿出 1 元钱，就会带动各方面拿出 7 倍以上的配套基金。一并投入残疾人最急需的项目。"李嘉诚先生听后大受感动，内地残疾人的困难令他动情，基金会使用捐款的效益令他动心。他很想表达对中国残疾人同胞的一个久藏于内心的心愿。第二天李嘉诚让人转达，他希望再一次会晤邓朴方，希望看一看中国残疾人艺术团的演出。

8 月 16 日，两人见面。李嘉诚说："我决定再捐 1 亿港元，也作为一颗种子。你们只需争取四五倍的配套经费，便可帮助更多的残疾人士。我捐钱，你们落实个计划，为残疾人办事。眼居五官之首，是心灵之窗。在残疾人中，盲人最为困难。"李嘉诚对复明工作情有独钟，特别期望 5 年时间把内地 400 多万白内障患者全部治好。

李嘉诚又说："邓先生，我对于能够帮助残疾人士感到很有意义。你知道吗？上次与你谈了两个小时后，我返回办公室，很兴奋，竟然忘了肚子空着，便拿了杯白兰地喝下，立即感觉有些醉了。"

邓朴方感动地说："十分感谢你的好意，我们回北京研究、计划一下。再向你报告。"

经过 3 个月的紧张工作，中国残联深入调查，精心测算，并与有关部门反复研讨，结论是：受组织工作和医务力量的限制，5 年内难以治愈全部白内障患者；况且，盲人只是残疾人中的一部分，其他各类残疾人也亟待救助。

为使捐款发挥更大的作用，中国残联期望将其作为更多领域发展的启动资金，成为一颗给各类残疾人带来更多利益的大种子。为此，中国残联着手草拟残疾人事业五年计划纲要，并致函李嘉诚，希望与他的代表磋商。

12 月初，李嘉诚委派次子李泽楷到北京，全面了解内地残疾人状况。几天后，李嘉诚致函邓朴方："贵会最能了解残疾人士之需要，所做之决策亦能令残疾人士无论心理及生理之健康均得到最大之帮助，本人及属下公司均乐意配合……"

1991 年 12 月 29 日，国务院正式批准颁发了《中国残疾人事业"八五"计划纲要》及与其配套的 16 个业务领域实施方案，中国残疾人事业首次有了与国民经济和社会发展计划同步的系统发展计划。李嘉诚出资 1 亿港元选择了其中最急需资金的 8 个项目，从中央到地方，各级政府也为此投入了十几亿；同时，社会各界热心关注，踊跃赞助。

李嘉诚播下的这颗种子结出了丰硕的果实，不仅促进残疾人事业由小到大、从点到面，走上系统发展的轨道，而且使众多残疾人实实在在地受益。

受到资助的人心里是感恩的，在中国残联有一封信的复印件，这封信是云南弥勒县的任志刚让中国残联转寄李嘉诚的。小任因小儿麻痹后遗症失去了上大学的机会。他在信中这样说："您不认识我，但我知道您。我还知道，千千万万像我这样的您不认识的人都知道您，因为我们都是您助残项目的受益者，都是对您心存万分感激的人。"小任接着说："当我做了矫治手术后，就在心底发誓：一定要走出样子给您看！我从经销汽车零配件、修理汽车干起，现在已拥有 100 多万元的固定资产，6000 多平方米的厂房，在边远地区，可以算非常富裕了。"小任最后说："我的家乡叫'弥勒'，这大概与佛教有些渊源。李嘉诚伯伯，愿佛保佑您！"

回顾历程，邓朴方十分感慨地说：在我们创业之初，李先生的捐款真是雪中送炭，催生了《中国残疾人事业"八五"计划纲要》，带动了事业的全面发展，给 6000 万残疾人的命运带来整体而久远的影响。

李嘉诚关注中国残疾人事业并没有终止。中国残联理事、康复部主任尤红高度评价李嘉诚先生多年来对内地残疾人的关爱和无私援助。她说，李嘉诚先生一向心系残疾人士的需要，自 1984 年开始，李嘉诚基金会先后为内地残疾人捐款累计超过 4 亿港元。由李嘉诚基金会所打造的"长江新里程"计划，充分发挥了基金的"种子"效应：2000 ～ 2005 年，"长江"一期帮助 7 万名缺肢者安装了假肢，装配了 180 个假肢站设备，培训假肢技师 832 人次，培训了 540 名聋儿语训教师和 2800 名盲童教师、45700 名盲人按摩师，帮助中西部地区 19800 名盲童顺利入学；2007 ～ 2012 年，"长江"二期又帮助 10 万名缺肢者安装了假肢，培训假肢技师 920 人，高科技助残培训就业 43990 名，救助脑瘫儿童康复 2590 名。

赈灾捐款

我国幅员辽阔，但我国也是世界上自然灾害最严重的国家之一。大灾见真情，频发的灾害事件，我们都能发现李嘉诚捐款的身影。

2008 年 5 月 12 日 14 时 28 分 04 秒，四川省阿坝藏族羌族自治州汶川县发生里氏 8.0 级地震，地震造成 69227 人遇难，374643 人受伤，17923 人失踪。

汶川大地震是中国 1949 年以来破坏性最强、波及范围最大的一次地震，地震的强度、烈度都超过了 1976 年的唐山大地震。

据相关媒体报道，李嘉诚在股东周年大会回答记者提问时表示，四川地震发生的时候是香港佛诞节假期，当时尚未能估计灾情的严重性，但他立刻决定捐款人民币 3000 万元给灾区，后来看到灾情非常严重，决定再捐款一亿元，为所有受灾学生支付全部的学费和部分生活费，让他们尽快恢复上学。

他说，他名下的基金会日前决定为四川灾区受伤的灾民全部免费安装义肢（假肢）装配及提供轮椅，并用最快的方法运送轮椅到四川。他说基金会已经派遣近千名受过训练的义肢技师前往四川帮助灾民，预计在两个月内为灾民装配义肢。

谈到这次大地震的感受，李嘉诚说，他感同身受，不仅政府处理灾情做得很好，而且香港、台湾及大陆人民出钱出力，让他非常感动。被问及会否再向四川灾区进行第四轮的捐助，李嘉诚则说，只要有最实际和见效的项目，就会立刻去做。

截至 2008 年 9 月 25 日 12 时为止，汶川地震共接收国内外社会各界捐赠款物总计 594.68 亿元，实际到账款物总计 594.08 亿元。

2009 年 8 月，台湾地区遭受台风莫拉克的重创，损失惨重，李嘉诚透过基金会向台湾捐赠了新台币 1 亿元，以赈济台湾灾民。基金会针对这次捐款说："台湾南部地区多县市遭台风莫拉克重创，暴雨成灾，泥流酿泪河，李嘉诚先生希望捐款有助救灾急用，希望大家也慷慨响应捐输，同族比邻相互关怀，助灾民纾困。"

1991 年上半年，特别是 5、6 月份以来，长江中下游地区发生严重水灾，灾害最重、损失最大的是安徽和江苏两省。由于灾害造成的损失大、范围广，有 200 万人无家可归，并已有灾民患肠道疾病和疟疾等，大量的公路、桥梁等设施急需修复。李嘉诚先生从报刊上读到关于"安徽、江苏地区遇上百年未见洪峰，灾情特别严重"等信息。他的心情很沉重，密切关注着灾区的情况。曾私下对老朋友许伟先生谈道："好几个夜晚我都睡不好觉！"

李嘉诚知悉这个消息后，当即拨通电话，与长实、和黄、港灯、嘉宏四大公司的负责人联系并取得一致共识。李嘉诚以属下四大公司名义，带头捐款 5000 万港元，赈助华东灾区。当天，李嘉诚就让秘书将 4500 万的支票转给有关负责人，李嘉诚给新华社香港分社社长周南、副社长郑华的亲笔签名信中这样写道：

"作为一个身居香港的中国人，本人认为应较其他国家率先作出实际支援，希望可带来一个迅速引导作用。本人谨代表集团四间上市公司附上赈灾支票四张，共港币五千万元，请两位社长与有关部门联系，以最高效率及最佳方法，达至最好之成果。"

在那一天的中午开始，就有许多记者到"长实"公司采访李嘉诚。李嘉诚说："在这之前，并没有谁曾叫我捐款赈灾。这次捐款，完全是我自动自觉的。

"过去，对公益事业，我一般以私人名义去做。这次，以公司的名义，则别有深一层的意义。作为以中国股东为主的香港公司，应该用最快的时间对中国的紧急呼吁作出反应。中国人要比外国人更快、更自觉地做这件事情！我希望借这一快速反应，能起到一点引导作用。

"我们捐出的钱，和国家所需要的数目相差还很大，但希望小小的贡献能起一点好作用。我们只有这一个目的。"

李嘉诚高兴地谈到香港市民踊跃捐款赈灾的情况。据有关方面统计，到该年7月23日，在短短的12天内，全香港的赈灾筹款总额，已达到4.7亿多港元。

热心公益

财富于李嘉诚而言，究竟意味着什么？李嘉诚曾经对此有过深刻的思考：

"多年前的一个晚上，我辗转反侧，难以入寐，内心萦绕着很多问题。思潮起伏，结果直至凌晨，直到一个答案涌上心头，令我豁然开朗：我顿悟了把基金会视作我第三个儿子的道理，这样我会全心全意爱护他，给他分配财产，使他获得所需资源落实一切公益项目，把我的心愿永远延续下去。

"在财富要代代相传的传统观念中，将基金会视为自己的孩子，可以鼓励传承，期望这种想法能在中国人社会扩大和延续。

"基金会并不向外募捐，捐款人只有我一人，资金的大部分是基金会现有已投资项目的固定收入，另有部分是来自我个人从香港和外国投资所获收入、缴完税后再注入的。我订明基金会所有收益，绝不惠及本人、家族或董事等等，也就是说他们都不能从中获得收入。

"基金会已拥有我三分之一的资产，至今我已捐出145亿港元，如有良好的项目，将不断地继续支持，希望能对我们民族有贡献。2013年，基金会在内地及香港已捐付及承诺之数目达40亿港元，是历来最高的一年。

"虽然我在全球不少国家经营业务，大部分收入都从外国赚取而来，每一分毫都是税后才注入（基金会）的。但我规定基金会80%以上的捐款用于大中华地区，不超过 20% 的用在海外。我在外国赚到钱，拿回中国，有什么不好？"

李嘉诚有个宗旨，"发达不忘家国"，"办公益事业乃是我分内之天职"。他认为"没有钱是办不成事的"，但"金钱却也不是万能的"，"对有些地方、有些事，就是有了钱也不能解决问题的"，"只要我捐出的有限的钱，能为社会带来较大的益处，我就终身无悔"，"我当努力办实业，只有盈余多了，才能拿出多一些的钱，用予社会"……

撷取一些李嘉诚的善行，我们不禁感受到"超人"的善心。

1984 年，他向中国残疾人基金会捐赠 100 万港元；1991 年，他又捐出 500 万港元，并表示从 1992～1996 年间，陆续捐赠 6000 万港元。

1987 年，他向中国孔子基金会捐款 50 万港元，用于赞助儒学研究，这个基金会在山东曲阜为李嘉诚树碑立传。

1988 年，他给北京炎黄艺术馆捐款 100 万港元。同年，捐 200 万港元资助汕头市兴建潮汕体育馆。

1989 年，捐赠 1000 万港元，支持北京举办第 11 届亚洲运动会。

1991 年 7 月 12 日早晨，李嘉诚边用早餐，边听广播，惊悉中国华东地区发生百年未遇的特大水灾。他立时用电话与长实系四间公司的首脑联系。取得共识后，即通知新华社香港分社，以长实、和黄、港灯、嘉宏四公司的名义，捐出 5000 万港元赈灾。

11 时，李嘉诚在华人行办公室，接受香港《文汇报》等多家报馆记者采访，他说过去对公众事业，一般是以私人的名义，这次以公司的名义，是想让全公司的股东和员工都参与，国家有难，匹夫有责。

"作为一个香港的中国人，这是应该做的事。以香港今天的情况，每个中国人尽心尽力，应有很大的力量可以帮助华东灾区。希望各界人士、各个社团，只要经济能力许可的，都踊跃参加，用最快速度，最有力的方式支援灾区。"

据 14 日的《文汇报》报道，在李嘉诚先生的倡议下，全港市民掀起救灾的热潮。这次活动，香港市民共捐赠 5.66 亿港元。

数日后，李嘉诚得知汕头遭遇强台风灾害，即以个人名义捐款 500 万港元予汕头市政府。

李嘉诚在广州市、广东省的其他地方，先后有数千万港元的捐款，较大的捐赠项目有：认捐 1000 万港元，资助广州市科技进步基金；以公司名义，捐助 1000 万港元予广东省教育基金会。

从 1977 年起，他先后给香港大学等几个国家教育机构及基金会，捐款 5400 多万港元；

1984 年，他捐助 3000 万港元，于威尔斯亲王医院兴建一座李嘉诚专科诊疗所；

1987 年，他捐赠 5000 万港元，在跑马地等地建立三间老人院；

1988 年，捐款 1200 万港元兴建儿童骨科医院。并对香港肾脏基金、亚洲盲人基金、东华三院捐资共 1 亿港元；

此外，对香港社会福利和文化事业的几十家机构捐善款逾亿港元。

《南方周末》记者曾向李嘉诚抛出这样的问题："对于基金会，你不仅出钱，还出力，这是为什么？"

李嘉诚回答说："我对赚钱的重视程度不及捐钱。身为中国人，回想起我生长于抗日战争期间，国家被侵略，面对贫病、失学，于是发誓要终我一生，让基金会拥有旺盛的生命，有能力继续为国家、民族作出贡献，这就是对我最大的回报。

"我视教育、医疗和公益慈善是终生不渝的事业。基金会主要做两大范畴：教育、医疗。在内地，我们有很多个项目在不同地方做了十多年，现在仍继续做，我们守信重诺，承诺的捐款均 100% 如期或提前捐付。

"除了捐钱，也亲力亲为，投入不少时间心血，使得来之不易的金钱用得其所，令项目受助人受惠最大，能如此，是我最大的快乐。

"我喜欢简单生活，我追求的是付出个人力量，协助社会进步。有能力从事公益事业，是一种福分，从中能够得到真正的快乐；有能力的人，要为人类谋幸福，这是'任务'。

"如果是为对国家民族和人类有益的事，即使卑躬屈膝我也在所不辞；但若是为个人名利或公司利益，我绝对不会这样做。也以捐建汕头大学为例，成立至今三十多年来，我坦然面对任何困难甚至是忍受屈辱，对汕大也不离不弃。"

延伸阅读

我的第三个儿子

——于新加坡接受"马康福布斯终身成就奖"致辞

（2006 年 9 月 5 日）

Dear Steve、各位嘉宾、各位朋友：

我是李嘉诚，今天能够参与此盛会，接受《福布斯》杂志及福布斯家族颁予此终身成就奖，实在是非常荣幸，感谢你们今天与我一同分享这欢乐时刻。

对我来说"终身"一词给人的感觉是巨大沉重的，令人不得不反思自己走过的道路。

我成长在战乱中，回想过往，与贫穷及命运进行角力的滋味是何等深刻，一切实在是毫不容易的历程。从 12 岁开始，一瞬间已工作 66 载；我的一生充满了挑战，蒙上天的眷顾和凭仗努力，我得到很多，亦体会很多。在这全球竞争日益激烈的商业环境中，时刻被要求要有智能、要有远见、要求创新，确是令人身心劳累；然而尽管如此，我还是能很高兴地说，我始终是个快乐的人，这快乐并非来自成就和受赞赏的超然感觉；对我来说最大的幸运是能顿识内心的富贵才是真的富贵，它促使我作为一个人、一个企业家，尽一切所能将上天交付给我的经验、智能和财富服务社会。

我常常想知道，如能把人类历史中兴衰递变的一切得失，细列在资产负债表上，最真实和公平的观点会是什么？今日，经济全球化进程带来的种种机会会引向何方？对贫富悬殊加剧的担忧，价值观的冲突带来的无奈，谁能安然无虑、处之泰然？人类能否凭仗自己的力量克服及超越自然环境的困局和疾病的痛楚？在充满分歧的世界中，个人的善意、力量和主观愿望是否足够建造一个公平公正的社会，及为每一个人的明天带来同样的希望？

作为企业家，我们都知道寻找正确的资本投资的重要性，而社会资本像其他资产一样是可以量化的，社会资本包括的同理心、同济心、信任与分享信念、社区参与、义务工作、社会网络及公民精神等等，这些全属可量化和有效益的价值，是宏观与微观经济层面之间最重要的联系；同济心是人性最坦率及强而有力的内心表达，能建造、能强化、能增长及治疗和消除痛楚，我们都应乐于参与投资。

为此，我于 1980 年成立了基金会，他是我的第三个儿子，他早已拥有我不少的资产，我全心全意地爱护他，我相信基金会的同仁及我的家人，定会把我的理念，通过知识教育改变命运或是以正确及高效率的方法，帮助正在深渊痛苦无助的人，把这心愿延续下去。

在华人传统观念中，传宗接代是一种责任，我呼吁亚洲有能力的人士，尽管我们的政府对支持和鼓励捐献文化并未成熟，只要在我们心中，能视帮助建立社会的责任有如延续同样重要，选择捐助资产如同分配给儿女一样，那我们今天一念之悟，将会为明天带来很多新的希望。

各位朋友，有能力选择和作出贡献是一种福分，而这正是企业家最珍贵的力量。我们有幸活在一个充满机会及令人兴奋的时代，我们拥有更多创意、更多科技、更多时间、甚至更长的寿命。各位都是个别专业领域的顶尖人物，有智能和信心，你们富有开拓精神、付出努力，过着有意义的生活。同济心不是富裕人士专有的，亦并非单单属于某一阶层、国家或宗教的；通过决心及自由发挥，它可创出自己的新世界，一个能体现集体力量、具感染性的大同社会，因为这工作是永恒的，而其影响力也是无穷无尽的。让我们大家一起同心协力，不要再犹豫，拿出我们企业家豪迈的精神和勇气，让我们选择积极帮助有需要的人重塑命运，共同为社会进步赋予新的意义。

再次深深感谢各位。

第三十三章 ▼

多面李嘉诚

"清教徒"生活

"清教徒"即英国的加尔文教信徒，属基督教新教的一个派别。"清教徒"认为人开创产业必须要禁欲和俭省节约。他们限制一切纵欲、享乐甚至消费行为，将消费性投入和支出全部用在生产性投资和扩大再生产上，如此必然导致资本的积累和产业的发展。虽为华人首富，但李嘉诚却过着"清教徒"般的生活。

《南方人物周刊》曾这样描述李嘉诚：

"首富的办公室并没有人们想象得那么大，不过几十平方米，没有国内富豪通常用来衬托品位的书柜，办公桌上摆着彭博终端机，几十种股票数字不停跳动。6部固定电话通往特定人群——副手霍建宁、最亲密的朋友和家人、秘书室以及这个大楼的每个分机。和许多同龄人不同，李嘉诚喜欢用iPhone，他的桌子上一台MacBook Pro正在充电。房间里看不到一张纸，他已经习惯了电子化办公，而且坚持'今日事，今日毕'。

"李嘉诚给人的第一印象是谦逊而固执。他总是着深色西装、系蓝白条纹的领带。他的身材还很结实，行动非常敏捷，个子不高，略有1.7米，但没有肚腩，这或许应该归功于多年的简单饮食和打高尔夫球。"

"他11岁就逃出来，一路上都是一个人在奋斗，他老和我们讲自己缝衣服，到现在依然如此。"一位下属说，李嘉诚的袜子都是不能见人的，因为他自己缝补了好多次。

1995年8月，香港《文汇报》曾经对李嘉诚做过专访，李嘉诚说："就我个人来讲，衣食住行都非常简朴、简单，跟三四十年前根本就是一样，没有什么分别。"

镜头前的李嘉诚总是蓝黑色西装套装搭配白衬衫亮相，而领带永远是蓝白色系，他乐于向别人展示他穿了数十年的西装皮鞋胜于向别人展示他成功的生意。李嘉诚的衣着十分朴素，多年来一直保持着。1992 年 5 月 20 日《人民日报》（海外版）一篇《李嘉诚生活俭朴》的文章介绍道：

"李嘉诚说，衣服和鞋子是什么牌子，我都不怎么讲究。一套西装穿十年八年是很平常的事。我的皮鞋 10 双有 5 双是旧的。皮鞋坏了，扔掉太可惜，补好了照样可以穿。我手上戴的手表，也是普通的，已经用了好多年。"

凡是介绍李嘉诚个人生活的相关文章，都会谈到李嘉诚的手表。李嘉诚绝不认为手上的表有损其高贵身份，他反而引以为自豪，他常常把手表展示给外国记者看。《李嘉诚——香港房地产巨人》一文谈：

"一位外国记者曾评论说，李嘉诚看上去不像一位难对付的商人，而像一位和蔼可亲的中学校长。他经常身穿一套黑色西服，白色衬衣、素色领带。有一次，他指着手上带的西铁城电子表，对来访的客人说：'你戴的表要贵重得多，我这个是便宜货，不到 50 美元。它是我工作上用的表，并非因为我买不起一只更值钱的表。'"

所以，人们发现李嘉诚手上的手表，也总是同一块，直到最近在一次旅行中看到一款西铁城的太阳能手表，他非常喜欢，才很大方地跟售货员说："你不用给我打折啦。"这款手表的售价是 3000 港币。

作为世界级富豪，李嘉诚应该住香港最豪华的房子。实际上，李嘉诚至今仍住在深水湾独立洋房。据悉，深水湾大宅建于 1957 年，是李嘉诚斥资 65 万元，作为与青梅竹马的表妹庄月明共筑爱巢而建造的。

李家大宅在外界看来一向是重门深锁，因为其守卫异常森严，所以香港媒体几乎没有对大宅的报道。多年来，除了当年李嘉诚长子李泽钜结婚时，李氏豪宅邀请过媒体入内参观外，豪宅就再也没有被曝光过。

以前李嘉诚住在三楼，不过自从长子李泽钜结婚后，李嘉诚为了长子一家住得更好，已从深水湾大宅楼上的主人房搬到楼下。难怪李嘉诚曾罕见地在媒体前提到："很多行政人员住的地方也比我大。"

不过，当初的豪宅在经历了半个世纪后，难免会出现问题。2005 年 9 月中旬，该房屋屋顶与墙壁出现了严重渗水，3 楼天花板更是发霉起泡。为方便屋内维修，李嘉诚便带着全家搬离大宅，"避难"到其名下的黄埔海逸酒店暂住。

李嘉诚在公司，与职员一样吃工作餐。他去巡察工地，地盘工（建筑工）吃的大众泡沫盒饭，他照样吃得津津有味。公司来了客人，他不带去高级酒楼，就在公司食堂吃，比平时多几样冷菜炒菜，分量不多，但能吃饱，又不至于浪费。

李嘉诚不抽烟、不喝酒，也极少跳舞，舞技自然很一般。在香港的外国人眼里，他是个"没有生活情趣的典型东方人"。要说到李嘉诚的业余爱好，唯有打高尔夫球。李嘉诚还是皇家香港高尔夫球会会员，约每周去一次。去那更重要的不是锻炼，是消遣放松，更是会会老友。李嘉诚的不少信息，还有不少生意，都是在球会获得与促成的。

李嘉诚之前的座驾甚为普通，汽车使用的是柴油，"超过九成九用300，有时用200"。后来他用的是日产总统型，据李嘉诚自己说是为了安全，才改用这种大马力的车。当然，李嘉诚也有一部劳斯莱斯，市值数百万。他曾对记者讲，我自己绝不会坐，只有陪客时才劳驾它代步。

实际上，50年代时年轻的李嘉诚已跻身百万富豪之列。那时候的李嘉诚，体会到物质享受的乐趣，西装来自裁缝名家之手，手戴百达翡丽高级腕表，开名车，甚至拥有游艇。他也开始尝试上流社会的玩意，玩新型莱卡相机，并在香港列提顿道半山腰买了豪宅。但是，李嘉诚后来重新审视财富，"财富能令一个人内心拥有安全感，但超过某个程度，安全感的需要就不那么强烈了。"也许这足可以解释李嘉诚为什么此后热衷于过"清教徒"式的生活了吧。

"悭吝"李嘉诚

不少富翁都非常"吝啬"，坊间流传有不少这样的小故事。

有一次，比尔·盖茨和一位朋友开车去希尔顿饭店。饭店前停了很多车，车位很紧张，而旁边的贵宾车位却空着不少。朋友建议把车停在那儿。但盖茨认为太贵，即便朋友坚持付费的情况下，盖茨最终还是找了个普通车位。洛克菲勒到饭店住宿，从来只开普通房间。侍者不解，问："您儿子每次来都要最好的房间，您为何这样？"洛克菲勒说："因为他有一个百万富翁的爸爸，而我却没有。"

作为香港的首富，身为潮州人的李嘉诚以"悭吝"而著称，关于他的财富观，坊间也流传着不少故事。其中一则：

一次，李嘉诚上车前掏手绢擦脸，带出一块钱的硬币掉到车下。天下着雨，李嘉诚执意要从车下把钱捡出来。后来还是旁边的侍者为他捡回了这一块钱，李嘉诚于是付给他100块的小费。他说：那一块钱如果不捡起来，被水冲走可能就浪费了，这100块却不会被浪费，钱是社会创造的财富，不应被浪费。

这个小故事或许能部分解答人们对李嘉诚"悭吝"的疑问。关于财富，李嘉诚有自己的见解，他从不吝啬自己的财富。

李嘉诚出任十余家公司的董事长或董事，但他把所有的袍金（董事为公司工作的报酬）都归入长实公司账上，自己全年只拿5000港元。这5000港元，还不及公司一名清洁工在20世纪80年代初的年薪。

李嘉诚曾兼国际城市的主席，该公司为他开200万元袍金，李嘉诚全部入了长实账号。在董事袍金这一点上，李嘉诚问心无愧。他曾与美国《财富》记者说道："确如外界所传，我的董事年薪（袍金）是641美元，这比办事员的工资都低得多。不过，我即使支取1000万美元董事年薪，它比我所做的工作该拿的都少。"

业界人士，对李嘉诚拿象征性袍金深表折服，却不敢效仿。的确如此，他每年放弃千万元袍金，但李嘉诚是大股东和大户，得大利的当然是他。对李嘉诚这样的超级富豪来说，袍金算不得大数，大数是他所持股份所得的股息及价值。

最广为人知的是2006年李嘉诚在北京期间的一则轶闻。李嘉诚在北京东方君悦酒店设宴招待部分长江商学院总裁班学员。这顿饭吃了2万块钱，席毕，李嘉诚自掏腰包买单，并特意强调："这顿饭是我个人掏钱，不是长江实业或和记黄埔请大家吃饭。"

很多人不解，李嘉诚解释道："表面上看没什么，我是大股东，兜里有钱。但是从市值角度完全不一样。我个人角度两万就是两万，如果是公司请吃饭，花掉两万块，如果公司市盈率是30倍，一乘就是60万，意味着公司市值有可能损失60万。因为公司利润下降了多少，一放大，公司市值就要损失多少。"

多年来，李嘉诚一直自掏腰包支付董事的薪金；从公司收取的酬金，不论多少，全部拨归公司；他在公司里不领薪水，每年只拿600多美元的董事费，没有其他福利津贴，所有私人用品，甚至午餐也从不走公账。

俗话说："君子爱财，取之有道。"李嘉诚能不为眼前利益所动，处处照顾股东和公司的利益，这才更表现出了李嘉诚大方的一面。

李嘉诚花在公益事业上的金钱和时间却不少。1995年12月1日国际潮团联谊会在港开幕，仪式完毕后，李嘉诚立即被记者包围住，有记者提到"潮州人孤寒与否"的问题，李嘉诚通过这个问题的回答以明志："潮州人只是刻苦，而非孤寒。"他强调："我绝对不孤寒，尤其对公司、社会贡献方面和'作为中国人应做的事'上，绝不会吝啬金钱。"

如今，他平均 20% 的时间是用在公益活动中，并表示将来要为公益事业投入更多的精力与资金。

母慈子孝

"仁、义、礼、智、信"是我们的立身原则，在李嘉诚的父母身上，"百善孝为先"更是得到了传承。李嘉诚的父亲李云经对长辈极为孝顺，每次出门必定和祖母话别，回家时也是先到祖母坊间请安问好，然后才会到自己的房间。在来香港之前，庄碧琴对李嘉诚孤苦伶仃的祖母非常孝顺，她的孝心很快就被民风淳朴的潮州北门街面线巷的居民所知，传为美谈。

庄碧琴是个虔诚的佛教徒。在她的教导下，李嘉诚从小"崇佛尚儒，善心无量"。作为母亲，她非常疼爱小嘉诚，但并不一味地宠溺、偏爱他。在丈夫李云经病逝以后，庄碧琴为了养育三个尚未成年的儿女，她历经艰辛，但她不辞辛劳，这些言传身教的东西，无时无刻不在感动着李嘉诚。

可以说，李嘉诚早年人生观的形成，受母亲的影响颇大。佛教以慈悲为怀，即使在极其险恶的环境之中，母亲都以慈善待人待世。她对李嘉诚及其弟妹的教诲亦如此。

遭遇中年丧夫，庄碧琴没有怨天尤人，她总是默默地勤俭持家。李嘉诚不得已挑起家族生计的重担。李嘉诚是家中的长子，他不能不帮助母亲，为了缓解母亲的压力，所以到处找事情做。

李嘉诚是个争气的孩子，他不但靠辛勤维持了一家的生计，还逐渐成为香港商界骄子。李嘉诚说："我旅港数十年，每碌碌于商务，然无日不怀恋桑梓，缅怀家国，图报母恩。"李嘉诚把孝心倾注于母亲身上，想尽一切方法使母亲高兴。在他参加工作以后，无论再忙，也要挤出时间陪陪母亲。

李嘉诚曾出资，重修四十多年前的祖屋，在原有面积上，盖了一幢 4 层高的住宅，妥善地安排了堂兄们及其子女的住房问题。

李嘉诚的母亲是虔诚的佛教徒，她想要修复家乡潮州的开元寺。李嘉诚知道了母亲的这个心愿，立即慷慨解囊，使得古寺重焕慧光。李嘉诚以母亲李庄碧琴善女的名义，捐资 210 万港元，另还捐款修复该寺的附属建筑。

母亲住在渣甸山花园别墅，里面辟为佛堂，清幽宁静。李嘉诚每日都要去看望母亲，还特意为母亲带去素食。母亲住院治疗，他尽其孝心，侍奉汤药。

1986 年 5 月 1 日，李庄碧琴老夫人仙逝。李嘉诚为母亲举行隆重的丧礼。这一天，港督卫奕信及其他政要、香港各界名流、潮汕籍同乡以及老家特派代表三千多人，参加追悼大会。

爱妻猝然离世

李嘉诚的妻子庄月明是他的表妹，即他富有的舅舅庄静庵的掌上明珠。庄月明受过高等教育，与表哥成亲之后并没有马上退到幕后，一心一意做家庭主妇。相反，她进入老公的公司，两人并肩奋斗，一起打江山。

进入 20 世纪 80 年代，李嘉诚的事业如日中天。庄月明别无所求，丈夫事业成功就是她最大的心愿，她渐渐退入幕后。

1989 年 12 月 31 日夜，李嘉诚携夫人出席在君悦酒店举行的迎新年宴会，夫妇俩容光焕发，是宴会上最"抢镜头"的一对伴侣。不料翌日下午，庄月明却突发心脏病，于医院逝世，年仅 58 岁。

香港《文汇报》说：庄女士"一旦撒手尘寰，闻者深为惋惜，致送花圈祭帐者不计其数，为历年所罕见。举殡之日，备极荣哀，前往致祭的官绅名流络绎不绝。"

1990 年 1 月 4 日的丧礼，港督代表送来港督的亲笔慰问函。香港佛教联合会会长觉光法师主持佛教仪式道场。钟逸杰爵士、李鹏飞议员、汇丰银行主席浦伟士、加拿大商业帝国银行总裁传理敦等 10 位名士扶枢出殡。

长江实业（集团）公司董事李业广致悼词：

"李夫人庄月明女士艰苦创业，敬业乐业，对公司做出卓越贡献，在家中相夫教子，支持鼓励李先生为社会做出巨大贡献。她在年富力强的时候离开人间，实是无法弥补的损失……

"李夫人同李先生结婚后，立即参与长江实业，共同推动公司业务进一步向前发展。显然长江实业当时已具备了相当的规模，但由于李夫人全力协助，长实在 1972 年就在股票市场正式上市，业务蒸蒸日上，一日千里。

"在家庭方面，李夫人尽心尽力相夫教子，栽培泽钜、泽楷两位公子长大成材。两位公子在李夫人的教导下，奋发好学，在很短时间内就完成了大学教育。担负相当大的责任……

"李夫人虽然离开我们，但是泽钜、泽楷两位公子将会继续协助李先生实现李先生和李夫人的共同理想。李夫人重友情、重信义的优良品德将永远为一切亲友所怀念。"

《明报周刊》多次在报道中用"泪流满面"形容丧礼中的李嘉诚，"尽管是商场巨人，面对生离死别之时，也禁不住流露出软弱柔情的一面。"

庄月明女士生前是长实公司董事。长实塑胶部的一位老员工在灵堂外接受记者采访时说：

"当年塑胶部只有30多人，规模很小。明姐把我当弟弟般看待，凡事亲力亲为。她从不刻意打扮，穿得很随便。李先生那时也是什么都做，捱得很辛苦。"

一位老职员道："李夫人在相夫教子之余，依然在事业上协助丈夫。李夫人为人向来低调，在李先生出人头地之后，甚少跟丈夫双双出席各大小宴会。"

在庄月明女士去世之后，原定在年初出席汕头大学的庆典活动，汕头方面的代表及李家亲友，劝他可否改期。李嘉诚几经考虑，说："不应因我妻子逝世的事改期，以免连累成千上万的人。请柬已发出，改期不妥。"

李嘉诚毅然节哀忍痛，带公子及朋友飞赴汕头，出席庆典活动。

庄月明也虔诚信佛，临终遗嘱，后事按佛制办理，李先生及家人一一遵嘱，助其往生，并葬于香港佛教徒坟地。多年来李嘉诚以身故妻子的名义捐出诸多慈善和公益的巨额款项，另外李嘉诚很多捐赠的建筑物也都以身故妻子而命名，例如庄月明中学、佛教李庄月明护养院、香港大学的庄月明中心、庄月明科学楼、庄月明化学楼等等，包括李嘉诚基金会捐出巨款的李庄月明佛学研究基金，诸如此类的例子举不胜举。正如李嘉诚所说，这些也是自己身故妻子的愿望。

在庄月明因心脏病发逝世后，李嘉诚以后更加尊敬岳父岳母。1995年岳父庄静庵仙游，丧礼细节一切由李嘉诚亲自打点，李家三父子也尽孝道，到灵堂守孝7日7夜。

李泽钜及李泽楷对外婆非常照顾，加上祖父母及母亲庄月明相继过世，李氏两兄弟对庄老夫人更是尊敬，经常百忙中抽空探望高龄的外婆，而庄老夫人在养和医院昏迷弥留期间，据悉，不仅有庄氏家族、中南钟表的后人经常往探望她，李氏三父子也赶抵医院陪侍在侧。

不传绯闻

富豪们总是具有一定的话题性，尤其在个人私生活方面。众所周知，何鸿燊有4房太太17个子女；霍英东有3房太太13个子女；王永庆公开的是3房太太9个儿女，但下葬不到一个月，又冒出几个自称非婚生的儿女，证明自己也是嫡亲血脉。

相比较而言，被誉为超级富豪的李嘉诚，他的家庭情况则显得过分简单了。他只有两个儿子。而李嘉诚一生公开的也只有一位太太、一位红颜知己，这个数字简直就是富豪圈中的"另类"了。

1990年，庄月明因病去世，62岁的李嘉诚少了一位贤内助，郁郁寡欢。一时间，香港多少名门淑女、绝世美女、温婉才女期待踏入李家，但李嘉诚毫不动心。两年之后，一位内地来的女子周凯旋走入他的视线。

李嘉诚视名誉如生命。他常说："名誉是我的第二生命，有时候比第一生命还重要。"林燕妮首次赴华人行的长江总部，与李嘉诚商谈广告事宜。"奇怪的是，一坐下来，他（李嘉诚）开腔的并非谈公事，而是澄清传媒对他的绯闻传言。

"李嘉诚说：我跟某某港姐绝对没关系，亦不认识，外边乱讲。"

读者可能会奇怪，为什么李嘉诚会跟林燕妮谈起这个问题。林燕妮事后说："我们是做广告的，绯闻我们不关心，但他显然十分介意。"他与林燕妮谈这事，因为林燕妮乃是新闻圈中人——本港屈指可数的名牌专栏作家。李嘉诚这般解释，大概想借林燕妮之笔，予以澄清。

实际上，传媒所说的地产商并没有指名是李嘉诚，李嘉诚确实过于小心。现代社会，许多人视明星为偶像，也有不少名人，视同明星美女合照为光彩。在香港，名人以重金包女明星的韵事，时有所闻。但李嘉诚却是例外，他不但不会追蜂逐蝶、主动接近女明星，反而敬而远之。

据说某刊重金悬奖，若哪位女艺员能像与何鸿燊一样，同超人合照，可出40万港元买她的照片。

这一次，不少记者觉得有戏：在何鸿燊的海港酒店开幕酒会上，李嘉诚正兴致勃勃与何鸿燊聊天。这时，珠光宝气的狄波拉笑容可掬走来，李嘉诚见状，脚踏风火轮，逃之天天，躲过了记者的镜头。

何鸿燊与狄波拉见到记者正在拍照，两人索性大方贴站在一起，让记者从各个角度拍个尽兴。可以想见的是，第二天的娱乐报道配以这样的照片，新的娱乐话题就产生了。何鸿燊等记者拍完后，他回头继续招呼李嘉诚，结果发现李嘉诚已经逃得不见踪影。

李嘉诚吸取个别名人因行为不检点而令形象受损的教训，在社交场合，凡有女明星、女艺员、港姐、亚姐这些人物在场，他都敬而远之，更不用说同她们合影。

待人接物之道

不少人都认为，李嘉诚发迹的经过，其实是一个典型青年奋斗成功的励志式故事。曾经的年轻小伙子，凭着一股干劲，勤俭好学，刻苦而劳，白手起家创立出自己的事业王国。

不过，李嘉诚自己认为，他事业有成的真正原因是"懂得做人的道理"，他曾不止一次对亲友面授机宜："要想在商业上取得成功，首先要懂得做人的道理，因为世情才是大学问。世界上每个人都精明，要令人家信服并喜欢和你交往，那才是最重要的。"

香港《文汇报》曾刊登李嘉诚专访，主持人问道："俗话说，商场如战场。经历那么多艰难风雨之后，您为什么对朋友甚至商业上的伙伴，抱有十分的坦诚和磊落？"

李嘉诚答道："最简单地讲，人要去求生意就比较难，生意跑来找你，你就容易做。一个人最要紧的是，要有中国人的勤劳、节俭的美德。最要紧的是节省你自己，对人却要慷慨，这是我的想法。顾信用，够朋友，这么多年来，差不多到今天为止，任何一个国家的人，任何一个省份的中国人，跟我做伙伴的，合作之后都能成为好朋友，从来没有一件事闹过不开心，这一点我是引以为荣的。"

善待他人，是李嘉诚一贯的处世态度，即使对竞争对手亦是如此。商场充满尔虞我诈、弱肉强食，能做到这一点，不少人认为是不可能的事。作为李嘉诚的老对手怡和，两家公司并没有因为商战而成为"世仇"。李嘉诚鼎助包玉刚购得九龙仓，又从置地购得港灯，还率领众多华商"围攻"置地，但李嘉诚与纽璧坚、凯瑟克并没有成为冤家而不共戴天。此后，长江实业与置地握手言和，并联手发展地产项目。

香港著名作家林燕妮对李嘉诚的热忱待人更有深切体会。林燕妮曾主持广告公司，而与长实有业务往来。

林燕妮回忆道："头一遭去华人行的长江总部商谈，李嘉诚十分客气，预先派了穿长江制服的男服务员在地下电梯门口等我们，招呼我们上去。

"电梯上不了顶楼，踏进了长江大办公厅，更换了一个穿着制服的服务员陪着我们拾级步上顶楼，李先生在那儿等我们。

"那天下雨，我的一身雨水湿淋淋的，李先生见了，便亲手接过我脱下的外衣，亲手替我挂上，不劳服务员之手。"

双方做了第一单广告业务后，彼此信任，李嘉诚便减少参与广告事宜，由洪小莲出面商谈下一步的售楼广告。

"有时开会，李先生偶尔会探头进来，客气地说：'不要烦人太多呀！'

"我们当然说：'愈烦得多愈好啦，不烦我们的话，不是没生意做？'……

"他不摆架子，容易相处而又无拘无束。可以从启德机场载一个陌生人到市区，没有顾虑到个人的安全问题。他甚至亲自为客人打开车尾箱，让司机安坐在驾驶座上。后来大家上了车，他对汽车的冷气、客人的住宿，都一一关心到，他坚持要打电话到希尔顿酒店问清楚房间预订好了没有，当然，这间世界一流酒店也是他名下的产业。"

李嘉诚的"予人以善"，并不是刻意为之，更多的是他所受的传统文化的熏陶，以及父母对他的谆谆教诲。

1991年秋，李嘉诚收到一位英国丁姓华侨的来信，他在信中叙述自己山穷水尽、念意俱灰的处境。李嘉诚日理万机，平时连一些重大的应酬都无法对付，他却亲笔复信，以诚挚的态度为他"指点迷津"：

"丁先生：

人生起伏无常，尤其从事商业。穷人易做，穷生意难做。所以你们现在面临的困难，只是数千年来亿万无数生意人曾经面对的苦痛的一部分。但如果明白大富在天，小富在人，如果肯勤俭，面对现实，尽心经营，则俗话所说：'山重水复疑无路，柳暗花明又一村。'说不定不久你们又有一个好的新的局面。即使一切都不如意，退一步想，则海阔天空。以今日英国的工资水平，最大不了，最多找一份职业，生活应绝对无问题。留得青山在，不怕没柴烧！送上英镑500，请你俩一顿晚餐。想想明天会更美好！想想世界上有多少更苦的人！"

李嘉诚一般不接受香港记者的个别采访，因为此例一开，他即使什么事也不做，专门接待记者，也未必能应付香港数十家媒体、数百名记者的"轮番轰炸"。但是，李嘉诚却曾有一次主动向一家经常同他"过不去"的大报记者"爆料"。

有一天，香港某大报经济版一名记者在李氏长实公司的楼下等李嘉诚。他明知李不会接受他的独家采访，但仍在公司楼下耐心等待，希望有奇迹出现。这种"守株待兔"式的采访方式，是香港记者采访名人的惯招。

这位记者一直等了两个钟头，仍然未见李氏出现。他拨电话问长实公司，回说李先生没有接受记者采访的计划。正当该记者要打道回府的时候，李嘉诚却从另一条通道，出现在停车场。他登车时，属下告诉他，某报一名记者已经等他两个钟头，正要离去。

李嘉诚听了，心想该名记者等了两个小时，居然人家开车走了都不知道，回去如何向报馆交代呢！于是，他叫司机倒车开到记者身旁，主动说："可以谈一下。"

该位记者听说李嘉诚已上了车，因得悉记者等了两个小时，于心不忍，让司机倒车来到他的面前时，感动得几乎哭起来。

在香港传媒的眼里，李嘉诚是个不苟言笑但是却十分和蔼的人。有报章在不少文章中称李嘉诚是"大头李"，李嘉诚表现得很大度，未在任何场合暗示过对此绰号的不快。

李嘉诚总是会站在对方的立场思考，一些很细微的问题，他都要认真对待，以免给对方带来麻烦，或产生什么想法。

陈衍俊谈到：1987 年，李嘉诚来汕头大学出席会议，"和他握过手的几个新闻界同行，都敏感地发现，李嘉诚的手心有些发烫，说话的鼻音也混重了。李嘉诚显然是感冒了，发烧还没退。"

连续两天的会议，李嘉诚"太劳累了，感冒又加上胃痛。但他仍然不动声色地打起精神坚持着。只是到了会议中间，他才走近我的身旁悄然地告诉我：'我要吃胃药，需要几块饼干送药，能找到几块饼干吗？'"学校的人马上去买来肇庆产的菜汁饼干，李嘉诚吃过药，又回会议室开会。"事后，他又悄然告诉我：'饼干，我的秘书从香港有带来的，可是一忙，放在宾馆里就忘记带来了！'他又非要交还买饼干的钱，我向他说明，几块饼干，区区小事，不足挂齿，他才作罢。"

延伸阅读

李嘉诚实话实说

长期以来，李嘉诚始终保持低调，传奇式的故事不少，但往往真假参半。1999年，李嘉诚接受了《亚洲周刊》的独家专访，把他的一些看法、个人生活和生命经验娓娓道来，也澄清种种传言。以下是访谈摘要：

记者：听说你喜欢睡前看书，重视自学。你昨天晚上看的是什么书？

李嘉诚：我昨天晚上看的书是有关IT（资讯科技）的前景，这个行业发展会很快，我相信未来两三年内，电影、电视都可以在小小的手提电话中显示出来，我比较喜欢科技、经济、历史和哲学类的书籍，最近对网络资讯比较有兴趣。

记者：你不看小说？

李嘉诚：对，我不看小说，娱乐新闻也不看。这是因为从小要争分夺秒"抢"学问。我年轻时没有钱和时间读书，几个月才理一次发，要"抢"学问，只能买旧书，买老师教学生用过的书，教科书里有教师划出的重点、答案，什么都有。总而言之，言情小说、武侠小说不看，因为没有时间。其实我很喜欢历史，小时读书历史都拿高分。

记者：你怎样安排自己的时间？工作会不会很累？

李嘉诚：我每天不到6点就起床，运动一个半小时，打高尔夫球，晚上睡觉前都坚持看书。白天精神还是很好，精神来自兴趣，你对工作有兴趣就不会累。最累的时候是开会，一个发言者讲了第一分钟，你已经知道要讲的内容，可是那人讲了十分钟，你就会感到非常疲倦，因为无聊和无奈，有时要带花旗参去提神。

记者：你睡不睡午觉？

李嘉诚：不睡，有时太累了，也喝点咖啡。

记者：你喜欢看科技书籍，你认为发展科技应该把注意力放在哪里？

李嘉诚：要令人认识科技发展及其应用会带来什么商业机会。我想如果能令一些科技变得更实用、更适合中国，本身对香港就是一个巨大的商机。过去数年，我们公司组织及鼓励各阶层同事重视自发性学习新的科技，去考虑那些增强业务效率、拓展竞争优势和提升营运效益的科技项目，连我自己都天天阅读有关科技的书籍。

记者：你有没有试过用电脑上网?

李嘉诚：两年前有一次上网花了两个多小时，以后就比较少用。我用电脑主要是看公司的资料。

记者：为香港创造繁荣的老一辈企业家，不少都面临下一代接班的考虑。你是否已在考虑接班问题?

李嘉诚：我已辞去长江董事总经理一职，但仍是董事会的主席，日常的工作由长子李泽钜和一批年轻的行政董事共同负责。但重要的决策，他们还会和我磋商。儿子和我所有公司的重要高级行政人员都相处得很好，接班一定没有问题。

记者：在高竞争、高知识、高速发展的香港社会，商界下一代要走的路是否比你们前一辈更艰难?

李嘉诚：商界一定是跟时代发展，今天要谨记知识与经济发展是分不开的。新一代面对的问题，有易有难。但相对于数十年前，学问、知识对事业成败的决定性作用，对下一代来说更为显著。

记者：西方人说留给下一代炼金术而不是黄金，你留给孩子的是什么?

李嘉诚：中国人说是给"渔"而不是"鱼"。我两个儿子都很上进，热爱香港。泽钜跟着我，现在是上市公司的负责人，和公司的人员相处得很愉快。他已是一个孩子的父亲，关心社会的将来，热爱环保，常常说如果我们再不注意环保，香港会变成怎么样。他的生活很简单，消费比我还简单，这条路他是走定了。

记者：幼子独立创业，你放心吗?

李嘉诚：泽楷和世界很多在新科技领域极有成就的公司和人物来往密切，过去几年，花了大量时间和不少投资及心血在发展高科技事业上，以他的工作表现和经验，可以在很多国家，尤其是西方国家找到发展空间。即使面对像数码港这样的压力，面对未来的挑战，他还是要立根于香港，这是成熟和热爱香港的表现。我对泽钜跟着我的步子，以及泽楷发展高科技的投入和将来的工作，都有充分理由放心。

记者：你是不是一个很严格的父亲?你会不会打孩子?

李嘉诚：我会打，不过是假打。我是一个严格的父亲，以前，星期天我一般都和孩子一起，在小游艇上不是教他们怎样赚钱，而是教他们怎样做人，星期天不安排其他活动。

记者：你有没有宗教信仰?

李嘉诚：我自己没有特别的宗教信仰，但涉猎很多宗教书籍，基督教、佛教、儒家，道家的书都看。有时一些警言非常精辟，令人开心。

记者：一个成功企业家的乐趣和追求究竟应该是什么？

李嘉诚：不断积极迎接新挑战。企业的成功，使我得到更大的资源，可以做出对社会、对民族有建设性的永久贡献。我今天的生活水平和几十年前相比只会差了，年轻时也有想过买点好的东西，但不久就想通了，只是强调方便，我的穿着可能比你们都便宜。我这双皮鞋 400 多港币，戴的手表也只有 200 多元。我只求心灵满足，很开心。我相信，一个人的地位高低要看行为而定，你自己想通了，脑海中自会另有天地，能超越权势和卑微。

记者：在企业家参与社会公益活动方面，你是如何做的？

李嘉诚：中国过去有不少富可敌国的商家，但古老的传统思想是基业传万代，考虑让儿子代代相传。我认为让实业千秋万代继续下去是应该的，但一个人基本生活保障并不需要太多。你有多余的钱财，应多些参与社会公益。所以，商业我会慢慢地放，公益事业我想更多地直接参与，希望借此能引起其他参与者的使命感和更多人的共鸣。

记者：你有很多事业，但似乎对新闻媒体投入不多？

李嘉诚：我对媒体非常有兴趣，也有投资，是新城电台的股东。但媒体和其他行业有时会有冲突，从内心讲，有时会得罪人。以我的作风，更不喜欢为赚钱去捏造新闻，伤害别人。

记者：据说你和员工相处得很不错，你有没有直接辞退过员工？

李嘉诚：高层的没有，中级的职员有辞退过。那是一个受过很好教育的中层管理人员，多次以权谋私，他的行为和他的待遇绝不相符，我决定辞退了他。

对一个职工，如果他平时工作马马虎虎，我会十分生气，一定会批评他，但有时做错事，你应该给他机会去改正。有一次，一位职工不小心把我办公室一匹非常珍贵的唐三彩马打碎了，我只是淡淡地说，以后小心些。马已碎了，他也在自责，你为什么还要去说他呢？这不是钱的问题，而是做人的道理。

记者：你能不能向全球华人总结自己的生活经验？

李嘉诚：华人在世界各地的发展要融和当地社会，发展得好，就应该对社会有所贡献，对推动当地社会有益的事要不遗余力地去做。我一心要建立的不仅是中国人感到骄傲的企业，而是也让外国人看得起的企业。

金融危机不倒翁

2008 年金融危机

2008 年爆发的美国金融危机至今仍让不少人心有余悸，这场金融危机势如暴风骤雨，所过之处，国家经济放缓、百姓收入下降、失业裁员之声遍起，出现了全球经济衰退的现象。那么究竟是什么引发了此次波及全球的金融危机呢？"千里之堤，毁于蚁穴"，今天全球性金融危机的起因只不过是当初并不起眼的次贷危机。

2007 年年初，美国大多数人认为这只是美国金融的一次小感冒，然而，2008 年初，不断出现的坏消息提醒人们次贷危机不仅没有结束，反而在向纵深方向发展。这不是一场感冒，而是实实在在的一场危机，从虚拟经济波及实体经济，人们的生活已经受到影响，破产、倒闭、裁员、减薪，坏消息一个接一个，全世界的神经都随之紧绷了起来。

美国老太太年轻时贷款买房，临死前还清贷款；中国老太太辛苦一辈子攒钱买房子，临死前终于攒够房款，大家都听说过这个故事，这足以说明美国大多数人崇尚提前消费，贷款买房的制度就是一种非常好的金融制度。一般它要求贷款者付至少 20％的首付款，表示贷者者的责任心；其次，贷款的总数不能超过贷款者年收入的 4 倍，也就是说年收入 10 万元的家庭，银行顶多借给你 40 万元买房子。但问题是，并不是每个美国人都有资格申请贷款买房。这时候，美国人利用自己的聪明创造了"次级债"。根据信用的高低，放贷机构对借款人区别对待，从而形成了两个层次的市场。次贷就是为那些本来没有资格申请住房贷款的人创造一个市场，使这些信用不足的人或者贷款记录不良的人也可以贷款。这些次级贷款需要通过中介机构来申请，中介机构本来应该把住第一关，但是，中介机构为争取更多的业务，开始违规、造假，提供假的数据和假的收入证明。银行看到申请人的信用记录很好，就贷款给他们。

就这样，连收入证明都拿不出来的人也可以贷款，然后银行又把这些贷款转化成债券，卖给房地美和房利美（美国两大抵押贷款巨头），房地美和房利美再把这些债券分割成面值更小的债券，卖给全世界的投资者，包括 AIG 等公司。终于有一天，这些次级债的借款人开始还不起利息，银行拿不到利息，就不能向房地美和房利美兑现，房地美和房利美拿不到钱就无法给社会大众，于是引发一连串的经济问题。美国经济陷入衰退的旋涡。

美国次级债的购买者来自世界各地，美国次贷危机的发生，让这些投资者不得不接受危机带来的巨大损失。在全球一体化的今天，借助金融产品的关联与风险传导，欧洲、日本等发达国家的金融体系受到很大冲击，股市动荡，投资者信心严重动摇，世界经济的发展受到了严重的影响。

另外，美国为了缓解经济衰退，主动让美元贬值，美元贬值意味着什么？各国持有的美元贬值，对美国的债权就减少了，美国债务降低，各国财富在无形中向美国转移。

美国次贷危机导致其进口贸易萎缩，美国是最重要的进口市场，而美国经济的衰退将会降低美国的进口需求，这就直接导致了其他国家的出口减缓，进而影响到这些国家 GDP 的增长。这对那些依靠净出口拉动经济增长的国家或地区，如加拿大、墨西哥、德国、东亚新兴市场国家和石油输出国家而言影响很大。

从第一棵树的砍伐，到整片森林的消失；从一日的荒废，到一生的荒废；从第一场强权战争的出现，到整个世界文明化为灰烬，这一切都是一个从小到大的传导过程。这就是多米诺骨牌效应：在一个相互联系的系统中，一个很小的初始能量就可能产生一连串的连锁反应。

2008 年发轫于美国次贷危机的金融危机，将世界各国拖入到全面衰退的境地。

2008 年年初，花旗、美林、摩根士丹利、美国银行等美国主要金融机构集中披露了惨不忍睹的 2007 年四季报。花旗银行冲减总数为 181 亿美元次贷相关资产，净亏损 98.3 亿美元，创集团成立以来的首个季度亏损和花旗银行建立 196 年以来的最高单季亏损纪录；美林冲减总数为 141 亿美元次贷相关资产，净亏损 98.13 亿美元，一举刷新三季报纪录；摩根士丹利减记次贷损失 94 亿美元，净亏损 35.19 亿美元；美国银行减记次贷损失 52.18 亿美元，净利润下降 95% 至 2.168 亿美元。为填补巨额亏损的大窟窿，各大金融机构纷纷采取削减股息、裁员等应对措施。

这场血雨腥风并没有局限在华尔街，而是在欧洲、日本等地陆续登陆。据美国标准普尔公司公布的数据，2008年10月份全球股市集体下挫，共蒸发市值5.79万亿美元。其中，美国股市共蒸发市值2.27万亿美元。数据同时显示，2008年前10个月，全球股市共蒸发市值16.22万亿美元。

随着美国金融危机向世界其他地区蔓延，北欧小国冰岛陷入困境。冰岛最大的3家银行相继宣布破产，政府无奈将其收归国有。三大银行目前的债务总额高达610亿美元，是冰岛GDP总额的近12倍。与此同时，冰岛股市2008年9月持续暴跌，本币克朗也大幅贬值，冰岛已经陷入"国家破产"的绝境。由于无力独自应对金融危机，冰岛政府不得不积极寻求外国援助。

冰岛一度是全球最富有的国家之一。在2007年的一项世界排名中，冰岛人均GDP名列全球第五。而在本次金融危机中轰然倒塌的冰岛三大银行，一度是冰岛人最引以为豪的国家形象代言人。业界人士认为，作为在近年的全球金融化浪潮中迅速崛起的新贵，冰岛严重受创于本次金融危机凸显了过度金融化、实体经济空洞化对一国带来的风险。

因为全球经济减速导致出口大幅下滑，依赖外需拉动的日本经济自2008年第三季度陷入衰退。根据日本内阁府公布的数据，日本在2008年第四季度经济按年率计算下降12.7%。这是日本经济连续第三个季度出现下降，也是自1974年第二季度以来的最大季度降幅。

欧元区的经济形势也是每况愈下。由于投资、消费和出口全面疲软，欧元区经济2008年已经连续三个季度出现经济负增长，从而陷入首次衰退。尽管欧元区成员国随后纷纷采取大规模经济刺激措施，却难以逆转经济下滑势头。

这场风暴席卷了全球。通过对金融危机的分析，可以清晰看见一个链式传导的过程。美国政府实施的长期利润飙升，使得美国的房贷市场迅速恶化，引发了次贷危机。然后，次贷危机便向美国商业银行发起全面攻势。美国金融的基石——美国次级债，和与它相关联的金融衍生产品几乎完全陷入混乱之中，各种期限的美国国债、地方政府债券、企业债券等也被牵扯进来。建立在这些债券的预期收益基础上的、高达数百万亿美元的金融衍生财富突然间蒸发掉了，金融危机愈演愈烈。

从美国次贷危机到次债危机的发展和变化，会明显感觉到这些年来美国的金融就像在不牢固的地基上搭积木，一旦地基稍有变动，整个积木都有可能塌陷。

美国金融界的影响力是全球性的，一旦出现问题，便会在全球范围内迅速扩张，整个世界经济都会受到冲击。

身家缩水

从 2007 年 10 月末港股疯狂牛市之后的 31638 点，到 2008 年 10 月黑色风暴后的 13968 点，香港恒生指数整整回调了 56%；换言之，大部分投资者的腰包都要缩小过半，而事实上，如果投资表现差过恒生指数，那么缩水的程度会更糟。

2009 年，财经杂志《福布斯》公布最新香港富豪榜。香港最富有的 40 人总资产缩水逾五成。其中，长实及和黄集团主席李嘉诚虽然仍是香港最有钱的人，但身家缩减了一半。

在熊市背景下，有人测算得出，李嘉诚控股的上市公司股票市值缩水已经四成，浮亏总额约为 1300 亿港元。

港交所资料显示，李嘉诚 2008 年持有长江实业共 93204 万股，占公司总股比的 40.24%。长实 2008 年 1 月 1 日的收盘价为 144.3 港元，到 10 月 14 日跌幅已经超过四成。虽然李嘉诚在本年度多次增持略降低了持股成本，但以总持股数乘以年初到现在的差价计算，在该股上也有浮动亏损高达 500 多亿港元。

和记黄埔同样浮亏严重：2008 年年初股价为 88.5 港元，10 月 14 日收盘价为 51.6 港元，降幅 41.7%。李嘉诚及旗下基金持有该股 219027 万股，占总股比的 51.37%，由于当年没有新增持股，故截至目前的浮动亏损为 808 亿港元。"亚洲股神"在长实、和黄这两只"箱底股"上的合计浮亏高达 1300 亿元。

不过，李嘉诚的其他 3 只重仓股在 2008 年均能站稳股价，没有大幅下跌：如长江基建集团，年初股价为 28.43 港元，在经历了多次股市洗礼后，截至 10 月 14 日的价格仍有 28.25 港元，基本没有下跌；此外还有和记港陆，从年初的 0.56 港元跌到 10 月 14 日的 0.51 港元，跌幅也小于 10%。李嘉诚在这两只股上分别持有 191211 万股、639973 万股，分别占总股本的 84.82% 和 71.51%，虽然跌幅不大，但由于持股数大，故浮亏合计也有 6.64 亿元。

但是纵观李嘉诚在此次金融危机中的表现，可以发现他对于"安身立命"的长江实业十分偏爱。雷曼事件发生后，长实大股东李嘉诚自 9 月 29 日起 4 度增持长实，累计共增持 42.8 万股，共涉资约 3525 万港元。

增持轨迹如下：9 月 29 日，以均价 86.28 港元增持 14 万股；10 月 3 日，以均价 84.06 港元增持 14 万股；10 月 6 日，以均价 78.55 港元增持 10.8 万股；10 月 8 日，以均价 72.97 港元增持 4 万股。以上增持后的摊薄每股购入成本 72.975 港元，涉资 291.9 万港元，令其仓持股量增至 93204 万股（40.24%）。受此影响，从 10 月 8 日到 14 日的一周时间内，长江实业股价整体走高，从 72.5 港元一路涨到 81.5 港元。

尽管李嘉诚对自家资产质量和盈利很有信心，但持续不断的增持并没有摊薄其持股成本。合计十多次对长江实业的增持，给李嘉诚带来了巨大的账面浮亏。

自 2008 年 4 月 11 日以来，李嘉诚已先后 10 次斥资 5.738 亿港元买入 495.3 万股长江实业，每股平均买入价为 115.84 港元，而长实截至 10 月 15 日的收盘价 79 港元，此部分浮亏达到 1.8 亿港元。

在金融危机期间增持的不仅仅是李嘉诚，香港各路富人亦纷纷增持。郭梓文和李兆基，也看好房地产行业以及自家公司发展。

虽然在金融危机中公司股票随大市暴跌，个人身家大幅缩水，但并没有伤害到李嘉诚个人的根本。

早在 2007 年 5 月他严肃地提醒 A 股投资者，要注意泡沫风险，随后不到半个月，“5·30”便出现，A 股暴跌；到了 2007 年 8 月，港股在“直通车”消息刺激下出现非理性飙升，李嘉诚特意向股民发出忠告，香港与内地股市均处高位，而且要留意美国次贷问题。上述两次言论，均被内地一些所谓股评家批评为“不懂股票市场”。

到 2008 年 3 月 27 日业绩发布会时，港股刚刚经过“3·17”股灾，市场开始出现反弹复苏迹象，但是李嘉诚再次坚定地对香港市民呼吁，经济风暴还没有完结，买楼买股要量力而行；到了 8 月 22 日，市场充斥着内地政府将会斥资数千亿元资金救市的消息，股市再次飙升，李嘉诚又一次语重心长地公开唱衰，希望股民要慎重考虑，他还直斥“利用此类消息赚钱是罪过”。

随着 9 月雷曼倒闭，黑色十月股灾出现，欧美出现严重的信贷危机，几乎已经没有人怀疑李嘉诚的判断了。

《福布斯》富豪榜公布后，就有相关人士指出，富豪们缩水的财富是以股份市值为主的数字，其实质是“虚拟财富”。只有持有现金的人，此时才真正拥有真金白银。由于 2007 年李嘉诚在股价高位时将多只中资股及时套现，所以当富豪榜上的其他巨擘纷纷因炒作累股证而折戟时，李嘉诚独善其身。

数据显示，仅从 2007 年中资股套现的过程中，李嘉诚便实现回笼资金至少上百亿港元。有人算过，如果李嘉诚没有进行减持，而依然将这些股份保留至2008年10月底，这些股票的实际持有价值仅剩不到14亿港元，其跌幅高达86%至91%。

从2007年开始，李嘉诚大手笔减持手中的中资股，回笼资金至少上百亿港元；2008年初，李嘉诚旗下的公司多次抛售手中的物业与楼盘；11月，李嘉诚在北京投资的第一个别墅项目"誉天下"实行"一口价"，以最低5.7折甩卖……

李嘉诚的先见之明来自何处？李嘉诚用最朴素的语言解释了他对这场金融危机的认识："烧水加温，其沸腾程度是相应的，过热的时候，自然出现大问题。"于是当水温到一定程度之际，李嘉诚也就开始了他的准备。

现金过冬

金融危机所造成的冲击，大多数富豪都不能避免，李嘉诚在漫长的商业生涯中经历过多次危机，但他反而以高人一筹的"危机创富力"，带领"长和系"在历次危机中不断壮大，其个人财富也更上一层楼，在多次金融危机结束之后，他稳坐首富的交椅。

李嘉诚一直奉行"现金为王"的财务政策，注重维持流动资产大于全部负债，以防地产业务风险扩散；在楼市低迷时，长实也比对手更愿意采取低价策略来加快销售。保持财务稳健的同时，李嘉诚善于针对不同的市道实施不同的策略，如在股市高位时再融资，楼市低谷时竞标拿地、逆市扩张。其另一个技巧是，将工业用地改为住宅和商业用地的谈判拖入低潮期，从而节省补交地价的费用。

李嘉诚或许是全世界最重视现金流的商人之一，在2007年财年结束时，和黄拥有着1110亿港元的现金及现金等值的资产。现金管理是现代企业理财活动的一项重要职能，并且现金流量管理，可以保证企业健康、稳定的发展。包括现金等价物，加强现金流量管理是企业生存的基本要求，加强现金流量管理，可以保证企业健康、稳定地发展并且可以有效地提高企业的竞争力。

40年的商海沉浮中，李嘉诚对于投资其实是非常谨慎的，每次出手几乎都选择在经济回暖，而每逢经济危机，他一定会选择收缩业务。比如1977年，李嘉诚收购了和黄之后赶上了全球性恶性通货膨胀（1979～1982年），虽然手中握有的和黄业务遍布全球，为了保险李嘉诚还是选择收缩业务的地域广度和多元性，守住香港的一亩三分地发展，直到 1985 年香港地产转暖后，才继续进行全球并购。

长期以来，李嘉诚对外长期投资等非流动资产占到总资产的 3/4 以上，在 1997 年亚洲金融风暴之前，非流动资产的比例更高达 85% 以上。虽然资产庞大，但李嘉诚一直奉行"高现金、低负债"的财务政策，资产负债率仅保持在 12% 左右。李嘉诚曾对媒体表示："在开拓业务方面，保持现金储备多于负债，要求收入与支出平衡，甚至要有盈利，我想求的是稳健与进取中取得平衡。"

在 2007 年美国次贷危机爆发之前，和黄就开始采取静观待变的态度，积聚现金。2007 年和 2008 年上半年，和黄的对外投资明显减少。港口部门在收购新港口方面明显不如前几年活跃。同样，零售部门也在收缩。和黄地产的情况也与此类似，2007 年在国内收购土地的活动明显减少，并且只是集中于一些重点区域，比如上海浦东、武汉和重庆。

随着金融危机的加重，亚洲各国的经济放缓已成现实，而欧美多国已经正式步入衰退期。在这样的情况下，李嘉诚旗下的香港电信巨人和记黄埔大胆决定暂停全球业务的新投资。而在随后的投资计划里，李嘉诚精减了投资周期长、资金花费巨大的投资项目，比如房地产。

据香港《明报》报道，李嘉诚的旗舰公司和记黄埔已经确立了"持盈保泰"策略，采取异常保守的理财手法，将持有的 221 亿美元（约 1724 亿港元）资金，有多达 69%、接近 1190 亿港元以现金存放，其余主要投资在最稳妥的政府债券上，股票投资仅占相当小比重。和黄管理层已经强调，完全没有投资企业债券、结构性投资工具和累计期权产品。

在"高现金、低负债"的财务政策下，李嘉诚旗下企业资产负债率仅保持在 12% 左右。而在金融危机袭来的时候，李嘉诚不惜将旗下物产低价出售。2008 年 11 月，李嘉诚在北京投资的第一个别墅项目"誉天下"以最低 5.7 折的低价甩卖引来市场关注。

针对李嘉诚的行动，摩根士丹利的一份研究报告称："长实相比竞争对手更愿意采用低价策略来加快销售。香港住宅市场自 1997 年 6 月以后持续下滑的形势，证明这是一个恰当的策略。"

李嘉诚一向关注企业的现金流，这帮助他在金融危机中能傲立群雄，李嘉诚的现金管控法已经成为不少企业的一个标杆。

不放一个篮子里

在香港首富李嘉诚的眼里，香港就好比是一个"篮子"，如果将"鸡蛋"全部放在此处，在 1998 年、2008 年金融危机的时候，李嘉诚的日子肯定很不好过。他将自己的鸡蛋分放到世界各经济中心的"篮子"里，进行跨国投资，增加公司的风险规避能力。他靠这个法则在各国市场上叱咤风云、屡战屡胜。

全球化是 20 世纪 80、90 年代世界经济的大趋势，李嘉诚看准机遇，开始将目光转向全球。经过多年的发展，他已经在香港积累了庞大的家业，需要为手头的巨额资金寻找增值的出路。香港毕竟是弹丸之地，作为全球华人首富的李嘉诚，只局限于此，舞台未免太小了。他的目标是将长实建为跨国集团，加入到更广的经济竞争格局中去。为此，他开始了大规模的行动。

20 世纪 80 年代，在一般人的心目中，事业的发展，一般是以本土发展较为稳妥，但是李嘉诚不这样想，这除了因为他生活在香港这个全面开放的港口城市之外，还因为他充分看到了世界经济一体化的大趋势，他在 80 年代中期就开始大举进军海外。在大规模行动前，他已在海外投资中小试牛刀。

1977 年，李嘉诚首次在加拿大温哥华购置物业；1981 年，他在美国休斯敦，斥资 2 亿多港元收购商业大厦；同年，他再次斥资 6 亿多港元，收购加拿大多伦多希尔顿酒店。在短短数年中，李嘉诚的公司，在北美拥有的物业有 28 幢之多。1986 年 12 月，在加拿大帝国商业银行的撮合下，李氏家族及和黄投资 32 亿港元，购入加拿大赫斯基石油公司 52% 的股权。时值世界石油价格低潮，石油股票低迷，李嘉诚看好石油工业，做了一笔很合算的交易。这是当时最大一笔流入加拿大的港资，不但轰动加拿大，亦引起香港工商界的骚动。

1990 年，他试图购买哥伦比亚储蓄与贷款银行的 30 亿美元有价证券的 50%，这次行动涉及资金近 100 亿港元。然而，因为这家银行是加州遇到麻烦的问题银行，卷入了一系列复杂的法律诉讼中，结果，李嘉诚的投资计划搁浅。1992 年 3 月，李嘉诚、郭鹤年两位香港商界巨头，通过香港八佰伴超市集团主席和田一夫的牵线搭桥，携 60 亿港元巨资，赴日本札幌发展地产。李嘉诚的举动，引起亚洲经济巨龙日本商界的震动。他曾在回答记者的提问时表示："正像日本商人觉得本国太小，需要为资金寻找新出路一样，香港的商人也有这种感觉。说一句大家都明白的道理，那就是不要把所有的鸡蛋放在一只篮子里。"

　　经过几年的艰苦磨炼，李嘉诚积累了许多经验，眼界更加开阔。他一方面在内地和海外全力开疆拓土；另一方面他把眼光和资金投向更多不同的行业，实施多元化战略。正是由于他的多元化发展思维，所以，当危机来临时，他能够泰然处之，甚至是从危机中捕捉到新的发展机遇。

　　虽然走多元化战略也是一个险招，但是如果具备了下面两个条件，就是有惊无险，还能摘到让企业起死回生的灵芝仙草。第一个前提条件是，企业的主业发展已经到了一个非常高的程度，市场占有率、技术水平、管理水平都无懈可击，产业的发展余地已经到顶，有着丰厚的剩余资本；第二个条件是进入的领域一定要有优势。

　　经验再丰富的投资人，也有判断失误的时候，所谓"天有不测风云"，如果把所有的资金都集中投资到一地或某单一产业，一旦有什么意外，就会给自己带来很大的损失。企业也是如此，如果企业战略局限于一项业务，一旦遭遇巨大的冲击，就会在狂风暴雨前轰然倒下。

李嘉诚的秘密法宝

（作者：郎咸平）

大量的现金、低负债比例和互补的行业选择是李嘉诚控制风险的三大法宝。

蔓延全球的金融风暴来临后，香港经济也走入一个严峻的寒冬，大部分投资者的腰包都缩水过半，就连华人首富李嘉诚控股的公司股票，市值也大幅缩水上千亿港元。但即便如此，李嘉诚依然表示，他对旗下公司的业务充满信心。那么李嘉诚的信心究竟源于哪里？面对金融危机，他的"过冬策略"又是什么呢？

我觉得他这个处理方法值得我们国内企业家学习。第一个，他立刻停止了和记黄埔的所有投资，不投资。而且负债比例极低，只有20％，更重要是什么呢？他手中积累了大量的现金。我算了一下大概有220亿美元的现金，那么这220亿美元当中，70％左右是以现金形式所保有，另外30％是以国债方式所保有，所以非常具有流动性。他为什么这么做呢？准备应付大萧条。这是他目前的企业战略。

李嘉诚对现金流高度在意，负有盛名。他经常说的一句话是："一家公司即使有盈利，也可以破产，但一家公司的现金流是正数的话，便不容易倒闭。"而面对这次全球性的金融危机，李嘉诚又一次遵循了"现金为王"的投资理念。从去年开始，李嘉诚大手笔减持手中的中资股，回笼资金至少上百亿港元；2008年初，李嘉诚旗下的公司多次抛售手中的物业与楼盘；而在今年11月，李嘉诚在北京投资的第一个别墅项目"誉天下"，也实行"一口价"，以最低5.7折甩卖。而这几次腰斩似的甩卖，正是李嘉诚一贯坚持"谨慎投资、现金为王"的理念在起作用。那么除了重视现金，李嘉诚还有哪些独特的投资手法呢？

我们还看到现在李嘉诚的和记黄埔的核心业务有几个方面，一个是港口，再有一个是地产和酒店，还有零售能源和电讯。李嘉诚这个投资，我以前做过比较深入的调研，他这个投资很有意思的，这么多业务，他不是简单多元化投资。我们内地也有很多企业在做多元化，结果呢，全盘失败。那么为什么很多内地企业家做多元化投资不行，而他可以呢？因为他投资的几个行业之间，都有很强的互补性。

什么叫互补？就是两个行业，我好你坏，你好我坏，刚好可以抵消掉。比如两个行业来讲的话，其中一个行业，它利润这么走势，有起伏，那第二个行业一定要跟第一个行业的利润走势有互补的现象。

也就是说，当第一个行业好的时候，第二个行业最好是坏的。当第一个行业坏的时候，第二个行业最好是好的。然后好坏可以相互抵消，而使得最终现金流达到稳定，这是他的最高战略指导方针。而我们内地很多企业家就不是这个水平，他们没有做互补，他们很多都是兴致所致投资的。要好一起好，要坏一起坏，一碰到坏的时候一起倒闭。我拿李嘉诚的数据做了一个分析，我发现他透过这种行业之间的互补，风险缩小了 10 倍。

在长江中心 70 层的会议室里，摆放着一尊别人赠予李嘉诚的木制人像。这个中国旧时打扮的账房先生，手里本握有一杆玉制的秤，但因为担心被打碎，李嘉诚干脆将玉秤收起，只留下人像。这一细节从另一侧面反映了李嘉诚是一个时刻注意风险的人

李嘉诚说：现金流和公司负债的百分比是他一贯最注重的环节，而控制负债也是李嘉诚的公司在这一次危机中能够规避风险、继续稳定经营的关键。

我就以香港四大天王（李嘉诚、李兆基、郑裕彤、郭炳湘）为例，香港四大天王都是做地产的，这些人和我们内地的企业家的最大不同点是什么？就是内地企业家没有经历过大萧条，而他们都经历过。我们的企业家只有个人辛苦的奋斗历程，缺乏大萧条的洗礼，因此他非常激进，非常浮躁。我就以一个简单的数据——上市公司资本负债比例为例（负债除以资本）做个说明，大家就明白了。我们上市公司的资本负债比例平均在 100％到 300％之间，很高的。香港四大天王和我们内地企业家一样，他也有个人辛勤奋斗的历程，但不同的一点是他们个个都经历过很多次大萧条。你看这些经历过大萧条的四大天王，他的资本负债比例是多少？ 20％而已。而且你看香港这些四大天王的体积都很大，很多都是我们上市公司上百倍。而且香港的法制化建设也比较完善，信用体系比较健全。你看，个子又那么大，法制也好，信用体系也好，负债比例却这么低。而且我知道李嘉诚的和记黄埔，这个企业的负债率只有 15％，那可是说低中更低了。

所以第一，大量的现金储存；第二，低资本负债比例；第三，互补的行业选择。这就是曾经经历过大萧条的人，他们的心态，他们非常保守。所以我认为在他们心目当中，一个卓越的企业家，不是说你是不是首富，不是说你赚了多少钱，而是你是一个最好的风险管理者。只有最好的风险管理者才能够让你永续长存。

第三十五章
▼

脱亚入欧风波

工人罢工事件

2013 年 3 月 28 日，和黄集团旗下香港国际货柜码头爆发严重罢工潮，码头外判工人（非正式员工）不满意 15 年来工资有减无增，做足 24 小时只有 1300 港元，较 1997 年的 1480 元还要低一成三。

100 多名员工冲击码头抗议，要求加薪两成，其间与保安员发生激烈冲突，五名保安员受伤，示威人士堵塞通道，傍晚更多人加入声援，至第二日凌晨未散去。

3 月 28 日早晨 8 点，100 多工人聚集六号货柜码头，职工盟、香港码头业职工会及学联成员到场声援，示威人士带着印有李嘉诚的纸牌，高举多张横幅及标语："还钱呀李老板！""欠债还钱天公地道无尽剥削忍无可忍"。有的工人声称，10 年来没有加过人工，工时却不断超标，笑称是："养起李嘉诚，养不了家庭。"

上午 10 点后，示威人士闯入六号货柜码头内，混乱中五名保安员受伤。示威人士随后占据码头回旋处，堵塞通道，令货柜车大排长龙。

工人们认为近年通胀惊人，而人工不升反跌，令生活更艰难，故要求加人工两成，时薪加多 12.5 元。罢工获得不少工人支持，超过 450 名工人参与罢工。

位于葵涌的香港国际货柜码头，隶属和记黄埔港口集团，是世界最大的私营货柜码头。拥有四号、六号、七号、九号（北）泊位，同时与中远太平洋合资经营八号两个泊位。公司的持有人就是李嘉诚，而这起事件又将李嘉诚推向了风口浪尖。

参与罢工的主要是外判工，何谓外判工呢？公司旗下有五间外判商，负责聘请码头内不同的工种。工种主要分为公司工及外判工，公司工由香港码头公司直接聘用，在待遇上较合理和稳定，例如有轮班时间、按月支薪、有固定就餐时间、年终奖金等。外判工则由外判公司招聘，有时再作二判、三判。工作时间由 16 至 24 小时不等，按工出粮，每 24 小时 1115 元，三班工资不一。福利上，外判工没有规定的就餐时间，也没有医疗保障。

对于工人多年不加薪的说法，香港国际货柜码头公司否认工人薪金多年无加。公司发布的声明指出，2003 年 SARS 期间，工人月薪达 1.7 万元，经过后来加薪 5%，当前月薪为 2.1 万元。码头公司表示，个别工种已由工作 24 小时减至 6 至 8 小时，连续工作 48 及 72 小时近两年已很少发生。

和黄集团董事总经理霍建宁在北京回应码头罢工潮，他点名批评职工盟秘书长李卓人无所不用其极，根本不想有结果。他质疑李卓人想"借着李先生（李嘉诚）的高知名度，在事件上提高自己的知名度"。他又表示，早前透过照片看到有示威人士为他同事（香港国际货柜码头公司董事总经理严磊辉）和李先生制作"大头相"，形容职工盟此举是以"文革"式手法，去抹黑和黄管理层。

霍建宁指出，罢工工人并非和黄员工，但和黄一直支持外判商进行谈判，将事件好好解决。他形容外判商态度理性，劳工处亦很帮忙，但职工盟提出 20% 的加薪幅度并不合理。而外判商提出分 2 年加薪是合理的做法，职工盟却不接受，他认为职工盟根本不愿谈判，而是另有目的。

4 月 17 日，香港码头工会与工人不满当日只有一个外判商出席谈判，决定将行动升级，近 300 人分批乘旅游巴士，由码头到达香港政府总部。工人围绕政府总部游行，并高叫要求加薪的口号。他们其后游行穿过商场，抵达长江中心外扎营，他们手持横额，环绕长江中心游行。

4 月 23 日，香港长江集团中心，码头工人举行抗议示威。香港工潮持续，罢工工人目前从货柜码头发展到中环长江中心，更进一步涌向李嘉诚豪宅。

另据香港文汇报报道，李嘉诚旗下罢工潮持续升级，罢工工人及支持者连续两天在旺角举行活动，呼吁市民罢买长和系商铺货品。但有市民认为活动扰民，即使有市民同情工人，但认为罢工事件仅关乎外判商，不应把矛头指向李嘉诚父子。

码头工人罢工事件令李嘉诚"很受伤"。消息指出，李嘉诚一直反对集团高层提出将码头自动化，就是希望能聘请多一点工人，制造就业机会，对于自己成为今次工潮的矛头所向，他有点"不开心"，但是他还说希望尽快解决，他表明"多使一点钱无问题"。

据香港文汇报报道：历时 40 天的李嘉诚旗下码头罢工潮，在香港特区政府主动斡旋下，4 间外判商"白纸黑字"承诺加薪 9.8% 和不会追究罢工工人后告终。

曾坚拒接受加薪低于双位数字加幅的职工盟，昨日召开会员大会经过约 2 小时的会议后，终在 80% 工人的要求下，决定接纳加薪方案，并宣布结束工潮。

这次罢工潮最终造成了"多输"局面：公司蒙受难以估量的经济损失，工人生活受到严重影响，工会未能达成一直争取的加薪幅度，当然，损失最大的是李嘉诚，他的声誉因这次罢工事件而受损。

撤资内地

2013 年下半年开始，不少人的眼光重新转向李嘉诚父子，这是因为李嘉诚多次抛售了他所控的和记黄埔还有长江实业在内地和香港的资产。

自 2013 年 8 月起开始，李嘉诚加快抛售内地房产，进入 2014 年后也并未停止抛售行动。

2013 年 10 月，李嘉诚以 89.56 亿港元出售了位于上海陆家嘴的东方汇经中心；以 58.5 亿港元出售位于香港新界的嘉湖银座购物中心。

2014 年 1 月以来，李嘉诚旗下公司在南京、北京、上海相继出售 3 个写字楼，累计套现金额达到 97.8 亿元。

随后，李嘉诚在内地的抛售举动接踵而至。2 月 10 日，李嘉诚旗下长江实业参股的 ARA 资产管理公司以 24.8 亿元人民币出售南京国际金融中心。

4 月 8 日，李嘉诚次子李泽楷以 57.6 亿元人民币将北京盈科中心售予泰国大型海外房地产私募基金公司基汇资本。

8 月 12 日，李嘉诚长和系持股公司李嘉诚旗下基金 ARA 以 15.4 亿元人民币抛售虹口区北外滩甲级写字楼盛邦国际大厦，新加坡基金公司 Alpha Investment Partners Ltd. 以 2.5 亿美元的价格接手。

进入 11 月，李嘉诚又有两连抛：11 月 7 日，李嘉诚旗下和记黄埔公司，以 38.2 亿港元（4.93 亿美元）的价格，将旗下的房地产开发公司和记港陆有限公司 71.4% 的股权，出售给中国泛海控股集团。

11 月 10 日，李嘉诚旗下的香港汇贤产业信托宣布，将以 39.1 亿元向主要股东和记黄埔有限公司及长江实业，收购重庆大都会广场全部权益。据不完全统计，若重庆大都会项目顺利完成交割，李嘉诚今年或将通过抛售内地物业获得累计 167.5 亿元的套现总额。

实际上，自从 2013 年 8 月以来到 2014 年的这段时间里，李嘉诚通过抛售手中资产，累计套现金额已超过 800 亿元人民币。

除了抛售房地产资产，李嘉诚也加快了旗下其他资产的出售。2013 年 7 月份，李嘉诚曾高调宣布将出售百佳超市，这则消息一时闹得沸沸扬扬，但随后暂时搁浅；2014 年 3 月份，李嘉诚转而将屈臣氏股份近 25% 作价 440 亿港元（约349.36 亿元人民币）卖给新加坡主权基金淡马锡；2014 年 3 月 14 日，和记黄埔旗下在新加坡的上市公司和记港口信托，减持亚洲货柜码头 60% 股权，套现最多24.72 亿港元（约 19.63 亿元人民币）。

一出手，就是百亿港元的抛售行为，媒体连篇累牍地报道，李嘉诚"撤资论"不禁甚嚣尘上。万科董事长王石就说，"精明的李嘉诚先生在卖北京上海的房产，这是一个信号"。

自 1978 年被邀请到北京参加国庆观礼后，李嘉诚开始接触内地。直到 1992 年，邓小平南方谈话后，李嘉诚终于实质性迈开了内地投资步伐。1992 年 5 月，长江集团在深圳成立合资的深圳长和实业有限公司，1993 年初李嘉诚对外界宣布转向中国内地市场拓展时，国内项目已占集团资产的 25%。

作为香港最大的地产家，李嘉诚进入内地后，主要精力放在房地产、商业地产以及能产生稳定现金流又抗周期的零售业。过去几年李嘉诚以白菜价抄底收购了众多能产生稳定现金流的"准垄断"资产，比如能源、电讯，基建设施。

李嘉诚到底为何做出现在的选择，坊间评论和猜测之声不一，有商业、政治、社会变化等多重维度。《南方周末》的记者梳理出以下几种可能：

1. 抛售不那么赚钱的业务

从和黄财报中可知，零售业务近年来赚钱能力明显不如能源等新的业务。比如，2012 年百佳超市毛利率不到 3%，这可能是李嘉诚准备抛售百佳超市的主要原因。

2. 资产重组，优化布局

李嘉诚以财技高超著称，低买高卖是拿手好戏。经过危机洗礼后的欧洲，资产价格正处于低位。

英国为什么成为重中之重？因为相比其他国家，李嘉诚对英联邦国家更熟悉——香港以前就是英国的殖民地，文化、法律等都和英国比较类似，在港英政府时期，李嘉诚就积累了诸多人脉，很早就在英国有了业务。同时，英国也是法律比较完善的市场化国家，投资有保障。

3. 忧虑香港和内地楼市前景

港府出台的楼市"辣招"，使香港楼市坠入冰峰时刻。香港不仅要面对全球经济放缓的压力，还要面对内地的竞争压力，发展前景堪忧。

与此同时，内地楼市也处于高风险之中。提前离场，以应对可能的危机。

4. 成长为"跨国公司"的发展之需

大鱼必须在大海里才能获得生存空间。对李氏帝国来说，只有6000多平方公里和700万人口的弹丸之地香港，早已不能满足其扩张之需。立足香港，走向全球，是必然之选。

5. 用脚投票，离开正变得更仇富的香港

近年来，随着社会矛盾的激化，香港社会仇商仇富情绪上升，而李嘉诚处于争论靶心。

2013年3月，李嘉诚旗下的货柜码头发生大罢工，工人都将矛头指向了他，视其为奸商、吸血鬼、万恶的资本家。这很可能给李嘉诚造成很大心理打击。

6. 投资环境恶化

中南财经政法大学教授乔新生在《证券时报》发表《李嘉诚撤离昭示中国市场环境恶化》一文称，最能衡量一个国家经济发展状况的就是"企业家指数"，即一个国家的企业家在资源整合方面作出的选择。如果越来越多的企业家选择在某个市场投资，那么，说明这个市场经营环境相对较好；反过来，如果越来越多的企业家抛弃某个市场，那么，说明这个市场的投资环境正在恶化。

7. 为自己留一个好名声

李嘉诚今年已经85岁了，处于这个年龄段，他不得不考虑后人对自己的评价。将一些容易引发社会尖锐矛盾的业务出售，以为自己留一个好名声。

8. 与梁振英政府不和

2012年特首选举，李嘉诚一开始支持的就是梁振英的对手唐英年。在香港，许多评论认为李家与现届政府"不咬弦"（不和）。

9. 人脉难以传承

家产易分，人脉难承。李嘉诚虽然已将商业帝国传给了儿子，但其在香港和内地的政商人脉和资源却不易传承。选择去一个法律完善，规则相对清晰，相对不那么需要依赖关系和人脉的地方投资，更有利于家族基业长青。

10. 接班者李泽钜的选择

李嘉诚2012年明确了自己两个儿子的财产分配计划后，大儿子李泽钜作为长和系的实际掌控者，已经开始从低调的幕后走向幕前。这一系列的动作，可能出自李泽钜，而不是李嘉诚。

作为年轻一代的李泽钜，在投资上更具国际视野。自 20 世纪 90 年代开始，这位接班人最主要的战场大多在欧洲，接班之后，进一步加大开拓这一市场，也在情理之中。

出售屈臣氏股权

提到屈臣氏，内地的很多人都不会感到陌生。今天屈臣氏在全球门店数已超五千家，销售额逾百亿港元，业务遍及亚、欧等四十多个国家。

和记黄埔的零售部门都收并在屈臣氏集团旗下，截至 2013 年底，屈臣氏集团共经营有 14 个零售品牌，在全球 25 个市场开设超过 10500 间店铺，是全球最大的保健及美容产品零售商。

其旗下经营种类包括保健及美容产品、高级香水及化妆品、食品、电子产品、高级洋酒、机场零售，以及瓶装水、果汁、汽水及茶类饮品制造业务。目前经营 14 个零售品牌和 5 项连锁业务，包括百佳超级市场、屈臣氏个人护理商店、丰泽电器、屈臣氏酒窖和 Nuance-Watson 机场免税商店。

市场对屈臣氏集团的估值跨度在 1920 亿港币到 3120 亿港币之间。其最高值 3120 亿港币已快接近和黄市值。截至 2013 年 12 月 31 日，和黄的总体市值为 4493.59 亿元。

2013 年，屈臣氏收益总额 1491.47 亿港币，占和黄总体收益总额的 36%，相对 2012 年的 1385.19 亿上涨了 8%，2012 年占和黄整体的 35%。

2014 年 3 月 21 日，新加坡主权基金淡马锡宣布以 440 亿港元的价格购买屈臣氏 24.95% 的股份，而和记黄埔有限公司主席李嘉诚也紧急召开记者会，称屈臣氏将在 2 至 3 年后再在中国香港和新加坡进行两地上市。

此次淡马锡收购屈臣氏 24.95% 的股权，花费了 440 亿港币。换算成屈臣氏的整体估值为 440/24.95%=1763.53 亿港币。

目前，和记黄埔股本数为 42.63 亿股，按屈臣氏整体估值计算每股约合 1763.53/42.63=41.36 元港币。

不过，也有市场分析人士认为，1770 亿港元的估值明显偏高。按照屈臣氏 2013 年盈利计算，平均每间盈利不到 75 万港元，每间店需连续盈利 22 年才能达到 1700 万港元。

但屈臣氏的价值不仅是创收方面，其经营模式和品牌价值更高。经营模式方面，屈臣氏门店布局密集、客户定位精准，有针对性会员营销和高品牌进入门槛，此外屈臣氏不仅有代理品牌，还有自有产品，构建了完整的供应链条。此外，通过一系列海外并购，屈臣氏成为全球最大的个人护理连锁经营商。

这场交易中，和黄把交易所得净额约 70% 以特别股息形式派发予股东，每股 7 港元，同时李嘉诚旗下长江实业也额外付出 13 亿港元，派股息予股东，以便统一长江实业及和黄派发特别股息的水平。

和黄与淡马锡都同意，会积极探讨在 2～3 年内把屈臣氏集团在中国香港和新加坡做第一上市，而李嘉诚称与淡马锡谈得非常愉快，更将此单交易称为"快到离谱"。交易完成后，淡马锡会有两名代表加入屈臣氏的董事局。

李嘉诚谈到这笔交易时说道："是我们主动联络的淡马锡，整个交易谈判过程非常顺利。如此大规模的交易在极短时间内达成，相当不容易。"

对于李嘉诚而言，选择淡马锡的原因之一，就是淡马锡在新加坡的江湖地位相当牢固，该基金是由新加坡政府财政部 100% 控股的，而且对香港市场的零售股份非常偏好。

"卖给一个投资者比上市更好。上市目的是筹集资金，现在这个方式更快捷，有何不好？"李嘉诚表示，与首次公开发售的方式比较，现在淡马锡入股，能达致释放出屈臣氏集团部分价值的目的，又能为和黄所持余下权益提供重要的估值参考根据，过程更快捷，是更佳的选择。

淡马锡也对此次交易颇为满意，交易宣布后，淡马锡投资部总裁谢松辉第一时间发表评论说："屈臣氏拥有非常成熟的管理团队和颇具价值的零售网络，又处于增长期。投资零售业是抓住亚洲中产阶层激增和经济转型的重要策略，与淡马锡所坚持的长期投资目标不谋而合。"

不少市场分析人士认为，无论是之前的出售百佳、屈臣氏上市计划，还是目前的股权出售，目的都是套现。"尽管零售业现金流充沛，但如今盈利能力下降，未来可能成为拖累业绩的板块。因此，李嘉诚此举不仅实现套现，还意在降低和黄的资产负债率。"

其实，零售业盈利下跌已成行业趋势。近年来，国内终端零售需求持续低迷、电商等新型业态与传统渠道争夺消费者、实体零售企业之间的竞争更为激烈，导致实体零售行业增长空间进一步缩窄。

市场分析人士黄立冲认为："这次与淡马锡的合作，堪称是李嘉诚精湛财技的一次演绎：一方面，长和系目前负债率不高，并不急着大量套现，通过战略性出让部分股权给予淡马锡，在套现部分资金的同时保留了多数股权，可以等待资本市场回暖时再行启动上市，实现利益最大化；另一方面，引入国家主权基金的淡马锡作为战略投资者，能增强屈臣氏在资本市场的吸引力，对未来在 IPO 时提高公司估值也有相当作用，李嘉诚此举可谓一箭双雕。"

此次出售屈臣氏的一个亮点，是李嘉诚将交易所得净额的 70%，以每股 7 港元的特别股息派给股东，而且持有和黄的长江实业股东也可以获得特别股息，舆论认为此举是为了改善他的"撤资"形象。

李嘉诚对此很不满："不要再说我从香港撤资了，这是一个笑话。屈臣氏海外店铺占 94%，香港只有 6%，但这次交易派特别股息，等于卖了海外资产拿来香港派息，这次出售屈臣氏所得的，都拿来贡献香港，大家都应该满意了吧。"

李嘉诚还鲜有地发出自嘲："做了很多年生意，我也看得很明白，有些报纸不攻击我，销量就会不好，所以我一直都很理解，不过我也不会笨到用 400 多亿股息去堵人家的嘴。"

几乎买下英国

尽管李嘉诚曾公开表示，不满媒体公开报道其大规模撤资行为，但显然其并没想停止套现的脚步。实际上，仅仅在 2013 年到 2014 年的短短时间内，李嘉诚通过抛售手中资产，累计套现金额已超过 800 亿元人民币。

接连出手抛售香港及大陆的资产，巨额资金投向了哪里呢？根据其投资旗舰和记黄埔 2013 年的财务报告，欧洲已成为其收入最重要来源，贡献了 43% 的总收入，光英国就贡献了 16%；加拿大和香港分别贡献了 15%，而在 2000 年时，香港的贡献值是 52%；中国大陆贡献了 11%。

李嘉诚父子凭借着敏锐的商业嗅觉，收购英国电网、供水网络和天然气供应商，实现其抄底欧洲计划，英国媒体惊呼李泽钜"几乎买下了英国"。

和记黄埔董事总经理霍建宁于 2012 年 7 月 31 日证实，公司有兴趣竞购英国曼彻斯特机场集团；这是继不久前李嘉诚长子李泽钜宣布英国天然气公司 WWU 收购案后，再度出手收购的英国基础建设公司。

不久前，李泽钜宣布斥资 6.45 亿英镑收购英国天然气公司 Wales and West Utilities（WWU）。在收购 WWU 后，与 2005 年收购的 Northern Gas Networks 合计，

李嘉诚父子将控制英国天然气近 3 成的市场。

由李泽钜执掌的长江基建，也在 2010 年、2011 年对英国电网和供水网络的进行两笔大收购，使得英国大约四分之一的电力分销市场以及约 5% 的供水市场都是李家的资产。

2014 年，和记黄埔拿到了德特福德（Deptford）的一个综合房地产项目，项目占地面积约 41.2 英亩（约合 1667.3 亩），涉资约 10 亿英镑，可以最多发展 3500 个单位，包括住宅、办公室、商铺、酒店以及餐厅。该项目名为"Convoys Wharf"。

德特福德位于伦敦金丝雀码头以东 3.2 公里的英国海军船坞旧址，金丝雀码头则是伦敦的一个主要商业区，拥有英国数座最高的建筑物。金丝雀码头被誉为是伦敦投资最成功的商业地块。

投资英国地产，具有一定的优势。根据英国国家统计办公室数据显示，过去一年伦敦的住宅价格增长了 18%，2014 年伦敦的楼市均价已经达到 36.3 万英镑，是英国其他地区楼价的两倍。

此外，伦敦的商业地价相当稳定，稳中有升，投资回报率已经明显高于中国内地和香港。而且，不少欧美国家的房地产在金融海啸后谷底反弹，以英国非核心区的商业项目计，借贷成本约 5 厘，但回报可以有八九厘，这和中国借贷成本五六厘，回报只有三四厘相反。

李嘉诚为什么选中的偏偏是欧洲，而且重点是英国。高力国际发布的研究报告称，境外投资者对伦敦和巴黎等避险型市场热情不减。避险型市场仍然是主权财富基金以及寻求稳定、安全收益的保险（放心保）公司的首选目的地。而且李嘉诚早年曾说过，若香港地产收益不理想，长实可靠海外收入帮补。

李嘉诚表示，虽然英国加入欧盟，但其货币英镑并没有加入欧元区，货币汇率比较稳定。英国的法律和秩序非常好，相信这个国家有承担，我们对在英国的投资有充分的信心，英国的机动性较强，因此我对英国的担忧程度不如欧盟其他一些成员国般大。

和记黄埔则称，欧洲的基建业务都来自英国，盈利约 56 亿港元，比整个中国内地和香港的盈利之和还要多。当然，以英国为代表的海外业务无疑成为和记黄埔收益总额占比最高的市场，而从近年来李嘉诚购买海外资产，也可以看出李嘉诚逐渐把一些事业重心转向欧洲。

2012 年，和记黄埔逆势收购奥地利 Orange Austria 全部权益，合并当地第三及第四大移动电信供应商。

在 2013 年，李嘉诚加速进军欧洲电信业。4 月，旗下 3 意大利对意大利电信发出收购要约，意大利电信占有 34.6% 市场，是意大利最大电信公司，与市占率 10.3% 的 3 意大利合并将继续主导意大利电信产业。7 月，旗下爱尔兰公司 3 爱尔兰以 7.8 亿欧元收购爱尔兰 O2，奠定其在爱尔兰电讯业统治地位。

2013 年 1 月，长江基建以 32 亿港元代价收购新西兰 EnviroWaste 废物管理公司，开拓废物管理基建业务。2013 年 3 月，和记港口信托以 39 亿港元从 DP-World 收购亚洲货柜码头全部股份，提升葵青港区整体操作的灵活性及效率，加强国际中转业务。2013 年 6 月，嘉诚旗下长江基建集团、长江实业、电能实业按 35 ：35 ：20 ：10 的股权比例成立一家合营企业收购荷兰一家废物转化能源公司 AVR–AfvalverwerkingB.V.，作价 9.4 亿欧元（约 97.7 亿港元）。该公司废物转化能源厂房的处理量为欧洲第一。

李嘉诚认为，现在欧洲的资产处于低位阶段，内地和香港是高位，减持高位资产，增持低位资产，符合李家的投资理念。李嘉诚投资喜好稳健，而和记黄埔的利润来源，主要为地产和基建，加上在香港和中国内地的零售业务，此三板块的营业利润贡献率分别为 21%、27% 和 7.30%，合计达到 55.30%。

无疑，李嘉诚的投资重心正转向欧洲。这样的投资转向无可厚非，公司只是出于稳健的投资考虑，不把鸡蛋都放在一个篮子里，今天卖出去，明天价格合适还可能再买回来。国内外的投资机会同样都在关注，只是目前到欧洲投资的机会更多而已。

🎴 延伸阅读

Are You Ready

——2004 年汕头大学毕业典礼致辞

（2004 年 6 月 29 日）

各位校董、各位校领导、各位嘉宾、老师们、同学们：

这一刻肯定是你们感到兴奋的时刻，你们认真学习，完成了人生一个重要阶段，要踏上一个新的台阶，这几个晚上，我在校园里，都能感受到你们的雀跃，你们是幸运的一代，我很替你们高兴，我谨代表校董会、每一位校董和顾问，向你们致以衷心的祝贺。

每当我们要展开新的一页，追求一个新的梦想，编织一个新的希望，都是我们需要思考时，are you ready？ Do you have what it takes？

当你们梦想伟大成功的时候，你有没有刻苦的准备？

当你们有野心做领袖的时候，你有没有服务于人的谦恭？

我们常常都想有所获得，但我们有没有付出的情操？

我们都希望别人听到自己的说话，我们有没有耐性聆听别人？

每一个人都希望自己快乐，我们对失落、悲伤的人有没有怜悯？

每一个人都希望站在人前，但我们是否知道什么时候甘为人后？

你们都知道自己追求什么，你们知道自己需要什么吗？

我们常常只希望改变别人，我们知道什么时候改变自己吗？

每一个人都懂得批判别人，但不是每一个人都知道怎样自我反省。

大家都看重面子，but do you know honor？

大家都希望拥有财富，但你知道财富的意义吗？

各位同学，相信你们都有各种激情，但你知不知道什么是爱？

这些问题，没有人可以为你回答，只有你自己才知道你将会怎样活出答案。这四年来你得来的知识，可助你在社会谋生，但未必可以令你懂得如何处世。只有你知道，你将会怎样运用脑袋内的知识素材，转化为做人的智慧。生长与变化是一切生命的定律，昨天的答案未必适用于今天的问题，只有你的原则才是你生命导航的坐标，只有你的情操才是你鼓舞生命的力量。没有人可以为你打造未来，只有你才知道怎样去掌握。各位同学，are you ready ?

　　谢谢大家。